国家社科基金重大项目"中国书院文献整理与研究"（15ZDB036）
湖南省社科基金重点项目"传统目录学视野下的中国书院文献研究"（16ZDB22）
湖南大学出版社图书出版基金资助

书院学丛书

中国书院文献研究

邓洪波 等 编著

湖南大学出版社·长沙

内 容 简 介

书院文献是千余年来记录书院各种活动内容的资料。它既包括书院志、书院课艺、书院学规、书院讲义、书院藏书目录等专门性的书院文献，又包括散见于政典、史书、方志、笔记、文集、诗歌、报刊中的与书院相关的各类史料。这些文献对研究中国教育史、学术史、思想史、目录学史乃至社会史的发展都有着重要价值。

本书主要分为"书院文献综论""书院志研究""书院课艺研究"和"书院文献书目提要"四个部分，前三个部分主要为二十世纪九十年代以来，当代学者对各类书院文献进行研究的学术文章及著作节选，第四部分为按省区排列的约 167 种书院文献的书目提要，旨在介绍传世书院文献基本情况的基础上，展示书院文献研究领域的最新成果。

图书在版编目（CIP）数据

中国书院文献研究/邓洪波等编著 . —长沙：湖南大学出版社，2020.11

　　（书院学丛书）

　　ISBN 978-7-5667-1604-0

　　Ⅰ.①中… 　Ⅱ.①邓… 　Ⅲ.①书院—文献—研究—中国

Ⅳ.①G649.299

中国版本图书馆 CIP 数据核字（2018）第 187520 号

中国书院文献研究

ZHONGGUO SHUYUAN WENXIAN YANJIU

编　　著：	邓洪波　等
责任编辑：	郭　蔚　**责任校对：** 尚楠欣
印　　装：	长沙印通印刷有限公司
开　　本：	710 mm×1000 mm　1/16　**印张：** 32　**字数：** 505 千
版　　次：	2020 年 11 月第 1 版　**印次：** 2020 年 11 月第 1 次印刷
书　　号：	ISBN 978-7-5667-1604-0
定　　价：	128.00 元

出 版 人： 李文邦

出版发行： 湖南大学出版社

社　　址： 湖南·长沙·岳麓山　　　**邮　　编：** 410082

电　　话： 0731-88822559(营销部)，88821594(编辑室)，88821006(出版部)

传　　真： 0731-88822264(总编室)

网　　址： http://www.hnupress.com　**电子邮箱：** xuejier163@163.com

"书院学丛书" 编委会

主　　任

邓洪波

成　　员

王胜军　兰　军　陈时龙　徐　勇　徐雁平

张劲松　杨代春　刘　明　刘艳伟　肖永明

鲁小俊　顾宏义　谢　丰　吴国武　李晓宇

龚抗云

本册作者

邓洪波　宗　尧　方彦寿　王胜军　王　帅

丁　利　王丹丹　兰　军　刘艳伟　刘　金

李　江　陈时龙　肖　啸　吴东泽　陈佳莉

张　峰　赵　伟　徐雁平　黄冠华　鲁小俊

谢川岭

目　次

序　一

杨　忠

　　书院是中国古代教育史上影响最大的教育文化机构。邓洪波教授认为书院是独特的文化教育组织，所谓独特，我以为大概是因为它既非官学，亦非纯粹的私学，但又与官府、官员有着千丝万缕的联系，一直得到各级官府的支持和资助。例如朱熹修复白鹿洞书院、岳麓书院，阮元创诂经精舍、学海堂，张之洞建尊经书院、广雅书院，都是任官期间的事。许多官员也将创建书院、讲研义理学问视为一种可以引以为豪的政绩，希望以书院长育人才、开启民智、移风易俗。比如汤显祖贬徐闻典史时创立贵生书院，亲往讲学；任遂昌知县时，建相圃书院，拨寺庙道观部分食田归书院收租，以作修葺房屋之费及诸生膏火之助。他自己亦在书院中"与诸生讲德问字""陈说天性大义"而不疲。但书院又非官学，书院的科目设置、讲论内容都由著名学者担任的书院山长、主讲设定与主持，官府干涉有限。书院与官学既相区别又有联系，故清末废科举、改书院为学堂，使中国教育由古代迈入现代，便能自然衔接而水到渠成了。

　　书院与私学的关系也十分密切。春秋以降，学在王官渐变为学在四夷，私人讲学之风渐盛。孔子的讲学活动，既有与弟子讲论六艺、切磋琢磨的谨严与认真，亦有"浴乎沂，风乎舞雩，咏而归"的散淡与闲适，与书院自由讲学的精神一脉相通。两汉经师讲学，受业者不远千里而至，讲读之所则"讲堂""精舍"随意立名。马融"教养诸生常有千数"，设绛纱帐讲学，"前授生徒，后列女乐"，是最气派的一家。魏晋南北朝战乱频仍，但讲学之风不息。上述讲学活动和组织形式，对后来书院的出现有着深刻影响。

　　书院之名始于唐代。东西二都设立的丽正书院和集贤殿书院，有着国家藏书、校书、修书及由此而辨章学术的深厚传统，这标志着书院之名得到官方认可和提倡。其实，最先出现的还是民间书院，有唐代文献与地方史志为证。《全唐诗》中也提到过 13 所作为士大夫私人读书治学之所的书院。也就是说，书院源出于唐代私人治学的书斋和官府整理典籍的衙门，是官、民两股力量相互作用的结果。

大唐五代之际，开始出现聚徒讲学性质的书院，江西的桂岩、东佳与燕山窦氏皆是其佼佼者。而书院的大繁荣则要进入到宋代，著名的"濂、洛、关、闽"四家，既是学派，也是讲学团体，且师生传承，历久不衰。他们中的许多人都参与过书院的创建和讲学活动，通德鸿儒，发幽阐微，风雅相续，辉映坛席。元代书院数百所，明清书院各数千所，是书院的鼎盛时期。

书院讲求敦励品节、探研经义，以求知行合一，长育人才。主持者往往以自身风范声望言传身教，并不刻意传授系统知识。尤其是宋代书院批判继承了两汉的讲经之风，注重阐释以"四书"为中心的儒家经典义理，理学借书院讲学得以光大。此后，随着时代的需要和地方学术风气的浸润，书院讲学内容各有侧重，或义理、或实学、或训诂、或辞章，而书院的教学方式也不拘一格，讲论、问答、辩说、切磋，形式多样，效果显著，颇有百花齐放之势。当然，书院的根本任务是养育人才，故与唐宋元明清各代科举密切相关，讲论经义、草拟试策、熟记帖括、习练论说，自然也是书院学习的重要内容。一些著名学者掌教书院，往往能形成学派，光大学术，引领学风。不同学派学者在书院的论辩驳难，也使书院成为交流学术、推广宣传学派主张的方便场所。书院促进了学术的发展，仅以清代为例，著名学者如黄宗羲、汤斌、张伯行、杭世骏、齐召南、全祖望、姚鼐、卢文弨、王鸣盛、程瑶田、钱大昕、章学诚、洪亮吉、孙星衍、阮元、陈寿祺、顾广圻、陈澧、刘熙载、俞樾、张之洞、王先谦、缪荃孙、皮锡瑞等，这些在清代学术史上闪耀的群星，无一不在书院任过山长或主讲，将他们在书院讲学的学术贡献稍作整理，便能勾勒出清代学术史的梗概。可以说唐宋以来中国古代教育、文化、学术的发展实有赖于书院的繁荣，程朱理学、陆王心学、乾嘉汉学、晚清新学的产生与兴盛，都与书院密切相关。书院以及乡村的义塾、义学，使中国儒学传承的血脉贯通而达至社会底层，从而也使中国传统文化的传承有了最坚实的社会基础。中国文化绵延不绝，书院有其莫大贡献。

书院作为中国古代独特的文化教育组织，深深影响着唐宋以来教育、文化、学术的发展，近百年来学者往往将古代书院与现代学校比照考察，研究书院的论著，颇为可观。特别是近十数年来，书院研究更有日渐兴盛之势。许多研究已涉及书院的各个方面，如书院制度及其组织形式，书院的课程设置、讲会制度和开讲仪式，书院的学规章程和管理模式，书院的经济活动和经费开支，书院的藏书与刻书活动等，涉及面虽广，但研究似乎尚不够深入全面。究其原因，自然与目前学术界所见书院文献资料并不丰富有关。例如，仅清代书院即有5000所，而迄今许多论著所涉书院仅百余所，眼界和格局便受局限。大量书院文献散藏各处，许多文献甚至不为人知或少人问津，研究自然不够全面，也难以深入。材料的缺失严重阻滞了书院研究的进程，因此，比较齐全地搜集目前存世的书院文献，分门别类地加以影印或点校出版，对于书院研究而言，事莫大于此，更莫急于此。现在邓洪波教授主持的中国书院文献整理与研究工程即将出版几种专题丛书，使此大事急事终获成功，必将为中国书院研究的繁盛带来新局面。

邓洪波教授及其团队的成果，对于书院研究及与书院相关的研究，至少有三大贡献：

其一，为书院研究提供了相当完备的资料。他们编纂了比较完善的书院文献总目及总目提要，第一次揭示了现存书院文献的全貌，在此基础上又将现存近1500种书院文献中的1000余种影印出版，成《中国书院文献丛刊》，进而又择其中尤为重要者约150种点校出版，成《中国书院文献荟要》。学者研究实践证明，书院研究赖以深入和发展的基础是书院文献的全面搜求与系统整理，邓洪波教授的团队完成了这项工作。他们的书院总目及有选择地影印、点校的占总量七成的书院文献，不仅为研究者提供了方便，也为一般读者了解中国书院指出了门径。大量过去未被发掘、利用，而又相对完备、系统的资料，经他们网罗放失，搜剔丛残，使遗编剩稿，显晦并出，吉光片羽，终免湮没，而流风余韵亦可相因而不坠。相信今后的书院研究一定会有许多新发现、新视角和新课题，也必将产生许多更近于史实的新结论。

其二，整理与研究高度融合，产生了系列成果。他们的工作使《中国书院文献丛刊》《中国书院文献荟要》与其他研究论著等互相呼应，是将整理和研究结合得比较好的范例，也为古籍整理与研究工作如何互相促进提供了经验。《书院文献总目》揭示藏馆和版本，大大提高了书目的质量和使用价值，《书院文献总目提要》本身便是研究成果，它不仅指引门径，也为进一步辨章学术、考镜源流提供了基础和方便。而《中国书院志史》及其他研究论集，既是书院研究的新收获，也是书院研究深化的表现。他们的整理研究系列成果，不仅大大促进了书院研究自身的深入和发展，还旁涉中国古代政治史、经济史、教育史、思想史、文化史、文学史等各领域，从而也必将有利于上述领域的综合研究别开生面，以至进一步推进中国传统文化的传承和发展。

其三，是大型专题资料丛书的新收获。大型专题资料丛书对于相关专题学术研究的作用是无与伦比的。新中国建立后，学术界一直有编纂大型专题资料丛书的传统，二十世纪五十年代，中国史学会主持编纂了《中国近代史资料丛刊》，包括《鸦片战争》《太平天国》《洋务运动》《戊戌变法》《义和团》《辛亥革命》等十余种专题资料。这部近代史资料丛刊，成为中外学者研究中国近代史的必读资料，也成就了一批国内外的教授、博士，产生过广泛而深远的影响。其后，一些出版机构如中华书局、上海古籍出版社、国家图书馆出版社、凤凰出版社等也组织或出版过许多大型专题资料丛书，一些专题档案也陆续刊布。专题资料丛书提供的材料比较全面、系统，使用方便，学者在比较研究中更易发现问题、解决问题，也可以避免盲人摸象、以偏概全的弊端，故颇受学者欢迎。邓洪波教授主持的书院文献整理研究工作产生的几种大型资料丛书，是近年来专题资料丛书的新收获，也必将会为中国书院研究做出巨大贡献。

邓洪波教授是较早注意整理书院文献、研究中国书院的学者之一，也是当代中国书院研究的名家。数十年的潜心研究和执着追求，使他的研究成果得到学术界的高度重视，有很好的影响。现在他又主持完成了这样一件嘉惠学林的大功德，实在令人感动和钦佩，故不避浅陋而为之序，以表达对邓洪波教授及其团队学者的敬意。

杨忠（教育部全国高校古籍整理工作委员会秘书长、北京大学教授）
2018 年 7 月 30 日于北京大学蓝旗营

序　二

朱杰人

书院，是儒家文化特有的一种文化与教育现象。从唐代出现它的雏形开始，在长达千余年的中国历史中它扮演着非常独特和重要的角色。

它是中国传统文化的主干与核心——儒学及其研究者、传播者——儒家的道场。书院是儒家的首创，在其发展过程中，成为儒学寄生与发展的重要载体和平台。所以，它的命运始终与儒学、与儒家的命运紧密相连，儒学兴则书院盛，儒学衰则书院败。清末民初，废科举、办新学，书院也就走进了它的低谷。但是，历史总是爱和人类开玩笑，没有人会想到，进入了二十一世纪以后，书院竟然又焕然新生了。在新时代，它的勃兴居然如雨后春笋般"疯狂"与势不可挡。

书院从它诞生的那一天起就有官方和民间的双重性质，它既借助于体制的资源和模式，又有游离于体制之外的自由讲学和办学的精神，它一直被视为官方主流教育体制的一个补充、补缺。所谓"补充"，是说它弥补了体制内教育资源的不足，官学无法覆盖的，书院弥补了。所谓"补缺"，是说它补了体制内教育以应试（应科举）为目的之缺：书院教育以成人、成贤为目的，以传道（儒家的道统）为核心。实际上，从明代中后期以来，官学越来越流于形式，书院却以"补充""补缺"之身而真正承担起国民教育的责任。放眼人类教育史，古今中外，中国的书院，恐怕是一种绝无仅有的与功利不搭或少搭的教育形态。而且这种与功利保持距离的教育形态在中国的民间一直很好地被呵护并发展着。书院的办学资金部分来源于官方的筹集，部分来源于民间的捐助，官员、商人、士绅是这种捐助的主体。中国的书院延绵千年之久，民间捐助者们的贡献居功至伟，官方的支持也是至关重要的。

正因为书院一定程度游离于体制之外，正因为它与功利保持距离，所以，能看到体制的弊端，能不受羁绊地思考与研究。于是，中国的书院成了生产新思想、新学术、新理论的工厂。而这些新思想、新学术、新理论又对社会、人心产生了影响，从而影响了国家与社会的发展。

朱子是第一位从理论与实践两个层面上对中国书院的制度建设，理论建构，办学目标、方针、方法等做出重大贡献的学者。他的《白鹿洞书院揭示》是一篇划时代的纲领性文献，为中国书院的建设与发展打下了基石。直到今天，这篇文献依然是新时代书院实践的"源头活水"。而他在岳麓书院的一系列教育实践，则为后人留下了健康与科学的教学与科研生态的典范。中国的书院之所以有着那么强劲的生命力和生机活泼的内生动能，不能不说与朱子有关。

中国书院在千余年的发展中，为记录其历史、教学、经济、学术、考课等，留下了数以万计的各种文献，包括书院记、书院志、学规、章程、课艺、讲义、会录、同门谱、藏书目录、刻书目录、山长志、学田志、日记等。这些文献不仅对研究书院至关重要，对研究中国的历史、文化、学术、政治等都具有不可取代和或缺的重要意义。遗憾的是，随着书院的没落，这些文献也随之散佚。国力的强盛与传统的复兴，终于使书院文献获得了一个新生的机会。邓洪波教授领衔的课题组发起对中国书院文献的整理，实在是一件对民族文化功德无量的好事。我参加了本课题的可行性论证，拜读了全部课题报告以后我意识到，这是一次全面的、系统的、全覆盖的整理，课题完成，也就意味着中国书院文献的集成。这是一件值得所有关注书院的学者们高兴和期待的学术盛事。

当然，讲到这件盛事就不能不讲到邓洪波教授。邓洪波教授并不是最早关注并研究中国书院的学者，但他却是一位始终不渝地专注于这个领域而默默耕耘的学者。他的可贵之处在于，当书院还处于一个被人遗忘和被绝大多数人冷落的年代，他始终没有放弃。他以一己之力，收罗钩沉、爬疏剔抉、考镜源流、排比论列，终成一家之说。现在书院研究成了显学，洪波并不被"显"而空疏、好高求远的世俗所裹挟，踏踏实实地做了大量的文献整理与研究工作。他的抱负和执着不能不令人感佩。

国家社科基金重大项目"中国书院文献整理与研究"的成果就要出版了，它包括书目、影印、点校、研究几个系列，这是一件盛事。洪波兄要我写一个序，但是我对书院没有研究，真是不知道这个序该从何说起，只好谈谈自己对书院的一些基本认识，以塞文责，也算是不负洪波兄的一片美意。

朱杰人（华东师范大学终身教授、中国历史文献研究会荣誉会长、中华朱子学会常务副会长）

2018 年 6 月 12 日于海上桑榆匪晚斋

序　三

郭齐勇

　　吾友邓洪波教授是著名的书院研究专家，他主持了国家社科基金重大项目"中国书院文献整理与研究"。这个项目意义重大，洪波兄及他领导的团队视野宏阔，功底扎实，其成果将成为新一轮书院文化研究的新基础。

　　存世的中国古代书院文献汗牛充栋、浩如烟海，但分散于各处，经史子集四部都有，研究者难于查找。比如，一些书院讲义见于经部；一些书院志见于史部地理类"古迹"，书院藏书目录见于史部目录类"公藏"之属，书院碑记则多被收录进史部金石类"石类"之属；一些书院讲录、语录则被列入了子部儒家类；还有一些关于书院的记述，散见于集部的诗文集子之中。四库之外与四库之后还有不少有关书院的原始文献。此外，民国以来大量的书院研究文献散见于各种报刊。要把这些文献整理个头绪出来，殊非易事。

　　邓洪波教授很早就用心于书院文献的整理与研究。早在1997年，浙江教育出版社出版了陈谷嘉教授与他合著的《中国书院制度研究》，书末有一个附录《中国书院文献书目提要》，共著录文献370余种，按省区编排，并作提要，是较早汇录书院文献提要的重要成果，实开撰写汇编书院文献提要的先河。此次以重大项目为契机，邓教授进一步扩大规模，对中国书院文献作穷尽性的整理。他立志"竭泽而渔"，把不为人知的书院资料最大限度地从"冷宫"中解放出来，摸清并亮出全部家底。

　　据课题组调查，历代书院专书（整本）文献总量近2000种，其中亡佚500种左右，存世1500种左右。通过检索、查阅等手段，课题组对存世的约1500种文献进行普查，对作者、版本、流传、体例等爬梳、董理，将编制成一部大型的《中国书院文献版本目录》。在此基础上，将选择较有价值的书院文献约 1000 种予以影印，汇为《中国书院文献丛刊》。然后，选择其中有代表性的、意义重大或者较为少见的书院文献约 150 种作点校，做成《中国书院文献荟要》。除了对原始文献进行整理，课题组还将对数量庞大的书院研究论著予以编目，著成《近百年书院研究论著目录》。如此大规模地对书院文献进行整理，在学界当属首次。除了大规模的文献整理，课题组还将在此基础上，陆续推出《中国书院志研究》《中国书院文献总目提要》《中国书院文献研究》等专题方面的系列研究成果。这些整理与研究，功德无量，必将嘉惠学林，促进书院历史与文化研究走向新的繁荣。

这些整理与研究，除了大有功于书院学的发展，我想对于古代儒家文化和思想的研究也是大有裨益的。书院是我国古代极为重要的教育机构，也是学术机构。而无论是书院的教育还是书院的学术，都与儒家有着密不可分的关系。

在我国古代众多的学术思想流派中，最重视教育的是儒家。孔子是我国最伟大的教育家。我国古代教育的内容和理念也主要是儒家的，从书院的学规就可以看出来。朱子的《白鹿洞书院揭示》，影响后世书院办学数百年，大家耳熟能详，其中规定了书院的目标和学生的守则。它集儒家经典语句而成，便于记诵。它要求学生明白义理，并落实到身心修养上来，按学、问、思、辨、行的次第，格物致知、穷理尽性，最终实践笃行。由一代名臣张之洞于 1869 年创办的经心书院，于 2015 年在武昌东湖复办。在下忝为该书院名誉山长。我对这一书院提出了学规：以行己有耻、修身立德、知行合一为宗旨；以"五常"（仁义礼智信）和"八德"（孝悌忠信礼义廉耻）为人生的指南；以孝亲、守礼、笃学、敏行为条目（步骤）：孝亲——爱父母；守礼——懂规矩；笃学——读经典；敏行——做公益。座右铭："儒有忠信以为甲胄，礼义以为干橹，戴仁而行，抱义而处"；"儒有不宝金玉，而忠信以为宝；不祈土地，立义以为土地；不祈多积，多文以为富"；"仁者以财发身，不仁者以身发财"。我认为，最重要的是，书院运行一定要在这些义理的指导下进行。总体上是要贯彻孔孟仁义之道，提升办院者与学员的人文道德素养，身体力行，知行合一。

儒家不仅仅重视学校教育，同时也重视家庭与社会教育。社会教育是通过文化传播的方式实现社会教化。社会教化的基本内容和理念依然是儒家的。

儒家之所以有那么强大的生命力，能成为中国传统思想文化的主流，与它重视文化传播和社会教化是分不开的。两宋以来，历代大儒多依托书院面向社会大众从事讲学。他们的学术功底，他们的人格魅力，非一般教书匠可比。他们凭着学术思想和人格魅力，所过之处，化民成俗，雅称"过化"。他们使得儒家理念在社会大众的日用伦常中生根发芽，从而使儒家思想落地，并影响到社会生活的方方面面。当然，古代儒释道三教相辅相成、相互支持，儒生书院也往往有赖于佛寺、道观而生存。

古代的书院是介于官学与私学之间的教育机构，是在致力于解决官学教育种种弊端的基础上产生的，它反对功利主义，反对仅仅把教育当作科举考试的手段，反对把教育仅变成记诵之学。书院的教育强调道德的修养和人格的养成。毫无疑问，这有赖于对儒家义理的讲明。在讲明儒家义理的过程中，书院的学术讨论形成了。所以，书院也是一个学术机构。书院里的学术讨论既服务于教育，亦致力于学术自身的发展。这里的学术主要还是儒家的。比如，南宋时期的湖湘学派是理学南传之后最先成熟起来的一个理学流派，而岳麓书院正是当时湖湘学派的基地。公元1167年，朱子不远千里从福建崇安赶到长沙，就是为了与湖湘学派的代表人物、岳麓书院主教张栻讨论儒家理学上的一些问题，史称"朱张会讲"。朱张会讲开书院会讲之先河，在中国学术思想史上有着重大的意义，为不同学派的争鸣，为书院成为儒家学术研究机构，发挥了重大的作用。

据邓洪波教授的统计和研究，中国历史上出现过大大小小的书院7500余所。这些书院是中国文化与儒学教育、研究和传播的重要场所和基地，它们把传统文化与儒家思想带入了中国社会的各个层次和各个角落。它们自身亦成为儒家和儒学的载体，成为儒家文化的核心要素之一。

我们目前对于儒家思想文化，主要还是通过儒家的经典文本来了解它的思想理念，通过史书记载来了解它的社会影响，通过分析当时民间的思想观念来了解它的传统魅力。然而，我们对于儒家思想文化的传播过程和传统的形成，其实还停留在比较抽象的层面。现在，邓洪波教授开始了对书院的综合研究，无疑为我们了解这方面的情形打开了一扇大门，能极大地帮助我们深入而具体地了解书院的组织架构、制度、理念以及儒家思想文化在其中所起的作用、所占有的地位，并了解儒家思想文化的世俗化过程和儒家传统的传承。对于书院文献的综合整理和研究，也有助于我们深入而具体地了解儒家思想文化对周边国家的传播过程。明代以后，中国书院这种教育组织形式，大量地传入东亚各国各地区，对于以中国为中心的儒家文化圈的形成起到了重大的作用。书院文献的内容相当丰富，借助这些文献，我们也能对历史上的社会、政治、经济、文化、生活等方方面面有更加深入而具体的理解。

伴随着国学热，我国这一波书院热也持续十多年了。可以说，国学热在今天也表现为一定程度的书院热，各地的民间书院如雨后春笋般涌出。有人粗略估计，近几年全国出现了几千所书院，但良莠不齐，鱼龙混杂。正如我们对国学热予以肯定并提出批评一样，我们也对书院热予以肯定并提出批评。传统的书院，包括嵩阳书院等最有名的书院在内，现在一般只是文博单位，成为文物、博物馆或旅游景点，不再具有古代书院的职能。老书院焕发青春的唯一典范是岳麓书院，该院得天时、地利、人和，结合传统与现代，使千年书院获得新生。今天的书院，就主办方而言，大体上有官办、商办、学者办、民办，或官学商、或官学、或商学、或民学合办等多种，但是由于历史经验不足，存在许多问题，还是要从传统书院吸收精神营养。而传统书院的办学经验、精神营养具体都有哪些，离不开对古代书院文献的深入研究。

可见，无论从传统还是从现代来看，中国书院文献的综合整理与研究都有着巨大的意义。这是一个浩大的工程！邓洪波教授身处岳麓书院，长期从事书院研究，并且有着亲身的体验，我们相信在他的主持下，这项整理与研究一定能结出硕果，一定能极大地推进书院学的研究，也一定能为儒家乃至整个传统思想文化的研究奠定新的基石。

是为序。

郭齐勇（中华孔子学会副会长、中国哲学史学会副会长、武汉大学国学院院长）

2018 年 6 月于武昌珞珈山麓

第一章　书院文献综论

书院文献编纂与尊朱辟王实践

——以瀛山书院为中心的讨论

兰军　邓洪波

明中叶王守仁心学思想崛起，虽屡遭朝廷禁毁，仍盛行百余年。阳明殁后，良知学说虽由门人弟子传布于大江南北，但因各自领悟之差异而日渐分化，其弊端也日趋显现。晚明以顾宪成、高攀龙、刘宗周为代表的部分儒者在批判左派王学摒弃礼教、谈禅入佛之外，已兼采朱子学说对阳明心学展开修正。入清后，以张履祥、吕留良为代表的民间儒者在完成个人思想学术由王返朱后，即通过著述活动展开尊朱辟王实践。张、吕等人掀起的学术思潮在陆陇其、李光地、熊赐履、张伯行等理学名臣的推动下，由民间扩展至朝堂，程朱之学经朝廷倡导，再次推及全国。

目前学界对明清之际尊朱辟王现象的研究多集中于典型学者的思想分析及其开展的具体实践，立足于宏观层面梳理该现象的演变脉络。[①] 本文则试图将研究视野聚焦于晚明以来浙江遂安士人在书院志、地方志编纂过程中展开的"尊朱辟王"活动。具体以隆庆年间王畿、钱德洪为庆贺瀛山书院重建而撰写的《瀛山书院记》《瀛山三贤祠记》在明清瀛山书院志、严州府志、遂安县志中的文本差异为中心，揭示学术思潮嬗变背景下书院士人对朱、王两种学术资源的褒贬历程。

[①] 相关研究成果参见张天杰、肖永明：《从张履祥、吕留良到陆陇其——清初"尊朱辟王"思潮中一条主线》，《中国哲学史》2010 年第 2 期；张天杰：《清初理学家的"由王返朱"心路转换》，《阳明学刊》2015 年。

一、偷梁换柱：书院志、地方志中瀛山书院记文之差异

（一）王畿《瀛山书院记》

王畿所作《瀛山书院记》是分析隆庆年间瀛山书院由朱趋王学术转向的关键文献。2007 年凤凰出版社出版的《王畿集》将该文列入附录三逸闻辑佚，注明文献来源于民国《遂安县志》卷十。[①]《王畿集》是吴震以现存最早的万历十六年（1588）萧良榦刻《王龙溪先生全集》为底本，校以其他文献整理而成。由此可判定《瀛山书院记》最初未收录于萧氏《王龙溪先生全集》。笔者通过查找相关文献发现万历六年（1578）刊刻的《严州府志》已收录有该篇记文。[②] 因《瀛山书院记》作于瀛山书院复建后的隆庆三年（1569），故万历《严州府志》所载该文极有可能是最早版本。中国古代方志具有前后相承、连续编纂的显著特征，特别是明清时期，按时编修方志已形成制度。[③] 同一府县方志虽有多种版本，但记载内容大多前后连贯，大体一致。王氏记文在康熙《遂安县志》、光绪《严州府志》、民国《遂安县志》中内容相同，均是万历《严州府志》的删改本。为更清晰呈现两者内容之差异，笔者以列表方式将万历与康熙两志所收《瀛山书院记》全文抄录如表一。

---

① 王畿撰，吴震整理：《王畿集》，南京：凤凰出版社，2007 年版，第 819 页。

② 杨守仁修，徐楚纂：（万历）《严州府志》，见《日本藏罕见中国地方志丛刊》，北京：书目文献出版社，1990 年版，第 541—543 页。

③ 仓修良：《方志学通论》，上海：华东师范大学出版社，2014 年版，第 11 页。

表一　万历《严州府志》与康熙《遂安县志》所载《瀛山书院记》对刊表①

万历《严州府志》载《瀛山书院记》全文	康熙《遂安县志》载《瀛山书院记》全文
遂境多崇山，瀛山距邑西北四十里，宋熙宁时有詹安者构书院于其岗，群族咸子弟而教之。山下凿池引泉，注之为方塘，以便游息。意在课子弟，取科第，期以节义文章名世也。厥后，孙仪之始慨然有志于学。仪之举绍兴二十一年进士，累官吏部侍郎。淳熙中与朱晦翁相友善，常往来山中，论格致之学，因为题"方塘诗"以见志。时有书问相辨析，所遗墨宝，至今犹存。但世远芜废，仅存书院之名而已。	瀛山距邑西北四十里，宋熙宁时有詹安者构书院于其岗，群族咸子弟而教之。山下凿池引泉，注之为方塘，以便游息。厥后，其孙仪之始慨然有志于学。举绍兴二十一年进士，累官吏部侍郎。淳熙中与朱晦翁相友善，常往来山中，论格致之学，因为题"方塘诗"以见志。但世远芜废，仅存书院之名而已。
明隆庆戊辰，宛陵周子恪来令遂，周子伯兄太常君怡尝从予与绪山钱子游，深信师门良知之学。其治遂也，以振起斯文为己任，每携同志诸子弟访瀛山方塘之旧，锐意兴复。聚材鸠工，辨方正位，命方应时董其役，方嘉会、方言等任其劳。经始于七月之望，再越月而落成，凡为屋二十有四楹，仍匾曰"瀛山书院"。中为格致堂，前为登瀛亭，后为二贤祠，规制宏丽，而数百年之既废者，焕然复新矣。应时谓事不可以无纪，因受命于周子走书币来征言。	明隆庆戊辰，宛陵周子恪来令遂，与其兄太常君怡尝从予与绪山钱子游，深信师门良知之学。其治遂也，以振起斯文为己任，每携同志访瀛山方塘之旧，锐意兴复。聚材鸠工，方应时董其役。经始于七月望，再越月而落成，凡为屋二十有四楹，仍匾曰"瀛山书院"。中为格致堂，前为登瀛亭，后为三贤祠，周子走书币来征言。

① 右侧《瀛山书院记》见刘从龙等纂修，刘阆儒、毛升芳续修：康熙《遂安县志》卷十，清康熙二十四年增修本。

续表1

万历《严州府志》载《瀛山书院记》全文	康熙《遂安县志》载《瀛山书院记》全文
夫晦翁之学传五百年矣，自阳明先师倡致良知之教，风声便于海内，凡名区胜地，往往创置书院以为聚友讲学之所，贞志向学，不无其人。或尚未免徇名亡实，从意气上激注，知解上凑泊，甚至从门面格套上支撑，文章流为绮语，节义变为客气，未肯默默自反从身心性情上理会，以求自得之益。所以意气有时而衰，知解有时而穷，门面格套有时而废，虽读书业举以文章节义相期者，亦未免志有所夺，力有所妨，而道德之风日微，间有一二独立而不变者，譬如硕果缀于群阴之上，仅仅自守，得免堕落亦已难矣。周子乃能兴复若此，此硕果反生之兆也。夫道有本，学有机，不探其本，不循其机，虽豪杰之资，无从而悟入。千古圣贤，惟在会理性情。是谓喜怒哀乐未发之中，道之本也，其机存乎一念之微，性情得而天地万物举之矣。	夫晦翁之学传五百年矣，自先师阳明先生倡致良知之教，海内往往皆创置书院以为讲学之所，贞志向学，不无其人。然或徇名亡实，从意气上激注，知解上凑泊，甚至从门面格套上支撑，文章流为绮语，节义变为客气，未肯自反从身心性情上理会，间有一二独立者仅仅自守，得免堕落，亦已难矣。周子乃能兴复若此，此硕果反生之兆也。夫道有本，学有机。千古圣贤，惟在会理性情。喜怒哀乐未发之中，道之本也，其机存乎一念之微，性情得而天地万物举之矣。
孔子称颜子好学，惟曰："不迁怒。"所以反情而复性也。才动就觉，才觉就化，从一念上抉择，不待远而后复是。岂意气之可逞，知解之可求，门面格套之可倚，文章节义之可名，此之谓自得之学，至易至简者也。颜子没而圣学亡，千载不传之秘，始终于濂溪而传之明道，曰主静无欲，曰定性无事，此其的也。龟山、上蔡、豫章、延平皆令学者先立大本，观未发已前气象。师友渊源，相守以为学脉，沿至考亭，学始一变。其曰为学在于穷理，穷理在于读书，读书在于循序致精，	孔子称颜子好学，惟曰："不迁怒。"所以反情而复性也。颜子没而圣学亡，千载不传之秘，始发于濂溪而传之明道，曰主静无欲，曰定性无事，此其的也。龟山、上蔡、豫章、延平皆令学者先立大本，观未发已前气象。至考亭，学始一变。惟先师发明不学不虑之旨，所谓未发之中也。慎其机于不睹不闻，推其至于无声无臭，范围曲成，惟此而已。

续表2

万历《严州府志》载《瀛山书院记》全文	康熙《遂安县志》载《瀛山书院记》全文
而居敬持志以为之地。隔涉几重公案，延平尝欲授以未发之旨，自谓当时贪听讲论，又方酷好训话，不得尽心于此。至今若存若亡，无一的见，易简支离，孰同孰异，必有能辨之者矣。自先师发明不学不虑之旨，以开来学，循濂洛之绪，上遡洙泗之传，所谓未发之中也。慎其机于不睹不闻之微，推其至于无声无臭之妙，范围曲成，通昼夜之道，而知者惟此而已。 　　先师尝谓："格致之说有异，每疲于心，因取晦翁全书读之，晦翁固已深悔之矣。"揭之以为晚年定论，所谓君子之过无伤于日月之明，圣贤之存心也。试举一二与诸君筹之。 　　有曰学之道惟在求放心，今一向耽著文字，令此心全体都奔在册子上，更不知有已，虽读得书亦何益于吾事耶。 　　有曰读书只为学中一件事，文字虽不可废，然涵养本源而察于天理人心之判，此是日用不可间断的事。今自家一个身心，不知安顿去处，而谈王说怕将经世事业别作一项伎俩商量，不亦谬乎。 　　有曰从前为学，实有向外支离之病，不惟误己而误人，亦不少近，方寻得一个头绪，似差简约端的，始知文字言语之外真别有用心处。 　　有曰此个大头脑非外面物事，是我元初本有的。曰人生而静，曰喜怒哀乐之未发，人汩汩地过了日月，不曾存息，不曾实见，此体段如何会有用力处，凡此见晚年精诣之论也。	先师尝谓："格致之说若与有异，每疲于心，因取晦翁全书读之，晦翁固已深悔之矣。"

续表3

万历《严州府志》载《瀛山书院记》全文	康熙《遂安县志》载《瀛山书院记》全文
其他或间传疏读书穷理诸说，乃其蚤年未定流传世间，欲改而未之及，诸君取而玩之，亦可以无疑于用力之方矣。天理者吾心自然之条理，非有假于外也。若曰读书穷理，理果在于书已乎，问者曰然则为学之无事读书可乎，余曰游谈无根，昔人所戒，书何妨汝读，学者之读书有印正之义焉，其次有触发之义焉，其次有栽培之义焉，是谓以我观书，不以书缚我，善于读书者也。	
今诸君所事者举业，所读者圣贤之书，而为学之志未免为其所夺者。非举业之能累人，繁华之念重，故视举业亦重，营营得失不能不为其所夺耳。若能审于名实之辨，屏斥繁华，专志于身心性情之务，炯然内照，观所谓未发之中以求自得，不得以意气门面之习汩于其间。身心之念重一分，繁华之念自然轻一分，早识而力反之，持衡之势也。诸君志本绝尘，而区区复以举业渎告之者，随方解缚是犹以世间豪杰待诸君也。若是出世间大豪杰意之所示，便当豁然，所谓见鞭影而走，岂惟不患妨功，即举业为德业，千古学脉亦将重有赖焉。	今诸君所事者举业，所读者圣贤之书，而为学之志未免为其所夺者。若能审于名实之辨，屏斥繁华，专志于身心性情之务，炯然内照，观所谓未发之中以求自得，岂徒以意气门面之习汩于其间哉。
周子笃信师传，不缁于习，以政为学，以身为教，约己以廉，惠众以慈，敦士以礼，其兴复书院也，表先正而启发后人。扩其同善之仁而不为靡文，繁饰信施而易从所令，不反其所好，藏身之恕也，虽然良心难保而易失，旧习易溺而难反，有道者之所深忧也。不肖年踰七十，百念已灰，而求友一念，老而弥切，何时放剡曲之舟，策杖访瀛山，相与登格致堂，问活水之源，申究先师与晦翁证悟之因，以助成弦歌之化，非徒一叹而已也。书此以为左券云。	周子笃信师传，不缁于习，以政为学，以身为教，其兴复书院可谓能表先正而启后人矣。不肖求友一念，老而弥切，何时策杖瀛山，相与登格致堂，问活水之源，申究先师与晦翁证悟之因，以助成弦歌之化，非徒一笑而已也。书此以为左券云。

通过对刊可以看出，王畿记文被删部分主要集中于从道统上批判朱熹、良知现成说与朱子晚年定论等敏感内容。龙溪认为儒者相守以传，注重内在心性探讨之学脉在朱熹手上出现了断裂。他在记文中构建了一个上自孔子、颜子，下至其师王守仁的心学道统谱系。有关该谱系的关键语句，诸如从周敦颐至李侗"师友渊源，相守以为学脉"，阳明良知之学"以开来学，循濂洛之绪，上遡洙泗之传"等均被抹除。王畿指出心学学脉沿至朱熹始一变，更以其口吻诲认未能延续儒家心性未发之旨，偏重于外在事物求理，致使道统若存若亡。《瀛山书院记》在宣扬阳明良知之教的同时还掺杂了不少龙溪即本体即工夫的直觉顿悟观。诸如"才动就觉，才觉就化，从一念上抉择，不待远而后复是"等均被删减。瀛山书院为朱熹过化与商补《大学》之地，朱子理学已然成为书院所秉持的学术正统，王畿欲在此传播阳明心学，如何处理两者互相抵牾之处，显得尤为重要。正德十年（1515），王阳明为减轻程朱儒者对其良知说的抨击，编订《朱子晚年定论》缓解两者间的学术紧张。龙溪也试图以此作为锲入瀛山书院的突破口，在貌似尊朱旗帜下以王代朱。记文委婉道出阳明在提出"致良知"后即寻求与朱子格致说的共通之处，继而认定朱子晚年已发觉自身学说之不足，开始向心学靠拢。对朱熹其他与阳明心学旨趣截然对立的"传疏读书穷理诸说"，龙溪均将其归为"欲改而未之及"的中年未定之论。总之，《瀛山书院记》透漏出王畿欲以阳明学取代朱子学，占领瀛山书院这一朱学阵地的意图，记文中的敏感话语因触及康熙年间遂安官绅尊朱意愿而被方志摒除。

（二）钱德洪《瀛山三贤祠记》

钱德洪所作《瀛山三贤祠记》也是分析隆庆年间阳明学意图传入瀛山书院的重要文献。因相关语录、文章的大量失传，现存明代钱德洪相关文献中暂未见《瀛山三贤祠记》。据笔者所查，钱氏该记文在康熙《遂安县志》已有收录，光绪《严州府志》、民国《遂安县志》续收且内容与之相同。钱氏记文因在言语、意图上较王氏《瀛山书院记》更委婉含蓄，被收录于乾隆《四刻瀛山书院志》，但在内容上却遭删改。表二即以康熙志文与书院志文比对，以明晰书院志编纂者方宏绶对钱氏记文改动痕迹。

表二　康熙《遂安县志》与乾隆《四刻瀛山书院志》所载《瀛山三贤祠记》对刊表

康熙《遂安县志》载《瀛山三贤祠记》	乾隆《四刻瀛山书院志》载《三贤祠记》
余读晦庵朱先生《方塘诗》，乃叹曰："此朱子悟道之言乎，其所以上承千圣之绪，下启后学之端，尽见于是诗矣。"今年五月，遂安方应时、方世义等持其乡达詹侍御理事状，乞余作《三贤祠记》。余阅之，乃知方塘在遂安瀛山之麓，晦庵尝自婺访詹虚舟仪之，往来论学于斯，既后门人筑书院于方塘之上，名之曰"瀛山书院"。岁久榛废，晦庵遗教亦绝响矣。	余读晦翁《方塘诗》，乃叹曰："此朱子悟道之言乎，其所以上承千圣之绪，下启后学之端，尽见于是诗矣。"特不知方塘在何地，后世亦有踵其芳躅而继发其余韵者乎？今年五月，遂安方应时、方世义等持其乡达詹侍御理事状，乞余作《三贤祠记》。余阅之，乃知方塘在遂安瀛山之麓，晦翁尝自婺访詹虚舟先生，往来论学于其上，名曰"瀛山书院"。迨历宋元之间，岁久榛废，晦翁遗教亦绝响矣。
邑尹周子恪来莅遂，访求方塘遗址，心悦之，乃谋于诸生，创复书院，而亭其上，又筑祠于书院后，妥朱子位于中堂，以崇祀事。所谓三贤者，左列詹子仪之，而虚其右，爰念周侯德教，将尸而祝之，以效桑梓之情。周子少事其兄太常君怡，继从余与龙溪王子游，深信师门之学，奋然以圣学为己任，下车未及期，政厘弊革，民怀其德，士趋其教，暇则与乡达彦士论学于方塘之上，关闽洙泗之气象复见于今日，则周子倡学之功与朱子等，生祀之以衍其教于无穷，宜已。	戊辰夏月，宛陵周子恪奉简命莅遂，访求邑中旧事得方塘遗址，心悦之，乃谋诸生方应时，创复书院，而亭其塘，耆民方志达等又筑祠于书院后，妥朱子位于中堂，以崇祀事。所谓三贤者，左列詹子仪之，而虚其右，爰念周侯德教，将尸而祝之，以效桑梓之情。周子少事其兄太常君怡，奋然以圣学为己任，下车未及期，即政厘弊革，民怀其德，士趋其教，暇则与乡达彦士论学于方塘之上，诸生跃跃然来歌来游，追想关闽洙泗之气象复见于今日，则周子倡学之功与朱子等，宜生祀之以衍其教于无穷也。

康熙《遂安县志》载《瀛山三贤祠记》	乾隆《四刻瀛山书院志》载《三贤祠记》
余少业举子，从事晦庵《集注》《或问》诸说，继见吾师阳明夫子，省然有得于良知，追寻朱子悔悟之言，始信朱子学有原本，达圣道之渊微矣。故尝增刻朱子晚年定论，使晦庵之学大显于天下。观其方塘之咏，"一鉴澄清，云影天光，上下掩映"，想见其胸中空洞，万象森列。噫，亦何自而得此哉？源头活水，流而不息，言有本也。夫学莫贵于自得，斯逢源资深，道义之出无穷。今周子政根于学，学本于心，故临政未久而民知德。诸生服膺朱子，不泥其中年未定之说，而复因周子之政，以追原王门之学，自率其身以达之政，斯无愧于是祠之筑矣。 余老矣，不能策杖与邑之乡达彦士歌游于胜地，因二生之请，姑叙其说而归之用，以寄吾之思云。	夫朱子学有原本，达圣道之渊微。观其方塘之咏，"一鉴澄清，云影天光，上下掩映"，想见其胸中空洞，万象森列。此即唐虞之光被四表，格于上下；即孔门之鸢飞鱼跃，洋洋乎如在其上，如在其左右；即孟子之存神过化，上下与天地同流；即程子之见周茂叔，吟风弄月以归，有吾与点也之意。噫，亦何自而得此哉？源头活水，流而不息，言有本也。夫学莫贵于自得，渣滓浑化，全体丕显，斯逢源资深，道义之出无穷矣。今周子政根于学，学本于心，故临政未久而民知三代之政可征，士信圣人之学可至，为有本也。诸生服膺朱子，则思其平生以必为圣人为志，而深造于圣学之渊微，爰率其身以达之政，斯无愧于是祠之筑矣。 余老矣，不能策杖与邑之乡达彦士歌游于胜地，因二生之请，姑叙其说而归之用，以寄吾之思云。隆庆庚午五月绪山居士钱宽撰。

由表二可见，方宏绥对康熙志所载《瀛山三贤祠记》之删减首先体现在对周恪的介绍上。"继从余与龙溪王子游，深信师门之学"被删，掩盖了周县令从学于王畿、钱德洪，为阳明再传弟子的背景，复建书院意在讲论王学之目的也被埋没。第二处删减集中于钱德洪肯定朱子晚年确有悔悟之说，欲以《朱子晚年定论》为旗号倡大阳明心学的言论。方宏绥将"余少业举子，从事晦庵《集注》《或问》诸说，继见吾师阳明夫子，省然有得于良知，追寻朱子悔悟之言，……故尝增刻《朱子晚年定论》，使晦庵之学大显于天下"部分删除，把"始信朱子学有原本，达圣道之渊微矣"的"始信"二字替换

为"夫"字置于段首，下文接钱德洪赞咏《方塘》诗原文。经上述处理，钱氏肯定朱子晚年悔悟之言被改为对朱熹的由衷赞誉，倡导阳明心学的文字被彻底抹除。最后一处改动体现在将"不泥其中年未定之说，而复因周子之政，以追原王门之学"替换为"则思其平生以必为圣人为志，而深造于圣学之渊微"，如此隆庆年间瀛山书院在学术上由朱趋王的转向被置换为对书院生徒应深信朱子学说的劝勉。

删改之外，方宏绶对钱氏祠记还有一处增衍，旨在凸显朱熹的圣贤地位。钱德洪祠记原文对朱子《方塘》诗仅有两句盛赞，且是基于诗文情景的赞美与启示。"观其《方塘》之咏，'一鉴澄清，云影天光，上下掩映'，想见其胸中空洞，万象森列。噫，亦何自而得此哉？源头活水，流而不息，言有本也。"方氏在两句之间增加"此即唐虞之光被四表，格于上下；即孔门之鸢飞鱼跃，洋洋乎如在其上，如在其左右；即孟子之存神过化，上下与天地同流；即程子之见周茂叔，吟风弄月以归，有吾与点也之意。"旨在颂扬朱子上接孔、孟、周、程，凸显其在儒家道统中的显著地位。

二、徘徊于朱王之间：晚明瀛山书院的学术嬗变

瀛山书院位于浙江淳安县城西北四十里，肇始于北宋熙宁年间（1068—1077）中宣大夫詹安为子弟读书应举而建的双桂书堂。南宋时，詹仪之与朱熹、张栻、吕祖谦、真德秀相友善，书院也从单纯追求举业转向讲明理学。乾道至淳熙年间，朱熹常往来瀛山与詹仪之论学，商补大学格致章，更有《咏方塘诗》传世。从此，朱子理学成为瀛山书院所秉持的学术正统，为后世不断构建与加持。

明隆庆年间（1567—1572），王畿门人周恪任遂安县令，在方应时家族协助下复建瀛山书院。周恪字有之，号少峰，太平人，与兄怡俱受学于王龙溪，嘉靖三十四年（1555）举于乡，授遂安令。[①] 在遂安，周恪注重以理学接引士子，作《格致微言》《致知难易解》与诸生讲论，以改变士风。隆庆二年

---

① 曹梦鹤等修，孔传薪、陆仁虎纂：（嘉庆）《太平县志》，见《中国地方志集成·安徽府县志》辑62，南京：江苏古籍出版社，1998年版，第124页。

（1568），周恪访詹仪之墓，立碑彰表，又与诸生访瀛山书院故址，有意兴复。生员方应时、方世义等会意请修，率方氏家族子弟捐赀聚材，于隆庆三年九月建成。兴复后的瀛山书院共有房屋二十四楹，设二贤祠奉祀朱子与詹仪之。为在瀛山书院倡导阳明学说，周恪特意延请王门高足王畿、钱德洪分别撰写《瀛山书院记》与《瀛山三贤祠记》。钱、王记文均以朱子晚年定论为突破口，意在促使书院在学术上由朱趋王。

隆庆四年（1570），应周恪之请，王畿赴瀛山与遂安生员方应时等发起瀛山讲会。龙溪"泝富春，登瀛山，坐格致堂，举朱子晚年定论合文成奥旨，参订扬摧，镌之石，相与赓方塘诗而别"①。在龙溪倡导下，阳明心学已然成为该时期瀛山讲会之主题，"隆庆庚午，周侯恪以礼请抵瀛山，发明格致之学，风驰云附，称盛绝焉"②。隆庆五年，周恪升任顺天府司理，瀛山讲会在方应时主持下与天真书院相连属，获得进一步发展。嘉靖年间，钱德洪、王畿相继从绍兴移居杭州，担任天真书院主讲。每年四方弟子于春秋两次集聚天真，祭拜先师，随后举行长达一个多月的讲会活动，动则百余人，成为整个王门后学讲学传道的大本营。天真书院会讲时，方应时尝率瀛山诸生"担簦趋函丈受业，印证宛陵之所论说，昭若发蒙矣"③。隆庆四年秋，方应时中举，方志载其虽"登贤书，公不喜得隽，而喜聆钱、王绪论"。王畿为此作《梦徵篇》勉励方氏以讲明圣贤之学为己任，不负师友兴办瀛山讲会之期望：

> 方子质美才逸，志余尚友。吾友少峰令武强，育才兴学，群邑校之秀彦课业之外，益进之圣贤之学。方子得所依归，所志益锐。……所望方子益厉此志以终始于学，充其质将日进于高明，达其才将日跻于宏远，为一方士人之赤织，使此学日底于悠久，不负少峰

① 黄居中：《千顷斋初集》，《续修四库全书》第 1363 册，上海：上海古籍出版社，2013 年版，第718 页。
② 方宏绶等：《四刻瀛山书院志》，见赵所生、薛正兴主编《中国历代书院志》第 8 册，南京：江苏教育出版社，1995 年版，第 413 页。
③ 黄居中：《千顷斋初集》，《续修四库全书》第 1363 册，上海：上海古籍出版社，2013 年版，第718 页。

子师友期待之意，方为大丈夫经纶事业。区区一科第之荣，知未足为方子轻重也。[①]

隆庆六年二月，瀛山书院将周恪奉祀于朱子之右，改二贤祠为三先生祠。周氏身为阳明再传弟子得与朱熹、詹仪之二贤并祀，反映出隆庆年间阳明心学在瀛山书院的显著地位。

万历七年（1579），张居正禁毁讲学书院，瀛山书院因讲论阳明学说面临废毁，在方应时斡旋下终以朱子过化之地，后人奉祀文公之所免于鬻废。"万历十年壬午夏五月，张江陵柄国，疏毁天下书院，令甚竣。瀛山亦因撤门额，不敢护。时方缮部尹长泰，长泰故朱子治邑，民祠于书院以祀。当道迫鬻，缮部力疏留之，瀛山亦援此例得不鬻废。"[②] 万历八年，方应时任长泰县令，正值朝廷禁毁书院。方氏在上报文书中奏明"本县只有朱文公祠一所，别无书院。……嘉靖乙酉年掌县事推官黄直更修，内扁瞻山仰斗门揭文公书院，历年春秋在此祭祀，并无生徒占住讲读经。"[③] 意在阐明文公书院只是祭祀朱子的祠宇，非聚徒讲学、妄议朝政之书院，不属朝廷禁毁之列。因方应时据理力争，不仅长泰文公书院得以保留，瀛山书院也因属朱子过化之地援例免于废毁。

瀛山书院因讲论阳明学说在万历年间险遭废毁，借助奉祀朱子之所才得保存的教训使方应时家族在此后的书院活动中采取了逐渐淡化阳明学，凸显朱子学的策略。万历二十六年（1598），方应时致仕归乡，与当地诸生继续讲学于瀛山书院。黄居中为方氏所作《行状》中评价其"即名王氏学，然实宗朱而衷陆"，可见其晚年在学术上确已呈现出由阳明学向朱子学的转变。方志

---

① 方宏缓等：《四刻瀛山书院志》，见赵所生、薛正兴主编《中国历代书院志》第 8 册，南京：江苏教育出版社，1995 年版，第 390 页。

② 方宏缓等：《四刻瀛山书院志》，见赵所生、薛正兴主编《中国历代书院志》第 8 册，南京：江苏教育出版社，1995 年版，第 390 页。

③ 方宏缓等：《四刻瀛山书院志》，见赵所生、薛正兴主编《中国历代书院志》第 8 册，南京：江苏教育出版社，1995 年版，第 436-437 页。

也称其"锐志潜修,一宗紫阳之学"①。万历后期阳明门人在学术上的分化及东林诸儒对王学左派的严厉批评,成为方应时与瀛山书院学术转向的重要背景。"某生日自新建学兴,左祖陆而弁髦朱氏矣。要之袭躬行者以貌,袭神解者以言,揆以由中百不得一,即庭内不能无操戈,况望门而瞰者乎!"②讲明理学之外,方应时还将精力投注于教化乡里宗族,以朱子家礼维风导俗。"取冠昏丧祭之仪与家礼、集礼合者,刊定一书,示族姓闾里勉共遵守。"③万历三十三年秋,方氏族人在瀛山书院三先生祠左新建方先生祠专祀方应时,有意忽略其早年信奉阳明学之事实,将之直接与朱子相联结。"一生命脉精神不啻与考亭相融结。在长泰士民尚铭其绩,奉祠配享,矧吾侪可无崇报之礼乎?"④天启二年(1622),方世敏编纂《瀛山书院学规》,从集事、讲学两方面指导书院士子修身、治学与处事。学规在制定上以"宗法紫阳,动中规矩"为原则,重新确立了瀛山讲会以朱子学为宗的学术旨趣。"他日朱子谓黄榦曰:吾道之托在此。愚谷子此规,安知不为隔世之直卿耶?"又如"吾侪果能恪遵夫格致诚正之训,以认取夫源头活水之趣,则一切条教皆属烦称"⑤。在方氏族人经营下瀛山讲会一直持续到清初,讲习内容已由阳明心学返归朱子理学。

三、口诛笔伐:遂安县志对王学之批判

明末清初对阳明心学流弊的深刻反思带动了程朱学说的发展。倡导较为质朴的朱子学、反对虚妄空疏的阳明学已然成为一时风气。在此背景下,钱

① 嵇曾筠修,沈翼机纂:(雍正)《浙江通志》,《景印文渊阁四库全书》第523册,台北:台湾商务印书馆,1986年版,第624页。

② 黄居中:《千顷斋初集》,《续修四库全书》第1363册,上海:上海古籍出版社,2013年版,第720页。

③ 黄居中:《千顷斋初集》,《续修四库全书》第1363册,上海:上海古籍出版社,2013年版,第720页。

④ 方宏缓等:《四刻瀛山书院志》,见赵所生、薛正兴主编《中国历代书院志》第8册,南京:江苏教育出版社,1995年版,第427页。

⑤ 方宏缓等:《四刻瀛山书院志》,见赵所生、薛正兴主编《中国历代书院志》第8册,南京:江苏教育出版社,1995年版,第427页。

德洪、王畿所作瀛山书院记文因明显的尊王贬朱取向而被书院志、地方志编纂者有意忽略、删改甚至批判。以王畿为例，他不仅亲赴瀛山主持讲会、倡导阳明学说，更有数篇与书院密切相关的文献，四、五、六刻瀛山书院志却仅收录《梦征篇》与《观方塘用晦翁韵》。王畿批判朱熹，试图以阳明学取代朱子学的《瀛山书院记》，因与书院尊朱旨趣背离而被有意忽略。民国《遂安县志》则收录了康熙年间方迈所作《读瀛山书院及三贤祠记》、民国初年陆登鳌所作《瀛山书院记辩》两篇专门讨伐钱德洪、王畿之辩文。两篇文章主旨相同，前者在言辞上更为激烈，且属于清前期朱王学术转换阶段，故下文选取方氏记文再做解读。

《读瀛山书院及三贤祠记》作者方迈为福建侯官人，康熙三十三年（1694）进士，曾任萧山、兰溪知县。① 方氏博极群书，长于经史之学，曾与毛奇龄往复问难于经，史称"善破析疑，滞于奇龄亦多纠正"②。方迈致仕后以著述自任，有《四书讲义》《春秋补传》《古今通韵辑要》等经史著作。记文开头，方氏即直接表明其主旨在于揭露钱、王所作瀛山书院记以微言阳尊紫阳，阴奉阳明之行径。"瀛山书院为紫阳讲学之所，而作记之者王龙溪、钱绪山则皆阳明之徒与紫阳为敌者也。故其记中之语，阳尊紫阳，而实阴奉阳明，所谓微其词以见意者，毫厘千里之辨，安可习之而不察乎。"③ 由此可见方氏所持辟王崇朱的坚定态度。

针对王畿所构建的心学学统，方迈通过对宋以来儒学学脉的梳理，直接将陆王心学排除在外。"诸儒正传孰非以德性为事，而世独外象山、阳明以为异学"。方氏认为象山之学传自孟子与朱熹格物穷理之说可互补印证，两者之差异主要在于道问学与尊德性的先后次序及彼此轻重上。方迈认可陆九渊之学，目的在于解决多数儒者"不知象山之学非阳明比也"的问题，为集中批

---

① 欧阳英修，陈衍纂：(民国)《闽侯县志》，见《中国方志丛书》第13号，台北：成文出版社，1966年版，第273页。

② 欧阳英修，陈衍纂：(民国)《闽侯县志》，见《中国方志丛书》第13号，台北：成文出版社，1966年版，第273页。

③ 罗柏麓、姚桓纂修：(民国)《遂安县志》，见《中国方志丛书》华中地方第214号，台北：成文出版社，1975年版，第848页。

判阳明学做铺垫。"阳明少泛滥于词章，驰骋于孙吴，苦紫阳格物穷理之事为烦难，乃究心于佛老之学，炼习伏藏得其见性抱一之旨，自谓有悟。"① 宋明时期理学家大多对佛老之学有所汲取，但方氏指责阳明学来源于佛老之说，将其判为异端的倾向已十分明显。为进一步论证其说，方氏认定阳明良知学说是对孟子、颜回之学的片面截取与曲解：

> 于儒书中取孟子中良知一言合之大学致知之解自立一说。非孔非孟，援儒入墨而其立论，则偏与程朱相反。程子以为孟子才高难学，学者须是学颜子有准的，而阳明则以为颜子之学不传，惟孟子犹为可循。顾于颜子之学，凡所为博文约礼，克复四勿，择中得善，诸切实工夫，皆置不讲，而独举其不迁怒，不二过，以为颜子之学。②

从源头上将阳明学排除于圣贤之学后，记文以朱熹、王阳明在理学核心话题上的对立，驳斥王畿、钱德洪肯定朱子晚年存在的悔悟之说。方迈对阳明及其心学思想的批判在某些层面已超出学理范畴，含有明显的诋毁与歪曲。他认为陆九渊在为学上存在"束书不观，游谈无根"的弊端，但对阳明的指斥则上升为"以为礼乐名物，古今事变，皆不必学"。除学术上认定阳明与朱子截然对立，与陆九渊分属不同门户外，方氏还指责其蛊惑蒙骗士人。"是阳明不特与紫阳为冰炭，亦且与象山分门户，盖其才似商韩，其学兼释老，是以当时日为功名之士，即不觉欣然喜之者，诚有以深中其隐也。"③

方迈从儒者流于狂禅的角度对以王畿为代表的左派王学予以清算。记文谈到宋明诸儒倡言心性者虽对禅学多有借鉴，但对其弊更有清醒认知。王畿、

---

① 罗柏麓、姚桓纂修：(民国)《遂安县志》，见《中国方志丛书》华中地方第214号，台北：成文出版社，1975年版，第849页。

② 罗柏麓、姚桓纂修：(民国)《遂安县志》，见《中国方志丛书》华中地方第214号，台北：成文出版社，1975年版，第849页。

③ 罗柏麓、姚桓纂修：(民国)《遂安县志》，见《中国方志丛书》华中地方第214号，台北：成文出版社，1975年版，第849页。

李贽等阳明后学将良知作佛性看，其学不仅流于玄虚，甚者一路狂禅之行径，方氏视其为对儒家名教的叛离，予以猛烈抨击。"然阳明犹善为修饰，至其徒龙溪则登堂说法，满口禅元，至卓吾则公然披剃髡首，儒服名教灭尽，李斯之凶焰，谓为荀卿教之，岂诬也哉。"①

　　客观而论，方迈《读瀛山书院及三贤祠记》对王守仁、王畿之批判带有强烈的主观感情色彩，部分评论已然失允。方氏似乎也意识到其评说难以服众，遂在文末承认当下儒者对朱、王学说多存在门户之争。"今之护紫阳者或欲推之于颜曾之上，而相阳明者亦欲引之于孔孟之徒，各阿所好，聚讼不休，然而皆非其正也。"方迈所生活的康熙年间，朝廷已将程朱学说确立为王朝统治思想，对朱子在儒家学统中的地位予以不断拔高。康熙五十一年（1712），朝廷升朱子位居十哲之后。康熙帝在为《朱子全书》撰写的序文中褒扬其"集大成而绪千百年绝传之学，开愚蒙而立亿万世一定之归。"② 方迈主张以朝廷对朱、王二人之评判为定论。"夫治法即道法，经正民兴，其权自上皇朝，考德论功，无偏无陂。崇祀庙廷，升紫阳于十哲之后，纂修国史列阳明千勋爵之班，可以息百家之横议，定子秋之邪止矣。"③ 以朱子为孔孟正传，将阳明划归事功勋臣，是方迈撰写此记文的主要意图。

　　明清时期瀛山书院在学术上经历了一个由朱趋王再辟王崇朱的往返历程，每次转向背后均透漏出书院士人在学术嬗变大背景下趋利避害的抉择。隆庆年间（1567—1572），阳明心学正风靡全国，身为阳明后学的遂安县令周恪有意建复瀛山书院以传播王学。周氏意愿在方应时家族积极响应下很快付诸实践，并产生了延请王畿、钱德洪为书院撰写记文，主导讲会之举。钱、王记文透漏出二人欲以阳明学取代朱子学，占领瀛山书院这一学术阵地的豪迈意图。万历七年（1579），张居正禁毁阳明讲学书院，瀛山书院在方应时努力下以朱子过化之地方免于毁坏，开启了书院由王返朱的趋向。明末清初王学流

---

① 罗柏麓、姚桓纂修：（民国）《遂安县志》，见《中国方志丛书》华中地方第214号，台北：成文出版社，1975年版，第849页。

② 葛韵芬纂修：（民国）《重修婺源县志》卷六十四，1925年刻本。

③ 罗柏麓、姚桓纂修：（民国）《遂安县志》，见《中国方志丛书》华中地方第214号，台北：成文出版社，1975年版，第849页。

弊日深，尊朱辟王渐成学术大潮，在此背景下瀛山书院在院志编纂中有意删抹王学痕迹，与之相应地方志编纂者也对钱、王记文加以删改与批判，遂安再次以朱子过化讲学之地相标榜。

原载《湖南大学学报》（社会科学版）2017 年第 3 期

明道继统：书院志编纂与理学道统的建构

王胜军

　　书院志是"以记载书院发展的历史、讲学情况及其管理办法等为主的历史典籍，是一种专志"①。尽管长期以来"书院学"研究几乎都要依托这种历史文献，但是到目前为止，针对书院志的专门研究却并不多见，主要以介绍其内容、体例、种类、价值为主，着意于其史料性质。② 事实上，书院志作为理学传播的载体，也深刻地体现了明清以来理学学者的学术宗旨和价值追求，是理学道统建构的一种重要方式。因此，书院志的编纂实际上是学者基于建立、传承理学道统的内在冲动而逐步丰富起来的，并非单纯客观的历史实录。本文旨在揭示书院志所体现的"明道继统"的理学精神，学者在其指引下从事理学谱系建构的文化实践，以及这一谱系如何通过书院志编纂而确立、传播和被接受。

一、书院志的编纂意图与理学道统

　　序、跋（以序为多）是一部书院志的"总纲"，编纂者的核心理念、主要意图都可以在其中纵情发挥，因此序、跋可以提纲挈领，为整部书院志确立"中心思想"。因此，书院志往往不吝篇幅地大量收录序、跋。序、跋作者有书院山长、学者及襄建书院的官僚等。书院志序、跋集中表达了这一文化群体传承理学道统的用意和心声。

---

① 王华宝：《中国的书院志及其学术价值》，《南京晓庄学院学报》2005 年第 6 期。
② 主要有陈时龙《书院志述略》（《湖南大学学报》2000 年第 3 期）、王华宝《中国的书院志及其学术价值》（《南京晓庄学院学报》2005 年第 6 期）与黄建年、陶茂芹《书院志归类研究：以方志和地方文献目录为例》（《图书馆理论与实践》2016 年第 3 期）等总论文章，以及李才栋、胡昭曦、钱茂伟等分别介绍单一书院志的论著。

（一）绍述往圣前贤，建立学脉谱系

对于为什么要编纂书院志，常有各种质疑，编纂者在志序、跋中往往从理学道统角度对此进行回答。比如，有人即曾质疑岳麓书院修志，认为省、府诸志对本地材料搜索已是"罔有或遗"，书院志似无再修之必要。偏沅巡抚丁思孔作序指出：

> 《通志》合一省之郡邑，故多而不及备；《府志》列十二州县之名物，亦略而不获详……岳麓之重系于书院，皆诸儒明道继统之地。①

也有人质疑嵩阳书院修志，学者郭文华作序指出嵩阳书院乃二程过化之地，修志则可"表曩哲之踪，崇正距邪"②。总之，序、跋通过反复申明书院与理学道统之间的关系，以突显书院志编纂的意义。

理学道统就形式而言是由一系列人物谱系构成的，具体则以孟子为分界，孟子以前有尧、舜、禹、汤、文、武、周公、孔子等人，宋代以降又接续以程朱、陆王为大宗的诸学术流派，不同学派均以书院为中心发展出自身的学脉，确立自身的道统传承。如岳麓书院尊崇程朱学统，其志序就每每追述朱熹等人聚徒讲学之事。这种模式的追述被普遍运用于书院志序之中，其用意不在于进行历史叙事，而是以强调书院讲学的关键人物，支撑其学脉传承和道统传递的建构。并且，作序人往往在整篇志序的转承处如此追述，彰显这一道统谱系的合法性以及与书院历史的合一性。毛德琦、周兆兰《白鹿书院志》（宣统二年补刊本）序言中大量的述朱、赞朱之辞，更是典型。谨据原文本略举如表一。

---

① 赵宁：《长沙府岳麓志》，见赵所生、薛正兴编《中国历代书院志》第4册，南京：江苏教育出版社，1995年版，第155页。

② 耿介：《嵩阳书院志》，见《嵩岳文献丛刊》第4册，郑州：中州古籍出版社，2003年版，第1页。

表一　毛德琦、周兆兰《白鹿书院志》序文述朱、赞朱之辞一览表

作　者	时　间	述、赞之语摘要
朱　锦	清宣统二年	朱子集诸儒之大成、发先圣之秘蕴
白　潢	清康熙五十九年	孔孟之道，惟朱子集其大成，而白鹿书院为朱子设教之地
苏文焯	清康熙五十九年	书院自朱子兴复其洞规、讲义、答问、戒谕、灼灼在人耳目
许兆麟	清康熙五十七年	新安朱紫阳学宗孔孟、道述唐虞，所以致知而力行者，无不得圣贤之薪传
蒋曰广	清康熙五十七年	古今以来有真儒，必有实学
龚　嵘	清康熙五十七年	朱子知南康军，始修复故迹，辟殿庑，立学舍，置洞田，召四方生徒聚业其中，一时学者粹然咸出于正
王思训	清康熙五十七年	鹿洞经朱子讲学，殆今六百年俎豆弗绝
蒋国祥	清康熙五十七年	取紫阳之遗矩而暗修之、使皆蹈绳矩、习弦诵、彬彬如古之俊民髦士
毛德琦	清康熙五十七年	朱子知南康军拓址建学
张元贞	明弘治七年	白鹿洞学名天下，名古今，肇于唐，盛于宋，重于我朱子
李梦阳	明正德六年	孔子退而《春秋》作，朱子遯而《纲目》修
陆梦龙	明天启二年	白鹿洞书院盛于紫阳之南康军
李应升	明天启二年	标紫阳之疏札，以原始萃先正之论说
廖文英	清康熙十二年	宋濂溪先生从道州来守南康军，二程夫子后先师事之，传至紫阳而扩大焉，盖孔孟薪传实赖于此

序文有十四篇均提及朱熹，或述其建书院之活动，或赞其学术乃正统之传。其实，王学与白鹿洞书院关系匪浅。正德十三年（1518）王阳明特意从赣南寄去《大学古本》《中庸古本》，次年又集门人到白鹿洞书院讲学，之后心学渐渐在白鹿洞占据了优势地位。① 阳明高足邹守益还曾于嘉靖三十五年（1556）讲学其中。而诸序文几乎都在忽略王学一脉与白鹿洞书院的关系，自是有意为之。王学一派则在序、跋中关照自身的学术谱系，学者沈国模在给《姚江书院志略》作序时即大赞王阳明、刘宗周"绝学""微言"，认为王阳明如"一灯炳然千古，岂特斯世斯民之幸，亦前此诸圣诸儒之幸也"②。姚江书院志序的追述与岳麓、白鹿洞一样，均是对其既有讲学传统的"写实"，也是以此传统确立道统的体现。

还有一种近乎"虚构"的叙事，即虽无实际历史事实可述，却依假借或"攀附"与道统相关的要素去组织材料，进行志书编纂。以四川潜溪书院为例，该书院虽然是为纪念明儒宋濂（号潜溪）而建，但是事实上宋濂并未到该书院讲学，而是被流放四川茂州，中途病死于夔州，最后迁葬于成都附近的华阳县。职是之故，清人在华阳县静居寺建潜溪祠，奉祀宋濂，后建为潜溪书院。学者龚巽序其书院志说：

> 或有问于予曰：潜溪书院曷为乎志也？事皆已事也，文皆古文也，曷为乎志也？余曰：霞堂先生盖不得已也。曷为乎不得已也？有所见，无所托。述古者，思复古也。③

"有所见"，即指清代潜溪书院之讲学，是现实中的活动；"无所托"，是无以作为终极关怀的理学道统渊源可以追溯。因此，潜溪书院志在编纂过程中就将这种寄托放到宋濂身上，以之为媒介，将自身纳入到儒学道统谱系之中，从

---

① 吴国富：《庐山与明代思潮》，南昌：江西人民出版社，2014 年版，第 165 页。
② 书院弟子：《姚江书院志略》，见赵所生、薛正兴主编《中国历代书院志》第 9 册，南京：江苏教育出版社，1995 年版，第 271 页。
③ 朱堂霞：《潜溪书院志略》，见赵所生、薛正兴主编《中国历代书院志》第 6 册，南京：江苏教育出版社，1995 年版，第 507 页。

而在儒学话语体系中获取独特的地位。正如邵廷采在谈到刻《姚江书院志略》的端由时认为该志"采入姚江","蒐之同人","以起文成之绝脉，并阐蕺山之微言"，因这种道统谱系决定了此书"非一邑之书，而天下之书；抑非一时之书，千百世之书"的独特地位。① 又有湖南宁乡玉潭书院，数次修志过程中，某些志序就备述其与岳麓书院的关系，盛赞张栻，或延及朱熹。如乾隆二十二年（1757）刘绍濂首修书院志时（时名玉山书院），山长周增瑞的序就讲"考麓山书院，肇自炎宋郡守朱公，沿及晦翁、南轩两夫子讲学之后，遂毁于烽火，历三百余年，至明成弘间始修复其旧。今吾宁之书院亦久废方兴"②。这种对比体现了时人纂修书院志时"攀附"道统，以张声望的用意。乾隆三十二年（1767）重修时山长周在炽序、嘉庆五年（1800）再修时知县朱偓序，仍然援引岳麓朱、张讲学之事，借以自重。事实上，玉潭书院长期以汉学研求为重，而宁乡与张栻的关系也仅仅在于宁乡是张栻卒后所葬之地而已。

（二）阐述今人讲学，突显道统传承

在建构书院与前代学术传统关系的同时，书院志序、跋也着力以理学道统的关怀统摄当时讲学活动的记载，强调今人讲学对道统的传承，以达成纳讲学入道统的目的。于是书院志中呈现出来的理学道统便不再是玄妙、缥缈、不可捉摸的"事"与"理"，而是切近身心、可触可及的学者和讲学。

纵观诸书院志序、跋阐述今人讲学对道统之传承，主要方式有二：

其一，通过称颂山长（或讲学者）的学术取向，以表示对前代理学道统的继承。比如，明万历间常熟知县耿橘重建虞山书院，先请顾宪成主教，尔后身自任之，立讲会、定会约，讲学盛极一时，然而由于朝廷毁书院、诬东林，时人对讲学已颇有诟病，是故孙慎行在志序中不仅大赞耿橘"锐意道术"，更为其讲学而"正名"③。最为典型的是，清初以嵩阳、朱阳、紫云、

① 书院弟子：《姚江书院志略》，见赵所生、薛正兴主编《中国历代书院志》第 9 册，南京：江苏教育出版社，1995 年版，第 266 页。

② 周在炽：《新修宁乡县玉潭书院志》，见赵所生、薛正兴主编《中国历代书院志》第 4 册，南京：江苏教育出版社，1995 年版，第 605 页。

③ 孙慎行等：《虞山书院志》，见赵所生、薛正兴主编《中国历代书院志》第 8 册，南京：江苏教育出版社，1995 年版，第 1—2 页。

南阳等书院为阵地，中州地区掀起了一场声势浩大的洛学复兴运动，耿介、李来章、窦克勤等著名学者都积极投身其中，书院志编纂也成为这场运动的重要组成部分，志序、跋多有赞其山长者。谨据嵩阳、朱阳、紫云、南阳等书院诸志序、跋制表二如下，以见其概。

表二　清初中州地区书院志山长赞述举要表

山　长	赞　者	赞　语	书院志
耿　介	郭文华	倡明道学，力行嗜古，为士宗范	《嵩阳书院志》
	焦钦宠	以簪珥名臣暂反初服，究心性命道德之蕴…… 其濂洛关闽之功臣也夫	
李来章	张润民	亦将扩羲皇洛闽许薛之统，而为我道之有传人也夫	《紫云书院志》
	朱　璘	学以六经为根柢，以程朱为绳尺	《南阳书院学规》
窦克勤	田兰芳	温粹春容，得能伊洛之的	《朱阳书院志》
	冯　景	为中州理学正宗，身肩道统	

如上可见，书院志序每每不厌其烦地出现此类对山长的近乎夸张的赞述之辞，实均意在暗示绵延不绝的理学道统已然通过这些学人的讲学活动落实在书院中。

其二，将传承道统的厚望寄托于书院生徒，将书院志作为指示学生传承道统的津梁。比如明人李应升序《白鹿洞书院志》时说：

> 试涵咏斯编，反观自得，有正襟危膝卓然示我以高山者乎？有流觞浩歌旷然坐我于春风者乎？有冥心寂照悠然对我于屋漏者乎？……则斯编也，岂非学道之津梁哉？①

---

① 毛德琦、周兆兰：《白鹿书院志》，见赵所生、薛正兴主编《中国历代书院志》第 2 册，南京：江苏教育出版社，1995 年版，第 19 页。

及康熙十二年（1673）清人廖文英补刊，也称书院志为"育材养贤之籍"；而毛德琦于康熙五十七年（1718）再次增修时，仍将书院志作为生徒登堂入室、学有所成的"津梁"。清人丁思孔对岳麓书院修志也作了相类似的期许，在其看来，诸生按此志以寻，即可"得先儒精神志气之所在"①。虞山、东林等书院还在志序中提出了比较具体的为学方法，也从一个侧面展现了编志者对生徒承继道统的希冀。因此，书院志为书院收藏是自然之事，如毛修《白鹿书院志》卷九《藏书》载有"新修《白鹿书院志》一部五本"，丁善庆《岳麓书院续志》也记载书院公置有《岳麓志》（八卷）、《续志》（四卷）共八本四函，又有《补编》一卷共四部，《共学书院志》卷上《典籍》则载其时习堂藏《共学书院志》板刻。就一般情况而言，载入书院志藏书者必是已刊出之书，书院志载入时就逻辑而言事实上未曾刻毕，如此安排自是特殊重视使然。总之，在编纂者看来，书院志系统地梳理了作为价值导向的理学道统以及书院学脉包括为学方法等，为生徒与先贤的精神沟通提供了一个超越的意义世界，生徒寻此以往，即可优入圣域。

二、书院志的编纂内容与理学道统

书院志中的材料是书院在其历史发展过程中形成的，与其功能及文化、地理环境直接相关，因此其内容相对固定，如何使这些材料成为较为有机的整体，尤其是从与书院相关到与理学相通，最大限度地体现出理学道统，是编纂者必须面对的问题。基于中国"述而不作"的特殊史志传统，为了彰显理学道统，书院志主要采取了简择、编排等方式。

（一）内容简择与理学道统

书院在其历史发展过程中形成的材料往往很庞杂，就其内容而言，即有沿革、建置、讲义、学规、祭祀、藏书、艺文等，因此有的书院志收取材料

---

① 赵宁：《长沙府岳麓志》，见赵所生、薛正兴主编《中国历代书院志》第4册，南京：江苏教育出版社，1995年版，第155页。

多达四十种以上。① 显然，书院志编纂必须从内容上对材料加以简择，而理学道统就是其主要线索和准衡。比如，以讲义而言，施璜在《还古书院志·例言》中就曾指出：

> 讲义乃阐明圣贤精蕴，贵发前人所未发，又宜无偏无陂、纯粹中正而不背朱子之意者为佳，不敢阿私，妄有所取。②

事实上，还古书院在明代万历间长期都是王学的传播中心，邹守益、王艮、钱德洪、王畿等王学巨子都曾到还古书院讲学，环听者常有百千人之多。到清初，尚有王学余韵，至学者汪佑主持时风气始一变为程朱，施璜等人继之，朱学遂昌。施志之《讲义》，截断众流，于前代历史一概不顾，收录仅25篇，并皆准之于程朱理学。就藏书而言，班书阁认为难以"度其学术风尚"③，不过通过某些特殊事件还是可以略加管窥，比如明万历间东林书院修志时，将书院已佚书籍进行了记录，自谓云"书籍、祭器等虽经毁灭，悉依原志载明"④。其实，所记仅五部而已，分别为《朱文公家礼》《朱子册议》《朱子年谱》《朱子诠解楚词》《朱子诠释韩文公全集》，全与朱熹有关，其用意是很明显的。

由人物构成的谱序是理学道统的主要表现形式，故而与朱熹等人物相关的祭祀、列传材料最为编纂者所重视。祭祀材料几乎绝大部分书院志都有收录，其编纂特点是极其细密，对祭祀人物、祠宇、祭仪、祭器、祭文等都搜罗殆尽，一般还会不惜篇幅地将作为道统重心的人物一一排列出来，甚至列出封号、谥号，以便更清晰地展示理学发展脉络和书院的学风所宗。从康熙朝开始，汉学学者就长期寄意于孔庙改制、争取郑玄等经学家增祀其中，与

---

① 王华宝：《中国的书院志及其学术价值》，《南京晓庄学院学报》2005 年第 6 期。
② 施璜：《还古书院志》，见赵所生、薛正兴主编《中国历代书院志》第 8 册，南京：江苏教育出版社，1995 年版，第 539 页。
③ 班书阁：《书院藏书考》，《国立北平图书馆馆刊》1931 年第 3 期。
④ 严珏：《东林书院志》，见赵所生、薛正兴主编《中国历代书院志》第 7 册，南京：江苏教育出版社，1995 年版，第 11 页。

理学争夺"祀统"①。以博习经史为特色的汉学书院如学海堂、诂经精舍、尊经书院、经心书院等倾向于出版"学术论文集",实质上是试图以"经学文本诠释"代替理学人物序列。② 由于理学建构自身统绪的基本形式在清代实际上遭到汉学新理念的严峻挑战,故相关书院志在人物塑造上尤为用力,对于朱熹而言更是如此。为表三以见其概。

表三　书院志朱熹材料举要

书院志	朱熹相关史料
施璜《紫阳书院志》	宋史本传、行状（节本）、年谱、封爵、配享、世谱、白鹿洞教条、讲义等
董桂敷《紫阳书院志略》	宋史本传、年谱、行状、朱子像、明英宗像赞、写照自铭、自题像警语、自题像诗、列代名贤赞等
毛德琦、周兆兰《白鹿书院志》	白鹿洞教条、讲义、答问、戒谕、诗歌、文移、信函、《学统》朱熹传③等
赵宁《长沙府岳麓志》	朱子像、紫阳遗迹、白鹿洞教条、列传、文移、诗歌等
戴凤仪《诗山书院志》	朱子像、列传、祭文、信函、白鹿洞教条、戒谕、文移、箴铭、诗歌等
杨毓健《南溪书院志》	朱子先世、年谱、宋史本传、朱子像、封谥、诗文、联句等

从中可以看出,朱熹相关史料之丰富、形式之多样,甚至为了说明朱熹生平往往使用几种传记材料,尤其是篇幅很大的《年谱》《行状》,如施璜

---

① 张寿安:《打破道统　重建学统:清代学术思想史的一个新观察》,"中研院"《近代史研究所集刊》第52期,2006年。

② 学术界一般将课艺集也视作书院志,但其并不记录书院历史,如学海堂在四集课艺之外,复有《学海堂志》,其内容分为图说、文檄、建置、事宜、经费、题名、课业、经板、藏书、石刻、雅集、草木、典守及文澜阁十四个部分,与以人物传列为中心的理学式书院志之不同显而易见。

③ 熊赐履《学统》实乃以《宋史·朱熹传》为蓝本作了些许润色。熊赐履是康熙朝理学名臣,该书修成于康熙二十四年（1685）,以"尊朱辟王"为主要特征。

《紫阳书院志》就指出"若文公"则"不敢以列传尽之"，正如《史记》列孔子于《世家》一样是为"尊圣人"的。① 朱熹的道统光环，还辐射到周围其他人物身上，如李安仁《石鼓书院志》增录新安人程洵诗作若干首于《词翰》，其理由是程洵为"朱子门人，潜心理学"②；而《瀛山书院志》四刻时，凡"议论阴牾朱子者"概不收录，就在于编者要"尊道统"③。

以与道统是否相关进行收录，繁简对比，是从内容简择上突出道统指向的重要方式。毛修《白鹿书院志》卷四《先献》，从唐至清共收录 65 人，均与白鹿洞书院讲学、沿革等有各种关系，而周敦颐、程颢、程颐三人却是特例，因为三人并未参与白鹿洞书院的任何活动。不仅如此，对于周敦颐、二程三人还使用了长篇传记（此外即是朱熹），长达 36 页之多（卷四第 5 页至第 40 页），与朱熹（卷四第 40 页至第 58 页）一起，四人传记占到该卷高达八成左右的篇幅。其余诸子均是简单介绍，如王阳明只有三行文字，且排到明代 13 人之最末。万历二十年（1592）周伟所修院志《人物志》中并无二程，且周敦颐、朱熹也均未使用大篇幅的传记，毛修本（成书于康熙五十九年）显然是有意为之。因此，尽管编者讲"濂溪、二程渊源所自，即象山、姚江弟子不无分途，然明诚并进、喻义良知，究无异同"④，实际上，其尊程朱贬陆王之意图是昭然若揭的。毛德琦之任星子知县是康熙帝问及朱熹讲学白鹿洞时亲点，故修志尊朱有其原因。再如《还古书院志》卷十一之《会纪》，其讲会学风之变始自高攀龙，故明代部分于高攀龙一条不惜变化体例，于正文录其《教言》（四页有余共 80 行，按语除外），所占篇幅是王学诸子任主教者（余一龙、焦竑、余鲁源、简凤仪、万尚烈等七人）总和的约 2.6 倍之多（按语除外），从而批判王学的高攀龙成了该志明代《会纪》的中心。

---

① 施璜：《紫阳书院志》，见赵所生、薛正兴主编《中国历代书院志》第 9 册，南京：江苏教育出版社，1995 年版，第 469 页。

② 李安仁：《石鼓书院志》，见赵所生、薛正兴主编《中国历代书院志》第 4 册，南京：江苏教育出版社，1995 年版，第 10 页。

③ 方洪绶：《瀛山书院志》，见赵所生、薛正兴主编《中国历代书院志》第 8 册，南京：江苏教育出版社，1995 年版，第 377 页。

④ 毛德琦、周兆兰：《白鹿书院志》，见赵所生、薛正兴主编《中国历代书院志》第 2 册，南京：江苏教育出版社，1995 年版，第 22 页。

然而令人惊讶的是，高攀龙并未赴会讲学。

搜集与书院人物相关的"外围"信息，即非书院活动本身产生的直接材料，用以丰富理学道统的内容，也是一种常见现象。以潜溪书院最为典型，潜溪书院在祭祀宋濂、赵抃、方孝孺之外，没有与白鹿洞、岳麓一样与理学道统相关的辉煌历史。为了建构起与宋濂的关系，该志即从主体上围绕宋濂、赵抃、方孝孺这样的一个祭祀系统展开材料搜集。比如，他志极少有关人物的墓志、祭文、文集序、诗话等，《志略》却大篇幅引用。其中，以次一级人物附录道统人物，可以使与道统相关的内容选择范围大大拓展。在《潜溪书院志略》中，宋濂传记采自《明史》，又附以方孝孺、陶安小传；赵抃用宋史本传，附以其子赵屼的传。施璜《紫阳书院志》也是如此，紫阳书院建于安徽歙县，即所谓朱子新安故里，其志书同样围绕着与之最为相关的祭祀系统展开，有朱松、朱熹、蔡元定、程先等，如朱熹之父朱松，其生平史料就有《行状》《神道碑》《宋史传》《迁墓记》《名堂室记》《追谥》《从祀》等。

（二）材料编排与理学道统

内容简择既定，安排、组织材料就成为下一步的重要工作。对编纂者而言，必须寻找材料之间的逻辑关系，才能增强对读者的说服力。理学道统有一套属于自己的逻辑，实际上决定了某种史料的重要程度。材料编排即是如何将理学道统内部的逻辑彰显出来。具体包括以下三种方式。

一是将某些材料列之于首位，形成先后次序，以突出对相关人物或义理的推崇。某些书院虽实有自己的学规及章程，却仍以朱熹《白鹿洞书院学规》为尊。如福州鳌峰书院，原有山长蔡世远《鳌峰学约》一卷、鲁曾煜《鳌峰规条》一卷，前者无存，后者镂版残缺，故其修志时，于藏书楼中取张伯行《学规类编》（共27卷），"抽绎其尤切要者"三篇，将朱熹《白鹿洞教条》列之于首。为了从政治上突出朱熹，董桂敷《紫阳书院志略》在卷四《崇祀》部分以《升配十哲上谕》置诸最先，该上谕颁于康熙五十一年（1712），事实上宣告了清初朱子学在朱、王之争中最终胜出。还有一些特例，比如，施璜《紫阳书院志》将朱松诸传记材料放到朱熹之前，当然不是为了突出朱松，问题在于朱松是朱熹之父，父子关系不可紊乱，因此，尽管从形式上未以朱熹为先，但是从根本精神上还是体现了儒学"义例"，编者也特意指出如此编排是"尊文公并以尊文公之父，所以别于诸贤也"①。崇王学的姚江书院所修志书却不同，以《书院规要六事》为例，首为"阐致知之蕴"（王阳明），次为"合证人之旨"（刘宗周），第三条才是"申鹿洞之教"（朱熹），亦只录其五目之教，其余文字尽行删去，如此安排自是为了突出阳明心学一脉。

二是为重要人物设立专卷，可以起到突出道统的作用，即所谓"专崇"，这些卷目本身因之具有了意义指示和道统色彩。比如，毛修《白鹿书院志》就特别讲到"专崇"，认为"不以朱子学规、讲义概入文翰，义甚精确"②。于是将朱熹的相关材料从众人中简择出来单独"立卷"，该志《艺文》共有八卷，录文97篇，著有姓名者达60余人，诸如王学一派学者王畿、邹守益等皆在其中，被"专崇"的朱熹与众不同的地位显而易见。该志卷二《兴复》即专为朱熹而设，共收录有朱熹《知南康军榜文》《白鹿洞牒》《申修白鹿书院状》等文章30篇。实际上，白鹿洞书院是多次复兴的，朱熹复兴既非最早，亦非最后，专设一章，只是为了突出其道统地位，正如编者之言云"承先启后，功莫逾于朱子，盖朱子所建置，百世之标准也，纂而合之，以示德业不与众同"③。《诗山书院志》则将朱熹的论著集合起来，形成学规式的《名训》，包括《朱子小学题辞》《朱子童蒙须知》《朱子读书法》《朱子劝学箴》《朱子明伦堂铭》等15则，编者戴凤仪认为生徒依此"潜心理会，自可寻紫阳嫡派，追洙泗渊源，而不至为浊流异派所淆"④。

与设专卷一样，某些材料放入特定卷目，有出于道统建构的思考。比如，

① 施璜：《紫阳书院志》，见赵所生、薛正兴主编《中国历代书院志》第9册，南京：江苏教育出版社，1995年版，第469页。
② 毛德琦、周兆兰：《白鹿书院志》，见赵所生、薛正兴主编《中国历代书院志》第2册，南京：江苏教育出版社，1995年版，第22页。
③ 毛德琦、周兆兰：《白鹿书院志》，见赵所生、薛正兴主编《中国历代书院志》第2册，南京：江苏教育出版社，1995年版，第30页。
④ 戴凤仪：《诗山书院志》，见赵所生、薛正兴主编《中国历代书院志》第10册，南京：江苏教育出版社，1995年版，第630页。

李安仁修《石鼓书院志》时，将黄榦从《名宦》转入《寓贤》，完成了从官僚身份到师儒身份的"转变"，这种安排的原因在编者看来是"固在道德而爵位非所加也"①。又有玉潭书院原志将知县胡明善、沈震龙、王纲等五人放在书院捐建者一类，周在炽修志时将五人转入《列传》部分，称"贤侯列传"，比之召公、文翁，认为其"皆道脉之流"②。

三是多角度、多层次组织材料，则可以形成对书院理学精神更为丰富、形象的立体透视。如董桂敷《紫阳书院志略》专辟有《道统》一卷，原来只抄录《宋史·道学传》，之后围绕朱熹形成"道学渊源"、"事实"（朱熹之宋史本传、年谱、行状）、"题赞"（朱子像、明英宗像赞、写照自铭、自题像警语、自题像诗、列代名贤赞）三个部分，"道学渊源"部分则有孔子、颜回、曾参、子思、孟子、周敦颐、程颢、程颐、杨时、罗从彦、李侗、朱熹，勾勒出一条清晰的理学道统传衍脉络，并且，朱熹相关史料占据了"道学渊源"的绝大部分篇幅。赵宁《岳麓志》主要从层次入手对地方性理学传衍的人物谱系进行建构。在明人陈凤梧《湖南道学渊源录》的基础上，赵宁编次出七个层次的列传体系，包括"先儒列传""续传""山长""六君子""迁谪三公""贤执事""贤郡守"。其中，《先儒列传》（录有周敦颐、杨时、胡安国、胡宏、张栻、朱熹、魏了翁、李燔）、《续传》（录有张元忭、王乔龄）又形成内部层次。赵宁认为，这种安排是"使见者闻者知所景仰，亦知岳麓之志有关道化，非漫为纪载也"③。

---

① 李安仁：《石鼓书院志》，见赵所生、薛正兴主编《中国历代书院志》第 4 册，南京：江苏教育出版社，1995 年版，第 10 页。

② 周在炽：《新修宁乡县玉潭书院志》，见赵所生、薛正兴主编《中国历代书院志》第 4 册，南京：江苏教育出版社，1995 年版，第 574 页。

③ 赵宁：《长沙府岳麓志》，见赵所生、薛正兴主编《中国历代书院志》第 4 册，南京：江苏教育出版社，1995 年版，第 214 页。

三、书院志表意方式与理学道统

书院志作为志书，一般都是运用既有材料，议论性文字很少，编纂者自己也表示"只述旧而已，不敢一语臆造，以诬先贤，盖仿班袭于马之例也"①。因此，对于文字、图像等符号的运用往往暗示编者的意见倾向和文本诠释的路径，这成为建构理学道统的表意方式。

（一）文字符号与理学道统

具体来看，书院志文字符号以"称谓"最为突出。古人特别重视称谓，这既是传统社会礼文化的体现，也寄托着儒学"正名"的价值指向。书院志涉及人物众多，称呼如何，即暗含褒贬在其中。严珏《东林书院志·凡例》即讲：

> 《先贤传》原志俱称"先生"。然如龟山先生传中，备载事实，则不得不旁及于二程诸先生之姓名，而在龟山反独称先生，似非师前弟名之义矣。②

作为二程的门徒，杨时称"先生"，二程称名，于礼确有不妥。于是该志将原《先贤传》正文中称"先生"者皆改称名，如"龟山先生"改为"杨时"，其他如罗从彦、胡瑗、喻樗等人传记皆同此义例。又，毛修《白鹿书院志》卷十六录五言古诗，特尊朱熹称"朱子"，他人如王阳明即称其名"王守仁"。另有赵宁《岳麓志》所载朱熹诗称名，而同治六年（1867）最终完成的丁善庆《岳麓书院续志》收录朱熹诗则皆称"朱子"，若司马光、张栻、施润章、旷敏本、罗典、毕沅、吴荣光等则仍皆称名，这与丁善庆作为程朱理学信徒的文化心态是紧密相关的。《姚江书院志略》独重王学一脉，

---

① 戴凤仪：《诗山书院志》，见赵所生、薛正兴主编《中国历代书院志》第10册，南京：江苏教育出版社，1995年版，第541页。
② 严珏：《东林书院志》，见赵所生、薛正兴主编《中国历代书院志》第7册，南京：江苏教育出版社，1995年版，第10—11页。

其"祀典"部分称王阳明为"王子",徐爱、钱德洪、管州等人亦各以"徐子""钱子""管子"等称,杨珂、邹大绩、赵锦及其以下皆称"先生",再次则称"公",亦皆为褒崇。

为了突出对前贤的尊敬,编纂者还往往将原有史料中姓名改以敬称、谥号、封号之类,如书院志使用广泛的《宋史·朱熹传》即是如此。以施璜《还古书院志》为例,其所用《宋史·朱熹传》乃熊赐履《学统》修改本,熊本凡朱熹皆改"先生",《还古书院志》虽号称悉照熊氏原本,实却将"先生"又悉改为"夫子";《诗山书院志》则改朱熹名为"朱子",将其父朱松改称其谥号"献靖公"。

标题中称谓的措辞往往也采取以上这种思路和方式。如施璜《还古书院志》卷五标题为《至圣先师孔夫子》,卷六标题为《徽国文公朱夫子》,封号、谥号都有表尊重之意,卷七、卷八诸子之传标题皆称"某先生",亦有褒义,其《凡例》也明确指出这种安排是"用表尊崇之意"①。《姚江书院志略》之《史传》部分标题皆不称名,而作《沈聘君传》(录有沈国模)、《管征君传》(录有管宗圣)、《史隐君文学兄弟传》(录有史孝咸、史孝复)、《王征士传》(录有王朝式)、《韩布衣传》(录有韩孔当)等。与程朱理学攀援政治不同,"聘君""征君""隐君""征士""布衣"等名号鲜明地表现出王学志在民间传道的理想。

(二)图像符号与理学道统

图像是一种特殊符号,具有形象性、直观性的特征。由于与主体文字区别较大,具有视觉冲击,图像基本都要与附录文字一体表意,附录文字可将图像的背景尤其是其重要意义更直接地揭示出来。史志修纂用图是既有传统,故《问津书院志》编者就讲"古者称志为图经,图、书并举,本撰著家正体"②。从现有书院志来看,图像符号分为人物、书院、形胜等数种。

---

① 施璜:《还古书院志》,见赵所生、薛正兴主编《中国历代书院志》第8册,南京:江苏教育出版社,1995年版,第539页。

② 王会厘:《问津书院志》,见赵所生、薛正兴主编《中国历代书院志》第3册,南京:江苏教育出版社,1995年版,第664页。

人物像既有具有普遍影响力的朱熹，还有地方性的学人如张载、欧阳詹等，旨在从音容笑貌去展现圣贤的气象，皆辅以像赞、题跋。赵宁《长沙府岳麓志》有《大禹像》《朱文公像》《张南轩像》，并都题有编纂者赵宁的题跋，落款为"山阴后学赵宁敬识"。《诗山书院志》有《朱子遗像》《朱子后像》《欧阳先生像》，只录三副，认为是"所以重其主而舍其客也"①，亦即突出朱熹、欧阳詹。其中，《朱子遗像》是朱子六十一岁时的对镜写真，并附有朱熹自题铭语；《朱子后像》则身着朝服、头戴冕旒，是康熙朝朱熹升配十哲之次所塑祀于孔庙正殿之像。前像、后像对比，展示出朱熹在儒家道统中具有的学术、政治双重意义。《朱子像赞》集有陈亮（宋）、赵汝腾（宋）、林兴祖（元）、吴澄（元）、邱浚（明）、杨四知（明）、李光地（清）等七人的赞辞，如"全体大用之学、继往开来之儒""道衍濂洛、统承洙泗"之类。② 诸赞作者时间纵跨宋、元、明、清五六百年之久，暗示出在漫长的历史时期中朱熹是道统话语体系中最具势力者的事实。欧阳詹是福建第一位进士，通过像赞也被赋予"一身倡道""理学津梁"的"重任"。

书院图、形胜图也是图文一体的，主要为了再现道统传衍和道统人物活动的场域。如《嵩阳书院志》即录有《嵩山总图》八幅、《嵩阳书院图》一幅，并有编纂者山长耿介的《图说》，其文为：

> 考《白鹿书院志》，中辟礼圣殿祀先圣，旁建宗儒祠祀先贤，重道统也。今嵩阳书院亦仿此制，别为三贤祠，祀二程、朱子……览斯图者，其知渊源之所自已。③

所谓"渊源所自"即是指程朱理学脉络的传衍。《嵩阳书院志》还将山

---

① 戴凤仪：《诗山书院志》，见赵所生、薛正兴主编《中国历代书院志》第10册，南京：江苏教育出版社，1995年版，第541页。

② 戴凤仪：《诗山书院志》，见赵所生、薛正兴主编《中国历代书院志》第10册，南京：江苏教育出版社，1995年版，第551页。

③ 耿介：《嵩阳书院志》，见《嵩岳文献丛刊》第4册，郑州：中州古籍出版社，2003年版，第11页。

川形胜与理学的"天地万物一体"观联系起来，说"托兴自远，即一丘一壑、一动一静，居然有山水仁智之乐，则假象见意，其亦不可缺者"①。很多书院如朱阳、岳麓、还古等纂志者都有类似的观念。

（三）文本诠释与理学道统

尽管志书体例限制了编纂者对文本的过多诠释，但是编纂者仍然设法寻求可以将自己的见解渗透到既有文本中的方式。第一种是"题解""按语"，或申明主旨，或添加史料，或进一步深化主题，"协助"读者依编者的思路去理解文本。题解一般位于卷首，先声夺人，指意明确，意在从整体上"给定"读者对该卷文本的特定理解。以《还古书院志》为例，其卷四题解开首为"建院必先所尊祀孔子，配朱子，尊道统也"②，卷六传题解开首为"继孔子者唯我朱子，尼山之后一圣人也"③。按语一般在文中或文末，常以既有材料为之，既可对具体语句进行引导性解释，也可总结全文，不惜篇幅。比如该志在朱熹传之后附以熊赐履的评论，小字共43行之多，内容主旨就是"尊朱辟王"。又如卷五《孔子传》题解之后复加按语提及朱熹并讲"孔子上集列圣大成、朱子集诸儒大成"④，极力令这一道统符号反复出现。

第二种是在既有史料中直接插入句子，与原文连贯为一体，有时字数较多，有如"隐形"按语，代表着编纂者对既有文本的附加诠释，另外还包括对个别语句进行删汰，以突出关键部分。再以《宋史·朱熹传》开首部分为例，对比戴凤仪《诗山书院志》进行分析，探看编纂者的改动和诠释。

---

① 耿介：《嵩阳书院志》，见《嵩岳文献丛刊》第4册，郑州：中州古籍出版社，2003年版，第1页。

② 施璜：《还古书院志》，见赵所生、薛正兴主编《中国历代书院志》第8册，南京：江苏教育出版社，1995年版，第559页。

③ 施璜：《还古书院志》，见赵所生、薛正兴主编《中国历代书院志》第8册，南京：江苏教育出版社，1995年版，第575页。

④ 施璜：《还古书院志》，见赵所生、薛正兴主编《中国历代书院志》第8册，南京：江苏教育出版社，1995年版，第564页。

表四　《宋史·朱熹传》与《诗山书院志·朱子列传》比较（开首部分）

《宋史·朱熹传》开首部分	《诗山书院志·朱子列传》开首部分
朱熹字元晦，一字仲晦，徽州婺源人。父松字乔年，中进士第。胡世将、谢克家荐之，除秘书省正字。赵鼎都督川陕、荆、襄军马，招松为属，辞。鼎再相，除校书郎，迁著作郎。以御史中丞常同荐，除度支员外郎、兼史馆校勘，历司勋、吏部郎。秦桧决策议和，松与同列上章，极言其不可。桧怒，风御史论松怀异自贤，出知饶州，未上，卒。 熹幼颖悟，甫能言，父指天示之曰："天也。"熹问曰："天之上何物？"松异之。	朱子名熹，幼名沈郎，字元晦，一字仲晦，其先徽州婺源人也。曾大父绚称王桥府君，大父森赠承事郎。父松字乔年，号韦斋，谥献靖公，宋政和八年擢进士第，授迪功郎。胡世将、谢克家荐之，除秘书省正字。赵鼎督川陕、荆、襄军马，招为属，辞。鼎再相，除校书郎，迁著作郎。以御史中丞常同荐，除度支员外郎、史馆校勘，历司勋、吏部郎。以不附和议触秦桧怒，出知饶州，请祠居于家。 初，献靖公为尤溪县尉。秩满，假郑安道馆，以建炎庚戌九月十五日生朱子。生时面有黑子七，如列星，南溪火燕二山，形如"文公"二字，婺源井中紫气如云三日，人称异之。 朱子幼颖悟庄重，甫能言，献靖公指天示曰："天也。"即问曰："天之上何物？"

由上表可见，虽然编者说"朱子已见于《宋史·道学传》"[1]，言下之意其材料似乎是照搬《宋史》，但事实上改动不少。具体来看，首先，植入了朱熹曾祖父、祖父的史料，突显出儒家的宗法关系；再者，加入了朱熹生年，将其看作一件要事，而关于朱熹出生，该志还描绘了一个"山火""紫气"的极神秘、玄幻的背景，旨在说明朱熹上应天命，道统传衍自有上天主宰。朱熹自己也曾指出宋儒开启道统是天命所归，是"五星聚奎"的结果。[2] 事实上，理学道统一再寻求"天人合一"的理论支撑，《诗山书院志》对朱熹的神秘化正是这一逻辑的发展。细节改动也颇值得玩味，如将朱熹"幼颖悟"前加"庄重"一词，仿佛这样才有"道学模样"。总之，都是为了给朱

[1] 戴凤仪：《诗山书院志》，见赵所生、薛正兴主编《中国历代书院志》第10册，南京：江苏教育出版社，1995年版，第541页。

[2] 朱熹：《濂溪先生祠堂记》，见《濂溪志八种汇编》，长沙：湖南大学出版社，2013年版，第66页。

熹之类的道统人物增加光环，以吸引、说服读者。

四、余论：关于书院志编纂意义的进一步思考

由以上论述可以看出，书院志编纂绝不是一般的材料集合或事实纪录，而是有着明确目的，即为建立、传承、发扬理学道统而服务的。书院志编纂是历史演进中多种要素交合的产物，涉及社会和文化诸方面的许多重要命题，有待于我们展开更有深度和广度的思考。

一是可以将书院志放置于对道统资源的建构与争夺的话语体系中理解。透过人物序列的形式来看，理学道统实质上是基于特定文化的一种心理认同，具有话语权的力量，在明清以降传统社会文化软实力中长期占据核心地带，反对力量则称被为"异端"。因此，在书院志编纂过程中，刻画其学派代表人物比如朱熹时，便极尽可能地使用各种尊称和赞语，以及各种材料如传记、图像，并辐射其先世、师长、学友、生徒，甚至修改原有史料，总之都旨在塑造朱熹至高至圣的形象、捍卫其在儒学史中的正统地位，说服读者产生心理认同。作为意识形态，程朱理学在建构道统时具有先天优势，国家法典权威是其重要的依托力量，而相关书院志在编纂时就特别强调朱熹被作为官方思想的作用和地位。未能跻身庙堂的王学则转向民间认同寻求资源，其志书时以"聘君""征君""隐君"等符号自我标榜，进而与程朱理学分庭抗礼。汉学既无意识形态之尊，又无聚众讲学之习，其书院志主要从学理上解构理学道统基于四书学的话语体系，亦可以此与宋学一争雄长。

二是可以将书院志放置于王朝大传统与地方小传统的融合背离中理解。书院志是在特定的地域文化中形成的，地域文化波及范围广大，甚至得到朝廷认可，即为"大传统"，局于数地一隅的可称为"小传统"。程朱理学发端于洛学，由地域性学说发展为国家意识形态，其影响及于全国各地域，朱熹藉此成为大传统的标志性符号。朱熹作为大传统符号进入到各地之后，又与地方性人物结合，建构起某书院的大传统与小传统结合的复合性学脉。其尤为典型者，比如岳麓书院修志以朱熹以及湖湘文化圈的代表人物张栻建构其学脉的重心，诗山书院则以福建区域文化代表欧阳詹匹配朱熹。大传统、小

传统背离的情形，一种是因不同学术形态对抗而产生的实际背离，比如王学在明清时代巨变之际落潮而去，散为地方小传统，姚江书院在清初程朱理学复兴的汪洋大海中以讲学修志为王学摇旗呐喊即是如此；另一种情形是形式上背离，以《嵩阳书院志》为例，区域性学者耿介、窦克勤、李来章、冉觐祖等超越程朱构成了志书的主体，表明清初中州诸子传承地方文化的热望。

三是可以将书院志放置于儒学变迁以及学术升降的时代语境之中理解。儒学在明清五六百年变迁过程中形成过不同的形态，其中，程朱理学凭借国家意识形态的地位长期占据主导，而王学、汉学又相继起而与之争衡。现存不少书院志修成于明清鼎革的战火之后，时值程朱理学复兴，王学被批判，时代语境由"虚"转"实"，王学在书院志的历史叙事中悄然隐退。为了批判王学，重振朱学，相关书院志在编纂过程中或以明确语言反复申明朱熹的正统地位，或以暗示手法悄悄为朱学一派增添光环，这些都无不传递出特殊时代学术转变的讯息。事实上，很多书院志修纂正是基于书院本身讲学的变化，如徽州还古、紫阳书院志之修纂即是程朱理学取代王学之后。乾嘉以降，汉学倾倒王公士庶，应运而生的新式书院志修纂则完全破除了理学以人物为中心的撰述体例。然而道光以后政局动荡，程朱理学再次复兴，相关书院志之重刊、补刊或修志不绝如缕，即是时代语境变化的回响。

四是可以将书院志放置于考察文本背后意图与实践的文化视野中理解。中国史学自《春秋》而始就主张笔削、褒贬，学人藉此"笔法"实践其"成一家之言"的文化理想。书院志编纂也说明，中国固有的史学传统具有普遍意义，它永是与作为编纂者的儒家士人所追求的意义世界和终极关怀为一体而具有生命活力的。因此，编纂本身实为一种基于信仰的创作，倾注了编纂者的巨大精力，也展示了其卓越才华。从基本思路来看，书院志编纂以序、跋申明总旨，以内容简择、材料编排确立主体框架，又通过文字符号、图像符号并加以文本诠释进行细节渗透。尽管编纂者刻意或巧妙地隐藏自己的意图，但其动机和心态仍然可以窥而得之，如尊朱之院志称朱熹为"夫子""文公""徽国公"背后的得意或自豪，而《姚江书院志略》的编纂者以"聘君""征君""隐君"冠其王学诸子时流露出的倔强和抗争。作为编纂者的士人群体，无论朱陆、汉宋，将自身的信念和理想包括对儒学知识体系的诠释等都有意投射到这一文化实践中。因此，可以如此认为，书院志不仅是一种记录已往事迹的史书，更是一部彰显编纂者文化信仰的历史哲学。从理学道统建构的角度来看，书院志编纂可以作为"书院学"的重要组成部分。

原载《湖北大学学报》（哲学社会科学版）2017 年第 3 期

论书院志编纂体例转换与学术思潮的变迁

王胜军

对于书院志体例包括其内涵和外延，以及因时代变迁而产生的变化，学术界目前讨论尚不为多。就其主流看法，凡记载书院沿革、功能、制度等内容或由其直接产生的各种文献，均可以视作书院志。以赵所生、薛正兴《中国历代书院志》为例，其所收录的既有《白鹿书院志》《石鼓书院志》等综合性书院志，又有《学海堂集》《南阳书院学规》等专门性书院志，还有民国学者柳诒徵《江苏书院志初稿》、吴景贤《安徽书院志》等新型书院志。不难发现，这些所谓的书院志在体例和内容上差别甚大。究其原因，书院志文献的产生及其体例的转换实是不同时期或同一时期不同学术思潮与书院交相作用的产物。笔者认为现有书院志可以分为三个类型，一是理学形态的书院志，二是汉学形态的书院志，三是近现代史学形态的书院志。本文主要通过对比分析的方式，对书院志编纂体例与学术思潮之间的关系进行说明。

一、建构"心传"：理学型书院志编纂体例的形成

据邓洪波教授考证，最早的书院志出现于宋代，为《莱山书院志》，宋人欧阳守道曾为之作跋语。欧阳守道曾讲学于白鹭洲书院，后又为岳麓书院副山长。[1] 从文化环境来看，书院志最初脱胎于理学与书院一体化的时代。陈时龙《书院志述略》认为书院志定型在明代，主要是受地方志编修以及其他原因的影响。[2] 诚然，就其体裁而论，当时的书院志多数都是采用接近方志体的编纂体例。然而，除陈时龙《书院志述略》讲到的对抗官学化的自觉

---

① 邓洪波：《中国书院史》（增订版），武汉：武汉大学出版社，2012年版，第372页。
② 陈时龙：《书院志述略》，《湖南大学学报》2000年第3期。

性以及为创建者歌功颂德之外，理学与书院的结合，理学传播和道统传承的需要，实在是更为根本的一种内在动力。

一般认为，理学是哲学化、理论化的儒学，将其作为反抗、融合佛、道的产物。其实，理学的另一个矛头指向的是传统经学，从程颐到朱熹再到王阳明，批判经学、讲求心性的逻辑越来越得到强化。到王阳明，甚至连朱熹也一起反对，在其看来，朱熹与汉儒一样，以外求知识为归宿。取代汉儒"师法""家法"者，乃是宋明学者所谓之"心传"。正是从此角度，王阳明认为"圣人之学，心学也"①。与经学化的儒学不同之处在于，"心传"是关于人的身心性命的学问，是践履之学，强烈突出了"人"的要素。因此，从形式上看，理学道统表现为一条人物谱系，尧、舜、禹等彼此授受皆不以文字，而是以心体认天理，进行道德实践。尤其是宋明以降周、程、张、朱、陆、王等人，则构成了接续孟子之后新的道统谱系，理学道统又进一步获取了其现实意义。

理学道统最重要的特点，就是其生命实践的道德行为与其学术是滚融在一起的，从逻辑上表现为一种接续性的历史叙事。对这些学人的道德生命实践而言，讲学以及依书院讲学是其最重要的组成部分之一。从这个角度来看，书院以及书院讲学实际上是道统社会化、教育化的产物，是道统人物活动的特殊地理界域。清人窦克勤说得很清楚：

> 书院者，所以教天下之英才，而驱之于仁义道德之地也。人人于斯学，则人人为仁义之士、道德之儒矣……学之所系者重，则书院不得轻；书院之所需者亟，则志书院不容缓。故曰：志书院，志学统也。他日书院中诚有赓学统其人者，吾知其人可志，其学可志……不然，书院志矣，而无人焉以与书院为不朽，抑又何以自立焉？②

---

① 王阳明：《象山文集序》，《王阳明全集》，上海：上海古籍出版社，2011 年版，第 273 页。
② 耿介：《嵩阳书院志·窦克勤序》，郑州：中州古籍出版社，2003 年版，第 1-2 页。

在这里，窦氏将书院志修纂和理学道统联系起来，认为若无肩负道统之人，书院则即无事可记，其志书修纂的意义就消失了。因此，书院志的编纂，不是事无巨细地再现书院的历史，而是将书院历史中的文化精神、道统意象表现出来，具体而言，就是在材料选择和编排时将道统人物在书院这一特定界域的活动加以突出。

方志也是以特定地理为界域而展开编纂的，书院志则将这种地理界域缩小到书院这种特定的教育文化组织之中。从地理界域来看，两者实有所重合，因为书院均在特定的省府州县之中，其志书编纂所包含的诸要素亦均与地方志有关。比如书院沿革，方志之《学校志》《教育志》《建置志》往往有之，不少书院人物、书院记及相关书札诗文等又分布于方志的《列传》《艺文》等部分。然而，在方志中，这些史料是分散的、割裂的、粗略的或者没有指向的，书院志则专门将有关内容集中起来加以编次，增加更多方志无法进一步详细收录的史料，突出书院传承、表达道统的主旨。因此，书院志编纂有其不同于方志编纂的必要性、重要性。正如清人丁思孔在序《岳麓志》时所指出的"《通志》合一省之郡邑，故多而不及备；《府志》列十二州县之名物，亦略而不获详……岳麓之重系于书院，皆诸儒明道继统之地。"[①] 就内容来看，方志与书院志接近，就其性质来看，却有某种本质的差异。书院志编纂之所以能够承担起传承、表达道统的使命，在于书院这种特定地理界域是理学道统谱系中诸人物长期活动、进行生命道德实践的道场。

从形式上，理学型书院志编纂最终仍然采取了接近方志的体例，这又是由于道统表达的一般要求决定的。比如，书院建置、沿革（包括修建书院的章奏、书札），代表了理学家创建道场的艰辛努力，毛德琦、周兆兰修《白鹿书院志》就专设《兴复》一章，以突出道统核心人物朱熹复兴白鹿洞书院对该志的重要意义；又比如，书院记往往集中叙述书院创建的过程，揭示和表赞创建者、讲学者、来学者对理学道统的接续。诸要素中，人物系统、讲义系统（窦克勤所谓"其人可志""其学可志"）可以更为集中地表达编纂

---

① 赵宁：《岳麓志·丁思孔序》，《中国历代书院志》第 4 册，南京：江苏教育出版社，1995 年版，第 155 页。

者"明道继统"的意图。人物系统在书院志编纂中一般会以多种形式的人物传记展开，还包括对祭祀人物的序列建构。这种人物系统之所以要被建构起来，在于从形式上理学道统本就是从尧舜到孔孟再到周程张朱乃至陆王的人物谱系，理学道统人格化，必须在道德实践包括书院讲学中去展示自身的力量。人物传记往往搜集各种史料如本传、行状、世谱、年谱等，以从不同侧面展示道统人物的伟大人格及其文化地位。祭祀材料也是围绕人物展开，从根本上基于书院的实际祭祀情形，属于隐性的人物系统，与列传相比，尽管可能仅以姓名出现，然而其符号意义却不可低估。祭祀是沟通人神的特殊形式，其人物序列可以彰显道统人物的神圣性，与传记的现实性形成对称。讲义系统包括讲义、学规、会约、会语等，是书院学术宗尚、教育程式、教学方法的产物，集中探讨的内容都是儒家"性"与"天道"等问题，由此而形成的专门性书院志如《南阳书院学规》（清·李来章）、《鹅湖讲学会编》（清·郑之侨）等亦有行世者。由于书院与道统相关的活动，其涉及面极为广阔的，单一的纪传体、编年体或记事本末体都无法承载，又因为其文献收集以地理界域为根本，采取方志体进行撰述是最为恰当的选择，只有方志体，才可以更为全面、生动、立体地建构起这样的道统形式。

由于理学诸流派的纷争，包括道统建构的需要，以及其材料形式、性质的多样性，为了书院志编纂更为有机、统一，从根本上，在书院志的编纂实践中仍然形成了自身体例的特色。体例包括义例和体裁，体裁是其外在表现形式，义例是其内在质素所在。① 一般而言，理学型书院志用以说明其义例的体裁主要是序跋、凡例。设卷是书院志编纂的基本骨架构成，其是否单独设卷抑或合卷，以及各种材料放入何卷，均要视其与理学道统诸要素关系和紧密程度而定。同时，纂志者还会在文字、图形、本文诠释等方面对既有材料加以增汰删改，由之进一步完善其志书形式和内容。具见拙作《明道继统：书院志编纂与理学道统的建构》。②

越是充满理想主义，其书院志编纂的理学化程度就越深，其在体例上就

---

①　陆振岳：《方志学研究》，济南：齐鲁书社，2013年版，第375页。

②　王胜军：《明道继统：书院志编纂与理学道统的建构》，《湖北大学学报》2017年第3期。

越是具有书院志本身的特征，而距离方志更远。比如《嵩阳书院志》《白鹿书院志》《诗山书院志》《南溪书院志》《岳麓志》等都是极其典型的理学型书院志。兰军、邓洪波《书院文献编纂与尊朱辟王实践——以瀛山书院为中心的讨论》一文对比了万历《严州府志》康熙《遂安县志》与《四刻瀛山书院志》的差别，① 说明方志尽管在体例上与书院志接近，实际内容却并不完全相同，其对道统的接续和表达却远不及书院志。

但是，当这一理想褪去其色彩，理学、书院一体科举化，倒向功利主义，考课式书院漫地席卷，其志书编纂事实上也在发生相应变化。比如，祁门东山书院以考课为主，其志书就仅载有劝捐启、襄事名氏、新立条规、乐输名数、输项开支、新置产契、递年额收息钱租金、递年额用款项等九项内容。人物系统、讲义系统等理学书院志的核心要素在此都被抛弃了。考课式书院尽管为数甚巨，修志却微乎其微。如《东山书院志略》只有一篇短序，开首就讲"祁门东山书院与课生童旧常百数十人"②，其境界和理想由此可知。可见，考课式书院修志的内在冲动是极为薄弱的，因为没有足够的信仰和使命感在编纂者背后去驱使。

二、申明"家法"：汉学型书院志内涵和外延的变化

入清之后，理学开始衰落，而一种新的儒学形态——汉学又复崛起。新式儒学的出现，有力推动了汉学书院的蓬勃发展，最终形成一种新的社会文化思潮，并取代理学的学术主流地位，在乾隆、嘉庆间达到极盛之势。不同于理学的"道统"建构，汉学力图通过考订古书以申明"家法"，确立自身在整个儒学系统中的合法性乃至独尊地位。汉学的这种理念和逻辑表现在书院志编纂上，主要有如下两个特点。

一是汉学没有明确的道统谱系，也未尽力去建构这样一个人物序列，其

---

① 兰军、邓洪波：《书院文献编纂与尊朱辟王实践——以瀛山书院为中心的讨论》，《湖南大学学报》2017 年第 3 期。

② 唐冶：《东山书院志略》，《中国历代书院志》第 8 册，南京：江苏教育出版社，1995 年版，第499 页。

合法性不是建立在道德生命的实践之上，而是建立在儒学经典的考据、诠释之上。清儒所申明的"家法"，即彼此不同的解经之说。清儒步武汉儒考订、诠解古书，以怀疑为前提，求新、求异，形成彼此不同的众家之说，大异于理学尤其是程朱理学道统人物既定的形式和言说，无法形成以道德生命实践为中心的历史传承。汉学前后相承的基点是儒学经典中语句、文字、音韵诠释的同异，与理学的信仰体系相比，它更表现为一种方法，而非一贯式的概念和思维方式。在这种情形下，尽管汉学书院也祭祀郑玄、许慎、文翁、尹珍等人，但是其实质只具符号意义，而不像理学道统具有历史性传承。清代以大师称者如阎若璩、惠栋、戴震、钱大昕等，治学方法虽宗汉儒，研究视域及其结论却已与汉儒往往大不相同，即知识的传承亦无法达成。最根本的，知识本身无法带来信仰，许多汉学家本身所宗信的还是程朱理学或陆王心学，"经尊服郑，行法程朱"是其内在无法化解的矛盾。同时，汉学家认同儒学、认同经典，其知识传承具有强烈的价值取向，不是纯粹的客观知识。

因此，汉学型书院志编纂基本摒弃了理学书院志最为倚重的人物系统（包括祭祀）。以《学海堂志》为例，其卷目分为图说、文檄、建置、事宜、经费、题名、课业、经板、藏书、石刻、雅集、草木、典守、文澜阁等14个部分，而没有设立人物系统的专章。理学家用以表现其人物的图像符号等，亦被弃置不用，如《学海堂志》中尽管提到"阮元石像"，却只有数行文字，而未将其像影写入志书中。阮元是学海堂的灵魂人物，地位尚且如此，其书院志之不重视人物道统建构可知。再比如，学海堂祭祀汉儒郑玄，其书院志中亦无些许说明，而同样宗师级别的人物如朱熹，紫阳、南溪、诗山等理学书院志都是集中运用各种传记史料极尽表赞之能事。洪亮吉《毓文书院志》虽然设有"人物"一卷，却仅著录有山长、弟子姓名、籍贯、功名等简单信息，与理学书院志形同而实异。

二是，汉学型书院志对于书院沿革及其本身并不太重视。就实质来看，书院与汉学的结合，也并不紧密，汉学家主要师承不在书院，而更为依赖于家学和乡邦文化的熏陶。从教育形式和理念上看，汉学虽然推动了书院向前发展，但是其专经学习、分斋教学也为书院的最终没落埋下了伏笔。① 书院固有的通识性教育要求与其有内在冲突，相反现代学校专科教育却与之更为接近。理学传播是依托讲学的，没有书院，理学就失去了阵地；而汉学的传播则更主要依赖于书籍出版，书院只是为其提供了便利条件。祭祀对于理学而言，是信仰的安放、是精神的依归，而对于汉学书院只是其学术宗尚的象征和说明。诸如此类，最终导致汉学型书院志体例或者很简略，或者内在的逻辑性较弱。比如，《校经书院志略》的具体篇目为图、记、奏折、文牍、经费、章程，全志仅有二十页。《学海堂志》较之虽多，却不分卷，体例松散。与汉学在社会学术思潮中的强势相比，颇不相称。

汉学的主要精神和活力都表现在对传统儒学经典的考据、诠释、解构中，故重研究而非讲学，所以，往往集中精力出版课艺、文集、日记等文献。举凡著名汉学书院，几乎均有课艺集出版，如学海堂、诂经精舍、南菁书院、尊经书院、钟山书院、经训书院，等等，这一普遍现象说明，汉学书院对课艺集的重视远远超过了书院本身。究其原因，汉学家的"家法"不是体现于人格中，课艺作为一种可以考据、议论的体裁，对建构儒学的价值更为便利。钟山书院在雍正间传播理学，其志书体例与嵩阳、白鹿洞等传统理学书院志接近，之后汉学大盛，即出版《乙未课艺》集，这一变化生动说明，汉学对书院志体例转换的影响之大。

汉学家申明其"家法"，与理学争儒学正统，编纂、刊刻图书是其主要途径，课艺集实际上也在承担这样一种使命。比如，《学海堂集》卷三、卷四《诗毛郑异同辨》一文，作者曾钊完全抛开了朱熹《诗集传》的诠释维度，而以汉儒的解经逻辑展开考证。又比如《易之象解》一文，作者郑灏若就指出："魏晋而下说《易》者，皆训'象'为'断'，谓断一卦之义。以声音为训诂，而于象字之义终未明晰……"②，并认为清儒段玉裁"假借"说最

---

① 王建梁：《清代汉学与书院互动之规律初探》，《河北师范大学学报》（教育科学版）2008 年第 1 期。

② 阮元：《学海堂集》，《中国历代书院志》第 13 册，南京：江苏教育出版社，1995 年版，第 14 页。

准确，事实上朱熹即是主张训"象"为"断"的。① 由郑氏之推崇段玉裁可见，汉学人物虽无比较集中的传记，却在课艺论说中以权威面目出现，郑玄、马融等汉儒之外，清儒是其中的重要角色。谨以《学海堂志》前六卷为例，列表一以见其概。

表一　《学海堂集》前六卷清代汉学家举要

姓名	相关著作	课艺出处举要
顾炎武	《日知录》《亭林文集》	梁国珍《仪礼之记之传解》、林伯桐《问虞夏书商颂易卦辞何以不言性亦皆无性字言性始于何书周人汉人言性其义与孔孟合否》、林伯桐《书东莞陈氏学蔀通辨后》、张杓《昆山顾氏日知录跋》、吴兰修《昆山顾氏日知录跋》、林伯桐《昆山顾氏日知录跋》、温训《昆山顾氏日知录跋》
阎若璩	《潜邱札记》	林伯桐《问资治通鉴自元丰以后为注释音义者共几家各家优劣何如》、吴兰修《昆山顾氏日知录跋》、林伯桐《昆山顾氏日知录跋》、张杓《昆山顾氏日知录跋》
惠周惕	《诗说》	曾钊《诗毛郑异同辨》
惠士奇	《易说》	林伯桐《问虞夏书商颂易卦辞何以不言性亦皆无性字言性始于何书周人汉人言性其义与孔孟合否》
江永	《仪礼释宫谱增注》《礼书纲目》	黎应期《诗之雅解》、梁国珍《仪礼之记之传解》、林伯桐《问仪礼释宫何人为精确》
戴震	《绪言》	林伯桐《书东莞陈氏学蔀通辨后》、郑灏若《浚仪王氏困学纪闻跋》、邓淳《嘉定钱氏十驾斋养新录跋》

---

① 黎靖德：《朱子语类》，北京：中华书局，1986 年版，第 1664 页。

续表

姓名	相关著作	课艺出处举要
程瑶田	《仪礼丧服徽记》	梁国珍《仪礼之记之传解》
赵翼	《陔余丛考》	吴兰修《昆山顾氏日知录跋》、林伯桐《昆山顾氏日知录跋》
钱大昕	《十驾斋养新录》	张杓《昆山顾氏日知录跋》、吴兰修《昆山顾氏日知录跋》、张杓《昆山顾氏日知录跋》、吴兰修《嘉定钱氏十驾斋养新录跋》、林伯桐《嘉定钱氏十驾斋养新录跋》、曾钊《嘉定钱氏十驾斋养新录跋》、郑灏若《嘉定钱氏十驾斋养新录跋》、邓淳《嘉定钱氏十驾斋养新录跋》
段玉裁	《说文解字注》	阮元《易之象解》、吴兰修《易之象解》、郑灏若《易之象解》、黎应期《诗之雅解》、曾钊《诗毛郑异同辨》
邵晋涵	《尔雅正义》	林伯桐《问仪礼释宫何人为精确》
汪中	《明堂通释》	林伯桐《问仪礼释宫何人为精确》
阮元	《浙江图考》	吴兰修《昆山顾氏日知录跋》

清代汉学家就如此"隐秘"地接续了儒学正统，而顾炎武、钱大昕尤为大宗。课艺比传统书院志表达思想观点更为明确、直接，成为超迈诸体而上的一种强势体裁，即反对汉学的学者伍肇龄主持尊经书院时也选阅有《尊经书院二集》。

汉学书院志之既重课艺，又一原因是实重科举。课艺本为考课而作，是科举与书院结合的一个产物，汉学家批判科举之学，其实只是认为科举内容应实以经史而已。从其志书编纂来看，汉学书院对科举也有一种比较强烈的崇尚心态，极重"题名"，这在传统理学书院志中均未之见。理学讲求反约、反对功利，与科举有天然的内在紧张，即如嵩阳书院编有课艺集《嵩阳书院会业》，却不将其重要内容录入书院志中，而只收录序文一篇，辨明理学、科举关系，劝生徒勿堕入到功利主义中去。汉学书院志却将其突出出来，以科举激励生徒，《学海堂志》就专设"题名""课业"两章。其中，"题名"共列有赵均、吴应逵、林伯桐、吴兰修、曾钊、马福安……林国赓、林国赞等四十一人，一一标明其功名及为官，如：

> 黄子高，番禺人，道光己丑科优行贡生，道光十年三月补。
>
> 沈世良，番禺人，附贡生，韶州府学训导，咸丰八年十一月补。①

如此等等，"课业"前后共列有二十人，具体如"李能定番禺附生已于乡试中式""杜文炽广州府学增生习《史记》""周果顺德学廪生候选训导习《仪礼》"②，皆特意强调其身份等级，须知在清代，廪生、增生、附生在政治、经济双重意义上都高于一般士人。可以断言，汉学书院在批判了性与天道的理想主义之后，倒向现实社会的功利主义，也是一个必然的结果，书院志编纂体例的变化则是进一步逻辑的必然。

三、"整理国故"：近现代史学与民国书院志的新形态

早在清末，进化观念就借助"新史学"等理论从逻辑上打破了儒学原来宣称的对人类社会所具有的永恒意义。民国肇造以来，随着新式学校大规模引进，以及君主政体退出历史舞台，儒学作为一种信仰和价值体系在士人心目中发生了彻底动摇和崩解。新文化运动中，胡适以"整理国故"的思路，又给了传统儒学一个"安身立命"之所。然而，传统文化由之也成为待"解剖"的尸体，③迅速退化为一种纯客观的知识体系。

这也给书院志编纂的原有体例带来了巨大的变化。主要表现在，书院志

---

① 阮元：《学海堂志》，《中国历代书院志》第 3 册，南京：江苏教育出版社，1995 年版，第 292、293 页。
② 阮元：《学海堂志》，《中国历代书院志》第 3 册，南京：江苏教育出版社，1995 年版，第 295、296 页。
③ 钱玄同：《青年与存古》，《钱玄同文集》，北京：中国人民大学出版社，1999 年版，第 144 页。

编纂的内在冲动已经不再是突显、传递具有"永恒"意义的"心传"和"家法"，书院及其历史等相关文献已成为一种佐证以往历史的"材料"。在胡适"批判那些先导的理论和方法"的呼吁下，儒学的信仰和价值体系与书院志编纂的关系被迅速解除，书院志原有义例由是即无立足之地。可见，这种"整理"事实上已经转变为一种学术研究，尤其是史学研究，在时代大潮的作用之下，书院志编纂也遵循这样一条思路。

　　"整理国故"对传统和历史试图探究、展示其进化的形式和法则，背后其实已有先导的理论，就是当时居于强势的西学。作为新文化运动的领袖人物，胡适"书院制史略"的演讲具有开创意义。胡适以变化发展的眼光，阐述了书院由精舍而来的漫长发展历史，表扬了书院代表时代勇于议政和自由讲学的精神，认为"吾以今日教育界提倡道尔顿制，注重自动的研究，与书院制不谋而合"①，旨在说明整理书院文献这一"国故"的意义，并突显传统与西方近现代文明的一致性。这种调和有力地缓解了时人内心中的矛盾和焦虑。民国书院研究者几乎也都抱以这样的心态，并有意或无意地实践着胡适的实证主义方法论。

　　据赵所生、薛正兴《中国历代书院志》之所收录民国书院志，罗列如表二，以兹说明。

表二　《中国历代书院志》收录民国时期书院志一览表

作　者	书 院 志	时　　间
柳诒徵	《江苏书院志初稿》	《江苏国学图书馆年刊》1931 年第 4 期
王兰荫	《河北省书院志初稿》	《师大月刊》1936 年第 25 期、第 29 期
	《山东省书院志初稿》	《文澜学报》1936 年第 2 卷第 1 期
吴景贤	《安徽书院志》	《学风》1934 年第 2 卷第 4 期至第 8 期
张鉴	《诂经精舍志初稿》	《文澜学报》1936 年第 2 卷第 1 期

---

① 胡适：《书院制史略》，《东方杂志》1924 年第 21 卷第 3 期。

续表

作　者	书院志	时　间
魏颂唐	《敷文书院志略》	浙江财政学校 1935 年铅印本
马一浮	《复性书院讲录》	复性书院 1939 年刻本

以上七部书院志，除《复性书院讲录》之外，均与胡适"整理国故"的思路接近。作者中既有闻名学界的大师，也有不见经传的一般学人，这种不约而同的取向，足以说明书院志内涵和外延在时代思潮中的巨变。具体表现为以下几个特点：

一是注重区域性的史料整理，对相关文献进行专题研究。柳诒徵、王兰荫、吴景贤对江苏、河北、山东、安徽等地书院的考察即是如此。明清书院志基本是一院一志，或一院数次修志，两院合志的情形虽有而极少。明清两代书院修志，尤其是理学书院纂修志书，书院是作为儒学道场而出现的，当时书院虽然多达数千所，但是并非每所书院都有这样的传统和使命，因此纂修志书的书院毕竟只是极少数，合志的意义不大。唯有清人王昶《天下书院总志》与专题研究稍为接近。《天下书院总志》共二十卷，乃集各省府州县方志中史料而成，包括"各书院历史沿革、历代有关书院之诗文，间收学规、章程"①。王昶身为汉学家，关心典章制度，留意书院亦在情理之中。同时也说明，民国时期书院整理与研究与清代汉学在逻辑、方法上有承接关系。

二是排比材料，采用实证方法进行研究。从形式上看，民国时期书院志的编纂，是直接传统汉学之余风，以材料排比为主要方法。以柳诒徵《江苏书院志初稿》为例。该书院志的特点一是大量引用方志、书院志、正史、政书、年谱、文集、书札、笔记等各种史料，二是对各种散见的书院如茅山、晏殊、金渊、龟山、城南、遂初、北府、明道等涓滴不遗地加以收录，力图勾勒江苏一省书院全貌。写作方式是排比材料对正文语句进行佐证，列举数条如表三：

---

① 陈谷嘉、邓洪波：《中国书院制度研究》，杭州：浙江教育出版社，1997 年版，第 596 页。

表三 柳诒徵《江苏书院志初稿》引征材料举例

正文语句	佐证史料
书院始于唐而盛于宋。江苏当北宋时，惟茅山有侯遗自创之书院，虽拔官田，殆犹家塾。	景定《建康志》、至顺《镇江志》、康熙《茅山志》、乾隆《江南通志》
天启五年，钩党祸作，攀龙自沉，书院亦毁。	《明史·熹宗本纪》《明史·高攀龙传》《启祯剥复录》《东林书院志》《无锡金匮县志》
李颙南行，讲学尤极一时之盛。	《二曲集·南行述》《先正事略·李二曲先生事略》
陆桴亭、陈言夏、高汇旃诸贤倡导于郡邑。	《先正事略·陆桴亭先生事略》、《乾卦讲义》（陆世仪）、《高顾两公语录大旨》、《小心斋札记》、《水村读书社约序》、《安道先生年谱》
省会若大郡，多名师，其所造就，尤有可称。省会书院，首推江宁之钟山。	《光绪会典·礼部》《乾隆江南通志》《江宁府志》《钟山书院规约》（杨绳武）
道光中，增设惜阴，而童试有奎光、凤池两书院，蝉媛及同、光。	《续纂江宁府志》《同治上江两县志》《重建钟山书院折》（刘坤一）
曾国藩复金陵，首延李联琇主讲钟山。	《曾文正公书札·致李小湖》《续纂江宁府志·李联琇传》

　　纵览全志，从明代以来如《东林书院志》《钟山书院志》《宝晋书院志》《虞山书院志》等都有引用。该志重点突出明代东林书院、清代钟山书院，以彰显书院和学术的变迁关系。王兰荫河北、山东两省书院志则完全是以一省诸州县为界域进行资料排比，论述文字几乎没有，实属资料汇编。魏颂唐《敷文书院志略》，不分卷，内容有纪述、碑文、题咏等，从形式上看，略接

近于传统书院志，其主要意图只是搜集文献而已，如"纪述"部分即排比诸方志史料。这样，归纳和演绎就成为书院学研究的主要方法，科学主义大行其道，传统儒学则被打成"玄学鬼"，退居于文化界域的边缘。

第三是从基本精神和原则上对儒学道统体系（理学）和价值体系（汉学）进行批判、解构，剥离其与书院之间的关系，大力削减可资彰显儒学"道统""家法"的史料。比如，书院志中的祭祀、人物传记之类无论史料之有无，尽皆不录，即如碑记往往申述道统，是理学书院志收录的重点，王兰荫《河北省书院志初稿》却仅存其目，而"不录全文"①。民国时期的志书编纂将重点放到了书院沿革和制度上，着力突出经费、学田等经济要素。比如保定莲池书院，王兰荫所运用的史料有雍正《畿辅通志》、光绪《畿辅通志》、光绪《保定府志》等，介绍了书院地址、修建情况、万卷楼藏书情形，其他如汉学家黄彭年编《莲池书院肄业日记》等都不提及。再如深县文瑞书院，对其书院钱息及各盐当承使钱文之数目共二十九条，极为详细地进行罗列，书院记两篇则仅其存目。②又如安平县武定书院，一一详列其新旧地亩数及生息款项，并且用括号进行长篇文字说明，虽有记五篇，亦仅存其目。③吴景贤《安徽书院志》亦采用这一思路。比如，对于明代讲学甚盛的复初书院，仅以数行文字述其沿革而已。对于明清两代以讲学而著称的紫阳、还古两书院亦仅述其沿革，其他方面则不加提及。④对比施璜《紫阳书院志》《还古书院志》大力表彰理学道统的努力，两者意趣差别之大，可得而见。

与胡适等西化派不同，新儒家对儒学的态度、对中西文化的看法颇有不同，马一浮学宗汉宋，尊尚六经，故其《复性书院讲录》仍然与明清时代书院志的传统体例基本相同，其内容则由《开讲日示诸生》《学规》《读书法》

---

① 王兰荫：《河北省书院志初稿》，《中国历代书院志》第 1 册，南京：江苏教育出版社，1995 年版，第 154 页。

② 王兰荫：《河北省书院志初稿》，《中国历代书院志》第 1 册，南京：江苏教育出版社，1995 年版，第 310-311 页。

③ 王兰荫：《河北省书院志初稿》，《中国历代书院志》第 1 册，南京：江苏教育出版社，1995 年版，第 316-317 页。

④ 吴景贤：《安徽书院志》，《中国历代书院志》第 1 册，南京：江苏教育出版社，1995 年版，第 13-14 页。

《通治群经必读诸书举要》以及主体讲义等部分构成。对于新儒家而言，儒学一定程度上仍然是信仰和价值体系，是有生命力的而待解剖的"已故"国史。因此，新儒家着意刻画理想中的宋、明大儒讲学的书院，对清代书院则评价甚低，如钱穆"清廷虽外尊程、朱，而于北宋以来书院讲学精神，本人心之义理，以推之在上之政治者，则摧压不遗余力……讲学之遗规尽坠"①之说即是如此。然而，由于清代书院史料最为丰富，却又是志存"国故"一派所乐于致力和用心的。

与此相关，书院被作为一种可以脱离儒学的教育组织进行诠释，以便进入到近现代学术体系中去寻找其存在位置。比如胡适《书院制史略》即以西学为参照系将书院教学方式与道尔顿制对比，将课艺集与博士论文对比。邓之诚《清季书院述略》也有"英国导师制度，正由吾国书院脱化而成"②之说。吴景贤《安徽书院志》则明确指出"当中国未举办新式学校之时，书院就是我们的学校"，表示纂修《安徽书院志》是"意在祖述文献，用校新猷"③。即便是新儒家，就其史观而言，也往往将书院作教育机构来看。④这样，当书院在近现代学术体系中找到其"位置"时，与西方文化的冲突进一步消减了。也正是这样，以历史学，尤其是教育史为切入点，文献的搜集、编排、判定、阐述也成了书院学研究的中心。书院志的内涵、外延由之表现出强烈的史学特征，并以其史料的性质、内容、形式等为中心不断进行着界定。

四、余论：关于本论题意义的进一步说明

以上探讨了理学、汉学以及近现代史学三种社会文化思潮下书院志体例及其内涵、外延的变化。书院体例是深受不同学术形态和时代思潮影响甚或

---

① 钱穆：《中国近三百年学术史》，北京：商务印书馆，1997年版，第22页。

② 邓之诚：《清季书院述略》，《书院与文化传承》，北京：中华书局，2009年版，第13页。

③ 吴景贤：《安徽书院志》，《中国历代书院志》第1册，南京：江苏教育出版社，1995年版，第113页。

④ 张君劢：《书院制度之精神与学海书院之设立》，《中国书院史资料》，杭州：浙江教育出版社，1998年版，第2598页。

决定的。从时间上看，这三种学术形态和社会思潮伴随着书院的兴起、发展、变异和终结而发生变化，宋代以降尤其是明清到民国三百余年中书院志因之呈现出不同类型和风貌。

　　这三种学术形态分别展示了儒学的信仰体系、价值体系和知识体系。所谓"体系"，是指它往往由概念、方法、心态等多个层面构成。信仰体系是理学建构起来的，充满着使命感和创造力，在书院和书院志最初产生的时代，将儒学与其紧密地结合在一起，呼唤着士人内心最底处的道德勇气和实践精神，书院志是一部传道书。价值体系是汉学之所依凭，汉学家以儒学经典文献的话语权为天然前提和准则，力图重构一切外在的典章制度和价值准则，书院不是其归宿、依托，而是一种凭借，书院志更多被赋予发表其学说、政见的任务和功能。知识体系是近现代史学将儒学作为研究对象时的产物，这时儒学的信仰、价值被剥离，只剩下纯粹的文献意义，书院志也褪去了光环，其编纂更多也只是为说明古代社会发展情形提供佐证，或资治于现代某问题。

　　当然，这三个体系是彼此联系、不可分割的。信仰体系处于最深的层次，价值体系与社会制度的关系最为紧密，离开了信仰和价值，书院志只能作为既定的史料被不断"翻炒"。知识体系只有在被研究和利用时才具有意义，但它同时又为信仰和价值体系提供养分。不同的学术形态同时具有这三个方向，只是深浅各异。笔者认为，狭义的书院志当以方志体的理学型书院志为标准，它比较完整地再现了书院的沿革、功能、制度及相关活动内容，逻辑性强，最深刻地表达了书院学人对儒学，尤其是对书院的关怀、构想和期许。其他如课艺集之类作为书院各种活动、各个侧面的直接文献也可以视作广义的书院志，该类文献与书院更多是形式上的关联，这种关联却仍然反映出书院学人的思想变迁，说明书院制度本身所具有的弹性和活动。民国时期的书院志是儒学被批判之后，西方学术及其研究方法进入时的一种带有过渡色彩的形态，但它也从反面表明书院研究的深入、发展甚或可能，儒学乃是最重要的助力。

　　知识体系之下的儒学和书院以学术研究的形式最早获得肯定，长期以来，在众多学人的努力下，书院学因之逐步走向深入、完备，并不断开拓出新的方向。近年来，儒学的价值体系在大陆新儒家的制度建构中被大力鼓吹和传播，波及于社会的各个角落。而在书院中，信仰体系这一方面却发展得最具活力，这说明，书院从本质上仍是儒者道德生命实践的道场，因为儒学需要自身的道场，需要给予信徒或研究者以更为崇高的寄托和安顿的现实空间。同时，书院的不断发展，其志书编纂必然提上日程，编纂体例的探讨、义例的思考、效果的判断，等等，都是亟待解决的问题；书院学的发展，也有待于更多理论的探索，包括对书院文献整理和研究理论的探索。

原载《明清书院文献与书院研究学术研讨会会议论文集》2017 年 8 月

清代书院课作中的文学与学术

徐雁平

清代书院生徒课作的数量，依照多种书院之章程来推算，应该十分可观，然此类文献，因其成于书院生徒之手，多不受重视，除少数书院编选刊刻外，其他皆任其散佚。笔者近几年查检多家图书馆藏书，东南地区书院课作集仅得八十六种。东南向称文化发达之区域，所存无几，其他地区所存课作集数量似难出其上。综而观之，课作集的主要价值约有五方面：其一，它们是书院山长讲授、生徒学习情况的真实记录。其二，大多数书院以科举考试为学习目标，生徒所作时文可称浩繁，此类时文虽价值有限，但它们是科举背景下一种影响力最大的文体，是清代文学生态中不可忽略的一部分。其三，一些专课宙学或兼课古学的书院，在生徒的解经考史的课作中，有一批颇有学术含量的篇什，它们是研究清代学术发展的重要文献。其四，书院赋作是清人赋学研究中未被开掘的课题，书院赋多拟作，书院诗（在试帖诗外）亦多拟作。拟作是文学创作的重要方式，课作集中收录大量的拟作，可为考察文学传承提供材料。其五，书院课作，无论是学术还是文学，皆有山长或参与考课的地方官的评点，其中文学之评点，可为清代文学批评研究提供史料。然要对此八十六种课作集作较为全面的评价，确非易事，故此处只选择若干个案或问题稍作探究，以示课作之价值。

一、书院山长与时文评点

书院生徒大多以举业为重，故时文非做不可；书院山长多举人、进士，他们从考试中胜出，已有数十数百篇时文的撰写经验。在时文这一层面上，作为投入者的生徒和作为胜出者的山长有共同的语言，他们之间的交流，除平日面授之外，还有考课课作上的评点。这些评点对于书院肄业者，有增强信心、指点迷津之用，而课作一经入选课作集，则可为后来学习者提供范本，不少书院课作集的编刻，即出于此种意图。阮葵生论明坊间时文刻本有四种，曰程墨，曰房稿，曰行卷，曰社稿。所谓社稿，则诸生会课之作。[①] 以举业为中心的书院课艺，其性质近似社稿。

潘遵祁主苏州紫阳书院多年，所编课作集有十七编之多，每集皆有其评点。潘氏门下名士众多，如王祖畲、叶昌炽、陆润庠、王颂蔚、管礼耕、秦绥章、曹元弼、胡玉缙、王仁俊、章钰、吴荫培等。潘遵祁自掌教紫阳讲席始，即致力于时文之传授："余于庚午岁（同治九年）承乏讲席，三载于兹，自维谫陋不文，不足与诸生朝夕观摩，集思广益，惟是每课一艺，必以能融会圣贤立言之旨为宗，至文之清奇浓淡，苟不诡于正，有长必录，所愿诸生潜心四子书，务通其理，然后研之经，以定学术纯驳之趋；考之史，以知世运升降之故；参之诸子百家，以穷物理人情之变。"[②] 传授所用心力，在评点中可见。秦绥章所作《去谗远色六段》一文，有潘氏评语："以《周礼》作证据，树义必坚，摛辞无懦，是造五凤楼手。六段虽总一劝字，而逐段俱有实义，自以平还六比为正格，是作劈实发挥，具见力量，佳在有经籍光也。删改二百余字。"潘氏之评，意在示人制艺义法，指明正途，所谓"以《周礼》作证据""有经籍光"，即是研经以定学术之纯正，求文章之清真雅正。专就制艺而言，此乃以经语诂题，追求"精神之流通，气象之高远"[③]。而标出删改字数，其意在以修改为后学提供一个良好的范本，同时也是对生徒原稿水准评判的一种量度。对王颂蔚《鼓瑟希至咏而归》之作，潘遵祁的评点更为详细：

此章全旨以酬知为正意，不让与谦词为旁意。此节之旨，则狂士之不求人知也，夫子虽与点，而未尝以三子为非，说得太高，于

---

① 梁章钜：《制义丛话》，上海：上海书店出版社，2001 年版，第 24 页。
② 潘遵祁：《紫阳书院课艺序》，见《紫阳书院课艺》卷首，同治十一年刻本。
③ 梁章钜：《制义丛话》，上海：上海书店出版社，2001 年版，第 78 页。

三子有贬词，便与全章宗旨隔绝。说得太低，用放浪形骸等意，又与曾点身分不合，下笔最要有分寸。此题既截去首尾，亦当照顾起讫，又不可落小样。至欲针对"吾与"名，说成狂士与圣人合撰，亦隔一膜。此段神理最难体会到恰当好处，故朱子晚年尚悔未改浴沂注一章。作此节题，文固不必泥大注也。是作披怀高咏，有抚琴动操，众山皆响之妙，而题之分际极得，自是合作。改五十余字。①

此题出自《论语·先进》"子路、曾皙、冉有、公西华侍坐"一节，其旨意不易把握，潘遵祁于评点辨析精到。朱子《论语集注》中对曾点之意有表彰之意："其胸次悠然，直与天地万物上下同流，各得其所之妙，隐然自见于言外。视三子之规规于事为之末者，其气象不侔矣。"而王颂蔚之作并不拘泥朱注，很注意点与三子之间的分寸。此题之难，是在探圣人寄慨之意，"其意中之所有不可无，无则学者之见不能窥见深远也；意中之所无不可有，有则学者之见非复圣人之蕴含也"②。"此题莫草草放过，乃后来学术异同一大根源也。此艺下意斟酌，风度闲远之中有矜饬之意，喟然一叹，不下一注脚，真得紫阳微旨矣。"③其神理全从整体体会，未落"小样"；点与夫子，并未被"说成狂士与圣人"。王颂蔚后中光绪六年进士，当有良师潘遵祁培植之功。

课作集所收时文，有不少同题之作，此并置之举，有助于后学者结合山长评语，比较揣摩其命意及其结构之同异和长短。山长评点，不尽是赞赏之语，也有切实的批评。朱金祺为杭州紫阳书院弟子，所作《人知之亦嚣嚣至故民不失望焉》收入书院课作集中，此处不录其文，只录山长吴超（左泉）的评语：

轻读人字，重读士字，双峰遥对，格老气苍，诠发上下节实义，

① 吴左泉：《紫阳书院课艺》，同治十一年刻本，第 3 册。
② 梁章钜：《制义丛话》，上海：上海书店出版社，2001 年版，第 68 页。
③ 梁章钜：《制义丛话》，上海：上海书店出版社，2001 年版，第 244 页。

语尤名贵。〇此题约有数病，题有上下文者，紧扣两头，以清题界，此定法也。独是题次节尊德句为一章之旨，为上下节之根，末节又从第三节推出，谋篇不善，非凌躐即宽懈，病一。题中实字各有精义，逐字实诠，方为亲切，如就游说立论，填砌国策事实，全是泛话，病二。上两节说游，下两节推开说，如俱就游论，似专教以游说，而抹煞士之本量，未得语妙，病三。故字层递而下，含糊说去，层折不清，病四。知不知，指一时言；穷与达，举全量言。以知为达，以不知为穷，虽联络自然，于理欠细，前后次序亦易倒置，病五。出处浮词，摇笔即来，不独抛荒题义，即移入下文得志六句，题亦仿佛可用，病六。项下应勒清题界，单勒士字穷达字固疏，明勒得已失望亦突，病七。何如一问抛荒者，漏平衍者。冗甚。有忘此问答语，而竟又入口气者，尤谬，病八。阅卷四百，苦少合作，此艺词局老当，审题较细，故首拔之。①

朱金祺之作圈点满幅，当是佳制。吴超以上评语，当就其题及其他同题之作阐发。可谓推勘入理，使生徒心开目明。

二、书院与赋

清代书院与赋的创作，在分析诂经精舍课作集中，已略作探讨。赋在书院讲习中，一直被作为"古学"的一部分，山长吴锡麒鉴定嘉庆九年刊刻的《云间书院古学课艺》分为赋、诗（非试帖诗）、骈体、经解辨考、策问五部分，赋乃"古学"内容之一，且所占篇幅较大；道光二十九年刊刻的《云间小课》卷上全部为赋作，卷下为杂文、诗。朱琦选定道光十八年刻苏州《正谊书院小课》，也是在制义佳篇已编选三集的情况下，将经解、诗赋、杂体以及试帖诗另行编集，以示区分。此处"古学"是相对时文而言，小课（师课）相对于大课（官课）而言。

---

① 吴超编：《紫阳书院课艺八集》，光绪十八年刻本。

从现存文献来看，苏州学古堂致力于经典之考索，似不注重赋的创作，但是学古堂师生共同完成了一件与赋学相关之事，此即光绪二十三年重刻张惠言《七十家赋钞》，《赋钞》标明是"学古堂校读本"，有林颐山于学古堂师竹亭所撰《重刻张编修七十家赋钞叙》：

> 《后汉书·鲁丕传》丕上疏曰：说经者，传先师之言，非从己出。六艺家如是，诗赋家亦应如是，推及于古文家又无不如是。颐山忝摄学古堂末席，得与诸君子讲论周秦汉儒家法，爰索张钞校读本，重付梓人，以见家法崖略，到今未坠云。①

校刊《七十家赋钞》，其意在传楚骚汉赋家法统系，亦即学古存古。《七十家赋钞》附录《赋钞札记》五卷，分别由吴县朱绵绶、吴县钱人龙、新阳陈定祥、吴县董瑞椿、奉贤阮惟和五人撰写，查检《学古堂日记》，五人皆在其中。《七十家赋钞》之校读，在他们眼中也是古学，如同《周易》《尚书》《通鉴》之校读。

在名目之标立及实际讲习中，可见嘉道以后部分书院的山长试图在举业与官学的背景下提高书院的学术水准。本书下编《清代东南书院课艺提要》所收八十六种经眼的课作集中，有三十六种收录赋作。这一数量与清代东南各书院考课的实际情况相比照，考赋的书院所占的比例有限；但此类书院的出现，也可反映书院讲习或学术发展的一种求实趋向，这种趋向在诂经精舍的课作集中有连贯的呈现。在上列三十六种收录赋作的课作集中，有一部分是与时文、试帖诗合在一起的，这当是一些书院为救生徒专攻举业之弊，屠倬掌教杭州紫阳书院时，即有此举措：

> 书院旧例，一月两课，课以制艺一，试帖诗一。余为馆阁储材起见，月复课以词赋，择其尤佳者付之剞劂。②

---

① 张惠言编：《七十家赋钞》卷首，光绪丁酉刻本。
② 屠倬编：《紫阳书院课余选》卷首，道光四年刻本。

欧阳泉序《正谊书院小课》云"经解、诗赋与制义相为表里者也""泉获襄校勘之后，见其中名作如林，经解奉钦定为圭臬，会汉学宋学而撷其精；诗赋拟制科为准绳，酌古体近体而臻于善，洋洋乎极文章之大观，与制义相辅而行可也"[①]。无论是以经解、诗赋补制艺之空竦朴僿，还是为馆阁储材起见，其中仍摆脱不了举业的影响。然平心论之，有此等见解的山长实为有识见之士。

清代诸多考试中涉及赋的考试有七种：一是童生、生员的考试，此科考赋未必是政府的规定，可能与主试之学政的翰林院出身有关；二是书院之试；三是选拔庶吉士的朝考；四是庶吉士之月课；五是庶吉士散馆试赋；六是翰詹大考；七是博学鸿词科之试。而书院课试律赋，与书院的翰林出身有关。[②]此一论断颇为精到。童生、生员及书院之试赋，皆可视为后五种考试的准备。查检三十六种收录赋的课作集，那些试赋书院山长的出身的确值得留意，现将相关材料列表如表一：

表一　收赋的课作集与山长（或编选者）出身情况表[③]

课作集	选编者	科名
《诂经精舍文集》	阮元	乾隆五十四年进士，选庶吉士，授编修
《云间书院古学课艺》	吴锡麒	乾隆四十年进士，改庶吉士，授翰林院编修
《紫阳书院课余选》	屠倬	嘉庆十三年进士，改翰林院庶吉士
《德润书院课艺》	尹方桥	嘉庆九年举人
《正谊书院小课》	朱琦	嘉庆七年进士，选翰林院庶吉士
《诂经精舍文续集》	罗文俊	道光二年进士，授翰林院编修

---

① 朱琦编：《正谊书院小课》卷首，道光十八年刻本。
② 潘务正：《清代（顺治朝至嘉庆朝）翰林院与文学》，南京大学中文系 2006 年博士论文，第136—137 页。
③ 表中所录编选者大多为书院山长。编选者是否翰林出身，参照朱汝珍辑《词林辑略》，广陵古籍出版社影印本。

续表

课作集	选编者	科名
《敬修堂词赋课钞》	胡敬	嘉庆十年进士，改翰林院庶吉士，散馆授编修
《云间小课》	练廷璜	
《崇文书院敬修堂小课甲编》	戴熙	道光十二年进士，改庶吉士，授翰林院编修
《诂经精舍三集》《诂经精舍四集》《诂经精舍五集》《诂经精舍六集》	俞樾	道光三十年进士，授翰林院庶吉士，散馆授编修
《诂经精舍七集》《诂经精舍八集》《蔚文书院课艺》	朱泰修	道光二十七年进士
《金陵惜阴书院赋钞》	冯桂芬	道光二十年一甲二名进士，授翰林院编修
	王煜	道光二年进士，散馆授编修
	吴存义	道光十八年进士，改庶吉士，授翰林院编修
《惜阴书院东斋课艺》	孙锵鸣	道光二十一年进士，选庶吉士，授翰林院编修
《惜阴书院西斋课艺》	薛时雨	咸丰三年进士
《经正书院小课》	徐榦	
《正谊书院课选》《正谊书院课选二集》	蒋德馨	道光十五年进士
《蕊珠书院课艺》	姚墉	同治九年举人
《安定书院小课二集》	钱振伦	道光十八年进士，散馆授编修
	周顼	道光十八年进士，散馆授编修
《南菁讲舍文集》《南菁讲舍文集二集》	黄以周	光绪九年举人
	缪荃孙	光绪二年进士，改翰林院庶吉士，授翰林院编修
《奎光书院赋钞》	秦际唐	同治六年举人

续表

课作集	选编者	科名
《正谊书院课选三集》	朱以增	同治四年进士，散馆授编修
《崇实书院课艺》	陆廷黻	同治十年进士，散馆授编修
《中江书院课艺》	汪宗沂	光绪六年进士
《龙城书院课艺》	缪荃孙	光绪二年进士，改翰林院庶吉士，授翰林院编修
《若溪书院课艺》	孙德祖	同治六年举人

三十二种收赋课作集，有二十二名编选者是进士，其中十八人（其中缪荃孙掌教二书院讲席）为翰林出身。而在一些有考赋传统的书院，其山长出身情况可作为参照，此处以上海云间书院、苏州正谊书院、金陵惜阴书院为例，山长只录进士出身。

云间书院

吴锡麒，乾隆四十年进士，授翰林院编修

冯集梧，乾隆四十六年进士，散馆授编修

董国华，嘉庆十三年进士，散馆授编修

瞿溶，嘉庆十九年进士，散馆改刑部主事

胡培翚，嘉庆二十四年进士

陈继昌，嘉庆二十五年进士，授修撰

姚光发，道光二十一年进士

顾莲，光绪六年进士，散馆改四川梁山县知县

正谊书院

费振勋，乾隆四十年进士

魏成宪，乾隆四十九年进士

汪庚，嘉庆六年进士，散馆授编修

张鉴，嘉庆六年进士

吴廷琛，嘉庆七年进士，授修撰

朱珔，嘉庆七年进士，选翰林院庶吉士

高翔麟，嘉庆十三年进士，散馆授编修

赵楫，道光十六年进士，散馆授编修

温葆深，道光二年进士，散馆授检讨

赵振祚，道光十五年进士，散馆授编修

蒋德馨，道光十五年进士

冯桂芬，道光二十年进士，授翰林院编修

朱以增，同治四年进士，散馆授编修

吴仁杰，同治四年进士，散馆授编修

惜阴书院

叶绍本，嘉庆六年进士，散馆授编修

王煜，道光二年进士，散馆授编修

温葆深，道光二年进士

马沅，道光九年进士，散馆改户部主事

史佩玲，道光十三年进士，散馆授编修

吴存义，道光十八年进士，散馆授编修

林寿图，道光二十五年进士

林启照，咸丰二年进士

薛时雨，咸丰三年进士

江璧，同治四年进士

卢鉴，同治十年进士，散馆授编修

翟伯恒，同治十三年进士，散馆授编修

褚成博，光绪六年进士，散馆授编修

上列三十五名书院山长中，有二十四名为翰林出身，他们主讲书院，极有可能将翰林院考赋之习带入书院，而书院生徒读书的最高目标就是进入翰林院，故对山长考赋自不会排斥。而时文（八股文）、骈文、赋之间也有内在的联系，① 其中最重要的一点是在对句方面；而在结构、内容方面亦有相通之处，赋以及骈文的练习对时文无疑大有裨益。翰林出身的山长以此法导引生徒，他们的声望和经验，能强化其讲授之效果。

> 屠潜园（屠倬）太守掌教紫阳书院，以词赋教其弟子，循习既久，裒其所业，分年为编，日课余选，属予序之，将梓以问世。予维当代之词赋，必以馆阁为宗，而馆阁诸贤，多此邦名宿，咸以宏通博雅之才，蓬翼禁近，故馆阁体裁，与杭之词赋，若磁珀之于针芥，然十郡之词赋，又必秉杭人为绳尺者，若响之应声，而景之赴表。潜园以名翰林为循吏，养疴杜门，宴息家衖，出其素业，以引掖后进。兹编所录；皆经口讲指画，文采炜然，其风行通国无疑矣。②

胡敬少受知于阮元，尝任《全唐文》《明鉴》总纂官，著作有《崇雅堂骈体文钞》四卷、《应制存稿》一卷。其《敬修堂词赋课钞序》云：

> 浙会城三书院，例以制艺课士，鲜有道及词赋者。将谓词赋非科名所亟，因置不讲欤？顾学使岁科两试皆兼试词赋，第其高下。吾师朱文正、阮仪征两相国尤凭是拔取人才，非徒宏奖风流，盖备他日承明著作之选也。……通籍以后……两本师（英煦斋、刘文恭）本世交，居又相近，谬以敬文娴骈俪，每有章奏，辄命起草；体裁掌故，必先明晰指示，乃知台阁结撰，虽视山林异派，而清丽渊雅，理可相参。……承乏西湖讲舍，制艺之外，加以词赋，诸同学翕然乐从。阅三年，得课三十有六，厘为六卷。③

---

① 可参见马积高《清代学术思想的变迁与文学》，长沙：湖南出版社，1996 年版，第 104-105 页。
② 杜堮：《紫阳书院课余选序》，见《紫阳书院课余选》卷首，道光四年刻本。
③ 胡敬编：《敬修堂词赋课钞》卷首，同治十一年重刻本。

　　两段文字，皆可见翰苑台阁之风影响书院的轨迹。屠倬、胡敬以书院讲学方式推动赋的创作，是一批翰林山长中的典型。其实在此之外，进士、举人出身的山长，也有提倡习赋的可能，尤其是当他们置身于一个有习赋传统的书院时，或因循前任山长之例。前文述及骈文与赋的关系，而一些骈文的选本，如屠寄编《国朝常州骈体文录》收录的四十三家五百六十九篇文章中，就有一定数量的赋作，在此可作一个粗略的推断，擅骈文者很可能是写赋好手，如果是骈文家主讲书院，会不会推动赋的创作呢？《书目答问》附录二《国朝著述诸家姓名略》中"骈体文家"列出二十人，其中邵齐焘、刘星炜、杨芳灿、孙星衍、洪亮吉、凌廷堪、吴鼒、谭莹八人皆掌教书院，这类人物对书院习赋风气的影响似不可忽略。

　　个人的文体擅长或者文学修养影响其教学活动，乃常见之事理；单就其中某一点而言，譬如赋的创作，在晚近就能找到很好的个案。浙江平阳宋恕，是近代一位很重要的启蒙思想家，尝以中国的马丁·路德自许；其科名仅一诸生，其思想则堪称先驱。孙宝瑄于《六斋有韵文集序》称其"文章宗法汉魏六朝，而尤长于诗赋"[①]。宋恕本人亦以长于文自得，在光绪二十年所作《六字课斋津谈》中说："检立年前文稿，删存十分之四，为《六字课斋文初编》十五卷，计散体八卷，骈体四卷，古赋三卷，皆金骨绿髓，飘飘欲仙，高者可追左、屈、庄、马，次亦伯仲子建、叔夜、明远、文通诸子。"[②] 宋恕受业于瑞安孙衣言、孙锵鸣兄弟，孙锵鸣为其岳父。在《癸酉正月课草》中，收其赋作五篇，[③] 其时同治十二年，宋恕年十二岁，而在他去世前的一年（即1909），还致力于赋的研讨，有《萧选难字古语录附古音考》，从《子虚赋》选录四十一词，《上林赋》选录一百一十词，《羽猎赋》选录五十词，《魏都赋》选录一百零七词。[④] 宋恕对赋的喜爱与自负，表现在光绪二十二年

① 《宋恕集》，下册，胡珠生编，北京：中华书局，1993年版，第1079页。

② 《宋恕集》，上册，胡珠生编，北京：中华书局，1993年版，第101页。

③ 这五篇赋未选入《宋恕集》，只列入"未入选诗文编目"，它们是《拟苏黄州〈前赤壁赋〉》《陆郎怀桔赋，以陆郎怀桔欲归遗母为韵》《拟欧阳子〈秋赋〉》《鸣虫赋，以灯草虫鸣为韵》《拟庾子山〈小园赋〉，以题为韵》。见《宋恕集》，下册，第1057-1058页。

④ 《宋恕集》，下册，胡珠生编，北京：中华书局，1993年版，第1061页。

至二十四年所出书院课题中。光绪二十二年宋恕为崇正讲舍（书院）出秋季题五道，其中赋题为《议政院赋，以古圣画卦乾下坤上曰泰为韵》；冬季题亦五道，赋题为《太平洋赋，以东墨西亚世界悬殊为韵》。光绪二十三年春季课题五道，其中有赋题二：《星赋，以世界无量证于远镜为韵》和《人赋，以五种之民色殊性一为韵》。光绪二十四年崇正书院春季课题中的赋题为《经济特科赋，以须得王景略陆敬舆典试为韵》，夏季课题中的赋题为《农学校赋，以日本设农学士科名为韵》。又为安澜书院出课题，赋题为《茶市赋，以迩年茶业江河日下为韵》。

宋恕所出赋题，范围完全不同于他少年时的摹拟和习作。七个题目足以显现其视野之广阔和思想之先进，这些赋题与其他时务性质或反映新知识的"论"题相互呼应。此类赋题，或包涵面广，或涉及内容新颖，对于书院生徒而言，乃极大的挑战：如何融会古今，化合中外，抒发己见，在此皆有发挥的空间。从光绪二十三年考课情况来看，共收课卷一百二十篇，内作《〈春秋〉讽世卿说》者二十二篇，赋二十篇，而作《科场积弊论》《营卫积弊论》者七十八篇。[1]"说""论"题与传统的考题关联更密，生徒相应的知识储备较为丰富，文体难度较赋稍逊一筹，故较赋题而言，课卷就多出不少。生徒所面临的困难，或许正是近代中国知识分子思想转型的表征之一。宋恕出赋题考书院生徒，固然有文体练习之目的，也有开启思想之意图，即以新鲜的题目和赋的铺排特征，扩充或更新生徒的知识。宋恕"善言论，终日亹亹，随人敷设，皆有征据"[2]，此种言谈，已略有赋之体性。"其知先生者，大率喜其文章，惊其华藻，等之司马相如、班固、张衡之流，而不知先生固以力接孔孟之传自任也。"[3] 宋恕书院考新题赋，一方面在于抒发其论郁幽渺、凄怆顿挫之幽情，另一方面是在借题探究"古今政治真理与古帝王理人经国之道"[4]，期望生徒有用于国家。"登高能赋，可以为大夫"，"汉代以赋

<hr>

[1]《宋恕集》上册，胡珠生编，北京：中华书局，1993 年版，第 260-261 页。

[2] 马叙伦：《召试经济特科平阳宋君别传》，见《宋恕集》下册，第 1074 页。

[3] 陈黻宸：《征君宋燕生墓表》，见《宋恕集》下册，第 1076 页。

[4]《宋恕集》下册，胡珠生编，北京：中华书局，1993 年版，第 1076 页。

为代表的文学基本是'进士大夫于台阁'的工具，文学功用亦即班固所言
'抒下情而通讽谕'与'宣上德而尽忠孝'①。宋恕与班固的时代相隔遥远，
而对于赋之功作的理解，并无质的变化，他在书院中倡导赋的习作，是有意
在衰败之世为国家培育适用的人才。

　　总体看来，书院课作集所收赋作的主要特点有三：一是同题之作多，有
时收录十篇；二是摹拟前代名篇之作多；三是多有仔细的评点。②（这些特
点，在诂经精舍课作分析一节中已略言及。）以下选《鸳湖书院课艺》的
《寒鸦赋》和《惜阴赋钞》中《村塾赋》的同题之作，前赋有三篇，后赋有
八篇，选一篇，以见书院赋作的一些特点。

寒鸦赋　以风鸦零落字横斜为韵

其一　　闻人兆熙

古戍一角，荒村几家。日瘦无色，霜浓有花。则见影翻历乱，响度呕哑。

一起笔，便是绘声之笔。

绘疏林之暮景，缀数点之寒鸦。尔其回旋乎平野，飘曳乎寥空。乍若断而若
续，又倏西而倏东。尾毕逋其将秃，翅裣以易攀（原文如此，似脱一字）。
拍拍呼雏，半天夕照；团团偎树，几阵西风。或窥苔井，或浴蘋汀。或鸥
凫之争啄，或牛背之孤停。欲雪未雪之候，十里五里之亭。漫说垂杨终古，

虚婉

早惊落叶飘零。羞接食于祠前，似雕陵之灵鹊；纷报曙于城头，似纥干之冻
雀。感元序之光阴，忆白门之城郭。睇四野兮凄迷，飏一群兮错落。积阴料
峭之天，野烧苍茫之地。送到繁声，催成冷意。莫不项拘白而求楼，翎销金而

直接题境，题情俱到

伤悴。如传闺怨，唱五夜之乌啼；如写羁愁，杂一行之雁字。有若驿路波程，

---

①　许结：《赋体文学的文化阐释》，北京：中华书局，2005 年版，第 83 页。

②　《惜阴书院西斋课艺》中收有《兰亭修禊赋，以崇山峻岭茂林修竹为韵》四篇，刘寿曾一篇的评
　　语是："不屑模山范水，大气鼓铸，囊括一切，而题中真情景，仍不为议论事实所掩，潘江陆
　　海，同非涓滴所能拟也。"冯煦一篇的评语是："合篆组以成文，列绵绣而为质。一经一纬，一
　　宫一商，于司马论赋之旨，可谓得其迹矣。"汪宗沂一篇的评语是："引据博洽，如数家珍，气
　　机亦极浏亮。"卢鉴一篇的评语是："一片天机，活泼泼地。"如将四篇同题赋作及其圈点、评语
　　作比照阅读，当更便于具体掌握作赋之法。见《惜阴书院西斋课艺》卷二，光绪四年刻本。

正面着墨着多，摇曳已足

孤舟夜横。流水灞陵之圻，落月姑苏之城。往往逐征帆而互集，随邻鸡而乱鸣。

念瑟缩兮同状，怅迟暮兮萦情。然而端详物态，流连岁华，亦足以取娱临眺，

寒字神理有归宿处

寄兴幽遐。颓云垂黯淡，枯木露槎枒。分明一幅溪山画，浓墨新添细款斜。

子山嗣响

（评语）局度安雅，神韵萧闲，是合六朝三唐为一手者。首次两段倒押风鸦二韵，虽非应制正式，唯生点鸦字，于承接机势较顺，是作者相题圆活处，特为拈出。

其二温祖岩

一望兮芦枯岸断，枫落天空。暮云聚黑，冷日余红。送寒巢之归燕，写寒色于征鸿。讶纷纷兮噪晚，指阵阵兮翻风。声催暮笳，数到昏鸦。如点墨也，

虚领得机　　　　　　　　接笔神来

争枝闪闪；若鸣舻也，临水哑哑。异啼花于宫树，同拾麦于田家。扑碎一林之雪，穿残千树之霞。忆昔携雏接饭，衔尾梳翎。白门客去，灞岸船停。

得此一段，翻跌通篇，局势宽展生动

粉堞暖烟晕紫，垂杨终古余青。正好尽伊栖托，那知顿感飘零。则有候馆邮亭，山村水郭。寒色苍凉，寒声萧索。林边随败叶俱飞，天半与残云并落。频添别绪，关心同反哺之乌；惯引离愁，占信等知来之鹊。别有永巷凄迷，

比例精节

长门疏弃。短鬒飞蓬，玉颜揾泪。宵孤梦辇之衾，机冷回文之字。记夜啼于旧曲，未应君独忘情；带日影于昭阳，无那侬偏失意。复有晓支筇竹，莫倚柴荆。

如吹竹弹丝，令人意也销

从祠赛罢，野渡舟横。看成群之聚散，听逐队而飞鸣。枯树踏翻，林梢薄暝。

妙绘

别村带过，牛背新晴。两两三三，画就萧萧瑟瑟。诗成歌曰：一幅疏林夕照斜，

余音袅袅，不绝如缕

漫云秋思在谁家。春风转眼看腾鸷，好啄长安道上花。

反掉全篇，回黄转绿

（评语）浅深虚实，反正相间而行，布置毫无遗议。至音节之浏亮清峭，

神味之绵邈隽永，以才人之笔，作风人之赋，宜古宜今，是题叹观止矣。律赋如时艺，首重谋篇，若不神明规矩，一味排比铺张，整如棋局，板若算盘，架屋叠床，此其大病也。又往往见操觚者，不论何题，于结尾辄用歌曰乱曰，沿腔袭套，实为可厌。岂知或歌或乱，固有不可一概施之者耶？如此作第六段，末有诗成之句，则接用歌曰，恰为自然惬适，与沿腔袭套者迥别，此亦不可不知者。①

　　《寒鸦赋》二篇，皆应试律赋，故篇幅皆有限度，三百余字之间如何经营布置，皆可从闻人兆熙和温祖岩二生徒之作中看出。正如山长评语所指出，"赋律如时艺，首重谋篇"，而谋篇之基础在认题，《寒鸦赋》属咏物一类，题中关键字在"寒鸦"之"寒"一字。"寒"字为赋定下底色，有此背景方可有虚实、宽紧、浅深之考虑。此外，"以风鸦零落字横斜为韵"对赋题有描绘阐明之用，也应考虑。两赋谋篇布局层次分明。闻人氏之作以"尔其""漫说""莫不""然而"等虚字约分为五个段落；温氏之作也可以"忆昔""别有""复有""诗成歌曰"等词分为五段。依循结构，二作各有所长，以起笔而言，闻人氏之作以两联四字句起，颇有肃然之寒意，山长评语以为是"绘声之笔"。"则见"之后，以长联疏荡其气。温氏之作起句点题，亦用暗笔映衬，而其气息则异于闻人氏之作，此或许是"兮"字的调节，此"兮"字与"讶纷纷兮噪晚，指阵阵兮翻风"中二"兮"字，使赋作略有骚体之意。每一段如制艺的起承转合一样，皆各具传情达意之用。闻人氏之作，山长批语"直接题境，题情俱到""寒字神理有归宿处"，皆从题意着笔。此中"归宿"二字，值得留意。"归宿如八股文之有照注，照章旨节旨是也。文无归宿，则筋弛脉散；赋无归宿，则勾勒不醒，转落都浮，即使敷衍得天花乱落，要不过东涂西抹而已。"② 山长是以制艺的标准衡量律赋。而温氏之作，山长的批语"虚领""接笔""局势展宽生动""反掉全篇，回黄转绿"，也多着眼赋作之布局。特别是温氏之作，"忆昔"一段既宽展局势，又以

---

① 《鸳湖书院课艺》，第一册，道光乙未刻本。
② 朱一飞：《律赋操觚录》，乾隆壬子刻本。转引自詹杭伦《清代赋论研究》，第272-273页。

"别有""复有"二段强化申说，不但可见"才人之笔"，更可见布置之精心。

至于用词对偶，因两赋多融化六朝人美文及唐诗名句，故皆清丽可喜，意境上近似诗词之体。赋作中之山长所加之圈，是赏析其词句，而所加之点，或许在提醒注意作者之用词，尤其是那些有承转之用的词语。《寒鸦赋》为限韵之作，以唐代律赋观之，"可以依照所定者依次押用，也可以不依次序"[1]。而在闻人氏之作中，"首次两段倒押风韵"，而山长肯定其破例。比较而言，两赋各具特点，然温氏之作在用事、章法、各段落之起伏，以及收结方面，较闻人氏之作胜出一筹。

村塾赋　以俚儒朱墨开冬学为韵有序

汪钟泽

谨按《尚书·大传》云：大夫七十而致仕，老于乡里。大夫为父师，士为少师，耰鉏已藏，祈乐已入，岁事已毕，余子皆入学。又云：距冬至四十五日，始出学，传农事，上老平明坐于右塾，庶老坐于左塾。此村塾缘起也。而农隙冬学之开，尤近古雅，爰作赋以申之。

张乖崖得一字师，杜少陵乃村夫子。措大闻风，橐笔而起。莫陋区区，

起笔不测，有陡势。

聊复尔尔。一阓之市人归，三家之村言俚。乡邻有门，解纷请待夫先生；耰鉏已藏，入塾差酬夫余晷。夫以村之有塾也，制仿大传，居惟小儒。设师席而俨若，俾童蒙之与俱。日开冬学。喜毕秋租。是半耕半读人家，农书并课；过一九二九日子，冷字频呼。掩口胡庐，书声有无。比邻懊恼，竟日伊唔。

发韵新颖

得头巾之气味，有背诵之功夫。枕中秘何如，编姓首百家之赵；曲子师若此，问名唤五经之朱。夫其业擅横经，学成谋食。猢狲王自诩头衔，兔园册艳称翰墨。朝看日影之团团，夕听虫声之唧唧。招诸生立馆下，侏儒侏儒；容卿辈

有陆鲁望气意

于此中，偪仄偪仄。但见乌乌摹仿，鱼鲁疑猜。牧豕有隔壁之听，骑牛则

① 邝健行：《科举考试文体论稿》，台北：台湾书店，1999年版，第110-111页。

挂角而来。冬烘吐气，春帖见才。尽教诗读神童，十年心苦；可是科登学究，
<u>一笑颜开</u>。倚南窗以寄傲，行北陆而逢冬。仗兹迂拙，训彼疏庸。酒肆之新
醅初压，邻闺之弱线添缝。<u>汪信民咬得菜根，慢嗤寒乞相；赵中令贪收瓜子，</u>
<u>生就读书佣</u>。向令教广传薪，风循古朴。户诵家弦，贡珍抱璞。则里塾之学
不虚，亦师儒之官特卓。惟兹苜蓿之生涯，徒窥朱墨之斑剥。<u>不枉称它都讲，</u>
<u>听说中郎；尚堪难倒端明，休轻冬学</u>。

　　　　　用事抑扬，作结以应起笔

　　（评语）赋序援此，便使俗题成典，亦庄亦谐。而庄不为官样排场，谐
不作乐工调笑，其笔意近陆鲁望《采药赋》，纯乎晚唐。①

　　汪钟泽的《村塾赋》最突出之处在于字里行间的一种诙谐和生机。叙写
村塾师，有如在目前之感。刘熙载云："赋别于诗者，诗辞情少而声情多，赋
声情少而辞情多。"其意指赋比诗更讲求文字的铺张。汪氏之作，篇幅有限，
却有酣畅之意。山长评语云："赋序援此，便使俗语题成典。"从俚俗转变到
典正，为其铺叙留下了驰骋的空间。全赋亦可约略分为五段，第一段点题之
后，即接以溯源之笔"夫以村之有塾也，制仿大传"，与序相应；"夫其业擅
横经"以下一段写村塾师之才学；"但见乌乌摹仿"以下一段，写村塾师教
书情形；"向令"一段收结，对村塾师之功予以肯定。这一肯定对前三段的
谐趣有所调整，使归于正。

　　汪钟泽此作用笔炼句极用心，故多得山长之圈点，如隔句对"是半耕半
读人家，农书并课；过一九二九日子。冷字频呼"，亲切有味；事对"汪信
民咬得菜根，慢嗤寒乞相；赵中令贪收瓜子，生就读书佣"，用典以显其才。
山长评语中提及"有鲁陆望气意""笔意近鲁望《采药赋》"，所指即陆龟蒙
《采药赋》，如其中的"问人则不屈不宋，说地非潇非湘""誓不为岩阿竹，
冉冉孤生；誓不为涧底松，亭亭独处"② 等句语意与汪氏之作近似。"村塾

<hr />

① 　见《惜阴赋钞》第1本，南京图书馆藏钞本。
② 　陈元龙编：《历代赋汇》，南京：凤凰出版社2004年版，第487页。

师"一题的难把握之处在于庄谐适中，汪氏之作在撰序、起笔、收结处颇为留意，故未入浮滑一路。而在同题之作中，生徒陈昌方之作，以山长之眼观之，则有此弊："村塾美事也，可褒不可讥。即略写徒之顽野，师之固陋，亦宜以言出之，而仍以庄论起讫。若极诮寒酸，则颇伤忠厚，非君子选之旨矣。是课多犯此失，特援是篇以正之。"这一评语也可见汪氏之作的长处。

以上三篇赋作，既可见生徒之才情，亦可见山长评定之标准。选择它们作为个案分析时，笔者以为前两篇稍易，后一篇有趣味，有一定的偶然性；然三篇赋作皆多唐音，不知清代书院生徒赋之习作是否普遍有取法唐赋的倾向？[①]

三、书院与诗

书院生徒的诗歌创作，整体看来，试帖诗的比重较大，在此之外，摹拟之作，关涉地方文献之作，及其他题材之作（如论诗诗）也有一定的数量。相较而言，后几类诗作的价值较高，但试帖诗的价值也不能过分贬低。以《正谊书院小课》为例，卷四收试帖诗一百一十首，选录二首同题之作，以见生徒之才思。

人淡如菊得如字

其一 冯桂芬

最爱霜前菊，风神孰比渠。心情花似解，澹泊我无如。直并兰言臭，相陪粟里居。称名宜隐逸，写影亦萧疏。旧雨开三径，秋风话一庐。诗怀荒圃寄，酒兴短篱余。骨格殊超俗，清闲独伴予。襟期推表圣，典雅品非虚。

其二 陆元纶

典雅司空品，铅华一例除。高人原自澹，丛菊正相如。秋老重阳节，风追太古初。萧闲无俗笔，啸傲有吾庐。砚北花同瘦，篱东影共疏。斜阳三径晚，冷月半窗虚。筇挂吟身健，樽开笑口舒。因知陶全集，标格异芙蕖。[②]

---

① 这三篇赋作的解读，得许结教授指教，并采纳了他的建议，在此谨申谢忱。
② 朱琦编选：《正谊书院小课》卷四，道光十八年刻本。

试帖诗与律赋、八股文有近似之处，重在诂题和经营布置。所谓诂题，即"题中有一字须照应不遗，题意有数重文须回环钩缀"①，"古近体诗不可无我，试帖诗不可无题"②；而所谓布置，在于把握神理、贯通脉络。诗题《人淡如菊》，出自司空图《诗品》"典雅"一品："玉壶买春，赏雨茆屋。坐中佳士，左右修竹。白云初晴，幽鸟相逐。眠琴绿荫，上有飞瀑。落花无言，人淡如菊。书之岁华，其曰可读。"这一品所写乃隐居佳士的风神，而隐逸之宗乃陶潜，故诗题《人淡如菊》须照应此二重意涵。冯桂芬、陆元纶二生徒之诗，以山长加圈之句来看，佳处全在中间几联的叙写，即抉题之蕴，裁对、琢句之重点不单在写人、写菊，而在写其后的神理。"比喻之题，最忌比中生比"③，不然辗转牵引，题绪茫然。冯、陆二人之作无犯忌之迹，而是将笔落于一些与菊及陶潜相关的意象，从具体入手，故易安排结构。试帖诗最重起结，冯、陆二人之作前四句皆是原题，然后开始正写。以原题之句而言，冯桂芬之作稍显平直，而陆作胜出一筹，山长所加之点，其意或许在此。两诗结句虽有收摄题旨之用，然是寻常之笔。

同是在《正谊书院小课》中，卷三为"古近体诗"，五古八题五十四首中，拟古之作有《拟左太冲〈咏史诗〉》《拟郭宏农〈游仙诗〉》《拟古吴趋行》《拟韩昌黎〈荐士〉》《拟皮陆首〈夏游楞伽精舍〉》五题四十一首；七古十六题六十一首，其中拟古之作有《拟高适〈燕歌行〉》《拟杜少陵〈白丝行〉》《村田乐府拟范石湖体》《拟王建〈织绵曲〉》《太学石鼓歌用韩昌黎石鼓歌韵》五题四十首。摹拟之风在其他重古学的书院也较为常见，《惜阴书院东斋课艺》卷六摹拟之作亦多，其中四言古诗有《拟陶渊明〈荣木〉诗》《拟张茂先〈励志〉诗》二题，五古有《拟杜工部张舍人〈遗织成褥缎〉》《拟白乐天〈孟夏思渭村旧居寄舍弟〉》二题，七古有《拟黄山谷〈书摩崖碑后〉》《拟韩昌黎〈山石〉》《拟苏东坡〈秧马歌〉》《拟韩退之〈群赠篁〉》《拟苏子瞻〈腊日游孤山访惠勤惠思二僧〉》《拟杜子美〈寄韩

---

① 梁章钜：《试律丛话》，上海：上海书店出版社，2001年版，第512页。
② 梁章钜：《试律丛话》，上海：上海书店出版社，2001年版，第515页。
③ 梁章钜：《试律丛话》，上海：上海书店出版社，2001年版，第529页。

谏议〉》《拟东坡〈安国寺寻春〉诗》十题，五律有《拟韩昌黎〈喜雪献裴尚书〉》一题。拟作是书院生徒习诗的重要方式，在上列诸多题目中，拟作多选古体，被摹拟诗作是从晋至宋的名家名篇，唐宋诸家中，多杜甫、韩愈、苏轼等大家之作。

安国寺寻春

苏轼

卧闻百舌呼春风，起寻花柳村村同。城南古寺修竹合，小房曲槛歊深红。看花叹老忆年少，对酒思家愁老翁。病眼不羞云母乱，鬓丝强理茶烟中。遥知二月王城外，玉仙洪福花如海。薄罗匀雾盖新妆，快马争风鸣杂珮。玉川先生真可怜，一生耽酒终无钱。病过春风九十旧，独抱添丁看花发。①

拟东坡《安国寺寻春》诗　用原韵

其一　刘寿曾

烟林好鸟鸣和风，踏春到处春光同。偶步精蓝动幽赏，<u>花枝灼灼骇猩红。婉娈上树心始孩，飘摇行脚衰成翁。</u>低昂未恤花枝笑，坐我柴几湘簾中。<u>却忆汴城寒食外，繁英侧艳照人海。</u>炫妆爱说锦绣堆，冶游竞赠琼瑶佩。<u>黄州羁客何人怜，洪炉不铸燕公钱。坐阅春韶惜佳日，海棠定慧垂垂发。</u>

其二　冯煦

游丝飞絮酣春风，城南一寺幽赏同。入门一笑谿倦睫，繁花树树玛瑙红。群腰拾翠走溪女，杖头觅醉来村翁。黄鹂三请留不得，春在帽影鞭丝中。昔年寻春锦城外，十里冥冥香雪海。细禽宛转鸣笙竽，杂英错落罗环佩。今年寻春剧可怜，一春未办买花钱。莫放金樽负白日，争得明年花再发。②

将刘寿曾与冯煦的拟作与苏轼诗比照，可见拟作极用心思：其一，韵脚。二诗为次韵，故韵脚皆同原作。东坡天才，多次韵之作，冯、刘之作亦顺适，

---

① 《苏轼诗集》卷二十，见曾枣庄、舒大刚主编《三苏全书》第 8 册，北京：语文出版社，2001年版，第 58 页。

② 《惜阴书院东斋课艺》卷六，光绪四年刻本。

毫无塞涩，盖才丰学富，出之自然，流行无碍。其二，章法。苏诗分二段，起句至"鬓丝强理茶烟中"一段，写黄州寻春，"遥知"句至末句一段，追忆汴京寻春。和作章法全同。刘寿曾诗自起句至"坐我棐几湘簾中"为一段，"却忆汴城寒食外"至篇终，为另一段。冯煦诗自起句至"春在帽影鞭丝中"为一段，"昔年寻春锦城外"至篇终为另一段，章法皆极分明。其三，风格。刘、冯二诗遣词造句乃至句法皆极似苏诗，平易坦荡之风格亦近。刘作"低昂未恤花枝笑，坐我棐几湘簾中"、"坐阅春韶惜佳日，海棠定慧垂垂发"、冯作"今年寻春剧可怜，一春未办买花钱"，极具苏诗风味。刘、冯二诗功力悉敌，大略刘诗句句追步，冯诗稍稍荡开。原东坡作此诗时初谪黄州，不免有忧谗畏讥之感，观其诗首至安国寺寻春，睹春物之烂漫，继乃思故都寻春之乐，终则归于寂寥独穷。刘寿曾于苏诗原意体会较深，冯煦诗末曰"莫放金樽负白日，争得明年花再发"，有故作放旷语之嫌。① 若将苏轼《安国寺寻春》与其前后诸作如《安国寺浴》《寓居定惠院之东杂花满山有海棠一株士人不知贵也》关联，则其意稍加明显，进而知刘作神似。然拟作如习书者临名家笔迹，在神韵上较原作终有损失之处，如苏诗以"卧闻"起句，纪昀、方东树以为超妙、有神致，刘、冯拟作皆为平起；又如苏诗"看花叹老忆年少，对酒思家愁老翁"二句，查慎行、汪师韩皆称赏每句三折笔，每一折中皆蕴涵情感，刘、冯拟作，皆未达此境。

山长引导生徒的诗歌创作，强调摹拟古体，表现了一些有才学的山长的诗学观念，即学诗入门须正，立志须高。而理解其意图，可从三点着眼：

其一，中国古代文学观念中，有一种"衰变"观念，文章与诗在发展中似必历衰颓。如何重焕生命？重要途径之一便是在颓变中复古。蒋景祁序《渔洋山人古诗选》云："夫诗为六艺之一，律绝、近体去三百篇益辽远焉，譬诸江流，三百篇，其岷源也；汉魏五古唐七古，其瞿塘滟滪盛大险激处也；近体则江水出蜀，而平分之为川渠，引之为沼沚，可以溉以游以嬉者也。不历瞿塘滟滪，则岷源之流不通，不学五七古，则三百篇之统不接，而其所谓

---

① 以上解说得冯乾博士帮助，只在少数字句上稍有改动调整。特此说明。

近体者，靡声脆骨，概可知矣。"①

其二，摹拟古体之举，很有可能是对近体诗鄙俗化的对抗，对试帖诗之弊病的补救。朱鹤龄于《汪周士诗稿序》中指出陈子昂《感遇》三十八首，李白《古风》五十九首，杜甫《北征》《咏怀》《前后出塞》及《新安吏》以下诸篇，韩愈《南山》《秋怀》，白居易《续古诗》《秦中吟》数十篇等诸家古体皆为其诗之根柢，"唐人论诗，每云工于五言。盖以五言工，则不必问其余，是五言古为诸体之根柢。而五言古之根柢安在乎？"亦曰："求之三百篇、《离骚》以及昭明之选而已矣。自近体盛行，便于应酬干谒，而世之辞人，率以之代羔雁、充筐篚，于是五言古几废。"② 潘德舆《养一斋诗话》云："陈句山先生云：'学诗宜先学七古。'仆云：'七古之后，即当继学五律。'盖七古词澜笔阵，排宕纵横，枵腹短才，万难施手，故宜从事于此，以觇学力。五律章法变化，对仗精工，结构之严，一字不苟，复宜从事于此，以定准绳。"③ 冒春荣《葚原诗说》云："凡学诗须从五言古入手，尽探古今作者之源流，得其风概，充之以学力，渐次出入变化，自成大家。如从五言律诗入者，亦可成名家，但局度恐不能阔大，便逊五古入手者一筹。"④ 从五古还是从七古入手，两家之说有差异，然都强调学力，此学力即酝酿涵养功夫，这对于正在求学中的生徒而言，有针对性地敞开一扇大门。此外，生徒进入书院肄业之前，已熟习《笠翁对韵》《声律启蒙》一类诗学启蒙读物，并且尝试写了一定数量的近体诗，故进入层次较高的书院，当然要在诗学上开辟新天地。

其三，在摹拟古体中，杜、韩、苏三家之作往往成为典范。朱庭珍《筱园诗话》云："盖五古须法汉魏及阮步兵、陶渊明、谢康乐、鲍明远、李、杜诸公，而参以太冲、宣城及王、孟、韩、柳四家，则高古清远，雄厚沉郁，

---

① 王士祯：《渔洋山人古诗选》卷首，同治五年金陵书局刻本。摹拟古体问题曾向莫砺锋教授、张伯伟教授、巩本栋教授请教，以下简论，已融合他们的意见。

② 朱鹤龄：《愚庵小集》卷八，影印《文渊阁四库全书》本，第 97 页。

③ 潘德舆：《养一斋诗话》卷二，见《清诗话续编》下册，上海：上海古籍出版社，1983 年版，第 2029 页。

④ 冒春荣：《葚原诗说》卷四，见《清诗话续编》下册，第 1615 页。

均造其极，正变备于是矣。七古从杜、韩、苏三公为法，而参以太白、达夫、嘉州、东川、长吉及宋之六一、半山、山谷、剑南，金之遗山，明之青丘，皆有可采。"① 李白七古成就极高，然变化无方，如仙人无踪迹可躐，故学其诗者少。"少陵七古，学问才力惟情，俱臻绝顶，为自有七古以来之极盛。故五古以少陵为变体，七古以少陵为正体。""七古盛唐以后，继少陵而霸者唯有韩公。韩公七古，殊有雄强奇杰之气，微嫌少变化耳。""东坡最长于七古，沉雄不如杜，而奔放过之；秀逸不如李，而超旷过之。又有文学以济其才。有宋三百年无敌乎也。"② 回视前列书院生徒拟古之作，其师法者大多数在以上诸家范围之内。

　　总之，山长欲以摹拟古体之法，避免生徒专攻律体，从唐宋诸名家上溯汉魏及于《风》《骚》，以知诗之本源。

　　书院生徒摹拟诗作中，也有一部分以唐宋名家之作为典范的近体诗。譬如《鸳湖书院课艺》中有"杂拟唐人五律诗"系列，所拟包括崔灏《题潼关楼》、孟浩然《早寒有怀》、刘长卿《寻南溪常道士》、祖咏《泊扬子津》、王维《观猎》、杜甫《江亭》、李白《渡荆门送别》、李商隐《晚晴》诸作。刘长卿《寻南溪常道士》有三篇拟作，录马元燨、浦学周二作与刘长卿之作并观。

寻常山南溪道人隐居

刘长卿

　　一路经行处，莓苔见履痕。白云依静渚，春草闭闲门。过雨看松色，随山到水源。溪花与禅意，相对亦忘言。

① 朱庭珍：《筱园诗话》卷一，见《清诗话续编》下册，第2334页。
② 施补华：《岘傭说诗》，见《清诗话》下册，上海：上海古籍出版社，1978年版，第984-989页。五古为何要学唐宋，汪辟疆亦有论说："五言古诗有四境界：汉魏一也，六朝二也，唐三也，宋四也。汉魏间古诗意味最高，最难学，学则仅得其皮也，神采不可企。六朝人五言古辞采过缛。唐人有汉魏六朝格调，而神采不同，亦意境高耳。宋人则意境尤高，格老气苍，又善出新意。故五言古诗惟唐宋人尚可学。至汉魏六朝则惟有涵泳其味而已。"《汪辟疆文集》，上海：上海古籍出版社，1988年版，第800页。

拟刘长卿寻南溪常道士

其一　马元爔

一径入云处，苔深留屐痕。庭空秋鹤唳，山冷夜啼猿。雨过翠环屋，风来红满轩。药炉茶灶畔，禅话到黄昏。

其二　浦学周

幽人在何处？山净绿无痕。好鸟鸣深坞，斜阳射洞门。历穷青嶂路，行到碧溪源。清馨数声动，道心谁与言？①

五言律诗乃刘长卿之擅长，《寻常山南溪道人隐居》是刘氏五律中的佳作，也是写隐逸的名篇。唐汝询《唐诗解》："观苔间履痕，而知经行者稀。观停云幽草，而知所居之僻。过雨看松，新而且洁。随山寻源，趣不外求。惟其深悟禅意，故对花而忘言也。"乔亿《大历诗略》："一片清机。起言自见经行履痕，则一路无人踪也。三四写南溪隐居，而道人之风标在望。五六抱首句。结处拈花微喻，不沾身说法，尤超。"② 唐、乔二家已将此诗之佳妙处道出，在此之外，还可注意诗作以行踪为隐线所呈现的流转清畅。借写环境之清幽，以现隐居者之风标的手法，在王安石《书湖阴先生壁》、高启《寻胡隐君》诸名诗中亦可见，在中国古代绘画中，这种表现手法也常被采用。

摹拟刘长卿这首诗，其实也就是对一种极具意蕴的诗歌创作手法的体认。两首拟作，从形似而言，马元爔之作更近刘作，然马氏之作也因此过分拘泥，首联有亦步亦趋之意，中间二联在时序的调配上似有不统一之处，且不能充分传达"寻隐"的过程。相较而言，山长的评点中，浦学周之作能在摹拟时，加入一些变化，如起结处皆用问句，起句以问示"寻"之意，结句问有回应起句之用，加深道士隐居之幽。诗中"寻"意的直接呈现，在五六句，这与刘长卿之作不同。山长的评点中，浦诗之圈多于马诗，或许正是高下之

---

① 《鸳湖书院课艺》，第 3 册，道光乙未刻本。

② 储仲君：《刘长卿诗编年笺注》，北京：中华书局，1996 年版，第 191 页。

判别。马、浦二诗写静，都通过鸟兽鸣叫来衬托，诗句重炼字，但有生硬处，如浦诗中之"射"，有刺眼之嫌。而刘长卿之作则似信手写来，只写静，无过多讲求，故极自然。

与诂经精舍生徒的诗歌创作一样，其他书院生徒的诗作也比较留意当地风物文献，如《正谊书院小课》中有写沧浪亭诸事、姑苏怀古的诗作；《惜阴书院东斋课艺》中有《金陵怀古》诗作；《崇实书院课艺》中有《四明怀古》诸作，包括七古、五绝、七律诸体。这些诗题当由山长选定，就诗料的熟悉和激发对乡土的热爱而言，作此类诗，有一举两得之妙，如《崇实书院课艺》中《四明怀古》诗，陆知衍所作为三十六首，李翼鲲六十首，郑传绥五首，张世统十首，陈康黼、陈廷杨各一首。李翼鲲诗有序云："明州故事，详于志乘夥矣，其发为歌咏者，自宋迄国朝，篇什亦富，供载邑志，秋日无事，因作四明怀古，自周迄元，得七绝六十首，明代事待后续焉。"其中写杨慈湖一首云："慈湖讲舍集群英，陆学从兹在四明。遗像拜瞻齐赞叹，秀眉明目郑康成。"① 诸多写四明（宁波）之作，可作有意味的史志来读，而诸生徒之作除练习之外，也有"欲为明州谱竹枝"之意。在这一课艺集中，与地方文献相关的诗作还有忻江明和董缙祺的《仿遗山体论四明宋元人诗》各十二首，忻诗分论林君复、舒信道、楼大防、朱新仲、张安国、张式子、史清叔、郑德源、戴帅初、袁伯长、任叔实、丁永康之诗，董诗所论诗人与忻诗略有不同。二人同论一诗人，时可见构思与见解之不同；合而观之，皆可视为梳理本土诗歌脉络。

光绪二年（1876）刻《正谊书院课选》中有冯芳植《姑苏论诗绝句》十六首，分咏顾炎武、吴兆骞、钱谦益、尤侗、叶燮、汪琬、黄子云、沈德潜、冯班、韩骐、计东、徐钒、陆贻典、沈磐、沈日霜、盛锦；有柳商贤《姑苏论诗绝句仿元遗山体》二十六首，分咏顾炎武、俟斋（徐枋）、钱谦益、金俊明、叶燮、汤传楹、徐波、尤侗、潘耒、汪琬、计东、吴兆骞、徐钒、沈德潜、顾有孝、徐葆光、顾嗣立、李果、黄子云、张锡祚、盛锦（张锡祚、

---

① 《崇实书院课艺》卷六，光绪二十一年刻本。

盛锦二人同在一诗)、彭绩、陆耀、钱廷熊、沙维杓、吴翌凤、惠栋,共二十七人。冯芳植、柳商贤各自所著《论诗绝句》所咏诗人有重合者,更多互补者,这些诗人有不少是在今日清诗史的视野之外,但他们在冯芳植、柳商贤的文字记忆里,在宽泛的苏州地区诗人系谱中,却有其地位。如柳诗最后一首咏惠栋云:"纤云卷尽碧天高,红豆花开染彩毫。草木虫鱼笺释遍,却能沾溉到风骚。"惠栋家有红豆一株,他与祖父惠周惕、父惠士奇皆以红豆名。祖父与父均以诗名,诗风近唐。"红豆花开染彩毫"即指惠栋受其家学陶染,惠周惕瓣香渔洋,惠栋虽在经术日深之后,不复为诗,然嗜渔洋《精华录》,撰《精华录训纂》二十四卷。草木虫鱼之笺释,殆指惠栋《毛诗古义》《唐写本毛诗传笺》,沾溉后学。冯芳植、柳商贤两人笔下都出现的诗人,有时面目相同,如顾炎武在冯诗中是"燕北湘南类转蓬,灵均哀怨此心同",在柳诗中有"千载屈平是同调,美人香草尽离骚"①;也有着眼点不同者,如钱谦益,两人都惜其失节,而冯诗从"绛云楼阁影参差,万轴牙签足自怡"入,柳诗着眼于钱诗艺术风格"鲸鱼跋浪破沧溟,健笔淋漓走迅霆",然后转笔。此类具有地域特色的论诗诗,在清中叶之后渐多。它的出现,似可与地方性诗文总集的编纂等文学活动建立关联,其意在建立地方文学传统。

就论诗诗而言,在《崇实书院课艺》之外,其他书院课作集中的生徒之作似可留意,光绪四年刻本《惜阴书院东斋课艺》中有姜渭的《评宋人诗绝句》,同年刻《惜阴书院西斋课艺》中有冯煦的《论六朝诗绝句》,《诂经精舍三集》"己巳下"中有周昌期、陆雅南的《书陶集后》《书杜集后》诗。②又有非全为论诗诗之作,《上海求志书院课艺》光绪四年春季课艺中有孙瑛、陈鼎分咏汉赋、唐诗、宋词、元曲之诗各四首,屈元燨分咏唐诗、宋词、元曲三首,许景衡、朱逢甲、徐诵也各有诗作,这些诗作属求志分院"词章之学",由俞樾点评,以写元曲诗为例,朱逢甲的"世事悟来皆院本,文章真

---

① 蒋德馨编:《正谊书院课选》不分卷,光绪二年刻本。
② 以上所举,仅限于东南地区,湖南《沅水校经堂课集》中有滕树春《论诗绝句,限咏国朝人》二十首,唐赞衮的同题之作八首。见胡元玉订《沅水校经堂课集》,不分卷,长沙梁益知书局刊本。

处让传奇"，许景衡的"巧将史事翻新样，却使吟坛有变声"，陈鼎的"百种化工才子笔，十香哀艳内家词"①，六句下皆有俞樾所加之点。俞樾在书院所出的词章题目，往往不同于一般，诂经精舍课作集中表现最为明显，此处亦是一例。三人诗句皆能探察元曲之源流、特色，道出元曲为一代文学之所胜的理由。

书院生徒诗歌创作明显地受到山长影响，就拟作而言，偶有山长先拟作以为启迪。黄安涛道光十六年主讲鸳湖书院有《鸳湖采菱曲书院课题拟作效张王体》《前题效飞卿体》，道光十七年有《书院课诸生拟范石湖〈春日田园杂兴绝句〉得十四首》《续拟石湖〈春日田园杂兴十绝句〉示书院诸生中有戏为石湖之言者优孟衣冠狡狯伎俩犹贤博弈无异俳谐设使石湖见之必嗒曰是岂吾腹中所欲言乎此子物拾唾余而已不知诸生以为何如》。②至于在诗题的选择及诗风的熏染方面，在俞樾之外，还有屠倬。屠倬编选杭州《紫阳书院课余选》中多有清新澹远的诗题，如《绿阴》《苦雨》《焙茶》《缲丝》《刈麦》《种鱼》《销夏四咏》（纱幮、松棚、竹簟、藤枕）等，生徒有诗作完成之后，意兴未尽，又有十八首同题词作，其中吴敬羲十二首，黄曾四首，周镛、周廉各一首。词作数量不多，但它们出现在清代书院课作集中成此独特之例，完全是山长屠倬的兴趣所引导。

屠倬善填词，有《耶溪渔隐词》二卷。吴敬羲的著作暂不可考，黄曾（道光十二年举人）有《瓶隐山房诗抄》十二卷、《词抄》八卷，黄曾习词，不知是否受屠倬影响。

将屠倬此例与李兆洛、俞樾等主讲书院事联系，表明在科举笼罩下的书院教育，如果山长有识见，并有践行之志，在限定的空间里还多少能有所作为。《紫阳书院课余选》所录词作多有清新之句，如吴敬羲的《消息·焙茶》上片："一个筠篮，满身花影，采茶归去。暖帐围烟，薰笼簇火，烘破春云乳。艳搓红缬，香团翠甲，小小花心初吐。却纤手，从头细检，低著一双眉妩。"《双双燕·缲丝》上片云："过春社了，正桑叶初稀，煮蚕时候。低垂

---

① 《上海求志书院课艺》，戊寅春季课艺，不分卷，清刻本。
② 黄安涛：《诗娱室诗集》卷五、卷六，清刻本。

簾幕，翠釜亲捞纤手。不识干卿何事。偏一点、春情微逗。丝丝恼乱柔肠，人比红蚕还瘦。"① 用白描手法勾勒出，纯然江南民间风味。从布景过渡到言情，转接巧妙，颇见文人情思。后一首起句"过春社了"用史达祖《双双燕·咏燕》原句。下片用问句"知否?"起，与上片结句，皆化用李清照词句。此单就词言，而尤能体现生徒才思的是将某一生徒的同题诗、词并观，以下以黄曾之作为例。

绿阴

其一

扫却残红剩绿阴，最宜入望碧沉沉。

小窗非雨影常暗，曲径未秋凉已深。

清到庭心宜算弈，幽分山角可眠琴。

春风送罢莺声老，林外一蝉何处吟。

其二

绕屋扶疏泼眼鲜，横琴人爱石床眠。

偶寻门巷欲无路，小辟蔚蓝疑近天。

泼墨图中添黛色，煮茶声里泹秋烟。

何当摇碧斋中坐，高咏新裁粉砑笺。

惜余春慢

绿阴

万绿团阴，十分红瘦，芳草斜阳旧路。暗迷香径，浓失雕阑，吹落凉痕无数。为认烟耶水耶? 望眼朦胧，者般庭户。只匆匆春色，相思十丈，被他遮住。　　争信是，啼鹃人家，浴蚕时节，容易碧天垂暮。和寒阁雨，带暝揉云，翠滴纷纷如许。相对长林短林，幽阴高低，一蝉吟处。借山螺满斛，研青染黛，四围描取。②

---

① 屠倬编选:《紫阳书院课余选》卷二，道光四年刻本。

② 《紫阳书院课余选》卷二，《惜余春慢》一词与周密《惜余春慢·避暑和韵》以及厉鹗《惜余春慢·戊戌三月二十二日泛湖用清真韵》最后三句长短不同。

黄曾的两首诗意绪相通相近，"幽分山角可眠琴"与"横琴人爱石床眠"即是一条关联的线索；算弈、眠琴、泼墨、煮茶皆极风雅之事，正合"绿阴"氛围，不直描写景物，而从人物的清幽心境衬托，暗合诗题。两首的妙处也恰在此一颈联。二诗皆重视时序之变，"春风送罢莺声老""绕屋扶疏泼眼鲜"最有意蕴，"绿阴"在季节轮换中形成，诗作因关注时光之流逝，而未落入静态的叙写。诗词不同体，黄曾又是如何以另外一种形式传达对"绿阴"的感觉呢？既然同题，又同出一人之手，词作中仍有诗作的某些影迹，如"一蝉吟处""研青染黛，四围描取"等句即是；但是长短句已改变了诗作的雅致精整，而有流荡回环往复之感。"芳草斜阳旧路""吹落凉痕无数""容易碧天垂暮"这些在前代词作中似曾相识的语句已加深了其词体色彩。黄曾已把握住咏物词所追求的言外之意，那就是"万绿团阴"中所包含的"匆匆春色，相思十丈"，这一情思在"春风送罢莺声老"中已流露，但在词作中得到较充分的表现，词作起首二句就是"绿肥红瘦"的衍变，而结句欲"研青染黛，四周描取"，有留住"绿阴"之意。词作以其体式，以其语句的关联，使同题之作呈现了另一种意趣。屠倬的宽容或者鼓励，促使书院生徒进行了一次很有意义的文学实践。

四、课作中的学术

书院课作中的学术含量，由书院的性质及山长的学术追求决定。专课古学的书院，如下编《清代东南书院课艺提要》中所列的诂经精舍、惜阴书院、南菁书院、学古堂等，生徒之为学，有向专精研究发展之趋势；而在其他书院，如要在讲学与考课中容纳学术，则主要看山长的学术兴趣和识见。嘉庆十二年，五十一岁的凌廷堪回歙县主讲紫阳书院，欲以实学开导其乡人。

> 伏思紫阳书院为一郡英髦所集，昔江慎修、戴东原、金辅之（榜）诸先生皆常诵习于此，流传至今，不乏鸿通之彦，其中兼有耆旧宿学名辈在某之前者，幸得朝夕接教，庶几勉其所未至。倘有

议论纰缪，评点失当之处，伏祈面加训诲，不啻百朋之锡矣。除每月初三日课期应请府宪出题考试阅定外，其十八日课期，谨遵功令，窃拟现条于后：初课（此月十八日）四书文一篇，试帖诗一首（已进八韵未进六韵）；次课（次月十八日）试策一篇，经解一篇（或律赋一篇，如有不喜作全卷者，任作一题皆可）；又次课（又次月十八日）杂文一篇及古近体诗（如有不喜作文与古诗者，即近体诗亦可）。三课以后，周而复始。①

凌廷堪努力作此改革，当由学者的职志及其歆籍推动。凌廷堪是汉学系统中人，邃于《士礼》，潜心史学，上文提及江永、戴震、金榜，已略示皖学脉络，而三人皆诵习于紫阳书院，回溯前贤，因而更有担当学统传续之责。又凌廷堪弟子张其锦于凌氏年谱中录凌氏与毕子廉（锷）书札："淳安方君朴山（椠如），吾乡素奉之为山斗者，其文集中诋排宋儒不遗余力，盖朴山为西河（毛奇龄）弟子，故坚守师说如此，乃其主讲紫阳，从未一言道及，其卑视吾乡，以为不足与语者何如？然则弟之厚待吾乡反遭骇怪何也？朴山之薄吾乡至此，而吾乡尚有依草附木，以借其渊源为荣者，一何可笑。"② 凌廷堪这段话表明了他与方椠如学术见解上的不同，其中似乎夹杂着地方学术之争。凌氏之言行，有维护徽州学术之倾向。而维护性的言行的具体表现，在于紫阳书院考课的调整，而他的调整，并不波及书院考课的整体结构：首先，官课依旧章；其次，"初课"仍以举业为重，"次课""又次课"才及学术，而这两次考课，生徒仍有选择之余地。但就是这种有限度的调整，也遇到不小的阻力。"自开课以后，始则大哗，继则信疑各半焉，而先生教思之诚终不稍懈。"③ 阻力之产生，或许是因为凌廷堪之考课不是以举业为中心，大异于惯例；或许是因为凌氏之见解不同于一般，不能取信于人。张其锦编凌氏年谱"嘉庆十二年"一条中，详录凌氏此年二月十八日至十月十八日共九

① 张其锦：《凌次仲先生年谱》，民国间影印本（北京图书馆藏珍本年谱丛刊），第407-408页。
② 张其锦：《凌次仲先生年谱》，民国间影印本（北京图书馆藏珍本年谱丛刊），第414页。
③ 张其锦：《凌次仲先生年谱》，民国间影印本（北京图书馆藏珍本年谱丛刊），第414页。

次的课题，这些课题的拟定与评说在一定程度上反映了这位学者的见解。

（三月十八日）策问题：我高祖纯皇帝钦定《礼记义疏》内《中庸》《大学》二篇，前全载郑氏注，后全载朱子章句，不加论断，原欲令学者自择，究之二家之说孰长，请各据其异同之处，直抒所见，以仰副圣朝崇尚经学之至意。……

评王国翰卷云：《论语》皆孔门遗训，其中无一理字。《易》《书》《诗》《春秋》《仪礼》《周礼》，唯《诗》有"我疆我理"，《易大传》有"理得"及"穷理""顺理"等语，然古人皆作条理解。至天理人欲四字，始见于《乐记》，亦汉儒采诸《文子》，去圣人则已远矣。童而习之之书，不可草草看过。

评曹振镛卷云：变《易经》文，标新立异，极于王柏，遂为圣门罪人矣。指点体用（体用对举，本六祖语，九经三史无此文也），论性谈天，极于白沙，遂为禅家别子矣。有志者当知所择焉。

六月十八日已进题：是惑也，诚不以富，亦祇以异（遵朱注）；未进题：是惑也，诚不以富（遵朱注）；诗题：赋得温故知新得通字；策问题：朱子《论语集注》所引诸儒之说，其名字爵里可得闻欤？注中引经引子引《说文》《释文》及经史以证者，明用何氏《集解》及暗用者，两义并存，未经折衷，及疑而未定者，明以来讲家、时文家误会注意而妄说者，能悉数之欤？经解题：《郑风·寒裳》解。[①]

三月二十八日策问题，凌廷堪以《大学》《中庸》为问，让生徒比较朱子章句和郑玄注之异同，其中暗含理学、礼学的评判；而他在评语中对"理"字在经典文本中使用情况的梳理，意在指出"天理人欲"之"理"乃后起之义，有"以礼代理"之意，理学中谈性论天，亦非儒学所本有，故对

---

① 张其锦：《凌次仲先生年谱》，民国间影印本（北京图书馆藏珍本年谱丛刊），第410页。

王、曹二生有批评之语。① 这些题目和评语，可见凌氏讲学对朱子之学的偏离，他讲学遇到的阻力，主源可能在此。在六月十八日题中，两处标明"遵朱注"，策问题又是以考证之法读朱子《论语集注》，似又表明他在讲学中对朱子之学的某种认可。依违之举，是凌廷堪对汉学与宋学、礼学与理学、学术与举业、个人治学路向与乡贤学术传统等诸多问题衡量调适的结果。

策问题往往能体现出题者的学识，题目中已将问题的脉络呈现，已隐含某种学术或价值取向。凌廷堪就是用这种"问"与"论"兼具的题目传播自己的学说。而这种"问""论"相结合的考课形式，在一些以古学为重的书院常被采用。《云间书院古学课艺》中策问题涉及《诗序》《尔雅》《唐书》以及经济、吏治、音律、井田、钱法、桑棉等，问题涵盖面广，非专攻举业者所能为。山长所拟"策问"，有时也被编入其文集，高均儒《续东轩遗集》第三册收录东城讲舍丙辰丁巳两年策问，包括《易经》之流传、策学、史书之长短、选举之法、弭盗，每条策问在三百字上下。下录一条关于对策的策问：

> 问：策学之名著于汉贾谊之陈《治安》，董仲舒之对《贤良》，彰矣。夫策者，谋也，谋而得之事，求其是以见策之实效，果肇自汉乎？就汉言之，贾董而外，以策显于时著，更有若干人，何人近贾，何人近董，孰为最优？就贾董言之，《治安》之所陈、《贤良》之所对，其体似异，其义果有可通乎？推之以观二子之所著述为篇者，其诣果孰为优乎？循策之名，既有所谓对，又有所谓射者，其体果奚别乎？核策之实，将行其言，获其益，以收效于天下也，其弊有剽窃空疏杂霸迂阔之类，果何以除乎？抑矻矻研求贾董，即可以免蹈其弊乎？策特盛以汉，而汉以后取士之制必有策，或质素或文丽，不胜枚举。且即汉而约征，以究贾董之深微，藉探策学之原始，冀去其弊取其益以程其效，仰副皇朝制策试士崇尚实修之至意。

---

① 张寿安：《以礼代理：凌廷堪与清中叶儒学思想之转变》，第 84-85 页。

明其体者，盍举其义焉。①

　　贾谊《治安策》、董仲舒《贤良对策》文气笔力，堪称典范，一直为后来文家推重。高均儒以二名篇设题，问及策学源流，贾、董策对之比较和策学之用，关于对策这一文体内外纵横的多个问题皆网罗其中。此题除考察生徒关于对策这一问题的识解外，还促使生徒知贾、董二文之所以大气包举，是由于"其学深造自得，故能左右逢源也"②。由两汉之文章，进而认识到文章中的学问。还有一点是"崇尚实修"，贾、董二家之文，明达治体，有益于当世，有利于天下。学问须关系国计民生，前列云间书院和东城讲舍的策问题，有一些类似的题目。策问题中的经世意识，至光绪年间愈显清晰。浙江《若溪书院课艺》共收十六篇课作，分为论、策两类。四篇策中有两篇直指当世之事，其一为：

　　　　问：方今海表群雄环峙，地最近而势最逼者，日本也。考《明史》嘉靖朝已大为中国之患，其生心窥伺始自何年？谁实启之，能溯其根源欤？迹其壤，地偏小，不及我版图什一，今且凭陵恣肆大邦，盟会谓为讲求西法之效，则比年以来我政府何尝不力求自强，悉索以事征缮，何彼利而我钝欤？将欲畏天之威以保天下，何道之从，而可以补东隅之失？有能知彼知己，究其故而亲切言之者乎？愿抒所见毋隐。③

　　《若溪书院课艺》出自监院孙德祖之手，孙氏光绪十七年于书院创设小课，专课诗赋，光绪二十四年七、八两月增课论策两次。此条策问的拟定，当有感于甲午战争中国之惨败，策问中在梳理日本窥伺中国的史事外，更在

---

① 高均儒：《续东轩遗集》，第3册，光绪七年刻本。
② 吴孟复、蒋立甫主编：《古文辞类纂评注》上册，合肥：安徽教育出版社，2004年版，第667页。
③ 孙德祖编：《若溪书院课艺》不分卷，光绪二十八年刻本。

寻求自强之对策。这种类型的题目与新式的格致书院课艺题目相近。① 而在策问之外的课作，如上海求志书院、辨志文会以及上海敬业书院②诂经精舍晚期的课作集中，也有一定数量的关心世事之作。中国近代经世思潮主要是在上层知识分子中兴起，其传播方式有多种，书院可作为一个考察的途径，书院之讲习是经世思潮向中下层知识分子扩散的方式。

书院生徒潜心学术之过程，在李兆洛主讲暨阳书院时与生徒的交流记录《暨阳答问》中可见，在俞樾主讲诂经精舍时章太炎所作的札记和陈汉章的日记中、在刘熙载主讲上海龙门书院时陈宗彝的日记中也可见。日记札记乃生徒学习之记录日积月累之呈现。如《诂经精舍八集》卷四收录了章太炎的两篇札记，皆是探讨《周礼·秋官·掌戮》中"髡当为完，《汉书·刑法志》正引作完者。使守积以声言之，髡字或体作髠，从声完，亦从元声，固得相通"。每二篇接续："前说谓髡即是完，继而思之，髡字明憭之完字，何欤，疑仲师所谓完，即《说文》之𩬊，而其意亦以王族当宫而降者。……康成亦以王族当宫而降者，而以髡为本字，不知𩬊之可以代宫者，以其形貌相似耳。若髡头何足以相代乎？一字之异，去须去发之小殊，而义之出入如此，然后知司农读髡为完，其说至精。"③ 章太炎第一篇札记已将问题解决，然仍有一丝虑惑，继而思"仲师"（谭献）之改定，思其改定之缘由，最后深信郑玄说之精当。两篇札记包含了一个生徒的学思过程。

南京图书馆稿本《南菁书院日记》一册，生徒名仅能从日记中"樾谨案"（或许是许樾）中得知一点信息，此日记实际上就是读书札记，写在印有"南菁书院"的红格稿纸上，结合《南菁讲舍文集》，可知此乃当时南菁书院通行的研习方式。这位名为"樾"的生徒所作札记全属文字训诂，其中

---

① 熊月之：《西学东渐与晚清社会》，"格致书院课艺一览表"，上海：上海人民出版社，1994 年版，第 373-385 页。

② 《敬业书院新艺精选》中关于"论"的课题有"各国海权考""英日联论""各国度量衡同异辨""平米价议""避疫说""格致之学中西异同论"等；"策"的课题有"问印花税利弊若何""问西国哲学源流""南北形势异同策""问西国法律异同""上海修濬水利策""问各国宗教互有不同果以何教为切实有用"等。光绪癸卯上海书局石印本。

③ 俞樾编：《诂经精舍八集》卷四。

关于《说文》者条数最多。"济盈不濡轨解"一条札记，引用江（朱？）氏《群经补义》、李氏《毛诗紬义》、焦氏《毛诗传疏》、李氏《诗经异文假释》、胡氏《毛诗后笺》、陈氏《诗毛氏传疏》、宋氏《过庭录》；而"我祖底遂陈于上解"一条，在日记中有一稿、二稿、三稿，其勤苦之用心，藉此稿本保存其原状。稿本中所谓"黄师"评语，当出自经学名家黄以周之手。

苏州《学古堂日记》学风全承诂经精舍，而在学习制度上采用河北莲池书院读书日记之法，融合两家书院之长，其学术研究亦具特色。学古堂的学长是雷浚，斋长为章钰、胡玉缙、吴寿萱，胡、章为学古堂高材生，钱塘诸可宝为诂经精舍弟子，长于训诂词章六书九数，亦理董学古堂事。《学古堂日记》将光绪己丑、庚寅、辛卯、壬辰、癸巳、甲午五年生徒所作札记按专书（兼及类别）编选，得《周易》二种，《尚书》一种，《毛诗》九种，《周礼》一种，《仪礼》二种，《礼记》三种，《孝经》一种，《尔雅》七种，《说文》三种，《史记》二种，《汉书》四种，《通鉴》一种，《史表》三种，《文选》一种，算学三种，丛钞六卷。此处"种"即一生徒所作专题札记。《尚书》一种，即收昆山余宏淦一人札记，札记前有林颐山叙："中唐故训渐疏，因有周诰殷盘佶屈聱牙之语，岂知王莽拟大诰，以告天下，妇孺咸知，后世视为佶屈者，令汉人读之，不皆文从字顺乎？吴县雷甘溪（浚）先生尝谓昆山余茂才宏淦治《尚书》，每于佶屈处引申，使之文从字顺，颐山亦从是企茂才。"[①]

下录余宏淦札记二条：

绍闻衣德言

《伪孔传》：继其所闻，服行其德言，以为政教。

案《伪孔》以衣训服，因衣、服二字往往连文，故为此望文生训，非经意也。近儒江氏读衣为殷，孙氏训衣为依，平心论之，孙说是也。盖江之读衣为殷者，不过因《中庸》郑注而云然耳，不知《中庸》壹戎衣即此经之殪戎殷，故郑读衣为殷。此经衣德言无作殷德言者，不必效其侧也。孙氏读衣

---

① 雷浚、汪之昌编选：《学古堂日记》不分卷，光绪二十年至二十二年刻本。

为依，其证有三：《说文》八篇，衣，依也，象覆二人之形，是衣本有依义，证一；《礼记·少仪》"士依于德"，正与《论语》之"据于德，依于仁"一意耳，彼处皆作依，则此处亦当作依，证二；《学记》不学博依，注依或为衣，则古依亦有作衣者，证三。观此三证，孙说信矣。

乃或亮阴《无逸》

《传》乃有信默，郑注"谅暗"转作"梁暗"，楣谓之梁暗，谓庐也。武丁尤衰，居倚庐，柱楣不言政事。案信默之解，与下文不言复。此经亮阴，当以郑注倚庐为确，详见汪王段孙诸书。或字《伪孔》训有，《史记·鲁世家》亦云乃有亮暗。窃谓或即域之本字也。《说文》戈部：或，邦也，从口从戈，以守一。一，地也。又出域字云或，或从土，是或乃本字，域乃后起字。域训居，《孟子》"域民不以封疆之界"，注域民居民也。《史记·礼书》"人域是域"，《索隐》：域，居也。此经或字当亦训居，谓武丁居梁暗之中耳。《商颂》"正域彼四方"，言商之兴微子，殷其弗或乱，正四方言。商之亡，《诗》作域，《书》作或，实，一字也。《大戴》"分符篇"大道之邦或，《太平御览》引作邦域，亦可为域古作或之证。[①]

《学古堂日记》中，《毛诗》日记有九种，《尔雅》有七种。《尔雅》一书颇受重视。其中有陆锦燧之作，陆序云："夫欲通传注之诠释，为经籍之枢要，莫如读《尔雅》……《尔雅》与《诗》实相表里，而蒙谓《雅》与《说文》尤相表里也。何者，《尔雅》所详皆字之用，《说文》所详，皆字之体，如初基皆始也。"[②] 将此论与上引余宏淦二札记所用之方法并观，可见学古堂诸生治学之次第，与乾嘉学者通行之法相合。王仁俊《读雅日记》自序云："近读蜀大字注本，就阮本斠其异同，成校勘记三卷，乃专以许书校雅故，求其正字，凡群书所引异文逸文古注，亦条记之。其已见邵、郝、戴、钱、臧、二严、龙、黄、马、叶诸儒，及阮氏所刊《经解》，王氏所刊《续

① 雷浚、汪之昌编选：《学古堂日记》不分卷，光绪二十年至二十二年刻本，第1册。
② 雷浚、汪之昌编选：《学古堂日记》不分卷，光绪二十年至二十二年刻本，第11册。

编》者，不敢剿说，有所从违，谨质疑谊，以就正君子。"①　综观《学古堂日记》，"大约校勘必致精，纂录必举要，考据务详确而惩武断，义理尚平实而耻空谈，条贯本末，兼综汉宋，实事求是，期于心得，以上企孟氏详说反约孔门博文约礼之训"②。以考据见长的学术，必须要比较文本，参酌众说，如果书院没有丰富的藏书，这种求实的学风也不易形成。前举暨阳书院、诂经精舍，以及本章涉及的《南菁书院日记》稿本，皆能反映出书院藏书是学术研究的坚实基础。

学古堂藏书精良，统计《学古堂藏书目》，经部八十五种，史部一百四十一种，子部一百八十六种，集部一百一十三种，丛书五十六种。集部之中，有几种书值得特别留意，如《诂经精舍文集》《学海堂初集》《学海堂二集》《学海堂三集》《莲池书院日记》《莲池书院课艺》《莲池书院课艺二集》《莲池书院课艺三集》《莲池书院课艺四集》《南菁札记》，它们对生徒而言，有指示为学方向之用。丛书数量不多，但涵盖面极广，如《通志堂经解》《经苑》《皇清经解》《皇清经解续编》，以及《平津馆丛书》《经训堂丛书》《知不足斋丛书》等，这些书足供生徒博览；而就专精而言，以《说文》为例，学古堂藏书中有徐锴《说文系传》、段玉裁《说文解字注》和《汲古阁说文订》、桂馥《说文义证》、钮树玉《说文校录》、钱坫《说文斠诠》、朱骏声《说文通训定声》、李富孙《说文辨字正俗》、沈涛《说文古本考》、张行孚《说文发疑》、黎永椿《说文通检》，这些著作与藏书中其他文献相结合，为生徒的专精研究提供了坚实的文献保障。

书院课作集的学术价值，除诂经精舍、南菁书院等极少数书院外，常被忽略，以为此类文字乃生徒之作业，或以为其出自年轻的读书人之手。书院生徒课作的价值大致有三：其一，是研究其时书院师生讲习的重要材料，由此可见学术思想的传播动向；其二，对于某一生徒而言（特别是日后学有所成的生徒），这些课作是研究其学术历程的原始文献；其三，有一定数量的课

---

① 雷浚、汪之昌编选：《学古堂日记》不分卷，光绪二十年至二十二年刻本，第15册。

② 吴履刚：《学古堂日记跋》，见《学古堂日记》卷末。

作本身就有很强的学术性，它们是清代学术史整体研究不能忽略的材料。清代学术史研究当然是要重视名家专著，但其时学术研究的一般状况也应在研究范围内。包括生徒课作、清人笔记、清人文集中的零散文章皆应全面梳理。这是一项十分艰巨的清理学术遗产的工作。

生徒课作本身的学术价值，在讨论诂经精舍课作集以及前文分析《学古堂日记》时，已有程度不同的探究。下再举《正谊书院课选》中的一篇课作，此课作有山长冯桂芬的评语。

鹑鸟解

潘锡爵

《诗·鄘风·鹑之奔奔》，毛公无传。《魏风·伐檀》"胡瞻尔庭有县鹑兮"，《传》：鸟也。《小雅·四月》"匪鹑匪鸢"，《传》：雕也。同为鹑字，且雕亦为鸟，前既训为鸟：何以后复训雕，知其前后异训。考《鄘风》，《释文》：鹑，音纯，鹌鹑鸟。《说文》：鷻，鹌属。《尔雅·释鸟》：鹑，鹑其雄鶛，牝庳。又云：鹑子，鳼。备详鹑鸟种类名号，并不名雕。又《仪礼·公食礼》：鹑鴽；《礼·内则》：鹑鷃。郑氏无注。贾公彦《仪礼疏》引《庄子》田鼠化为鹑，《月令》：田鼠化为鴽，谓为鹑鴽一物。又《尔雅·释鸟》：鴽，鴾母。又云鴾子，鳼。《疏》引李巡注：鴾鴽，一名鴾母，亦无名雕者。《小雅》，《释文》：鹑，徒丸反，字或作鷻。《正义》，《说文》：鷻，雕也，从鸟，敦声。下引《诗》"匪鷻匪鸢"，即用《毛传》为训。又鹑，或作隼，《说文》：隼，祝鸠也。重文作鵻云。隼或多隹一，一曰鹑字。《六书故》云：唐本隼从隼，从卂省。李阳冰曰：隼，卂省声。按《说文》不以隼为鷙鸟，《诗疏》引《说文》乃曰：隼，鷙鸟也。《说文》固多异本耶？案：戴说非也。盖此当衍字，而鹑即鷻之隶变。《采芑》《正义》所云：鷙鸟也一句，或本在其下，而脱去耳。《玉篇》鸟部不收鷻字，亦以隶变之鹑为鷻，从鸟之复而删也。盖《说文》无鹑字，隹部雞、雛、雕、雁、雎、翟、雇、鷻，重文皆从鸟，隼下无重文。依《说文》《鄘风》《魏风》，鹑字宜作鷻，《小雅》鹑字宜作鷻；隶变混为一字，皆作鹑。故焦下鹑字当为鷻之隶变，似无疑义。

至左氏僖五年《传》"鹑之贲贲"，杜注：鹑，鹑火星也，下文有鹑，火字。当是。据《尔雅疏》：鹑即朱鸟也。火属南方行，因名其次为鹑火。《传》即用《鄘风》文，则鹑亦当作《说文》之鷻，非《说文》之鶉矣。

山长冯桂芬评曰：

推演具微，心得，非剿袭者可比。惟以鹑鷂当朱鸟，终觉未妥。经传鹑鸟有三：一为雒鹑，《说文》作鷻，云雒属也；一为鸷鸟，《说文》作鷻，云雕也，引《诗》"匪鷻匪鸢"，又隼下云一曰鶉字；一为凤皇。《埤雅》引《禽经》赤凤谓之鹑，（今本《禽经》，伪书，无此文）《鹖冠·度万篇》：凤皇者，鹑火之禽，阳之精也。（崔豹《古今注》以《曲礼》朱鸟为鸢，又一说）以鹑为凤，方与苍龙、白虎、元武相称，解者或以？鹑当之，本陆氏佃、沈氏存中之说，辄谓古人取象不必大物，于理为短。或次鸷鸟当之，本近人焦氏循、段氏玉裁之说，据辀人鸟旟七斿以象鹑火，注鸟隼为旟，又以《左传》童谣与《鄘风》文同为证，不知《考工》龙旗鸟旟、熊旗龟蛇并列，以熊旗注熊虎例之，是以鸟为凤而增隼，亦犹熊之增虎而四者正与四宿符合。至《鄘风》自指乘匹，童谣自指列宿，文同不妨义异，无庸牵合附会。诸卷多见到者，而往往不备，附识于此。①

生徒潘锡爵和山长冯桂芬考辨之鹑字，在《诗经》中出现三次，即《魏风·伐檀》："胡瞻尔庭有县鹑兮？"《鄘风·鹑之奔奔》："鹑之奔奔，鹊之疆疆。"《小雅·四月》："匪鹑匪鸢，翰飞戾天。"鹑字究作何解，历来论说颇多，以下以追溯法举二文为例，以见《正谊书院课选》中相关研究的价值。林家骊在2002年发表的《〈诗·魏风·伐檀〉中的"鹑"作"雕"解》一文，以为《伐檀》三章中针对《伐檀》三章中似有递进关系的三个句子，提出新解，此三句即是："胡瞻尔庭有县貆兮？""胡瞻尔庭有县特兮？""胡瞻尔庭有县鹑兮？"貆、特都是稍大的兽，鹑（鹌鹑）则小而贱，通观三章，似有不通之处，林文从文字学和《诗经》内找出多条证据，以为现在通行的

---

① 蒋德馨编：《正谊书院课选》不分卷，光绪二年刻本。

名家注本，如高亨《诗经今注》、余冠英《诗经选》、程俊英《诗经译注》等，将"鹑"释为"鹌鹑"皆不妥，并提出新说，以为"鹑"作"雕"解使诗意明显。

林家骊的考释大致有三个步骤：其一，引《说文》段玉裁关于"雕"的注解，又引王念孙《广雅疏证》："《说文》又云：雕，雕也。引《诗》曰：匪雕匪鸢。《小雅·四月》传云：鹑，雕也。雕，贪残之鸟也。《释文》云：鹑，或作鷻。按鷻从敦声，敦与雕古声近，故雕谓之鷻。《大雅·行苇》篇：敦弓既坚。《周颂·有客》篇：敦琢其旅。《正义》并云：敦、雕古今字，是其例也。"结论是鹑、雕为古今字，将"鹑"误释为"鹌鹑"大约从孔颖达《毛诗正义》始。其二，《伐檀》之主旨为刺贪，若释为"鹌鹑"，则与貊、特不配。其三，《诗经》中"鹑"字凡三见，另二处见于《小雅·四月》《鄘风·鹑之奔奔》。《四月》中的"鹑"，《毛传》《郑笺》已有定解"雕"；《鹑之奔奔》中的"鹑"，王国维《沈司马石阙朱鸟象跋》中以为作"鷻"作"雕"解。[①] 以上摘录，皆为要点，总体看来，考论严密，确实解决了问题。但此文未能注意前辈学者于省吾所撰《双剑誃诗经新证》以及在此基础上形成的《泽螺居诗经新证》已基本解决此问题。

于省吾先以甲骨文和金文，及《小雅·四月》"匪鹑匪鸢"之例，指出《伐檀》中"鹑"与"雕"通，又举三证以明之：

> 按鹑所从之享，古文字作𦎫，《说文》讹作𦎫，隶变作享，与享受之享混淆无别。𦎫字习见于卜辞、金文，晚期金文孳乳为𣪏，𦎫与𣪏即今"敦"字。《四月》称"匪鹑匪鸢"，敦字《说文》作鷻，是其证。此诗之鹑与雕通，今举三证以明之：《行苇》的"敦弓既坚"，敦弓《荀子·大略》作彫弓，《公羊传》定四年注作雕弓，这是第一个证据；《有客》的"敦琢其旅"，《释文》谓徐音彫，孔疏谓敦、雕古今字，这是第二个证据；《说文》谓"鷻，雕也，从鸟，

① 林家骊：《〈诗·魏风·伐檀〉中的"鹑"作"雕"解》，见《文学遗产》2002年第1期，第112—114页。

敦声"，又"雕，鷻也，从隹周声"，以鷻、雕互训，是鷻（省体作
鶉）即雕，这是第三个证据。……如果是拳头大的鹌鹑，不仅不显
眼，而且与貆、特并列，显得不伦不类。①

　　于省吾是著名的古文字专家，在《诗经》之鷻，他利用文字学的方法对
《尚书》、诸子等经典有一系列豹"新证"。《泽螺居诗经新证》颇有影响，亦
多引用者；此书中华书局 1982 年出版，不是难得之书，寇淑慧编《二十世纪
诗经研究文献目录》（学苑出版社 2001 年版）也收有此著。若更往前追溯，
于省吾在 1935 年的自印本《双剑誃诗经新证》卷一"胡瞻尔庭有县鹑兮"
条中已解决此问题。

　　比较林家骊、于省吾二家之论，林氏所说三点中除引王国维一文外，基
本上未出于省吾范围，只不过展开更充分。于文之长处，在义理之推测外，
更重文字演变（特别是隶变）这一思考路径。而此法在潘氏文中已采用，并
得冯桂芬的充分肯定。潘氏的结论：《鄘风》《魏风》中的鹑字宜作雡，《小
雅·四月》中的鹑字宜作鷻，隶变混为一字，皆作鹑。潘氏仍守他在文章开
头处提出的"前后异训"，信《说文》"雡，鷂属"之说，而与《四月》之
"鹑"意思不同。而于省吾能进一步，是建立在一个判断之上："鹑所从之
享，古文字作�，《说文》讹作�享，隶变作享……�享字习见于卜辞、金文，晚
期金文孳乳为敦，�享与敦即今敦字。"如果《说文》将敦形讹为�享，而�享与敦
即敦字的论断成立的话，那么潘氏鹑字二解完全可以合一。潘氏之所以没能
前进一步，是对�享字在卜辞、金文中的演变源流缺乏了解，而这正是于省吾
的长处。

　　而对于潘文末尾补论《四月》中鹑是朱鸟，冯桂芬以为不妥。王国维
《沈司马石阙朱鸟象跋》云："罗参事（振玉）跋以朱鸟为鹑，为《小雅》
匪鷻匪鸢之敷，其说是也。鹑火，而陆元朗于《诗音义》乃以为鷂鹑鸟，沈

---

① 于省吾：《泽螺居诗经新证》，北京：中华书局，1982 年版，第 108-109 页。关于"�享"字的衍
　变与辨析，可见李圃主编《古文字诂林》第 5 册，上海：上海教育出版社 2002 年版，第 554-
　558 页。

存中辈遂承其误。今观此画象，与汉朱鸟诸瓦，知汉人皆以鹑为鷻，非康成之创说矣。"① 潘氏推导在起始处无问题，但用"《传》即用《鄘风》文"，而定鹑为鷻，故冯桂芬疑之。冯氏通《说文》，曾刊刻《说文解字》，又教其子习《说文解字》，有《说文部首歌》，故其评说自具学理，且有引申潘文之意，如总结鹑有三说，指出陆、沈二家说短于理，而关键处在于《考工记》那段文字具有条例性的理解，凭此理解，将鹑解为凤，则龙旗（苍龙）、鸟旗（赤凤）、熊旗（白虎）、龟蛇（玄武）正与四宿合。此说不同于潘氏，与王国维说亦异。

经学是一种积累丰厚的学问，每一个字的解释前人皆有或多或少的研究心得，后人的每一步都在这一基础上展开，无论是非，皆可作为参考。潘锡爵之文与冯桂芬之评判，已有不少好的见解，也有一些不同于晚近学者的判断，但它们都有启迪之用。从《诗经》"鹑"字研究的历史来看，潘锡爵之文无疑是一个重要的节点，但因这一文章隐藏在不大为人留意的课作集中，其价值因而被遮掩。

原载《清代东南书院与学术及文学》（上卷），安徽教育出版社，2007 年版

---

① 王国维：《观堂别集》卷二，《王国维遗书》第 4 册，第 14-15 页。

第二章　书院志研究

书院志述略

陈时龙

书院志是专志中的一种，照方志学的理论，依照所载内容的广狭，方志可分为通志和专志。通志又称全志，即举凡一地的疆域、沿革、山川、建置、城镇、乡里、物产、财富、户口、兵事、民情、风俗、艺文、名胜、古迹、异闻、琐事等无所不载的叫通志。专志是记载某一特定区域内某项或某方面专门内容的志书，又可细分为专门事业志、部门专志、专业（物）志、专门事物志学。书院志即属于专门事物志，乃是记述书院这一事物全面情况的志书，所谓"书院之有志，犹国之有史"。

一、明代的书院志

书院志的定型与大量出现是在明代。这些书院志中年代可考的最早的书院志是永乐年间徐琦的《西湖书院志》，惜已散佚。邓洪波在《中国书院制度》一书中曾对明代的书院文献作过介绍，今据此并参照明人的书目，如朱睦㮮《万卷堂书目》和黄虞稷《千顷堂书目》，制成下表，所列书院志，原则上是名称与卷数不同的尽皆录入，但不考虑同一书的续刻、重刻等情况，共六十四种。

名称	卷数	作者	刊印年代	书院地点	存佚状况	材料出处/备注
《虞山书院志》	10	孙慎行 张鼐	万历三十四年	苏州常熟	北京图书馆	
《二张书院录》		张文化	万历十七年	徽州婺源	北京图书馆	附二张文集补
《西湖书院志》		徐琦	永乐年间	杭州	佚	千顷堂数目琦作奇
《瀛山书院志》	10	方应时	万历三十年	浙江遂安	佚	浙江方志考
《续刻瀛山书院志》		方世敏	天启二年			
《虎林书院志》	1	聂心汤	万历年间	杭州		千顷堂书目
《安定书院集》		沈桐		湖州		浙江方志考千顷堂书目
《崇正书院志》	11	胡僖	万历年间	东阳		浙江方志考千顷堂书目
《道南书院志》	5	金贲亨	嘉靖三十八年	福建建安	台北市立图书馆	浙江方志考千顷堂书目
《南溪书院志》	4	叶廷祥等	万历年间	福建尤溪		四库总目
《南溪书院志》	3	方溥				万卷楼书目

续表

名称	卷数	作者	刊印年代	书院地点	存佚状况	材料出处/备注
《明宗书院志》		陈经邦	万历二十三年建，作志以纪其成	福建莆田		光绪莆田县志卷九
《白鹿洞书院志》		鲁铎	弘治七年知府郭瑁刊	江西庐山	佚	
《白鹿洞书院新志》	8	李东阳、刘峻、胡云	正德六年刊，八年改名		美国国会图书馆嘉靖刊本	
《白鹿洞书院志》	6	刘峻				千顷堂书目、明史艺文志作刘俊自鹿书院图志
《白鹿洞志》	19	郑廷鹄	嘉靖三十三年，四十五年张纯补		原刊在清华大学；增补本在北京图书馆	赵琦美《脉望馆书目》题作袁友德撰
《白鹿洞书院志》	12	山长周伟	万历二十年刊		北京图书馆、江西图书馆	
《白鹿洞书院志》	17	李应升	天启年间，顺治十四年知府薛所习增补		原刊本在故宫博物院图书馆	

续表

名称	卷数	作者	刊印年代	书院地点	存佚状况	材料出处/备注
《白鹭书院志》		何其高	嘉靖二十一年迁仁寿山	江西吉安		刘绎白鹭洲书院志卷八
《白鹭书院志》		钱一本、王时槐	万历间刊			刘绎白鹭洲书院志卷八
《白鹭书院志》	2	汪可受、甘雨	万历间刊			四库总目
《白鹭洲书院志》	7	曾洋				万卷楼书目
《怀玉书院志》		钱德洪		江西玉山		李才栋《江西古代书院研究》
《怀玉书院志》		夏浚				同治玉山县志卷九上
《复古书院志》		尹一仁、刘阳	嘉靖年间	江西安福		李才栋《江西古代书院研究》
《安福复古书院纪事》		邹德泳			四册	祁承澹生堂书目
《识仁书院志》		吴仁	万历十九年创建	江西安福		祁承澹生堂书目

续表

名称	卷数	作者	刊印年代	书院地点	存佚状况	材料出处/备注
《仁文书院志》	11	岳和声	万历年间	浙江嘉兴	上海图书馆	
《鹤山书院录》		詹陵				同治饶州府志卷二十六
《百泉书院志》	4	马书林、石砥、吕颛	成化十七年	河南辉县	上海图书馆、北京图书馆、大连图书馆、台北"中央图书馆"	光绪江西通志卷八
《百泉书院志》	3	聂良杞	万历六年		上海图书馆	
《百泉书院志》	4	叶焰				万卷楼书目
《问津书院志》		黄彦士	万历年间	湖北黄冈		王云龙重修
《石鼓书院志》	1	邓淮	邓淮弘治十三年			万卷楼书目
《石鼓书院志》	4	周诏、汪玩	嘉靖十二年	湖南衡阳		四库总目
《石鼓书院志》	2	李安仁、王大韶	万历十七年		北京大学、台北"中央图书馆"	
《岳麓书院志》	10	陈凤梧、陈论	正德九年	湖南长沙	原刊本不存	附城南、湘西二书院概况

续表

名称	卷数	作者	刊印年代	书院地点	存佚状况	材料出处/备注
《岳麓书院图志》	1	知府孙存	嘉靖七年			明史艺文志二、千顷堂书目
《重修岳麓书院图志》	10	陈论撰、吴道行补	万历二十年刊印		台北"中央图书馆"	
《岳麓书院志》	10	吴道行	崇祯六年据万历旧志增订而成			赵宁岳麓书院志卷首著录
《龙洲书院志》		知县刘激、龙洲七子	嘉靖三十年创书院			光绪湖南通志卷二四八
《明道书院纪》《道乡书院志》		湖南茶陵龙大有撰				乾隆长沙府志卷四九、光绪湖南通志卷二五一
《道乡书院志》	1	莫华				万卷楼书目
《弘道书院志》		来时熙	弘道八年建	陕西三原	上海图书馆、东北师范大学；嘉靖增补本在台北"中央图书馆"	

续表

名称	卷数	作者	刊印年代	书院地点	存佚状况	材料出处/备注
《关中书院志》	9	何载图	万历三十七	陕西西安	万历年间毕懋康校本、天启二年南昌官刊本皆藏台北"中央图书馆"	
《明经书院录》	6	程美	有正德十年刊本，嘉靖、隆庆增补本		台北"中央图书馆"	
《共学书院		孙国桢	有万历刊本		上海图书馆	千顷堂书目
《岭表书院志》	6	陶谐				晁氏宝文堂书目、万卷楼书目
《河东书院志》	6	张仲修				万卷楼书目；千顷堂书目作7卷
《正学书院志》	6	王世相				万卷楼书目
《柳溪书院志》	2	汪尚				万卷楼书目
《舜泉书院志》	1	任柱				万卷楼书目

续表

名称	卷数	作者	刊印年代	书院地点	存佚状况	材料出处/备注
《怀忠书院志》	3	黄器重				万卷楼书目
《贞义书院集》		张孚敬				千顷堂书目
《首善书院志》		王应遴				千顷堂书目
《郑溪书院志》		龙紫海				千顷堂书目
《天心书院志》		岳元声				千顷堂书目
《河中书院图记》	1	吕经				千顷堂书目

　　表格中所录的书院志肯定不是全部，而且在已经刊印的书院志外，应该还有些书院志未及刊印，如刘元珍所撰《东林书院志》①，书院志在明代定型并得到发展，明代是书院志的定型时期。造成这一现象的原因是：（1）明代方志编撰风气盛行，在嘉靖万历年间达到鼎盛。书院志的编撰主要集中于嘉靖、万历年间正说明了地方志编修对书院志修撰的影响。（2）书院自唐以来，至明已有五百余年的历史，即对单个的书院而言，有的书院如白鹿洞书院、岳麓书院等，历史亦有近四百年了，需要有种综合的志书来详载书院的历史，而且数百年的发展中，亦有许多可以整理的史迹与史料，即书院的历

_____

① 高廷珍等撰《东林书院志》卷八列传二《刘本孺先生传》附有许献的按语，称："会顾泾阳先生倡复东林书院，先生实捐赀筑讲舍……既而泾阳遂属志于先生，甲寅先生志成，景逸先生志成，景逸先生为之序其所以志而先生自序复大阐一时明善同人之旨，厥功伟矣……皆实录也，惜先生原志以未付梓，遂令后之学者无从得见。"

史既有整理的迫切需要，又有撰写书院志的成熟条件。（3）书院自觉性的增强，这种自觉我们甚至可以追溯到书院记这种形式，不过书院记乃记一时一事，无法体现书院的历史发展过程。所谓书院的自觉性，主要是对自身历史的自觉，尽管书院官学化的过程始终在向书院体系内渗透，书院的自由和独立亦不停地受政府行为的干扰，然而政府对它的控制与支持多少保证了它稳定的经济来源和各项制度的有序运行，这种稳定性导致了书院的自觉性，它在政治上受到间接的控制，而经济上和观念上的自觉性却发展起来了。尤其是明代书院较之与元代，其学派特色又有所凸显，所以自觉意识更强，更注重书院志的撰写。[①]（4）除却这些比较宽泛的原因之外，我们在一些书院志的序中还见到许多更为直接的原因，诸如单纯地为了记载创建经过，或者为创建者歌功颂德，对于甘雨所撰的《白鹭书院志》，《四库总目提要》的撰者这样写道：

> 万历辛卯，黄梅汪可受为吉安知府，又重修之，雨因撰是志，分沿革、建置、教职、祀典、储赡、名宦、人物、公移、贤劳、义助、纪述、书籍、生祠记十三门。生祠记者，即可受生祠也，至别立一门，此其作者之意不在书院矣！

二、清代书院志编撰的特点

清代是书院志的发展和成熟期，这一时期所留下的书院志数量众多，据学者统计共有一百一十种之多，分省而言，以湖南、江西、江苏、浙江等地书院最多，具体数目可参见下表：

---

① 表中所列诸志作者，如孙慎行、钱一本、岳元声，以及上文所提到的刘元珍，都是东林党人。

湖南	江西	江苏	浙江	福建	安徽	广东	河南	湖北	陕西	四川	海南	河北	山东	不详	总计
22	17	10	12	8	8	7	7	4	4	1	2	1	1	6	110

至于这些书院志的具体名称可参见《中国书院制度研究》。当然，这仍不是清代书院志的全部。清代书院志编撰相对明代而言已经成熟多了，具体表现在以下三个方面：书院"总志"出现；书院志编撰理论的提出与体例的进一步完善；书院志编撰史的追溯。

书院"总志"名称的提出始于王昶的《天下书院总志》。该志成于嘉庆年间，其自序云：

> 遂取各省志书及府州县志所载书院，汇而录之，将剖厥以贻诸大吏，俾之留心于教养。

该志原为二十卷，今台北"中央图书馆"有十二卷钞本，是第一部书院总志，以省府州县为单位著录各书院历史沿革、历代有关书院之诗文，间收学规、章程。它注意到要从地方志中去发掘资料，并且将书院志的著述范围突破个别书院的拘篱，这既是书院志编撰方法的新突破，也表明书院志有向书院史研究过渡的倾向。当然，总志的缺点是过于简略，清人已经意识到了这一点。梁廷枏在《粤秀书院志·序》中曾说：

> 至王兰台司寇《天下书院志》，则又统同载笔，势不能缕析条分。

然而，王昶《天下书院总志》之后，效仿者也不少。梁廷枏《粤秀书院志·序》云：

> 追撰《越华纪略》，适以夷事出居佛山，仅就记忆者笔诸简，

去冬复有召监粤秀之役，因忆巘筠先生尝入局为言暇当别撰广东四
书院总志，如大司寇例而加详焉。

粤秀书院，与羊城书院、粤华书院、端溪书院合称广东四大书院，它们
的总志似乎最终没有写成。不过，成于同治年间以后的《玉山县怀玉、草堂、
斗一山、端明书院志》与光绪二十二年所刊的曹广祺的《岳阳慎修两书院合
志》却是这种总志成功的仿效结果，这种书院志，似乎称作"合志"更为合
适些。

清代书院志编撰已近成熟，还表现在书院志编撰理论的提出，集中地体
现为书院志的体例的完善，为了体例的完善，修志者非但要拟定详细的凡例，
还会反复与别人进行商讨。如安徽"紫阳书院旧无院志，施璜始草创成编，
厘为十卷，然义例未甚明晰，后吴良斋、吴漪堂兄弟为之别其条理，剖其门
类，损益以成章，订为十八卷"①，该志卷十八收入了鄂尔泰的《与漪堂书》
《再与漪堂书》《又与漪堂书》，说明鄂尔泰在该志的修订中提出了许多合理
的意见，这三封书信对书院志中建置、祀典、人物、艺文等体例有诸多发明，
今部分摘录如下：

> 卷首当增置紫阳山图及紫阳书院图于建置之前；建置总作一编，
> 史法原有此体，但不若依年条分，使观者一目了然，而前代沿革与
> 现今紫阳山建置当截然分开；建置中不应杂以祠记文字，当于每篇
> 内有关建置事迹者摘出；列传卷次不拘篇数多寡，依类分编，各为
> 一卷，则眉目清晰；列传如衍绪诸儒皆近时人，虽有一时兴复书院
> 之功，然未可与蔡黄诸先生一例称呼，不如称某学士某处士，据实
> 分别以听后世之公论，其神主则概称先生可也，见之史笔书法则不
> 可不慎；艺文当分诸体，以祠记居先，祭文次之，序跋诸体又次之。

---

① 《续修四库全书总目提要》（稿本）史部地理类，第37册。

　　此外对祭祀、经济诸目也多有论述。修志体例的具体化既反映了修志者的审慎态度，也说明书院志编撰已经开始做理论上的探索。梁廷枏在修《粤秀书院志》时"志例每门先有小序，接以正文，文所不尽者用夹注，注所不尽者，各夹以按语"①，也是他的书院志编撰理论之一。

　　理论的提出当然也反映了书院志编撰活动已到了一个能达于自觉的程度，这种自觉也反映在对这一事业的历史的自觉性。梁廷枏曾说：

　　　　直省书院志其来已古。周诏《石鼓书院志》撰自前明嘉靖，志中已引用旧本，则前此已有著录，至白鹿洞志，虽主教育而因地命名，意兼名胜，且追尊始创，专述先贤，至王兰台司寇《天下书院志》，则又统同载笔，势不能楼析条分，体例并与此异。②

　　这应该说是较早地对书院志编撰事业历史的一个简述。

　　清末的书院改学堂运动，使得书院为大中小各式学堂所取代，书院成了历史的遗物，书院志编撰也随书院的消失而成为过去。书院志的编撰基本上成为一种考证或整理，如上文所述的几种"总志"。

三、书院志的体例与价值

　　书院志的体例，大体有三种模式："总志"的地域体、纲目体、门类体。

　　总志采用地域体，如王昶《天下书院总志》卷一为直隶各地书院，卷二卷三为江苏书院，卷四为安徽书院，卷五至卷八为江西省书院，卷九为河南省书院，卷十为山东省书院，卷十一为福建省书院，卷十二为湖北省书院、湖南省书院。每省皆以府、州、县为单位著录各书院历史沿革、历代有关书院之诗文，间收学规、章程。③ 王兰荫曾有撰一全国书院总志的打算，"始计划蒐集所有关系书院之史料，按省分县，撰成《书院通志》，或名《书院通

---

① 梁廷枏：《粤秀书院志·凡例》。
② 梁廷枏：《粤秀书院志·序》。
③ 陈谷嘉、邓洪波：《中国书院制度研究》，杭州：浙江教育出版社，1997年版，第595页。

考》",后来因为"书既南运,回运无期,原定通志或通考之计划,恐短时未必完成,故一面续求新材料,一而整理既得者,以一省为一单位,草拟各省书院志,后将由分而合,仍集成通志或通考"①。柳诒徵《安徽书院志初稿》亦是按县编排。

采用纲目体编定的如清代朱点佚的《凤巘书院志》七卷,分为五纲十七目。五纲为艺文、崇祀、乐输、条例、田赋。艺文之下有藏书目录;崇祀之下有捐廉、捐名;乐输之下有修费、存费、主费、契据;条例之下有学规、学约、章程、仪节、祭文;田赋之下有丈额、递册、经理、什物、账目。总数共十七目。

多数的书院志,采用的是门类体的编撰方法,即并列门类。这些门目,概而言之,可以分以下几类:书院图与图说、建置沿革、祭祀、学规章程、经费、人物、藏书、艺文,这些都是作为书院志所必载的几项内容。除此之外,有些书院志还设有公移,即书院创建与兴复相关的公文,或者讲义、师生姓名、捐募人姓名,有帝王赐额的还有匾额,历史悠久的又有碑记。当然,书院作为教育与学术的基地,与山水庙宇有着根本的区别,书院志中能体现自己学术特点的门目有两个,一个是会语,这是极具明代特色的一个门目,与明代讲学盛行有着根本的联系。讲学盛行的东林书院、虞山书院,其志都有会语一门。《东林书院志·总目》云:

> 书院之有志,以明教为主,非比郡县名山之例,故诸贤会约会语,确系东林者,决宜备载。

东林会语详载有顾宪成、高攀龙和与会诸人的议论,对于研究明代东林党或晚明思想都是可贵的史料。另一个是道统,见董桂敷《增订汉口紫阳书院志》八卷,分源流、事实与题赞三部分。道统一门的设置,充分说明了书院与宋明理学的紧密联系和书院的祭祀功能。

---

① 　王兰荫:《河北书院志初稿·序》。

书院志的价值主要有两个方面。其一，具有重要的史料价值，书院志所记述的内容，是研究教育史、哲学史的重要史料，而且，有些书院由于卷入过政治斗争之中，如明代的东林书院、首善书院，所以也是我们研究政治史的重要史料。此外，它涉及经济、文化等方方面面的内容，亦为研究经济、文化、碑刻等提供了珍贵的史料。其二，书院志有利于促进旅游事业。书院本身已是一种历史文化遗产，而书院往往又建在风景秀丽的地方，所以作为一种古迹，它具有较强的旅游开发价值，如白鹿洞书院、东林书院、岳麓书院，都成为当地的一个旅游景点。

原载《湖南大学学报》（社会科学版）2000 年第 3 期

《天下书院总志》作于王昶考

邓洪波

研习中国书院文化史多年，总有一桩憾事萦心，那就是虽然知道清人王昶身后有《天下书院总志》，但苦寻京津江浙湘赣鄂豫闽粤各大图书馆终不得见。1991 年 6 月，应香港中文大学中国文化研究所陈方正所长之邀，与历史系李弘祺博士合作研究宋元时期的书院，熟悉情况之后，仍行故事。先是在大学图书馆参考室拜读屈万里先生《国立"中央图书馆"善本书目初稿》①，史部地理类著录有："《天下书院总志》十二卷，十六册。清不著撰人。钞本。"又索得台北"中央图书馆"特藏组编《国立"中央图书馆"善本书目》②，亦有同样的记录，并载有同样寻觅多年而不见的明万历递修本《岳麓书院图志》等几部明本院志，其欣喜之情，难尽笔端。然而，由于大家知道的原因，我却不能涉海渡台。唯有望《目》兴叹而已，其失望之心又岂能笔写！所幸，不久即得广文书局影印本③于教员阅览室，始稍释怅意。广文本经"懒散道人"补入卷首所脱康熙四十一年《御制训伤士子文》，并作有很多校补厘正，但作者一栏，仍旧标为"清不著撰人"，实为一憾。故此，笔者作成是考，以就正于"中央图书馆"诸先生及对此有兴趣的方家学者。

一、清人王昶曾作《天下书院总志》

王昶（1725—1806），字德甫，号述庵，学者称兰泉先主。清江苏青浦（今上海）人，乾隆十九年进士，历官内阁中书、刑部郎中、吏部主事、鸿

---

① 屈万里：《屈万里先生全集》第 16 卷，台北：联经事业出版公司，1985 年版。
② 台北"中央图书馆"1986 年增订 2 版。
③ 台北广文书局 1974 年版。据台北"中央图书馆"原本照相影印，编入《史料六编》，分订三册。

胪侍卿、左副都御史，按察江西、直隶、陕西，任布政使于云南、江西，乾隆五十八年，以刑部侍郎致仕。嘉庆十一年六月七日卒于家，享年八十三岁。其一生对文化教育事业致力良多，曾六任顺天乡试及会试考官，门下士二千余人，对书院更为热心，兹据其女婿严荣所辑《述庵先生年谱》将其书院活动简述于下：乾隆十四至十六年，肆业于苏州紫阳书院，师从沈德潜，与同学王鸣盛、吴泰来、钱大昕、赵升之、曹仁虎、黄文连号为"吴中七子"。四十五年，过济南高庵书院，与院长王元启论推步、历志、天官之学。五十二年，与昆明五华书院院长余庆长等论《尚书》之义及顾炎武之学。次年兴复五华祠宇，以祀书院功臣。同年赴任江西布政途中，过长沙，与岳麓书院山长罗典论《诗》《易》二经；经武昌寓江汉书院，院长为其门人扬伦。五十四年，重修南昌友教书院，并订规条以勉诸生。五十五年，与南京钟山书院山长姚鼐、扬州安定书院山长严云松论学。嘉庆元年起，应两江总督苏凌河之聘，主讲太仓娄东书院两年，其间浙江学政秦瀛曾请主杭州崇文书院，以应苏之约而辞。五至七年，应浙江巡抚阮元之聘，主讲杭州敷文书院三载，所选诸生《西湖柳枝词》，人称"自扬铁崖后五百年无史作者"。

王昶之作《天下书院总志》见于他人著述的最早记录，是阮元所作的《诰授光禄大夫刑部左侍郎王公昶神道碑》，其云：

> 公所著书《春融堂诗文两集》，宏博渊推，有关于经史文献，《金石萃编》《青浦诗传》《湖海诗传》《琴画楼词》《续词综》等书刊成，余若《天下书院志》《征缅纪闻》《属车杂志》《朝闻录》等书四十余种，尚待次第刊之。①

秦瀛在《刑部侍郎兰泉王公墓志铭》中也说：

> 及晚年，（先生）尤阐性命之旨，以宋儒为归。病士习滑坡，

---

① 钱仪吉：《碑传集》卷三十七。

风概不立，贻书于余，索《东林志》，欲合天下书院书成一编以薪。主张名教，盖公之志，既老不衰如是。①

严荣《述庵先生年谱》卷下记载更详，其称：

（嘉庆）七年，壬戌，七十九岁。目疾愈甚，以生平所撰《金石萃编》、诗文两集，及《湖海诗传》《续词综》《天下书院志》诸书卷帙浩繁，尚待编排校勘，不能审视，因延请朱映淯秀才文藻、彭甘亭上舍兆荪及门人陈烈承秀才兴宗、钱同人秀才侗、陶凫香秀才梁各分任之，校其舛误及去取之未当者，刻日排纂。②

而最能说明问题的还是王氏自己所作的《天下书院总志序》。在序中他将作志缘由、目的及其志书的体例等都作了比较详细的交待，兹将全文抄录如下：

乾隆庚子，余按察江西，过庐山，谒白鹿洞书院徽国文公祠，见其废弛玩愒，教者若失其所以为教，学者失其所以为学，心窃悯之，欲收拾整顿，稍复旧观，而旋以忧去。戊申，由云南布政使移任江西，复过庐山，则其废弛玩愒尤有甚于昔者。因思鹿洞为天下书院之首，其废若此，则其余州县书院似此更多，遂取各省志书及府、州、县之志所载书院，汇而录之，将剞劂以贻诸大吏，俾之留心于教养。而明年四月，又以刑部侍郎内召，此书置篋衍者久矣。

夫书院非古也。古之比闾族党，莫不有长，即莫不有教，子弟材质之贤愚，性情之纯骏，地近而易知，人少而易悉，未尝歧教养而异之也。井田废，比闾族党之制不行，于是，始以教养属之郡县。郡县又不能教，至东汉，始设校官。至唐末，校官又旷厥官，而乡

---

① 钱仪吉：《碑传集》卷三十七。
② 《年谱》附于光绪十八年俞樾校补《春融堂集》后。

大夫之有力者，始各设书院，教其子弟。后乃为郡县者攘为己有，且各请院长以主之。而所谓院长，或为中朝所荐，或为上司属意，不问其人学行，贸贸然奉以为师，多有庸恶陋劣，素无学问，窜处其中，往往家居而遥领之，利其廪给，以供糊口。甚至诸生有经年而不得见，见而未尝奉教一言，经史子集、诗赋古文之旨茫茫无所解。而为官吏者，不加审察，转以人才日众，所取至二三百人，任其佻达，岂不谬哉！夫取一州县之能为文者，始为生员，又取生员之尤俊者，试入书院，此其势，安得复有多人？而生员寒素居多，皆欲先为身家之计，而所谓膏火者，实不足供其仰事俯育，则在院肄业者，必且游闲出入，骛其名而失其实，将所谓群聚州处，赏奇晰疑，审问而明辨，师友之益，从何而取？是以人数益众，学术益衰，学术衰而人才日敝，古之所为善政，今之所为大弊也。

今此书已成，凡规条之详密，议论之纯正，所以明圣贤之教，无所不具。士大夫受地方大吏之任，如能反复读之，以训于州县，究其实必循其名，稽乎古不泥于今，厚其廪禄，而严责以博学、笃志、切问、近思之效，别之以才质，示之以径途，共归于达材成德，大之裕开物成务之才，小之为专门名家之实，安见三物六行，不如三代比闾族党之教，而造士进士之升，其足为国家用者必多矣。此不独慰二十年来未竟之志，而今之督抚藩臬中旧交颇众，行将以所告之。

嘉庆六年八月，青浦王昶书。

以上王氏自云"课士之暇，随发前此汇录，嘱同志参校考订"，与《年谱》所记请朱文藻等人"编排校勘"相合，皆可证明王昶确曾撰有《天下书院总志》。然《年谱》对其是否刻成未作交待，查光绪《青浦县志》卷二七《艺文·书目》对其下落则有明确的记录：

《天下书院总志》二十卷，俱王昶著（笔者按：前录有《铜政

全书》五十卷）。自序取各省志及州县志所载书院汇而录之，后主
浙江敷文书院，课士之暇，与同志参考成书。凡规条之详密，议论
之纯正，所以发明圣贤之教，无所不具。二书（指《全书》与《总
志》）道光二十六年国史馆征取著撰以凭立传，昶孙绍基录副，与
已刻诸书同呈。

按，王绍基，字纯夫，"天性纯笃，幼以孝友称，克承家学，好文章而诗
亦工。咸丰元年，诏奉举孝廉方正，不起，赐六品顶戴"。"居恒为学，必见
诸躬行，尝曰：'学以存心为本，心存斯，道存时'，本此旨以诲子弟。卒年
六十有七。"[①]

据上可知，王昶所撰《天下书院总志》曾有校刊之议，但无刻本传世；
《总志》至少有乾隆间汇录之底稿本、嘉庆间校勘过的正本及道光间其孙王
绍基据正本所录的副本等三种版本存在过，此三者皆属"钞本"。

二、台北"中央图书馆"藏《天下书院总志》为王昶所撰

台北"中央图书馆"所藏"清不著撰人"的《天下书院总志》，虽暂无
缘得见其真面目，但广文书局本（以下简称广文本）既为其照相影印本，则
完全可以等而视之。据以考究，我们可以断定台北馆藏善本（以下简称馆藏
本）即王昶所撰，其理由如下：

第一，馆藏本的编排体例与王序中的规定相合。馆藏本分省按府县（州、
厅）编排各书院，院名之下先记其历史沿革，后附有关记、序、学规等文献。
所附文献，一般皆标明出处。如饶阳县近圣书院附赵南星记，标明采自《畿
辅通志》，丰城县贞文书院附欧阳玄记，标出《江西通志》[②]；松江府华亭县
九峰书院有赵骥记，出自《松江府志》[③]；九江府德化县濂溪书院收朱熹、崔

---

① （光绪）《青浦县志》卷二一，《人物·懿行传》。
② （光绪）《青浦县志》卷一，广文本第47-50页及卷五，广文本第281-286页。
③ （光绪）《青浦县志》卷三，广文本第137-138页。

榆奇、宋犖、高植等人所作记，皆标采自《德化县志》①。上述只是随手翻得，通观全书，可以看出馆藏本是以各地省志为基本材料的，不足则补以府、州、县志，也兼用一些文集资料。这与王昶序中所谓"取各省志书及府、州、县志之所载书院，汇而录之"相合。

第二，从内容的详略及材料的取舍中也可以看出馆藏本出自王昶之手。（一）馆藏本有十二卷，加卷首（记康雍乾三代有关书院之诏令及御制诗文），实为十三卷，著录直隶、江苏、安徽、江西、河南、山东、福建、湖北、湖南等九省书院，其中江西四卷，江苏两卷，湖南、湖北合为一卷，余皆一省一卷。若以广文本所标页码计，除卷首 21 页外，九省合为 1106 页，平均每省为 122.88 页。而上述各省所占的实际页数则分别为 36、146、48、520、94、42、98、16、106，超过平均数的只江西、江苏二省，余皆不足。首尾两端的江西、湖北，各占平均数的 423%、13%，相差数百倍，悬殊极大。造成这种情况，各地书院数量本身多少不一是一个重要原因，但也不尽然，如湖北江夏县录芹香、濂溪、江汉、东山四院，仅用 1.5 页，而江苏青浦县同样只收有孔宅、清忠、惠来、青溪四院，篇幅则达 8 页，后者比前者多了 5.3 倍。究其原因，则是江夏四院仅记其沿革，而青浦四院则附有多篇文献。又如武昌府所辖六县一州，有书院十三所，所占篇幅 4 页不到，而苏州府所辖七县凡二十所书院，所用篇幅则 60 页有余，前者比之后者院数仅少七所，篇幅则差十五倍，问题的所在仍是所录文献的多寡。然则也不是无献可征，苏州虽为江南名城，江苏巡抚驻地，武昌则更号华中重镇，开有湖广总督、湖北巡抚两处衙门。文化是同样发达的。因此，我们只能认为这种情况反映的只是作者对各地情况熟悉程度及对各地资料掌握多少的不一。江西一省篇幅差不多敌于其他八省亦属于同样的原因。如果我们注意到王昶为青浦县人，年青时肄业苏州紫阳书院，而其作《天下书院总志》更直接发端于两宦江西的感慨，就会自然得出王昶即馆藏本作者的结论。（二）馆藏本收录学规的少数几所书院与王昶的游历"巧合"。查馆藏本仅于卷二、五、六

---

① （光绪）《青浦县志》卷七，广文本第 463-473 页。

收有沈启元太仓州《娄东书院规条》、王昶江西南昌《友教书院规条》、朱熹及胡居仁的庐山《白鹿洞书院教条》等三院四个学规，这与王昶掌教娄东、修复友教、两过白鹿的经历恰好对号。这种"偶然巧合"的情形，也令我们得出王昶为馆藏本作者的"必然"结论。

第三，如果上述材料还不足证的话，那么下引文献则可视为"铁证"。馆藏本卷一北京首善书院条下有一段作者按语，其云：

> 按首善书院为邹忠介元标、冯恭定从吾两公讲学之所，以继东林者也。而经营创建，则吕公克孝之力。公举万历二十五年乡试第一，为福清叶文忠、秀水朱文悟所取士，既官工部司务，实董其役。落成，文忠撰记，董文敏书于碑。是时，巨珰宵小睥睨充斥，而公勿恤。盖吾乡先正崇正学而励风节如此。后公以郎中出榷淮安关务，阉人有请，拒而不听，卒坐以侵冒，罢归，数椽不庇风雨，时称为清吏。①

既谓吕克孝为"吾乡先正"，那么能查实吕氏籍贯即可解决作者问题。虽然遍查有关历史人物辞典及明人传记资料索引、引得等，都不得克孝记录，但在光绪《青浦县志》卷一八《人物·儒术传》中，我们则找到了这样的记载：

> 吕克孝，字公原。父锦，官金华通判，称循良。克孝举万历二十五年乡试第一，主考官朱国祚、叶向高甚器之。选如皋教谕，训士先德行后文艺，纂辑邑乘，简核有法。迁国子监助教，工部司务。邹元标、冯从吾、高攀龙建首善书院讲学，克孝与周宗建董其役，干鱼脱粟，比堘工匠，石无加味也。擢营缮司郎中。末几，朱童蒙、倪文焕上疏诋为伪学，元标等皆罢。克孝已出榷荆关税，魏忠贤怒

---

① （光绪）《青浦县志》卷一，广文本第 28-29 页。

之，坐以侵冒。罢归，著书自娱，卒年六十有六。

可以看出，《总志》之吕克孝即《县志》之吕克孝，故《总志》作者为吕氏同乡即青浦人则不会有异议。王昶既为青浦人，又有撰写《天下书院总志》的打算、记录并留有《天下书院总志序》，我们完全可以肯定王昶即馆藏本的作者。

三、《天下书院总志》的卷数与版本

《天下书院总志》的作者问题已考证如上，而与之相关的两个问题还值得补充说明如下：

一是《总志》的卷数问题。清人钱林辑、王藻编《文献征存录》卷九《王昶》条下，记王氏著作时称"《天下书院志》十卷及《群经揭橥》《五代史注揭橥》稿皆藏于家"①。其后，有关《总志》的卷数大都记作十卷。我们认为"十卷"之说不确，因为现存本就有十二卷，而此十二卷所记仅为嘉庆时代清朝所属十八省中的九个省。若按其一省多卷或数省合为一卷的情形推算，余下九省再加奉天等地编为八卷是可能的，故应该照光绪《青浦县志》所记，正为二十卷。也就是说现存馆藏本及广文本皆应记作"残本"。

二是《总志》的版本问题。前已述及，王昶所撰已有三个钞本留存下来。现存馆藏本究竟属哪一种版本呢？我们认为，乾隆底稿本的可能性应该排除，因为其排列之有序，版面之清洁，且每每预留一些空格等都说明它是钞正之本。至于它是嘉庆正本还是道光副本，则要视乎"中央图书馆"所藏来源而定，一时难下结论。因为"中央图书馆"当年曾接受过北平南运之书，道光时进呈国史馆之副本抑或夹于其中；而原馆址南京又近于王氏故乡青浦，也难排除就近收购之可能。不过，考虑到太平天国对有六品顶戴的王绍基这类人必会打击，家藏正本难得没有兵火之劫，我们还是倾向于馆藏本为道光副本。

---

① 清咸丰八年刻本，有嘉树轩藏版。

　　至于书名记录，有《天下书院志》和《天下书院总志》之别，则应不是问题，前者当是别称抑或笔误，而应该以后者为是。

　　综上所述，我们可以作如下结论："中央图书馆"藏《天下书院总志》当为清人王昶所撰，成书年代为嘉庆年间，卷数为二十，但缺第十三至二十卷，卷首有一卷；版本为道光或嘉庆间钞本。

原载《华东师范大学学报》（教育科学版）1992 年第 2 期

明代书院志考

陈时龙

　　书院志与山川、寺观、祠庙志近似，于四部入史部地理类。《四库全书总目》将书院志归入史部地理类之古迹。以往学者对书院志的史料价值，并不重视。《明史·艺文志》仅著录孙存《岳麓书院图志》一卷、刘俊《白鹿洞书院志》六卷两种；清修四库，馆臣于采进之十种书院志悉不收录，仅存目八种。① 然书院初则为宋明理学传播之场域，再则为清代考据学之渊薮，故书院之志，于学术史研究有极大史料价值。学者估计，我国书院志总数量在二百种左右。② 那么，明代编纂的书院志有多少种？《中国古籍善本书目》著录明代书院志十二种；《中国历代书院志》收明代书院志十一种；《四库全书存目丛书》收录明代书院志二种；《续修四库全书》收录明代书院志一种。显然，绝大部分明代书院志并没有得到保存。然而，厘清明代书院志的数量，并做相关的考证与资料整理，对于理解明代书院志编撰状况、深化书院史之研究，是很有必要的。这方面，学者们已经做了不少的工作。洪焕椿《浙江方志考》卷十七《古迹志》曾著录浙江境内明代书院志八种；季啸风主编

① 据吴慰祖校订《四库采进书目》（商务印书馆 1960 年版），四库采进书目内有书院志十种，为《石鼓书院志》二卷（明李安仁辑）、《石鼓书院志》五卷（明周诏辑）、《白鹭洲书院志》二卷（明甘雨辑）、《南溪书院志》四卷（明叶廷祥等辑）、《白鹿洞书院志》十六卷（清廖文英辑）、《白鹿书院志》十九卷（清毛德琦辑）、《东林书院志》二十二卷（清高嵝、高隆辑）、《鹿城书院集》（邓淮辑，不分卷）、《东林书院志》二卷（明严珏辑）、《明道书院纪绩》四卷（清章秉法著）。最后两种未入存目。

② 关于历代书院志的数量，《教育大辞典·现存书院志一览表》（上海教育出版社 1991 年版）统计 97 种；陈谷嘉、邓洪波《中国书院制度研究·中国书院文献书目提要》（浙江教育出版社 1997 年版）介绍 160 种；湖南大学图书馆与岳麓书院合建的"书院文化数据库"介绍了 169 种书院志；王华宝《中国的书院志及其学术价值》（《南京晓庄学院学报》第 21 卷第 6 期，2005）估计历史上书院志总量约 200 种，存 130 种左右。

《中国书院辞典》文献部分涉及明代书院志的条目有六条；陈谷嘉、邓洪波《中国书院制度研究》附录《中国书院文献书目提要》介绍了明代书院志四十五种；邓洪波《中国书院史》附表《明代编刻书院文献一览表》则列举明代书院志四十八种。笔者所撰《书院志述略》一文尝列举明代书院志六十四种。① 然而，已有研究在考证上不够细致，对诸种明代书院志的卷数、作者、书院位置的介绍多有错误，其数量上也难以反映明代书院志的全貌。笔者借助这些研究成果提供的线索，检阅明人书目、文集及地方志，对八十八种明代书院志作详细考证，以期对明代书院志有更全面之了解。

本文考证的原则是：现存书院志的考证从简，已佚书院志的考证从繁；对业经学者考察过的书院志，重在补充与纠谬，而未经前人介绍的书院志讨论稍详；以"录""集"为名而实为书院志者，以及有院馆建设之会志者，酌情收入；凡论其志，于书院位置、规制先作一简明介绍；书院之地理位置悉据明代之行政区划；文末附《明代书院志一览表》，以便检阅。然明清文献浩瀚，毕一生之力亦不可尽阅，故舛漏之处必然不少，敬请方家指正。

《首善书院志》一种

京师顺天府，王应遴纂，卷数不详，佚

首善书院在京师宣武门内，天启二年（1622），冯从吾、邹元标、高攀龙等建以讲学之所，天启五年毁于魏党之手。天启末年，薛三省请以书院为祀忠祠，不果。崇祯初年，李之藻请以书院为历局。崇祯末，诸公卿尝以桑拱阳讲学京城而欲复书院，亦不果。书院初创，大学士叶向高为记。叶向高《苍霞余草》卷二《新建首善书院记》："首善书院者，御史台诸君所创，为南皋邹先生、少墟冯先生讲学所也。额曰首善，以在京师，为首善地也。"周宗建《周忠毅公奏议》卷三《请与邹、冯二总宪疏》言书院兴建事甚详："（冯从吾）公余讲学，苦无栖坐，欲于中西两城择地之稍远市者葺一讲

---

① 参阅洪焕椿《浙江方志考》（浙江人民出版社 1984 年版）、季啸风《中国书院辞典》（浙江教育出版社 1996 年版）、邓洪波《中国书院史·明代编刻书院文献一览表》（东方出版中心 2004 年版）、拙文《书院志述略》（《湖南大学学报》2000 年第 3 期）。

堂。……适臣按巡中城，并谕及臣。久之，不得其处。偶于城隙存有官房数间，尚无售主，臣因举以相复，而从吾不嫌湫隘，出价相偿，遂命司务臣吕克孝鸠工改葺，臣亦窃闻其议。"关于书院之始末，可参见方大镇《闻斯录》及孙承泽《春明梦余录》卷五十六《首善书院》条、刘侗《帝京景物略·首善书院》条。此志为冯从吾门人王应遴纂辑。黄虞稷《千顷堂书目》载："王应遴，《首善书院志》。"冯从吾《冯恭定全书》续编卷二《首善书院志序》曰："首善书院成。或曰：'是不可以无志。'因命门人王董父为之。志且成，或曰：'是不可以无序。'余因僭为之。"据此，书院志系王应遴遵师命而作。然冯从吾以讲学受言官攻击，于天启二年十一月归乡，故书院志之纂成当在天启二年。王应遴曾参与首善书院之讲学，且辑有《冯少墟先生教言》。[1] 应遴，字董父，号云来，山阴人，与山阴藏书家祁承㸁善，两人"分镜湖而居，居相望也，又总角相善，而更同蠹鱼之嗜"[2]。嘉庆《山阴县志》卷十四载："王应遴，字云来，万历戊午（1618）以副榜贡，阁臣叶向高荐授中书，同修玉牒及两朝实录，晋大理寺评事。熹宗朝魏珰乱政，应遴辑真西山《大学衍义》，首列祖宗防近习一款以献，触珰怒，廷杖一百，叶向高、韩爌力救之，免死归。崇祯初阁臣徐光启荐起原职，与修会典诸书，迁礼部员外郎。甲申殉节。"王应遴任光禄寺录事，乃在崇祯五年（1632）。[3] 然而，《明史·申佳胤传》言王应遴甲申殉节时为"大理副"，即大理寺寺副，则应遴官似不止于礼部员外郎。据杨廷福、杨同甫编《明人室名别号字号索引》，应遴，字云来，号冶城老人、云来居士，斋名真如。然既号"云来居士"，则"董父"为字当更为确切，诸记载或有误，当以其师冯从吾之说为准。应遴为诸生时，尝于万历三十九年（1611）受山阴知县余懋孳之嘱而编辑陶望龄之《歇庵集》，万历四十七年十二月庚午为"吏部听选监生"时，鉴于辽东危急，曾"恭进地图，曰《都城图》，曰《辽东图》，曰《海运图》，曰

---

① 刘宗周：《冯少墟先生教言序》，《刘宗周全集》第 4 册，杭州：浙江古籍出版社，2007 年版，第 1 页。

② 祁承㸁：《澹生堂集》卷九《题王董父游记》，北京：国家图书馆出版社，2012 年版，第 425 页。

③ 徐光启：《治历已有成模恳祈恩叙疏》，《徐光启集》，北京：中华书局，1963 年版，第 427-428 页。

《奴巢图》。"① 其人通经史，精历算，尝与修《崇祯历书》《大明一统志》，亦曾应刘宗周之询而作《庙制》，以证献皇之当祧。② 何乔远称他"上穷天文，下达地理，中深史学，而所最留神者在《大明一统志》之书。其书浩瀚汪洋，令人举一帙不能终其条贯"，又著《吟书》，"其事则仿《全唐诗话》，其体则仿《世说新语》"，而于人情物理风谕之道备矣"③。今《明史·艺文志》仅著录应遴著作四种，即"《备书》二十卷、《乾象图说》一卷、《中星图》一卷、《慈无量集》四卷"，而不载《首善书院志》。然据学者考证，应遴精于戏曲，有庄子戏《逍遥游》存，另有《经天该》《王应遴杂集》，皆存日本。④ 此志已佚，卷数不详。乾隆《江南通志》卷一百九十二《艺文志·子部》载："《首善书院录》，……石埭桂大瓘。"然此录既入子部，大约为桂大瓘听讲首善书院时记录，非院志之属。

《明道书院纪》一种

直隶开州，龙大有纂，卷数不详，佚

乾隆《长沙府志》卷四十九《艺文·著述总目》："龙大有，茶陵人，著……《明道书院纪》。"按，明道书院在直隶大名府开州城隍庙东，⑤ 祀宋儒程颢，故名。嘉靖《开州志》卷二载："王崇庆曰：'此程子伯淳书院也，院立自龙子始也。'"嘉靖《开州志》卷九载刘龙《明道书院记》，曰："龙君大有自祁更守，谓（明道）先生非诸公可班，宜有专祀，以伸景仰，且欲风励后学为其标准。会得隙地一区，移文所莅，特建祠宇，用严祀事。其后为讲堂、学舍，选境内诸生，延师诲之。"据此，书院为知州龙大有创建。龙大有，字道亨，号云东，弘治十四年（1501）举人，正德十二年（1517）进士，历官祁州、开州、广德州知州、南京刑部员外郎、平乐知府、大同巡抚，

---

① 《明神宗实录》卷589"万历四十七年十二月庚午"条，第11294页。
② 刘宗周：《王堇父庙制书跋》，《刘宗周全集》第4册，杭州：浙江古籍出版社，2007年版，第125页。
③ 何乔远：《吟书序》，《镜山全集》，福州：福建人民出版社，2015年版，第1000页。
④ 石云里、宋兵：《王应遴与〈经天该〉关系的新线索》，《中国科技史杂志》2006年第27卷第3期。
⑤ 《明代书院讲学考》称明道书院"在开州城内兴国寺西"。

官至右副都御史巡抚甘肃。然或以为明道书院乃奉敕而建。光绪《开州志》卷六《人物·文苑》："王循古，字宗一，潜心理学，不事举业，斋居十年，著《五经图说》及《帝王忧世心法诸图说》，献世宗。世宗下大臣议。共奏曰：'此理儒也。'赐处士号以旌之，并下所司修明道书院以教授生徒。"黄虞稷《千顷堂书目》卷三经解类著录其《五经图说》："王循吉，《五经图说》。开州人，嘉靖中潜心理学，献其书于朝，锡号处士。""循吉"盖"循古"之误。据雷礼《国朝列卿纪》，龙大有自正德十五年（1520）任开州知州，嘉靖二年（1523）丁忧离任。明道书院既为嘉靖皇帝命建，则当建于正德十六年（1521）世宗即位之后，而书院纪之汇辑，亦不能逾嘉靖二年龙大有离任之时。此纪已佚，卷数不详。

《河东书院志》一种

山西运城，张士隆撰，六卷，佚

朱睦㮮《万卷堂书目》卷二《杂志》载："《河东书院志》六卷，张仲修。"董其昌《玄赏斋书目》卷三亦著录此志。钱曾《述古堂书目》卷四载："张仲修《河东书院志》，六卷，一本。"黄虞稷《千顷堂书目》卷八则载："张仲修《河东书院志》，七卷。"诸家书目著录卷数微异。按河东书院在山西平阳府安邑县西南之运城。运城为明代河东陕西都转盐运使司盐运使及巡盐御史驻节地，又名司盐城、凤凰城。刘钧仁《中国历史地名大辞典》（凌云书房1980年版）释运城名曰："运城，在山西解县东北四十里，东距安邑十五里，古郇瑕地。元时为路村，姚行简为解盐使，迁治路村，延祐中更名圣惠镇，明、清名运城，有河盐运使驻之。城南盐池，当中条山北麓，产盐极富。"清苏昌臣《河东盐政汇纂》卷二《运治》："运治建有专城，在解州之安邑县西境。……城虽为盐务而设，然政之大经，靡不建立，悉受成于都转运盐使司。监临侍御，岁一更焉，洮河汾间一都会也。"作为河东都转盐运使司驻地，运城有教育机构，为运学。吕柟《泾野先生文集》卷十四《河东运司学进士题名记》载："天下盐运司四，多无学，而河东有学。"运学之外，有三书院，河东书院即其一，正德九年（1514）巡盐御史张士隆建。书院规制宏敞，有院基三十余亩，赡田四十余亩，涵泳山水、亭园、讲经之堂、憩息之所。吕柟《泾野先生文集》卷十四《河东书院记》载："正德甲戌（1514）春，御史安阳张子仲修巡盐河东，官吏革愆，商民胥悦。夜读书，昼诲诸河东生，乃从官司之请，作河东书院于上曲。于是诸车人、店人、牙人，愿献木石暨力，诸工师愿献能，诸园薮愿献厥植，乃选义士，命理乃筑，堵周七十雉。"书院规制之宏敞，盖亦得益于盐商之富。吕柟判解州时，尝于书院之中校刊《司马文正公集略》。书院之志，亦御史张士隆纂。崔铣《崔氏洹词》卷一《河东书院志序》载："张御史仲修巡河东盐，以暇日作河东书院。既成，作志三篇：曰费取诸山野，曰力取诸逸夫，曰范取诸古，曰文翰取诸今之立言者，曰画取诸经史。御史谓贡士樊君莘曰：'隆也窃惧夫继者或踵予迹，而或隙其术以厉人也，又窃惧夫议者以此为疵事，曰今之学之政之存也，均之重隆之罪也夫，故志之云尔。'"张士隆（1475—1525），字仲修，号西渠，河南安阳人，读书国子监时尝与关中名儒吕柟、马理等讲学，弘治十八年（1505）进士，官至陕西副使，备兵汉中。据《国朝献征录》卷九十八所载朱睦㮮之《四川兵备副使张仕隆传》，张士隆正德七年拜监察御史，八年巡察河东盐法，"暇则建正学书院，聚徒授经"。崔铣《洹词》卷五《亡友张仲修墓志铭》亦称张士隆巡河东盐法之时"以其暇建正学书院"，皆误。正学书院在司盐城运治东隅，建于嘉靖十三年（1534）巡盐御史余光，详下文；河东书院则在运治西北十里处。乾隆《解州安邑县运城志》卷十五《艺文》吕柟诗《登河东书院书楼和韵二首》有"离城十里地清幽"一语，足以为证。朱睦㮮《万卷堂书目》虽著录《河东书院志》，而所撰张仲修传则有误。此志已佚，卷数为六卷抑或七卷则不详，而诸家书目主六卷者居多，姑从六卷之说。据薛应旂《方山先生文录》卷九《司马文正公集略序》，吕柟谪解时所校录之《司马文正公集》即刻于河东书院。

《正学书院志》一种

山西运城，王世相撰，七卷，佚

朱睦㮮《万卷堂书目》卷二《杂志》载："《正学书院志》，六卷，王世相。"晁瑮《晁氏宝文堂书目》亦著录。苏昌臣《河东盐政汇纂》卷二《运治》载："运学之外，有课业明道之所三。一曰正学书院，在司治东隅，明嘉靖中侍御余公光建。"同卷载余光《新建正学书院记》曰："路村城旧有运学。其西为解州，有解梁书院，吾师泾野先生所建，萃其州士与其耆蒙，日讲学以明伦。……路村去解，未四十里，风俗乃殊。……既而相其地，则得城东隅三灵庙之废址；相其材，则得宋同知之官舍；相其人，则得牟同知泰。相与协谋，……不数月落成，其制一如解梁。"余光，字晦之，号古峰，南直隶徽州府祁门县人，嘉靖十一年（1532）进士，授大理寺左评事，调南京，嘉靖十二年（1533）擢御史，[①] 次年巡盐河东。余光为吕柟门人，故书院规制悉仿吕柟判解州时所创之解梁书院。书院志则为吕柟另一门人王世相纂辑，而志中亦复采入吕柟判解事迹。吕柟《泾野先生文集》卷十一《正学书院志序》载："监生王世相纂辑其事，作志七卷，而都运詹子诸君走使问序。然其志亦采予判解州时事。"张璧《阳峰家藏集》卷二十五《正学书院志序》云："正学书院，为河东人士作也。孰作之？侍御余子古峰也。曷为志？志正学书院也。然则曷为正学？忧学之不正尔也。学本自正也，而或颇或僻焉者，皆非也。故裂道术者，驳学也。蔑礼度者，诡学也。事章句者，浮学也。是故君子忧之，而示人以标的焉，则是举讵容已哉？古峰奉命董盐政于河东，未旬月，百度咸贞，乃喟叹曰：粤若唐虞故墟，乃或俗浇化漓，其何身之责之逭？兹惟建正学书院于兹，以迪若人士。乃相视得城东隙地创为之，并竖塾学于傍。简厥良，俾游歌其中。河之东彬彬多朴学之士矣。乃国学生王世相者，诠次其事实，为书院志七卷，而都运詹子廷玉则缄致请叙于予。予乃读首卷，曰：恢哉厥址，有堂有斋有田，是儒先之秩祀已乎！读其学范，曰：

---

① 《嘉靖十一年进士同年序齿录》（天一阁藏明代科举录选刊），宁波：宁波出版社，2007 年版，第 16 页。

美哉，范以植标，书以博观，贤以表异，器以识存，然而规制备矣，斯白鹿之遗风乎！读其乡约，曰：卓哉，熙熙乎乡约也哉，范河东者其若是举乎！读其诗歌，曰：伟哉，二南将复歌于今日也乎！读其文翰，曰：硕哉，隽乎信而弗诬，扬而弗谄，其诸乎足以考成也！予何言哉？亦惟晷序其梗概以复廷玉。若夫黜驳还醇，汰浮敦雅，以崇士学也，不诡于斯道。古峰兹院，其权舆也。然则予何言哉！"据此，此志有首卷、学范、乡约、诗歌、文翰诸目。吕柟言卷数为七卷，而《万卷堂书目》称六卷，或以未计入首卷故。王世相生平不详，然其人精医术。《四库全书总目》医开七卷条载："医开七卷，王世相撰，字季隣，号清溪，蒲州人，吕柟之门人也。官延川县知县。……主滋阴降火之说。"据嘉庆《延安府志》，王世相之任延川知县，在嘉靖二十三年（1544）至二十五（1546）年间。又，余光在运城行乡约时，邑人太学生王世相亦襄其事，获选为约赞，曾建"十善"之议，而余光行之。①

《河中书院图记》一种

山西蒲州，吕经纂，一卷，佚

董其昌《玄赏斋书目》卷三载："《河中书院图记》。"按，河中书院在山西平阳府蒲州城东三里之峨嵋原，正德十四年（1519）知州王俊民、同知吕经创建，韩邦奇记，李梦阳赋。明正德嘉靖间，蒲州科第颇盛，多河中书院之力。康熙《蒲州志》卷十一韩邦奇《河中书院记》载："河中书院者，故东岳祠也。……吕子毁其祠以为河中书院，生徒入院而习业者几百余人。……吕子者，尝为吏科都给事中。……丙子（1516）出为蒲州同知。吕子毁东岳祠为书院也，乃在明年五月云。……先是时太守适巡下邑，故同知得自治书院事，然卒成之者太守也。"吕子即吕经，字道夫，号九川，陕西宁州人，正德十三年（1518）任蒲州同知，后官至右副都御史巡抚辽东，嘉靖六年（1527）官云南时尝刊刻日用类书《便民图纂》。太守即蒲州知州王俊民，湖广石首县人，进士，正德十三年任。宋元以来，东岳神崇拜流行，此东岳

---

① 马理：《运城乡学养蒙精舍记》，载《马理集·辑佚》，西安：西北大学出版社，2015 年版，第581 页。

祠即其一迹。韩邦奇弟韩邦靖曾瞻仰于此，有"蒲州昔年到，曾上泰山祠"诗句。吕柟《泾野先生文集》卷十四《河中书院题名记》称："蒲州城东旧有岱山神祠，顽夫常挟神以渔货。男女错杂于路，弗辨也。吕经以祠使其妇人女子群集而奔走，为天下之弊俗，毁之而建书院。"故东岳祠之废，寓士大夫废淫祠、兴教化之意。万历《山西通志》卷十三《学校》录吕经序，曰："乡人吕氏以谏官谪蒲州，故有庙在峨嵋侧，祀太山也。吕至，移文废焉，曰山川之神，祭不踰境，非鬼而祭，孔门□之。于是废其地，称书院焉，而祀有虞氏于内，曰：蒲，舜都也。配以夷齐，从以王、薛，左之名宦，右之乡贤。量宇聚地，区田祀养，考钟伐鼓，视履迪业。善哉，吕氏知治本矣。夫驱邪以端，拨怪以常，伐慝以昭，破淫以义，以是而教，鲜不率矣何也？四者其本也。然又断之以独，协之以同，行之以勇，三者既获，四本乃立，然后经定程竖，教斯兴矣。故君子不争而魏莫不同，不烦而众莫不从。标立而影随，近声而远应，凡以是耳！"《河东书院图记》乃吕经自纂。黄虞稷《千顷堂书目》卷八载："吕经，《河中书院图记》，一卷。"钱曾《述古堂书目》卷四载："吕经，《何中书院图记》，一卷，一本。""何中"当为"河中"之误。

《弘道书院志》一种

陕西三原县，王承裕、来时熙辑，不分卷，存

弘道书院在陕西西安府三原县，王承裕建。王承裕（1465—1538），字天宇，号平川，谥康僖。弘治六年（1493），王承裕中进士，侍父王恕还乡。三原诸生秦伟、马理等人从学于承裕，遂假僧舍以居，题曰学道书院。承裕于学道书院后构一室，名弘道书屋。弘治八年（1495）承裕入京，同年以疾归，从学之士愈众。秦伟遂倡议建书院，募款兴工，取普照寺旧址建弘道书院。书院有弘道堂、考经堂、清风轩、明月庵、清谷草堂诸建筑，此后递有修缮，外门曰仰高，中门曰恭敬，后门曰忠孝。光绪《三原县新志》卷六《人物》载："承裕，端毅公（王恕）第七子也，……作宏［弘］道书院，与群弟子进理学，阐宗旨，受业者率多名儒。著有……宏［弘］道书院志"。陈谷嘉、

邓洪波《中国书院文献目录提要》云："《弘道书院志》，明来时熙撰。……
是志不分卷，弘治年间首刊于弘道院中，嘉靖年间又有增补本。今上海、东
北师范大学等图书馆藏有弘治首刊本，台北'中央图书馆'藏有嘉靖增刊
本。"据《台湾公藏善本书目书名索引》（台北"中央图书馆"1971 年版），
则此志嘉靖刊本藏于"中央研究院"历史语言研究所。《弘道书院志》弘治
十八年刻本，收入《中国历代书院志》，不分卷，有正编二，即学规、类定
小学规，为王承裕所撰；附录六，即建弘道书院记、出生题名、诗、铭、文、
记。志末标"门生来时熙辑录"，则此志当承王承裕命而作。光绪《三原县
新志》卷七《选举志·贡生》："嘉靖间十六人，……来时熙，……训导。"
据此，来时熙尝以贡生而官训导。又，马理《来槐亭封君墓志铭》载："吾
邑儒家，称永清里来氏焉。……子春生肃，肃生镗，号诚斋，配王氏，生封
君御史焉。封君讳时廉，字庭清，号槐亭，生而庄重如前人。……尝服贾甘
肃、维扬、蜀川、荆襄间，……资四弟时熙学，自幼学至为廪膳生不替。"[1]
可知来时熙出自三原永清里来氏，父镗，兄来时廉。

《嵯峨书院志》一种

陕西三原县，作者、卷数不详，佚

晚明学者冯从吾辑《关中四先生要语》，采撷吕柟、马理、韩邦奇、杨
爵诸人语录，其题辞内云："溪田马先生语录，止存数则于《嵯峨书院志》
中。"马理（1474—1555），字伯循，号溪田，三原人，正德九年（1514）进
士，官至光禄寺卿，其学以程朱为宗，力斥王学。嵯峨书院又称嵯峨精舍，
在三原北城西街，为马理居家讲学之所，其名盖取义于邑之嵯峨山。唐龙
《渔石集》卷一《嵯峨精舍记》载："三原马子伯循诵先王之法，希圣贤之
轨。典刑所昭，风声斯被。其诸弟子员振衣承响，喁喁以从。其集如云，其
立如林。马子敝庐不葺，环堵萧然，而弟子多至，无所栖止，是故来远而居
弗宁，教勤而习弗专也。佥事周子宗化行县而知之，怃然用恻，乃议构精舍

---

[1]　马理：《来槐亭封君墓志铭》，《马理集·续补遗卷》，西安：西北大学出版社，2015 年版，第
501–502 页。

以尊其教。前令王成章曰：'此实下吏之阙也。西有浮屠氏之宫，丛秽伏奸，大隳世典，诚易置之，岂惟正之用昌，即邪亦于是乎黜矣！而况民俗冈不厘乎！'宗化曰：'善。'乃亟命毁之，易地以为基，徙材以为宇，命之曰嵯峨精舍。"嘉靖《重修三原志》卷四《宦迹》载："王成章，山西太原府榆次县人，由举人初署凤翔府学训导。正德十五年升任今职。"按，王成章为正德丁卯（1507）举人，正德十五年（1520）至嘉靖元年（1522）间任三原知县。周宗化，名镐，号东岗，湖广辰州卫人，正德戊辰（1508）进士，授汤阴知县，尝于嘉靖元年（1522）续成何景明《雍大记》而刊刻之。然周宗化之始任陕西按察佥事，不知始于何时？自王成章任三原知县任期推论，则嵯峨书院之建，当在正德十五年至嘉靖元年间。然而书院志之作者、卷数及纂成时间难详。

《正学书院志》二种

陕西西安府；嘉靖志；万历志；佚

正学书院在陕西西安府，始创于元，祀宋儒张载、元儒许衡及杨元甫。明弘治五年（1492）至十二年（1499），杨一清相继以佥事、副使提学陕西，并于弘治九年（1496）借秦府隙地复建正学书院，李东阳为记。地分三区：中为正学祠，左为提学分司，右为书院。后八十余年间，正学书院颇受提学官员重视，为陕西俊彦肄业之地。其志前后两修：初修于嘉靖间提学官唐龙；再修于万历间提学官段猷显。兹分而言之：

嘉靖志，唐龙纂，卷数不详。唐龙（1477—1546），字虞佐，号渔石、梦渔子，浙江兰溪人，正德三年（1508）进士，官至吏部尚书，殁谥文襄，精于《易》，擅诗文、书法。嘉靖元年（1522），唐龙提学陕西。王志沂《陕西志辑要》载："时学趋诡异，乃新正学书院，选士群肄之，划其浮靡而约诸理。其所登进，皆一时凤望，后悉为名臣。"唐龙于讲学之余，纂集书院志，嘱关中名儒吕柟为序。吕柟《泾野先生文集》卷四《正学书院志序》载："《正学书院志》，自公檄志至书籍志，凡九篇，今山西宪长渔石唐公提学关西时之所编也。"唐龙《渔石集》卷二《正学书院志序》叙此志体例甚详：

"《正学书院志》者，志夫正学书院也。……志公檄，明始也；建造，考制也；先贤，纪纪也；学约，崇要也；文若诗，载艺也；人才，兴明效维矣；官氏，班学职修矣；书以实道，以纪事，以崇献昔，不可遗，故以书籍终焉。"据此，吕柟所谓"九篇"者，即公檄、建造、先贤、学约、文、诗、人才、官氏、书籍。唐龙提学陕西，自正德十六年（1520）始。吕柟《泾野先生文集》卷四《渔石之篇序》载："渔石者，今陕西提学宪副唐公虞佐之别号也。……公升陕西在正德十六年，其风采勋名在诸二司之前，诸二司或三年而升，或二年而升，或一年而升，同时者已尽其人矣，而渔石子一提学六年而不转。"故此志之作，当在嘉靖初年，即嘉靖元年（1522）至嘉靖五年（1526）之间。

万历志，段猷显撰，卷数不详。此志乃万历间陕西提学段猷显纂。冯从吾《少墟集》卷十三《正学书院志序》云："古今书院皆有志。往余读书正学书院，求其志而不得，近始得于一同志所，盖先督学唐文襄所纂。今八十年往矣。余私欲续之而不果，顷晤今督学青岩段公，言及此志。公欣然谓余曰：'余自入关以来，即问书院有志否，佥曰无。今从何处得来？是吾道之幸也。若续为纂述，实余今日事。'慨然任之，不月余而志成。纲举目张，星列棋布，际旧志更为精确于都哉！"检雍正《陕西通志》卷二十二《职官》，按察副使段姓者二人，为段猷显、段献显，皆不言居提学道，而佥事更无段姓者。然同书卷二十七《学校·关中书院条》载："万历三十七年，布政使汪可受……副使陈宁、段猷显为冯从吾讲学建。"据此，则冯从吾所言"督学青岩段公"当即段猷显。据顺治《固始县志》，段猷显为万历二十年（1592）进士，历官广德知州、礼部仪制司郎中、陕西提学道。其官广德州时，尝修葺邹守益在嘉靖四年创设的复初书院。光绪《广德州志》卷三十一《宦绩》载："段猷显，字徽之，号二室，固始人。"青岩抑亦段猷显别号？此志编撰时间不确，然以段猷显万历三十七年（1609）为陕西副使且参与关中书院之建设论，则《正学书院志》之纂辑大约在此时。

《关中书院志》一种

陕西西安府，周传诵、何载图撰，九卷，存

　　关中书院在陕西西安府城宝庆寺东，万历三十七年（1609）布政使汪可受、提学副使段猷显等为冯从吾、周传诵讲学建。冯从吾《少墟集》卷十五《关中书院记》载："岁己酉十月朔日，右丞汪公、宪长李公、宪副陈公、学宪段公联镳会讲，同志几千余人，相与讲心性之旨，甚且欢然，日晡始别。诸公谓余曰：'（宝庆）寺中之会，第可暂借，而难垂久远，当别有图之。'明日，即于寺东小悉园橄咸、长两邑改为关中书院，延余与周淑远诸君子讲学其中。"冯从吾，字仲好，号少墟，陕西长安人，万历十七年（1589）进士，官至左副都御史，学从许孚远，以"敬"为宗，为湛门再传，而与东林宗旨密近。周传诵，字淑远，西安左卫人，与冯从吾同年进士，官至湖广左布政，著有《西游漫言草》。清儒王心敬续编冯从吾《关学编》时，颇感慨周氏名之不传："敬初读《关中书院志》，见中间对联、题咏多淑远先生手笔，至当事助创书院牒县之橄亦多冯、周并推，而少墟先生集中语录之行世者，又多属淑远先生之叙。"据此，此志兼收书院之对联、题咏以及创书院之橄文。据陈谷嘉、邓洪波《中国书院文献书目提要》，此志为何载图所撰，有万历毕懋康校本及天启二年南昌官刊本，藏台北"中央图书馆"，天启本有清人陈其荣手跋。又，日本学者小野和子《明季党社考——东林与复社》（李庆、张荣湄译，上海古籍出版社 1996 年版）尝引"周传诵等《关中书院志》（万历四十一年序）"（第 160 页）。据此，此志之作者有两说，版本则有三种：题何载图撰万历毕懋康校本、题周传诵撰万历四十一年序刻本、天启二年重刻本。何载图生平不详。据乾隆《古田通志》，何载图尝任福建古田县典史。此志之编纂时间，约在万历三十七年（1609）至四十一年（1613）间。据王重民先生《中国善本书提要补编》（书目文献出版社 1991 年版），所见北京图书馆藏《关中书院志》"卷末有阙叶，全书似不止九卷。崔应骐序（万历四十一）"中的"崔应骐"当为"崔应麒"之误。据吴廷燮《明督抚年表》（中华书局 1982 年版），应麒（？—1617），字献可，直隶获鹿人，隆庆辛未（1571）进士，万历三十八（1610）年至四十一年（1613）以右副都御史巡抚陕西。

《舞泉书院志》一种

河南舞阳县，任柱，一卷，佚

舞泉书院，在河南南阳府舞阳县。康熙《南阳府志》卷二《建置·学校》载："舞泉书院，在县南三里舞泉之上，计地二十二亩五分。嘉靖九年（1530）知县任柱建，有明道堂、尊经阁、五经馆、礼贤堂、二程夫子祠、正传坊、乐山亭。"书院志亦为任柱所纂。朱睦㮮《万卷堂书目》卷二《杂志》载："《舞泉书院志》，一卷，任柱。"任柱是湛若水的门人。湛若水《湛甘泉先生文集》卷十八《五经馆记》载："从吾游以讲圣贤之学者有东莞任生柱。其治舞阳也，民安吏治，乃白方伯于君，创五经馆以教邑之多士，以承于君之德。"民国《东莞县志》卷四十五《选举·举人》载："任柱，字子直，壬午（1522）科，《易》，萧山教谕，升池州同知。"据嘉靖《池州府志》卷六《宦籍》，任柱于嘉靖十三年（1534）始任池州同知。因此，任柱为舞阳知县至迟不会到嘉靖十三年之后，故书院志当编纂于嘉靖九年（1530）至嘉靖十三年（1534）之间。此志已佚。

《辋山书院志》一种

河南禹州，张鲲纂，不分卷，佚

李舜臣《愚谷集》卷七《辋山书院志》载："钧州胜地曰辋山者，张子鱼筑室其中，置所藏书万卷，延乡之子弟有才质者得纵观焉。子鱼之为江西宪也，吾从寮末得觏所谓辋山者图及副使周某与吾友刘叔正所为记与述者，知其创建之意。"李舜臣，字茂钦，号愚谷，又号未村居士，乐安人，嘉靖癸未（1523）进士，官至太仆寺卿。舜臣之"志"书院，实为记，故《明文海》乃改其题为《辋山书院记》。然辋山书院于明代实有志，为辋山书院图、记、述之综合。据王昶《天下书院总志》，辋山书院在河南禹州城西，本为清凉寺，明嘉靖十年（1531）州人张鲲改为辋山书院。道光《禹州志》也称建于嘉靖十年，而民国《禹县志》则称辋山书院始建于嘉靖十三年（1534）。此志为张鲲所纂，时间当在嘉靖年间。按，张鲲，字子鱼，正德十二年（1517）进士，工诗文，与三原马理等合称"八俊"，晚年讲学辋山，一时从游甚众，著有《东山集》《嵩少漫稿》。

《百泉书院志》二种

河南辉县，嘉靖志，万历志，存

百泉书院在河南卫辉府辉县之苏门山下。其地泉散出为百，会而为一，泠然而清，故名百泉。宋邵雍尝居于此，有安乐窝。元儒耶律楚材、姚枢、许衡、窦默等人亦曾讲学于此。明成化十八年壬寅（1482），督学副使吴伯通始于此建书院。正德十六年（1521），御史汪渊、知府翟鹏等续为修缮。崔铣《洹词》卷三《百泉书院重修记》云："百泉之有书院，自副使吴公伯通始也。百泉出苏门之麓，古之辟地者多居之。……正德庚辰，知府翟君至，以清严治卫，事明作而民安，乃大有慨于斯，议修之。……知府发帑赢财，市材易甓，檄下知辉县李杰肇事，推官杨惠来责工。"书院虽经修缮，而志仍付阙如。嘉靖十二年（1533），遂有书院志之修纂，再修于万历年间。兹分述如下：

嘉靖志，吕颛、马书林、石砥纂，四卷。此志现存，嘉靖十二年刊本，南京、大连等图书馆藏。明清诸家书目亦多有著录。黄虞稷《千顷堂书目》卷八载："《百泉书院志》四卷。"此志四卷，分沿革、建造、古迹、田、祀典、名贤、学约、文、诗、人才、书籍、器皿十二门。纂志之始末，吕颛《百泉书院志序》言之颇详："嘉靖癸巳（1533）春，侍御寅斋叶公按辉，参议朱公、金事郜公从，颛以卫辉知府得侍行云。……召知府语曰：'美哉斯境！有志乎？'对曰：'有。'退而进邑志。公曰：'否。夫书院，学校之翼，风乎化理者也，焉可无表章，况百泉乎？是守、令之责也。'知府唯唯出，语知县马书林、学官石砥，命亟为之。札成，颛语书林曰：'令视守习，斯其实录乎？'乃稍为删次以复。公可而传布焉。朱公、郜公实赞之焉。"寅斋叶君名照，字景阳，浙江宁波府慈溪县人，嘉靖癸未（1523）进士，嘉靖七年至嘉靖十三年间任贵州道监察御史，两巡河南，官至都察院右副都御史。此志为卫辉知府吕颙、辉县知县马书林、学官石砥应巡按叶照之索而辑，故朱睦㮵《万卷堂书目》卷二《杂志》遂称此志为叶照所纂："《百泉书院志》四卷，叶炤。""炤"为"照"的异体字。季啸风《中国书院辞典》中《百泉书院志》条称书院志以御史汪渊之命而辑，且称前有汪序，误。按，吕颙，字梦宾，一字幼通，陕西庆阳府宁州人，嘉靖癸未（1523）进士，官至应天府尹，著有《世谱增定》二卷、《省垣稿》一卷。马书林，字子约，陕西高陵人，出身商人之家，其父马宪教其读学进学，遣从吕柟学，遂为吕柟门人，以《易》中嘉靖己丑（1529）进士，授河南辉县知县，后历任南京刑部主事、户部郎中、汝宁知府，官至四川按察司副使，尝录吕柟讲经语为《周易说翼》三卷。[1] 另据万历《福州府志》，石砥，字道平，嘉靖十年（1531）举人，官至靖江知县。据王重民先生《中国善本书提要补编》，此志有叶子照（当为叶照）、吕颙、马书林序。

　　万历志，聂良杞纂，三卷。此志存，有万历六年刻本，上海图书馆、河南省图书馆及中国科学院图书馆藏，亦收入《中国历代书院志》。此志三卷，卷一建革、祀典、名贤、学约，卷二文志，卷三诗志。聂良杞自序云："百泉书院故有志，创自嘉靖癸巳（1533），详具前郡守吕公序中。越四十年，为万历丁丑（1577），乃重修之。大要删繁订谬，定秩编年，而此四十余年来名流杰作，则备采之，以阐扬胜概而表彰风教，亦既蔚然盛矣。已而，又请诸太仆舒公、郡守暴公并序篇首。"太仆舒公即舒化。舒化《重修百泉书院志》云："旧有志，弗备。令是县者实惟聂子良杞，新而增之。令盖象山先生乡人。"郡守暴公则言此志修成后，次年即为刊刻。按，聂良杞（1547—1619），字汝宝，又字子实，号念初，江西金溪人，隆庆二年（1568）进士，官河南辉县知县，有善政，擢礼科给事中，历云南提学佥事，任间创五华书院，后官至广西布政司参议。同治《金溪县志》卷二十《儒林》载："良杞自幼笃志好修，潜心性理，尝从罗汝芳参证归仁之学指，为人简淡寡与，惟与邓以赞称莫逆交。"

① 马理：《明诰封奉政大夫南京户部郎中柳渠马公墓志铭》，《马理集》辑佚，陕西：西北大学出版社，2015年版，第590页。

《岳麓书院志》四种

湖广长沙府，杨溥集、陈论志、孙存志、吴道行志

　　岳麓书院在湖广长沙府岳麓山，始建于北宋开宝九年（976）潭州知州朱洞，后得朝廷赐书、赐额及赐田，声名大盛，与石鼓、白鹿洞、应天府睢阳书院并称天下四大书院。岳麓书院之志，明清间多次修纂。陈谷嘉、邓洪波《中国书院文献书目提要》以为明朝四修：初修于正德年间陈凤梧、陈论；再修于嘉靖七年孙存；三续补于万历十八年知府吴道行；四修于崇祯年间长沙吴道行。考万历年间吴道行续补本，当为陈论志之不同版本，故岳麓书院之明代志实为三种，而黄虞稷《千顷堂书目》皆有著录。黄虞稷《千顷堂书目》卷八载："陈论《岳麓书院图志》十卷，山长，正德甲戌提学陈凤梧属修；孙存《岳麓书院图志》一卷；吴道行《岳麓书院图志》，长沙人，崇祯癸酉修。"此外，弘治间杨溥《岳麓书院集》，从未有人提及。兹分述如下：

　　《岳麓书院集》，杨溥纂，二卷。朱睦㮮《万卷堂书目》卷二《杂志》载："《岳麓书院集》二卷，杨溥。"此杨溥不知何人。陈凤梧《岳麓书院志序》载："我朝弘治间通判陈钢乃重建之，而同知杨茂元协力表章，始复其旧。久之，参议吴世忠按部长沙卫，正辟邪陋，规制弗称，议改建于旧址之左。时凤梧适奉命督学其地，力赞成之。……而都指挥杨溥实专董其役。越二载，凤梧以参政分守再至，则殿堂门观焕然一新。"据此，纂辑《岳麓书院集》者，极可能是"都指挥杨溥"。焦竑《献征录》卷五十九韩邦奇《静斋陈公凤梧传》载："癸亥（1503）九月升湖广按察司提学金事。……升山西副使督学政……辛未（1511）擢湖广右参政。……壬申（1512）闻韦安人讣。"据陈凤梧《岳麓书院志序》，陈凤梧离湖广提学任后，"越二载以参政分守再至"，则其任湖广提学大约在弘治十六年（1503）至正德四年（1509）之间。杨溥董岳麓书院之役及编辑《岳麓书院集》，大概也在当时。斯集当为岳麓书院最早之志，与陈凤梧、陈论之图志约略同时甚至更早。然陈凤梧、陈论志序中从未提及杨溥的《岳麓书院集》，则当时知此集之存世者极少。

杨溥生平不详。

正德《岳麓书院图志》，陈凤梧修，陈论纂，十卷。此志纂成于正德年间。《续修四库全书提要》《岳麓书院图志》十卷条："书为凤梧属论所修，始于宏［弘］治，成于正德九年。时论尚为学生而非山长，（黄）虞稷亦误矣。……论以斯院肄业之生，撰为是志，故其于书院兴废、山水、古迹、艺文，靡不考订精详。在明人杂地志中，可谓具有条理者矣。"张邦奇《纤玉楼集》卷一《岳麓书院志序》亦称陈论为"陈生"："岳麓书院创自宋郡守朱洞，……湮沦荒废三百年，通判李刚稍修复，金事陈公凤梧董学政于湖南，为之规画。选诸生充其中，讲明二子之学。以陈生论详雅端敏，使为志。"然《续修四库全书提要》亦误。此志之编纂，不可能始于弘治年间。陈凤梧《岳麓书院志序》载："时凤梧适奉命督学其地，力赞成之，乃命攸生陈论领书院事，及行各学，选取诸生有志于学者若干人习静其中。……越二载，凤梧以参政分守再至，则殿堂门观焕然一新。两庑斋舍有未备者，乃发赎金付有司葺之。期于大成。……顾惟论学识端敏，乃以意授之，俾集次焉，而凤梧遽以内艰归矣。今年秋，论徒步千里谒予西郭草亭间，出志，观之考据周洽益惬，鄙意其尤有未莹者，复相与校订，俾适厥中。而城南、湘西二精舍亦附载焉。论将持归长沙，付知府陆相、指挥韩钦捐俸锓梓，置书院中。……正德甲戌秋七月既望后学陈凤梧书。"据此，陈凤梧虽于弘治年间为湖广提学并以陈论"领书院事"，而嘱陈论纂志则在正德六年（1511）任湖广参政之后，故此志之编纂当始于正德六年而成于正德九年（1514）。陈凤梧为志作序时，适在泰和县家中守制。此志卷数当为十卷。由于附录"城南、湘西二精舍"，故亦有"十一卷"之说，如范邦甸《天一阁书目》称："《岳麓书院志》，十一卷，刊本，明舒诰撰并序。"舒诰实为攸县易舒诰。同治《攸县志》卷五易舒诰《岳麓书院志题辞》载："提学泰和陈公凤梧孜孜以崇正学为务，慨兹教化本源之地，顾未有志，谓攸士陈论学识端敏，属辑次其书。论自幼奇拔，志古之学，不事举子业，观其书可见其概。"张治《易舒诰传》载："易舒诰，字钦之，别号西泉。宏［弘］治乙丑（1505）进士。……（正德）七年乞假归省，九年以双亲在堂疏允中养，杜门十四载。……年五十三卒。"同治《攸县志》卷四十九《艺文》还载有易舒诰《寄湛太史甘泉书》："近陈师鲁监生归，始知动定。"据此，则陈论与易舒诰固曾相识，以故正德九年陈论之志方成，家居之易舒诰即为之题辞。按，陈凤梧（1475—1541），字文鸣，号静斋，江西泰和人，弘治九年（1496）进士，官至右都御史巡抚应天。陈论，字思鲁（又作师鲁），攸县人，师从湛若水。此志刊本甚多。《续修四库全书提要》关于《岳麓书院图志》十卷条作者称曾见此志嘉靖二十年刊本，且言"附刻禹碑释文及诸家辨论之作为一卷，则嘉靖辛丑重刻时所增入也"。之外，此志有万历年间吴道行续补本，或谓十八年续补本，或谓二十二年续补本。《国立"中央图书馆"善本书目》载："《重修岳麓书院图志》十卷，明陈论撰，吴道行等续补，明万历二十二年刊本。"故当以万历二十二年为是。朱汉民《岳麓书院》（湖南大学出版社2004年版）亦称："吴道行，号虚庵，明滨州人，万历间任长沙知府九年，培养人才，万历十八年重修文庙。二十二年，修成《岳麓书院志》，亲为之序，该志现存台湾。"此志亦即后来崇祯年间善化庠生吴道行所称"始于国朝正德学台陈公，订于万历太守吴公"者。徐乾学《传是楼书目》载："《岳麓书院志》十卷，明陈论、王道行，二本。"则误"吴道行"为"王道行"。吴道行《重修岳麓书院图志序》云："严为搜访，至期年始得旧本于乡老家，然所载亦略，自宋乾道以迄我朝嘉靖丙戌而已。其遗脱者固多也，于是檄善化、攸县两博士，俾为考订，凡旧者扎未备者，靡不拾而附入于中焉！……凡卷十，凡目三十有六。"亦附入湘西、道林、城南等书院。当时负责续补工作者，有善化县学教谕彭宗旺。崇祯诸生吴道行《岳麓志序》言："志之创也，始于国朝正德学台陈公，订于万历太守吴公。若翻牍诠叙则古攸陈先生肩其役于前，大都重书院讲学意，而县博彭先生详其事于后。"据民国《庐陵县志》卷十五，彭宗旺为庐陵人，万历十年（1582）举人，万历中任善化教谕，尝与修府志，官至知州。彭宗旺《重修岳麓书院图志》言："公（吴道行）已纂闿郡志流布，再计岳麓为先贤遗教重地，复命宗旺及昌期踵旧志而续之。"昌期姓徐，广西临桂举人，时攸县教谕。彭宗旺及徐昌期，盖即吴道行所谓"善化攸县两博士"。至此，陈论《岳麓书院图志》之版本演变过程大致如下：（1）陈论纂辑之初刻本，正德六年（1511）至正德九年（1514）辑，陈凤梧、易舒诰为序，附录城南、惜阴书院事；（2）嘉靖二十二年（1543）续补刊刻本，增入《禹碑释文及诸家辨论之作》一卷；（3）万历二十二年（1594）知府吴道行、善化学谕彭宗望、攸县教谕徐昌期续补刊本。

嘉靖《岳麓书院图志》，孙存纂，一卷。《明史·艺文志》著录此志："孙存，《岳麓书院图志》一卷。"孙存（1491—1547），字性甫，号丰山，南直滁州人，正德九年（1514）进士，官至河南布政使，著有《丰山集》四十卷。胡松《胡庄肃公文集》卷六《河南左布政使孙公存行状》载："丁亥（1527）起复，补湖广长沙府。……戊子（1528）冬会入觐，有诏求言，列事二十七上之。……调公荆州府。"据此，则孙存任长沙知府，在嘉靖六年、七年间。孙存修缮书院，在嘉靖七年，亦此志之编纂之时间。祁承爜《澹生堂书目》："《岳麓书院图志》二册，十卷，孙存、陈论辑。"孙存为知府时，尝请陈论修郡志，故陈论尝有《复长沙太守孙丰山请修郡志书》。《澹生堂书目》所载十卷本，或系陈论志之孙存刻本。孙存所辑《岳麓书院图志》一卷，大概系孙存补辑的一卷。

崇祯《岳麓志》，吴道行纂。此志乾隆《长沙府志》题为《岳麓全志》，卷数不详。吴道行自序云："递今人文霞灿，卷帙星陈。兹志且零剥日远。索其旧语，至□□不可识。余恝焉伤之。……缘属儿曹极意参稽，余更举原文删其迂繁，订其讹谬，挈夫纲，析款类，凡山水泉石亭台馆舍之属，简细不遗，而又为之修明文学，标举词咏，旁收二氏以昭揭于世，其亦庶几乎作者之意乎，而行之若可远矣。……崇正［祯］癸酉（1633）皋月长沙后学吴道行撰。"据此，则此志成于崇祯六年（1633）。湘潭周圣楷《岳麓志序》云："予友吴去怫其尊人见可先生博雅名通，娴于史学，少负其声价。……一旦慨然念麓山有志，非山志也，郡之形势系焉；非郡志也，楚之文宪存焉。于是考其源流，芟其冗复，绘之以图，畅之以论，俾览志者如身在禹碑藏室间。"吴道行（1560—1644），字见可，号嵝山，善化庠生，晚年隐居山中，年八十四卒于明亡之崇祯十七年。光绪《善化县志》卷三十一堵允锡《吴嵝山墓碑》称："幽居讲学于山堂，志纪其胜迹而不足以竟先生之奇，毕岳麓之事，于是怀忠感赋，绝笔甲申，千秋已矣。"

《石鼓书院志》五种

湖广衡州府，弘治、嘉靖、万历七年、十三年、十七年

石鼓书院在湖广衡州府，始创于宋景祐二年（1035）知州刘沆。宋仁宗赐额，遂为天下四大书院之一。石鼓书院之志，始于明代，前后数修，诸家书目亦多有著录，然版本多不详细。考，石鼓书院明代曾前后五修：初修于弘治年间邓淮；再修于嘉靖癸巳年（1533）间周诏、汪玩；三修于万历己卯（1579）熊炜、王大韶；四修于万历十三年（1585）廖如恒；五修于万历十七年（1589）李安仁、王大韶。兹分述如下：

弘治志，邓淮纂，一卷，清梁廷枏《粤秀书院志·凡例》云："周诏《石鼓书院志》撰自前明嘉靖，志中已用旧本，则前此已有著录。"朱睦㮮《万卷堂书目》卷二《杂志》载："《石鼓书院志》一卷，邓淮。"此殆即梁廷枏所谓旧本、《四库全书总目》所谓"旧志"、周诏所谓"残本断烂"而"纪载繁芜、淆乱无次"、熊炜所谓"石鼓有志不知始于何年"者。据道光《吉水县志》，邓淮，字学海，成化十七年（1481）进士，官至温州知府。然而，吴宽《家藏集》卷三十八《温州府新建鹿城书院记》载："侯名淮，字安济，举进士，为吾所取士。"据此，则邓淮，一字安济。乾隆《衡州府志》卷二十一《职官》载："（同知）邓淮，……宏［弘］治二年任。"另据嘉靖《衡州府志》卷一《郡邑·职官》，邓淮在衡州府同知任满后，升任温州知府。考乾隆《温州府志》，邓淮任温州知府在弘治十二年（1499），故邓淮任衡州府同知当在弘治二年（1489）至十一年（1498）间。此志之纂，当在斯时。

嘉靖志，周诏修，汪玩纂，四卷。周诏《石鼓书院志序》："兹岁壬辰（1532）服阙，承乏于衡，政事闲暇，一日同别驾东涯汪君往焉，见其蠹朽倾欹，将帖于地。……于是鸠工市木，乃易厥配，乃正厥欹，藻绘丹腥，焕然一新。因索院志，考其颠末，仅得残本断烂，将不可读。予阅其中纪载繁芜，淆乱无次，览者病焉。病斯湮息无传矣。因属东涯编次而将翻刻之，阅月告成。谓子宜序诸首。……嘉靖癸巳（1533）孟冬月之吉。"别驾东涯汪君，即衡州府通判汪玩。其志阅月而成，周诏序文成于癸巳孟冬，汪东涯志引亦作于癸巳秋八月，则书院志成书于癸巳无疑。后熊炜《石鼓书院志序》言志"至嘉靖壬辰（1532）始一修之"，盖蔽于周诏始任衡州府知府在嘉靖壬辰年，误。《四库全书总目》则径言周诏于嘉靖癸巳任衡州知府，亦误。孙能传《内阁藏书目录》卷七载："《石鼓书院志》，二册，全，嘉靖癸巳，郡守李安仁修。"又以此志作者为李安仁，亦误。此志盖由周诏修，而作者实为汪玩。汪玩《石鼓书院志引》言："（周诏）以旧本属予校正而将翻刻之。"《四库全书总目·石鼓书院志》四卷条称："诏官于衡州，因勤取旧志，稍增损以为此编。首地理，次室宇，次人物，次词翰，而附录文移于末。潦草漏略，殊无义例，盖书帕本也。"万历七年（1579）熊炜所作《石鼓书院志序》亦批评周诏之志"详于宦迹而于人物则或有所略，殚于诗文而于理学则漫无所纪"。此志卷数，诸家书目多作四卷，如民国《富顺县志》卷十五《艺文》称"《石鼓书院志》四卷，明周诏撰"；然吴慰祖校订《四库采进书目》谓此志宜为五卷，《四库》不计附录，故为四卷。所谓附录者，盖"文移"一卷。按，周诏，号台山，四川叙州府富顺县人。据康熙《婺源县志》卷三《选举志》，汪东涯名玩，字咏道，东涯乃其号，徽州婺源人，正德十一年（1516）举人，官至建宁府同知。

万历黄志，黄希宪修，王大韶纂，二卷。《四库全书总目·石鼓书院志》二卷条尝提及"熊志"。所谓"熊志"，大概指衡州知府熊炜所修《石鼓书院志》，实际上则是由湖广提学黄希宪主修，王大韶纂辑。熊炜万历己卯《石鼓书院志序》说："石鼓有志，不知创自何年，至嘉靖壬辰始一修之而其志行，亦不知坏自何年。至万历己卯（1579）始重修之而其志复。……今台宪毅所黄公兵巡湖南，奉敕兼督学校，登石鼓，谒燕居堂，拜三贤祠下，慨焉兴思，悯书院志缺，爰命庠校官托乡大夫王君心雪校雠编辑，越三阅月告成。受阅一过，较之旧志大有不侔焉者矣。"毅所黄公名希宪，字伯容，嘉靖三十二年（1553）进士。康熙《衡州府志》卷九《秩官》称黄希宪万历十六年（1588）任分巡上湖南道兵备宪使，误。同治《金溪县志》则称黄希宪于

"万历六年擢湖广按察司副使，整饬衡、永、彬、桂兵备，兼督学政"，与熊炜所叙合，当是。熊炜于万历五年至七年任衡州知府，适黄希宪巡行至衡州而命王大韶修志，故为志序。乾隆《衡州府志》卷三十《艺文》王大韶《石鼓书院志后序》言修志始末甚详："息园避客五年于兹，偶奉宪伯毅所黄先生命，以《石鼓书院志》属不佞为序正，辞不获命。因阅旧志，简脱字漫，至不可读，是役诚不可已，而不佞非其人也。……黄先生承命视学湖南，慨然以斯道自任，而叹文献之无征，故命不佞以是役，甚盛心也。……不佞穷日夜之力，考诸掌故，粗为删润，复采诸贤教言之在石鼓者备书之，庶诸贤之所为教俟后世于无穷，而士之讲业于斯者，其尚究紫阳为己之旨，绎南轩义利之防，远思文肃置田育士之心，近体宪伯征献作人之意，勿徒绣盘帨而猎声华。……志成，凡若干卷，以复于黄先生。先生命有司刊置书院而不佞敬用序诸末简。"此序与李安仁万历十七年《石鼓书院志》内王大韶之《书石鼓书院志后》迥异，故录于此。按，王大韶，字心雪，号息园，衡州府衡阳县人，嘉靖壬子（1552）举人，尝官泗州知州、建昌府推官。

万历廖志，廖如恒纂。陈文烛《二酉园续集》卷一《石鼓书院志序》载："书院有志，不知始何时也。嘉靖癸巳（1533），太守周公诏修之；万历己卯（1579）宪使黄公希宪修之。岁乙酉（1585），余同年友廖君汝恒家居重修之，间言于不佞。""汝恒"当为"如恒"之误。据乾隆《衡阳县志》卷八名贤，廖如恒，号密斋，嘉靖戊午（1558）举人，尝官湖口知县，生平究心理学，师邹守益。

万历李志，李安仁修，王大韶纂，二卷。《四库全书总目·石鼓书院志》二卷条载："《石鼓书院志》，二卷，明李安仁撰。是编因周诏旧志重修，分上下部。上部纪地理、室宇、人物、名宦，下部载艺文。"李安仁，字裕居，迁安人，万历十六年任衡州知府，乃命王大韶重修院志。王大韶《重修石鼓书院志题辞》："岁己卯，予奉督学毅所黄公修葺《石鼓书院志》，刷久板模。一日郡祖裕居李公谓予曰：'院志系一郡大观，不惟漫漶，即文字题咏人物无关书院者宜删。公留心文艺，再成此美，勿让。'即日奉德意去繁补要，庶乎不甚纰谬。若志颠末，则予前日之序详矣。时己丑（1589）十月哉。生魄野史王大韶书。"据此，王大韶复有"生魄野史"之号。此志较常见，以万历十七年刊本居多。国家图书馆、中国科学院图书馆皆藏。《四库存目丛书》《续修四库全书》《中国历代书院志》亦皆收录。然而，《中国古籍善本书目》称北京大学图书馆藏《石鼓书院志》二卷，题"李安仁等撰，明万历十三年刻本"。按，李安仁于万历十六年始任衡州知府。若为万历十三年刊本，则不当为李安仁纂修；若为李安仁纂修，则断乎在万历十六年之后！王重民先生《中国善本书提要》于北京大学图书馆所藏之《石鼓书院志》持论颇为慎重，并未遽断为万历十三年刊本："《石鼓书院志》二卷，二册，北大图书馆藏。明万历间刻本。卷首题：'赐进士出身中顺大夫衡州府知府迁安裕居李安仁重修，刺史大夫邑人王大韶重校。'按，石鼓书院在衡州，嘉靖间周诏、汪玩曾就旧志重修，此本又万历七年王大韶增修本也。卷端有图，题'誊录生李命世谨誊'。"以此而论，北京大学所藏当为万历十七年刊本。之外，黄虞稷《千顷堂书目》载："李安仁，《石鼓书院志》五卷。"《浙江通志》亦著录："《石鼓书院志》五卷，内阁书目，李安仁著。"两者皆称李安仁志为"五卷"，与孙能传《内阁藏书目录》记载及诸种存本所言"二卷"有异，不知何故。

《龙洲书院志》一种

湖广益阳县，知县刘激、龙洲七子纂，卷数不详，佚。

龙洲书院在湖广长沙府益阳县东南二里处之龟台山，嘉靖三十一年（1552）知县刘激创建。书院讲堂六楹，号舍六十间，又有尊经阁、五贤祠、名宦乡贤祠。书院建成后，刘激敦请郡人蒋信讲学其中。蒋信（1483—1559），字卿实，号道林，武陵人，嘉靖十一年（1532）进士，官至贵州提学副使，师湛若水、王阳明。蒋信《蒋道林文粹》卷四《益阳县龙洲书院记》云："江南岸回龙峰，自浮丘蜿蜒而来，舒为龟台，捍江抱郭，势如扼江之状，而十洲者连络萦带，吞吐江心，共为邑左下流锁钥。曰：天作地藏，钟秀之区，其在是矣！卜书院于兹，群多士于兹，庶其有当之者乎？……太史赵太洲贞吉适过而登焉，曰：'龙峰蟠如，群洲鳞如，曷题曰龙洲书院！'……

是役也，经始于嘉靖辛亥（1551）之夏，落成于兹岁壬子（1552）之冬。"
赵贞吉复为书院讲堂题额曰"珠渊玉谷"。赵贞吉（1508—1576），字孟静，
号大洲，内江人，嘉靖十四年（1535）进士，官至礼部尚书、文渊阁大学士。
书院志为知县刘激修，龙洲书院肄业学子七人负责纂辑。乾隆《长沙府志》
卷三十八李棠《益阳龙洲书院记》载："龙洲七子集《龙洲书院志》成，益
阳令瑞亭刘侯以授之棠。棠得而阅之，志之于形胜、宫室、礼制、艺文、典
籍、器用之类，书院兴创之由，论之备矣。棠何言乎！"此记于同治《益阳
县志》题为《龙洲书院志序》，当更确切。由序观之，书院志设形胜、宫室、
礼制、艺文、典籍、器用诸门，然卷数不明。考民国《富顺县志》，刘激，
字惟扬，嘉靖辛卯（1531）举人，官至工部主事，嘉靖二十九年（1550）至
三十二年（1553）间任益阳知县，尝修邑志，亦"分门别汇，属龙洲诸子简
铨次"。故此志之修纂，上限在嘉靖三十年（1551）书院落成，下限在嘉靖
三十二年（1553）刘激离任。龙洲七子姓氏无考。

《义聚馆志》一种

湖广衡阳县，宁咸纂，卷数不详，佚

义聚馆在湖广衡州府城南，为衡阳县名儒廖如恒讲学处，创建于万历己
亥年（1599）。张居正禁书院后，学者避书院之名而以会馆、精舍名讲学之
所。义聚馆名为馆，实为书院。廖如恒，号密斋，嘉靖戊午（1558）举人，
官湖口知县，学以阳明为宗，师邹守益，复与李见罗、徐匡岳等讨究性理。
康熙《衡州府志》卷十六《人物》载："（廖如恒）于城南捐赀建馆，为讲
学地，一时荐绅子弟游其门者日盛。"义聚馆志，成于廖如恒外甥兼门人宁咸
之手。乾隆《衡州府志》卷三十《艺文》王时槐《义聚馆志序》载："衡阳
宁友叔虚过螺川谒予而问学焉。予与相对于西原智度之间者旬有五日。……
叔虚受学于密斋廖先生。先生出邹文庄之门，其渊源所自，本于王文成公，
则衡阳之学所从来者远矣。自隆庆倡会于石鼓，继卜地于宅西，为共学轩。
万历己亥（1599）始辟馆于城南，首捐倡聚者廖先生，而多方经营鬻亩称贷
以力成之者叔虚也。馆堂之后，中祀周元公，而以名宦寓暨乡先进诸公留神

此学者并祀于左右。郡侯宾岳徐公题其馆曰义聚。月二会，岁二祀以为常。叔虚曰：'馆宜有志，原一言序其端以告吾衡之诸士，俾知学之不容已焉。'予不得辞。"此序作于万历壬寅（1602），则志当成于当时或稍早。按，宁咸，字叔虚，号大虚，衡阳人，曾入国子监读书，以廖如恒为师，又曾问学于王时槐、李见罗诸儒，喜讲学，万历三十四年（1606）尝赴黄州与萧继忠、王升等人创正宗会馆，欲聚湖广同志为合省之讲会。

《明山书院私志》一种
湖广沅州，作者不详，二卷，存

沅州治北二十里之明山，高千仞，绵亘数十里。州人马元吉，字子修，沈潜理学，为湛若水门人，尝官国子监助教，迁徽府长史，解绶归，隐居明山，学者称明山先生。明山书院为马元吉讲学之处，又名"文清书院"，以祀理学名臣薛瑄故。元吉为湛氏门人，而书院祀薛文清，故后人颇有议论。同治《沅州府志》卷三十三《古迹》引旧志之议论云："先生此举，独祧增城而祢河津，然则先生之学虽取咎鹅湖而瓣香仍在鹿洞欤？"书院在沅州城西，距沅江仅三里许。钱薇《海石先生文集》卷二十一《文清书院记》云："然是孰倡之？曰：今少宰甬川张公昔督学于楚，从沅士太学博马子修氏请也。盖沅城有文清而风教渐兴，文清有书院而士习胥振。故中丞雨山郭子署其额，沅守周子设其位。"据此，书院之建资督学张邦奇之力为多。张邦奇（1484—1544），字常甫，号甬川、兀涯，鄞县人，弘治十八年（1505）进士，官至南京吏部尚书，正德十一年（1516）前后任湖广提学。故书院之建，亦当在正德十一年左右。然而，张邦奇《靡悔轩集》卷一《明山书院记》称书院创于"丙亥"，而正德年间无"丙亥"，抑为"乙亥"（1515）之误？康熙《鄞县志》卷十六《人物》载，张邦奇乡人汪玉（字汝成，1508 年进士）"佥湖广按察摄辰沅兵备"，"构书院于沅之明山，日聚生徒讲诵，士多兴起"。此盖为书院之重修。清人范邦甸《天一阁书目》卷二载："《明山书院私志》二卷，刊本，不着撰人名氏。"此志二卷，上海图书馆及中国科学院图书馆藏。

《大酉书院录》一种

湖南辰州，王世隆纂，卷数不详，佚

崔铣《洹词》卷十一《大酉书院录后语》载："王子晋叔修学于大酉之阳。取山之静，养其湛寂；取山之奇，代其应用；取山之峻以抗志；取山之列以次进。既优而仕，底绩而迁。海内才大夫、名士诗且文之第山之胜，发王子之道。王子又自晋遣使至邺，俾予缀词。夫王子之问，所以审是也；诸子之言，所以赞成也。"按，大酉书院位置不详，推测当在湖南辰州府大酉山麓。乾隆《辰州府志》卷三十六载："王世隆，辰州卫人，少英敏强记，为文援笔立就，年十七中正德丁卯（1507）举人，嘉靖丙戌（1526）进士，授刑部主事。……升贵州副使，有风裁。既归，构大酉妙华书院，集诸生讲业其中，湛甘泉为铭其堂。著有《洞庭髯龙集》行世。"大约王世隆尝任山西按察佥事，故有"自晋遣使"之举。

《问津院志》一种

湖广黄冈县，萧继忠纂，卷数不详，佚

问津书院在湖广黄州府黄冈县北九十里处，相传为孔子使子路问津处，旧有先师庙，元末毁。明隆庆初，知府孙光祖重建先师庙。当地阳明学者郭庆、吴良吉与黄安耿定向、定理乃讲学于此。此后，耿定向门人萧继忠（？—1642）继其师之志，于万历四十三年（1615）创问津书院。光绪《问津书院志》卷二《建置》载："（万历）四十三年，郡守王世德详请巡抚提学道，募捐移建孔子庙于院左。……中为讲堂，前为仪门，巡抚熊尚文颜曰问津书院。"邹元标《愿学集》卷五《问津书院记》言创建事更详："明虽有祠，而湫隘不称。顷侍御彭公昆仲及诸生萧继忠等入而举祀事，四顾愀然曰：'此非可以妥吾夫子之灵。'谋新之，诎于力，以告郡太守王公。……侍御黄公起士适在里，捐重金佐之成。后为殿，祀先圣；中为堂；前为门；左为祠，祀诸有功兹土，而右祀诸有道，缙绅及弟子切磋于斯。……王公名某，字某，号回溪，浙江永康人，辛丑（1601）进士。"据此，则书院之建，倡议者为萧继忠等人，而知府王世德主持，侍御黄公起士捐金助成。同时协建者，有推官许惠一。① 书院建成之后，萧继忠讲学其中。陈文枢《重修问津书院记》载："天台以地狭欲迁而未能，属其徒萧康侯。久之，与王晋五、孙心易、彭尚宝、方心宇诸人告于郡守。守以下皆助之，遂移建山上，颜曰问津。以康侯为师。"按，萧继忠师耿定向、邹元标，又曾从高攀龙问"静坐"之学。隆万间问津书院之讲学，亦有一定影响，至谓与东林书院齐名。清人孙锡蕃《修问津书院记》云："先是元庐陵龙仁夫常筑书室于其山之麓，明隆万间邹南皋、赵侪鹤、耿天台、淑台、彭旦阳诸公暨吾邑萧康侯会集讲学其间，彼时冠盖甲海内，与梁溪中分鲁泽焉。"② 乾隆《黄冈县志》卷八《人物志·儒林》载："萧继忠字康侯，性素豪迈，弱冠列弟子员，旋中副车。先是萧文宪为酷吏所毙，其子继元诉于朝，事在孝友传内。吏以继忠为元之从弟也，遂诬以盗，置于狱，榜笞且剧。继忠投狱井，经宿不死，遂读《易》，穷性命之旨。既出，折节力学，适燕都、金陵，抵江右，访求名儒，学益纯笃。后设教白鹿、首善书院。及归，又与同郡王升、黄彦士诸人修问津书院，远近受业者不下数百人。……会魏珰诛，乃免，以讲学终老。"据此，萧继忠讲学问津书院的时间，当在天启、崇祯年间。书院之志，初修于明代，再修于康熙年间，三修于道光年间，四修于光绪年间。清光绪年间王士厘《续修问津院志叙》云："问津旧志，创修于康熙乙酉，王以三大令手辑，陈仲夔前辈较订之。续修于道光庚子，曹莼江茂才纂。"然而，明人黄彦士之叙已明言"吾郡诸同志以问津书院落成，爰辑院志，命武皋黄子叙数语简端"，则明代有《问津书院志》无疑。黄彦士叙署称"明巡抚中州黄彦士"。黄彦士巡抚中州，乃在天启年间，故志序当作于天启年间。从光绪《问津书院志》卷二《管理·姓氏》来看，万历四十四年至崇祯十五年间，书院皆由萧继忠掌祀事，则黄彦士序中所言辑院志之"诸同志"，不能无萧继忠。以此推论，明代之《问津书院志》，当为萧继忠等人纂辑无疑，而黄彦士不过是志序之作者。陈谷嘉、邓洪波《中国书院文献书目提要》称《问津书院志》为"明黄彦士辑"，误。

① 　王昶：《天下书院总志》，台北：广文书局，1974 年版，第 1016 页。
② 　（乾隆）《黄冈县志》卷十五《古文中》，第 85 页。

《怀忠书院志》一种

四川忠州，黄器重纂，一卷，佚

黄虞稷《千顷堂书目》载："《怀中书院志》，一卷。"钱曾《述古堂书目》载:《怀中书院志》，一卷，一本。"之外，诸家书目有作"怀忠"者。钱谦益《绛云楼书目》载："《怀忠书院志》。重庆府忠州。"按，重庆忠州怀忠书院，又名怀忠堂，故"怀中"乃"怀忠"之误。怀忠堂为唐陆宣公赟墓所，始建于元至正元年（1341）知州王崇简。王崇简《创修怀忠堂记》载："公（陆贽）在忠十年，薨于忠，葬于忠。人心之思慕尤不忘也。按旧志，公墓在玉虚观南三十五步，今之紫极观是也。……余承乏于兹，首先奠谒，因瞻视墓域，有碑遥望有二三字，近视则不可辩，又有石器尚存。黄冠辈恐士大夫时来致祭，不便己私，尽仆之水，盖欲泯其迹。……余既创祠宇，揭堂名曰怀忠之堂，以彰公之志。"时人苟斌《重修怀忠堂记》亦言："至正改元春，朝旨调官达鲁花赤伯颜至自湔江，知州王崇简先帖木尔至自汾晋。……首先奠谒，得断碑于丛荒，乃金议捐俸秩咸与维新。"此堂后渐圮坏。明嘉靖三十八年（1559）巡抚黄光升重修。陆炳《重修宣公祠墓记》："都宪黄公升、巡院郭公民敬俱以事至，相与言曰：'公之祠墓讵可废哉！'于是指画规制，授有司董其役，封墓树碑，卫之以垣，中建堂宇，翼之以室。前开通衢，丽之以坊，轮奂咸新，俎豆具举。经始于己未（1559）仲春，越庚申（1560）夏季而落成焉。……既而绘图至京师，以示余。"记中所谓"都宪黄公升"有误，应为黄光升。黄光升，字明举，号葵峰，福建晋江人，嘉靖八年（1529）进士，历任四川巡抚、湖广贵州四川总督，官至南京刑部尚书。记中所谓"绘图"，或者为修志之始？其时助役者有"黄知州器重"，见赵贞吉《重修陆宣公祠墓记》。斯志即黄器重纂。同治《忠州直隶州志》卷四《名宦》称黄器重为靖江人，误，当为江西清江县人。朱孟震《朱秉器文集》卷四《亡妻黄宜人行状》载："宜人姓黄氏，父忠州公讳器重，世为清江东里人。"据同治《清江县志》，黄器重，字懋仁，号举斋，嘉靖庚子（1540）举人。

《鹤山书院录》一种

四川泸州，詹陵纂，卷数不详，佚

书院祀宋儒魏了翁者，多以鹤山名。宋绍定五年（1232），魏了翁以潼川路安抚司知泸州，筑师生之馆，遂为泸州鹤山书院之渊源，又名穆清书院，旋废。此馆废后，至清雍正年间始有重建之举。然明人重理学，于先贤教化遗迹多所留意，故有《鹤山书院录》之辑。《晁氏宝文堂书目》著录此志，而不载作者。同治《饶州府志》卷二十六《艺文·书目》载："《鹤山书院录》……詹陵。"考同治《乐平县志》卷八《人物》，詹陵字艮卿，邃于学，六经百家，靡不精究，其学宗程朱，以主敬为先，历任郑州学正、泸州学正，官至威远知县。《鹤山书院录》当为詹陵任泸州学正时所纂。民国《郑县志》卷七《秩官志》载："詹林，江西乐平县人，由举人弘治十五年（1502）任。""詹林"当为"詹陵"之误。弘治十八年（1505），管旦代詹陵为郑州学正。据此，则詹陵弘治十八年丁忧，服阙后乃改泸州学正，时当为正德初年。书院录之纂辑，亦在正德初年。据《千顷堂书目》，詹陵另著有《家礼祭葬纂原》。

《大益书院志》一种

四川成都，崔廷槐纂，卷数不详，佚

大益书院在四川成都府城东北，始建于正德十三年（1518）提学王廷相，此后屡经四川监司官员增葺，于嘉靖十五年（1536）始臻完备，以"益州蜀古名"，故"命之曰大益书院"。陆深《俨山集》卷五十二《大益书院记》载："正德戊寅岁（1518），提督学校佥事王公廷相实始其事，即故少师万文成公之旧寓，前为讲堂，后为燕寝，翼以左右之室，列为五斋，进为先贤之祠，树之门阀，绕以垣墙，于是书院之体位立矣！"朱子学者张邦奇、阳明后学蒋信、胡直诸人，皆曾以提学官讲学其中。书院志纂成于嘉靖二十年（1541）。周复俊《泾林诗文集》卷四《大益书院志叙》："书院有志，昔未有也。乃嘉靖辛丑（1541）佥宪崔君代摄黉政，始汇粹疏析而志完焉。余不敏，滥膺文役，适观厥成。"所谓"佥宪崔君"，即崔廷槐，字公桃，号楼溪，山东平度州人，嘉靖五年（1526）进士，历山西阳曲知县、河北神木县典史、直隶束鹿知县，升四川按察佥事。据黄虞稷《千顷堂书目》，崔廷槐另有《楼溪集》三十六卷、《神木县志》（嘉靖癸巳修）。此志卷数不详，然据台北市立图书馆之"明人文集篇目索引"，崔廷槐《楼溪集》卷二十八有《大益书院志小序十首》，故颇疑此志当为十卷。

《白鹿洞书院志》五种

江西星子县，弘治、正德、嘉靖、万历、天启五种，弘治志佚

白鹿洞书院，在江西南康府星子县。《四库全书总目·白鹿书院志》十六卷条叙书院源流甚简洁："初，唐李渤与其兄涉读书庐山，蓄一白鹿，甚驯，因名白鹿洞。宋初，置书院于五老峰下。朱子守南康军，援岳麓书院例，疏请敕额，遂为四大书院之一。"元末，书院毁，鞠为荒莽。明正统（1436—1449）初年（《南康府志》作于正统元年，而李梦阳《白鹿洞书院新志》作于正统三年），南康府知府翟溥福始复其制，后乃递有恢复。书院志屡经修纂，朱瑞熙《白鹿洞书院古志五种·前言》（中华书局1995年版）对书院志前后各种版本皆有交待。李才栋《〈白鹿洞书院志〉考述》（《教育史研究》1999年第3期）则认为初修、重修的版本达七种，而以此为基础续修、递修及补刊的版本达十四五种之多。其中，明修五种《白鹿洞书院志》分别为：（1）弘治《白鹿洞志》，鲁铎编，袁端校正，八卷，佚，张元祯序；（2）正德《白鹿洞书院新志》，李梦阳纂，八卷，屡经续补，有正德六年、正德八年、嘉靖四年、嘉靖十七年等刊本，李梦阳、周广序；（3）嘉靖《白鹿洞书院志》，嘉靖三十三年（1554）郑廷鹄修，十九卷，又有嘉靖四十五年增补本，有郑廷鹄自序；（4）万历《新修白鹿洞志》，万历二十年（1592）田琯修、周伟等纂，十二卷，田琯序；（5）天启《白鹿洞书院志》，天启二年（1622）李应升修纂，十六卷，有李应升、陆梦龙、夏炜序，故宫博物院藏清顺治年间增补十七卷本。

《白鹭洲书院志》三种

江西吉安府，嘉靖志，万历钱志，万历甘志，佚

白鹭洲书院在江西吉安府，始创于宋淳祐元年（1241）。吉安州知州江万里于城东赣江之白鹭洲建书院，理宗赐额。此后书院数圮于水。明嘉靖五年（1526），吉安知府黄宗明重建；嘉靖二十一年（1542），知府何其高迁建于府治之南，易名为"白鹭书院"。万历元年（1573），书院复建于城北县学旧址，旋因张居正禁书院，题为"湖西公署"。万历二十一年（1593），知府汪可受将书院迁回白鹭洲，复旧名。书院址凡三迁，而书院志前后历经六次编纂：初修于嘉靖丙午何其高、曾洋；再修于万历十四年钱一本、王时槐；三修于万历年间汪可受、甘雨；四修于康熙年间罗京；五修于乾隆年间符乘龙、周作哲；六修于同治年间刘绎。兹仅就明修之志三种言之：

嘉靖志，何其高修，曾洋纂，七卷。此志编辑于嘉靖丙午（1546），系吉安知府何其高修，泰和县举人曾洋纂。刘绎《白鹭洲书院志》卷八《历朝修志姓氏》内将纂者"曾□"之名剜去，不知何故。朱睦㮮《万卷堂书目》卷二《杂志》载："《白鹭洲书院志》，七卷，曾洋。"万历年间，吉安知府甘雨在《白鹭洲书院志序》中说："仁寿之役，泰和曾孝廉奉阃中何侯命，始创为丙午志。"曾孝廉当即曾洋。考同治《泰和县志》，曾洋为嘉靖元年（1522）举人，官知县，余不详。何其高，字抑之，号白坡，四川保宁府阆中县人，嘉靖十一年（1532）进士，官至山东都转运使，嘉靖二十一年（1542）至二十四年（1545）间任吉安知府。何其高离任之时，书院志尚未纂辑完成；曾洋承命而为，乃能有始有终，颇为不易。甘雨以"仁寿之役"赞曾洋之举，实非谬奖。

万历钱志，钱一本修，王时槐纂，二卷。祁承㸁《澹生堂书目》卷五载："《白鹭书院志》，二册，二卷，王时槐。"王时槐（1522—1605），字子植，号塘南，江西安福县人，嘉靖二十六年（1547）进士，隆庆末为陕西参政，以京察罢归，遂不复仕，家居以讲学为业。时槐为晚明理学名儒，其学以良知为宗，师刘文敏、罗洪先。王时槐《塘南王先生友庆堂合稿》卷三《白鹭

书院志序》云：“白鹭之有书院，旧矣。至嘉靖丙午（1546）始有志。迄今四十余年，志湮废莫有存者。书院且再迁，复增饬祠事，即旧志存，未足备故实也。于是郡侯京口杨公、邑侯毗陵钱公以新志属时槐，辞弗获。既采摭论述，厘为十篇，志之。”据此，王时槐编纂此志，乃受吉安知府杨廷筠、庐陵知县钱一本之托。钱一本（1539—1610），字国瑞，号启新，又号起莘、启莘，万历十一年（1583）进士，除庐陵知县，征授御史，以建言斥为民，与顾宪成等讲学东林书院。据乾隆《庐陵县志》，钱一本于万历十一年（1583）至十六年（1588）间任庐陵知县，于万历十四年（1586）修缮白鹭书院，遂请王时槐修书院志。王时槐称“厘为十篇”，则此志大约分十门。据甘雨言，此志意在“明正学、维世风”，“故其文皆根极理窟，不为词客之卮谭”，与曾洋所辑志大相径庭，所谓“以孝廉视之，曾径庭不啻矣”。此亦王时槐作为理学家之习态，而同为讲学家之甘雨所乐道者。据彭世华为刘绎《白鹭书院志》所作序，此时白鹭洲书院自白鹭洲徙往城北，故王时槐“有徙非所志之论”。

　　万历甘志，二卷，汪可受修，甘雨、罗大纮纂。清修四库时，此志尚存。《四库全书总目》《白鹭洲书院志》二卷条：“万历辛卯（1591），黄梅汪可受为吉安知府，又重修之（白鹭洲书院）。雨因撰是志，分沿革、建置、教职、祀典、储赡、名宦、人物、公移、贤劳、义助、纪述、书籍、生祠记十三门。”同治《永新县志》收录甘雨自序，与刘绎《白鹭洲书院志》内所收甘序微异：“仁寿之役，泰和曾孝廉奉阃中何侯命，始创为丙午志。后四十年，院复徙于城北。塘南王先生因之作新志。………（黄梅汪使君）命益亟，既让，弗获，则为藉奏而叙之。”据此，甘雨此志乃受汪可受之命而作。汪可受，字以虚，号静峰，又号黄连居士、三槃居士（据光绪《黄梅县志》），湖广黄梅县人，万历庚辰（1580）进士。甘雨，字子开，号应溥[①]、义麓、嘉和外史，吉安府永新县人，万历五年（1577）进士，官至湖南参政。《四库全书总目》称此志修于万历二十年，以汪可受该年任吉安知府。然此志实

[①]　《万历五年进士登科录》载：“甘雨，……治春秋，字应溥，行七，年二十七。”则又以应溥为字。

际当纂修于万历二十二年（1594）之后。邹元标《愿学集》卷四《别甘子开宪副序》叙甘雨生平甚详："丙戌（1586）子开即家起浙宪。明年又以忤权贵人得谪。庚寅（1590）予起家选郎，调南比部。子开亦至。……明年（1594）子开亦以粤督学请归。两人为水边林下游者十余年。"于此可见，甘雨自万历十八年（1590）至南京，万历二十二年（1594）归乡，如何能于万历二十年（1592）为汪可受纂书院志？黄虞稷《千顷堂书目》言志有"万历甲午（1594）序"，则此志纂成的确切时间当为万历二十二年甲午（1594）。此志之卷数，诸家书目多作"二卷"，唯清符乘龙《白鹭洲书院志序》称"汪志内载山水、形势、人物、艺文，与夫规模、条例、捐金输产者，卷分十二。"观四库总目所言十三门，除却与书院志体例不合的"生祠记"，正合符乘龙所谓"卷分十二"，或者符乘龙以门类为卷数，遂有十二卷之说。此志作者除甘雨之外，还有"吉水给事中罗大纮"，载见刘绎《白鹭洲书院志》卷八《历朝修志姓氏》。符乘龙序则误为"罗纮"。罗大纮，字公廓，号匡吾，吉安府吉水县人，万历十四年（1586）进士，官至礼科给事中，著有《紫原文集》十二卷。

《西原会志》一种
又名《能仁会志》

江西庐陵县，王时槐撰，卷数不详，佚

西原会馆为王时槐讲学之所。王时槐生平见前文。其自京察罢归以后，以讲学为业，青原、白鹭诸会，赖其主持。时槐籍虽安福，而居于府城，遂即庐陵西原山之能仁寺为讲会，故又称能仁会，亦称惜阴会。讲会由王时槐及门人陈嘉谟、贺沚先后主持，"每季月小会，九月大会，四方来学者千百人"。贺沚《西原会馆记》载："西原惜阴之会，始于隆庆丁卯（1567）。……万历庚辰（1580）乃始有田，癸未（1583）乃始有馆。"会田始于万历庚辰，自陈嘉谟的记载可证。陈嘉谟《念初堂遗稿》（1939 年铅印本）载其《惜阴会》诗，序云："郡西能仁寺，唐吉州司户杜审言诗社也。隆庆丁卯（1567）能仁再举惜阴会。……万历庚辰秋九月，议置会田合馔，兹会复振，凤冈子赋诗志喜，予感而和之。"然惜阴会馆之建，或谓始于万历十二年（1584）。万历《吉安府志》卷十五《学校志》载："西原会馆，在西原山能仁寺。万历甲申（1584）郡人陈嘉谟等捐金买地共建，题曰求益堂，置田三十亩供会馔。王时槐撰会志。"据此，会馆之建，乃在万历十二年（1584）。此前万历庚辰（1580），有置会田之议。王时槐《友庆堂合稿》卷三《能仁会志序》载："时槐此生多幸，深沐明师良友之益，既获厕能仁嘉会之末有年矣。兹承诸君子要命，执笔撰次会志，敢敬以务学为要而会友至急者，为吾同志读告焉。"时槐既谓"厕能仁嘉会之末有年"，此志编纂大概在隆庆元年（1567）创会多年后。按，万历《吉安府志》刊于万历十三年（1585），会志既著录于万历《吉安府志》，则会志之纂当在万历十三年前，具体编纂时间待考。

《萃和书院志》一种

江西泰和县，萧叔询等纂，卷数不详，佚

萃和书院在江西泰和县儒学右侧大塔寺旧址。明嘉靖三十九年（1560），邑人郭应奎建萃和书院，置赡田，嘱乡绅为志。其志有建置、公卿、文翰、学约、田租、器用、捐金姓氏诸目，曾于拱（字思极，号鲁源，1541 年进士）、陈昌积（字子虚，号两湖，1538 年进士）序。光绪《吉安府志》卷十九《学校志·泰和萃和书院条》曾于拱《书院志序》载："吾邑萃和书院，始事者乡大夫，而平川郭公任其劳；主议者台吏监司，而柏泉胡公考其成；襄谋者郡邑守长，而明斋杨公程其功。既而学有约，会有期，岁入有租，所为教养者，亦云备矣。平川公欲传诸久远也，乃属贡士萧子叔询、庠士杨子蒲、萧子景贤、郭子子桢、罗子一俊等为之志。自建置、公卿、文翰、学约以及田租、器用、捐金姓氏咸载焉。志成，诣余请序。"郭应奎（1495—?），字致祥，号平川，斋名兼山堂，嘉靖八年（1529）进士，官浙江嘉兴府知府，未第时尝从湛若水问学。道光《泰和县志》卷四十八书目著录其《萃和书院约语》。柏泉胡公，即胡松（1503—1566），字汝茂，号柏泉，滁州人，嘉靖八年（1529）进士，时任江西布政司左布政使，官至南京吏部尚书，富经术，有声望。《四库全书总目》卷一七七《胡庄肃集六卷》条言胡松倡称："心外

无事，事外无心……盖从事于姚江之学者，其功名亦略相仿佛焉！"萃和书院以阳明学为宗旨，从事讲学，而兼有教化乡里之功用。清人刘岵《书院记》言："时阳明先生良知之学方倡，诸先生因倡以为萃和书院，月朔望讲学其中。切磋之余，民间有难申之隐则就是告理，豪强亦为之敛手，亦治化之一助也。"同治《泰和县志》卷八陈昌积《萃和书院志序》言："吾邑自有书院，同志诸君第朔望得州处群萃，浃日讨订于此，未尝不以道为志，以圣人为志之训自相淬刮鞭励。……又谓讲学极有益于举业，言文辞皆道心得而终身可行。……书院志成，平川有条约，鲁原有序，胥以见天则为训。乃平川教其门人抵余属言。"按，陈昌积从吕柟讲学于南京鹫峰东所，尝受"质稍颖，恨大鹜露"之训，又"师事邹文庄公，闻性命之旨"，与邹守益、罗洪先讲学。[1] 昌积亦称严嵩为师，尝为严嵩作像赞，称其"状貌清若文忠（欧阳修），而背负若文贞（杨士奇）"，另有《龙津原集》六卷存世。万历十三年（1585），王时槐、刘元卿修纂《吉安府志》，其卷十五内称"萃和书院……详萃和志"，似尚见该志。王时槐《友庆堂存稿》卷一《寿平川郭先生八十序》称："某曩侍先生于青原山中，幸瞻仪刑，又尝庄诵训词于萃和之编。"所谓"萃和之编"，或即此也。后竟不传，诸家书目亦少见著录者。据乾隆《建德县志》，萧叔询为嘉靖间贡生，万历初尝任建德县学教谕，余无考。据同治《泰和县志》卷八《政典·书院》，天启间魏忠贤毁书院，"萧伯玉先生迎僧伯条居之，因复为寺"。

《求仁书社志》一种

江西泰和县，胡直纂，一卷，佚

求仁书社在泰和县，明隆庆间泰和县高行、信实二乡士绅为胡直讲学建。胡直（1517—1585），字正甫，号庐山，泰和人，嘉靖三十五年（1556）进士，官至福建按察使。其学以阳明学为宗，从欧阳德、罗洪先游，为晚明理学名儒，著有《胡子衡齐》《衡庐精舍藏稿》。四库馆臣则言其讲学笃实近

---

① 曾同亨：《泉湖山房稿》（国家图书馆藏明刻本）卷四《龙津原删稿序》，第4—6页。

理，"未至王学末流之诞放"。斯志胡直自撰，分建置、社田、故族、会规四门，门人邹元标序。《邹南皋先生集选》（万历三十五年余懋衡刻本）卷四《求仁书社志序》云："予师庐山胡先生髫年博古，壮而嗜道，老而学不倦。乡之士信从者日众，馆舍至不能容。乡人各捐金构屋以居来学者，先生题曰求仁书社，自为志数卷，凡建置、社田、故族、会规。……先生薨，乡人奉先生主祀其中，岁必有会。邹子盖三登其堂。乡父老子弟与会至百人，盛矣！会罢，诸君乃出所为书社志请邹子弁诸简。"郭孔延《资德大夫兵部尚书郭公青螺年谱》（光绪刻本）载郭子章于隆庆戊辰（1568）"至求仁书社师事胡庐山先生。先生教之曰：'圣学始于求仁，而求仁要在无欲。'"是可见胡直论学之要，及书社取名求仁之故。邹元标言胡直"为志数卷"，然后来流传者似乎竟合为一卷。祁承爜《澹生堂书目》卷五载："《求仁书社志》，一册，一卷，胡直编。"据同治《泰和县志》卷八清梁弓之《复求仁书社序》，清代重修求仁书社时，尚见"古志、旧规约"一帙。抑所谓"古志"，即胡直所撰旧志？

《云津书院集》一种

江西泰和县，刘敔纂，二卷，佚

明儒罗钦顺《整庵集》卷九《云津书院集序》载："《云津书院集》两大卷，为文若诗凡若干首。首宋嘉定进士曾历记，以次皆我朝卿大夫士之作题跋、诗、赋、铭、赞、箴、词，诸体略备。吾泰和有数书院，云津则刘逢原氏所建，于记可考。今其堂构无复存者，而刘之后人乃兴，如合浦令叔正、宾州守中和，皆能自振于时，受知于士夫君子，是以空名陈迹，经数百载重获所托，以垂示无穷，盖亦非偶然者矣。中和既编辑镂梓，尝以求余序，比其属疾垂尽，犹顾嘱其二子充、魁俾申请焉。余重悲中和之志，且旧诺，其忍违也？……魁字焕吾，早领乡书，方需时用，其学行无忝宾州，且尝从阳明王先生游，可谓有志。"按，云津书院在泰和县治南龙洲上，始建于宋嘉定年间邑人刘逢原，名云津精舍。陈献章尝有《题云津书院泰和刘氏》一诗，云："云津杳何许，试向卷中寻。不睹六经教，空余百代心。嵩阳思识面，白鹿尚遗音。家有鸳鸯谱，何须更问针。"① 此志作者刘中和，名敬，乃泰和著名学者刘魁之父。据同治《泰和县志》卷十二《选举》、卷十七《人物》，刘敬，字中和，成化二十二年（1486）举人，"敦行古道，由教谕转县令，有政声"，后官至宾州知州。刘敬此集已佚，其传世文字有《除夕示子诗》一首："宦邸萧然岁又除，天伦良会足欢娱。新春且遂趋庭愿，来岁还听绕殿栌。勋业岂能追二谢，文章直欲效三苏。区区温饱何须计，清白传家是远图。"又据《邹守益集》（董平编校，凤凰出版社 2007 年版）卷六《复云津书院记》，书院于嘉靖丁未（1547）冬曾经刘魁修复。刘魁尝以书信向邹守益请记文，曰："先考宾州守敬，尝登白沙先生门，与叔祖合浦尹节博图兴复而力弗逮也。乃遍求名公硕流赋咏志跋，以存饩羊之义。"刘魁为正德二年（1507）举人。据唐伯元《工部员外郎刘公魁传》，其"由举人嘉靖间判宝庆，五年守钧州"。从罗钦顺之序推测，刘敬逝时，刘魁"早领乡荐，方需时用"，乃中举之后、未仕之前。以此推论，《云津书院集》之纂，当在正德年间。

《复古书院志》二种

江西安福县，嘉靖志，万历志，佚

复古书院在江西吉安府安福县。安福县于明代为理学重镇，多阳明门人，讲学极盛。书院乃嘉靖十五年（1536）知县程文德（1497—1559，字舜敷，号质庵、松溪）建，有文明堂、茂对堂、尊经阁。其时，邹守益、刘文敏、刘邦采、刘阳等安福名儒皆讲学其中，罗洪先、聂豹、王畿、钱德洪等外地名儒亦纷至沓来。每二、八月，书院大会。迄至晚明，王时槐、刘元卿、邹德泳、邹元标等阳明学者仍讲学其中。万历九年（1581），张居正柄政，禁讲学，废书院，乃改书院为三贤祠。稍后，吉安知府余之桢、安福知县闵世翔重修，建三先生祠、二贤祠、过化祠、重德祠，所祀皆阳明学者。万历三十一年（1603），知县潘浚再次重修，王时槐为记。书院有志，前后两修：初修

---

① 陈献章：《白沙子》（四部丛刊三编第 73-74 册）卷七《五言律诗》，第 54 页。

于嘉靖四十一年（1562）尹一仁、刘阳；再修于万历三十三年（1605）邹德泳。兹分述如下：

嘉靖志，尹一仁、刘阳纂，二卷。乾隆《安福县志》卷五学校志复古书院条载："嘉靖四十一年（1562），邑人尹一仁、刘阳新修院志。"此志有邹守益序。邹守益《东廓邹先生文集》卷一《复古书院志序》载："嘉靖壬戌（1562）之秋，新刻复古志成。尹郡侯一仁纂之，刘柱史阳订之，诸生黄旦、刘秉亮、谢于鲁校刻之。其首曰训述，曰碑刻，曰书札，曰咏歌，曰报祀，曰经籍，曰堂宇，曰界止，曰田地，曰什物，是惟良师帅所经纶，而严师胜友所赞筹也。其附录曰丈田，曰粮长，曰水夫，曰机兵，曰绝军，曰额丁，曰驿递舡，曰沙米，曰乡约，是惟乡父老所图画，而诹俗询政所稽察也。"据此，则书院志分为训述、碑刻、书札、咏歌、报祀、经籍、堂宇、界止、田地、什物十门，又有附录，载丈田、粮长、水夫、机兵、绝军、额丁、驿递舡、沙米、乡约等与书院不甚相关者。同治《安福县志》卷十一《人物理学》载："邹守益，……尝建书院，行乡约，并里役，省粮长，清邑戍，复沙米，减额外机兵，复水夫常数，及议带征诸凡切于民者，皆达于部，使郡邑罢行之。"书院志所附录者，虽与书院无涉，而多与邹守益相关者，其体例亦与王世相《正学书院志》附吕柟判解事类似。按，尹一仁，字任之，年十五读书僧舍，以大学致知格物验诸心，求之不合，赴浙江，受业王阳明，讲学南林书屋，用荐官至归德知州。刘阳，字一舒，别字三五，据其《蓬峰翰墨志序》则又号三峰，少受业于阳明门人刘晓，见阳明语录，遂赴虔受学，阳明有"清福人"之喻，嘉靖四年（1525）举人，任砀山知县，擢福建道御史，以病乞休，拜光禄少卿，不赴，辟云霞馆于三峰翠微之处，与乡人讲学不辍。参与《复古书院志》的校刊工作的还有邓周、黄旦等人。同治《安福县志》卷十一载："邓周，号前川，东乡清陂人，邑廪生，尝受业邹守益，研究道学，不求躁进，与黄旦诸人为友，后共校刊《复古书院志》，极为详慎。"黄虞稷《千顷堂书目》著录此志，小注云："别本则有二卷二字。"据此，此志可能为两卷。

万历志，邹德泳纂，四卷。祁承爜《澹生堂书目》卷五："《复古书院志》，四册，四卷，邹德泳。"此志乃续尹一仁、刘阳而作。德泳，字汝圣，号泸水，邹守益孙，邹美子，万历十三年（1585）进士，后以建储进谏削籍，家居三十年，讲学复古书院，推本先人遗教，一以忠恕为要，学者称纯道先生，著有《湛源文集》。北京大学图书馆藏其《湛源续集》九卷（崇祯五年刻本）。康熙五十二年《安福县志》卷二《人物·邹德泳》条载："家居三十年，修复古书院，创同德祠、过化祠、退省轩，续旧志、院规。"据王时槐《友庆堂存稿》卷四《重修复古书院记》，书院之重修经始于万历癸卯（1603）某月，落成于甲辰（1604）某月，而后乃有书院志之重修。光绪《吉安府志》卷十九《复古书院条》亦载："（万历）三十一年，知县潘浚修；三十三年（1605）续修院志，邹德泳序。"邹德泳《湛源续集》卷二《复古书院志序》称："昔我先公受学于阳明夫子。……松溪程侯乃即古学宫大创讲院，名曰复古，为多士舍。维时栋宇、膳养、器用、规制，载旧志中，彬彬盛焉。万历壬辰（1592），泳以罪罢归，见王塘南先生于螺川。先生辄以此言，且曰：'吾吉先辈皆得道于林泉下，子勉之。'泳因念先公之业在于复古而借扫除为封越，遂已居业其间，以便请教诸长者。数年，会潘侯雅意永康教化，而先后按台吴、徐两公洎参知黄公复协潘侯之请，大新讲宇，增置田亩，至今数百里外有以问学至者。顾院志未称，恐失良师帅作兴之意。泳小子其何辞焉！于是祖沿故籍，参酌新规，为之志形胜焉，曰浸废而卒以兴也，其有地灵乎？为之志堂宇，曰恢哉聚义之规也。志会规，曰常而不乱矣。志祀典，曰先哲之明德其百世乎？为之志院田、院山，曰多赖矣！志税粮，曰游食而逃赋者其无愧乎？志公移、碑记，曰当道作兴之化，必世之仁欤？志训述，曰先民之程弗可逾也。志咏歌，曰可勃然兴矣。志札，志经史，曰庶有考乎！志什物，曰典守是也。志劳绩，曰勤矣哉，然劳而不怨！志轮年，曰其久乎？志征善，志镜往，曰德至矣哉。"稍后目录乃备陈"形胜一、建置二、会规三、祀典四、院田五、院山六、公移七、劳绩八、轮年九、经籍十、碑记十一、咏歌十二、书札十三、训述十四、征善十五、镜往十六"诸门。此志已佚。今北京大学图书馆存《复古书院纪事》一种，约著于万历三十二年（1604），有刘元卿、邓仁俊、金锡周序跋及自序，分日纪、羊蔬、厨鸡、识不真、道不远、贵自求、坐移、本无事、八偏、松柏、说去根法、鬼神、观稼、观葛、署中对客、蜂、还金人、述益共十八条。复古纪事虽以纪事为名，而实为邹德泳论学之语，"因人借事，抒所自得"。诚如《刘聘君全集》卷十二《书复古纪事》所言，"其取事也近，其命旨也远"。然读者能藉其所取之事，以窥晚明复古书院之衰败。观羊蔬、厨鸡诸条，则当时书院几同于畜牧之所。

《东山会志》一种

江西安福县，夏梦虁纂，卷数不详，佚

东山会，在江西安福县。嘉靖二十一年（1542），邹守益创东山会，后其子邹善、孙邹德涵、邹德泳、曾孙邹衮等相继创新之。邹衮且为东山会增置会田。王时槐《友庆堂合稿》卷三《东山会田记》载："昔邹文庄亲受学于越中王先生之门，归而以所闻示邑之仕绅耆旧诸文学。……于是联诸同志会集于东山塔院。已而，门人于塔院之后特建讲堂，月举二会，轮值具膳以为常。公没，令子若孙太常、金宪迄今太史、侍御遵行之弗替也。盖肇自嘉靖壬寅，既历六十有余年矣。顾嘉会频举而供馈未备，非可垂远。乃公之曾孙郡廪生衮子予氏……割己租四百桶入东山以供会事。议以岁推二友司其出纳，理延四乡士友毕聚以彰同仁广益之谊焉。云屏夏君乃贻书时槐。"云屏夏君名梦虁，云屏乃其号，为邹守益门人，亦专意于东山讲会最久者。邹德涵《邹聚所先生文集》卷四《柬夏云屏》云："复古、东山会如何？联属之责，专有所望也！"此番会田增置之后，夏梦虁遂辑《东山会志》。刘元卿《刘聘君全集》卷十二《题东山会志》称："吾邑东山以文庄公重。文庄公之讲学东山也，法堂一启，从者如云。自其当时，迄今六十年所。月两举会，未尝有诎。……云屏夏君复辑为口（会）志。志成，余得读之。"邹德泳亦有《书东山会志》一文，云："予从子子予之输田东山也，曰是昔我金宪大人劝学志也，吾母孺人实成之，余其遏佚是惧。于是同志共高其议而扬之令。令曰：'是广吾风教也，尾其券而署之。'山鹊夏云屏氏曰：'将先师文庄实赖焉，遂志其始末而寿之梨枣。'"① 据此，《东山会志》之编纂，当在万历三十年（1602）左右。

《复真书院志》四种

江西安福县，有书院录、会册、书院志、续志四种

复真书院在安福县南五十里处。嘉靖三十七年（1558），安福南乡学者于北真观旧址建书院，以为讲学之所。书院规制甚为严整，有萃胜楼、聚奎楼、砥德砺材堂、藏书阁，藏经史典籍数千卷。讲学盛时，书院每岁一大会、三小会。邹守益、刘文敏、刘邦采、罗洪先、聂豹等名儒皆曾讲学于此，故邹德泳称复真书院为"吾乡理学之宗"。崇祯年间，邑人朱世守、王绩灿修复；清康熙四年（1665），邑人王吉、周焕重修。清人王吉《新修复真书院志序》言："惟是书院从未有志，虽嘉靖间创置有录，万历、天启间会册有卷，然挂一漏万，且于崇祀诸先生嘉言懿行、爵里世系概无传纪。"② 同时王谦言《复真志序》亦言："复真之有志自今日始。"按，王吉，字枚臣，清顺治十八年（1661）进士，历官光泽知县。康熙五十二年《安福县志》卷四《人物》载："（王吉）纂修《复真书院志》，极为详明。"王吉复书院，纂院志，固有功于书院，而遽言明代无志，则失之武断。据郭汾《复真书院志序》，此前其舅父张荔波先生曾对郭汾说："乃高王父九溪公与家秋渠公讲学，尝欲修书院志而力不逮。"③ 秋渠公即张崧，著有《安福丛录》。邹德泳《湛源续集》卷二《复真续志叙》言："维时前茅则狮泉、两峰、三五三先生，中权则松岩、一庵二先生，而塘南先生其后劲也。惟约司寇受学塘南先生，而上溯松岩先生，家学自为大行，即慨然继述大业。……书院时兴时替。当崔魏毁较日，复真不免。司寇百计维之，已复增田置器，联同志会讲益密而复真始有志。偶一日，与其兄惟寅氏搜得先文庄真迹一幅，喜同拱璧，即

---

① 《彻源邹氏七续族谱》，《杂记》，第83页。
② （同治）《安福县志》卷十七《艺文》。王吉序中此语，在《安成复真书院志》（康熙刻本）中作"惟是书院从未有全志"。一字之别，则见王吉未始不知复真之前有志。
③ 王吉：《安成复真书院志》（康熙年间刊本），郭序，第19页。

摹而入之梓，因附以所增田亩及诸什物，续为一志，而出以示予。"据此，除却王吉所言"创制有录""万历天启间会册有卷"外，尚有书院志二种。兹排比如下：（1）书院创置之初，有相关纪录，姑名之为《复真书院录》，推测大约编定于嘉靖三十七年后数年；（2）《复真书院会册》，为万历、天启复真书院讲会之记录册，涉及书院的建置、祭祀等问题。乾隆《安福县志》卷五《学校志·书院》载："（聚奎）楼后为堂，祀邹守益，附以朱调、王钊、王铸、朱叔相，本旧志；刘晓、刘肇衮、王暾、朱意，本复真会册。按会册载此四人而邑志不载，邑志载王铸而会册不载。"显然，乾隆年间地方官员修志时，还可以比对旧县志与《复真会册》关于复真书院的祭祀方面的记载之差异。据彭廷珍宣统元年《复真学堂志》内所辑王应礼天启癸亥（1623）《复真会册跋》，《复真会册》乃"朱中丞公略本青原册式而汇增之者也"，约成于天启壬戌（1622）。[1] 朱中丞即朱世守。（3）《复真书院志》，朱世守纂，见前引邹德泳序。此志当成于天启末年或崇祯初年。（4）《复真续志》，朱世守纂，见前引邹德泳文，以偶获邹守益手迹而续为志。按，朱世守，字惟约，号玉槎，安福县槎江人，万历乙未（1595）进士，官至刑部侍郎，师同乡王时槐，讲求性命之学，所著另有《铨曹疏略》《潜泳斋诗集》《遁斋诗集》《春霁堂诗集》。[2] 文秉《烈皇小识》记崇祯二年十二月二十六日刑部失囚事云："先是，边警猝至，士夫有潜遣家眷南归者，右侍郎朱世守以借轿与御史刘廷佐家眷出城，刘止罚俸，而朱降二级调用，得免此祸。"今《复真书院录》《复真会册》及朱世守所编两种明代书院志皆未见，而清人王吉纂辑之《复贞书院志》十卷尚存六卷。

《识仁书院志》一种

江西安福县，吴云纂，卷数不详，佚

识仁书院在安福西乡九都，万历辛卯（1591），乡人王师仁捐金百两建，

---

① 高立人、李建兰：《白鹭洲书院志》附《残存书院志杂录》，南昌：江西人民出版社，2008 年版，第 235 页。

② 王先顺编：《安福县志》，北京：中共中央党校出版社，1995 年版。

以为刘元卿讲学之所，后祀刘元卿。安福讲学自嘉靖以来即斐声海内，然安福西乡则无讲学。自刘元卿倡学西乡，安福西乡之讲学始盛，复礼、识仁、中道等书院相继鼎建。刘元卿《刘聘君全集》卷七《识仁书院记》载："邑西故无书院，有之自隆庆壬申（1572）始，所谓复礼书院者。乡故险远，去廓几二百里，去书院多者百里，少者八九十里，往必宿聚粮，士以故鲜至。……孝廉刘子孔当（字任之，号喜闻，1557—1605）、周子惟中（字惺予，1588举人），二子乃请诸乡大夫父老士，各捐金有差，卜地东江市民居加新之，不数月而书院成，题其名曰识仁，然后乃西乡二百里内屹然两书院相望。"书院有志学堂、复初堂、传心堂、养性斋、依仁堂、辅仁堂等建筑。此志乃明代吴云撰。同治《安福县志》卷十八《艺文·书目》载："明，《识仁书院志》……吴云撰。"吴云，字天门，号舫翁，据《清人别集总目》，又号舫云、翁水，安福县西乡雅源人，贡生，精书画，有文征明、董其昌笔意，晚年隐居武功山，其学以程朱为宗，尝仿程朱语录体例而为《学舫》，然《四库全书总目》言其书"议论颇多迂诞"。吴云还著有《灵谷寺志》十六卷、《天门易学》《天门诗文稿》。《明史·艺文志》收录吴云《天文志杂占》一卷；焦竑《国史·经籍志》卷四收录吴云《天文志》十二卷，不知是否为同一人。吴云活动的时间，约在明末清初，清初尝与施闰章讲学青原山，故《四库全书总目》称其为"国朝"人。吴云在清初尝为吉水遗民李锡庵痛悼亡国之诗集《南音集》作序，则其亦以遗民自居。《识仁书院志》纂修于明末，还是清初？从现有材料尚无法推定，姑著录于此。

《复礼、识仁、一德三书院会录》一种

江西安福县，刘元卿撰，卷数不详，佚

复礼书院，在安福县治西二十五都东林观之右，始创于隆庆壬申（1572）。倡建书院并讲学其中者，为刘元卿。元卿字调父，号旋宇、泸潇，安福西乡人，隆庆四年（1570）举人，后以累荐征召为国子博士，擢礼部主事，寻引疾归。元卿始从刘阳，复问学于耿定向及许孚远，为阳明后学，故复礼书院祀王守仁、邹守益、刘阳、耿定向四人。识仁书院始末见前文。一

德书院，又名一德会馆，在西乡三十二都，创办时间不确。刘元卿《刘聘君全集》卷九《一德会规引》说："迩日吾里抑何其会之数也！曰丽泽，曰志仁，曰陈氏家会，曰杨氏家会，乃今王、严、张、谢则又有一德会，是何其会之数也。"据此，则一德会馆是数姓合讲之会所。此三书院，皆刘元卿讲学之地。张夏《洛闽源流录》卷十七载："刘元卿……于所创复礼、识仁、中道、一德诸院，岁有常会。"此录极可能为刘元卿自纂，今佚。《刘聘君全集》卷四《复礼、识仁、一德三书院会录序》云："首肃规，规肃而敬业矣；而时警之难，故次颂警；道德一则风俗同，善其□也，故正俗次之；创造之难往矣，而难守成，匪难于守，其所创造也者，以建置、纪述终焉。录凡五章，章各有引。"据此，此录分"肃规、颂警、正俗、建置、纪述"五章。

《道东书院志》一种

江西安福县，刘淑唐撰，卷数不详，存

道东书院，在安福县治东，万历二十一年（1593）刘淑唐建，万历三十二年（1604）周懋相迁建。乾隆《安福县志》卷十九王时槐《道东书院记》云："吾邑东里之有道东书院也，始于万历癸巳大尹养冲刘君，皆乡同志共成之。岁集邑之先达英贤，相与砥切于正心修德、端论厚俗之学。……岁甲辰，鹤峋周君以读礼家居，乃躬历近地，纵览其胜。越半里许，得夷旷之壤名曰沙园，询之形家，质之士友，皆以为吉，乃谋之养冲君，欣然有当于中也。……乃移旧院于兹地。中为讲堂，后为会馔堂，前为门庑，左右协厅各五。规制宏备。经始于是年九月，成于十二月。"刘养冲名淑唐，养冲为其号，安福东乡阳屯人，万历癸酉（1573）举人，尝任祁阳县令，归乡后倡讲学，殁祀道东书院。书院建成后之七年，刘淑唐作志。同治《安福县志》卷十七《艺文》王时槐《道东书院志序》云："万历癸巳，东乡建道东书院，岁集四方贤士讲肄其中，时槐得乐观其成，追陪群彦之后，一登其堂而请正焉。辛丑（1601）秋，养冲刘君贻书，示以志草，属时槐为序。不得辞，乃僭为之言。"是志体例、内容不详。康熙《安福县志》卷一《建置志·书院》载："院田粮，载《道东志》。"同治《安福县志》卷十一载："据《道东书院志》载，刘肇衮栎冈人。《复真会册》载下南乡厚村人，讹。"据此，《道东书院志》内应有《院田粮》《人物》诸目。又按，同治《安福县志》卷十二《人物·孝友》载："高之驹，字驰凤，嘉林人，国学生，州同职。年十五随父蒸以选拔廷试，父卒于京。……族祠毁八十余载，捐赀倡建，敛租充祭，复倡修道东书院，重订院志。"（第233页）按，据安福县县志办公室姚义兴先生说，曾在安福县私人藏书家处见《道东书院志》，但不知是刘淑唐明志，还是高之驹的清代志。

《明新会志》一种

江西永新县，余懋衡撰，卷数不详，佚

康熙《婺源县志》卷十一《艺文》："《明新会志》，余懋衡。"余懋衡，字持国，号少原，徽州府婺源县人，万历壬辰（1592）进士，授永新令，遂创明新书院，敦请邹元标、刘元卿等人讲学其中。邹元标《愿学集》卷五《明新书院记》载："禾川余侯嘉与邑人士，黾勉明德，吉郡诸缙绅先生知学者，侯皆礼而致之。丁酉（1597）春，予始获偕诸长老同盟至。是日，簪裾云集，歌咏盈野，盛矣！□罢，各充然有得，谓昔兴文馆僻而不便来学，请更诸爽垲者。侯乃以旧簧宫隙地新辟公馆者分其一，请于当道，当道报曰可。颜曰明新书院。"据此，明新书院建于万历丁酉（1597）。据同治《永新县志》，余懋衡任永新知县在万历二十二年（1594）至二十六年（1598）间，故此志之纂，当在万历二十五年（1597）、二十六年之间。据道光《婺源县志》卷十五《儒林》，崇祯间，诏复余懋衡官，部覆以"理学节概，远溯紫阳遗范，近在邹（元标）、冯（从吾）伯仲间"，可见其学之大概。

《郑溪书院志》一种

江西永宁县，龙遇奇纂，卷数不详，佚

郑溪书院在江西吉安府永宁县，龙遇奇（1571—1620）[①] 创建。邹元标《愿学集》卷五《郑溪书院记》载："先是，永新少原余侯（懋衡）倡明新会于禾川。诸在座者曰：'宁与永新，兄弟之国，冠带之盟，惜不得与其间。'众金谓其邑人物淳庞、山川卓诡，必有明德君子应时起者。乃不久而今侍御紫海龙公起，秉质清淑，操行纯粹，自为令以至巡方，皆以学与士民相为煦沐。……会公报命还朝，乞归。日与里父老子弟游，察其朴而易入也，与之语学，诸父老子弟听公教指，相率捐金助公创谈学馆于郑溪之墅。万山萃崒，一水潆洄，雅称胜地。"冯从吾《少墟集》卷十三《郑溪书院志序》载："岁丙辰（1616），（龙遇奇）按秦归，创建郑溪书院。郡邑同志讲学其中，甚盛举也。南皋邹公为之记，而复性堂公自为记。今按淮归，纂志以垂不朽，而函书命余为序。"据此，郑溪书院之建当在万历四十四年丙辰（1616）。书院志为龙遇奇纂。黄虞稷《千顷堂书目》卷八载："龙紫海，《郑溪书院志》。"龙遇奇，字才卿，号紫海，万历辛丑（1601）进士，历官金华知县、监察御史，喜讲学，巡按陕西时尝与冯从吾讲学，著《圣学启关臆说》三卷。万历四十六年（1618），龙遇奇巡盐，奏立盐政纲法。又据《四库全书总目·愿学集》八卷条，《愿学集》乃龙遇奇巡淮盐时所刻，序中有题为"己未（1619）"者，则万历四十七年（1619）龙遇奇仍在巡盐任上。冯从吾称其"按淮归"后纂志，则书院志既可能纂成于万历四十七年，更可能纂成于龙遇奇逝世当年，即万历四十八年（1620）。

[①] 《万历二十九年进士履历备览》（天一阁藏明代科举录选刊，宁波出版社 2007 年版）："龙遇奇，□华，易三房，辛未（1571）三月十七日生，永宁人。"（第 15 页）据此，龙遇奇最初有一字，后来改字"才卿"。

《怀玉书院志》一种

江西玉山县，夏浚纂，八卷，佚

怀玉书院在江西玉山县怀玉山之宝刚峰麓。宋儒朱熹尝讲学于此，后来有司及门人扩而大之，置田以供四方来学者，门徒日众。宋末，书院废，为僧人所据，入明后历有兴建之举。嘉靖三十三年（1554），江西提学副使王宗沐废寺，檄府县兴复。嘉靖三十七年（1558），书院建成，一仿白鹿洞规制，有崇圣殿、崇贤祠、报德祠、明德堂、易简堂、敬一楼、居仁斋、由义斋、忠信二号舍诸建筑，院田三十三顷有奇。此后，书院屡请钱绪山、邹守益、王畿等讲学，习称怀玉大会。此志为夏浚所纂。同治《玉山县志》卷八《人物》载："夏浚字惟明，号月川，嘉靖进士，授海盐令。……擢广西参政。致仕家居，著有《月川类草》《怀玉书院志》。"同书卷九《艺文》亦载："《怀玉书院志》，明夏浚撰。"夏浚有史才，《明史·艺文志》另著录夏浚《皇明大纪》三十六卷，而祁承爜称其于万历四十六年二月初三日获书《皇明大政记》六卷，以补之前所得之陶别驾处之残阙十六卷之本，称该书"考据详核，信而足征"，故夏浚为"本朝一良史也"①。按，夏浚为嘉靖己丑（1529）进士，之前尝入学南雍，师湛若水，又曾问学于王阳明。嘉靖《邵武府志》有夏浚序，署"嘉靖癸卯（1543）秋八月辛丑赐进士第中顺大夫奉敕视学福建按察司副使玉山夏浚书"，则夏浚曾任福建提学副使。斯志体例，夏浚《月川类草》卷五《叙怀玉书院志目并凡例及八志小叙》言之颇详："建置实托于名山，故首志山川；自宋儒创建草堂，嗣复拓之为书院，中兴兴废废凡几，而道之隆污、政之修堕系焉，故受之以沿革；礼，为学者动必释奠于先师，而后行事，故受之以祀典；建事必重始谋，故受之以院牒；养士必有所资，故受之以院田；士有所养矣，必学于古训乃有获，故受之以经籍；教规、文翰，皆以羽翼经籍而匡佐名教焉者，故受之以教规、文翰终焉。"据此，该志分山川、沿革、祀典、院牒、院田、经籍、教规、文翰八门。书院

---

① 祁承爜：《澹生堂集》卷十三《戊午历》，北京：国家图书馆出版社，2012年版，第390页。

志成后，夏浚曾将此志付邹守益检阅并请序。《月川类稿》卷十《简邹东廓先生二》："山院志稿，烦检。……山院志序，颙人拜领。"《邹守益集》（董平编校，凤凰出版社 2007 年版）卷四《怀玉书院志序》盛赞书院之形胜，亦叙及志之大概："庚申（1560）之春，绪山子复约于怀玉，同志自远而集凡百余人。……予谒书院多矣！白鹿幽而境未爽，石鼓奇而基未弘，岳麓壮而局未端，兼之者其怀玉乎！……月川宪学志以垂来范，凡八卷。"八卷之目，与前引夏浚所称八志小例同。邹守益此序，意味着当嘉靖三十九年（1560），邹守益赴怀玉会时，已见夏浚所纂之书院志，故此志之纂当在嘉靖三十七年（1558）至嘉靖三十九年（1560）之间。此志已佚。陈谷嘉、邓洪波《中国书院文献书目提要》及李才栋《江西古代书院研究》（江西教育出版社 1993 年版）皆称有钱德洪纂、邹守益序之《怀玉书院志》，当误。

《象山书院录》一种

江西金溪县，程秀民纂，卷数不详，佚

此录所记，乃金溪县象山书院。宋儒陆九渊号象山，故其讲学遗迹多有以象山名者，其间最著名者为贵溪县之象山书院。陆九渊尝讲学于贵溪县南三峰山下。宋绍定四年，提刑袁甫具疏请于朝，即其地建书院。理宗赐额"象山书院"。入明以来，贵溪象山书院经江西提学李梦阳之手，规模渐大，故后来论象山书院者多指贵溪象山书院。然而，陆九渊故土金溪县有象山书院，祀象山，以杨简、傅子云配。陈九川《明水陈先生文集》卷七《叙象山书院录后》（丙申 1536）云："慨夫象山书院东南洙泗而复鞠为禅居，庸非吾徒之耻哉？其地今属贵溪，窃尝窥恢复之而未有所遇。今三衢程毓贤氏之为金溪也，始创书院于南坰而复招相释奠。……录成，后此以答程侯之嘉命。"陈九川此序，于史实不合者有两处，大概是没有亲见书院，而只是因人请托而为序。其一，金溪象山书院乃在县西二里外之刘鹅墩，而非南坰；其二，创建书院并纂辑《象山书院录》的金溪知县程秀民字"天毓"，而非"毓贤"。王昶《天下书院总志》载："象山书院，在县西门外二里，明嘉靖年间知县程秀民以西升废寺改祀象山先生，两傍翼以号舍，栖来学者。"嘉庆

《西安县志》卷三十四《人物·文苑》载："程秀民，字天毓，号习斋。"《嘉靖十一年进士登科录》亦称程秀民"字天毓"。程秀民中嘉靖十一年（1532）三甲进士，授金溪知县，官至云南参政。据说，"父老言治金溪者，以秀民为最"。官湖广按察副使时，程秀民建清献书院于衡山，祀宋赵抃；知金溪时，程秀民建象山书院，置学田以给廪饩，复辑书院录。明人王萱《象山书院录序》云："嘉靖壬辰（1532），三衢程侯辱临我邑，景行前修，表章正学，乃大建书院于郭之南，专祀先生，而尊崇之盛始得视建安焉。……书院录成，侯属以序。"① 时程文德过金溪，得亲睹斯录。程文德《程文恭公遗稿》卷十三《象山书院录跋》载："象山书院录成，迁客适归自岭南。道金溪，思先生故里，慨然以吁。顾问仆夫祠墓所在，瞠然莫能对也。已见栋宇一区，翼然道左。问之，曰：'此象山书院也。'亟往瞻拜，则程侯所新创，而亦莫可稽也。比至，侯出示录。乃知建置之由焉，知叙述之备焉，知赋颂之侈焉。"按《松溪程先生年谱》，程文德于嘉靖十四年（1535）九月十二日辞广东信宜书院，十二月初五日抵家。以此推论，程文德见到《象山书院录》，当在嘉靖十四年。据此，此录纂辑当在嘉靖十一年至十四年之间。

《丽阳书院志》一种

江西乐平县，作者、卷数不详，佚

丽阳书院在乐平县治东，万历二十四年（1596），知县金忠士建。初，乐平有宋杨简祠，后圮。万历乙酉（1585），钟化民新其祠，与史桂芳（惺堂）、夏子羽讲学其中。知县金忠士以祠隘不能容，为建书院。金忠士自记云："壬辰（1592）春，不佞叨第，需次天曹，分符得乐平。……思与民更始，先奉圣谕以开民心，次讲明正学以端士习。中复杂为诗歌，刊布四境，令家喻户晓，以期不负圣天子委任至意。期年而后，士民骎骎向善矣。比岁乙未，不佞入计还，觉习俗渐移。……遂上其事于监司，既蒙俞允，且锡冠

---

① 陆鸿模等修：《衢江下睦陆氏族谱》，清光绪二年木活字本；转引自上海图书馆编，陈建华、王鹤鸣主编，顾燕整理：《中国家谱资料选编教育卷》，上海：上海古籍出版社，2013年版，第390页。

服奖之。邦本诹吉鸠工聚材，略基址，具畚筑，平板干。甫星周而工告成，……虚院名以请。余不敢私，题曰洎阳书院，从其地而名也。……经始于乙未年（1595）八月十三日，落成于丙申年（1596）九月十二日。"书院规制壮丽，有明德堂、主敬轩、存诚斋、慎独斋及寝房三十六间。据清初董秉纯《春雨楼删稿》卷一《乐平县修慈湖书院记》，明人陆起龙曾为洎阳书院作记，"溯源于慈湖之教，序大夫之造士与所以讲学甚详且悉"。后人慕金忠士之德，易名"丽阳"。据清初翟凤翥《涑水编》卷一《复洎阳书院序》，书院当时为"讲乡约、育人才地"，而天启间赖王邦本之后人捐金输价而不毁。金忠士，字符卿，号丽阳，徽州府休宁县古楼人，万历二十年（1592）进士，官至右佥都御史巡抚延绥，所著有《旭山集》。叶向高《苍霞续草》卷四《送藩伯丽阳金公晋秩兵备榆林序》称其为"名御史"。此志不知为何人所纂，然晚明名儒史桂芳有序。史桂芳《皇明史惺堂先生遗稿》卷二《丽阳书院志序》云："今金丽阳以兴起斯文为己任，乐平士人向学者日众，祠隘不能容。余门生王邦本捐六百金为书院。……万历二十五年八月二十六日。"据此，此志约纂成于万历二十五年（1597）。

《荣塘龙光书院志》一种

江西丰城县，徐即登纂，四卷，佚

黄虞稷《千顷堂书目》卷八载："《荣塘龙光书院志》，四卷，在丰城。宋绍兴时里人陈氏构，万历壬子翰林院检讨丘士毅远程。"据道光《丰城县志》卷五，丰城县儒学西有龙光书院，始建于嘉靖年间，殆即下文所言潘姓知县所建者，而王昶《天下书院总志》称"嘉靖十年知县沈熹改建于儒学西"。[1] 然荣塘龙光书院为陈氏所建，非官府所建，且不在县城，而在距县城二十五里之登仙乡。据此，明代丰城龙光书院于嘉靖年间一度迁建于县城，后乃回迁至荣塘。此志所记，乃荣塘龙光书院。道光《丰城县志》卷二十《艺文》徐即登《重建龙光书院记》云："荣塘为古丰治地，诸山前峙，一水

---

[1]　王昶：《天下书院总志》，台北：广文书局，1974年版，第281页。

绕流，蔚然一方形胜。乃环荣塘而居者，陈氏也。荣塘之陈氏，盖自晋以至于今，称故家也。陈之先自俛者尝捐己赀以创书院，其后国学录宗强偕其兄必强复增廓之，充以义田，联以经师。四方来学者胥馆谷焉，甚盛举也。书院初名义学，其龙光则自宋高宗赐额始也。中祀先师神像，亦自请于高宗，从阙里来者也。……历世久远，累遭兵燹，屋宇鞠为蔬圃，而圣像岿然独存。俛之裔孙泰，构别馆祀之。嘉靖初，潘令颖奉上檄，改建书院于今邑中，迎祀圣像。无何，易主之议行，陈氏复迎回于旧馆。……别馆之祀，陈氏终嫌其弗称也。于是良策等十有二人酿金举息，十年间累至数百，乃庀材鸠工，即故址复建书院而祀先师于其中。中为庙四楹，覆以龛室，妥圣灵也。前为门，题曰龙光书院，仍旧额也。后为讲堂，匾曰仰止，示所宗也。左右列号舍若干间，便民业也。把山带川，缭以周垣，护以松竹，仿佛昔日规制之盛。始自戊申年（1608）之八月，迄于十有一月而功告成。乃卜于明年仲春之上丁移奉圣像于庙，敦不佞登主其祭。"据此，荣塘龙光书院始于宋代陈自俛，朱熹尝为陈自俛之龙光书院讲堂取名"心广"，并作《龙光书院心广堂记》，明代陈氏后人复建于万历戊申年。书院有志，丘士毅序。丘士毅，《龙光书院志序》云："己酉（1609）之春，匡岳徐师会讲于此，士毅从焉。……方今承止修之学而得其宗者，吾师也。吾师还里之年，适书院落成之日，于是俨然主閟以妥圣灵，四方同志不谋而集。……陈氏子孙肯堂，以绳祖烈宾礼师儒、羽翼圣统，行当有以文章道德振扬令绪者，兹可券而俟也。事具吾师自为记中。已复胪列故实，而自为之志，命士毅序之。"据此，此志为徐即登纂。其编纂时间，当在万历三十七年（1609）左右。按，徐即登，字德峻，号匡岳，丰城人，万历癸未（1583）进士，官至福建提学副使，喜讲学，初从徐鲁源，以求仁为宗旨，后乃从李材讲止修之学，发明师门之旨甚多，著有《来益堂稿》八卷。

《经归书院录》一种

江西都昌县，陈伦纂，卷数不详。佚

经归书院在江西南康府都昌县治西南里许，始建于元至顺年间陈澔。[①]
陈澔，字可大，号云住、北山叟，学者称经归先生，故书院或名云住。明弘
治十五年（1502），江西提学副使邵宝命知县王珀建祠致祭，仍称经归书院，
后递有增修。书院有录。陈谷嘉、邓洪波《中国书院文献书目提要》著录：
"《经归书院录》，不着撰人姓氏。书当成于明代。……都昌陈氏宗谱卷首之
二载有《经归录》，或即此书。"今陈氏宗谱笔者未见。考同治《都昌县志》
卷九《儒林》载："陈鸾，经归先生七世孙，天性醇谨，读书好礼，恂恂夔
夔，见者莫不器重，谓信秉礼家子弟。正德初，提学李梦阳召而亲教之，纳
诸生中，使周旋揖让听讲。子伦，亦彬彬儒者，能以礼世其家学。提学陈海
山、郡守佘应桂给以田，俾业洞学，辑有《经归书院录》（刘稿称据黄坤书
院录序补）。"同书卷十一黄坤《经归书院录序》云："（陈澔）先生生于宋
季，历元至明成化间几三百年，无有祠之者。祠始于宏〔弘〕治辛酉宗师二
泉邵公也。……嗣是则中丞王公克斋并迁今基，新构者则先令杨公昱、后令
区公益也。梓录者，嗣孙伦。伦父鸾、坤及见之，与伦皆恂恂夔夔信秉礼者
子弟。隆庆庚午宗师海山陈先生、郡守仰山佘先生以田给之，俾业洞学。同
学诸生给租养，皆灼然录中矣。"考同治《南康府志》卷十二，佘应桂于隆
庆年间任南康知府。故此录作者当为陈伦，时间约在隆庆或万历初年。此录
于清初犹存，文德翼曾亲见。文德翼《求是堂文集》卷二《经归书院录序》
云："经归书院录者，录祀陈云住先生于乡，冠以残篇断碣，而士大夫歌泳附
之者也。……德翼□□之春，客于昌邑，幸与先生之十四世孙素诚、素养游，
得览前录，备知所以兴废。"文德翼，字用昭，江西德化人，崇祯七年
（1634）进士，授嘉兴府推官。据同治《都昌县志》卷十一，文德翼此序撰
于康熙五年。

---

① （正德）《南康府志》卷四《书院作陈澔》。

《岭表书院志》一种

广西梧州府，陶谐纂，六卷，佚

朱睦㮮《万卷堂书目》卷二载："《岭表书院志》，六卷，陶谐。"岭表书院在广西梧州府治东南，创建于明嘉靖年间。至于其创建的具体时间，同治《梧州府志》的记载互相抵牾。卷五《公署》载："察院行署，在城内东南，本总镇旧署，嘉靖十八年（1539）改为岭表书院，于院建凤栖亭，三十一年（1552）改为察院行署。"卷六《学校》则说："岭表书院，在府治东南，明嘉靖十一年（1532）都御史陶谐因总镇府旧址改建"。比较而言，后者的记载更可信。岭表书院为时任兵部侍郎、左佥都御史总督两广军务陶谐所建，是无疑义的。据应槚、刘尧诲《苍梧总督军门志》卷一，陶谐以嘉靖十一年任，至十四年（1535）以忧回籍。因此，岭表书院应当创建于嘉靖十一年，而不可能是嘉靖十八年。万历二十七年《广西通志》卷十二亦载："岭表书院，在梧州府治东南，旧为太监府。嘉靖九年裁镇守内臣，十一年都御史陶谐建。今为察院。"书院创建后不久，即于嘉靖三十一年改为察院公署，后不复重建，存世仅二十年。书院存世虽短，然有书院志之创，亦缘其为陶谐所重，又为阳明门人程文德讲学暨两广生员肄业之地。程文德官至吏部侍郎，德行、文章为世所重，为安福知县时尝修复古书院，见前文。同治《梧州府志》卷十五《寓贤》载："程文德，字舜敷，永康人。……官翰林编修，以言事讦累谪广东信宜尉。时督府陶谐建岭表书院于苍梧，集两粤士就业，延文德典教事。诸生从游，成立甚众。植竹院后，作栖凤台。"此时程文德谪于岭南，遂受陶谐之命主教岭表书院。姜宝《松溪程先生年谱》载："（嘉靖）十二年（1533），先生三十七岁，二月十二日自潞河发舟取道归省，十二月十九日至梧州，谒总督军门陶庄敏公谐，公留以主岭表书院。……序岭表书院志。……十三年甲午，先生三十八岁，九月二十九日辞岭表书院至信宜。"据此，此志当纂辑于嘉靖十二年。程文德《程文恭公遗稿》卷六《岭表书院志序》云："岭表自秦汉而来，书院未之前闻也。继自今作人者常有若南川公者乎？翊而振德，常若今日之同志乎？……志既成，庸属诸末简以为二三子勖。"南川公即陶谐（1474—1546），字世和，号南川，浙江绍兴府会稽县人，弘治九年（1496）进士，官至兵部左侍郎，著有《南川稿》《陶庄敏集》。焦竑《国史经籍志》卷五还著录陶谐《南川奏议》二卷。

《道乡书院志》一种

广西平乐县，龙大有纂，卷数不详，佚

道乡书院，在广西平乐府北关外，明嘉靖九年（1530）平乐知府龙大有建。初，宋人邹浩（字志完，号道乡）谪昭州。嘉靖六年（1527），兵备副使李如圭获见道乡书院断碑，而书院始建之地及兴废年月不可考。嘉靖九年，提学道黄佐属知府龙大有建书院，以祀邹浩，中为堂五楹，左右号舍二十楹。道乡之名，则源出于邹浩之号。书院在明万历年间改为七贤祠，后废，清代重建，乾隆年间为粤西四大书院之一。光绪《平乐县志》卷十《文艺志》张治《道乡书院记》载："嘉靖庚寅（1530），平乐道乡书院成，其守龙子道亨走使以书告予。……先是浔涯李公掘地得断碑，识其刻曰道乡书院，意前此其有建乎！兴废不可考矣。会董学泰泉黄公按行郡，以命大有曰：'惟汝庸揭潜昭德，以程有象，俾正厥向往亦汝庸。'大有曰：'唯。'乃访公之故居，披厥蕴崇，得旧址爽垲可屋，佛宫道舍与祀佛典者，毁之。厥赀可材。……乃慕义劝分角费程力，号工授方，五月而役成。"故万历《广西通志》卷十二《学校》亦称此院乃"嘉靖九年（1530）提学佥事黄佐建"。书院志为龙大有所纂。乾隆《长沙府志》卷四十九《艺文·著述总目》载："龙大有，茶陵人，著《平乐政事录》，……，《道乡书院志》。"龙大有著有《明道书院纪》，生平见前述。观张治之记，抑"汝庸"亦龙大有之字号？龙大有与安福名儒邹守益曾共事于广德州。嘉靖五年至六年，龙大有任广德知州，嘱邹守益修《广德县志》，未终稿。邹守益《东廓邹先生文集》卷十一有《赠龙道亨之平乐四首》诗，其中云："道乡亢吾宗，忠简昌吾乡。"则龙大有莅任之初，邹守益已提及邹浩，容有后来建书院以祀邹浩之举。据邹守益《东廓邹先生文集》卷二《广德州志序》，龙大有嘉靖丙戌（1526）任广德知州，次年即"陟南都以去"。据雷礼《国朝列卿纪》，龙大有于嘉靖七年（1528）任平乐知府，十二

年（1533）升广西副使。然而，雍正《广西通志》则称龙大有于嘉靖十年任广西兵备副使。大致推断，此志当成于嘉靖九年至嘉靖十年间。光绪《平乐县志》卷十《文艺志》龙大有《谒七贤祠有感》："异代远闻风，何期今拜公。百年生气在，千古此心同。寒色孤地月，清声五岭松。高山怀仰止，祠近凤凰峰。"据此，则书院当时已有"七贤祠"之称，似不待张居正毁书院之后！此志不存，卷数不详。

《道乡书院志》又一种

广西平乐县，莫华纂，一卷，佚

道乡书院始末，见前述。朱睦㮮《万卷堂书目》卷二载："《道乡书院志》，一卷，莫华。"莫华生平不详。光绪《平乐县志》卷七《选举志·举人》载："莫华，嘉靖十六年（1537）丁酉科，澄迈知县。"光绪《澄迈县志》卷六《职官志·知县》载："莫华，……嘉靖二十七年（1548）任。"当嘉靖九年（1530）书院初建之时，莫华当为平乐县诸生。抑此志乃莫华承龙大有之意而纂，而与前述龙大有《道乡书院志》实为一种？史料欠缺，难以考实，姑两置而并存之。

《仁文书院志》一种
又名《天心书院志》

浙江嘉兴县，岳元声、岳和声纂，十一卷，存

此志所记乃浙江嘉兴县仁文书院，非江西吉水县仁文书院。前此论著多误。此志现存，上海图书馆藏有明万历刻本，且收入中国历代书院志，原不应有此错误。万历刻本题"岳元声编，岳和声订"，分形胜、建置、先儒、院规、官师、艺文、祀典、书籍、公移、院田、讲义十一门，前有姚思仁序、岳元声答问。姚序曰："余同年双乐水部诠次其事。"双乐水部，即岳元声，字之初，[1] 号石帆，万历十一年（1583）进士，曾任工部都水司郎中，官至

---

[1] 《万历十一年进士登科录》（天一阁藏明代科举录选刊，宁波出版社2007年版）："乐元声，……字子初，行一，年二十二，正月十三日生。"

南京兵部侍郎。任郎中时，岳元声极论赵志皋、石星误朝鲜事，遂被赵志皋于万历乙未（1595）借机勒令致仕，居家讲学二十五年，以毋自欺为宗旨。岳和声乃元声胞弟，字之律（陈田《明诗纪事》称其字尔律），号石梁，万历二十年（1592）进士，官至佥都御史巡抚延绥，另著有《共学书院志》，见下文。书院在浙江嘉兴县，万历三十二年（1604），嘉兴知府车大任、嘉兴知县郑振先创建，推官曹光德为置义田，奉祀薛瑄、胡居仁、陈献章、王守仁四先生，有仁文堂、崇贤祠、有斐亭、放鹤亭诸建筑及号舍。车大任《仁文书院记》释书院之名云："自其浑然全体而言谓之仁，自其灿然昭列而言谓之文。仁不可骤至，文先之；文不可忘本，仁主之。仁文非有二也。"[1] 车大任，字子仁，号春涵，湖广邵阳人，万历八年（1580）进士，官至江西参政。郑振先，字太初，武进人，万历二十三年（1595）进士，官至礼部主事。教谕诸元道亦有功于书院。光绪《嘉兴府志》卷四十二载："诸元道，字留方，余姚人，万历举人，任嘉兴教谕，……属郑令创仁文书院设义田，以垂永久。"书院又名天心书院。清儒张履祥《杨园先生全集》（陈祖武点校本，中华书局 2002 年版）卷三十三："嘉兴作天心书院，缙绅岳石帆纠人士讲学其中。"康熙《秀水县志》卷二《学校》载："仁文书院，一名天心。"故《仁文书院志》又名《天心书院志》。黄虞稷《千顷堂书目》著录《天心书院志》一种，称"岳和声撰"，实即此志。此志之编纂时间，当在万历三十二年（1604）书院建成以后。

《虎林书院志》一种

浙江钱塘县，聂心汤，一卷，佚

黄虞稷《千顷堂书目》载："聂心汤，《虎林书院志》，一卷。"虎林书院，在浙江杭州钱塘县清河坊北，万历三十六年（1608）、三十七年（1609），浙江巡抚甘士价建，钱塘知县聂心汤经纪其事。康熙《钱塘县志》卷四《学校》聂心汤《虎林书院记》载："明初儒道大典，其最著者为王文

---

[1]   陈镜录：《明代书院讲学考》卷五，浙江嘉兴府。

成公，浙产也。其后先公兴者，彬彬多礼乐之士，而会城讲院未辟，四方学者至未有宁宇。会前抚台虔南甘公节镇兹土，……探讨文成之学，召小子心汤同诣勋贤祠，诸生会讲，观者如堵。祠故天真书院也，去城二十里而遥，舍傍无居息处。已又会诸生于钱塘邑庠尊经阁，而地隘弗称。乃卜讲堂于城中，得抚院旧府，轩敞开旷，于会讲居息咸宜。于是檄藩臬郡邑谋改建焉。命心汤拮据其事，受命兢兢，……前为大门楼，署曰虎林书院。中因仪门趾改建明贤堂，礼国朝两浙理学诸公，左右仍为门，延以修庙，中为疑道堂，堂后为友仁堂，重门洞开，可坐数百人，以便会讲。堂之左右为门，曰左绳，曰右准，各建三馆，各有堂有室。缭以周垣，以待诸士肄习及四方来学者。最后为藏书楼，贮经史语录。……经始戊申（1608）嘉平之月，落成于己酉（1609）春仲。"所谓抚院旧府，本为元平准行库，明正统以后镇守太监多驻于此，故名。改建后的虎林书院，有明贤堂、凝道堂、友仁堂、藏书楼诸建筑，无锡顾宪成为之撰记。顾宪成《泾皋藏稿》卷十一《虎林书院记》云："中丞紫亭甘公丙午（1606）持节来抚浙。……时诣天真书院而论学焉，已而以为是去省城稍远也，再诣钱庠尊经阁，又以为是稍局。……因议改建，佥曰莫若旧时抚治便。公往阅之，信，遂改为虎林书院，而属钱塘令聂侯经纪其事。"然书院虽讲理学，亦关注举业，而甘士价亦时集诸生会课于此，存世有《虎林会课》，万历三十六年（1608）刻本，存美国国会图书馆。[1] 甘士价，字维藩，号紫亭，江西信丰人，万历五年（1577）进士，历官监察御史，官至浙江巡抚。聂心汤（1576—?）[2]，字纯中，新淦人，万历甲辰（1604）进士，令钱塘六年（1605—1610），升工部主事，历营缮司郎中、赵州知州。斯志撰成时间，当在万历三十七年（1609）至三十八年（1610）间，即书院建成之后，聂心汤离任之前。

---

① 范邦瑾：《美国国会图书馆藏中文善本书续录》，上海：上海古籍出版社，2011 年版，第 158-159 页。

② 《万历三十二年进士履历便览》（宁波出版社 2007 年版）："聂心汤，□□，易五，丙子八月十五日生，新淦人。"（第 14 页）

《西湖书院志》一种

浙江仁和，徐奇纂，卷数不详，佚

西湖书院在南宋为太学，在元为书院，以刻书称于世，明洪武十三年（1380）改为仁和县学。嘉靖《仁和县志》卷五《学校》载："（洪武）十二年，教谕沈尊、训导卜野、瞿佑病其（旧学）卑隘，知宋太学在前洋街者入元改为西湖书院，元亡书院亦废而庙学尚存，尊等言于大府，改建仁和县学。"此志洪焕椿先生《浙江方志考》著录，以民国《杭州府志》卷八十七《艺文》""《西湖书院志》，南京兵部尚书徐琦良玉撰"之记载为实，而推断雍正《浙江通志》卷二百五十四著录此书时"误琦为奇"。陈谷嘉、邓洪波《中国书院文献目录提要》沿其说，且言"永乐年间，琦成此志，纪元代西湖书院之盛"。按，徐琦（1386—1453），字良玉，钱塘人，以祖徐德谪戍宁夏，生于戍所，永乐十三年（1415）中进士，官至南京兵部尚书，卒谥贞襄，前后历事五朝，两使安南，于宣德八年以使安南功落戍籍，又请天下卫所视府州县例立学，盖亦留心学术者。然嘉靖《仁和县志》卷十三《经籍》载："《西湖书院志》，仁和徐奇编，孔氏孙公镇刊。"黄虞稷《千顷堂书目》卷八："徐奇，《西湖书院志》。仁和人。"康熙《仁和县志》亦载："《西湖书院志》，仁和徐奇编。"雍正《浙江通志》卷二百五十四之记载，盖援引嘉靖《仁和县志》之语——"《西湖书院志》、嘉靖《仁和县志》。仁和徐奇编"。此数种记载皆言"仁和徐奇"，而不言"钱塘徐琦"或"尚书徐琦"，则民国《杭州府志》之记载反成孤证。考仁和县确有徐奇其人。嘉靖《仁和县志》卷九《人物·文学》："徐奇，字伟卿，号中谷，仁和义和坊人，徙居武林门外宝庆桥东。为人古朴，诸小学及纪传等书知训解，颇善古文，不慕荣富，隐居教授。尝与修两朝实录，素好作诗，宗尚陶靖节，是以其诗平稳浅显，句亦老成易晓。常与士大夫交相唱和，求题卷册者日无虚焉。"所谓"修两朝实录"，在明代实录修撰史中为一种特殊说法，指宣德初年同时开修太宗实录及仁宗实录，或天启年间修万历、泰昌两朝实录。此当指前者。张辅在实录修成后上表皇帝，说："宣德元年五月，敕修两朝实录。"嘉靖《吉安府志》卷十《人物》称王直"初与修之两朝实录",后来又参与"宣宗实录"。袁袠《皇明献实》称李时勉"预修两朝实录"。黄润玉《宁波府简要志》称周翰尝"预修两朝实录",皆指此而言。然而,《太宗实录》卷首所载"修纂官"名氏中却未见"徐奇"。估计所谓徐奇与修之两朝实录,大概是为地方政府收集整理呈报中央修纂实录的地方采访册而已。然徐奇既与修两朝实录,当为精通仁和之地方典故者,则编辑《西湖书院志》亦似不难。那么,《西湖书院志》之作者究竟是钱塘徐琦?还是仁和徐奇?笔者以为应该是仁和徐奇,原因如下:第一,钱塘徐琦官至尚书,若有院志之作,传记中当有体现,即使失载,一般情况下很难误为"仁和徐奇";倒是徐奇缺乏显赫的地位,可能在记载流传中误作"徐琦"。第二,从时间顺序来看,嘉靖《仁和县志》、康熙《仁和县志》《千顷堂书目》在时间上比民国《杭州府志》更接近于书院志的写作年代,恐怕是民国《杭州府志》人物志中既失载仁和县徐奇,而艺文志遂将《西湖书院志》置于徐琦名下。第三,嘉靖《仁和县志》为嘉靖九年贡生沈朝宣的个人作品,较为严谨,不似集体修志粗滥,而沈朝宣亦尝修《仁和志》十四卷,于仁和人物应颇熟悉。当然,最能坐实仁和徐奇撰《西湖书院志》的关键,在于"孔氏孙公镇刊"六字。按,仁和孔姓为孔子后裔,如孔克愚、孔谟等人。"孔氏孙公镇"之"公镇"为名?为字?则不可知。遍查诸种资料,"孔公镇"事迹终无考。饶是如此,仁和徐奇作为《西湖书院志》真正作者的可能性更大。从其参与修两朝实录一事来看,徐奇活动的年代,大概在宣德年间,故《西湖书院志》亦可能编纂于宣德年间。

《瀛山书院志》二种

浙江遂安,万历志,天启志,佚

瀛山书院在浙江严州府遂安县瀛山,渊源于宋詹安之双桂堂。淳熙年间,詹安孙詹仪之以理学显,与朱熹、吕祖谦等人讲学,于朱子格致一义有商补之功。朱熹诗句"问君哪得清如许,为有源头活水来",即咏双桂堂旁之方塘。明隆庆二年(1568),周恪,为遂安知县,次年登瀛山,访其遗址,遂命诸生方应时、方世义修复。工自七月二十八日始，八月二十九日竣，有格致堂、登瀛亭、二贤祠二十四楹，缭以周垣，额曰"瀛山书院"。后人追念其创建之功，增祀周恪于书院，改二贤祠为三贤祠。周恪，字有之，号少峰，宁国府太平县人，阳明门人周怡之弟，亦笃信良知之学。王畿《瀛山书院记》云："不肖求友一念，老而弥切，何时策杖瀛山，相与登格致堂，问活水之源，申究先师与晦翁证悟之因，以助成弦歌之化，非徒一笑而已矣。书此以为左券云。"王畿既有登临之愿，周恪遂于隆庆四年（1570）延请王畿赴瀛山书院讲学。稍后，钱绪山应方应时、方世义之请，亦讲瀛山书院，撰《三贤祠记》，以"诸生服膺朱子，不泥其中年未定之说，而复因周子之政以追原王门之学"为劝。此二种记文，入清后被当地学者视为阳尊朱子而阴奉阳明之文。方迈在《读瀛山书院及三贤祠记》中说："瀛山书院为紫阳讲学之所，而作记之者王龙溪、钱绪山，则皆阳明之徒，与紫阳为敌者也。故其记中之语，阳尊紫阳而实阴奉阳明，所谓微其词以见意者，毫厘千里之辨，安可习之而不察乎？"陆登鳌《瀛山书院记辨》亦谈及此。现存四刻《瀛山书院志》不载王畿、钱绪山之记文，良有以也。民国《遂安县志》收入二种记文，于今日学者明了当时阳明学之扩张，不无意义。[1]书院万历间遭撤门额，而侥幸不毁，后屡经修缮，入清之后规模渐大。今考瀛山书院有志数种。章法《四刻瀛山书院志跋》说："《瀛山书院志》，始刻于方以中先生；再刻于愚谷方公；三刻于昭方公。今为银峰（方祖德？）、貂山诸君子所续修，而以中公裔孙绂章（方宏绥）复勤纂集，其体裁多属予友毛十三佩芳（绍兰）手定。"《四刻瀛山书院志》今存《中国历代书院志》有乾隆三十九年刻本影印本。以下仅就其明代之两种作若干考证：

万历志，方应时纂，卷数不详。此志黄虞稷《千顷堂书目》著录。万历《续修严州府志》卷十四载："（方应时）著……《瀛山书院志》。"民国《遂安县志》卷七《人物·理学》载："方应时，字以中，锐志潜修，一宗紫阳之学，故在诸生即力请邑侯复瀛山书院，建格致堂以祀文公，举孝廉，则延

---

① 张如安：《钱德洪佚文补辑》（《中国文哲研究通迅》第 16 卷第 3 期，2006 年 9 月）引（光绪）《严州府志·艺文》之《瀛州三贤祠记》。"瀛洲"当为"瀛山"之误。

钱塘王先生汝止登格致堂讲学不辍。迨令长泰，……擢丞肇庆，……升南缮部郎。……仿文公家礼刻《复古维风录》《瀛山书院志》《读书漫兴稿》。"据《四刻瀛山书院志》所著录方应时之传记，方应时号养吾、止庵，隆庆四年（1570）举人，其学以紫阳为宗，还著有《孚格公移》。此志为方应时致仕归乡后所纂辑，有毛一公序，余炶跋。当时参与修志者有毛一公、方世教（少吾）、方世敏（愚谷）、方世效（南升）等人。毛一公，字震卿，号明斋，万历十七年（1589）进士，授汉阳府推官，擢工部给事中，以争国本罢归，里居二十余年。毛序作于万历壬寅（1602）。余炶《书瀛山志后》称："以中刻《瀛山志》将成，以书走南康，索余言为书此。万历三十年壬寅（1602）夏四月下浣之吉余炶有孚甫书于白鹿洞中。"据此，此志当刻于万历三十年（1602）。此志之体例、卷数不明。按，方世教，字少吾，尝以贡生任云南布政司都事；方世敏，字愚谷，详下文；方世效，字南升。三人皆方应时子。

天启志，方世敏纂，卷数不详。此志即二刻《瀛山书院志》，纂修于天启二年（1622）。是年，方世教捐赀修格致堂，周以垣墙，而"贡生候选训导"方世敏遂重辑院志。清代方氏后人宏绥《四刻瀛山书院志序》称："万历之志，缮部公一生精神所聚；天启之志，愚谷先生劳揣摩焉。"当时参与纂集者除方世敏外，还有贡生王国材、泰和县教谕毛国祥、邑庠生蒋干等人。顺治年间三刻《瀛山书院志》出后，此志与万历志遂为湮没，卷数及体例亦皆不可考。"中国书院文化数据库"著录此志，云："志虽不存，然世敏自订学规，分格致、立志、慎修、戒傲、安贫、会文、尊注、通务、知命、惜阴十条等反映当时教学情况的资料多保留在五刻《瀛山书院志》中。"五刻《瀛山书院志》，笔者未见，亦不知何人所续！

《安定书院集》一种

浙江湖州，胡乐心，卷数不详，佚

安定书院在湖州府治西北，祀宋儒胡瑗。宋熙宁五年（1072），胡氏门人知州孙觉上疏请建。宋神宗遂诏有司建祠，春秋致祭。淳祐五年（1245），太守蔡公节于城西报恩坊官地宏扩其制，创屋四百七十楹，置禾田一百亩。明洪武初年，载于祀典，令每岁春秋本府率僚属致祭焉。其后宣德、天顺、弘治、嘉靖、隆庆诸朝皆有修缮。同治《湖州府志》卷十八《学校》文嘉《安定书院图记》云："宋熙宁五年，湖守孙公觉，公之高第也，上疏请于神宗，建先师安定书院，帝从之。诏下有司建祠，春秋致祭。……卜地于学宫之右偏，祠堂三间，绘塑像容。前厅三间，堂名明善。东西两厢，即经义、治事之两斋也。……淳祐五年，太守蔡公节于城西报恩坊官地宏扩其制，创屋楹四百七十，置禾田一百亩，礼请双峰饶先生、九峰蔡先生讲艺。"文嘉，字休承，官和州学正，文征明次子。黄虞稷《千顷堂书目》著录此集："沈桐，《安定书院集》。"所谓"沈桐"，盖"沈桐"之误。沈氏为湖州大族，然考诸地志，有"沈桐"而无"沈桐"。乾隆《浙江通志》卷二百五十四："《安定书院集》《吴兴艺文补》，沈桐序。"董斯张《吴兴艺文补》虽作"沈桐"，而所收沈桐《陈方伯祠堂记》中则称："吾乡贤士大夫繍山陈先生税驾之明年，会指使者羊公观风于吴。羊固洛阳人，溯渊源之自，雅重先生之高，特祠于东林山之阳祀之。命不消桐为记。"记中沈桐自称"桐"，则"桐"乃"桐"之误无疑。光绪《乌程县志》卷十四载："沈桐，字时秀，号观颐，珍孙，归安籍，嘉靖己未（1559）进士。……晋右佥都御史巡抚福建。仅三月，乞归。……博闻玄览，于阴阳勾股独探其精。"又考《嘉靖三十八年进士登科录》，沈桐生嘉靖十年（1531）四月十三日，二十九岁中进士。沈桐有《观颐集》二十卷，亦不传。《吴兴艺文补》卷三十七沈桐《安定书院集序》云："弘治间，郡守何公以先生庙貌俎豆虽有司存，而体魄神灵非亲裔莫妥。檄原籍，得先生云孙某者，为置田宅，给衣巾，俾守祠墓。某再传为乐心氏某者，惧文献之日湮，与守之不易，乃裒集所藏像、赞、制、诰、铭、传、碑、记、族谱、公移之类凡若干首，总名之曰安定书院集，而问叙于余。"据此，则《安定书院集》之作者为胡氏后人"乐心氏"，而沈桐仅为序。乐心氏姓胡，名不详，其纂辑《安定书院集》之时间不详，然自沈桐生平推论，当在万历年间。《吴兴艺文补》卷三十八张朝瑞《宋登科录后序安定书院刻》自称巡守两浙时，"一刻于衢州之孔氏公署，一刻于湖州之安定书院"。则安定书院一度为刻书之场。

《崇正书院志》一种

浙江金华，胡僖、胡应麟纂，十一卷，佚

浙江金华府有二崇正书院，一在金华县，一在东阳县。金华崇正书院，渊源于元朝浙江行省所建之四贤祠，祀何基、王柏、金履祥、许谦诸先儒。明成化二年（1466），宪宗应浙江按察佥事幸访奏请，赐额"正学"。商辂《商文毅公全集》卷二十四《重建正学祠记》云："正学祠在金华郡诚东一里，郡守李嗣奉敕建，以祠先儒何文定公、王文宪公、金文安公、许文懿公。……成化丙戌（1466）李以郎官出守，首访遗迹，意图规复，适金宪辛君访按郡，守以其事白之。辛欣然曰：表章先贤，风励后学，吾辈职也，且四贤著述有功圣经，固宜从祀孔子，况书院乎？即具实以闻，诏从龟山杨氏之例立祠，乡郡春秋致祭，赐祠额曰正学云。……经始于成化戊子（1468）秋九月，讫工于是岁冬十月。"万历元年（1573），巡按御史谢廷杰增祀章懋于其中，称五贤祠。十七年（1589），知府张朝瑞廓而新之，仍称正学祠。祠后建经义、治事二堂，又建尊经阁、游息亭，外折而出曰礼门，内辟而入曰义路。堂左右分列斋舍九十八间，为郡士游学之所，名曰崇正书院。此书院于万历间为金华府著名的讲学之所，兰溪名儒徐用检尝三赴其地讲学。另，金华府东阳县东北三里处亦有崇正书院，明万历年间知县吴翰祠建，祀许谦、叶适。黄虞稷《千顷堂书目》载："胡僖，《崇正书院志》，十一卷。"万历《兰溪县志》卷五、光绪《兰溪县志》卷五《人物》载："胡僖，……所著有诗文集、书院志。"前人研究多以胡僖书院志所记乃东阳崇正书院。然光绪《兰溪县志》卷七《经籍》载："《崇正书院志》，十一卷，胡僖辑。《见金华县志》。"乾隆《浙江通志》卷二百五十四亦载："《崇正书院志》，十一卷。
《金华县志》。胡僖辑。"此志既载于《金华县志》，则书院当在金华县无疑。
按，胡僖（1523—?），字伯安，一字子祥，号公泉，嘉靖三十八年（1559）
进士，官至云南按察副使。当其为诸生时，已为邑人唐龙及提学雷礼所激赏，
其子胡应麟为著名学者。胡应麟《少室山房集》卷六十有《参知淮甸张公以
〈崇正书院志〉属予校定且命赋诗寄以七言一律》，同卷有诗《淮甸张公旧守
吾州，将由上考擢行省参知，闻余僦居武林凤驾见枉且邀饮署中，并命舟资
送京口，感其厚遇，赋谢此章》一诗。张朝瑞（1536—1603），字子桢，号
凤梧，淮安府海州人，隆庆戊辰（1568）进士，万历十六年（1588）出守金
华府。焦竑《中宪大夫南京鸿胪寺卿张公朝瑞墓表》载："（金华府）有先贤
祠曰圮，公葺之，更拓为书院，置田二千余亩，延师儒，贮载籍以教。语具
《崇正书院志》中。迁济南兵使者兼治河。……居无何，湖中民变起，上下
嚣然，复假公参知以填之。……公淮安海州人。"据此，胡应麟所谓"淮甸
张公"者，即张朝瑞。天启《淮安府志》卷十六载："张朝瑞，……所著辑
有……《崇正书院志》……等书。"据吴晗《胡应麟年谱》，胡应麟于万历二
十年（1592）游杭州，与冯梦祯、沈德符诸人为净土之会。推测张朝瑞与胡
应麟在杭州相见且以崇正书院志属其校定之事，当在此年。张朝瑞有主持修
书的习惯，在金华时曾命诸生唐邦佐等人重辑《金华正学编》，有万历庚寅
（1590）序，而对于自己所新修的崇正书院，或欲借胡应麟之编辑而增重耶？
果真如此，则《崇正书院志》当为张朝瑞主修，胡应麟纂辑，时间则在万历
二十年（1592）前后。然而，为什么诸种书目皆以为乃胡僖所纂？据《胡应
麟年谱》，胡应麟于万历三十年（1602）逝世，时年父亲胡僖八十岁。抑胡
僖哀应麟之逝，而为其续成《崇正书院志》，亦未可知！谨存疑于请，请教
方家。①

---

① 谢莺兴：《胡应麟及其图书目录学研究》（花木兰文化出版社 2007 年版）于胡应麟作品中列《崇
　正书院志》，且称："似乎父子辑、校之作，当为艺林一段佳话。"陈卫星先生《胡应麟与中国小
　说理论史》（中国社会科学出版社 2011 年版）第一章《胡应麟及其学术成就》列《著述考》一
　节，未言及《崇正书院志》。

《天真书院志》一种

浙江钱塘，谢廷杰、孙应奎辑，四卷，佚

天真书院，或称天真精舍，在浙江钱塘县龙山之南，天龙寺之东。此地尝为王阳明讲学之所。阳明卒后，门人王臣、薛侃、钱德洪、王畿等于嘉靖九年（1530）醵金鬻寺僧地创书院，建阳明祠堂、藏书室、传注楼，置膳田以待四方学者。阳明门人孙应奎、管州皆曾掌祭事。其地"因祭立会，因会订学"，遂为浙江讲学一大重镇。万历十二年（1584）后，书院易名勋贤祠，且得朝廷赐额，有司春秋致祭。精舍之志，创于隆庆末年，阳明门人孙应奎辑。孙应奎《燕诒录》卷六《天真书院志后序》云："天真立精舍以祀阳明先生，久矣。兹曷为而志也？志以永精舍以存先生之学也。……江右固先生道业所最着，而虬峰侍御君则身被而心悦之者。辛未（1571）之秋被命按浙，首以兴学崇道为务，乃谒先师祠，正祀典、置赡田、饬祠宇，倡议仿白鹿洞规作天真精舍志，以诏四方。……某欣然乐而辑之，是故稽故实以着始经，经敛散以豫藏，核图籍以抑暴，严祔位以责实。此大较也。"侍御虬峰，即巡按御史谢廷杰。据同治《新建县志》，谢廷杰为著名文学家谢一夔之孙，字舜卿，嘉靖三十八年（1559）进士，官至大理寺丞。嘉靖四十二年（1563），谢廷杰任黟县知县，修碧阳书院以"敦讲学之会"，汪尚宁为记，具载嘉庆《黟县志》。《明史·艺文志》著录其《两浙海防通考》十卷。此志殆由孙应奎受谢廷杰嘱托而作。孙应奎（1504—1586）①，字文卿，号蒙泉，浙江余姚人，嘉靖八年（1529）进士，历任礼科给事中、右副都御史总理河道、山东布政，晚年乡居三十年，绍讲阳明良知之学。此志则其居乡时所作。孙应奎《燕诒录》卷五《与南屏管子行·六书》载："精舍之志，图以永精舍而传道脉，故记载条节，悉依故实以信将来。独石佛一段，议论颇触忌讳，殆冀其反于正，而非以招其过也，盖亦无待于招而人莫不知之者也。剞劂裁自虬峰，

---

① 按，孙应奎生卒年，乃慈溪县志办公室王孙荣先生依《燕诒录》卷九《癸酉元旦寿届七旬》、《嘉靖八年进士登科录》及邵廷采《王门弟子所知卷》等数种材料考出，见其《孙应奎生卒年考》（未刊稿）。

某友亦已披阅，非吾二人之私见附会。今复有删润之议，则删润之而已矣。苟可以永精舍而传道脉，虽悉去其旧，不留一字，何害哉！"大概志由孙应奎纂辑，经谢廷杰裁定，而阳明门人与议其间者颇多。《燕诒录》卷六有代人作《天真书院志前序》，云："（阳明）先生没，而及门之徒思慕不忘，随在建学舍聚同志而致精之，以传先生之学。若吾江右被道泽尤深，故学舍尤盛。今天真固先生崛起之地，所当示意于及门者。而精舍之建，虽诸君子渐次作兴，然犹不能无遗慨焉。夫祀典不正，则无以示正。庙貌不饬，则无以示仰。诸蓄不广，则无以示守。……于是谋于先生之门人某，檄官司之守兹土者，以正祀典，以饬祠宇，以增土田以永居守。然非志无以诏远也。于是作《天真精舍志》，与《白鹿洞规》并传。此志出而四方学者不其兴乎？……是故志之不可已也。志成，敢序之以传焉。"此序当为孙应奎代谢廷杰所作。按，谢廷杰隆庆六年（1572）于应天府编刻《王文成公全书》三十八卷。此志之刻，则当在谢廷杰按浙之年，即隆庆五年（1571）。《千顷堂书目》卷八载："《天真精舍志》，四卷。"或即此志。

《鹿城书院集》一种

浙江温州府，邓淮纂，不分卷，佚

鹿城书院在浙江温州府城东北隅，明弘治年间建，祀二程、朱熹及张南轩门人在温州府者。吴宽《家藏集》卷三十八《温州府新建鹿城书院记》载："弘治辛酉（1501），吉水邓侯来为郡守，凡所以惠乎民者既无不至。间考诸书，竦然兴叹曰：此邦先哲之盛如此……此其责不在我而谁？永嘉令新安汪君循好贤方切，乃奉侯之意，择地于郡之鹿城，躬自计度，创为书院。作堂若干间，中奉四先生，旁则诸贤列侍。像设既完，……又辟馆舍若干间，使士之学于斯者居之，其规约仿白鹿洞而行。"书院有志，亦知府邓淮纂。嘉靖《温州府志》卷七《书目》载："《鹿城书院集》，邓淮撰。"黄虞稷《千顷堂书目》载："邓淮，《鹿城书院集》。知府。"朱睦㮮《万卷堂书目》卷二载："《鹿城书院志》，□卷，邓淮。"《续通志》则曰："《鹿城书院集》，无卷数，明邓淮纂。"邓淮尝修《石鼓书院志》，生平见前文。道光《吉水县志》卷二十二《人物·宦业》称其"为政根本经术，勤恤民隐，虚心延访，能洞知利病，时称其明如古镜"。此志至清代中期编修四库全书之时仍存。《四库采进书目》云："《鹿城书院集》，不分卷，明邓淮辑，一本。"《四库全书总目》卷六十一《鹿城书院集》条言："辑诸人志铭、家传及其遗事绪论见于志书语录中者，汇为此编。"故四库将此集归入传记类。其书今佚。光绪《永嘉县志》存邓淮、王瓒二序。邓淮序云："夫温之号小邹鲁者久矣。……予假守此邦，寤寐诸儒，而推本其所师，即欲为创书院，采摘其行事问答，汇为一帙。而同寅李君增、刘君塘、何君鼎皆赞其事。于是白于侍御陈公秉衡、宪副林公舜举、赵公栗夫，悉蒙嘉诺而藩臬诸公无间言焉。永嘉令君循乃相厥费，度材择良于鹿城，卜吉孟春，不五越月而书院成。尊程、朱、张子四先生南乡［向］，其高弟门人东西乡［向］以侑焉。师友一堂，宛然当时气象。……书院落成，即采温之有志于学者讨论其中，使密迩诸儒，兴起其善，则此邦正学之传不待外求而自有余师矣。此书院之所以创也。呜呼，书院创矣，而诸儒之事行问答未之统一，学者难于遍览，爰命郡邑诸博士采辑数月，始克成编，复谬加改正，梓示同志，曰《鹿城书院集》。"据此，书院集之编纂，亦多藉郡县诸生之力，而邓淮总其成。邓淮于弘治十二年（1499）至弘治十六年（1503）间任温州知府。《鹿城书院集》之纂，当在其时。

《贞义书院集》一种

浙江永嘉县，张孚敬纂，卷数不详，佚

贞义书院，在浙江永嘉县五都姚溪。黄虞稷《千顷堂书目》载："张孚敬，《贞义书院集》。"此集于嘉靖《温州府志》卷七《书目》则作"《敕建贞义书院集》"。光绪《永嘉县志》卷七《书院》载："敕建贞义书院，在五都姚溪，邑人大学士张孚敬未第时溪浒读书，及入相，奉敕建，院名贞义，堂名抱忠，今废。按张氏《闻知录》，有罗峰书院在瑶溪山中。考《广舆记》，初名罗峰书院，嘉靖时赐名贞义。瑶溪即姚溪。《闻知录》两载之，疑误。"贞义书院初名罗峰，嘉靖皇帝赐名"贞义"。其赐名始末，嘉靖《温州府志》（1537 年刻本）卷一言之甚详：“敕建贞义书院，……在大罗山东。嘉靖七年（1528）三月初四日，少保吏部尚书兼文渊阁大学士臣张孚敬奏，奉圣旨：‘卿所奏足见笃学以勉后来之意，书院名与做贞义堂，更做抱忠堂，仍着彼处有司就其书院中盖敬一亭一座，以置朕之五箴；抱忠堂等处或有损坏，亦与修葺，完日具奏。’又初八日奉圣旨：‘卿当时学首，博识多闻，以勤励克笃其初，而又加敬慎以饬其身，力辅朕躬，尽心职务，专以王道匡朕，兢栗自持，又虑后学恐废，特以堂院名额为请，朕亲撰以赐，于卿才德学行，未足以尽褒示，览所陈谢，具见勤诚，朕知道了。’又初九日工部奏，奉圣旨：‘是，这系敦崇正学、风励斯文盛事，便行浙江布政司着该府官亲诣姚溪地方，就贞义书院中建造敬一亭，并将书院及抱忠堂门坊墙屋等项或有损坏就行修理，若旧规卑隘不称，即便作新建造，务须宏丽坚固，用垂永久，仍委的当官一员在彼督工，责限完报具奏，不许迁延。’又四月二十八日臣张孚敬为灾异修省奏乞停止工役，奉圣旨：‘这事已有旨了，况亭座系置朕之箴石，其他不过量加修葺，卿可勉承朕意，勿得再辞。’又奏，奉圣旨：‘这亭座之建，卿前以疏来辞，朕以此非他邪异浪费之比，有旨不允，复何又有此奏，卿可勉承朕意，慎有固辞。’八年八月二十五日，浙江等处承宣布政使司回奏敕建贞义书院工完，奉圣旨：‘这书院堂斋既盖造完备，有司还督令地方人等用心守护，若有损坏，随即修补。’”为一贞义书院之修缮，圣旨前后六下，足见嘉靖帝对张孚敬之宠任。张孚敬（1475—1539），本名璁，字秉用，号罗峰，后以议礼受宠，赐名孚敬，改字茂恭。张孚敬《太师张文忠公集》卷四《请赐书院额名》云：“乃于西去臣居十五里许地名姚溪，建为书院一区，以为藏修之所，并会学徒讲学于其间。……敢乞圣慈光，赐书院额名，臣当择前地，愿自盖亭树立箴石，则圣谟之盛，不独行于通都大邑之间，而又有以被于深山穷谷之中矣。臣愚不自知，谨复将旧所作《姚溪书院诗文录》分二卷装成一帙，进呈上座圣览，以亮臣之初志，而非敢徼名于今日也。”此集乃张孚敬自纂，颇疑即其《请赐书院额名》疏中所言“《姚溪书院诗文录》二卷”。今佚，卷数不详。

《五峰书院志》一种

浙江永康县，陈时芳纂，卷数不详，佚

五峰书院在浙江永康县东五十里处，原为朱熹、吕祖谦、陈亮旧游之处。正德年间，邑人应典（字天彝，号石门，1514年进士）师余姚王阳明，得良知之学，建丽泽祠。后来，知府姚文焸即此建书院。清程尚斐《五峰书院志》卷八《建置》记载："嘉靖丙申（1536），太守姚公（文焸）命耆老吕瑗建，原名桃源丽泽精舍，洪公垣记，嗣守陈公京书今额。"时洪垣任永康知县。程文德"待次祭酒家食时"，与友人周桐（岘峰）、应廷育（晋庵）会讲于此，定祀仪：每岁重阳日祀朱熹、吕祖谦、陈亮，次日祀王阳明，三日祀王、金、许诸儒。此后，应、程、卢三氏创置会田，以资岁会。姜宝《松溪程先生年谱》载："二十四年乙巳（1545），先生（程文德）四十九岁，二月赴广任行，次衢州，得报，升南国子祭酒，于是复还家，四月十四日履南雍任"。据此，程文德"待次祭酒家食时"，在嘉靖二十四年（1545）二月至四月间。阳明门人卢可久（字德卿，号一松）、周莹（字德纯，号宝峰）、周桐等人皆讲学于此，推广阳明之教，故五峰书院讲学之宗旨可知。此志作者陈时芳，字仲新，号春州，东阳人，师事杜惟熙（字子光，号见山），而惟熙师事卢可久，故为阳明四传。清程尚斐《五峰书院志》卷四序辑入天启五年陈时芳之《五峰书院志序》。据自序言，陈时芳"讲论之暇，试访遗踪，后生辈至有不能举其梗概者，则凡建置巅末、断简遗文，行且日就消沉，可念也"，于是"不揣芜陋，思托管城子记之，暇日颇留意搜采。世远言湮，十仅得其三四，漫加诠次，潦草成编。首曰五峰纪事，次曰五峰渊源录，而凡诗若文有关五峰及一二轶事，亦附录之，总名曰《五峰书院志》"。此可见书院志之大概。此志已佚，卷数不详。

《南溪书院志》二种

福建尤溪，弘治志、万历志；万历志存

　　南溪书院在福建延平府尤溪县公山之麓。书院本为宋郑义斋故宅，以朱熹诞于此，后人即其地建祠，祀朱熹父子。民国《尤溪县志》卷四载："康熙丁酉，邑令李修即其地为祠，合祀韦斋、文公。德祐元年，理宗赐额曰南溪书院。"此段记载有误，所谓"康熙丁酉"，实为嘉熙元年丁酉（1237）。《四库全书总目》《南溪书院志》四卷条辨其始修及赐额事曰："嘉熙初，尤溪令李修以时方崇尚道学，人争攀附，遂于其地建二朱先生祠，即书院所自昉也。志中载书院额为帝㬎德祐元年所赐，而李韶所作记在嘉熙改元之岁，已称南溪书院。则初建时已有此名矣，但赐额在后耳。"四库馆臣以书院赐额者为宋恭帝赵㬎。然德祐元年（1275）适逢元军顺江而下、宋蒙交战最酣之际，能留意斯文如此？考，《南溪书院志》卷二《建置》"宋嘉熙丁酉邑令李公修始建，德祐元年赐额南溪书院"下有小注，称"理宗御书"，颇疑书院赐额乃尊崇理学的宋理宗所为，时间当在淳祐元年（1241）。此后，书院兴废无常。明正统末年，书院毁于寇；景泰初年，巡按御史许在达檄有司重建，仅构一祠，岁久复濒于摧压。明弘治十一年（1498），知府孙衍嘱知县方溥扩建南溪书院，拓东西宽二百有余尺，南北深亦近二百尺。此后明清地方官员对书院递有增修之举。书院初修之志不知始于何时。明方溥《南溪书院志后序》言："余平居读朱子大全集，题尤溪县学观大阁诗，注云见《南溪书院志》，则是南溪书院旧尝有志矣，但未之见也。逮余承乏知县事，谒祠退，随索于邑之士夫家，乃莫有以应者，岂中更盗火，遂泯没而无传邪？"初修之后，书院志复曾经三次修纂：一修于弘治年间方溥；二修于万历二十二年（1594）叶廷祥、纪廷誉诸人；三修于清康熙年间杨毓健。以下就明修两种言之：

　　弘治志，方溥纂，三卷。朱睦㮮《万卷堂书目》卷二："《南溪书院志》，三卷，方溥。"何海《南溪书院志序》云："弘治庚申（1500）春，走以纂修郡志，寓延平，适尤溪令方君惟博亦以职事至，过谈间，出所辑《南溪书院志》示走，曰：'南溪书院，礼祀朱韦斋靖献公先生、晦庵先生，旧矣。近者……料理之余，掇拾自宋以来记载暨二先生游寓时遗墨，与夫前后诸名公记述题咏，萃而录之，非关于是祠者弗取也。既成，分三卷，名曰《南溪书院志》。子幸为我较正，并丐一言于卷端，将寿梓以重不朽焉。"方溥《南溪书院志后序》言："祠志阙而弗修，恐后之司风教者无以为其似，续引长助，遂不自揣，偕僚友参订商确，编次二先生遗文及古今名公纪述题咏之有关于是祠者，萃为一帙，分三卷，每卷则虚其篇末以俟续者，曰《南溪书院志》，而属沙阳掌教何君海校正锓梓以传。"万历年间，陈翘卿作《南溪书院志后序》，称颂方溥之志"详载先生往行遗迹而元爱卤尊崇之徽号、宦是邑者建立之盛典，与元往来者吟咏赞美之词章，罔不备述焉"。按，方溥，字惟博，新城人，始知婺源，即尝修葺文公祠，弘治九年（1496）始任尤溪知县。斯志之作，在弘治九年（1496）至弘治十三年（1500）间。

　　万历志，纪廷誉、陈翘卿纂，四卷。《四库全书总目》《南溪书院志》四卷条称："明叶廷祥、郭以隆、纪廷誉、陈翘卿同撰。廷祥官尤溪知县，以隆称着县事，疑为丞薄之类。廷誉、翘卿则尤溪教谕训导也。其里贯均未详。"孙能传《内阁藏书目录》卷七《志乘·部福建》载："《南溪书院志》，一册，全。南溪即尤溪县朱晦庵诞生地也，教谕纪誉修。"此数种记录皆有误，所谓"纪廷誉""教谕纪誉"者，均为"纪廷誉"之误。民国《尤溪县志》卷七《政绩》载："纪廷誉，字声寰，晋江人，万历间尤溪教谕，学有渊源，才优经济，纂修《南溪书院志》。"纪廷誉以举人任尤溪教谕，在万历二十一年（1593）至二十三年（1595）。时参与修纂书院志者，尚有县学训导陈翘卿。陈翘卿，字惰夫，漳浦人，万历十七年（1589）至二十三年（1595）任尤溪县学训导。民国《尤溪县志》卷九《艺文志》陈翘卿《南溪书院志后序》言："其志则出于我明方侯溥之所纂。……万历辛卯岁（1591）仲夏，邑有回禄之灾，志板延毁于民家。……始谋诸教谕纪君暨诸绅矜重梓之。……于是抄录旧册，正其差讹，补其阙漏，次其简编，付之剖厥氏。并图韦斋、晦翁二先生像于志首。"盖此志重修之由，以原板毁于火。重修之书院志，较旧志似无甚大变化，仅于卷首绘有朱熹父子像。卷首有叶廷祥序，言：

"甲午（1594）春，荷命承乏宰尤邑。……顷邑博声寰纪君、惰夫陈君暨弟子员郑、杨、田、詹、蔡等以南溪乘告竣，请序于余。"据此，则叶廷祥至尤溪时，《南溪书院志》业已重修完成。今所见万历刻本天启重修本《南溪书院志》四卷于每卷下题"明万历甲午岁孟陬月吉重修"。大约正月重修院志之时，叶廷祥尚未到任，沙县县丞郭以隆署尤溪县事，故志末有郭跋。纪廷誉《南溪书院志序》说："沙县贰尹郭公以选贡来署邑篆，雅崇正学，留意纂修，亦有联句题于祠之堂，并不佞俚句附刻简末。"修志姓氏中题"尤溪知县浙庆元叶廷祥、署尤溪县事沙县县丞郭以隆"，亦志书署名之常规。此志现存，有万历二十二年（1594）刻本，存国家图书馆等多家图书馆内；四库存目丛书影印"浙江图书馆藏明万历刻天启重修本"，分《形胜事迹》《建置祀典》《二公诗文》《群贤词翰》四卷，卷首题"典史太湖仇时举督理工务"。按，仇时举在万历三十一年（1603）至万历三十四年（1606）为尤溪典史，则斯志尝续刻万历末年，而志中万历三十六年（1608）黄如松《题朱夫子南溪祠》、史炼《和次韵》、万历四十三年《书院议改儒学记》等文，则大概系天启间陆续刻入。然而，黄虞稷《千顷堂书目》载："纪誉，《南溪书院志》，别本有二卷二字。"据此，则此志尚有"二卷"之说。

《共学书院志》一种

福建侯官，岳和声等纂修，三卷，存

共学书院在福建福州府。万历八年（1580）裁怀安县，并入侯官县，怀安县学遂废，为军器局者数年。万历二十二年（1594），巡抚许公孚远、提学副使徐即登拓其地为书院，改明伦堂为时习堂，列左右号舍百余间，扁曰共学。万历四十六年（1618），提学副使岳和声复书院规制，构求我轩于堂之后，建道南翼统祠，计费银一千一百余两。叶向高《苍霞余草》卷一《共学书院记》载："许敬庵先生来抚闽，始修道南之业，与学使者丰城徐公即怀安旧庠辟为书院，名曰共学。时与士大夫诸生讲说其间。余亦逐队往听，无能有所发明以称先生意。然闽人自是亦稍稍好言学矣。嗣后二三学使益润饰之。至石梁岳先生大为充拓，讲堂号舍，规制焕然，纤悉俱备。集八闽诸生之俊，横经较艺，旬日则为会以讲学，微言奥义，无不剖析。……自藩臬大夫与郡邑之吏、黉序之长、乡之缙绅，无不赴焉。……亡何，先生以迁秩去。闽人既不胜山斗之思，而先生亦恐兹会之渐以弛废也，乃综其事之巨细为十四款，款为之说，凡可以征往而诏来者，无不毕具，曰共学书院志，而属余序。"此志现存，三卷。所谓十四款，即形胜、沿革、规制、先儒、宦绩、祀典、会规、田赋、典籍、艺文、公牍、善后、器用、题名诸目。诸家书目著录，多题为"万历刻本"，而此志卷首载纂修人姓氏："提督学校副使岳和声纂修，福州府知府张泰顺……候官县知县孙国桢汇辑"，府县学官亦多参与校阅，诸生陈殷荐等诠次。黄虞稷《千顷堂书目》言"《共学书院志》，孙国桢所纂"，盖源于此。此志卷下《公牍·修复书院公移》称："诸生中选文行俱长者司之总，递年一值者一人，曰院长。而各主一社者八人，曰会长。……一切事宜，即令院、会长辑为志书，共上、中、下三卷，见付剞劂杀青未竟。"则此志之修撰，显系一集体工程，而具体工作者为书院诸生陈殷荐等人。卷下题名中载："会长……陈殷荐，四十七年。"据此，书院志的具体纂修时间当在万历四十七年（1619）。又，此志卷上《典籍·书目》末注明书院藏书及"共学书院志刻板"皆藏于"时习堂左边耳房"，则此志之刊刻或亦于书院之中。

《道南书院录》一种

福建福州，金贲亨等纂，五卷，存

台北市立图书馆编《台湾公藏善本书目书名索引》载："《道南书院录》五卷，明金贲亨撰，明嘉靖三十八年刘佃刊本。中图。"《明史·艺文志》载："金贲亨……《道南录》五卷。"《四库全书总目》卷六二《道南录》五卷条载："不着撰人名氏，亦无序跋。道南书院在福州，疑闽人所为也。其书节录明道程子、杨时、罗从彦、李侗、朱子言行，末附祠祀始末。"洪焕椿《浙江方志考》认为书院在萧山境内，而陈谷嘉、邓洪波《中国书院文献目录提要》认为书院在福建永安，皆误。民国《临海县志》卷三十七著录此书，且收魏濬、刘佃、应大猷、杨诏、舒春芳诸人序跋。舒序云："嘉靖己丑

（1529），临海一所金公董闽学事，乃作道南书院于会城以祀五先生，又谋纂其言行心法以启闽后学。书未成，而公移官江右，未几勇退林下，复与竹江赵公、容庵应公考订成帙，以藏诸家。迨丁未（1547），公门人福清魏君濬从仕于台，乃复请公所藏，梓之，名曰《道南录》，以授同志。顾是录始集于闽，梓行于台而尚未广布于闽也。今年秋七月，公仲子少参君立敬与春芳会晤于建阳，一见有若旧识，乃出《道南录》授予以别。时予值有督兵之役，……冬十月，予复督兵入境，又获晤少参君子延平，辱延款，竟日不倦。临别，复诣余请曰：'往吾父……复集其言行为录，与所撰写序记及答黄孟伟书，皆因近时学士大夫之疑，且俾后之人知大贤非天成而凡有志者皆可为。……近持以示建宁太守刘君佃，刘君遂请锓梓以广其传，而某窃闻吾景仁尝究心于是，惟勿靳一言以序之。幸甚。'"魏濬《识后》则云："龟山之道，传自程门，祀四先生而不及明道，是忘本也。乃即道山书院故宇，崇明道为正飨，以四先生配，易其名曰道南。"王时槐《友庆堂存稿》卷八《存庵金先生行状》载："先生讳立敬，字中夫，姓金氏，学者称为存庵先生。……升福建督学宪副，以一所公旧居是职，其教旨具见《道南录》中，重梓以颁示诸生，复修道南书院以崇祀典。"据此，则道南书院乃金贲亨提学福建时即道山书院改创。此录编辑之始，在金贲亨任福建提学时，后以移任江西提学而辍，家居时复与赵竹江、应容庵从容校订，藏于家。嘉靖丁未（1547），魏濬初刻于台州，嘉靖己未（1559），其子金立敬嘱建宁知府刘佃再刻于建宁府。金贲亨（1483—1564），字汝白，号一所，台州府临海县人，正德九年（1514）进士，官至福建提学副使。汪道昆《太函集》卷十《寿一所先生八十序》云："今上初，临海金一所先生来视闽学。……其后三十年庚申（1560）先生仲子复来视学。仲子奉先生约法，士帅教如初。又明年，先生春秋八十矣。"赵竹江（1483—1537），名渊，字宏道，台州府临海人，正德戊辰（1508）进士，官至四川左参政，著有《竹江集》。应大猷（1487—1581），字邦升，号容斋，仙居人，正德九年（1514）进士，官至刑部尚书。此录之辑，当始于金贲亨视学福建之时，而成于赵竹江逝世之前，则大致在嘉靖八年（1529）至嘉靖十六年（1537）之间。金贲亨又有《学易记》《台学源流》七卷,《四库全书总目》称其"当明中叶正心学盛行之时,故其说调停于朱陆之间"。

《明宗书院志》一种

福建兴化府,陈经邦纂,卷数不明,佚

明宗书院在福建兴化府城西门之洞头桥,原为射圃。万历乙未(1595),分守徐即登、延丰城李材集诸生讲学,以城中书院阙如而假之梵宇,殊非居肆之规。于是林鸣盛议改射圃为书院,守道郡县暨乡缙绅捐金协建。徐即登建明宗书院,莆田人程拱宸(1568年进士)"入租百石供讲诵"。按,李材字孟诚,丰城人,学者称见罗先生,万历十五年(1587)到二十一年(1593)系诏狱,后戍镇海卫,乃得便讲学于莆田。徐即登亦丰城人,字德峻,号匡岳,万历癸未(1583)进士,官至福建提学副使,尝创建共学书院。其学初从徐鲁源,以求仁为宗,后乃从李材讲止修之学。光绪《莆田县志》卷九载:"徐(即登)为碑记,复命人纂《明宗书院志》,郡人尚书陈经邦为之序。"民国《莆田县志》则云:"徐自为记。郡人陈经邦纂《明宗书院志》。"陈经邦(1537—1615),字公望,号肃庵,嘉靖乙丑(1565)会试第二人,选庶起士,授编修,官至礼部尚书,致仕后林居三十年,所著颇多。据叶向高《苍霞续草》卷十三《保肃庵陈公墓志铭》,陈经邦致仕后,于公门绝无造请,"直指陆君欲志八闽,郡守马君欲志莆,皆请公总裁,公俱不应"。陈经邦既不愿与修省志、县志,何以愿纂《明宗书院志》?观徐即登《来益堂稿》卷七《答陈肃庵》《贺陈肃庵寿诞》诸文,极恭敬。颇疑此志之纂者另有其人,而陈经邦不过为序而已。

《崇正书院志》一种

福建长汀,陈洪范纂,卷数不详,佚

崇正书院祀朱熹、杨方、文天祥诸人,在福建长汀县,始建于嘉靖庚戌(1550)。邓洪波《中国书院史》(东方出版中心2004年版)称《崇正书院志》为杨昱所纂。按,杨昱,字子晦,号东溪,汀州卫人,正德十四年

（1519）举人，历龙南学谕、朝城知县、都昌知县，晚年讲学东溪，得程朱薪传。光绪《长汀县志》卷十一《崇正书院条》下载杨昱《志序》之大略，而乾隆《汀州府志》卷三十九杨昱《崇正书院志序》较为完备："吾汀鄞江之阴、苍玉之巅，有地高明蔚宛，亦郡之胜也。旧有浮图之居在焉，图经所谓东禅寺是已。嘉靖庚戌（1550），僧徒寺废。仁和华山陈公适领郡符至，乃遍请允诸司，改为崇正书院，扁其堂曰明德①，以聚讲课，旁建号房若干间，以居诸生。因堂左之室颇高杰者修饰为三贤祠，崇祀郡人考亭高弟杨淡轩而溯及朱子，又以文文山尝建蘽于汀，亦取埒祀之。既落，集郡九庠高弟诸生使藏修游息于中，籍其田以供具之。政暇必躬诣讲改启迪，由是士争濯磨，骎骎日知向往。复惧创置之实，久或湮也，乃次其修建之由、庐田之数、立教之法，掇淡轩之诗文与朱、文二先生作之关是者泪院傍石刻，为志以传，使某言弁其首。"据此，志盖由知府"仁和华山陈公"所作，而杨昱仅为序。华山陈公即陈洪范。康熙《仁和县志》卷十七载："陈洪范，字锡卿，嘉靖二十年（1541）与弟洪蒙同举进士，授工部主事。……四十年（1561）擢四川副使备兵威茂二州。……卒年五十有六。"

《水西志》二种

南直隶泾县，嘉靖志，万历志，佚。

水西书院在宁国府泾县。初，王学门人王畿、钱德洪、邹守益等人相继讲学于宁国府泾县之宝庆寺，水西讲学一时名盛天下。嘉靖三十二年（1553），知府刘起宗、泾县知县邱时庸于寺西创明道堂、明德堂、熙光楼、仰止堂及号舍，祀王阳明，名水西精舍；嘉靖四十一年（1562），知府罗汝芳复于寺东建退省所、思默楼、怀德祠，易名水西书院，后以张居正禁讲学而废。万历十三年（1585）至万历十五年（1587），知县张尧文偕缙绅查铎、翟台重修。书院前后三次修志：初修于明代嘉靖年间贡安国；再修于万历年间萧之望；三修于清初左士望。论者以明人所修之志粗疏，至清人左士望之

---

① 堂名"明德"，光绪《长汀县志》作"敬业"。

《水西志》三卷，始孚人意，称其"仿县志体，分门别类，附以诗文，则较旧志为差详焉"。按，左士望，字稚姜，博雅工诗文，鼎革后不应试，惟事著述，尝与修《泾县志》。兹就明代二种水西志言之：

嘉靖志，贡安国纂，不分卷。万历《宁国府志》卷九《学校》载："嘉靖壬戌（1562），知府罗汝芳益增葺之。……详《水西精舍志》，贡安国辑。"然嘉庆《泾县志》卷二十六《艺文》则曰："明嘉靖间贡安国有《水西精舍志》，名为志，实记也，且蹈袭邹东廓之记，窜易字句。今其文钱志节录于山川门水西山下，虽非全豹，可见一斑。"所谓钱志，即钱人麟所修乾隆《泾县志》。乾隆《泾县志》卷一《山·水西山》载："水西精舍，详学校，并宣城贡安国志，记见下。"其下略载贡安国的《水西精舍记》："水西山在赏溪之西，岩壑幽邃，下瞰溪流，三寺建焉。左白云山，右湖山，三峦并峙，而精舍一垄岿然居中。宝胜寺枕其左趾，浮屠在右。其下葛仙井，前为凌风台。水西、白云之间，曰崇庆寺。白云之麓，曰西方院。院外临溪而台曰刘遗民钓台。台北小桥曰漱玉桥，跨溪，可坐而憩。旧有要领亭，今废。循溪而入，有坞，深可二三里，曰水西坑，当崇庆寺之后，溪石可磴可步。溪中行数百步，曰溅玉亭，小洞幽闲，水珠下溅，旧尝建亭跨其上。洞水清沉，至今可玩。亭北两山之间，辟基宽广，是为秋霜阁之址。阁左旧又有云锦堂、锦照堂。坞宵而隘，数转始穷，乃有西峰庵，今废。西方院之左，旧有白云寺，多美茗，不种自生，唐人称白云茶院。后方塔而白，古称白塔清泉，以此寺后旧有东峰亭，山左小溪出焉。循溪而入，曰白云坑。湖山之坞，曰湖山。坑大视水西坑，而邃密过之。泉源涓涓从石罅出，坞外为桓公庙。"以乾隆《泾县志》不易见，故书于此。然自"水西精舍，详学校并宣城贡安国志，记见下"一语，则贡安国当有志，断非嘉庆《泾县志》所云"名为志，实记"。乾隆《泾县志》卷九《艺文·著述》亦明载："《水西书院志》，贡安国辑。"况邹守益之记作于嘉靖三十三年（1554），而贡安国之志当成于罗汝芳嘉靖四十一年（1562）修书院之后。其间建置不无差别，何能全"蹈袭邹东廓之记"？乾隆《泾县志》卷三下《水西精舍》条具载邹守益之《水西精舍记》可资为证，而清嘉庆年间儒者厌薄明人讲学之粗疏可知！贡安国，字玄略，号受轩，宁国府宣城人，嘉靖三十五年（1556）贡生，授湖口训导，升国子学录，出任东平知州。其为诸生时，即从邹守益、王畿、钱德洪等人讲学，而学宗伊川，尝主白鹿洞书院，归乡后主志学书院，颇受提学耿定向、知府罗汝芳礼重，为宣城讲学领袖人物。据黄虞稷《千顷堂书目》，贡安国另有《学觉窥豹》六卷。

万历志，萧之龙纂，不分卷。萧之龙生平不详。嘉庆《泾县志》卷十五《例仕》言其为泾县田中都人，崇祯初贡生，官至光禄寺署正。嘉庆《泾县志》卷二十六《艺文》称："万历间萧之龙刻《水西志》，略不涉山川人物，仅录诗数十首文数篇而已。"当万历间，萧之龙不过一诸生，遽欲为堪称理学渊薮之水西修志，故不能免其草率。诗数十首，文数篇，则此志当亦不分卷。万历五年《宁国府志》著录贡安国《水西精舍志》，而不及此志。以此推论，此志若果修于万历年间，大约亦当在万历五年以后。

《紫阳书院集》一种

南直徽州府，程曾、方琚纂，四卷，佚

王守仁《阳明全书》卷七《紫阳书院集序》（乙亥）称："豫章熊侯世芳之守徽也，既敷政其境内，乃大新紫阳书院，以明朱子之学，萃七校之秀，而躬教之。于是校士程曾氏采摭书院之兴废为集，而弁以白鹿之规，明政教也。来请予言，以谂多士。……兴废之故，程生之集备矣，又奚以予言为乎？"乙亥，即正德十年（1515）。按，明代徽州两所紫阳书院，一在婺源县，一在府城。府城之紫阳书院始于宋代嘉定十五年（1222）县令彭方所建之文公祠，后乃即祠建书院，理宗赐名为"紫阳"。此后屡经毁复，位置亦迁徙无常。明正德十四年（1519），知府张芹将书院迁建于紫阳山阿，所谓名实相符，而旧址皆废。"豫章熊世芳"所修缮之紫阳书院即此。顾清《东江家藏集》卷二十《紫阳书院集序》言："新安郡守熊侯重作紫阳书院成，院之诸生程君师鲁……乃考诸紫阳遗文、朱子实纪以至金石之所刻、公牍之所具，凡关于斯院者，手编录之，分为四卷。又取宋以来儒先奠享之文，与夫序、启、铭、诗之类别为附录，以次其后，总名之曰《紫阳书院集》。将刻

梓院中，而告于翰林修撰唐君守之。守之自书院而登名者也，间以示予，且传师鲁意属为之序。……熊侯名桂，字世芳，洪都新建人，今为山东布政司左参政。程君名曾，其字曰师鲁，力学慕古，不徇时名，所著述甚富，此盖其一云。"按，程曾为休宁人，余无考。《"国立中央图书馆"善本序跋集录》史部三收方琚，《明经书院录跋》云："琚尝叨养紫阳书院，与程君师鲁手编成集，已刻梓矣。"则当时偕程曾编辑《紫阳书院集》者，另有方琚。据《民国重修婺源县志》卷十五《科第》，方琚，字世良，入国子监，正德间中顺天乡试举人，官至福建兴化府通判。

《明经书院录》一种

南直婺源县，胡浚、余嶅等，六卷，存

明经书院始建于元，在南直隶徽州府之婺源县。县北三十里，有地名考川，胡氏居焉。元至大年间（1308—1311），胡淀、胡澄捐赀建屋二百间，置田三百五十亩。知州黄惟中聘胡云峰掌教事，为请于朝，赐额曰"明经"，设山长一人，纳之于元朝官方教育体系中。元末，书院毁于兵。成化庚子（1480），胡云峰裔孙胡浚呈请合族重建，得到官方支持，"岁金门役一人，以供其事"，后圮。万历甲申（1584），知县万国钦谕合族重建，玺卿潘士藻记。潘士藻《暗然堂遗集》卷四《重建明经书院记》载："豫章万侯为我婺，以经术宣教化。……会胡之彦咸来言，愿以私财恢复旧制。……盖甲申（1584）五月初二日始事，八月二十六日落成。"按明经书院有录，始于正德年间。据《"国立中央图书馆"善本序跋集录》史部地理类专志载，台北市立图书馆藏"《明经书院录》六卷三册"，题为"程美等编，明正德十年刊嘉隆间增补本"，有汪玄锡、胡浚、潘珏、方琚等序跋，所署年月最早为正德九年甲戌（1514），最晚为丙子（1516）。由此可见，此录之编辑及刊刻，在正德十年乙亥（1515）前后。前引方琚《明经书院录跋》云："琚尝叨养紫阳书院，与程君师鲁手编成集，已刻梓矣。今仰山先生又汇集明经书院，亦入刻。"据此，此录编者为"仰山先生"，即胡浚。汪玄锡《明经书院录序》亦云："云峰氏明经书院毁于元季，至八世孙仰山先生潜谋复其旧，经营五十余年，始为大备。先生恐先德之弗彰，而念厥功之不易就也，乃出家藏文字，令门人余嶅等采其有关于书院颠末者，录为一帙，命玄锡序之。"由此可见，此录乃胡浚命门人余嶅等编辑。胡浚《明经书院录引》则言："黄门汪天启、知县潘希玉、进士潘希和、教谕程时彦、举人余宗器从游书院，睹厥成功，乃相集其故实与诗文之有关于书院者以为录，凡六卷，示予，捐赀刻梓以传。"此数人者，殆即所谓诸门人，如余宗器即余嶅。录成之后，大约续有增补，亦有续刻。万历十二年（1584），知县万国钦修缮书院后，书院录大概曾经重刻。婺源人潘士藻《暗然堂遗集》卷二《刻明经书院录序》云："自有宋以我明，理学诸公身都大位，为世儒宗，聚徒讲道之所，不过曰精舍、山房而已，未有以书院赐额及其身存者，况云峰先生未通朝籍者哉！……知者惩往而戒来，于是溯开先之迹，叙建置之由，与后来弃异即同之颠末，并为斯录，与族人士共守之，以永葆睦协之好。意甚厚也，而予为申之以感与同人之义。"此录编纂者既为胡浚及其诸门人，而台湾藏版乃题为"程美等编"，则殊不可解。据民国《重修婺源县志》卷十五《选举》，程美，字希大，婺源龙山人，弘治十七年（1504）举人，罗山教谕。抑程美即胡濬《明经书院录引》所言之"教谕程时彦"？胡浚，字德渊，号仰山，成化十九年（1483）以《春秋》中应天乡试举人，历官崇阳知县、惠州府教授，著有《仰山家范》；余嶅，字宗器，以《春秋》领乡荐，授广昌知县，有平濠功。时明经书院之所以聚集众多门人，殆以胡氏擅《春秋》，有《春秋》学之传统。

《二张书院录》一种

南直婺源县，张文化撰，不分卷，存

二张书院在徽州府婺源县游汀。宋末元初，张学龙及其侄张存中以儒学鸣，与胡云峰斯文契谊。成化庚子（1480），胡氏建书院以请祀典。张氏族人乃遂有援例请祀典立书院之举。正德十二年（1517），张氏嫡孙张荫请立"双贤书院"以祀张学龙、张存中二人。知府张芹、府通判署县事周勋赐额"二张书院"。然张荫随即逝世，书院有名而无实。嘉靖九年（1530），张荫

之子张弧再请以己资建书院，置祀田以奉祀二祖，得允，据此，则书院之建在嘉靖年间而非正德年间。张弧（1499—1566），字志远，号苍谷，后来还曾为婺源紫阳书院捐田三十亩。洪垣曾有诗咏二张书院："紫阳遗响未曾荒，心法相传有二张。谢客著书绳圣武，授徒讲学淑贤良。傲时尚宿文山恨，范我全删管子方。当路移文新庙貌，本来道脉自悠长。"此录为张弧之子张文化所辑。从万历十七年（1589）起，张文化主书院祀事，至万历二十七年（1599）止。此录殆其间所辑。录不分卷，多载张氏诸人传记、书院及立嫡奉祀公移、诗文，末附二张集补。此录现存，国家图书馆藏明刻本。

《柳溪书院志》一种

南直休宁，汪尚和纂，二卷，佚

弘治《徽州府志》（1502 年编）卷五载："柳溪书院。柳溪本在邑（休宁）西门外。元季养晦先生汪洗自柳溪迁居邑南汉川。国朝，其六世孙尚和筑书室，中奉先世遗墨，讲学于此，名曰柳溪书院，示不忘本也。宗人按察副使舜民记。"汪舜民《静轩先生文集》卷十《柳溪书院记》云："柳溪书院者，休宁汉川宗侄尚和讲学之处也。……其祖存志翁学行尤粹，尝建思亲亭。没既十年余，尚和讲学亭中。一夕梦翁以诗诏之，有此地迁居有柳溪之句，既觉，奉以告其伯父分轩处士及其父维则处士，重葺斯亭，增以室屋，四旁植柳，中藏先世遗书若干卷，请篁墩程内翰题其楣曰柳溪书院，示不忘本也。养亲暇则与族之后进相就讨论，维则处士复置田若干亩，以给学者。尚和欲为久远计，乃以记见属。"汪舜民《静轩集》正德六年（1511）张鹏刻本既载此记文，则书院之建，当在正德六年之前，而此志所撰年代，也大约在正德年间。明人书目有以《柳溪书院志》为"汪尚"所纂者。朱睦㮮《万卷堂书目》卷二《杂志》载："《柳溪书院志》，二卷，汪尚。""汪尚"当为"汪尚和"之误。康熙《休宁县志》卷六《学林》载："汪尚和，字节夫，孝友曲至，不干禄仕，有志理学，简求身心，尝游甘泉、阳明、泾野诸公之门，所著有《紫峰家训》《畜德录》《紫阳道脉录》四卷。"吕柟《泾野先生文集》（嘉靖三十四年刻本）卷五《紫阳道脉录序》载："休宁人汪尚和年已五十余，常数及予门。一日出所辑朱夫子授受诸贤名姓行实一帙，曰《道脉录》，谓予曰：'尚和亦尝从学于阳明王先生。先生讲知行合一之义，切中时学浮泛之病。顾学者听之不审，传之太过，遂至于贬吾朱夫子焉。尚和是以深痛之，仿《伊洛渊源》，有是录也，使天下后世知朱夫子与一时门弟子问答者固非若今之论矣。'"王阳明与汪尚和亦有赠和之作，如《题岁寒亭赠汪尚和》诗。然汪尚和虽从学王阳明，与闻知行合一之旨，所著《紫阳道脉录》则与阳明《朱子晚年定论》对垒。

《虞山书院志》二种

南直苏州府常熟县，嘉靖志，万历志。

虞山书院在南直隶苏州府常熟县。常熟县于宋代有文学书院，祀孔子门人言游，至明宣德、正统间，易名学道书院；嘉靖乙丑（1565），知县王叔杲重建书院，复改名文学书院；万历三十四年（1606），常熟知县耿橘重建，始以地为名，称虞山书院，祀伏羲以下圣贤若干人，约顾宪成、高攀龙讲学于此，为东林讲学之重镇。按虞山书院有志两种，为嘉靖年间钱璠志、万历年间张鼐志。兹分述如下：

嘉靖志，钱璠纂，卷数不详。黄虞稷《千顷堂书目》载："钱璠，《虞山书院志》。[一]别本有注文云，字国用，常熟人，仁夫子，正德己卯（1519）举人，云南府通判。"康熙《常熟县志》卷二十三《艺文》载："《虞山书院志》，……钱璠著。"同书卷十七："钱璠，字国用，正德己卯顺天中式，初任奉化县。……在任六年，……以奉化志疏略混淆，乃稽核订正，去取精严，有俾风化。暇日留心书史，以资仕学。擢云南府通判，致仕。所著有《五经旁注》《古文会编》《诗义释义》。"考光绪《奉化县志》，钱璠于嘉靖十二年（1533）任奉化知县。据此，钱璠生平主要活动，当在嘉靖年间，此志之编辑亦当在嘉靖年间。然而，万历年间虞山书院修志，却全不见钱璠纂志之痕迹，抑当时修志诸人未见此志？然书院于正德及嘉靖初年以"学道"为名，万历年间始以"虞山"为名，而此志何以名"《虞山书院志》"？抑黄虞稷等为改其题名？

万历志，耿橘修，张鼐等纂，十卷本、十五卷本。万历《虞山书院志》有两种版本，为十五卷本、十卷本。天津图书馆《（稿本）中国古籍善本书目书名索引》备载两种版本："《虞山书院志》，十五卷，明耿庭怀修，陆化熙等编，明万历三十六年（1608）虞山严枋刻本，北京图书馆、上海图书馆、南京图书馆；《虞山书院志》，十卷，明张鼐等撰，明万历刻本，南京图书馆。"十五卷本题为耿庭怀修、陆化熙纂。耿庭怀即耿橘，号蓝阳，直隶献县人，万历三十二年（1604）至三十五年（1607）任常熟知县，尝辑《常熟县水利全书》十二卷。光绪《常昭合志稿》卷十四《学校》载："三十四年知县耿橘重修，更名为虞山书院，撰《虞山书院志》十五卷。"陆化熙为万历三十四年（1606）举人，万历四十一年（1613）进士。然而，后来整理出版的《中国古籍善本书目》载："《虞山书院志》，十五卷，明张鼐等撰，明万历刻本，国家图书馆、南京图书馆。"则又题为"张鼐"所纂。张鼐（1579—?）[①]，字世调，一字侗初，松江华亭人，万历三十二年（1604）进士，官至南京吏部右侍郎，擅诗文，小品文极精致，曾讲学于虞山书院。祁承㸁《澹生堂书目》载"《虞山书院志》，六册，十五卷，孙慎行编"，则似乎又以"孙慎行"为作者。孙慎行字闻斯，号淇澳，万历二十三年（1595）进士，官至礼部尚书。此志作者标榜甚多，究竟纂集者为何人？检阅中国历代书院志影印南京图书馆明万历年间刻本，此志作十卷，分地胜、古迹、建置、先贤、祀典、宗像、院规、文移、官师、书籍、什器、树艺、院田、会语、艺文十五目，有孙慎行、张以诚序。各卷下参与编修姓氏众多：大抵裁阅者为孙慎行，参阅者为张鼐，校梓者为严枋，校阅者合各卷计有三十六人之多，而陆化熙亦列名其间。若卷四《院规》则题"知县耿橘具草，教谕黄家谋编次。训导化大顺、朱朝选抄录。"卷七《会语志·官师》则题"属吏耿橘录"。张鼐《宝日堂初集》卷六《与耿蓝阳书》言："书院志序，舟中仅成章耳。中间详论道脉开塞者，以此志非一方之书，且门下作者，意原在学问大同处也。云物符应，叙中言之而不得详，盖此须属大老笔传信。吾辈年

---

① 《万历三十二年进士履历便览》，宁波：宁波出版社，2007年版，第5页。

少言轻，世人将视为点缀文具耳。院规叙，敢再一发明数语附上。"同书卷十一复收录十五篇《志叙》，则《虞山书院志》诸志前所谓"张鼐曰"者。据此推论，万历《虞山书院志》之编纂系一集体大工程：主修者耿橘，汇辑者则诸生参与讲学者如陆化熙等人，孙慎行大约即张鼐所称适合为志作序的"大老"，而张鼐居发凡起例之功。故张以诚序中亦仅言："诸友虑其或湮，为志志之。"此志编纂之始，当在万历三十五年（1607）以前，初刻于万历三十六年（1608）严柟，作十五卷；后续刻者合十五卷为十卷，即今所谓"万历刻本"者，而十五目及十五篇志叙则隐然透露其初十五卷之本来面目。

《东林志草》一种

南直无锡县，刘元珍纂，卷数不详，佚

明代东林书院，为人指为党人之渊薮，最为有名。书院始创于万历三十二年（1604），顾宪成、高攀龙等讲学其中，一时东林讲学誉满天下。书院有志四种，始修于明刘元珍，再修于清康熙年间严珏，而三修于康熙年间高攀龙之侄高世泰，四修于雍正初年高氏后人高嶐等。其始末民国《续修四库全书提要》言之甚详："《东林书院志》二十二卷，清雍正初年修乾隆间刊本。清无锡高隆〔嶐〕等辑，许献重修。明季东林震撼朝局，而其发源之地，则为无锡东林书院。顾东林书院志自明万历迄清雍正，作者有四，而皆传世甚鲜。创始者为刘元珍，其书成于明万历甲寅（1614），惜属稿未梓。明末严珏因雠订刘氏原稿，附益成志二卷，附东林辨既或见，凡三卷。清康熙己酉（1669），攀龙从子世泰辑为数卷，亦未刊订。雍正中世泰孙山隆〔当为嶐之误〕等又增辑之，广为建置一卷，院规一卷，会语一卷，列卷六卷，祀典一卷，公移一卷，文翰四卷，典守一卷，著述一卷，轶事二卷，至乾隆间邑人许献重为增修，体例如旧，前有乾隆十一年任兰枝、乾隆元年赵国麟、雍正元十年刁承祖、张师载等序、自序、总目、凡例，于是东林之志始完备。自乾隆重修之后，嗣响无人，既雍正乾隆本，亦渐稀觏，殆以当时列于禁书，遂乏传本，加以讲学者继起无人，驯至中辍。光绪中虽曾有翻刻之本，然流传亦不甚广也。"严珏修志，即以刘志为底本。严珏《东林志序》："万历中

载，邑先辈顾端文公泾阳先生属刘本孺先生撰东林志，而高忠宪公景逸先生为之序。时方属稿，未梓，且谋始则备，未及兴废大都也。余小子珏……因为雠订原稿，附益成书。"今严珏志二卷暨雍正时所纂之志存，而刘元珍初修之志稿已佚。按，刘元珍，字伯先，万历二十三年（1595）进士，官至光禄寺少卿，与顾宪成等东林讲学，学者称本孺先生。雍正《东林书院志》卷八《列传二·刘本孺先生传》附许献按语说："会顾泾阳先生倡复东林书院，先生实捐赀筑讲舍……既而泾阳遂属志于先生，甲寅（1614）先生志成，景逸先生为之序其所以志，而先生自序复大阐一时明善同人之旨，厥功伟矣……皆实录也，惜先生原志以未付梓，遂令后之学者无从得见。"则此志有高攀龙序、自序。高攀龙序云："顾泾阳先生始率同志谋诸当道而一新之，又属志于刘伯先。伯先志成，以谂于予曰：'请言所以志！'……今夫东林之志汇矣。堂室则志，什器则志，图书则志。"① 又，刘元珍自序中自署"东林居士"。

附录：明代书院志一览表

书院志名称	书院地点	修纂者	书院志修纂时间	卷数	序跋
《首善书院志》	京师	王应遴	天启二年（1622）		冯从吾
《明道书院纪》	直隶开州	龙大有	正德十六年至嘉靖二年（1521—1523）		
《河东书院志》	山西运城	张士隆	正德九年（1514）	六卷	崔铣
《正学书院志》	山西运城	王世相	嘉靖十三年（1534）	七卷	吕柟 张璧
《河中书院图记》	山西蒲州	吕经	正德十四年（1519）	一卷	
《弘道书院志》	陕西三原	王承裕 来时熙	弘治年间	不分卷	

① 高攀龙：《高子文集》卷二《东林志序》，《无锡文库》影乾隆七年华希闵刻《高子全书》本，南京：凤凰出版社，2012年版，第145页。

续表

书院志名称	书院地点	修纂者	书院志修纂时间	卷数	序跋
《嵯峨书院志》	陕西三原				
《正学书院志》	陕西西安	唐龙	嘉靖元年至五年 （1522—1526）		吕柟 唐龙
《正学书院志》	陕西西安	段猷显	万历三十七年 （1609）前后		冯从吾
《关中书院志》	陕西西安	周传诵 何载图	万历三十七年 至四十一年 （1609—1613）	九卷	崔应麒 陈其荣
《舞泉书院志》	河南舞泉	任柱	嘉靖九年至十二年 （1530—1533）	一卷	
《辋川书院志》	河南禹州	张鲲	嘉靖年间	不分卷	
《百泉书院志》	河南辉县	吕颙 马书林 石砥	嘉靖十二年 （1533）		吕颙 叶照 马书林
《百泉书院志》	河南辉县	聂良杞	万历五年 （1577）		聂良杞 舒化
《岳麓书院集》	湖广长沙	杨溥	正德年间	二卷	
《岳麓书院志》	湖广长沙	陈凤梧 陈论	正德六年至九年 （1511—1514）	十卷	陈凤梧 张邦奇 易舒诰
《岳麓书院图志》	湖广长沙	孙存	嘉靖七年 （1528）	一卷	
《岳麓志》	湖广长沙	吴道行	崇祯六年 （1633）		吴道行 周圣楷

续表

书院志名称	书院地点	修纂者	书院志修纂时间	卷数	序跋
《石鼓书院志》	湖广衡州	邓淮	弘治二年至十一年 （1489—1498）	一卷	
《石鼓书院志》	湖广衡州	周诏 汪玩	嘉靖十二年 （1533）	四卷	周诏 汪玩
《石鼓书院志》	湖广衡州	黄希宪 王大韶	万历七年 （1579）	二卷	熊炜 王大韶
《石鼓书院志》	湖广衡州	廖如恒	万历十三年 （1585）		陈文烛
《石鼓书院志》	湖广衡州	李安仁 王大韶	万历十七年 （1589）	二卷	李安仁 王大韶
《龙洲书院志》	湖广益阳	刘激 龙洲七子	嘉靖三十年至三十二年 （1551—1553）		李棠
《义聚馆志》	湖广衡阳	宁咸	万历二十七年 至三十一年 （1599—1603）		王时槐
《明山书院志》	湖广沅州			二卷	
《问津院志》	湖广黄冈	萧继忠	天启年间		黄彦士
《怀忠书院志》	四川忠州	黄器重	嘉靖三十九年 （1560）左右	一卷	
《鹤山书院录》	四川泸州	詹陵	正德初年		
《大益书院志》	四川成都	崔廷槐	嘉靖二十年（1541）		周复俊 崔廷槐
《白鹿洞志》	江西星子	鲁铎 袁端	弘治年间	八卷	张元祯

续表

书院志名称	书院地点	修纂者	书院志修纂时间	卷数	序跋
《白鹿洞书院志》	江西星子	李梦阳	正德年间	八卷	
《白鹿洞书院志》	江西星子	郑廷鹄	嘉靖三十三年 （1554）	十九卷	
《新修白鹿洞志》	江西星子	田琯 周伟	万历二十年 （1592）	十二卷	田琯
《白鹿洞书院志》	江西星子	李应升	天启二年 （1622）	十六卷	
《白鹭书院志》	江西庐陵	何其高 曾洋	嘉靖二十五年 （1546）	七卷	
《白鹭书院志》	江西庐陵	钱一本 王时槐	万历十四年 （1586）	二卷	王时槐
《白鹭洲书院志》	江西庐陵	汪可受 甘雨 罗大纮	万历二十二年 （1594）	二卷	甘雨
《西原会志》 （能仁会志）	江西庐陵	王时槐	隆庆元年至万历 十三年（1567—1585）		王时槐
《萃和书院志》	江西泰和	萧叔询	嘉靖三十九年 （1560）		陈昌积 曾于拱
《求仁书社志》	江西泰和	胡直	隆庆年间	一卷	邹元标
《云津书院集》	江西泰和	刘敔	正德年间	二卷	罗钦顺
《复古书院志》	江西安福	尹一仁 刘阳	嘉靖四十一年 （1562）	二卷	邹守益
《复古书院志》	江西安福	邹德泳	万历三十三年 （1605）	四卷	邹德泳 刘元卿

续表

书院志名称	书院地点	修纂者	书院志修纂时间	卷数	序跋
《东山会志》	江西安福	夏梦夔	万历三十年（1602）左右		刘元卿
《复真书院录》	江西安福		嘉靖年间		
《复真书院会册》	江西安福		万历、天启年间		
《复真书院志》	江西安福	朱世守	天启末年、崇祯初年		
《复真续志》	江西安福	朱世守	天启末年、崇祯初年		邹德泳
《识仁书院志》	江西安福	吴云	明末清初		
《复礼识仁一德三书院会录》	江西安福	刘元卿			刘元卿
《道东书院志》	江西安福	刘淑唐	万历二十九年（1601）		王时槐
《明新会志》	江西永新	余懋衡	万历二十五至二十六年（1597—1598）		
《郑溪书院志》	江西永宁	龙遇奇	万历四十七年至四十八年（1619—1620）		冯从吾
《怀玉书院志》	江西玉山	夏浚	嘉靖三十七年至万历三十九年（1558—1560）	八卷	夏浚
《象山书院录》	江西金溪	程秀民	嘉靖十一年至十四年（1532—1535）		程文德陈九川

续表

书院志名称	书院地点	修纂者	书院志修纂时间	卷数	序跋
《丽阳书院志》	江西乐平		万历二十五年（1597）		史桂芳
《荣塘龙光书院志》	江西丰城	徐即登	万历三十七年（1609）	四卷	邱士毅
《经归书院录》	江西都昌	陈伦	隆庆末年万历初年		黄坤文德翼
《岭表书院志》	广西梧州	陶谐	嘉靖十二年（1533）	六卷	程文德
《道乡书院志》	广西平乐	龙大有	嘉靖九年至十一年（1530—1532）		
《道乡书院志》	广西平乐	莫华	嘉靖年间	一卷	
《仁文书院志》（天心书院志）	浙江嘉兴	岳元声岳和声	万历年间	十一卷	姚思仁岳元声
《虎林书院志》	浙江钱塘	聂心汤	万历三十七年至三十八年（1609—1610）	一卷	
《西湖书院志》	浙江仁和	徐奇	约宣德年间（1426—1435）		
《瀛山书院志》	浙江遂安	方应时	万历三十年（1602）		毛一公余炻
《瀛山书院志》	浙江遂安	方世敏	天启二年（1622）		
《安定书院集》	浙江湖州	胡乐心	万历年间		沈桐

续表

书院志名称	书院地点	修纂者	书院志修纂时间	卷数	序跋
《崇正书院志》	浙江金华	张朝瑞 胡应麟 胡僖	万历年间	十一卷	
《天真书院志》	浙江钱塘	谢廷杰 孙应奎	隆庆五年（1571）	四卷	谢廷杰 孙应奎
《鹿城书院集》	浙江温州	邓淮	弘治十二年 至十六年 （1499—1503）	不分卷	邓淮 王瓒
《贞义书院集》	浙江永嘉	张孚敬	嘉靖年间		
《五峰书院志》	浙江永康	陈时芳	天启年间		陈时芳
《南溪书院志》	福建尤溪	方溥	弘治九年 至十三年 （1496—1500）	三卷	何海 方溥
《南溪书院志》	福建尤溪	纪廷誉	万历二十二年 （1594）	四卷	叶廷祥 郭以隆 陈翘卿
《共学书院》	福建侯官	岳和声	万历四十七年 （1619）	三卷	叶向高
《道南书院录》 （道南录）	福建福州	金贲亨 应大猷 赵江	嘉靖八年至十六年 （1529—1537）	五卷	魏濂 刘佃 应大猷 杨诏 舒春芳
《明宗书院志》	福建兴化	陈经邦	万历年间		陈经邦

续表

书院志名称	书院地点	修纂者	书院志修纂时间	卷数	序跋
《崇正书院志》	福建长汀	陈洪范	嘉靖二十九年（1550）		杨昱
《水西精舍志》	南直泾县	贡安国	嘉靖年间	不分卷	
《水西志》	南直泾县	萧之望	万历年间	不分卷	
《紫阳书院集》	南直婺源	程曾 方琥	正德十年（1515）	四卷	王守仁 顾清
《明经书院录》	南直婺源	胡濬 程美等	正德十年（1515）	六卷	汪玄锡 胡濬 潘珏 方琥 潘士藻
《二张书院录》	南直婺源	张文化	万历十七年至二十七年（1589—1599）		
《柳溪书院志》	南直休宁	汪尚和	正德年间	二卷	
《虞山书院志》	南直常熟	钱璠	嘉靖年间		
《虞山书院志》	南直常熟	耿橘 张鼐	万历三十六年（1608）	十卷	孙慎行 张以诚
《东林志草》	南直无锡	刘元珍	万历四十二年（1614）		高攀龙 刘元珍

原载《明清书院文献与书院研究学术研讨会会议论文集》2017 年 8 月

明代福建书院志书考略

方彦寿

明代福建书院的志书，可分为已佚和现存的两种类型。已佚，指的是历史上曾经有过，而今已亡佚不存者，有《（成化）延平书院志》和《（弘治）南溪书院志》；现存的则有金贲亨编刻《道南书院录》，《南溪书院志》万历刻天启重修本，朱世泽编《考亭志》和岳和声等纂修《共学书院志》。

一、已佚的两部明代福建书院志

（一）明成化或成化之前的《延平书院志》

福建书院的志书，已知最早可考的应属《延平书院志》。此志书在明清公私书目中一向未见著录，唯在明成化七年（1471）刻本《豫章罗先生文集》卷一《经解·春秋解》条下，有按语说："《延平书院志》，先生遗书有《春秋集说》，疑即此书也。"在《经解·春秋指归、春秋释例》条下载："二书见先生行实，及《延平书院志》《沙阳志》，今不存。"这两条编者按，是为了说明罗从彦的这几部著作，在《延平书院志》中有记载。在同书的卷十七《外集》中，则全文移录了《延平书院志》的一篇文章。由此可证，在明成化或明成化以前，曾经有过一部《延平书院志》。由于原志书久佚，原书的卷帙，编者均难以详考。

（二）明弘治《南溪书院志》

南溪书院坐落在福建尤溪县城关水南公山之麓，毓秀峰下。原为邑人郑安道故宅，人称"南溪别墅"。北宋末宣和五年（1123），朱松任尤溪县尉，郑氏将此宅借给朱松居住。建炎四年（1130）九月十五日，朱熹在此诞生。

此地既是朱松家人馆寓之地，"亦是朱熹幼年读书的地方"。"朱熹问天"的故事，就发生在这里。南宋理宗时期，约在"朱熹问天"的一百年后，朱子理学得到褒扬，邑人为纪念朱氏父子，在此建南溪书院以祭祀之。书院始建于南宋嘉熙元年（1237），县令李修在郑氏故宅"作屋三楹，中设二先生祠"，两侧分别为景行斋和传心斋。德祐元年（1275），宋恭帝御赐"南溪书院"额。

元至正元年（1341），佥事赵承禧以朱氏父子同祀一祠，于礼不合，遂命县人分建两祠，即文公祠和韦斋祠。

明正统十三年（1448），书院毁于沙县邓茂七农民军的战火之中。景泰二年（1451），官府重修书院。明代宗亲颁朱熹像赞："德盛仁熟，理明义精；布诸方策，启我后人。"弘治十一年（1498），知县方溥又加扩建。新建堂三间，中祀文公像，左右为两廊，前为厅事，官司展谒驻劄之所，东西为斋宿房。再前为半亩方塘，塘上构亭，通以石桥。临街为华表山门，门额为"闽中尼山"四个大字。大门东为"毓秀坊"，西为"观书第"。正德五年（1510），知县诸宏济增修堂舍，别立一室曰"韦斋"，并立天光云影亭于韦斋之外。

清康熙五十五年（1716）正月，福建巡抚陈瑸视察闽北，由浦城经由建阳、建瓯和尤溪。四月，上《题修建阳县朱子祠疏》："臣赴任时至建阳县，有考亭书院，为先贤朱子晚年卜居故址；城外朱子祠，曾奉御赐扁额、对联悬挂前堂，而祠宇湫隘，用木板为墙壁，宜易以砖石，与书院并改造轩爽。谨同督臣满保捐费，委员鸠工"，又疏言"朱子生于尤溪县郭外南溪之地，向亦建有专祠；请赐扁额"，疏上，并报可，御赐"文山毓哲"四字匾额，[1]并敦促府县对书院进行较大规模的修建，订学规，筹学田。乾隆二十九年（1764），又在书院之左另建开山书院，并撰《开山书院详定章程碑序》，镌石立碑。

此即南溪书院的源流。有一个从郑义斋馆舍到二朱先生祠到南溪书院的

---

① 《清耆献类征选编》卷七下。

演变过程，而现存最早记载这个演变过程的历史文献，就是我们今天还能读到的《南溪书院志》。

南溪书院修志，始于明弘治以前。弘治九年（1496）延平府尤溪县知县方溥《南溪书院志后序》中说："余平居读《朱子大全集·题尤溪县学观大阁》诗注云：'见《南溪书院志》'，则是南溪书院旧尝有志矣，但未之见也。"这段话是说他在官尤溪之前，曾在有关朱熹的诗注中发现一则关于《南溪书院志》的线索。在尤溪任上，他曾试图找到此志书，但多方查找而不得。于是，他产生了编纂一部《南溪书院志》的想法。

方溥，字惟博，新城（今属江西）人，弘治九年（1496）以举人知尤溪。所编刻的《南溪书院志》三卷，见于民国《尤溪县志·艺文志》所载明何海撰《南溪书院志序》及方溥撰《南溪书院志后序》（载万历刻天启重修本《南溪书院志》卷四）。遗憾的是，方溥编刻的《南溪书院志》的弘治原刊本今已无存。

民国《尤溪县志·政绩志》载：方溥在尤溪，"扬烦厘弊，务在便民。民有冤，必庭辨之，折狱谆谆，省谕得情，乃置诸法。邑苦多盗，捕磔之。捐资建活水石亭、新韦斋祠以及城门楼橹。诸所创作，民若子来。凡请嘱馈遗，一无所干。岂弟乐易，终其官未尝恶言厉色。君子以为有长者之道焉。时入觐，民遮留以千百计"。由此可知，方溥在尤溪，颇有政绩，深得民心。但此小传不载其首创南溪志之功，是县志编纂者的一大疏忽。

二、现存的四部明代福建书院志

（一）金贲亨编刻《道南书院录》

道南书院地处福州光禄坊内，最早建于南宋宝祐六年（1258），祀"道南第一人"杨时，故又称道南祠。明成化元年（1465），以福建按察佥事提督学政的游明曾重建，增祀罗从彦、李侗和朱熹。

嘉靖八年（1529），在道南书院历经六十多年已倾圮无存的情况下，提学金贲亨又重建之，并增祀程颢为正祀。此后，金贲亨编纂《道南书院录》五卷附录一卷，这是一部与书院志书既有关又似无关的书籍。说其有关，是说其内容是有关福建书院的史书；说其无关，是说这部本应刻印在道南书院的图书，成书后却因适逢金氏调官而暂时作罢。金贲亨自序云："嘉靖己丑，贲亨董闽学事，既作道南书院于会城，以祀四先生而复推四先生之心，以祀明道。于时闽士相与观叹，若向往焉而愧无以道之也。乃与吾友黄君伟节萃五先生言行心法为兹录，将梓而人授之，俾自得师焉尔。稿成贲亨调官江右。未几谢事，乃复与吾友赵君渊、应君大猷订正藏以私淑。"① 此书即《四库全书总目提要》卷六十二所录《道南录》五卷。《提要》称"不著撰人名氏，亦无序跋。道南书院在福州，疑闽人所为也。其书节录明道程子、杨时、罗从彦、李侗、朱子言行，末附祠记始末。道者，公器，传道者，亦统为天下万世之计，不仅求为一乡一邑之荣。况五大儒事迹、著述照耀古今，亦不复藉此以显，是特夸耀乡梓，非为表彰道学也。所见亦云小矣。"对此，清人王棻解释说："此书为金汝白提学福建时，编此以教闽人，序跋甚明，非闽人所为也。乃江苏巡抚采进本偶缺序跋，故误以为闽人所为耳。"文中对四库馆臣的指责虽未置可否，但其意已尽在不言之中。既然此书非闽人所编，则馆臣所谓"夸耀乡梓"云云，可谓无的放矢，不得要领。

金贲亨编纂的《道南录》后刊行于嘉靖三十八年（1559），由道南书院委托建宁知府刘佃刊行于建阳。此即福州名士马森于嘉靖壬戌在《道南祠碑记》所说："森尝读先生所辑《道南录》，而知先生忧道之心有不容已者焉……。顾当时稿未及梓，今则布之，闽中人人得而玩之，而先生之教昭如一目"② 中的"今则布之"的刻本。由于此刻本今仅有台北故宫博物院存有一帙，其详情几乎不为学界所知，对此书院的所在，也出现了是在浙江萧山，或是在福建永安的疑惑。③ 据台北故宫博物院的著录，此刻本线装两册，原为北平图书馆之旧藏，系抗战时期寄存在美国国会图书馆，六十年代由台湾接收的珍贵古籍之一。

---

① 金贲亨：《道南书院录序》，王棻：《台学统》卷三十九，续修四库全书第 545 册，第 546 页。
② 郭柏苍、刘永松：《乌石山志》卷四，中国方志丛书华中地方第 272 号，台湾：成文出版社有限公司 1975 年版，第 269-270 页。
③ 陈谷嘉、邓洪波主编：《中国书院制度研究》，杭州：浙江教育出版社，1997 年版，第 645 页。

金贲亨所编《道南书院录》因其离任而未由其本人在闽都刊刻传播，但无巧不成书，三十三年后，即嘉靖四十一年（1562），其仲子金立敬（字中夫，号存庵）亦任福建提学，除将此书印本颁之闽士之外，又将历经三十多年风雨，已破旧不堪的书院加以重修。何乔远《闽书》载："立敬字中夫，嘉靖二十九年进士，与其父贲亨先后为闽督学使者，以讲学风士，辟书院，遴秀士课董其中。又疏罗、李从祀于朝。虽未俞请，而人谓能继父之志。"①福州名士马森《道南祠碑记》曰：

今去先生三十有余岁，先生仲子存庵公复以吾闽参藩，陟董宪学，而多士之慕先生者又以存庵之教如先生焉。郡守吴公崧以多士之追慕先生，益遵存庵之所以教也，实道南书院兴起之自。肆岁久倾圯，隙地或湮，与多士谋请鸠工厘正而葺之，伍公典继之，相厥成功，属森为记。森尝读先生所辑《道南录》，而知先生忧道之心有不容已者焉，盖溺于利欲者一悟即无难变，溺于意见者执迷而不可返，因循前却，涉猎为功，以章句训诂为足以穷遗经，以仪文度数为足以尽儒术，支离汗漫之求，终其身无以入道，又乌知所谓默会诸心以立其本者哉！此先生所以惧而为是录，以明建书院之本意，将以破沿袭沉锢之蔽，而觉之以一其趣也。顾当时稿未及梓，今则布之，闽中人人得而玩之，而先生之教昭如一目。矧存庵公祗遹作求丕承厥志，则多士必有惕然不自安于其心，不徒应之以文，而思所以为用力之地矣。否则，烨然章程，终涉陈迹，向慕虽切，应务则虚，而况于其能真证而自得者乎？噫，自不著不察，日用不知，道在天地间，固亘古今未息也。②

① 何乔远：《闽书》卷四十八，福州：福建人民出版社 1994 年版，第 2 册，第 1228 页。
② 郭柏苍、刘永松：《乌石山志》卷四，中国方志丛书华中地方第 272 号，台湾：成文出版社有限公司 1975 年版，第 269—270 页。

（二）《南溪书院志》现存最早的万历刻天启重修本

《四库全书总目》卷七十七著录此书说："明叶廷祥、郭以隆、纪延誉、陈翘卿同撰。廷祥官尤溪县知县。以隆称署县事，疑为丞簿之类。延誉、翘卿则尤溪教谕、训导也。其里贯均未详。南溪者，朱子之父松作尉尤溪，实生朱子于其地。理宗嘉熙初，尤溪令李修，以时方崇尚道学，人争攀附，遂于其地建二朱先生祠，即书院所自昉也。志中载书院额为宋恭帝德祐元年所赐，而李韶所作记在嘉熙改元之岁，已称南溪书院。则初建时已有此名，但赐额在后耳。其书仅记书院之迹，所附诗文，多不雅驯。延誉之序，以朱松、朱子及宋圣宗皆跳行别书，使君臣相并，则欲尊朱子而不知所以尊，悖谬甚矣。"

在此，首先得辨析馆臣著录此书的一个重大失误。馆臣说："李韶所作记在嘉熙改元之岁，已称南溪书院"。所谓"已称"，实际上仅仅只是记文的题目为《南溪书院记》，而在正文中，无一处称"南溪书院"，而只称"二先生祠"或"是祠"；也就是说，此书院的最早建置是一座崇祀朱氏父子的祠堂！李氏记文原来的题目应是《尤溪新建朱先生祠堂记》或《二朱先生祠堂记》，明人在编纂书院志时，将李韶记文改为《南溪书院志》，这才出现了题为"书院记"，而正文却无只言片语提及书院，文不对题的奇怪现象！

与方溥编本略有不同，方编本为三卷，而万历本则是四卷。由于方溥编本无存，无法对此作出详细的比勘。但二本之间的传承关系还是有迹有寻，大体言之，后本的前三卷基本上保持了前本的框架而新增了某些篇目，而第四卷为新创，这是因为随着时间的推移，所谓的"群贤词翰"会越来越多，不另置一卷则难以容纳的缘故。

万历本的基本情况如下：卷前有万历二十二年（1594）季春知县叶廷祥序。次为目录、形胜总图、韦斋像图、文公像图、纂修姓氏、校锓姓氏和凡例七则。韦斋像图由尤溪县教谕纪延誉书写《刻韦斋先生像引》，文公像图由巡按福建监察御史大梁杨四知书写《刻文公先生像跋》。

第一卷为形胜事迹，内容为书院所处的地理环境和位置的简介，朱熹生平事迹和《宋史本传》。生平事迹的介绍参考了《朱子实纪》，可视为朱熹的年谱简编。第二卷为建置祀典，内容为书院的创建、扩建与重修，书院的建筑，春秋祭典的仪式和祠田。第三卷为二公诗文，从朱松和朱熹的文集中搜集与尤溪有关的诗作与文章。第四卷为群贤词翰。内容为罗从彦《韦斋记》、石敦《韦诚记跋》、李韶《南溪书院记》、林兴祖《重修南溪书院记》、方溥《南溪书院志后序》，以及明代一批官员、学者的相关诗文。

南溪书院成为真正意义上的书院，应始于元代。林兴祖在《重修南溪书院记》中说："皇元混一，尊崇正学，谓文公父子书院宜在尊崇之典。书院设山长，弟子员，上隶延平郡。"① 这是南溪书院最早设山长，招收弟子的记载。笔者曾研究过福建历代书院的山长，但迄今为止，对历史上何人曾担任过南溪书院的山长却无一发现，而《南溪书院志》对此居然也无一记载。至于书院的师资、学生、教学内容、方法和教材等本应作为书院志的主体部分，一概付之阙如！由此可以作出以下初步的判断——历史上的南溪书院，崇祀先贤的意义远大于教学的意义，也就是说，南溪书院是属于那种祭祀型的书院，而不可以讲学类型的书院视之！

最后，简要介绍一下明万历刻本《南溪书院志》的几位编者。叶廷祥，浙江庆元人，万历二十二年以文林郎知尤溪县。郭以隆，赣县人，以沙县丞署尤溪县事。纪廷誉，晋江人，万历间尤溪县教谕；《四库存目》著录，纪廷誉之名误作"延誉"。陈翘卿，漳浦人，尤溪县学训导。陈翘卿《南溪书院志后序》曰："其志则出于我明方侯溥所纂集。……万历辛卯（1591）岁仲夏，邑有回禄之灾，志板延毁于民家。……始谋诸教谕纪君暨诸绅衿，重梓之议有定画。……于是抄录旧册，正其差讹，补其缺漏，次其简编，付之剞劂氏。……"民国《尤溪县志·政绩志》载："纪廷誉，字声寰，晋江人。万历间尤溪教谕，学有渊源，才优经济。纂修《南溪书院志》，匾文公祠曰'万世宗师'，则崇尚正学可知矣。寻丁内艰去。"

---

① 《南溪书院志》卷四。

（三）朱世泽编《考亭志》①

《考亭志》十卷，明朱世泽编，明万历十六（1588）至十七年（1589）刊行于建阳书坊。此书罕见，仅南京图书馆和日本内阁文库有收藏。此外，日本东京内阁文库另存日本宽政七年（1795）据万历刊本传抄本。

朱世泽（1563—?），字仲德，号斌孔，朱子十三世孙。曾任万历《建阳县志》分纂和《蔡氏全书》编辑。在日本尊经阁文库，另藏有明万历版《考亭志》十卷，据馆藏著录，作者著录为"明朱用圭"而非朱世泽。

此外，在《考亭紫阳朱氏总谱》中有朱世泽的小传，其中也提到了朱用圭与这部志书的关系，以及志书的原名：

> 为继承伯祖朱用圭遗志，以编《考亭阙里志》为己任，《考亭阙里志》编成后，就正于族长朱奎，又进行修改订正。万历乙未（1595），更名为《考亭志》，由督学徐即登刊刻行于世。此外，他还编著《潭阳文献》九卷。明刊本《考亭志》今存于南京图书馆，传为海内孤本。②

在这段话中，出现了此书的原名、具体刻印时间和刊刻者等。

先说编者。上文之所以会出现朱用圭所编，实由来有自。在《考亭志》卷末朱世泽《叙锲考亭志颠末》一文中，有如下一段话：

> 嘉靖岁在壬子，伯祖用圭公同知滁州事，时适古和雷公官南太仆，司同滁阳，三索《考亭志》，欲以应之而其道无由也。缘卤略其梗概，辱公代修，而公擢大司空北去，仅仅撰序以贻用圭公，不幸用圭公卒，而志终不果辑。

---

① 《考亭志》十卷，明朱世泽撰，明万历十七年刻本。《中国古籍善本书目·史部下》史部地理类二，上海古籍出版社1993年版，第1049页。序号11805，南京图书馆存。

② 闽北朱子后裔联谊会、武夷山朱熹研究中心合编《考亭紫阳朱氏总谱》，2000年铅印本，第415页。

这里说到了朱用圭于嘉靖三十一年（1552）在任滁州同知时，曾与时任南太仆寺卿且"司同滁阳"（即同在滁州设司）的雷礼有交集。雷礼（1505-1581），字必进，号古和，江西丰城人。嘉靖十一年（1532）进士，历官福建兴化府推官，官至工部尚书，著有《皇明大政记》《国朝列卿记》和《南京太仆寺志》等十几种著作。因与这位知名的学者有同官之谊，朱用圭于是与雷礼谈起正在搜集资料欲纂修《考亭志》的意愿，这引起了雷氏的兴趣，此后曾前后三次向用圭索要志书初稿而不得；而用圭只是说起编纂此书的"梗概"即提纲，并希望雷氏能帮助其"代修"，后因雷氏提拔为"大司空"而调离滁州，仅仅留下了一篇序言，又因其后不久朱用圭不幸逝世（又作失明），这部志书最终未能在朱用圭手上成书。这部欲修而"未果"的志书，可能正如赵鸿谦《松轩书录》在转录该书凡例所言，"以雷公礼序诸端者"，而雷序（实为雷礼请何乔远代作序）中恰恰提到了朱用圭与此书的重要关系，这应该是日本前田育德会尊经阁文库将此书著录为"朱用圭（编）"的由来。

朱用圭，一作用珪。光绪《滁州志》载："朱用珪，字七峰。福建建阳人，由选贡，嘉靖二十七（1548）年任"①。朱用圭很重视考亭朱氏的历史文献编纂，曾广为搜集资料，欲编辑《考亭志》，由雷礼请何乔远作序。何序称"朱文公十一世孙用圭嘉靖中丞滁州，其时丰城雷公礼为滁太仆，问及考亭，以为不可无志，预作志序以遗用圭。用圭归，欲成雷公之志，会目失明不果。今其十三世孙弘演始成之，以授乔远，使乔远序。序曰：文公著书立言，有功六经，昭如日月，不待言矣。后生小子平居有疑焉。今日序公之志，不可不论质也。"② 由此序可知，朱用圭欲编志，因失明而未成，因此序是"预作"，故今存于何乔远《镜山全集》中。

---

① 《滁州志》，《中国地方志集成·安徽府县志辑》第 34 册，江苏古籍出版社 1998 年，卷四之一，第 357 页。

② 何乔远：《镜山全集》卷三十五，福建省文史馆整理；陈节、张家壮点校，福建人民出版社 2015 年 4 月版。

《考亭志》是历史上唯一一部全面记录朱熹考亭书院历史的书院志书。由于编志者距离朱熹的时代已有四百年之久，故志书的编纂有较大难度。比如卷五《及门造士》，辑录朱门弟子共 338 人，仅列各门人的姓名在各县名之后，而缺生平事迹的基本概况；而且，这 338 人有不少是在其他地方从学的弟子，不全是从学于考亭的门人，造成这种情况的，恰恰是因为年代久远，原始资料欠缺的缘故。

尽管如此，这部志书仍有不少极具史料价值之处。

一是保留了历史上最完整的描绘考亭书院的平面图。而在此之前，我们所能见到的比较完整的只是清道光《建阳县志》中的《考亭书院之图》，与《考亭志》中的图相比，县志中的书院图所描绘的不过只是此图的局部，甚至不到一半的篇幅。而在此图中，我们可以由此读到大量的在县志图中所见不到的内容，诸如龙舌洲、鲤鱼洲、盖竹社、沧洲桥、聚星亭、方塘阁和玉尺山，乃至"朱氏子孙世居之屋"等。而《家庙藏文公六十一岁时真影》，将此图与明正德刻本《朱子实纪》中的"太师徽国文公像"① 比照，可以断定，此图应来源于《朱子实纪》，由此也可以推断，本书卷五《及门造士》中 338 位朱门弟子，其来源应该是参考了戴铣《朱子实纪》中 319 位门人、宋端仪《考亭渊源录》② 296 位门人的史料，而略有增补。

二是卷一《沧洲形胜》，对考亭书院的历史沿革，特别是对元明以下对书院的修复，在以往的府县志书中大多语焉不详，而在此志书中有不少珍贵的史料记载；卷四《文公亲书字》，对万历时期，仍在考亭书院存有的刻板，以及各处所题者作了一个较为全面的罗列，为评判不少流传于今的朱子手迹的真伪，提供了一个重要参考坐标。

（四）岳和声等纂修《共学书院志》

岳和声等纂修的《共学书院志》（明万历福州共学书院刊本），分为上中下三卷。卷上分为形胜、沿革、规制、先儒、宦绩、祀典、会规、田赋、典

① 明正德八年鲍雄刻本《朱子实纪》卷首。
② 明隆庆三年（1569）林润刊本《考亭渊源录》卷六至卷二十二列朱子门人 296 人，卷二十三为"考亭门人之无记述文字者"，仅列其名，共 88 人。

籍六门；卷中为艺文；卷下为公牍、善后、题名、器名四门。提学副使岳和声主纂，参加汇辑者有福州知府、同知，闽县、侯官的知县，府学、县学的教授、教谕、训导等一干官员。乡绅林材、陈一元、曹学佺等一批名士也参加了校阅。

　　共学书院在福建书院史上的地位和重要意义在于，开创了福州书院的好几个"第一"。一是创省城书院之先，开清代闽都"四大书院"之先河。二是纂修书院志。《共学书院志》是福州最早，也是福州书院现存最早的书院志书，为清代鳌峰书院、致用书院纂修志书提供了可代借鉴的样本。三是书院藏书和刻书，也开福州书院风气之先。

　　原载《明清书院文献与书院研究学术研讨会会议论文集》2017 年 8 月

清代书院志编纂探微

——以三种《端溪书院志》为例

赵伟

　　书院是起源于唐代的文化教育组织，在千余年的发展历程中，为记录其发展轨迹，形成了有关教育、学术、思想、文化、民俗、经济等各方面数量巨大、种类繁多的书院文献，是研究中国古代教育史、思想史、学术史的重要资料。目前存世的书院文献数量至少在 1000 种以上，有书院志、田志、学规、章程、祀典、讲义、课艺、图咏、画谱等。这其中最能综合体现书院的沿革、文化、制度的，当属书院志。已知最早的书院志书为南宋的《莱山书院志》，惜早已失传。目前存世的书院志主要集中在清代，这与清代书院的大发展分不开。据不完全统计，仅有清一代，中国书院的数量就高达 5800 余所，所存留的书院志数量也在 110 种以上。[①] 目前学界对书院志的专门研究仍然不多，[②] 对书院志的整理工作却开展得较早。早在 1995 年，江苏教育出版社影印出版了由赵所生、薛正兴主编的《中国历代书院志》（全十六册），收录了明清两代的书院志书 115 种。其后，一些零星的书院志书也陆续得到出版。2015 年，"中国书院文献整理与研究"成功立项。借此机会，一些稀见的书院文献得以重见天日。如道光《端溪书院志略》，在《中国历代书院志》及《端溪书院志二种》（岳麓书社 2015 年版）中均未收录。此次对道光《端

---

① 数据见陈谷嘉、邓洪波《中国书院志制度研究》附录 2（浙江教育出版社 1997 年版）。

② 较早进行相关研究的是陈谷嘉、邓洪波的《中国书院制度研究》（浙江教育出版社 1997 年版），其附录部分对当时已知的 365 种书院文献（包括 160 余种书院志）以提要的形式进行了介绍。陈时龙在《书院志述略》（《湖南大学学报》（社会科学版）2000 年第 3 期）中主要论述了明清两代的书院志，对其编纂特点、体例与价值进行了分析。其后王华宝《中国的书院志及其学术价值》（《南京晓庄学院学报》2005 年第 6 期）主要以《中国历代书院志》为取材对象，对其中收录的 115 篇书院志的主要内容及基本特点进行了分析。

溪书院志略》的发掘，填补了端溪书院文献在嘉庆、光绪之间缺失的一环，对研究端溪书院史事及清代书院文献的编纂具有重要价值。

一、端溪书院简介

端溪书院是清代广东的省会书院，坐落在两广总督的驻节之地肇庆。书院始建于明，由广东佥事李材创建于万历初年，不久即被废为监军道署。清顺治十二年（1655），又被改为总兵署。康熙四十七年（1708），两广总督赵宏灿在原址旁复建书院，易名"天章"。书院前为讲堂，上为天章阁，又名挨天阁，摹刻恩赐御书于其上。中有宣教堂，东西翼以斋舍。雍正十年（1732），总督郝玉麟重修，招收"粤东人士之秀者"①，并上闻天子。雍正十二年（1734）获赐帑金，正式成为省会书院，招通省士子肄业其中，生徒数量达 320 名之多。书院每月有官课、师课，官课由督抚、藩臬、运粮、肇阳罗道次第输课，师课则由山长主持。

乾隆初年，书院复名"端溪"。乾隆十七年（1752），全祖望掌教书院一年，订立学约四则：正趋向、历课程、习词章、戒习气。乾隆二十二年（1757），肇庆知府吴绳年增建圣贤楼，奉祀孔子及陈白沙、黄泰泉、湛若水等二十贤，并修两廊斋舍。道光二十六年（1846），书院颓坏益甚。署肇罗道赵长龄、肇庆知府杨霈、高要知县赵亨衢捐廉倡修，嘱本邑翰林马仪清、拔贡黄登瀛等董理。先贤楼改为尊圣阁，阁下立景贤堂，东西为斋舍。咸丰四年（1854），兵灾祸及，毁坏旧存书籍、联额，诗歌、木牍俱散失。其后的知府郭汝诚、山长李光廷接连重修，书院基本恢复活动。

光绪十三年（1887），总督张之洞主持重修，山长梁鼎芬颜大堂曰"广德堂"，挨天阁下讲堂曰"教忠堂"，易尊圣阁曰"景贤阁"，增全谢山先生祠，又筑东西监院，规模又大。同时更定章程，自正月至十一月，由督、抚、肇阳罗道、肇庆府递月输课。其后，斋舍蠹蚀，诸生渐罕居住。② 光绪三十一年（1905），端溪书院被改制为肇庆府中学堂。

---

① 傅维森：《端溪书院志》卷一《建置》，光绪二十六年端溪书院刻本。
② 以上据傅维森《端溪书院志》卷一《建置》整理。

二、端溪书院志的初次修纂

"书院之有志，犹国之有史。"端溪书院作为清代书院金字塔层级顶端的省级书院，在嘉庆二十一年（1816）时由山长赵敬襄首次修纂了书院志书。

赵敬襄（1756—1828），字瑞星，后改司万，号竹冈，江西奉新人。嘉庆四年（1799）进士，改庶吉士，散馆改用吏部文选司。嘉庆九年（1804）以弟卒，乞归终养，遂不复仕。此后，历主江西南平、琴台、岐峰，广东端溪、丰山等书院讲席。其掌教端溪书院在嘉庆二十一年，莅任后即对书院的祭祀规制加以改革。他将书院的圣贤楼改为先贤楼，将孔子从中移出，并将从祀的二十贤按年代先后加以调整顺序。① 此外，还辑录了《端溪书院志》《端溪课艺》各一卷，皆收入《赵太史竹冈斋九种》之中。

嘉庆《端溪书院志》篇幅极短，仅一卷，无序跋。正文分为四部分。第一部分内容最多，也最为主要，记录了端溪书院的历史沿革及祭祀情况，此外的大半篇幅记录了书院所祀二十贤之个人传记。第二部分全文抄录两广总督郝玉麟在雍正十年所作的《天章书院记》，此记文被刻石藏于书院内。第三部分抄录山长全祖望所作的《帖经小课题辞》。第四部分抄录学政翁方纲所作的《示端溪书院诸生三首》诗。

是志篇幅甚短小，体例松散而随性。清代是书院志发展的成熟期，"集中地体现为书院志的体例的完善"。书院志的体例大体有三种，即地域体，如王昶《天下书院总志》；纲目体，如朱点易《凤巘书院志》；门类体，如毛德琦《白鹿洞书院志》。多数书院志采取了门类体的编纂体例，这些门类"可以分为如下几类：书院图与图说、建置沿革、祭祀、学规章程、经费、人物、藏书、艺文，这些都是作为书院志所必载的几项内容"②。反观此志，仅由不作分类的四部分内容杂糅而成。其第一部分包含了建置沿革、祭祀两项内容，第二、三、四部分可算作艺文，其余规制一律不载。且就其刊行来看，此志出于山长赵敬襄一人之手，撰成后，赵敬襄将其收录在个人文集《竹冈斋九

---

① 赵敬襄：《端溪书院志》，嘉庆二十一年《竹冈斋九种》本。
② 陈时龙：《书院志述略》，《湖南大学学报》（社会科学版）2000 年第 3 期。

种》中，并未单独刊行。这种刊行方式对于一所书院来说并不正式，并且对志书的保存与流传颇有影响。在时隔不久的道光年间，黄登瀛重修新志时欲参阅此志，却遍寻不得，只能从赵敬襄文集中专门搜罗。① 由此可见，嘉庆《端溪书院志》是一部私人色彩明显的书院志书，从编纂到刊行，均体现了赵敬襄的个人意志。

此外，该志在编纂时，多是取用书院现有的材料，考证功夫并未做足。对历史沿革的记载与乾隆二十二年（1757）山长何梦瑶所作的《重修端溪书院新建后楼记》大体相同，应当是据其改订而成。乾隆二十二年以后的史实，赵敬襄则几乎未见记录。其后的内容也多是据书院现有材料抄录而成，鲜有发挥。

总体来看，嘉庆《端溪书院志》开创之功居多，但失之简省，其内容多是据现有材料辑录而成，对于书院本身的历史考订不多。相比书院本身，赵敬襄对书院所祀二十贤的兴趣更加浓厚，在志中以大量篇幅叙述祀主生平及自己"谨加改正"二十贤祭祀新次序一事，这是赵敬襄修此志书最为用力之处。其后两次重修书院志书，也认为其"持论平允"② 而加以引用。

三、稀见道光本《端溪书院志略》

由于前述赵敬襄所修的《端溪书院志》并非尽善，因而时隔未久，在道光年间当地即重新修纂了较为翔实的《端溪书院志略》。

《端溪书院志略》凡六卷，黄登瀛辑，道光二十八年（1848）端溪书院刻本。黄登瀛，号液洲，肇庆高要县人。嘉庆十八年（1813）拔贡，叙选教谕。其人在当地颇有威望，县内大小事务多有参与。著有《端溪文述》《端溪诗述》《六榕室诗抄》，咸丰时受命修纂《高要县续志》。

时道光二十六年（1846），端溪书院"颓坏益甚"，署肇罗道赵长龄与肇庆知府杨霈，高要知县赵亨衢捐廉率属，嘱翰林马仪清、拔贡黄登瀛等董理其事。"是冬十一月兴工，越丁未秋八月落成"。院成后，董理者"例将工费大略，列册呈进查核"。此时黄登瀛所想的，不止是将"工费大略"列流水

---

① 黄登瀛：《端溪书院志略》卷首《自序》，道光二十八年端溪书院刻本。
② 黄登瀛：《端溪书院志略》卷五《祀典》。

账册进呈，而是想借此机会重修书院志书："瀛念前此掌院赵竹冈先生有《端溪书院志》一卷，载其集中，院内无版本。且纪事尚简，因不揣固陋，更为辑录。举天章之炳焕，经籍之存贮，建置之增加，经费之久远，皆列载焉……使后有所考，庶游斯院者咸知敬业乐群，载圣泽之汪洋，颂邦君之作育云尔。"①

　　新志成于道光二十八年，凡三册六卷（卷一至卷三为第一册，卷四至卷五为第二册，卷六为第三册）。卷首有黄登瀛自序。卷一为《图记》，有《端溪书院外图》和《端溪书院》图两幅。后有文字，记述主要建筑之高广及沿革变动。卷二为《建置及经费》，叙述书院在清代的历史沿革和经费制度，对书院的招生和考课制度也有涉及。正文中有双行小注，或注明文献来源，或加以考证按语。卷三为《石刻》，分宸翰、记文及附录三部分。宸翰收录书院揆天阁内所藏的皇帝御书石刻，记文收录书院内收藏的各式记文，如何梦瑶《重修端溪书院新建后楼记》《肇庆府知府刘公德政碑记》等。附录收录了部分山长、监院和官员为书院所作的诗文、学规等。卷四为《经籍》，开列"四柜"书籍清单，并简略介绍借阅规则。卷五为《祀典》，分揆天阁祀、景贤祠祀、福德祠祀，记载了祭祀对象及典礼流程。卷六单独成册，前有扉页，题"重修端溪书院经费录""道光丁未岁"②"院内藏版"字样，前为赵长龄《重修端溪书院记》，正文列有宪捐金衔名、司事督修衔名、木料一、石工二、砖瓦三、铁钉四、工匠五、杂支六、支数续记、添置什物附记。其中木料、石工等部分，记载了重修书院时所用的木料数量、石工费用等，甚至从何处购买物料、聘请工匠都一一载明，是一份极为完整的账目清单，对于研究清代建筑史、经济史具有重要参考价值。

---

① 黄登瀛：《端溪书院志略》卷首《自序》。

② 道光丁未即道光二十七年，册内所收赵长龄的《重修端溪书院记》文末署"道光二十八年三月"，两者时间不合。再察赵《记》的位置，在卷五之前，卷六之后，且页码重新计数，应是后续增入。又，本志首册扉页记载为"道光戊申夏新镌"，即道光二十八年夏新刻，首册的刊行时间竟在第三册之后。再者，首册扉页记载为"揆天阁藏版"，第三册为"院内藏版"，又不一致。综上，可以推测第三册《重修端溪书院经费录》应当是在道光二十七年书院重修完成后，为完成"将工费大略，列册呈进查核"的任务而首先刊成的。其余五卷则在道光二十八年陆续写成，编为前二册后，再将先行刊出的《重修端溪书院经费录》作为第六卷，纳为第三册统一刊出的。

综合来看，黄登瀛的道光本《端溪书院志略》属于门类体志书，篇幅尽管难称"浩繁"，但却较为完整而正式，主要体现在体例、内容与刊行上。从其体例来看，此志有序，即黄登瀛自序；有图，即《端溪书院外图》和《端溪书院》图；有较为规整的分类，并单独作有目录，即图记、建置、石刻、经籍、祀典、新修经费录附，分类虽然不多，但已初具规模。从其内容来看，在记事上对嘉庆志略加增补，稍显完整。道光志记事起于康熙四十七年（1708）天章书院创建，相较于嘉庆志，删减了明代初创时的内容。乾隆二十二年（1757）以前的史实，除采摘何梦瑶的《重修端溪书院新建后楼碑记》以外，还参考了道光《肇庆府志》①的内容，并且还对府志中的某些观点加以辨析。对于嘉庆志缺略的乾隆二十二年（1757）至嘉庆二十一年（1816）的史实，道光志又依据了道光《高要县志》②加以增补。此后嘉庆二十一年至道光二十七年（1847）的史实，是黄登瀛依据道光《广东通志》③《肇庆府志》《高要县志》钞辑而来的，其"间有与府志异者，据院内现行之册籍"④考订而成。从其发行来看，道光志是以端溪书院之名义单独成书刊行的，其版藏于书院内，相较于赵敬襄将书院志置于其文集中发行的行为更显正式。

此志刊出后，流传并不广，这与当地在咸丰四年（1854）遭受的战乱有很大关系。战火不仅将书院藏书付之一炬，也将书院所藏的刻版一并焚毁。到光绪二十四年（1898），山长傅维森欲寻此志，院内已无收藏。时任监院的桂埄只好外出搜检，终于从邑人处借来此书，但也仅得一册而已⑤。在民国时出版的《宣统高要县志·艺文篇》中，著录有黄登瀛的《端溪书院志略》："清黄登瀛辑，未见。"⑥可见，民国时此书在当地已经失传。幸运的是，今

---

① 夏修恕、屠英修，胡森、江藩纂：《肇庆府志》，道光十三年刻本。
② 韩际飞修，何元纂：《高要县志》，道光六年刻本。
③ 阮元修，陈昌齐纂：《广东通志》，道光二年刻本。
④ 黄登瀛：《端溪书院志略》卷首《自序》。
⑤ 傅维森在纂志时，于建置、祀典、书籍等处皆有引用黄《志》，可知他在实际纂志时已至少收齐前二册。
⑥ 马呈图等修：《宣统高要县志》卷二十一《艺文编》，1936年刻本。

日上海图书馆中藏有保存完好的一部《端溪书院志略》，极有可能是如今仅存的原刻本。

四、汉学色彩浓重的光绪《端溪书院志》

端溪书院最后修纂的志书是傅维森编纂的《端溪书院志》，凡七卷，光绪二十六年（1900）刻于端溪书院。傅维森（1864—1902），字志丹，一字君宝，广东番禺人。光绪十五年（1889）入广雅书院，游朱一新之门，故其学术长于经史。次年被选为汉学重镇学海堂的专课肄业生。光绪二十一年（1895）成进士，改庶吉士。旋丁父忧，不复出仕。光绪二十四年（1898），总督谭钟麟聘掌端溪书院，亦以实学课士。未几遽卒。著有《缺斋遗稿》。

傅维森初临端溪书院，即对其历史产生兴趣："既抵院，询考前事，不可具悉。"此前黄登瀛辑录的《端溪书院志略》已然无存，且历时久远，"诸凡踵增，举未之及"。于是傅维森再去寻阅，"又于竹冈集中检得《端溪书院志》一册，盖嘉庆二十一年奉新赵竹冈吏部敬襄主讲斯院时所辑，视黄志尤略"。在此情况下，傅维森萌生了重新修撰院志之意。此时，傅维森得知邑中有名黎佩兰者，"昔从义乌朱先生读书院中，熟征文献，百年近事多有笔记"。黎佩兰，字咏陔，高要人，光绪十四年（1888）读书端溪院，光绪十七年（1891）举人。傅维森在看过黎佩兰笔记后，"为之喜慰，因属详加编订，互相商榷"。以此为引，傅维森开始着手撰修新志，"复考府、县志书，旁及前人文集，证以官廨新旧案牍，综覆条举，增补前志。实无可考，始姑阙如。时逾一年，稿凡数易，曩之不可具悉者。至是，乃按籍可寻矣。中有新订章程数条，则因时变通，藉除夙弊，非遽谓尽善也"①。

新《端溪书院志》凡七卷。卷首有傅维森自序及端溪书院图说，图说部分借鉴了《端溪书院志略》的编写方式。其后有目录。正文卷一为《建置》，与道光志相比，内容有所增添，如叙事溯及明代，在府志之外又根据省志、县志增添细节。此外，对于前志考证失实之处又加以改正，如"乾隆二十二

---

① 傅维森：《端溪书院志》卷首《自序》。

年（原注：黄《志略》作一）知府吴绳年于近光亭后捐买民房地，增建后楼，奉祀先贤"①。咸丰四年（1854）至光绪二十四年的内容为傅维森新纂，主要依据了同治《高要县志续》②、同治李光廷《重修爱莲亭记》等。卷二为《经制》，对生童名额、考课制度、岁入、岁支加以介绍，其后附有《端溪丛书附考》和《印书章程附》，是有关印书经费方面的内容。卷三为《祀典》，记载了书院的祭祀规制及沿革变动，对所祀二十贤的来历作了较为详细的考订。其后为景贤阁奉祀先贤传略，与道光志一样，基本是抄录嘉庆志而来的，所不同的是删去了琼山、光宇、尧山、石洞四先生传，这是由于当时四人已不在奉祀之列。此外，又根据全祖望年谱和李元度《国朝先正事略》，增加了全谢山先生传略。卷四为《学规》，分作训典与条约两部分。训典收录了康熙四十一年（1702）的《训饬士子文》，雍正十一年（1733）和乾隆元年（1736）有关书院的上谕。条约部分为乾隆至光绪时部分山长掌教时所作的规条，如《全谢山先生端溪书院讲堂条约》《冯鱼山先生端溪书院学规》等。这些规条中年代较近的采自院内册籍，年代较远的则是从山长文集中搜辑而来。卷五为《师儒》，记录了当时已知的院长、监院姓名及小传。由于"嘉庆以前册籍无存"，院长、监院的姓名无法详细得知。加之"咸丰甲寅之乱，文献亦就湮沦"。在官方典籍无从查起的情况下，傅维森乃"采私家著录钩稽可据者，十得五六，合以近年其知者，具列为表"③。卷六为《艺文》，分石刻、词翰两部分。石刻内容抄录自道光志卷三的《石刻》，还注明了石刻的存废情况。词翰部分收录了部分山长及官绅有关书院的诗词文章。卷七为《书籍》，受咸丰四年兵灾的影响，院内旧藏书籍早已荡然无存，傅维森综合同治《高要县续志》及黄登瀛《端溪书院志略》，重新考证出旧藏书目。此外，傅维森还从肇庆府档册中找出了《肇庆府原定收借书籍规条》，附在此处。接着傅维森不吝篇幅，对书院所藏的整整八十一柜藏书开列了非常详细的清单，除书名、作者外，还标明了捐赠者的姓名及身份。最末附了捐置书

---

① 傅维森：《端溪书院志》卷一《建置》。

② 吴信臣修，黄登瀛纂：《高要县续志》，同治二年刻本。

③ 傅维森：《端溪书院志》卷五《师儒》。

籍种数衔名，对光绪二年（1876）至二十四年为书院捐书的官民开列了一份专门的清单。

总体来看，傅维森所修的《端溪书院志》是三志中门类最多，篇幅最大，史料来源最广，考证最详的书院志书。

《端溪书院志》的历次修撰，其门类从赵敬襄时的不分类，到黄登瀛时的六类，最后到傅维森时的七类，门类呈现出越来越多、越来越细的趋势。并且在门类的编排上，傅维森也没有全部沿用黄登瀛的既定次序，而是对其有所优化。如傅维森将道光志中并未独立成卷的经费部分析出，提升其地位。学规、师儒部分，道光志尽管也有涉及，但内容少而分散。傅维森不但对此特别加以整理，还新立名目，独立成篇。祀典部分在道光志中被置于靠后的第五卷，而傅维森将其提前至第三卷，如此，形成了卷二、卷三、卷四专讲制度的格局。比之前志，这种编排方法更加合理。道光志的卷三取名《石刻》，然其内容除石刻以外，还附录了官绅之诗文，使卷三陷入具有"艺文志"之实而无"艺文志"之名的状况，这或是由于端溪书院有十四方御书石刻而有意凸显其地位的原因。傅维森即在此基础上向前一步，将"艺文志"大方提出，将石刻与词翰一同纳入其中，这又是其编纂上的合理之处。并且傅维森还将《艺文》置于偏后的位置，这种编排方式与地方志更加接近。道光志的藏书目录名《经籍》，这是受当时四部分类法的影响。傅维森则改名《书籍》，这是由于当时书院已藏有大量西学、新学书籍，再用"经籍"之名显然已不合时宜，这体现了傅维森的与时俱进之处。其详细分类情况见表一。

表一　分类情况

	黄登瀛《端溪书院志略》	傅维森《端溪书院志》
卷首	自序	自序、图记
卷一	图记	建置
卷二	建置、附经费	经制
卷三	石刻、附诗文	祀典

续表

	黄登瀛《端溪书院志略》	傅维森《端溪书院志》
卷四	经籍	学规
卷五	祀典	师儒
卷六	新修经费录	艺文
卷七		书籍

其史料来源，傅维森在自序中列举了笔记和"府、县志书""前人文集""官廨新旧案牍"① 四种。在查阅全书后，可知傅维森至少还参考了赵、黄二人各自撰写的书院志及院内册籍、碑刻、藏书等史料。这与前志相较，史料来源更为广泛。

在坐拥众多史料之后，傅维森也对其详加考辨，得出较为可信的结论。"实无可考，始姑阙如"②。如卷一《建置》部分，对于书院何时由"天章"改名"端溪"一事，傅维森以双行小注的形式对其详加考证，得出了与道光志相左的结论：

　　黄登瀛《端溪书院志略》：书院何时复端溪之名，诸志阙载。《高要新志》以为意即雍正十年所改。但考是年制府郝玉麟碑记，仍题"天章书院"。乾隆十七年全祖望《帖经小课题辞》，署衔亦云"天章山长"。至乾隆二十二年，山长何梦瑶记，始称"端溪书院"。二十四年修《府志》，遂直标"端溪书院"。然则复端溪之名，殆在二十二年重修时。

　　傅维森《端溪书院志》：李光廷《宛眉书屋文钞·景贤堂先贤赞》云，改名端溪，在乾隆初年。马尔泰《〈御稻诗〉跋》，可考《跋》在乾隆三年已称端溪书院。则十七年全谢山《帖经小课题词》

---

① 傅维森：《端溪书院志》卷首《自序》。
② 傅维森：《端溪书院志》卷首《自序》。

犹自署"天章山长"者，特行文之雅称尔。杭堇浦与谢山同时来粤，有《登端溪书院天章阁望州衙后园》诗，亦可证端溪之名已复在先。《府志》疑为乾隆二十二年重修时始改，其说未核，今不从。

就书院何时改名端溪，黄、傅二人一主乾隆二十二年（1757），一主乾隆初年，且都围绕全祖望在《帖经小课题辞》文末的署名"天章山长全祖望"作出了截然相反的解读。其实全祖望在《帖经小课题辞》正文中已留有两处线索，一处是"予主端溪讲席，未及稘"，另一处是"愚者遂以为天下文章莫大乎是，端溪诸生前此亦未能脱"①，可见端溪之名在当时已然恢复，全祖望在文末以"天章山长"自称，应当确是"行文之雅称"，当以傅说为是。且傅维森并非仅以《帖经小课题辞》为依据，他还在前任山长李光亭、前任总督马尔泰的文章词翰中搜罗证据，足见其扎实的考证功夫，这样的例子在光绪志中不胜枚举。

五、结语

端溪书院作为清代层级较高的省级书院，在康熙四十七年（1708）修复以后的近两百年办学历史中，先后修纂了三部书院志书，记录其发展历史，总结其办学经验，这在清代是较为罕见的。其史料主要采自书院册籍、碑刻、刻书、官府文书档案、地方志、山长文集甚至私家笔记，体现出来源的广泛性。先修的志书对后世影响较大，后世再行修志时多在内容、体例上对其因袭损益，因此后出的志书往往卷帙更加繁富，体例更加合理。

从纵向来看，三次修志的时间主要集中在书院办学的后一百年，而前一百年属于修志活动的空白期。这前后失衡的现象表明，端溪书院在其发展历程中并没有一个约定俗成的或是制度性的修志传统。在后一百年中接连撰成的三部志书，其修纂体现出一种自发性特点。端溪书院作为官办省级书院，其三次修志皆非出自官府命令，亦非出自当时的惯例，而是由于三位作者

---

① 全祖望：《帖经小课题辞》，赵敬襄《端溪书院志》。

"恐日月逾迈"，书院史事"漫没难稽"①，因"纪其程式，使后有所考"②，而发起修志的，作者的历史责任感是其中的主要因素。此外，三次志书的修纂也并未得到地方官员的多少关注。这主要体现在，三人的志书修成以后，竟无一名官员为其作序，而多是作者自序。清代官方书院在修志时，多会邀请主管本地方的正堂、儒学官员为其作序，以示留心学校、振兴人文之意，并且这也是对修志者的认可与鼓励。正如湖南醴陵知县刘骧在为本县《渌江书院志》作序时所称："夫作育人才，转移风化，此守土责也。余承乏斯邑，方留心学校，思有以振兴文风，亦志两君之志。"③ 端溪书院的三部志书皆未能得到地方官员的序文，也不见地方官员对修志活动有任何关注的记载，这更印证了三部志书编纂的自发性特点。也正是由于这一特点，书院志的修纂水准与特色受修志者个人的学术修养与价值取向影响很大，这在傅维森修纂的《端溪书院志》中体现得最为明显。傅维森本人的求学经历造就其长于经史之学的学术特点，故其修纂的《端溪书院志》在三部志书中体例最为严谨，考证最为详密，汉学色彩也最为浓厚。

原载《明清书院文献与书院研究学术研讨会会议论文集》2017 年 8 月，有改动

---

① 傅维森：《端溪书院志》卷首《自序》。
② 黄登瀛：《端溪书院志略》卷首《自序》。
③ 刘青藜等纂：《渌江书院志》卷首，光绪三年刻本。

第三章　书院课艺研究

《暨阳答问》与嘉道之际的学术

徐雁平

师者，传道授业解惑，身教言传，往往不立文字；有心者以笔记之，遂成"答问"一体。师弟之间一问一答之情状，师如何领弟子"进门"以及弟子如何"修行"，藉此存之。此体可上溯孔子及孔门弟子的《论语》，以及朱子及其门下的《朱子语类》；清代书院山长讲学，亦有弟子记录相关"答问"者，虽少孔门及白鹿洞讲学的雍容气象，然犹可视为难得的学术史料。刘声木《苌楚斋随笔》云：

我朝崇尚儒术，书院遍天下，名儒辈出，退休林下及或未仕者，大半书院掌教，以造育英才。若卢文弨、何绍基、张维屏、陈澧、朱仕琇、王元启、姚鼐、俞樾、张裕钊、吴汝纶诸公，皆负盛名，久拥皋皮。一院之中，生徒无虑千百人。从游者执经问难，师为之剖析疑义，自十三经以逮子史集书，爬罗剔抉，旁推互证，豁然贯通，宜有专书以资启迪而垂久远。以予所见只有嘉兴沈向斋可培掌教洓源书院辑《洓源答问》十二卷，嘉庆乙亥雪浪斋刊本；李申耆明府兆洛掌教暨阳书院，门人蒋彤辑《暨阳答问》四卷，道光廿二年洗心玩易之室排印本；李大理联琇掌教钟山书院，门人刘寿曾辑《临川答问》一卷，《好云楼全集》附刊本；朱侍御一新掌教（原文空缺二字）书院（应为学海堂），辑《无邪堂答问》五卷，光绪自刊本，又广雅书局本；姚仲实永朴掌教起凤书院，辑《起凤书院答问》五卷，光绪壬寅山东自刊本。有此五书，尚可窥见当时师徒谊笃，研究学术，实事求是，不尚浮华，非同浮设一席，形同冷官者可比。①

以类相聚，并能充分肯定书院"答问"的学术价值，刘声木的这段文字为后人深入了解书院讲学实况，开启了一个好的路径。李兆洛主讲暨阳书院之事，姚莹尝誉之为"东南讲席，惟先生一人而已"。究其实，李兆洛是在试图恢复书院的讲学功能，避免被科举考试淹没，如上文中所提重葺辈学斋，亦寓托此意。姚莹云："阁下不惟无升斗之望于书院，且出其所有以养士，教导诸生以古为式，表章修述，矻矻穷年……即有二三考古尚论之人，亦徒假以射利干名耳，于是不精求古人所以为学之本，而急于著作，捃拾唾余琐碎……嗟呼，大道之湮久矣，非得数有道之君子，力振其颓，以明古义，岂不长此终夜乎？"②《暨阳答问》正是有道之君子昌明讲学论道的真实记录，此书之重要，在于保存了李兆洛许多学术和思想的原本状态，更见锋芒和力度，而这种状态在《养一斋文集》中往往表述不明显以至被忽略。"答问"共四卷，凡一百四十三条问答记录，其中问绝大多数由弟子蒋彤发之，另有李兆洛答"若芳"和"冕之"（即宋冕之，见表五）问两条，蒋彤记录李兆洛与邹润庵、龚自珍谈话记录共三条。蒋彤自称"从李夫子于暨阳也，急于求通，疑无不问焉。夫子喜其可教，问无不答，答无不尽辞焉"。③"答问"内容涉及面较广，未见有人论及，许多观点未见于李兆洛的文集，故下文略仿钱穆《朱子新学案》体例，以类摘录，并结合《养一斋文集》、李兆洛的其他著作、蒋彤所撰《先师小德录》以及其他弟子的著作，阐明李兆洛学术与思想之旨趣，并呈现其与常州学术之内在关联。

---

① 刘声木：《苌楚斋随笔》卷九，1929 年铅印本。
② 蒋彤：《武进李先生年谱》，第 172 页。
③ 蒋彤：《暨阳答问序》，见《暨阳答问》卷首，《丛书集成续编》本，第 619 页。

（一）文章

问：今学古文者实处似太少。曰：实处固不可无。震川望溪文实处甚少，只缘做官时少，故阅历不多，于事理只虚描个样子，究竟结实处亦何可少。古文非技也，若只调弄虚机，拘守死法，何以为古文。（卷二，第 625 页）

王半山上宰相书，虽似应试文，然是他第一篇文章，有韩苏所不及者。介甫极聪明，看书极多，根柢极足，所见虽僻，胸中有物以助之，其文不烦绳削而自成。（卷二，第 625 页）

茗柯（张惠言）文自是儒者气象，理到，识到，法亦到。（卷二，第 625 页）

问：秦小岘何若是庸下，窦东皋、王兰泉、齐息园三人墓志，皆描头画角，无一语可依傍。若卢抱经为杨文定家传，杨文定为李文贞墓碣，便道理著实，文辞亦温雅。文章毕竟要有学问。先生笑曰：然。（卷四，第 630 页）

初学古文者切弗安排腔套，有意吸张，只就事论事，言尽即止，此秦汉人之文所以直上直下，磊磊落落也。若装头安脚，有心所不欲言而不得不言，心所欲言而不能言者。唐宋八家之文已往往犯此病，仿此以为文，故能文之家汗牛充栋，而实无一语可存，又何取乎能文耶。就事论事，便可自抒所得，不蹈袭前人，不附会今人，理足气足意足，即不谓之文，不得矣。（卷四，第 629 页）

据蒋彤记录，李兆洛"不劝人学诗，以其无实益也。有所酬应则为之，不自寻题目"。[①] 诗作随手散弃，后赖弟子搜辑成编；相反，对文则相当看重，自以为其文逾于诗。有学者尝论其文章之特点，其一是"称心而言，意近辄止"（见李兆洛《答高雨农书》），其二是不拘文体，反对"籍法为

---

① 蒋彤：《武进李先生年谱》，第 198 页。

文"。① 以上数条答问，亦能证示此论点。李兆洛论文强调的是"实处""阅历""根柢""学问""道理"②，等等，在此基础之上随事立说因宜见义，方能得文章之真意；而方法、机巧、安排等位置则次之。李兆洛在暨阳书院时期曾编校《惜抱轩书录》，并为此书撰序，又有《桐城姚氏姜坞惜抱两先生传》（见《养一斋文集》卷十五）。刘声木称李兆洛"私淑姚鼐，自恨不得在弟子之列"，故将其列入桐城文学的谱系之中。此乃一家之言，兆洛所论所为，似多有突破桐城文法范围之处，在《答问》中，李兆洛的笔锋针对归震川（见《桐城文学渊源考》卷一）、方望溪（同前书，卷二）和秦瀛（同前书，卷四），甚而溯其源对唐宋八家所表现的"装头安脚"皆有激烈的批评。总之，皆是针对为文过于重外在之法等弊而发。近人张舜徽以为李兆洛论文，"志在取径汉魏，以复古人不分骈散之旧……故其所辑《骈体文钞》，实以阴敌《古文辞类纂》，所规不同，宜分道而驰，不相为谋矣"。③ 而对张惠言、卢文弨所撰之文，多有好评。张是常州人，卢是其老师，此种表彰，不排除有乡贤师长之情谊，但二人皆学养深厚，著述颇丰，故为文充实而有光辉，此或即李兆洛立意所在。义法不能歧而为二，不然藉法为文，或有安排腔套掩遮真意之病，制艺最终落为游戏，其症结正在此处。④ 陆宝千尝论桐城派与阳湖派之分别，以为桐城派是使学术文章文学化，然其学术与文章不能兼顾，性理考据之文亦难文学化，故学桐城者，终于唯文章之形式是求；而阳湖派是使经世性文章文学化，经时之文，感时而发，纵横驰骤，可摄人心魄。⑤ 此种区分，亦从另一侧面反映李兆洛何以批评桐城派。故李兆洛掌教暨阳书院，即倡导生徒读诸子百家之书，以救其弊。李兆洛弟子汤成烈云："成烈遂请业于先生，先生因授以作文之法，曰：尔平时好览经史，固能潜心

---

① 曹虹：《阳湖文派研究》，北京：中华书局，1996 年版，第 208-212 页。

② 刘声木：《桐城文学渊源考撰述考》，合肥：黄山书社，1989 年版，第 275 页。

③ 张舜徽：《清人文集别录》，北京：中华书局，1963 年版，第 340 页。

④ 李兆洛：《金选小题文序》："制艺之道，尊于古文，以其步趋圣贤也，其为法亦初不殊于古文，其神理骨格皆资于古文也。自学者徒以为弋取科名之具，愈变而愈失其本。"见《养一斋文集》卷六，第 69 页。

⑤ 陆宝千：《爱日草堂诸子：常州学派之萌垆》，《"中央研究院"近代史研究所集刊》第 16 辑（1987 年 6 月），第 79 页。

致志，以待他时作用，然必读诸子百家以辅翼之，《管》《商》《申》《韩》《吕览》《淮南》《新序》《说苑》，各家不可不玩诵也；贾、晁、董、马、刘、扬、班、傅、蔡之文，不可不肄习也。盖经以辨道，史以论世，学之既久，而文之气骨深且厚矣。诸子之书各成一家，其取材也宏，其研思也沉，其使事也博，其驰辞也辨，习之既久，临文时浩乎沛乎，无不吾之所欲为矣。"① 这一实在且有根柢的文章观念，在李兆洛《答汤子垕》书中亦有近似的表述。

（二）汉学与宋学

《说文》是有为可据之书，然亦不可过泥。今之《说文》脱误甚多，未必皆许氏之旧，即使竟为完帙，而后汉去古已远，未必许氏之言即古人制字之意，然比荆公《字说》之类终去霄壤。（卷四，第 627 页）

因言今人讲汉学，于汉人好处全不理会，于琐屑处无甚要紧处则龂龂然聚讼不置。（卷一，第 619 页）

宋儒对人主总讲正心诚意，然太缓不及事，我看只要整齐严肃四字便立得住。（卷一，第 621 页）

宋儒常有此病，以为圣人之心即是我辈的心，无他异样，于是执自己目前浅近之臆见，窥上古神化不易测之圣人，而不知其相去已万里。（卷一，第 620 页）

李兆洛对宋人以臆见读经，和今人拘泥于琐碎之考证皆有批评，但他对考据之学和理学又并不排拒。蒋彤在所辑《先师小德录》中称李兆洛"不喜为考据之学，然见考据之书辄收之，曰以辅吾所不足也"，又"不喜宋明儒

---

① 汤成烈：《重刊李申耆先生养一斋文集序》，见《养一斋文集》卷首，光绪戊寅刻本。

迂腐之言。如《朱子学的》《二程语要》之属，时时置案头省览"。① 李兆洛少读许氏《说文解字》，"积久觉其解说颇不应经法，而文字亦不尽出于古，欲少少疏通而证明之"。② 对于《说文解字》的谨慎态度，在上引文中亦可见。李兆洛以为治经之途有二：一曰确守一师之法的"专家"，一曰通之以理空所依傍的"心得"。能守专家者，莫如郑玄，"其于经也泛滥博涉，彼此通会"；能发心得者，莫如朱熹，"其于经也搜采众说，惟是之从"。③ 郑玄与朱熹，乃汉学与宋学之集大成者，治学取径不同，然皆以博学会通为基础。李兆洛之学术，正是排除汉学宋学门户之见，所追求的乃通儒之学。道光十四年，李兆洛刊刻顾炎武《日知录》，道光十七年又将辗转所得的明末胡承诺《绎志》付顾竹泉刊刻。胡氏此书自成书后二百余年未得刊行，李兆洛请其好友毛岳生为该书撰序，毛序云："余以为自前明以来书之精博，有益于理道名实，决可见诸施设者，惟顾氏《日知录》与先生是书为魁杰。"④《日知录》与《绎志》的刊刻，当可作为李兆洛博通经世思想的表征。他又将此种博通之思贯注于讲学，"余教弟子，有又简要又阔大法子，只要司马公《通鉴》、马氏《文献通考》两部书，天下人才便从此出"（《暨阳答问》卷二，第 626 页）。李兆洛暨阳书院弟子缪仲诰曰："李先生常训人读书，读必校，校必精；始而句读，继而考订，楷书其眉，以为日课，自能渐知大义，以底于通人，真确论也。"⑤ 李兆洛治学之特色，也为当时学者认可和赞誉，沈钦韩曰"申耆强识敦让，博物多能"，刘逢禄曰"博综今古，若无若虚"，汪喜

---

① 蒋彤：《武进李先生年谱》，第 207 页。郑守庭为李兆洛弟子，后人记述他是如何承李氏之学的，"谓圣人之道一本万殊，必先于汉学观赜，后于宋学会其通，而实以身躬行，遮乎近焉。其（兆洛）教人以孝弟操行为本，不屑为词章，而世之工摩揣者卒莫能，尚说经，不墨守传注，往往多匡补儒先螭漏，一名一物博讨微会，而勃窣理窟，绝非逞臆"。周悫曾：《皇清敕授文林郎太常寺博士郑公墓志铭》，见郑守庭《燕窗闲话》卷下，光绪辛卯刻本。
② 李兆洛：《毛清士说文述谊序》，见《养一斋文集》卷三，第 40 页。
③ 李兆洛：《诂经堂续经解序》，见《养一斋文集》卷三，光绪戊寅刻本。此本与道光本编次不同，内容增多；《诂经堂续经解序》未收入道光本中。此条材料由曹虹《阳湖文派研究》提示，并查检原书，特此说明。
④ 毛岳生：《胡氏绎志序》，见《休复居文集》卷一，1936 年宝山滕氏影印嘉定黄氏道光刻本。毛岳生序不见于道光十七年《绎志》刻本。
⑤ 陈思、缪荃孙等纂：《江阴县续志》卷十五，光绪庚申刻本。

孙曰"有利有用，知古知今，学该汉宋"① 黄体芳论李兆洛之学时，更能注意其所处之时间和所授之背景。论中"文学"，乃文章学术之意。

> 国朝文学之盛，发源于康熙，众汇于乾隆，而推衍于嘉道之间。余尝论武进李申耆先生，可谓通儒矣，先生弱冠及卢抱经之门，生平交游皆一时名宿，若顾氏（广）圻、刘氏逢禄、胡氏承珙、庄氏绶甲，覃精经术，校正古书；周氏济、毛氏岳生、洪氏饴孙龆孙，耽研史籍；董氏祐诚、罗氏士琳，旁综算数；徐氏松博考方舆；魏氏源、包氏世臣，又复练习宪章，推求利病，穷经世之务。先生周旋其间，各以所学互相质证，诸家颛门绝业，述作孜孜，精诣鸿裁，时妙俦匹。若其兼资博采，不名一家，负兼人之才，有具体之实，治为循吏，教为名师，殆非先生莫与属也。②

李兆洛经世取向的通儒之学，出现在嘉道之际，其实也与清代学术的发展及国势由盛及衰有内在的联系。他没有局限于校勘学大师卢文弨的学术范围，或许有外在的大形势影响，更有地域性的常州学术的带动。此段文字中，李兆洛的重要交游，如刘逢禄、庄绶甲、周济、洪饴孙、洪龆孙、董祐城，皆是一时一地之选，切磋琢磨，亦是自然之事。

（三）常州庄氏·魏源·龚自珍

> （庄存与）方耕先生求之昭代经师中，无所比伦。（卷四，第629页）

> （庄述祖）庄珍艺先生《明堂阴阳经夏小正经传考释》，即小见大，《小正》不过数百字，治天下大道理悉包其中，真是会读书。（卷四，第627页）

> 珍艺先生以今文通《小正》古文，其文义始周备。《管子》法

---

① 蒋彤：《养一子述》，见《丹棱文钞》卷三，第229页。
② 黄体芳：《养一斋诗集序》，见《养一斋诗集》卷首，光绪八年刊本。

制甚阔实，苦文义多难通，须亦以此法求之，又须有《周官》规模在胸中。（卷四，第627页）

方耕先生《周官记》，其旨大概为后世设法，是以不沾沾考据，较《周官禄田考》《周礼军赋说》立意皆深，而二书《禄田考》较胜。（卷四，第627页）

二庄皆善读书，能自出主见，卓然成一家之学。（卷四，第627页）

《夏小正》殆真是夏氏之书，节候物令性比月令皆精。（卷四，第627页）

问：魏默深所辑《经世文编》中议论总是下一截事，少有见到原本者。曰：世无孟子其人，只能就事而论，那能见得到原本。此编邪淫之辞固无有，蔽辞却多，就我所见，不下十分之五，然藉此通晓世务亦可。（卷三，第625页）

问：《经世文编》颇多复乱处。夫子曰：彼一时采辑，不能细细删次，彼此大段略同，有一二语相异，则并录众说无主见，而国家二百年来典实略具于此。马氏《通考》略于前而详于宋，亦是本朝掌故，其好处只在每事著议论，皆有折衷。今须合国史及朝廷奏议，重订此编，定其人时代之先后，著其疏议之行与不行，与其所言之是非。（卷三，第626页）

问：今人根柢薄，加以仕官销铄，虽有志而不能大成。……先生曰：然。龚定庵亦奇才。问：定庵文只是杂家，恐非正当。曰：然。（卷四，第629页）

默深初夏过此，得畅谈。又得读《定庵文集》。两君皆绝世奇才，求之于古，亦不易得。恨不能相朝夕也。①

在《暨阳答问》一百四十三条答问中，论及常州庄氏者有五条，论及魏源者有两条，论及龚自珍者有三条，另有一条出自《养一斋文集》。二庄

---

① 李兆洛：《与邓生守之》，见《养一斋文集》卷十八，光绪戊寅刻本。

（庄存与、庄述祖）、魏源、龚自珍是清代今文经学谱系中的重要人物。庄存与治学今古文兼治，博通六艺而善于别择，"不专为汉宋笺注之学，而独得先圣微言大义于语言文字之外"。① 其学为乾隆间别流，所撰《春秋正辞》在于求制作之原，并进而求圣人经世之义，其意旨在研经求实用。庄存与之侄庄述祖亦今古文兼治，从许慎《说文解字》入手，又承接今文经学求微言大义之法，推崇《公羊传》，而尤以研治《夏小正》名世。庄述祖在考证《夏小正》文字音义的基础上，先后撰成《夏时明堂阴阳经》一卷，《夏时说义》二卷，《夏小正等例文句音义》六卷，《夏小正等例》一卷，合为集成之作《明堂阴阳夏小正经传考释》十卷。刘逢禄称其书所论："制作礼乐之原，三统内外之辨，治历明时之道，庶虞汁月之征，郊禘视学之典，王宫民居之制，务农重桑之事，土宜土均之法……善善恶恶之旨，扶阳抑阴之义，慎始敬终之戒，富矣哉！"② 刘逢禄是庄存与的外孙，倾心于董仲舒、何休的今文经学，撰有《春秋公羊何氏释例》十卷，其意在"用冀持世之志"，探求《春秋》经传"经宜权变，损益制作"之大义。李兆洛重二庄之学，在暨阳书院校刊庄存与书七种，又刻刘逢禄《公羊释例》，上引关于二庄的五条记录。

亦可见李兆洛对庄氏之学的推崇，他在《庄珍艺先生遗书序》中指出"兆洛自交若士、申受（刘逢禄）两君，获知庄氏学者，少宗伯养恬先生（庄存与）启之，犹子大令葆珍先生（庄述祖）赓之者也"③，李兆洛的经世思想，可在二庄之学中找到源头。魏源《武进李申耆先生传》称誉庄存与李兆洛为"并世两通儒，皆出武进"，魏源是宗主今文经学的名家，所论如此，可知李兆洛治学趋向。欲进一步追溯李兆洛与常州学派之关系，当提及草堂诸子，此一问题，陆宝千有专文讨论。草堂诸子指以江阴祝百十爱日草堂为会聚中心的十二位士人，其中有祝百十、周仪暐、张惠言、张琦、祝子常、

---

① 阮元：《庄方耕宗伯经说序》，见《味经斋遗书》卷首，光绪八年阳湖庄氏重刊本。

② 刘逢禄：《夏时等列说》，见《刘礼部集》卷二，续修四库全书本（道光十年思误斋刻本），第36页。此处参考黄爱平《朴学与清代社会》，石家庄：河北人民出版社，2003年版，第122-124页。

③ 李兆洛：《养一斋文集》卷三，第33页。

陆继辂、陆耀遹、庄绶甲、刘逢禄、洪饴孙、丁履恒、李兆洛。"乾嘉之际，士皆尚文章，驰骛声利。于时常州独多文士，而草堂诸君子独以立身砥行相为蒯切，风尚为之一变。"① 爱日草堂诸子在砥砺品行、怀经世之志和讲求经世之学方面皆有共通之处，譬如对时务主要是（财政、治安）改革、县政之更化两大问题，提出不少建设性建议。陆宝千指出此种经世精神对于学术的影响，就是使公羊之学"经世化"。② 李兆洛是爱日草堂诸子的重要成员之一，他早年与常州学派的联系，以及晚年在《暨阳答问》中的诸多主张，足以表明他有力地促进公羊之学的"经世化"。

在常州一地之外的常州学派人物有魏源和龚自珍。龚自珍之学博杂多方，然多有取法常州今文经学者，庄存与孙庄绶甲尽通家学，曾设官于龚家，为龚自珍塾师；龚自珍在京师从刘逢禄习公羊学，己卯有诗云："昨日相逢刘礼部，高言大句快无加。从君烧尽虫鱼学，甘作东京卖饼家。"③ 又结识宋翔凤（于庭），有诗记之。魏源尝从胡承珙问汉学，从姚学塽问宋学，又受公羊学于刘逢禄，主通经致用，嘉庆末，识龚自珍，遂成至交。"答问"中，李兆洛对魏、龚二人之学能平心静气论其长短，尤其是对魏源辑《皇朝经世文编》的经世之用多予以肯定。魏源除在《武进李申耆先生传》中对李兆洛多有赞誉之外，在《皇朝经世文编》"赋役""农政""保甲""各省水利"四目下选录李兆洛在嘉庆年间所撰文六篇。龚自珍《己亥杂诗》有句云"江左

---

① 郭嵩焘：《郭嵩焘日记》第一卷，长沙：湖南人民出版社，1981 年版，第 6 页。此处引文由陆宝千之提示，并重核原文。关于草堂诸子的记载，还可参见周仪暐第三子周腾虎《先德小识》；"先君弱冠论交凡有十二人；张皋文翰风两先生，庄卿珊先生，陆祁孙绍闻先生，祝筱山炳季两先生，李伍初申耆两先生，洪孟慈先生，刘申受先生，恽子居先生，为草堂诸友。草堂者，祝筱山先生书塾，颜曰同心草堂，筱山先生道义最著，年又尊，故以名焉。"见周述祖编《毗陵周氏三种》，1935 年印本。

② 陆宝千：《爱日草堂诸子：常州学派之萌坼》，第 73—78 页。常州学人，或者进一步爱日草堂诸子，交往之密切，在多种诗文集中可见，此处举武进管绳莱《同车图》为证，此图中绘管氏友好十四人：祝子常，张琦，丁履恒，陆耀遹，庄绶甲，周仪暐，魏襄，吴兴吴育，宜兴周济，张彦惟，大兴方履籛，兴县康兆奎，歙县鲍继培。管氏云"吾同里八人"，而八人，爱日草堂诸子六人。见管绳莱《万绿草堂诗集》卷十七，光绪十二年刻本。

③ 龚自珍：《己卯自春徂夏在京师作得十有四首》，见王佩诤校《龚自珍集》，北京：中华书局，1959 年版，第 441 页。

晨星一炬存，鱼龙光怪百千吞"①，诗中"晨星"当指李兆洛。常州学派传衍，或家学或师友，脉络清晰，而彼此之间的推赏与确认，也证示众学者虽各有擅长，但也有一以贯之的学术和思想。李兆洛是常州学派的重要人物之一，他为多种常州学者的著作作校勘整理，并撰序文表彰；更重要的是，他通过书院讲学的途径，切实传播常州学术，譬如对学问的经世性强调，对礼的着意讲求，皆有其特出之处。

（四）礼与"礼即理"

《周礼》不可不熟读。天下之大，兆民之众，庶务之烦冗，天子兀然一人坐在殿上，教他如何治得。看《周礼》纲纪条目，斟酌安放，无不尽善，乃晓得天下是有个治法。（卷一，第 620 页）

《周礼》以九两系邦国之民，以本俗六安万民，此等制度极好，然须复乡官方可行得，乡官各治其乡，天子何忧不治，将来其必有行之者。（卷二，第 623 页）

将来乡官之制自可复行，天下之势必自下而上，方能整齐牢固。自比而闾而族；自族而党，如累棋一般；而后州长乡大夫坐稽其成，故不劳而理。今一县大于古之列国，特设县官一人，与民廓落不相涉，其下更无有分任者，欲坐照四境之情伪，自尔不能。（卷二，第 623-624 页）

古者设官所以管民，今之设官所以管官。天子管若干官，督抚以下各管若干官，文书告牒至繁至重，实于百姓全不相涉，而百姓乃非其百姓矣。（卷二，第 623 页）

《周礼》"九两""两"字极妙。凡物有两则有与，有与则可相扶而不坏。后世有天下者总是单，不是两，即如师以贤得民，儒以道得民，后世无之，民无所系属，即有异端起来，鼓其左道以得民，如今白莲教之类。人且翕然乐从，虽禁之不革，是势所必至。（卷二，第 625 页）

---

① 龚自珍：《龚自珍全集》，北京：中华书局，1959 年版，第 522 页。

冕之问：君子博学于文，约之以礼，似不必分约礼属行。先生曰：礼即理。天曰文，地曰理，人曰礼，古人制字各有攸当，自宋儒以地理之理作道理之理，六经中理学遂多不可通。（卷四，第627页）

天去人远，条理不可知，可见者文而已，故曰文。地与人近，山川草木举目粲然，其文不待言，然山川有山川之理，草木有草木之理，皆可察识，故曰理。人则法天，文顺地理，故曰礼。子曰克己复礼，约之以礼，颜子曰约我以礼，皆宋儒之所谓理。（卷四，第627页）

《暨阳答问》中讨论礼的答问，至少有二十四条，上文所列关于二庄的几条答问，也在此列之中，占去李兆洛与蒋彤"答问"六分之一的篇幅，这固然与蒋彤精于礼学有关；从另一方面看，礼也是常州学术的一个重要问题，庄存与有《周官记》五卷，庄述祖有《夏小正经传考释》十卷，刘逢禄以《公羊》议礼，卢文弨有《仪礼注疏详校》十七卷，又有《礼记》和《仪礼》注疏校正各一卷，尝言："天地间一皆礼之所蟠际乎？五礼之用，犹夫四时五行之成岁功也。"① 如此种种，与上引李兆洛之论合观，有溯斯礼之源，原设官之意，以显圣王经世之道。李兆洛所论，经世之意颇为明显，他特别对《周礼》中的"九两"加以论说："以九两系邦国之民：一曰牧以地得民，二曰长以贵得民，三曰师以贤得民，四曰儒以道得民，五曰宗以族得民，六曰主以利得民，七曰吏以治得民，八曰友以任得民，九曰薮以富得民。注：两，犹耦也，所以协耦万民；系，联缀也。"② 所谓有所"两"，则民有所系属而不散，宋代叶时《礼经会元》释此最为明畅："盖王畿千里之民，天子治之，畿外之民，则分属诸侯矣。有分土无分民，上之人苟无其道，以

---

① 卢文弨：《五礼通考跋》，见《抱经堂文集》卷八，续修四库全书本（乾隆六十年刻本），第626页。

② 郑玄注，贾公彦疏：《周礼注疏》卷二，第648页。

协耦而联缀之，则天下人心涣散而不相属矣，殆非王者大一统之意。"① 《周礼》"九两"依次论及土地、爵位、德行、道艺、宗族、财利、吏治、友（相任以事）、富（阜蓄畜牧供给财用），凡此种种，关涉国计民生，"经国之大纲，政事之条目"于此可见。李兆洛在"答问"中所论，是以阐发经典之义来批判或重构现实，其中"九两""乡官之制"之论，武进盛宣怀称李兆洛"以通天纬地之才，成茹古涵今之学"，在《暨阳答问》跋中予以引录，并称其"似已看到此时局面，而不意变本加厉耳"②，指出李兆洛有远见卓识。

李兆洛在论说"礼"时，有"礼即理"之论断，并在追溯字义源流的基础上，指出宋儒所谓的理乃是对礼的遮掩。这两条"答问"并不孤单，它们在清代学术思想史上有比较特别的意义。清儒论义理，自戴震以降，对宋明儒性即理或心即理之说，皆持质疑态度，戴震于《孟子字义疏证》中强调理在具体事物中；程瑶田承戴震之脉，提出"有物有则"的"物则"观念，使事理更客观化；至凌廷堪，以格物为考订，寻之故训，证明先秦儒家只言礼而不言理，故儒者之学应为礼学而非理学。③ 凌廷堪《复钱晓征先生书》云：

> 窃谓五常实以礼为之纲纪。……有仁而后有义，因仁义而后生礼。故仁义者，礼之质干；礼者，仁义之节文也。夫仁义非物也，必以礼为物；仁义无形也，必以礼为形。……物者，礼之器数仪节也。若泛指天下之物，有终身不能尽识者也。盖先习其气数仪节，然后知礼之原于性，知其原于性，然后行之出于诚，皆学礼有得者，所谓德也。……然则圣人正心修身，舍礼末由也。故舍礼而言道，

---

① 叶时：《礼经会元》卷一上，台湾商务印书馆影印《文渊阁四库全书》本，第 12 页。叶时对"九两系邦国之民"多有精要之论："然则系之者，非固羁縻而使勿绝也，一则曰得民，二则曰得民必有以得民之心也，苟非真得乎民之心，民其有不乎？"（卷一下，第 25 页）

② 盛宣怀：《暨阳答问跋》，见《暨阳答问》卷末，第 631 页。

③ 张寿安：《以礼代理：凌廷堪与清中叶儒学思想之转变》，石家庄：河北教育出版社，2001 年版，第 32 页。以下讨论"礼"与"理"的材料，多引自钱穆《中国近三百年学术史》（北京：商务印书馆，1997 年版），并以原本核对。特此说明。

则杳渺而不可凭，舍礼而言德，则虚悬而无所薄。民彝物则，非有礼以定其中，而但以心与理衡量之，则贤智或过乎中，愚不肖或不及乎中，而道终于不明不行矣。[①]

凌廷堪将仁义、道、德、正心修身等比较悬虚之事落到实在的礼上。钱穆以为凌廷堪是"分树理、礼，为汉宋之门户焉"。[②] 凌廷堪以礼代理，并非着意于区分汉宋之门户，但与宋人的观点门径确实不相同。李兆洛在"答问"中则将对宋儒的批评表述得更明白（可将此与"汉学与宋学"中部分文字参看）。上引凌廷堪致钱大昕书札时间在嘉庆八年，李兆洛此论在道光三年之后，时间相隔在二三十年之久。嘉道之际，此种崇礼或许是一种思潮，张寿安举出阮元、孙星衍与诂经精舍之崇礼说，许宗彦的礼论以及焦循之舍理言礼，以示崇礼思想之蔚起；而李兆洛"答问"中礼即理之论，以及弟子蒋彤精研礼学，正可以为此蔚起之思潮添一重要证据。崇礼思潮之兴起，正是嘉道之际学术从纯粹的考据之学和悬虚的宋学中走出，而向务实及通经致用之学转变的表征。

（五）荀子·管子·贾谊

贾董尚是荀子传派，于礼乐大原处见得不差。（卷四，第630页）

问：荀子谈礼乐王道，却是衰世之旨。其大旨数端曰分曰辨曰师曰友。盖王化微而后师友之功见于世。先生首肯者久之。（卷四，第630页）

丹棱问：荀子总说礼，礼以定分，故书中多论定分之议，直是函天盖地。先生曰：然。（卷四，第628页）

今之患在不知轻重缓急，治黄河便多少官聚于河，治农田便多少官聚于田，终不济事。天下凡事有机，将其机拨正，方可作事。说话也如此。……况办天下大事，轻者重之，重者轻之，急者先之，

---

① 凌廷堪：《校礼堂文集》卷二十四，北京：中华书局，1998年版，第221页。

② 钱穆：《中国近三百年学术史》，北京：商务印书馆，1997年版，第547页。

缓者后之，全在得机。管子书《开塞》（?）《轻重》诸篇，道理极是。（卷三，第625页）

司徒十有二教，最精以俗教安等语，都是治天下根子。滕文公问为国，孟子开口便说民事不可缓，天下万世大根子俱在于此。管子制国，亦是此意，是实实可见诸施行者，并非空言。（卷三，第626页）

先生曰：贾谊《治安策》，谁不知其好？问其所以好处，又谁人说得出！反覆寻玩，方知其一篇次第，先后缓急，煞有道理。当时列国过制，为汉心腹之疾，故首论之为第一段，论匈奴是第二段，论教谕太子是第三段。若入宋儒手，必以谕教为第一义，以为培养元气。殊不知治国如治病，先发散而后调理。……贾生谕教太子之议，洞彻本原，礼大臣之议，深识国体。而此时侯王僭越，犹抱火于积薪之下而寝其上，首为痛哭言之，此为识时务。行臣之计请，必系单于颈而制其命云云。虽似少年盛气之言，其实并非虚语。（卷一，第622页）

李兆洛在《暨阳答问》中议论荀子的"答问"四条、管子四条、贾谊二条，此类议论可与他让书院生徒所读诸书相映照，其立意大致是在荀、管、贾三人著作与礼及经世的关系。王先谦以为荀子性恶之说，非其本意，"今人性恶，必待圣王之治，礼义之化，然后皆出于治，合于善也。……荀子论学论治，皆以礼为宗，反复推详，务明其旨趣，为千古修道立教所莫能外"。[1]荀学在清代的复苏，有乾嘉诸学者之功，汪中于荀卿、贾谊之书用力最深，他充分肯定荀子传经之功；凌廷堪《荀卿颂》指出荀子言仁必推本于礼；卢文弨、谢墉合校《荀子》于乾隆五十一年刊刻，卢文弨《书荀子后》以为荀子"其教在礼，其功在学"[2]；王念孙有《读荀子杂志》八卷。张寿安以为荀

① 王先谦：《荀子集解序》，见《荀子集解》卷末，杭州：浙江古籍出版社，1999年影印《诸子集成》本，第358页。
② 卢文弨：《抱经堂文集》卷十，第636页。

学在清中叶复兴，乃清代学术思想史上之大事，荀孟地位的升降，不只意味知识界对人性之情欲问题有了正面看法，同时也表明道德实践从内索走向要求外在仪则之途。①《管子》一书，在子部法家类内，从礼法角度而言，与《荀子》有内在关联。黄震《黄氏日钞》曰："《牧民篇》最简明，其要曰：仓廪实则知礼节，衣食足则知荣辱、礼义廉耻，国之四维，四维不张，国乃灭亡。此《管子》正经之纲。"②贾谊《新书》，有《礼》《礼容经》以及《治安策》诸篇，可见其学精于礼，汪中指出"荀卿授阳武张苍，苍授洛阳贾谊，然则生固荀氏再传弟子也"。③李兆洛所论，多有从礼法角度着眼者，故对荀子、管子、贾谊一系，多有好评。

　　李兆洛重视荀子、管子、贾谊的另一方面，在于三人之学术有经世济时的实用价值，对此点的肯定正是建立在对宋学批评的基础之上。清代学者有规模地整理《管子》《商子》《邓析子》《韩非子》等法家著作，自嘉庆初年始，以《管子》为例，其中以王念孙、王引之、孙星衍、洪颐煊、王绍兰等用力最多。④诸子之学地位的提升，与嘉道之际经世实学的兴起是同步的，现实社会的转向与变革，往往求诸于传统中可供转化的思想资源。卢文弨《重刻贾谊新书序》云："西汉文武之世，有两大儒焉，曰贾子，曰董子，皆以经生而通达治体者也。"⑤李兆洛在"答问"中论说管子、贾谊，皆有针对当下社会之意。常州派学者重视礼又重视《春秋》，其实二者在精神上有相通之处，汪中云："《春秋》者，秉《周礼》而谨其变者也。"⑥刘师培《群经大义相通考》中有《左传荀子相通考》《穀梁荀子相通考》《公羊荀子相通考》三篇，其中后一篇述及《公羊传》从荀子到董仲舒的学术流变："昔汪容甫先生作《荀卿子通论》，谓《荀子·大略篇》言《春秋》，贤穆公善胥

① 张寿安：《以礼代理：凌廷堪与清中叶儒学思想之转变》，石家庄：河北教育出版社，2001年版，第50页。
② 戴望：《管子校正》，附录《管子文评》，杭州：浙江古籍出版社，1999年影印《诸子集成》本，第907页。
③ 汪中：《贾谊新书序》，见《述学》内篇三，续修四库全书本（清刻本），第402页。
④ 罗检秋：《近代诸子学与文化思潮》，北京：中国社会科学出版社，1998年版，第34页。
⑤ 见《贾谊集》"附录"，上海：上海人民出版社，1976年版，第293页。
⑥ 汪中：《贾谊新书序》，见《述学》内篇三，第402页。

命，以证卿为公羊春秋之学。文惠定宇《七经古谊》，亦引《荀子》周公东征西征之文，以证《公羊》之说，则《荀子》一书，多《公羊》之大义，彰彰明矣。吾观西汉董仲舒治《公羊春秋》之学，然《春秋繁露》一书，多美荀卿，则卿必为《公羊》先师。"[1]

（六）时势与人才

我看天下大势如此，似不能久，必须改换局样，方可过下去。兵刑二事，无可变，一切制度总要更张，即孔子所云损益之礼，然反覆推寻，究不得其要。如今须有孟子其人，提调处置畅论一番，自有安顿的道理。（卷三，第 625 页）

先生一日喟然叹曰：天下困穷如此，将何以富之。丹棱问：即如吾常州目前光景，如有周公出，恐亦没奈何。曰：只要使游食者各事其事，自足相养。如绍兴食于幕，安徽食于商。常人坐食，那得不困？（卷四，第 628 页）

先生问（龚定庵）：在京师久，必留心当世之务。曰：天下受病处在本原，亦不敢说补偏救弊，总无济事。先生深然其言。（卷四，第 630 页）

先生与邹润庵论天下时势。曰：……今世非不平安，如有病之人，肥白壮长，皆痰所为，痰不治不久将溃。润庵曰：自汉及明，未有如本朝太平之久者。先生曰：然莫盛于汉，然汉自宣帝以下方为太平。……我朝乾隆时万事并作，天下扰扰，乃其极盛。如今极太平，衰机已伏。润庵曰：如今有张江陵等人物，足以一救否？先生曰：有我世宗之精明，得张江陵等数人，搜剔利弊，整顿法度，再求数百年太平何难？润庵曰：吾先生出用将何如？曰：如今谁可与共事者？且将督抚裁去，司道官裁去，但留一藩台；河上诸官亦裁去，仓漕诸官亦裁去，改长运作兑运，将民船送至淮口，自淮至京师分为三段，随路作仓。今漕船过大尤横，一舟来，民便无所措

---

[1] 刘师培：《刘申叔遗书》，南京：江苏古籍出版社，1997 年版，第 358 页。

手足，集而尽毁之。运子或山东人，则归诸山东，凤阳人则归诸凤阳，使耕其田供其税。水手夫则各归原籍，设一武弁督教之，练为精兵，约为数大营，屯扎险要。漕舟不由黄河则御黄坝，可结实筑定，使河不夺淮，淮自归海，则河患可减，设一二员总其事。盐法弊极，只吴见楼一法可用。（卷四，第628页）

人须有胆量，当家然，当国亦然。时事凭你坏乱，有胆量便能立得直。……本朝势如此，拼将此身殉社稷，也只尔尔。（卷一，第621页）

江南之颍凤淮徐，河南之陈州南阳，自古反乱大魁皆出于此。汉高祖是徐州人，明太祖是凤阳人，萧曹辈以及光武二十八将，明开国功臣，东汉党锢中人，多半在此数州间。天下无事，无所用其材。摽掠盗窃，辄就刑诛，亦无所吐其气……自江以南得此种人甚少，饮江水者秀而弱，自子游为文学祖，下则屈原枚乘，以至于今文物特盛于东南，举天下推重文士，文士亦以此自夸，我且问他，浮靡不实，毕竟有何用处。（卷二，第624页）

前古后今，其中必有人维持世道。当极昏乱时，有一人痛发至论，昌明大道于时，虽未见显效，过后思之，幸赖斯人一挽回。其间庶文撑得住，如战国之孟荀，唐之韩文皆是。（卷四，第628页）

人起家巨富，其精神识量必异人，其富之大小随其人之力量为差等。此等有用之材，朝廷收为己用，岂不大益国家。限于科举，留此等在野外，气魄无所发泄出，其智力遂以财横于乡邑，岂不可惜。（卷四，第628页）

蒙山先生曰：天下何尝无人才……先生曰：原是人才不一，须各启一条路与他，桃李有桃李之用，松柏有松柏之用。要强松柏作花，桃李贞节，此必不能。今世用人者，大抵取桃李之材，反望其有松柏之用，如何济得事？（卷四，第630页）

《暨阳答问》中关于礼的"答问"有二十四条，而指涉当下社会的"答问"则有三十条，书院不再与社会隔绝，颇有东林书院"风声雨声读书声，声声入耳；家事国事天下事，事事关心"之遗意。艾尔曼指出："常州的文学和政治群体包括赵怀玉、黄景仁、洪亮吉、刘逢禄、庄绶甲、李兆洛，他们在 18 世纪、19 世纪之际直接或间接地参与这一群体的活动，他们与张惠言、恽敬都是常州经世传统、文学风格、今文经学研究三结合的体现。"① 李兆洛论天下时势，其心情相当焦虑，此从"天下大势如此""天下困穷如此""本朝势已如此"等语句中完全显露，指涉当下的社会的"答问"与前所列各项目皆可联成一体，它们之间有因果、表里等关系。以李兆洛特别推崇的"九两系邦国之民"而言，与上引常州"只要使游食者各得其事"、淮徐等地"天下无事无所用其材"相关，他还以史为证，指出"自古反乱大魁皆出于此"，以为警醒；在论及"礼"一节，以白莲教之事来例说"民无所系属"而造成的后果。连同变乱在内，三条"答问"中所讨论之事还涉及治河、海运、漕运、盐务、吏治诸事，而此数事，皆是嘉道年间之紧要事。以变乱而言，有嘉庆元年起历时九年的川楚陕白莲教起义、嘉庆二十五年至道光七年西北边疆张格尔叛乱、道光元年云南北厅彝民起义、道光二年河南安徽白莲教起义、嘉道年间山西先天教起义和天湾天地会起义、道光十一年湖南永州瑶族起义、道光十二年开始的川南彝民起义，等等。接二连三的变化，已使曾经拥有的太平盛世开始衰落，而被李兆洛视为"左道"的白莲教，对"儒以道得民"是一个不小的挑战。

清史研究学者论列嘉庆朝的问题，其中有吏治腐败、河防崩坏、赋税不足、军备松弛等数项，至道光朝，问题没有缓解，反日益加剧，譬如重用庸人贻误国事，漕运衰败（后改行海运），盐政败坏，虽经改革但危机潜在。② 艰难时势引发李兆洛的思考，对一些具体问题提出建议，并试图从"本质""一切制度总要更张"等方面着手。在众多议论中，人才问题最为明显。他既寄希望于有一人（类似张居正）能挺身而出维持世道，又对如何以能力选

---

① 艾尔曼著，赵刚译：《经学、政治和宗族：中华帝国晚期常州今文学派研究》，南京：江苏人民出版社，1998 年版，第 208 页。

② 李治亭主编：《清史》下册第六编第二章、第四章，上海：上海人民出版社，2002 年版。

用人才以及如何尽人才之用提出看法，字里行间，时有急切之意。此与上引文中"民事不可缓"语气一致。至于选用人才，李兆洛之见与龚自珍之诗可谓相互照映。龚自珍《己亥杂诗》中有名的"九州生气恃风雷，万马齐暗究可哀！我劝天公重抖擞，不拘一格降人材"即写于在江阴与李兆洛、蒋彤会晤前。① 此种祈求，当不局限于常州学派学人群体，而是一种普遍的声音，譬如，它和陶澍等人道光年间在江南地区整治海运、漕弊、盐务、河工等改革相呼应；就书院讲学而言，与李兆洛旨趣相近的还有汪喜孙。道光十二年汪喜孙应林则徐之聘主讲江苏平陵书院、安徽泾川书院；次年又应陶澍之聘主讲江苏宝晋书院、安徽翠螺书院。在汪喜孙的《从政录》中，收录五篇策问书院秀才文，除第一篇为道德范畴的"迁善改过"之外，其他四篇皆关涉实学。如策问宝晋书院秀才文，考九穀之名，延及种稻。"江南宜稻，然则江南以外稻非所宜与？"策问泾川书院秀才文云："水利、贡赋、农桑诸大典均出于《禹贡》，通经致用，愿闻其详。"策问翠螺书院秀才文，由汉沟洫之制，进而指向当今水利。"近年江潮盛涨，伤及禾苗。深山蛟发，江水暴溢，开山积土，壅塞江路，江之下游芦洲蔽遏，海水上泛，不能容纳。种穀之法或因时以制宜，堵水之法可因地以参变②，斟酌古今之宜，其悉举以对。"学问与民生建立关联，而此种思想是通过书院讲学这一途径传播的。众多论议和实践，似有百川归海之势，从而促进整个学术界向经世之学转变和发展。

　　原载《清代东南书院与学术及文学》（上卷），安徽教育出版社，2007年版

---

① 樊克政：《龚自珍年谱考略》，北京：商务印书馆，2004年版，第466页。
② 汪喜孙：《从政录》卷一，《江都汪氏丛书》本。

书院课艺：有待深入研究的集部文献

鲁小俊

一、书院课艺的三种形态

清代书院普及之广，前所未有。以今日中国版图而言，除了西藏以外，各个省区皆有书院①。考课成为主流，是清代书院考试的一个主要特点。或月课、季课，或官课（包括县课、州课、府课、学院课、轮课）、师课（又称堂课、斋课、院课、山长课），或诗课、经古课、策论课、举业课，名目颇为繁多②。书院考课之情形，各家不尽相同，但大体上又多有一致之处。兹引汪诒年编《汪穰卿先生年谱》中的记载，以见晚清杭州书院考课之一斑：

> 杭城敷文、崇文、紫阳三书院，例于朔望试士子，朔课一日，望课二日。先生（指汪康年——引者注）与诒年，或作二卷，或作三四卷不等，随作随写，彻夜不辍。遇诂经精舍考课日，别二人合作一卷，先生任经解、诒年任词赋。时或遇题目不多，期限稍宽，则二人各作一卷，均由洛年（指汪洛年，康年、诒年胞弟——引者注）为之誊写，亦彻夜不辍。比事毕，即各挟卷趋赴收卷处交纳，虽遇雨亦如是。洎交卷归，天甫黎明，晓风吹人，腹中觉饥，则就道旁豆腐担啜腐浆一盂，以解饥寒，盖数年如一日云。③

---

① 邓洪波：《中国书院史》，上海：东方出版中心，2004 年版，第 450 页。
② 陈谷嘉、邓洪波主编：《中国书院制度研究》，杭州：浙江教育出版社，1997 年版，第 482 页。
③ 汪诒年：《汪穰卿先生年谱》，北京：北京图书馆出版社，1999 年版，第 613 页。

汪氏兄弟，以及成千上万的书院生徒，他们参加过很多次的书院考课。我们的问题是：他们的考题是什么，考试成绩如何，今天还能不能看得到他们的试卷？

书院生徒考课的试卷通称课艺，也叫课作、课卷。估算起来，其数量应该是相当可观的。但因课艺皆为生徒所作而非出自名家之手，又多为举业之文，所以历来较少受到重视，往往任其散佚。现今存世的课艺文献，其形态有三种：

一是课艺原件。多散见于各地公私藏所，如上海图书馆藏有东城讲舍丁梦松课卷、鸳湖书院钟樑课卷、金台书院吴大澄课卷。近年也有少数丛书将课艺原件影印刊行，如《中国历代书院志》第十一册收录南菁书院课卷一份，作者未详；《清代稿抄本三编》第一百一十册收录应元书院吴桂丹，广雅书院、菊坡精舍张为栋、方鸿慈、范公谠、方恩溥，广雅书院易开骏等人课卷。

二是课艺别集。以个人书院课艺汇为一集，并不多见。笔者所经眼者，有王元稚《致用书院文集》，收文五十篇；《致用书院文集续存》，收文六十三篇。皆经解、论说、考证之文，为其肄业致用书院时所作，刊于作者晚年（1917）。又，陈成侯《绳武斋遗稿》一卷（稿本），皆其在致用书院课试之作[①]；恽宝元卒后，弟宝惠检获其书院课艺，凡经史舆地典制诗词，都若干篇，辑为《虚白斋遗著辑存》[②]。另外还有一种课艺别集，为地方长官或书院山长拟作的汇刊。如陈模（道光十六年进士）任宜阳知县三年，"每月官课而外，加课两次"，"每课俱有拟作，统三载共得八十首"[③]，辑为《文兴书院课士诗》。

三是课艺总集。这是存世课艺的主要形式，其名称多为"书院名+课艺"式，如《尊经书院课艺》；亦有称"文集"或"集"者，如《致用书院文集》《学海堂集》；此外又有少数称"课集""会艺""文稿""试牍""课士录"的，如《研经书院课集》《培原书院会艺》《广雅书院文稿》《岳麓试

---

① 柯愈春：《清人诗文集总目提要》，北京：北京古籍出版社，2002年版，第1974页。
② 南京师范大学古籍所：《江苏艺文志·常州卷》，南京：江苏人民出版社，1994年版，第887页。
③ 《文兴书院课士诗·跋》，道光二十二年刻本。

牍》《滇南课士录》；还有个别称"日记"的，如《莲池书院肄业日记》。今存课艺总集，以刊本为主，另有少量稿本、抄本。前文提到的汪诒年，所作书院课艺如今大多已经流失，唯赖《崇文书院课艺十集》得以保留一两篇。

书院汇刊课艺，最早者是康熙年间安徽怀宁的《培原书院会艺》和湖南长沙的《岳麓试牍》①。但这只是偶然现象，书院刊刻课艺成为风尚，则始于嘉庆六年（1801）阮元手订的《诂经精舍文集》。其后直至清末，课艺的刊刻遂成为普遍现象。

历来目录学著作对课艺不甚重视，或不著录，或著录很少，如《清史稿·艺文志》（中华书局 1977 年）仅著录《紫阳书院课余选》和《敬修堂诗赋课钞》二种。著录稍多者，丁丙、丁仁《八千卷楼书目》（续修四库全书史部第九百二十一册）二十五种，孙殿起《贩书偶记》（中华书局 1959 年）三十二种，王绍曾主编《清史稿艺文志拾遗》（中华书局 2000 年）二十五种。

20 世纪 90 年代以来，书院课艺渐渐受到关注。赵所生、薛正兴主编《中国历代书院志》（江苏教育出版社 1995 年）影印二十种（其中总集十七种），季啸风主编《中国书院辞典》（浙江教育出版社 1996 年）收录提要十五种，陈谷嘉、邓洪波主编《中国书院制度研究》（浙江教育出版社 1997年）第五章第五节《清代书院刻书事业》著录五十三种，程克雅《从湖湘到广东：书院课艺在晚清经学传述中的重要性》（朱汉民主编《清代湘学研究》，湖南大学出版社 2005 年）著录三十九种。特别应该提到的是，徐雁平《清代东南书院与学术及文学》（安徽教育出版社 2007 年）下编第一章《清代东南书院课艺提要》撰写提要八十六种（另有未见课艺十四种），最为宏富。此外，李兆华主编《中国近代数学教育史稿》（山东教育出版社 2005年）第三章第二节《书院的算学课艺概述》著录算学课艺二十余种（其算学课艺取广义的概念，包括 1906 年清学部第一次审定教科书之前国人自编的算学讲义）。以上著作，为书院课艺研究指示门径，厥功甚伟。

笔者近年查检多家藏书目录，及在各地访书，又得总集八十余种，皆未

① 陈谷嘉、邓洪波主编：《中国书院制度研究》，杭州：浙江教育出版社，1997 年版，第 288 页。

见于上述著作。例如北京《金台课艺》，天津《会文书院课艺初刻》，河北《莲池书院课艺》《学古堂文集》，陕西《关中书院课艺待梓稿》，山东《鸾翔书院课艺》，江苏《正谊书院课选》（《正谊书院课选二编》《正谊书院课选三编》《正谊书院课选四编》）、《紫阳书院课艺》（《紫阳书院课艺三编》《紫阳书院课艺四编》）、《游文书院课艺》、《当湖书院课艺》（《当湖书院课艺二编》《当湖书院课艺三编》）、《苏省三书院课艺菁华》，上海《云间小课》（程其珏辑）、《云间四书院课艺菁华类编》、《云间郡邑小课合刻》、《娄东书院小课》，安徽《紫阳课艺约选》，浙江《东城讲舍课艺》（薛时雨辑）、《东城讲舍课艺续编》、《崇实书院课艺》、《春江书院课艺》、《崇文书院课艺》（《崇文书院课艺九集》《崇文书院课艺十集》）、《最新两浙课士录》，湖北《高观书院课艺》《江汉书院课艺》《晴川书院课艺》，湖南《船山书院课艺》《沩水校经堂课艺》，江西《冯岐课艺合编》《鹅湖课士录》《豫章书院课艺》，四川《尊经书院课艺三集》，福建《鳌峰书院课艺初编》《玉屏课艺》《玉屏紫阳书院课艺》，广东《粤秀书院课艺》《羊城课艺》《丰山书院课艺》《凤山书院课艺》《广雅书院文稿》等。综合前述各家著录，除去重复者，可知清代书院课艺总集的存世数量约两百种。以后继续访书，当有增补，但总数似不会有太大的增幅。至于生徒课艺原件，散落各地，又多为私家所藏，目前尚无法了解基本文献情况。

二、书院课艺研究薄弱的原因

近二三十年来，清代书院课艺已经引起了学术界的注意。王尔敏、熊月之、［美］本杰明·艾尔曼、邓洪波、尚智丛、杨布生、彭定国、郝秉键、李志军、程克雅、徐雁平、刘玉才、李兵、李赫亚、詹杭伦、许结、宋巧燕、程嫩生、翁筱曼等学者，从不同的视角或多或少地关注过课艺。但与书院研究的巨大成就相比，课艺研究的比重仍然是非常小的。诂经精舍、学海堂、格致、南菁、钟山、尊经等著名书院的课艺之外，尚有大量课艺很少甚至没有进入研究者的视野。

课艺研究较为薄弱的一个重要原因，在于基本文献没有得到充分利用。

试举例说明：白新良《中国古代书院发展史》（天津大学出版社 1995 年）第三章至第六章论清代书院，征引书目相当丰富，方志文献尤为详尽，惟课艺文献几未使用；邓洪波《中国书院史》（东方出版中心 2004 年）主要参考文献部分列举课艺二十种，但正文第六章清代书院部分论及书院教学和考课，课艺文献仅用《学海堂集》阮元序、《诂经精舍四集》俞樾序和梅启照序等三篇；刘海峰、庄明水《福建教育史》（福建教育出版社 1996 年）第五章《清代福建教育的发达》第二节《书院的课艺》，通篇未曾以课艺总集为文献资料。再如学位论文，张敏《徽州紫阳书院研究》（浙江大学 2012 年硕士论文）未曾以《紫阳课艺约选》为参考文献；王坤《清代苏州书院研究》（苏州大学 2008 年硕士论文）所用课艺仅有《正谊书院课选》等四种，实际上今存清代苏州书院课艺至少三十二种。

　　基本文献没有得到充分利用，就会限制研究的深度和广度。例如周汉光《张之洞与广雅书院》第四章第一节《广雅书院》之十二《考课》，介绍广雅书院的考课情况之后，提及兴宁张赞廷的课卷：“此为斋课课卷，张先生考获特等第一名。课卷分为三部分：第一部分为《孟子大义述》，第二部分为《拟冯衍〈显志赋〉》，第三部分为《读〈困学纪闻〉七言绝句十首》。张先生所选的两艺，从课卷的拟题范围来看，是属于‘经学’和‘文学’。”[①] 这份课卷为罗文教授私人所藏，该书利用此一实物，弥足珍贵。可惜作者不知国家图书馆藏有抄本《广雅书院文稿》（佚名辑，十二册），否则以此文稿为论述材料，《考课》部分完全可以单独作为一章予以论述。

　　又如陈文和《试论清代扬州书院在扬州学派形成中的作用》指出：“扬州书院的条规、讲义、策问等没有流传下来，我们已不能直接从书院的学习内容和教学活动中窥测他们的学术趋向。”[②] 但实际上安定、梅花、广陵三书院皆有课艺总集存世，如《安定书院小课》（同治十一年刊本）、《广陵书院课艺》（光绪六年刊本）、《梅花书院课艺三集》（光绪八年刊本）、《安定书院小课二集》（光绪十三年刊本）、《梅花书院小课》（光绪十三年刊本），可

---

① 　周汉光：《张之洞与广雅书院》，台北：中国文化大学出版部，1983 年版，第 349 页。
② 　卞孝萱、徐雁平编：《书院与文化传承》，北京：中华书局，2009 年版，第 164 页。

以为我们深入了解扬州书院的教学活动及扬州学派的学术谱系提供颇为丰富的研究资源。徐雁平说："研究书院，如不细读课艺，即考察当时书院教和学的内容及教和学的质量，终究不能深入。"① 此言实能切中书院研究之肯綮。

　　基本文献没有得到充分利用，还会影响对某些事实的判断。例如陈谷嘉、邓洪波主编《中国书院制度研究》论及书院考试名目，称"加课、会课也是一种特例，仅见于杭州求是书院"②。实际上加课、会课虽非常例，但并不仅见于求是书院。如《云间郡邑小课合刻》目录作者姓名题署，"赵邑尊正课""程邑尊正课"等之外，又有"赵邑尊加课""程邑尊加课"等③。《崇实书院课艺》（宁波）吴引孙序也提到："惟念岁届大比，课宜加密，乃于五六两月增会课五期，略如斋课之奖而稍变通之。"④

　　又如杨念群《儒学地域化的近代形态——三大知识群体互动的比较研究》第六章《理想主义的没落：岭南书院与精英格局之变》，讨论地域化儒学的近代嬗变与学科类别的分化之关系，即以《广雅书院文稿》为史料，取材可谓别具慧眼。但也偶有误读。该书认为："有些学生因为对同一个问题感兴趣，因而常选同一个题目进行写作，因此《广雅书院文稿》中收录的一些题目会重复出现数次，其论证的角度和方式均不一样。我们从生员选择某些题目次数的多寡中可大致看出书院学风表现出的整体意向性。"⑤ 由此统计各篇选用次数，展开论述。问题在于多有同题之作，这是书院课艺的普遍现象；这一现象的产生，并非"有些学生因为对同一个问题感兴趣，因而常选同一个题目进行写作"，而是课艺总集的编选者选择所致。考课时众多生徒同作一题，选入课艺集者乃其中优秀之作。选多选少，选谁不选谁，主要取决于编选者。有些书院课艺总集于作者姓名之前标注考官、等级、名次等项，例如

①　徐雁平：《清代书院研究的价值、现状及问题——以江南地区为讨论范围》，《南京晓庄学院学报》2005 年第 2 期。

②　陈谷嘉、邓洪波主编：《中国书院制度研究》，杭州：浙江教育出版社，1997 年版，第 291 页。

③　《云间郡邑小课合刻》卷首，光绪四年刊本。

④　《崇实书院课艺》卷首，光绪二十一年刊本。

⑤　杨念群：《儒学地域化的近代形态——三大知识群体互动的比较研究》，北京：生活·读书·新知三联书店，2011 年版，第 440 页。

《经正书院课艺二集》（陈小圃选定，光绪二十九年刊本）史学部分，《陶侃温峤论》两篇，作者为"兴臬宪课一名丁建中""八名尹钟琦"；《嘉靖大礼论》四篇，作者为"林臬宪课一名李堃""五名袁嘉端""八名秦光玉""十五名张鸿范"，由此可以清晰地看到选篇多寡实由编选者为之。又如《会文书院课艺初刻》（如山辑，光绪七年刊本），卷首列举有文入选者二十四人名单，又将在院肄业但无文收录者四十九人名单列出。这有些近似于今之转载类学术刊物，有"全文转载"与"篇目索引"之分。而如何分别，端在选者。杨著以为同题之作、入选篇数与生徒兴趣有关，这不符合实际。第七章《古典偶像的重塑：江浙书院与学风梯级效应》探讨"'汉宋之学'势力的消长不仅表现在科举系统的运作之中，而且明显反应在江浙书院课艺的变化上""江浙地域以书院为轴心密布纵横的知识群体网络，为学术专门化思潮全面向时艺书院渗透进而发挥其梯级效应提供了不竭的流动资源"等论题，即以杭州诂经、江阴南菁、南京惜阴、上海求志、杭州东城、上海蕊珠、苏州正谊、镇江宝晋、松江云间、松江求忠、南京钟山、沅水校经堂以及上海龙门、南汇芸香、嘉定当湖、溧阳平陵、海门师山、江阴暨阳、上海正蒙等书院的课士情况为例，学术视野相当开阔。只是，其中前十二所书院今皆有课艺总集存世，该书仅利用《诂经精舍文集》和《南菁讲舍文集》二种（且仅用其序言和同人题名），其他文献主要为书院志和地方志。若能全面考察这些书院的课艺总集，特别是课士题目，相关论题的研究或可更为深入。

三、书院课艺的价值

充分利用书院课艺文献，不仅可以避免某些误读，还可以建构若干重要的大判断。兹举三例：

关于清代书院与科举的关系，学术界有一个基本的认识："书院俨然成为科举的附庸。"[①] 这一认识的合理性，可以通过书院课艺总集得到证明。有很多课艺总集以八股文和试帖诗为内容，如苏州《紫阳书院课艺》初编至十五

---

① 李世愉：《论清代书院与科举之关系》，《北京联合大学学报》（人文社会科学版）2011 年第 3 期。

编（同治十一年至光绪十二年刊本）、天津《会文书院课艺初刻》（光绪七年刊本）等。与此同时，也有很多课艺总集兼收八股文和经史词章，如杭州《学海堂课艺》初编至八编（同治九年至光绪二十年刊本）、广州《应元书院课艺》（同治十年刊本）；还有很多课艺总集专收经史词章，如江宁《惜阴书院东斋、西斋课艺》（光绪四年刊本）、广州《菊坡精舍集》（光绪二十三年刊本）。这表明清代书院在依附科举的同时，也有学术和文化的追求。全面考察书院课艺总集，可以对清代书院与科举的关系做出更为客观的评价。

再如，"功名富贵无凭据"（《儒林外史》开场词），讲的是科举功名的偶然性，这是人们对于科举考试的主流印象。这一印象与实际情况是否相符？我们能否以科学的方法予以证实或证伪？有关科名偶然性的问题，较为客观、合理的标准应该是：八股文出色者录取率高，逊色者录取率低，是为"必然"；反之即为"偶然"。而八股文出色与否，可以通过平时成绩来考察。若有足够数量的、较为集中的平时成绩作为分析样本，再与实际科名比对，或可发现某些规律。这样，科名偶然性的问题就转化为：平时成绩优秀者录取率高，普通者录取率低，是为"必然"；反之即为"偶然"。书院课艺总集即是考察平时成绩的理想样本，它的有效性基于三个方面：一是有不少课艺总集的内容，是以八股文为主，这与明清科举考试一致；二是入选篇数存在落差，少者一两篇，多者数十篇。入选篇数多者，可视为平时成绩优秀者，反之则逊色一些。三是总集编选、刊刻之时，课艺作者大多尚未获得科名。由此延伸，根据碑传、硃卷、方志、贡举志等材料，全面考察课艺作者的科举功名，可以在平时成绩与最终科名之间建立某种联系，从而为科举功名的偶然性问题、科举考试的客观性问题提供证实或证伪的科学依据。

第三，前辈时贤有关格致书院课艺的研究，曾经特别揭示出"普通知识分子"①"小人物"②"民间知识分子"③等关键词。这对于清代书院课艺的

---

① 熊月之：《西学东渐与晚清社会》，上海：上海人民出版社，1994 年版，第 362 页。
② 熊月之、袁燮铭：《上海通史·晚清政治》，上海：上海人民出版社，1999 年版，第 176 页。
③ 郝秉键、李志军：《19 世纪晚期中国民间知识分子的思想——以上海格致书院为例》，北京：中国人民大学出版社，2005 年版，第 3 页。

研究，尤其具有启发意义。譬如，近年来清代诗文研究进展迅速，但仍有诸多领域少有人涉足，书院课艺即是其一。课艺中不仅有八股文，也有学术文和各体诗赋。不仅可以为清人别集提供辑佚和校勘资料（例如海峡文艺出版社 2002 年版《林则徐全集》即未收林则徐《正谊书院课选序》），更重要的是留存了清代士人在特定阶段的创作实践（一个明显的例证是，课艺多署早期名字，如林群玉即林纾、吴朓即吴稚晖、金枞基即金天翮、蒋国亮即蒋智由）。在思想史领域，葛兆光就曾反思："思想史是否应该有一个'一般思想史'？过去的思想史是悬浮在一般思想水准之上的'精英思想史'，但少数思想天才的思想未必与普遍知识水准与一般思想状况相关，故有凸起，有凹陷，有断裂，有反复，并不易于成为思想史之叙述理路。"[①] 沿着这一思路来看书院课艺，它的"非名家名著"（即便其中有名家，也多为成名之前）的性质，恰恰可以拓展"一般教育史"（以及"一般思想史"、"一般学术史"和"一般文学史"）的文献资料，由此建构有别于点鬼簿或者光荣榜的、具有细节和过程的专题史叙述，当具有更充分的可能性。

　　长期以来，书院课艺文献没有得到充分利用，原因有二：一是对课艺的价值认识不够，简单的价值判断很容易遮蔽事实的复杂性和丰富性。例如丁平一《清末船山书院课艺考略》考察衡阳船山书院生徒丁奎联的八篇课艺，认为"八篇课艺的基本内容是对仪礼的考证，表现出清末船山书院对'习礼'的重视，也是对社会规范的重视。考证虽详明，但繁琐而无实用价值。""从清末船山书院的课艺中，我们可悲地看到宋初蓬勃发展起来的学术繁荣、思想自由的书院学风已不复存在。"[②] 这一价值判断或许不错，但过于简单，会妨碍对课艺的学术内容的深入探讨。二是课艺散见于各地图书馆，除《中国历代书院志》影印的二十种之外再无影印本，更无全文数据库可以利用。因此课艺基本文献的搜集和整理，课艺总集叙录或总目提要的撰著，将是深

---

① 葛兆光：《中国思想史·导论》，上海：复旦大学出版社，2001 年版，第 13 页。

② 湖南省书院研究会、衡阳市博物馆编：《书院研究》，长沙：湖南大学出版社，1988 年版，第 183 页。

入书院课艺研究的基础条件。徐雁平已经撰著提要八十余种，但比较简略，也有遗漏，且限于东南地区，这方面仍有很大的拓展空间。在此基础上将书院课艺文献纳入学术视野，将会有力地拓展清代思想史、学术史、教育史和文学史的研究空间。

原载《学术论坛》2014 年第 11 期

课艺总集：清代书院的"学报"和"集刊"

鲁小俊

与明代书院注重讲学不同，清代书院偏重考课。生徒考课的试卷叫做课艺，课艺的汇编即为课艺总集。今存最早的课艺总集是阮元（1764—1849）选编的《诂经精舍文集》，刊于嘉庆六年（1801）。其后直至清末，书院刊刻课艺成为普遍现象。根据笔者近年的调查和访书，现存课艺总集在两百种以上，以刊本为主，另有少量稿本、抄本。就连续出版物的本质属性和诸多要素而言，书院课艺总集实开今日"大学学报""学术集刊"之先河。

一、刊期和经费

（一）刊期

书院刊行课艺，往往"随课随选，随付手民"①，"随排随印"②，故而课艺总集多具有连续出版物的性质。今所见著名书院的总集，亦多为数编乃至十数编，如《学海堂集》四集（广州）、《尊经书院课艺》三集（成都）、《经正书院课艺》四集（昆明）、《诂经精舍文集》八集（杭州）、《学海堂课艺》八编（杭州）、《紫阳书院课艺》十七编（苏州）、《正谊书院课选》四编（苏州）、《正谊书院课选》三集（苏州）、《尊经书院课艺》七集（江宁）、《南菁讲舍文集》三集（江阴）。有些总集虽仅见一编，但其选刊之初衷，仍有赓续之意。如《会文书院课艺初刻》（天津）如山序云："由初刻以逮二刻、三刻，相续弗替，是所厚望者也。"③《高观书院课艺》（江夏）目录

---

① 朱泰修选编：《蔚文书院课艺》，同治八年序刊本，朱泰修序。
② 华世芳、缪荃孙选编：《龙城书院课艺》，光绪二十七年刊本，凡例。
③ 如山选编：《会文书院课艺初刻》，光绪七年刊本，如山序。

后署："右文自光绪甲申（1884）起，至丙戌（1886）止，共计二百三十三篇。丁亥（1887）以后课卷，俟选定续刊。"① 《崇文书院敬修堂小课甲编》（杭州）戴熙序："先刊甲编公同好，可续将续。"②

课艺总集的刊期，短则一季一刊。笔者经眼《上海求志书院课艺》七种，分别署"春季"（疑为光绪二年丙子春季）、"丙子（1876）夏季"、"丙子（1876）秋季"、"丙子（1876）冬季"、"丁丑（1877）春季"、"丁丑（1877）春季"、"戊寅（1878）春季"。不过，这种一季一刊的总集并不多见。

常见的则是一年一刊或数年一刊。《金陵惜阴书舍赋钞》陈兆熙序："每年终，梓人汇前列课艺刻之。"③ 《紫阳书院课艺五编》（杭州）许景澄题识："院课艺前列者，积数岁必一选刊，以资观摩。"④ 《紫阳书院课艺》十七编（苏州），刊于同治十一年（1872）至光绪十八年（1892），以一年一刊为主，间有三年一刊。《南菁讲舍文集》初集至三集（江阴），刊刻时间分别为光绪十五年（1889）、二十年（1894）、二十七年（1901）。

有些课艺总集，前后各编之间时间跨度很大。如《学海堂集》初集至四集（广州），分别刊于道光五年（1825）、十八年（1838）、咸丰九年（1859）、光绪十二年（1886）。《当湖书院课艺》（嘉定）同治七年（1868）刊，《当湖书院课艺二编》光绪十三年（1887）刊，《当湖书院课艺三编》光绪二十二年（1896）刊。刊期间隔时间最长者竟达二十余年。

（二）经费

经费充足与否，会影响刊期。《诂经精舍五集》（杭州）俞樾序："往者精舍课艺岁一刻，之后以肄业者日众，经费绌焉，乃阅数岁而一刻。"⑤ 俞樾所言"往者"，指《诂经精舍三集》。此书《中国历代书院志》第十五册影印

① 王景彝选编：《高观书院课艺》，光绪十三年刊本，卷首。
② 戴熙选编：《崇文书院敬修堂小课甲编》，咸丰八年刊本，戴熙序。
③ 陈兆熙选编：《金陵惜阴书舍赋钞》，同治十二年刊本，陈兆熙序。
④ 许景澄选编：《紫阳书院课艺五编》，光绪八年刊本，许景澄题识。
⑤ 俞樾选编：《诂经精舍五集》，光绪九年刊本，俞樾序。

本有脱漏，排列次序亦有不妥。南京图书馆藏本包括四个部分：（1）同治五年丙寅（1866）、六年丁卯（1867）课艺。（2）同治七年戊辰（1868）课艺。（3）同治八年己巳（1869）课艺。（4）同治九年庚午（1870）课艺。是为全本。至《诂经精舍四集》刊行时，已是光绪五年（1879）。《诂经精舍五集》《诂经精舍六集》《诂经精舍七集》《诂经精舍八集》则分别刊于光绪九年（1883）、十一年（1885）、二十一年（1895）、二十三年（1897）。

对于捐资出版者，有的课艺总集特予注明。如《崇文书院课艺》（杭州）监院题识："书院自兵燹后，经费支绌，前刊课艺散失无存。是集梨枣之资，悉由方伯石泉杨公筹款，详请刊刻。大吏嘉惠士林盛意，合并注明。"① 《游文书院课艺》（常熟）李芝绶序："（汪公耕余）甲戌（1874）季夏以书来谂，且嘱绶择辛（1871）壬（1872）两年院中课艺之尤雅者，裒辑邮寄，公将捐廉，付之手民，为学者观摩之助。"②《会文书院课艺初刻》（天津）马绳武序："适丁藩伯权津关道篆，慨捐白金若干为剞劂费。"③

二、发表周期、用稿率、用稿标准和"关系稿"

（一）发表周期

清代书院考课兴盛，课艺总集的稿源相当充足，往往"戢戢如束笋"④。如果选刊不及时，势必积压大量课艺。《正谊书院课选》（苏州）收录同治四年（1865）至六年（1867）课艺，刊于光绪二年（1876），已经相当滞后。光绪八年（1882）蒋德馨（1810—1893）谋刊《正谊书院课选二集》时，书院所存课艺已是"卷帙山积，插架连屋，间有虫侵鼠啮，简断篇残，未经厘订"。蒋氏"续加遴选，历年既多，架构林立，如泛珠湖而游玉海，美不胜收。虽博观约取，不无割爱，而娴雅之材，拔十得五，计所裒辑，已不下数十万言。若一旦全行付梓，不但排比烦冗，即剞劂亦未易蒇事。乃依初刻之

---

① 薛时雨选编：《崇文书院课艺》，同治六年刊本，监院题识。
② 李芝绶选编：《游文书院课艺》，同治十三年刊本，李芝绶序。
③ 如山选编：《会文书院课艺初刻》，光绪七年刊本，马绳武序。
④ 俞樾选编：《诂经精舍五集》，光绪九年刊本，俞樾序。

例，仍以三年为一集。"① 所收即为同治七年（1868）至九年（1870）课艺。而其刊行在光绪八年（1882），相隔十余年，发表周期颇为漫长。

不过，多数课艺总集的发表周期没有这么长。《紫阳书院课余选》（杭州）收录道光二十三（1843）年课艺，刊于二十四年（1844）；《崇文书院课艺》（杭州）收录同治四年（1865）至六年（1867）课艺，六年（1867）冬月开雕，七年（1868）四月讫工；《东城讲舍课艺》（杭州）收录同治四年（1865）至七年（1868）课艺，八年（1869）季春付雕；《游文书院课艺》（常熟）收录同治十年（1871）、十一年（1872）课艺，十三年（1874）开雕；《姚江龙山课艺初刻》（余姚）收录光绪十七年（1891）、十八年（1892）课艺，十九年（1893）开雕；《续刊经训书院课艺》（南昌）收录光绪十四年（1888）至十六年（1890）年课艺，十九年（1893）仲冬开雕；《经训书院课艺三集》（南昌）收录光绪十八年（1892）、十九年（1893）年课艺，二十二年（1896）年孟夏开雕。综合来看，一年至五年，是较为常见的发表周期。

（二）用稿率

并非所有生徒的课艺都能够收入总集。有的属于"自然淘汰"，如《诂经精舍续集》（杭州）选刊之时，"年来所课卷，已散佚不全"②；《诂经精舍七集》（杭州）距离《诂经精舍六集》之刊已有十年，"课卷丛残，仅存大半"③；光绪七年（1881）曾兆鳌（1816—1883）选刊《玉屏课艺》（厦门），其时他"司玉屏讲席十有八年于兹矣"，"客秋山居多暇，聚旧课将录而梓之，而庚午（1870）以前存者寥寥"④；《当湖书院课艺二编》（嘉定）选刊之时，距离初编已有二十年，"积之既久，间或散佚，计所存仅十之六七"⑤。

有幸存留的课艺，也未必都能入选总集。编选者往往"择尤甄录"，故而由于"集隘，不能多载，遗珠之惜，诚所难免"。⑥ 至于用稿率，有些总集

---

① 蒋德馨选编：《正谊书院课选二集》，光绪八年刊本，蒋德馨序。
② 罗文俊、胡敬选编：《诂经精舍续集》，道光二十二年刊，同治十二年重刊本，胡敬序。
③ 俞樾选编：《诂经精舍七集》，光绪二十一年刊本，俞樾序。
④ 曾兆鳌选编：《玉屏课艺》，光绪七年刊本，曾兆鳌序。
⑤ 杨恒福选编：《当湖书院课艺二编》，光绪十三年刊本，杨恒福序。
⑥ 华世芳、缪荃孙选编：《龙城书院课艺》，光绪二十七年刊本，凡例。

的序言已经明言。《敬修堂词赋课钞》（杭州崇文书院）胡敬序："积时既久，散佚颇多，姑即所存，汰其繁芜，抉其瑕类，十取一二，合前刻成十有六卷。"① 《羊城课艺》（广州）陈其锟序："乃襄历岁所积，课艺盈千，删繁汰冗，得百十首付梓，以诏来兹。"② 《钟山书院课艺初选》（江宁）孙锵鸣序："尽发府署所存前列卷二千余篇，博观约取，又得二百八十余篇，为《续选》。"③ 可知这些总集的用稿率在 10%～20%。

还有些总集，结合序言和选录情况，也可知其用稿率。《黄州课士录》（黄州经古书院）周锡恩序："自庚寅（1890）夏迄辛卯（1891）春，诸生课作，千有余篇。兹择其尤雅，刊若干卷。"④ 是集共收两百零三篇，用稿率约为 20%。《丰山书院课艺》（香山）黄绍昌序："计岁中阅时艺一千九百余首，经说、史论、骈散文、诗赋八百余首。明府谓宜择其尤雅者，刻为课艺。乃选时艺若干首，呈明府裁定，付之剞劂，而古学别为一编。"⑤ 笔者所见是集皆时艺，凡二卷六十六篇。序中所云古学一编，未见。推算起来，时艺的用稿率尚不足 3.5%。

又有少数总集，可知其作者入选的概率。《尊经书院课艺》（江宁）薛时雨序："岁在己巳（1869），时雨以谷山制府聘，承乏尊经书院。院中士肄业者两百人有奇，视承平时已减。""起乙丑（1865）二月，迄己巳（1869）十二月，积一百余课，存文若干首。"⑥ 此书南京图书馆藏本仅一册，国家图书馆藏本六册，系全本。据全本，凡制艺一百六十一篇，作者三十八人。两百多人中，仅三十八人有课艺入选，亦可见发表之不易。

（三）用稿标准

清代科举考试的主要文体是八股文，其衡文标准叫做"清真雅正"。以

---

① 　胡敬选编：《敬修堂词赋课钞》，道光二十二年刊本，胡敬序。

② 　陈其锟选编：《羊城课艺》，咸丰元年刊本，陈其锟序。

③ 　李联琇选编：《钟山书院课艺初选》，光绪四年刊本，孙锵鸣序。

④ 　周锡恩选编：《黄州课士录》，光绪十七年刊本，周锡恩序。

⑤ 　黄绍昌选编：《丰山书院课艺》，光绪十四年刊本，黄绍昌序。

⑥ 　薛时雨选编：《尊经书院课艺》，同治九年刊本，薛时雨序。

八股文为主要内容的课艺总集，其选文亦以"有利于场屋"① 为目标，故而"清真雅正"自然成为去取标准。序言或凡例中往往明言，例如：

> 文取清真雅正。②
>
> 每课一艺，必以能融会圣贤立言之旨为宗。至文之清奇浓淡，苟不诡于正，有长必录。③
>
> 择其尤者一百七十篇，皆理法清真而有书卷议论者。④
>
> 汇三年内官师课卷，择其理法双清、华实并茂者录之。⑤

以经史词章为主要内容的课艺总集，则另有取舍标准。《学古堂日记》（苏州）吴履刚跋："贵筑黄公昔主讲保定莲池书院"，"其为教也，大约校勘必致精，纂录必举要，考据务详碻而惩武断，义理尚平实而耻空谭，条贯本末，兼综汉宋，实事求是，期于心得，以上企孟氏详说反约、孔门博文约礼之训。"⑥《南菁讲舍文集》（江阴）黄以周序："凡文之不关经传子史者，黜不庸；论之不关世道人心者，黜不庸；好以新奇之说、苛刻之见自炫，而有乖经史本文事实者，黜不庸。"⑦ 科举导向和学术追求，在不同的课艺总集中各有体现。

（四）"关系稿"

胡敬（1769—1845）主讲杭州崇文书院，选编《敬修堂词赋课钞》，收录董醇等八十一人课艺，其中胡琨、胡琮姓名之后皆有"附"字。⑧ 胡琨（1814—1860），字次瑶；胡琮（1815—1861），字季权。皆为胡敬子。琨、琮

---

① 雪岑氏选编：《紫阳正谊课艺合选》，道光二十二年刊本，雪岑氏题识。

② 陈本钦选编：《城南书院课艺》咸丰四年刊本，陈本钦序。

③ 潘遵祁选编：《紫阳书院课艺》，同治十一年刊本，潘遵祁序。

④ 郭式昌选编：《爱山书院课艺》，光绪八年刊本，郭式昌序。

⑤ 马传煦选编：《崇文书院课艺九集》，光绪十七年刊本，马传煦序。

⑥ 雷浚等选编：《学古堂日记》，光绪十六年至二十二年刊本，吴履刚跋。

⑦ 黄以周、缪荃孙选编：《南菁讲舍文集》，光绪十五年刊本，黄以周序。

⑧ 胡敬选编：《敬修堂词赋课钞》，道光二十二年刊本。

二人课艺入选是集，当是其父关照。需要说明的是，说琨、琼二人课艺为"关系稿"，不代表他们所作不佳。胡琼于道光二十一年（1841）补廪膳生，胡琨于二十四年（1844）乡试中式第三十二名举人①，皆属一时俊彦。他们与其兄胡理有《胡氏群从集》三卷，《清史稿·艺文志》著录。

《紫阳书院课艺九集》（杭州）收录陈予鉴制艺一篇。文后评语云："选课艺既竣，同学世兄骆筠溪持此卷语予曰：'此旧徒陈某作也。刻苦为文，少年赍志以殁。可否存之？'辞甚切。虽然，欲于课艺中存其人，亦可哀矣。文亦足存者，因附卷中。"② 其文虽"亦足存者"，但无骆筠溪的推荐则不能入选，这也是一种"关系稿"。

又，《江汉书院课艺》（武昌）辛卯（1891）卷，收录制艺十题三十一篇。每题皆收前三名所作，唯末题增收《四十名苏逢庚》一篇。壬辰（1892）卷收录制艺十题三十三篇，每题皆收前三名所作，唯第一、二、五题增收《四名陈略》《一等百二十名陈略》《五名陈略》三篇。③ 苏、陈二人考课名次靠后，却能入选，颇显突兀，故疑二人课艺属于"关系稿"。

三、命题、发表、润色和评点

（一）命题

书院课艺总集从内容上看，有专收八股文和试帖诗的，有专收经史词章、时务算学的，也有兼收前两者的。不论何种类型，课艺题目多为官师（地方官员和书院山长）所拟，生徒所作皆是命题文章。故而总集之中，多同题之作。

也有个别例外。黄彭年（1823—1891）主讲保定莲池书院，认为"课试成材，非启牖向学。限之以命题，虑非性所近也；拘之以篇幅，惧其辞不达也"，因而不再命题，改由生徒自拟，"命诸生为日记，人给以札，旬而易

---

① 胡理：《诰授朝议大夫翰林院侍讲学士书农府君年谱》，《北京图书馆藏珍本年谱丛刊》第131册，第435、437页。
② 王同选编：《紫阳书院课艺九集》，光绪二十年刊本。
③ 周恒祺选编：《江汉书院课艺》，光绪十七、十八年课艺，刊刻时间未详。

焉，月论其得失而高下焉"。①

（二）发表

生徒所作课艺，入选课艺总集时，一般是全文刊登。也有特殊情况。有的总集在刊登全文之后，附录其他作者所作相关段落。如《丰山书院课艺》（香山）中，陈金垣《未若贫而乐，富而好礼者也。子贡曰：〈诗〉云："如切如磋，如琢如磨。"其斯之谓与》文后，附录杨彤英所作提比；梁煦南《人恒过，然后能改。困于心，衡于虑，而后作；征于色，发于声，而后喻》文后，附录唐景端所作起讲。② 抄本《紫阳书院课艺》（凡十四册十五编，三四编合为一册）也是如此。如第一编收录巢序镛等人制艺全文三十七篇，有评点；又收录汪宗泰等十七人所作"起比""后比""后四比"等段落，无评点。③ 这有些类似于今日学术刊物的"论点摘编"。

又有的总集，不能收录所有生徒的课艺，为免遗珠之憾，将未能入选总集的生徒姓名列在卷首。如《诂经精舍续集》（杭州）收录董醇等五十九人课艺，卷首列出壬辰年（1832）至壬寅年（1842）"诂经精舍肄业之士"一百八十三人姓名。④《会文书院课艺初刻》（天津）收录赵銮扬等二十三人课艺，卷首列出"乙亥（1875）、丙子（1876）、丁丑（1877）三年内肄业者"四十九人姓名。⑤《经训书院文集》（南昌）卷首有壬午（1882）、癸未（1883）、甲申（1884）《与课同人题名》。⑥

（三）润色

生徒所作，偶有瑕疵，收入总集时，多经选编者修改润色。序言、题识中时有提及，如：

---

① 黄彭年选编：《莲池书院肄业日记》，光绪五年刊本，黄彭年序。
② 黄绍昌选编：《丰山书院课艺》，光绪十四年刊本。
③ 《紫阳书院课艺》，抄本，南京图书馆藏。
④ 罗文俊、胡敬选编：《诂经精舍续集》，道光二十二年刊，同治十二年重刊本，卷首。
⑤ 如山选编：《会文书院课艺初刻》，光绪七年刊本，卷首。
⑥ 王棻选编：《经训书院文集》，光绪八年至十年刊本，卷首。

就中多寡，损益之，改易之，间摘瑜以补其瑕。①

每遇佳篇，击节称赏，偶有疵累，皆为商改尽善。或题蕴未尽者，拟作以畅其义。②

兹集仍就随课录取前列之佳制，详加评骘，间为删易而润色之，归于完善，犹夫初、二集慎选之至意。③

有少数总集在各篇课艺之后，标明刊刻时删改字数，如《紫阳书院课艺》（苏州）初编至四编、八编至十一编。也有未加润色而直接收录者，如《蜀秀集》（成都）张选青题识云："亦有文字略有小疵而未及更改者，则以风檐寸晷，下笔不能自休，姑仍之以存其本色。阅者录其尺瑜，略其微颣可已。"④

（四）评点

课艺总集成书时，往往附录评点，间有署名。如《崇实书院课艺》（清河），吴其程《一言以蔽之曰思无邪》评点二则，分别署"吴仲仙漕帅原评""楞仙"；钱丹桂《天下有达尊三爵一齿一》评点二则，分别署"武镜汀郡伯原评""楞仙"；山长钱振伦拟作《且知方也》评点二则，分别署"年愚弟吴棠拜读""吴昆田拜读"。⑤

总集所见评点，以总评居多，间有眉批、夹批。如《正谊书院小课》（苏州）收录《秧马赋》三篇。第一名洪鼎，起句："新雨一犁，长堤短堤。草软三径，风轻四蹴。"夹批："飒然而至，奕奕有神。"总评："结体大方，虽缩本不至拘缚。"⑥

评语中偶尔还能见到缘情之笔。如《崇川紫琅书院课艺》（江苏通州）张丽文末评语："思清笔健，最得题情。张生性情纯笃，资识过人。绩学能

① 萧延福选编：《晴川书院课艺》，同治七年刊本，萧延福序。
② 杨延俊选编：《鸢翔书院课艺》，光绪三年刊本，杨延俊序。
③ 晏端书选编：《梅花书院课艺三集》，光绪八年刊本，晏端书序。
④ 谭宗浚选编：《蜀秀集》，光绪五年刊本，张选青题识。
⑤ 吴棠、钱振伦等选编：《崇实书院课艺》，同治二年至光绪七年刊本。
⑥ 朱埈、欧阳泉选编：《正谊书院小课》，道光十八年刊本。

文，名闻郡邑。余方以大成期之，而所如辄阻，不得志于时。英年遽别，士林惜之。遗稿甚多，聊登一二，以志瓣香云。"王嶒文末评语："落落词高，飘飘意远，足征怀抱不凡。生孤寒力学，早岁能文，决为远到之器。乃食饩未果，修文遽召。岂真有才无命耶？览遗篇，为之出涕。"① 这类评语，可见出书院师生关系之一斑。

入选总集的课艺，皆是优秀作品，故而评点几乎都是表扬性的。课艺原件中能够见到的批评性意见，如"情文相生，稍欠锤炼。排律误作五言"②，"寓意规讽，未始不佳。惟极力作态，而笔力不足以副之耳"，"后幅尚不直致结，未有余韵，前路未清"③，"诗有佳句，惜失拈"④，等等，在总集中则极少见到。

四、刊刻和牌记

（一）刊刻

有少数课艺总集以袖珍本刊行，如《鸾翔书院课艺》（杨延俊选编，光绪三年刊）、《广陵书院课艺》（范凌选编，光绪六年刊）。袖珍本的优势是便于携带，可以随时阅览。《紫阳正谊课艺合选》雪岑氏题识："钦遵古香斋袖珍板式，俾便舟车携览云。"⑤《各省校士史论精华·略例》："是论仿袖珍板式，以备舟车便览。幸勿误带入闱，致干功令。"⑥ 这再次表明，课艺总集往往也是备考资料。

有的课艺总集刊刻精良，《冯岐课艺合编·凡例》即称："是编从本年七月初发刊，至十一月初完工，写刻核对，均求详慎，尚少鲁鱼亥豕之讹。"⑦ 也有少数课艺总集编印仓促，校勘不精。如光绪十年（1884）上海江左书林

① 吴鸣镛选编：《崇川紫琅书院课艺》，嘉庆二十五年刊本。
② 东城讲舍丁梦松课艺，上海图书馆藏。
③ 金台书院吴大澄课艺，上海图书馆藏。
④ 剡溪书院宋烜课艺，首都图书馆藏。
⑤ 雪岑氏选编：《紫阳正谊课艺合选》，道光二十二年刊本，雪岑氏题识。
⑥ 梅启照、姚润选编：《各省校士史论精华》，光绪二十八年刊本，略例。
⑦ 屠福谦选编：《冯岐课艺合编》，光绪十七年刊本，凡例。

翻刻的《关中课士诗赋录》（西安）、三十年（1904）任锡汾序刊的《春江书院课艺》（富阳）。又有些课艺涉及图表，排印较为繁难，选入总集时也往往省略。如《龙城书院课艺》（常州）："舆地各艺，原有图者颇多。今以匆促排印，不及绘刻。拟俟续镌，以成全璧。""代数算式，工人不善排集。每遇算式，辄另镌木，费时既多，且易散失。故只取简易者，略登一二。其他繁重诸作，概从割爱。"[1]

（二）牌记

课艺可资揣摩，有助于科举考试，难免有人翻刻牟利。著名书院的课艺总集，尤其容易成为盗版的目标。"翻刻必究"四字，也就常见于课艺总集的扉页。《正谊书院课选二编》（苏州）还有监院声明：

> 监院正堂欧阳示：本院课选二编，奉院长朱鉴定，经诸生参校付镌。如有抽减篇数，翻刻射利者，访闻确实，立即指名移究，惩办不贷。特示。[2]

《正谊书院课选三编》《正谊书院课选四编》《正谊书院小课》皆有同样声明。《各省校士史论精华》还声称与他书绝无雷同：

> 是论与近日坊间木板、石印《史论正鹄》《历代史论》《国朝名家史论》诸编，绝无一艺雷同，并非改顿换面者可比。[3]

考试类书籍的出版，竞争之激烈，于此亦可见出一二。

有的课艺总集标明定价。《游文书院课艺》（常熟）："板存苏州长春巷西口传文斋刻字店，每部纸张印工大钱壹佰贰拾文。"[4]《广陵书院课艺》（扬

---

① 华世芳、缪荃孙选编：《龙城书院课艺》，光绪二十七年刊本，凡例。
② 朱埼、欧阳泉选编：《正谊书院课选二编》，道光十五年刊本，卷首。
③ 梅启照、姚润选编：《各省校士史论精华》，光绪二十八年刊本，略例。
④ 李芝绶选编：《游文书院课艺》，同治十三年刊本，扉页。

州）："每部实洋杭连贰角二分，竹纸壹角八分。"①《奎光书院赋钞》（江宁）："此赋原选十七年（1891），止价贰佰文；又增选至十九年（1893）春，止定价每部叁百文。"②

又有的课艺总集既标出定价，也为本书坊其他课艺登载广告。《惜阴书院东斋课艺》（江宁）、《钟山书院课艺初选》（江宁）皆为金陵李光明庄所刊，其扉页广告称："金陵书院课艺九种，其板永存江宁省城三山大街大功坊秦状元巷中李光明家，印订发售。"并列出《钟山初选》《钟山续选》《惜阴东斋》《惜阴西斋》《尊经初刻》至《尊经五刻》等九种课艺总集的价目。③

五、稿费和转载

（一）稿费

课艺入选总集，作者并无稿费。但书院多设有膏火费，且金额与考课的等级、名次挂钩。能够多次入选总集的课艺作者，自然是平时考课成绩名列"超等""上取"的生徒，他们可以博得较为可观的膏火费。这可以视作"预支"稿费。

如陆春官（1858—1906），《尊经书院课艺五集》《尊经书院课艺六集》《尊经书院课艺七集》《续选尊经课艺》《文正书院丙庚课艺录》（江宁）分别收其制艺七篇、五篇、六篇、十三篇、四篇。他"性不喜帖括，以家贫，亲老仰膏火自给，每月院课，为文十数卷，至夜分始辍，以是羸弱"。④ 周鸣春（字芷庭），《崇文书院课艺》、《学海堂课艺续编》（杭州）分别收其制艺六篇和一篇。他"赴杭应课，课辄冠曹。每一艺出，士子哄传遍抄，城垣纸为之贵，而一家十余口即藉是以为活。"⑤ 费有容（1874—1931），《紫阳书院课艺九集》、《诂经精舍七集》、《八集》（杭州）、《最新两浙课士录》分别收

---

① 范凌选编：《广陵书院课艺》，光绪六年刊本，卷首。

② 秦际唐选编：《奎光书院赋钞》，光绪十九年刊本，扉页。

③ 孙锵鸣选编：《惜阴书院东斋课艺》，光绪四年刊本，广告页；李联琇选编：《钟山书院课艺初选》，光绪四年刊本，广告页。

④ 蒋国榜：《陆椿生先生传》，陆春官《陔余杂著》卷首，《丛书集成续编》第 197 册，第 663 页。

⑤ 光绪《富阳县志》卷十九《人物·国朝》，光绪三十二年（1906）刊本，第 39 页。

其课艺一、五、三、一篇。费氏在晚年所作的《杭酒襟痕录》中回忆道：
"肄业各书院，岁约得膏火费四百元有奇。而廪保之舆膳、生徒之修脯，以至
各项卖文之值得，并计亦逾五六百，家用外绰绰余裕。"①

各书院的"预支"稿费亦有高有低。项藻馨（1873—1957）早年在杭州
应课，各有一篇课艺入选《诂经精舍八集》《紫阳书院课艺九集》。后来他赴
上海参加格致书院的考课，发现"奖金优厚，较之杭地竟数倍焉"。②

（二）转载

根据编选层次，可将课艺总集分为初选本和二次选本。所谓初选本，指
集内诗文系初次汇编成册者。这是今存课艺总集的主要形态。二次选本，则
是从初选本中再选佳作，汇为一编者。这类选本数量不多，今存十余种，如
《各省课艺汇海》（撷云腴山馆主人编，光绪八年刊）、《五大书院课艺》（光
绪二十二年明达学社刊）、《最新两浙课士录》（浙报馆选，光绪二十六年
刊）、《云间四书院新艺汇编》（姚肇瀛编，光绪二十八年刊）、《苏省三书院
课艺菁华》（竹虚室主编，光绪二十八年刊）、《各省校士史论精华》（姚润
编，光绪二十八年刊）、《选录金陵惜阴书院、浙江敬修堂论议序解考辨等
艺》（抄本，上海图书馆藏）。如果说初选本类似于今之"学报"和"集
刊"，二次选本则接近于今之"学报文摘""复印资料"。

二次选本亦多有连续出版物的性质。《紫阳正谊课艺合选》之后有《紫
阳正谊两书院课艺合选二集》（苏州）；《金陵惜阴书舍赋钞》（江宁）陈兆
熙序明言"经解杂作，集隘不能备登，俟之续刻"；③《最新两浙课士录》《各
省校士史论精华》则登出广告："初编论，二三编续出。"④"二集选定，不日
开雕。"⑤

其转载原文、评点，一般不作改动。《金陵惜阴书舍赋钞》（江宁）"批

---

① 费有容：《杭酒襟痕录》，《金刚钻月刊》第1卷第12期（1934），第1页。
② 宣刚整理：《项兰生自订年谱（一）》，《上海档案史料研究》第9辑，上海三联书店，2010年
　　版，第186页。
③ 陈兆熙选编：《金陵惜阴书舍赋钞》，同治十二年刊本，陈兆熙序。
④ 浙报馆选：《最新两浙课士录》，光绪二十六年刊本，卷首。
⑤ 梅启照、姚润选编：《各省校士史论精华》，光绪二十八年刊本，略例。

评次序，悉遵原阅，不敢妄以己意增损"，①《各省校士史论精华》"系倩各省友人抄录邮寄，评圈悉依原稿。间有失去批词者，概付阙如，以存其真"。②

跨书院收录的二次选本，多标明课艺来源。《最新两浙课士录》作者名下，注明所属书院及名次，如"陈锦文，诂经一名"，"费有容，崇文一名"，"朱宗莱，紫阳一名"。《各省课艺汇海》作者前标注所属书院或课作来源，如作者杨文莹、高济川、姜友梅、朱绍颐、王锡同等，所属书院或课作来源分别为：《学海堂续集》、《闽中初集·正谊书院》、《尊经初集》周山长课、《崇文四集》马山长课、《闽中·鳌峰书院二集》、江汉书院、《安定梅花合编》等。

与今日的"大学学报"和"学术集刊"相比，清代书院课艺总集的刊期、发表周期偏长，课艺题目一般不是作者自拟，用稿标准多与科举考试相关，稿费已在膏火费中"预支"；但从连续出版物这一本质属性，以及筹款、审稿、发表、刊行、转载等系列流程来看，书院课艺总集实开今日学报和集刊的先河。可以说，课艺总集是清代的书院"学报"和"集刊"。在历代总集中，这是一个特殊的类型。

原载《湖南大学学报》（社会科学版）2015 年第 2 期

---

① 陈兆熙选编：《金陵惜阴书舍赋钞》，同治十二年刊本，陈兆熙序。
② 梅启照、姚润选编：《各省校士史论精华》，光绪二十八年刊本，略例。

书院考课与经史词章（1801—1904）

鲁小俊

关于清代书院的类型，盛朗西《中国书院制度》分作三类：讲求理学的书院、考试时文的书院和博习经史词章的书院①。此后的研究论著，大多沿袭这一分类，或略作名称上的变通。也有分四类的，即增加学习西洋近代科学的书院②；或分五类的，即再增加学习经世致用之学的书院③。又有研究者将嘉庆至咸丰时期的书院分作三类：讲授汉学、博习经史词章的书院，讲授程朱理学的书院，提倡通经致用的经今文学派兴办的书院④。这些类型当中，有的以讲学为主，不重考课。如清初理学书院，即承明代书院讲学之余绪。单就考课（包括官课、师课、堂课、馆课、斋课、大课、小课、日课、月课、季课等各种名目⑤）而言，而不区分其属于理学、汉学、经世致用或通经致用等学术流派或思潮⑥，清代中后期书院的考课内容大体上可以分作三类：一是八股文和诗帖诗，这是主流，旨在为科举考试作模拟训练；二是经史词章；三是近代科学文化知识，即新学、西学，考课这类学问的书院集中于同治以后。本文要论述的是其中的第二类，即经史词章，并以今存书院课艺总集的最早和最晚刊刻年份（1801—1904）为时间范围。

---

① 盛朗西：《中国书院制度》，上海：中华书局，1934 年版，第 154 页。
② 陈元晖、尹德新、王炳照：《中国古代的书院制度》，上海：上海教育出版社，1981 年版，第 107 页。
③ 朱汉民、邓洪波、高峰煜：《长江流域的书院》，武汉：湖北教育出版社，2004 年版，第 159 页。
④ 白新良：《中国古代书院发展史》，天津：天津大学出版社，1995 年版，第 202 页。
⑤ 陈谷嘉、邓洪波：《中国书院制度研究》，杭州：浙江教育出版社，1997 年版，第 483 页。
⑥ 例如李兆洛在江阴暨阳书院，"择其才者，教作诗赋、经解及策论，月一为之，曰小课"（蒋彤：《清李申耆先生兆洛年谱》，台北：台湾商务印书馆，1981 年版，第 94 页）。从学术思潮来讲，这里的"小课"属于通经致用之学；但从考课内容来讲，仍是经史词章之学。

一、经史词章与举业

书院考课经史词章，一个主要的动因是："承学之士尚沿前明以来空疏陋习，专以时文帖括为务。"（《诂经精舍七集》廖寿丰序，光绪二十一年刻本）因此，以经史词章课士，旨在提倡读书风气，使书院生徒不囿于时文俗学。从而在书院"不可避免地沦为科举的附庸"① 的形势下，能够起到一些挽回补救的作用。不过，考课经史词章与举业的关系，至少有几点仍需辨析：

（一）有不少书院既课八股试帖，也课经史词章；有少数书院原课八股试帖，后改课经史词章

"考试时文的书院"（以下简称"时文书院"）和"博习经史词章的书院"（以下简称"古学书院"），这两种类型并非泾渭分明。有不少时文书院以八股试帖为正课（或称常课），以经史词章为小课（或称散课、经古课、诗赋课、策论课）。如杭州崇文书院课八股文，自胡敬（1769—1845）担任主讲，"正课之暇，辄用诗赋试士"（《敬修堂词赋课钞》讷音富呢扬阿序，道光二十二年刻本）。松江郡城有云间、求忠、景贤三书院，肄业诸生考课时文，自道光二十四年（1844）开始，亦课以"诗赋杂文"（《云间小课》练廷璜序，道光二十九年刻本）。宁波崇实书院，"试士以时艺为先"，"斋课散课，淹贯众长矣"。斋课"一制艺文，一试帖诗"，散课"则诂经一，论史一。其一或天算、舆地、掌故、时务，又一或赋，或杂文，或古今体诗"（《崇实书院课艺》吴引孙序，光绪二十一年刻本）。这种做法，有的书院开始得比较晚，如攸县东山书院"向课时文，岁辛卯（1891）始加课经史词赋"（《东山书院课集》胡元玉序，光绪十八年刻本）。现今存世的书院课艺总集中，杭州《敬修堂词赋课钞》、《崇文书院敬修堂小课甲编》、上虞《经正书院小课》、松江《云间书院古学课艺》、《云间小课》、《云间郡邑小课合刻》、太仓《娄东书院小课》、苏州《正谊书院小课》、扬州《安定书院小课》、《安定书院小课二集》、《梅花书院小课》、西安《关中课士诗赋录》、

---

① 陈谷嘉，邓洪波：《中国书院制度研究》，杭州：浙江教育出版社，1997 年版。

《关中书院赋》、香山《丰山书院课艺（古学编）》等，都是时文书院的小课作品汇编。

　　也有时文书院将小课改成专课。如苏州正谊书院，月课八股试帖之外，又有小课，以经史词章命题。咸丰间书院毁于兵燹，同治间重建讲舍，"遂以制艺并入紫阳，而专课正谊诸生以经解古学，盖仿浙江诂经精舍、广东学海堂之例"（《正谊书院课选》蒋德馨序，光绪二年刻本）。这种情况，则是从时文书院转变为古学书院。

　　概言之，本文所论"经史词章"，既包括古学书院的考课内容，也包括时文书院的小课内容。

　　（二）古学书院的建立，通常是以同城已有时文书院为前提

　　举业是清代读书人的首选出路，自雍正后期倡兴书院，书院的首要功能就是服务举业。因此，只有本地士子的科举训练得到了保障，专课经史词章的古学书院才有其设立的合法性。诂经精舍建于嘉庆六年（1801），其时杭州已有敷文、崇文、紫阳三所书院专习举业。《诂经精舍续集》胡敬序即云："以制艺会城设有三讲舍，不更试。专试经解与碑版、考证诸作，即诗赋录取亦不多。"（道光二十二年刻本）《诂经精舍三集》马新贻序云："杭州旧有敷文、崇文、紫阳三书院，专习举子业，而此独为诸生讲经之所。"（同治六年刻本）《诂经精舍五集》俞樾序云："吾浙素称人文渊薮，而书院之设亦视他省为多。其以场屋应举文诗课士者，则有敷文、崇文、紫阳三书院在。至诂经精舍，则专课经义，即旁及词章，亦多收古体，不涉时趋。"（光绪九年刻本）诂经精舍能够"不涉时趋"，是因为同城的其他书院"涉时趋"。

　　南京书院也是如此。"金陵文物望海内，凡书院四：曰凤池，课童子之有文者；曰钟山，曰尊经，课举子业；曰惜阴，课诂经之作与诗古文词"（《惜阴书院西斋课艺》薛时雨序，光绪四年刻本）。凤池书院建于乾隆四十二年（1777），钟山书院建于雍正元年（1723），尊经书院建于嘉庆十年（1805），皆以举业课士。道光十八年（1838），惜阴书院建成，遴选钟山、尊经书院的高材生肄业其中，课以经史，兼及词赋。"其时钟山、尊经第课制举，文公（指两江总督陶澍——引者注）虑士人或溺于帖括，无裨实用，思所以转移

其风气，而默培其根柢，故有斯举"（《惜阴书院课艺》褚成博序，光绪二十七年刻本）。

像杭州、南京这样文化发达、书院较多的地区，就有条件形成分工。类似的又如：苏州紫阳、正谊两书院课时文，后在正谊书院之西设立学古堂，课经史及《文选》、算学等①；松江云间、求忠、景贤三书院"课八股"，融斋书院"课经史性算"（《云间四书院新艺汇编》姚肇瀛序，光绪二十八年刻本）；常州延陵、龙城两书院原以举业为务，龙城书院后"改设经古精舍，导源于经史词章；别设致用精舍，博习乎舆地算学"（《龙城书院课艺》有泰序，光绪二十七年刻本）；江阴礼延书院"课以八股试帖"②，南菁书院追步诂经、学海；南昌豫章、友教两书院课时文，经训书院"专课经解、古文、诗赋"（《经训书院文集》卷首《经训书院改章原奏》，光绪九年刻本）；广州粤秀、羊城等书院应科举，学海堂、菊坡精舍、广雅书院则课经古；其他如成都之锦江书院与尊经书院，福州之鳌峰书院与致用书院，长沙之岳麓书院与湘水校经堂，昆明之五华、育材书院与经正书院，等等，皆有类似分工，正所谓"衔华佩实，相辅而行，法至良，意至美也"（《经训书院改章原奏》）。

（三）经史词章也是科举考试的内容

书院考课经史词章，一个重要意旨在于挽回时文课士之弊。这很容易让人以为经史词章是"纯学术""纯文学"，而与科举考试无关。事实上，清代科举考试与经史词章多有关联。"博学鸿词"这种特科考试，以一赋一诗取士，姑且不论；常科考试当中，也有经史词章。对此，课艺总集序言多有提及。

杭州崇文书院戴熙（1801—1860）：

> 国家以制艺设科，乡会后场、学政考试，旁及经解、策论、诗

---

① （民国）《吴县志》卷二十七，见《中国地方志集成·江苏府县志辑11》，南京：江苏古籍出版社，1991年版，第401页。

② （民国）《江阴县续志》卷六，见《中国地方志集成·江苏府县志辑26》，南京：江苏古籍出版社，1991年版，第92页。

赋，殿廷则兼用之。（《崇文书院敬修堂小课甲编》戴熙序，咸丰八年刻本）

苏州正谊书院蒋德馨（1810—1893）：

我朝文治昌明，远轶前代。春秋两闱，经策与制艺兼试；殿廷试以策论；馆阁试以诗赋；至提学岁科两试，则经解古学别为一场：固未尝专重时文而以经学词章为可忽也。（《正谊书院课选》蒋德馨序，光绪二年刻本）

扬州安定书院钱振伦（1816—1879）：

国家以时文取士，盖沿前明旧制，唐宋取士则以诗赋策论。以今制较之，自童试及科岁试、乡会二试，以至各朝考、散馆、大考、考差皆有诗，小试间作赋，散馆、大考皆先作赋，则诗赋未尝废也。自科试至乡会试、殿试皆对策，自童试以至进士、朝考、大考及考军机、御史皆作论，则策论未尝废也。（《安定书院小课二集》钱振伦序，光绪十三年刻本）

宁波崇实书院陆廷黻（1835—1921）：

国家沿明制，以制义取士。乡会试后场益以经文、策文；其试之殿廷者，有论疏，有诗赋；而学使者岁科两试，专试古学，场则有经解及杂著等篇。盖深望斯世有通才，而又虑尺有所短，寸有所长，士之负一材一艺者未由自见也。（《崇实书院课艺》陆廷黻序，光绪二十一年刻本）

所以书院既课八股试帖，又考课经史词章，是"为馆阁储才起见"（《紫阳书院课余选》屠倬题识，道光四年刻本），"预为朝考、馆课计"（《学海堂课艺五编》刘秉璋序，光绪十一年刻本），"非徒宏讲风流，盖备他日承明著作之选也"（《敬修堂词赋课钞》胡敬序，道光二十二年刻本），其功利目标——而且是长远的、高层次的目标——是显而易见的。只不过，以经史词章为小课的时文书院，这一点更为明确，如扬州安定书院掌教方浚颐（1815—1889）就说："国家以时文校士，而解经论史以及诗赋各体文，亦所不废。书院之有小课，由来尚矣。"（《安定书院小课二集》方浚颐序，光绪十三年刻本）至于专课经史词章的古学书院，其"纯学术""纯文学"的意味要浓一些。

（四）八股文与经史词章相通，这是很多书院官师的共识

张文翰（字墨缘）于光绪十二年（1886）任香山知县。当地有丰山书院，专以时文课士，张氏为之增加古学月课。之所以作此革新，缘于他的一个理念："无论何家学问，必先从词章入手；无论何体词章，必先从时文入手。盖时文无法不备，尤以读书穷理为本。此其与古学不特不相背，且直相成。"而《丰山书院课艺》将时文、经解、论诗、杂作汇为一集，就是要让生徒明白"时文、古学源出一流"（《丰山书院课艺》张文翰序，光绪十四年刻本）。

这一理念颇有同道。如《崇文书院敬修堂小课甲编》戴熙序："制艺述经，具经体而微；经解、策论、诗赋拟经，各得经之一体，大要皆经之流。"（咸丰八年刻本）苏州《正谊书院小课》欧阳泉序："经解、诗赋与制义相为表里者也。""八股体制，萌芽于其间，八股不在经解外也。"（道光十八年刊本）《崇文书院课艺》薛时雨序："窃谓制艺一道，著作家辄鄙薄之，然实有根柢之学焉。外无所得于经史，内无所得于身心，其文必不能工。"（同治六年刊本）不过，这些都是时文书院的声音，古学书院无需如此声张。"时文、古学源出一流"之说，与其说是共识，不如说是时文书院自我鼓气、树立自信的标榜。

（五）实践表明，书院考课经史词章，非但无害于举业，而且有益于科举功名

士子溺于帖括，原因在于：科举文体，时文最重。录取名额又极其有限，士子不得不投入全副精力攻研时文，以冀一遇。然而这是个恶性循环，长此以往，士子不但知识面狭隘，而且也很难入彀。书院的考课实践则表明，突破时文藩篱，研习经史词章，恰恰有利于科名。孙星衍（1753—1818）在《诂经精舍题名碑记》中就说："（《诂经精舍文集》）既行于世，不十年间，上舍之士，多致位通显。入玉堂，进枢密，出则建节而试士。其余登甲科，举成均，牧民有善政。及撰述成一家言者，不可胜数。东南人材之盛，莫与为比。"① 成都原有锦江书院，大抵惟科举是务。虽有习经，涉猎而已，未有专业教学。同治十三年（1874）建尊经书院，专考经义，兼习古文词。十七年后山长伍肇龄（1826—1915）序《尊经书院二集》，写道："十余年来，登进者历科转盛，风会所趋，人人皆知读书之有益矣。"（光绪十七年刻本）昆明原有五华书院、育材书院，乃时文书院。光绪十七年（1891）建经正书院，专课经古之学。十二年后云南粮储道陈灿（字昆山）序《经正书院课艺二集》，有云："十数年来，经明行修之士多出其中，相继掇巍科，登词馆。即乡里聘师者，一闻院中士，咸争先延致。近日遴选教习及师范游学各生，率皆取材院中。"（光绪二十九年刻本）其中生徒袁嘉谷（1872—1937）在院肄业最久，光绪二十九年（1903）成进士，旋中经济特科状元，成为经正书院的荣耀。

当代学者的统计研究，也可以提供佐证。李兵教授估算杭州诂经精舍的乡试录取比例达到20%，广州学海堂的科举及第率也达到20.3%以上。因此，这两所书院的生徒，"也是科举考试有力的竞争者，占据了当地科举及第的大部分名额"②。由此看来，经史词章有益于科举功名之见，能够得到数据上的支持。

---

① 孙星衍：《孙渊如先生全集》，上海：商务印书馆，1937年版，第330页。
② 李兵：《书院与科举关系研究》，武汉：华中师范大学出版社，2005年版，第250页。

二、考课内容与持择标准

作为一种通称，经史词章又称"古学"（相对"时文"而言），其内涵大抵对应经史子集这四部之学。收录经史词章的课艺总集，有时文书院的小课专集，也有时文、小课的合集，还有古学书院的总集。有些书院在编刊课艺总集时，对所选作品做了分类，并在目录中予以标注。兹就目录有标注者举例如下，以见其概。

类别		书名	内容和文体构成
时文书院总集	小课专集	太仓《娄东书院小课》不分卷（道光九年刻本）	赋、杂文、诗
		苏州《正谊书院小课》四卷（道光十八年刻本）	卷一经解，卷二表、疏、论、记、赋，卷三古近体诗，卷四试帖诗
		上虞《经正书院小课》四卷（光绪七年刻本）	卷一律赋，卷二律赋、杂文，卷三试帖诗，卷四古近体诗
		扬州《安定书院小课二集》不分卷（光绪十三年刻本）	经解、史考、论、启、赋、古体诗、近体诗、试帖诗
	时文小课合集	广州《应元书院课艺》不分卷（同治十年刻本）	《大学》文、《论语》文、《中庸》文、《孟子》文、论、说、赋、试帖诗
		杭州《东城讲舍课艺续编》不分卷（同治十三年刻本）	《四书》文、经文、经解、杂著、赋、古今体诗（词曲附）
		杭州《学海堂课艺三编》不分卷（光绪五年刻本）	制艺、杂体、诗赋
		上海《蕊珠书院课艺》不分卷（光绪八年刻本）	《四书》文、经艺、赋、试帖诗、古今体诗

续表

类别	书名	内容和文体构成
古学书院总集	《上海求志书院课艺》不分卷（光绪二年夏季课艺）	经学、史学、掌故之学、算学、舆地之学、词章之学
	江宁《惜阴书院西斋课艺》八卷（光绪四年刻本）	卷一至卷六赋，卷七乐府、五古、七古、五律、七律、七绝、试律，卷八表、启、颂、策、论、议、考、对、经解、书后、记、祭文
	宁波《辨志文会课艺初集》不分卷（光绪六年刻本）	汉学、宋学、史学、算学、舆地之学、词章之学
	苏州《正谊书院课选二集》不分卷（光绪八年刻本）	经解、说、考、辨、经文、策问、论、议、跋、记、启、表、拟古骈体文、赋、诗
	武昌《经心书院续集》十二卷（光绪二十一年刻本）	卷一、卷二说经，卷三至卷五考史，卷六至卷八著述，卷九至卷十二辞章
	杭州《诂经精舍八集》十二卷（光绪二十三年刻本）	卷一《周易》《尚书》，卷二《尚书》，卷三《毛诗》，卷四至卷六《礼》，卷七、卷八《春秋》，卷九《论语》《孝经》《孟子》《尔雅》、小学，卷十、卷十一赋，卷十二杂文、诗
	衡阳《船山书院课艺》八卷（光绪二十六年刻本）	卷一《易》《书》，卷二《诗》，卷三《周礼》，卷四、卷五《礼经》，卷六《春秋》，卷七《礼记》，卷八《论语》《尒疋》
	昆明《经正书院课艺三集》不分卷（光绪二十九年刻本）	经学、史学、杂文、赋、古近体诗、经文

以八股文为主体的总集，如顺天《金台书院课士录》；以新学、西学为主体的总集，如上海《格致书院课艺》，不收经史词章，故不在上表举例之列。收录经史词章的总集，有些没有在目录中标注分类，也未予列示。（事实上其文体基本上不出上表范围，如成都尊经书院《蜀秀集》，涉及的文体有经解、考、辨、说、跋、论、书后、赞、序、赋、古近体诗等。）另有赋集，如《关中书院赋》（道光二十八年刻本）、苏州《正谊书院赋选》（光绪三年刻本）、江宁《金陵惜阴书舍赋钞》（同治十二年刻本）、《惜阴书院赋课择抄目录甲部》（南京图书馆藏抄本）、《奎光书院赋钞》（光绪十九年刻本），因文体单一，也未列示。大抵而言，书院课艺总集所收经史词章的内容和文体构成，上表具有代表性。①

综观上表，至少可以得到三点印象。一是有的书院的考课内容，前后发生过变化。如苏州正谊书院，本为时文书院，月课八股文、试帖诗之外，以经史词章为小课。书院选刊过时文课艺总集凡四编，刻于道光十四年（1834）至十八年（1838）。又刻有小课课艺总集，即上表"小课专集"第一例。咸丰十年（1860）正谊书院毁于兵燹，同治间重建，改为古学书院。于光绪二年（1876）至二十年（1894），刻有课艺总集凡三集，所以上表中的《正谊书院课选二集》，属于"古学书院课艺总集"。

二是目录中的分类，各总集之间并无统一标准。有的按内容分，如衡阳《船山书院课艺》；有的按文体分，如扬州《安定书院小课二集》；有的内容、文体混杂，如昆明《经正书院课艺三集》。就文体而言，有的标注很细，如江宁《惜阴书院西斋课艺》，诗分乐府、五古、七古等，文分表、启、颂等；有的标注则比较宏观，如杭州《学海堂课艺三编》，"杂体"实际上包括论、疏、考、颂、序、策、铭、记、赞，"诗赋"包括律赋、试帖、五古、七古、七律、七绝、七排；杭州《东城讲舍课艺续编》，"杂著"包括传、记、跋、箴、赞、祭文、书后等。

---

① 试帖诗的情况较为特殊。书院若无小课专集，试帖诗往往附录于时文专集；如有小课专集，试帖诗又多编入小课专集。

三是各书院的考课重点有所不同，这在古学书院课艺总集中表现得尤为明显。有的偏重经学，如杭州《诂经精舍八集》十二卷，前九卷皆是经解训诂之作。这与诂经精舍"专试经解与碑版、考证诸作，即诗赋录取亦不多"（《诂经精舍续集》胡敬序，道光二十二年刻本），"课士首重经解，兼及策论、诗赋、杂文"（《诂经精舍三集》马新贻序）的传统是一脉相承的。有的偏重词赋，如江宁《惜阴书院西斋课艺》八卷，以词章之学为主，单赋就占了六卷。这与惜阴书院的风气有关，"文毅（陶澍——引者注）创设始意，虽以讲习经史为主，而主斯席者，率偏重词赋"（《惜阴书院课艺》褚成博序，光绪二十七年刻本）。今存惜阴书院课艺总集六种，都是如此。（另外五种是：《惜阴书舍课艺》，道光二十八年课艺，刻年不详；《金陵惜阴书舍赋钞》，同治十二年刻本；《惜阴书院东斋课艺》，光绪四年刻本；《惜阴书院课艺》，光绪二十七年刻本；《惜阴书院赋课择抄目录甲部》，南京图书馆藏抄本。）至于《上海求志书院课艺》、宁波《辨志文会课艺初集》，这两所书院分斋课士，各为重点，选刊课艺总集时也据此编排。

清代八股文的衡文标准是"清真雅正"，书院考课八股文自然也以此为风向标①。而考课经史词章如何衡文，我们可以从课艺总集的选文标准获知一二。总体而言，有两点值得注意：

其一，"其制不同，要在各当体裁"（《娄东书院小课》庄东来序，道光九年刻本）。课艺编者对于不同文体的课艺作品，有不同的评判标尺。扬州安定书院山长周颥（1797—1886）编选小课集时，他对所选之作的评价是："集中解经论史，根据确凿，断制谨严，洵非从笺注家抄袭得之者。赋则敛才就范，多铿然有唐音。古近体诗亦多以神味擅场，非浪骋才华可比。"（《安定书院小课二集》周颥序，光绪十三年刻本）四川布政使易佩绅（1826—1906）序成都《尊经书院初集》，称道集中"说经之文必依古法，其他词赋亦皆言之有物，盖妙乎言语，通乎政事，而不悖乎德行者"（光绪十年刻本）。浙江巡抚廖寿丰（1836—1901）序《诂经精舍七集》也说："集中经解

---

① 鲁小俊：《课艺总集：清代书院的"学报"和"集刊"》，《湖南大学学报》（社会科学版）2015年第2期。

诸作类能穿穴经义，爬罗剔抉，曲畅旁通；诗赋亦藻采彬蔚，斐然可观。"
（光绪二十一年刻本）宁波崇实书院山长陆廷黻（1835—1921）回忆曾经校
士陇中的情形："于制艺则取其清真雅正而深于理法者，于经文则取其朴茂渊
懿而精于训诂者，于策文则取其周给敏辨而切于时务者，论取其纵横驰骤而
不轶于法度也，疏取其旁通曲畅而不暗于事理也，诗赋取其绮丽浓缛而不背
于格律也。"（《崇实书院课艺》陆廷黻序，光绪二十一年刻本）这种分体言
说的方式，与古代文论中"文各有体，得体为佳"的观念是一致的。

　　为文论家所重的辨体意识，旨在区分源流正变，规范创作疆域。而刘瑞
芬（1827—1892）的"才力有限"之说，尤值得注意。刘氏时任苏松太道，
他序上海《蕊珠书院课艺》有云："夫文，无所谓古今也，得其当而已。得
其当，则六艺皆可一贯；不得其当，即一艺亦难名家。第人之才力，各有所
限。工帖括者或拙于声律，讲声律者或短于训诂。春华秋实，鲜克兼之。故
于四书文，观其法之正而理之醇也；于经义，观其才之博而说之精也；于诗
赋，观其研练之纯而庄雅合度也。不拘一格，不尚兼长，要归于有质有文，
相寻根柢，咸知读书稽古之足贵，而空谈浅陋之无益。"（光绪十年刻本）虽
然古人也说过："唯通才能备其体。"① "属文之体，鲜能周备"，"深乎文者，
兼而善之。"② 刘氏此处强调"人之才力，各有所限"，对于尚在写作初级阶
段的书院生徒而言，更有实际针对性。

　　不过，虽然"文各有体"，但又有一贯之理。无论是时文书院的小课，
还是追步学海堂、诂经精舍的古学书院，都以突破"时文""俗学"的藩篱
为意旨，因此推崇"古学""古法""古体"成为主导趋向。《诂经精舍五
集》俞樾序称诂经精舍"专课经义，即旁及词章，亦多收古体，不涉时趋"
（光绪九年刻本）。《诂经精舍六集》序又云："夫诂经精舍所课者，古学也。
余所选经解诗赋，皆求合乎古，而不求合乎今。"（光绪十一年刻本）崇古的

---

① 曹丕：《典论·论文》，见穆克宏《魏晋南北朝文论全编》，上海：上海远东出版社，2012年版，
　　第13页。
② 刘孝绰：《昭明太子集序》，见穆克宏《魏晋南北朝文论全编》，上海：上海远东出版社，2012
　　年版，第467页。

要义，还在于返诸身心。四川总督丁宝桢（1820—1886）在成都尊经书院课士，他训勉诸生有云："生等解经，贵求心得，必得于心而后能有合于古，有合于古而后能有益于身。"（《尊经书院初集》丁宝桢序，光绪十年刻本）崇古而不泥古，强调言之有物，自抒心得，这与俞樾反对"罗列前人成说以眩阅者之目"的"场屋中之经解"，而推崇"每遇一题必有独得之见"的"著述家之经解"（《诂经精舍五集》俞樾序，光绪九年刻本），其内在理路是一致的。

其二，"清真雅正"也是经史词章的重要指归。扬州安定书院山长钱振伦解释小课的选文原则有云："兹所选录，但就各体之中，择其雅驯合法者登之，冀不戾于文达之指，俾知功令所以取士，不离乎此；书院所以课士，亦不外乎此。其文半皆工时文者所为。若徒以不作时文，遂侈然以为名山之绝业，则今之游士夫人能之，无俟余扬其波矣。"（《安定书院小课二集》钱振伦序，光绪十三年刻本）浙江学政张沄卿（1819—1883）为上虞《经正书院小课》作序，回忆早年经历有云："道光年予三兄逊侯先生出宰是邑，履任者再，拊循之暇，以诗古文词课邑之秀士。予时得从兄获睹课艺，其前列者华而不靡，清而仍绮，窃叹斯邑文风之犹及于古也。"（光绪七年刻本）成都尊经书院山长伍肇龄也强调："夫治经必精求古义，靳温故而知新；立言贵乎雅驯，乃虽多而不厌。"（《尊经书院二集》伍肇龄序，光绪十七年刻本）凡此种种，可见书院考课经史词章，与八股文实有相通之处。张之洞（1837—1909）在《輶轩语》中论"清真雅正"的含义，特别指出："不惟制义，即诗古文辞，岂能有外于此？"[①] 前引课艺序言，即可视为这句话的注解。

"清真雅正"本身是官方意志的体现，书院考课向之看齐，反映了书院的学术、文学与科举目标的合流。由此也可以理解，书院词赋为何特重"馆阁体"。浙江学政杜堮（1764—1858）序杭州《紫阳书院课余选》有云："予惟当代之词赋，必以馆阁为宗。"（道光四年刻本）胡敬掌教杭州崇文书院，正课外加以词赋。对于词赋创作，胡敬也有着切身体会。在《敬修堂词赋课钞》序中，他说起幼时见先父和同里耆宿吴颖芳、汪沆、魏之琇、何琪、奚

---

① 苑书义等：《张之洞全集》，石家庄：河北人民出版社，1998 年版，第 9799 页。

冈诸老辈，纵谈风雅，心窃向往。通籍以后，安砚于协办大学士英和（1771—1840）宅，其地距吏部尚书刘镮之（？—1821）宅不远。两家本世交，居又近，每有章奏，辄命胡敬起草。体裁掌故，必先明晰指示。胡敬由此知道："台阁结撰，虽视山林异派，而清丽渊雅，理可相参。"（道光二十二年刻本）浙江巡抚富呢扬阿（1789—1845）序《敬修堂词赋课钞》，就指出："（胡敬）正课之暇，辄用诗赋试士，盖所以导其性情，博其旨趣，使和其声以鸣国家之盛也。"（道光二十二年刻本）"鸣国家之盛"，正是书院课士的高层次目标。

　　而诸生的练笔实践，与衡文标准存在差距，这是再正常不过的事情。即使是优中选优的课艺总集，也存在这样那样的问题。这一点，总集序跋并不讳言。杭州《紫阳书院课余选》杜垲序谓集中"才过其理，华揜其实，盖时有焉"（道光四年刻本），《诂经精舍续集》胡敬序称"诸生说经未尽湛深，属辞亦未免过于驰骋，去古尚远"（道光二十二年刻本），武昌《经心书院集》左绍佐序也说"其间体例，时有得失，未能尽为是正。院中书籍，间有未备，考一事或不能竟其端委"（光绪十四年刻本）。总集选编者大多抱着"与过而削之，不若过而存之"（《南菁文钞三集》丁立钧序，光绪二十七年刻本）、"姑仍之以存其本色"（《蜀秀集》张选青题识，光绪五年刻本）的态度，同时相信"从此加勉，可望有成"（《诂经精舍续集》胡敬序，道光二十二年刻本），"要俟数年归于醇茂"（《经心书院集》左绍佐序，光绪十四年刻本）。

三、从八股试帖到经史词章再到新学西学

　　明清科举，时文为先。明代"乡、会试虽分三场，实止一场。士子所诵习，主司所鉴别，不过《四书》文而已"[1]，清代亦是如此，"名为三场并试，实则首场为重，首场又《四书》艺为重"[2]。这一制度导致的浅陋空疏之弊，至清代后期已经相当严重。"世俗之士，歆侥幸，径简易，帖括自封，房行徒

---

[1]　顾炎武，黄汝成：《日知录集释》卷十六，上海：上海古籍出版社，2006 年版，第 945 页。

[2]　赵尔巽等：《清史稿》卷一零八，北京：中华书局，1986 年版，第 3149 页。

究，甚至毕生未诵五经之全，里塾不睹史家之籍。"（《经心书院续集》谭献序，光绪二十一年刻本）甚至"高第之子，未窥六籍，已入翰林"（《沩水校经堂课艺》廖树蘅序，光绪十八年刻本）。这与科举选人的初衷显然是背道而驰的。"国家沿明制，以四书五经义取士，而提学试有经古，春秋试有策对，钦定十三经、廿四史、九通，旁及群籍，著录四库，颁示天下学官，所以造士通圣贤微言大义之归、古今治乱兴衰之故，非不备也。"（《经心书院续集》谭献序，光绪二十一年刻本）科举的初衷，本来就是要选拔通材。因此，无论是时文书院增设小课，还是古学书院专课经史词章，其首要目标是改变这一现状，学期有用，培养通材。前人论清代书院，多称书院已经沦为科举的附庸，认为这是书院的消极面。就书院以考课时文为主而言，这一判断是正确的。而从书院考课经史词章的实践来看，它又上接科举的初衷，虽然还是"附庸"，但其意义仍有积极的一面。

从个人修为的角度看，考课经史词章有助于增进学识，涵养性情。松江知府练廷璜（1798—1851）序《云间小课》有云："课士以诗赋杂文，所以勤博习。"（道光二十九年刻本）江宁惜阴书院山长孙锵鸣（1817—1901）则强调："文字训诂之未明，曷由进而探性命精微之旨！而诗赋杂体文字，又所以去其专一固陋之习，使之旁搜遐览，铺章摘藻，以求为沈博绝丽之才。"（《惜阴书院东斋课艺》孙锵鸣序，光绪四年刻本）

更重要的是，个人学识、性情的养成，与国家目标相一致。孙锵鸣又说，学习"文字训诂"和"诗赋杂体"，最终在于"异日出而润色鸿业，高文典册，以鸣国家之盛者也"（《惜阴书院东斋课艺》孙锵鸣序，光绪四年刻本）。尤其在国家多难、社会变革之际，士人的知识、思想水平更有着特殊的意义。江宁惜阴书院，又名惜阴书舍，道光间仿杭州诂经精舍、广州学海堂而建。咸丰间半毁于兵，同治间复课，仍以经史词章课士。之所以依然推重这看似"无用"的学问，山长薛时雨（1818—1885）从"国之元气与士气相消长"的角度做过分析：

当伯相规复时，大难甫夷，扫地赤立，而独书院之是务，不惟制艺之在功令也。又汲汲以词章训诂为诸生导，一若非当世之亟者。然国之元气与士气相消长，士气不振，则桀黠者无所放效以几于善；且豺虎所窟宅，其凶鸷痛毒之气，非鼓歌弦诵，不足渐被而更新之。然一于科举速化之术，而不知通经学古，士亦日汩于禄利，无以广己而造于大。（《惜阴书院西斋课艺》薛时雨序，光绪四年刻本）

　　正因着眼于长远的"有用"，对于士子而言，能不能进入仕途，或许不再是一个特别令人焦虑的问题，士人的出路将是多元的："上之匡时弼教，郁为右文之治；次亦出其所业，待诏阙下，备天子之顾问，国有大典礼，研京炼都，润色鸿业，亦足张相如、子云之风；不幸而不遇，犹得键户述作，比烈雅颂，垂不朽于后世，使天下知儒者之业有其远者大者，不同于刀笔筐箧之士。"（《惜阴书院西斋课艺》薛时雨序，光绪四年刻本）一个世纪前，薛时雨的同乡先贤吴敬梓笔下的寒儒倪霜峰曾经感叹："我从二十岁上进学，到而今做了三十七年的秀才。就坏在读了这几句死书，拿不得轻，负不得重，一日穷似一日。"[①] 假如他是惜阴书院生徒，也许就不会有此叹息了。

　　不过，形势在变化，"有用""无用"的内涵也在变。承平之日，八股文"无用"，经史"有用"，词章也"有用"。所以即便是乱后重建，惜阴书院仍能够继承之前的传统，虽以讲习经史为主，而特重词赋，"词翰之美，趔越一时，东西两斋之刻，掞藻摘华，称极盛矣"（《惜阴书院课艺》褚成博序，光绪二十七年刻本）。光绪二十四年（1898），褚成博（1854—1911）担任惜阴主讲，这时候内忧外患极为严峻，国家对于实用人才的需要更为迫切。词章相对于经史而言，其重要性只能等而下之。褚氏就说："窃维人才之出，必原经史，则所以与诸生讲习而切劘者，不得不稍易同光以来之故辙，而上窥文毅创设之初心，每课率以一经一史为题。其时犹未奉裁撤诗赋之明诏，故仍以一赋为殿。庚（1900）辛（1901）以后，并赋裁之。"书院的这种变化，实乃时势使然，褚氏由此感慨："昔人遭其盛，而不佞适际其衰，使升平歌咏

---

① 吴敬梓，李汉秋：《儒林外史汇校汇评本》，上海：上海古籍出版社，1999 年版，第 312 页。

之声，一变而为慷慨忧时之作，循览斯编，能无怅惘?"（《惜阴书院课艺》褚成博序，光绪二十七年刻本）而更令他增添无穷之感的，是辞去讲席不久，连书院也停办了。

时势骤变，书院不可能超然物外。曾任江阴南菁书院院长，后改任学堂总教习的丁立钧（1854—1902），对此深有感触。他说："大凡运会既至，捷如风雨。"戊戌（1898）以前，好似"盛夏之郁蒸也，虽有忧时之士，不得不息机观变，自率其优游泮涣之素"。等到暴风雨来临，"人世动心怵目之事，日相逼而至，虽忘情者不能屏闻见以逍遥事物之外"。特别是"庚子（1900）教哄，仓卒变生，朝野震惊，不遑宁处"。编刊于辛丑年（1901）的《南菁文钞三集》，与前刻相比，体例仍然一致，但"所为文多指陈世务，辞气激宕，视前刻稍不侔"。丁立钧说：

> 意言者心声，文章之事关世变之迁流欤？虽然，何其速也。世运之隆也，其文多高简，又音节和雅可诵。及既衰，每辞繁数而意危苦，有历历不爽者。然南菁之初刻也岁已丑（1889），距今十二年；再刻岁甲午（1894），距今七年，不应先后歧异若此。噫！此不能无怵于世变之既亟矣。（《南菁文钞三集》丁立钧序，光绪二十七年刻本）

19世纪晚期的时势，正所谓"中外一庭，时局日新，去古悬绝"（《学海堂课艺八编》杨文莹序，光绪二十年刻本）。世变既亟，急需人才。而培植有用之才，光靠经史之学是远远不够的。有泰（1844—1910）于光绪二十一年（1895）出守常州，当时刚刚签订《马关条约》，"朝野动色，东南士大夫深维中外强弱之原，谓非兴学以培才，无自振衰而雪耻"（《龙城书院课艺》有泰序，光绪二十七年刻本）。常郡原有龙城书院，为武进、阳湖两县课士之地，卢文弨（1717—1796）、邵齐焘（1718—1769）等曾在此讲学，一时经述文章，照耀海内。可惜百余年来，流风渐沫，院宇尘封，有识兴叹。于是"远绍安定之绪，近师文达之规，改设经古精舍，导源于经史词章；别设致用

精舍，博习乎舆地算学"（《龙城书院课艺》有泰序，光绪二十七年刻本），
并请缪荃孙（1844—1919）、华世芳（1854—1905）分主讲席，招致生徒肄
业其中。又广置图书，优予膏火，用以开通智识、作育人才。

在经史词章之外，增加"致用"之学的，远不止龙城书院一家。大约自
十九世纪七十年代开始，即有书院开始考课新学（时务、时势）、西学（泰
西思想、知识），这一风气至九十年代达到最盛。"识时通变之士飙起云集，
尊西法而抑中学，侈经济而陋词章，崇策论而卑八股"（《凤山书院课艺》何
国澧序，光绪二十六年刻本）成为时代风尚。特别是词章之学，几乎和时文
一样，为通家所鄙弃。张之洞改革武昌两湖、经心书院，两湖书院分习经学、
史学、地舆、算学四门，经心书院分习外政、天文、格致、制造四门，"一洗
帖括词章之习，惟以造真才、济时用为要归"①。有的书院如上海格致书院，
专课新学西学，姑且不论；这个时期出现了既课经史词章，也课新学西学的
书院；还有的书院，八股试帖、经史词章、新学西学，皆为考课内容。其指
导思想，或讲"体用"："近赅中夏大备之成规，博采西域专门之实业，以经
学、理学、经制、词章为体，以算学、格致、舆地八门为用，意在旁罗俊乂，
成全材。"（《中江书院课艺》汪宗沂序，光绪二十三年刻本）"约之身心之学
以植其体，博之经济之途以扩其用。"（《崇实书院课艺》陆廷黻序，光绪二
十一年刻本）或讲"先后"："夫士束发诵习，莫先于邹鲁，阐儒先之闳旨，
植名教之始基，故经义首之。稽古居今，以史为纬，审中外之异，宜决彼己
之胜算，故中西政策次之。格致之学，发源天代，抉几何之闳奥，辟众艺之
阶梯，故算学又次之。"（《春江书院课艺》陈承澍序，光绪三十年刻本）或
讲"综合"："肄业其中者，无论西法、中学、经济、词章、策论、八股，皆
当实事是求。"（《凤山书院课艺》何国澧序，光绪二十六年刻本）要之，书
院考课内容之复杂多元，以十九、二十世纪之交为最。

变还是不变，这是个让人感到焦虑的问题。光绪二十年（1894）季冬，
俞樾着手编刊《诂经精舍七集》，他在序中说："余自戊辰（1868）之岁忝主

---

① 苑书义等：《张之洞全集》，石家庄：河北人民出版社，1998 年版，第 1299 页。

斯席，迄今二十八年。区区之愚与精舍诸生所惢慎者，务在不囿时趋，力追古始。"（光绪二十一年刻本）这是俞樾的教育自信。而到次年（1895）六月，浙江巡抚廖寿丰为《诂经精舍七集》作序，已经透露出变通的紧迫性。他说当年阮元以经义故训提倡后学，士风为之一振。然而其失在于以新奇饾饤为事，以抄撮剿袭为工，泥古而不能通今。"由是言之，古学之弊，一前明之帖括也。夫道有穷而必通，势积重而思返。"他期待的是"明体达用，务求实济，足以经世务而挽颓风者"的"有用之材"（光绪二十一年刻本）。时变之速令人应接不暇，仅隔三载，光绪二十三年（1897），俞樾选编《诂经精舍八集》，他不得不感叹："嗟乎！此三年中，时局一变，风会大开，人人争言西学矣。"他也不得不承认："余与精舍诸君子，犹硁硁焉抱遗经而究终始，此叔孙通所谓鄙儒不通时变者也。"尽管如此，他还是选择谨守传统："精舍向奉许、郑先师栗主，家法所在，其敢违诸风雨鸡鸣？"（《诂经精舍八集》俞樾序，光绪二十三年刻本）今所见《诂经精舍七集》《诂经精舍八集》，在内容上与《诂经精舍初集》《诂经精舍续集》并无实质性的变化。曾经在十九世纪之初引领书院学术和文学潮流的诂经精舍，经历了一个世纪，依然在秉承传统，这是一种难得的坚守，还是固步自封的保守？

勇于改革者面对扑面而来的泰西文化，也常有选择和保留。富阳知县陈承澍（1871—?）序《春江书院课艺》云："国家教育之法与时为变通，蕲于得人才、沛时用也。故崇本而抑末，则经义胜于帖括。斫雕而为朴，则策论美于辞赋。乃若列强竞争，其政治蓺事之改良，有得之重译，有见之时报，斟酌时宜，取彼之长，以攻我之阙，此国家通变宜民之微意。学者当决然舍弃锢蔽之习，而以经世致用为先务之急也。"这是开明通达之见，不过同时他又强调："虽然，国有与立，其本乱而末治者否矣。若废圣贤之义理，忘忠孝之大闲，而以耶佛平权为宗旨，以民约自由为口实，则适足以戾时用、长乱荫尔。"（光绪三十年刻本）昆明《经正书院课艺二集》陈灿序亦云："士生今日，固宜讲求时务、西学，扩充见闻，博通经济，为切实有用才，断不可墨守老生常谈，硁硁然自画自封；而要之根柢所在，趋向所宗，必先崇经术以正人心，明人伦以固邦本，于平权、自由悖谬不经诸邪说，皆当峻其防闲，绝其渐染，以期为吾道之干城、国家之桢干。"（光绪二十九年刻本）较之于诂经精舍的固守经史词章，富阳春江、昆明经正等书院积极拥抱新学西学，可谓"预流"。只是，浸润传统太深太久，顾盼、迟疑和回旋，难免是常态。

结语

嘉庆六年（1801），阮元建诂经精舍于杭州西湖孤山。祀东汉许慎、郑玄，课士以经解、史策、古今体诗，同年刊刻《诂经精舍文集》十四卷。这是清代书院史的节点性事件：其一，专课经史词章的书院（学界通称"博习经史词章的书院"，本文简称"古学书院"），此后不断出现，进而蔚为大观。其二，考课时文的书院（本文简称"时文书院"）兼课经史词章，从此成为常态。其三，书院汇刻课艺总集，成为风尚。现今存世书院课艺总集两百余种，最早者即《诂经精舍文集》。内容涉及经史词章者，有古学书院的总集，也有时文书院的小课专集和时文小课合集。

光绪二十四年（1898），书院改制匆匆尝试，旋以失败告终①。三年后（1901）清廷诏令全国书院改设学堂，又四年（1905）宣布废除科举。今所见书院课艺总集，最晚者刻于一九〇四年（富阳《春江书院课艺》）。自一八〇一年以来的百余年间，书院考课的内容呈现出多元面向，八股试帖、经史词章、新学西学，是为三大板块。其中经史词章具有承接性意义，它与八股试帖同为科举考试的内容，又承担着挽回时文俗学之弊的功能；相对于时文，它是"有用"之学，而在一些士人眼中，相对于新学西学，它又是时代发展的"绊脚石"。十九世纪以来书院与科举、中学、西学的关系，可由此窥见一斑。"应试教育"与"素质教育"的分合，或许也可由此获得一些启迪。

原载《湖北大学学报》（哲学社会科学版）2017 年第 3 期

---

① 邓洪波：《晚清书院改制的新观察》，《湖南大学学报》（社会科学版）2011 年第 6 期。

清代书院课艺序言的地域书写

鲁小俊

书院课艺是书院生徒考课的试卷，也叫课卷、课作。清代嘉庆以后，书院汇刊课艺之风兴盛，《诂经精舍文集》《格致书院课艺》等都是有名的课艺总集。其内容包括八股试帖、经史词章、时务西学，或专主一类，或兼而有之。现今存世的清代书院课艺总集数量在两百种以上①。阅读这些总集的序言（包括卷首"识""记"等）可以发现，序者（一般是书院山长或地方官员）大多具有明确的地域意识。虽然清代诗文别集、总集普遍注重地域传统②，书院课艺序言的地域书写仍有一些特殊之处。本文以经眼的一百九十六种课艺总集为文献依据，从地缘、人文、景观三个角度探讨这一论题，以期对书院、文学、地域三者的关系有更为细致的理解。

一、地缘文化

（一）同城书院："托地不同，文风则随地而美"

文教发达的省城，往往有多所书院，它们的层次或功能也有区分。如光绪间南京有书院四所："曰凤池，课童子之有文者；曰钟山，曰尊经，课举子业；曰惜阴，课诂经之作与诗古文词。"③ 南昌有豫章、友教、经训三大书院，豫章、友教"课时文"，经训"则专课经解、古文、诗赋"④。杭州书院

---

① 参见拙著《清代书院课艺总集叙录》前言，武汉大学出版社，2015 年版，第 4 页。
② 参见蒋寅《清代诗学与地域文学传统的建构》，《中国社会科学》2003 年第 5 期；徐雁平《"地域文学传统的建构"成为一种文学叙写方法》，《中山大学学报》（社会科学版）2013 年第 1 期。
③ 薛时雨鉴定：《惜阴书院西斋课艺》，光绪四年刻本，薛时雨序。
④ 王莱等评阅：《经训书院文集》，光绪九年刻本，卷首《经训书院改章原奏》。

中，"以场屋应举文诗课士者，则有敷文、崇文、紫阳三书院在。至诂经精舍，则专课经义，即旁及词章，亦多收古体，不涉时趋"①。概言之，有课时文和课古学的区别。至于应课人数，课时文的书院往往多些，毕竟关系到举业功名，也是人之常情。钟毓龙《说杭州》即云："此一日中（指甄别之日——引者注），三书院（指敷文、崇文、紫阳——引者注）中应考者为甚多，东城讲舍次之。若诂经精舍，则所考者非八股试帖，而为经义史学词赋，应者寥寥矣。"②

至于同一类型的书院，应课者的多寡，有时与地理位置的方便程度有关。杭州紫阳书院，本来没有突出优势，但前来肄业考课者很多，主要原因即在于地缘便利。《紫阳书院课艺五编》许景澄识云："（紫阳）院舍咫尺廛市，绾毂所凑，肄业之彦，便于居处，视他院为尤盛。"③ 这一点，王同（1839—1903）在《紫阳书院课艺九集》序中阐述得更为详细：

> 杭州书院有三，曰敷文，曰崇文，曰紫阳。每届三年，汇官师课士文之前列者选刻之，例也。敷文占南山之巅，崇文居西湖之湄，而紫阳则城中而近市，无湖山之美也。敷文创于前明弘治十一年（1498），崇文创于万历二十八年（1600），而紫阳仅创于本朝之康熙四十二年（1703）。初为别墅，迨乾隆中始以书院称，则又不如敷文、崇文之历年久远也。然城中近市，负笈者便之，故肄业者多。而人才蔚起，弦诵之士，较敷文、崇文为尤盛。④

没有湖山之美，历史又不久远，但因地缘优势而成为热门选择，杭州紫阳书院可算是典型个案。

同在一城，地理位置不同，文风可能有一致之处。苏州紫阳、正谊二书

① 俞樾编次：《诂经精舍五集》，光绪九年刻本，俞樾序。
② 钟毓龙：《说杭州》，见王国平主编《西湖文献集成》（第11册），杭州：杭州出版社，2004年版，第385页。
③ 许景澄鉴定：《紫阳书院课艺五编》，光绪八年刻本，许景澄识语。
④ 王同鉴定：《紫阳书院课艺九集》，光绪二十年刻本，王同序。

院，肄业者"往往互易其处"，因此"紫阳之人，犹正谊之人，原不分彼此"，他们的衡文要旨也相同，即"以经术为主，格虽殊，勿背乎理"①。而位置不同，文风也有可能不同。梅启照（1826—1894）序《敷文书院课艺二集》，即着力阐发杭州三书院文风与地理之关系：

> 院固有五，而敷、崇、紫为最先。三院托地不同，文风则随地而美。敷文居于山，崇文俯于湖，紫阳虽处阛阓，而特近山，有城市山林之致。故肄业于敷文者，其文多深秀峻拔，坚实浑成，刊浮华而标真谛，如山石之嶙峋，一空依傍；山容之厚重，不作肤词；山气之静穆，不为轻剽者。崇文临烟波之浩渺，览花柳之绚闹，故其文华美典则，如锦之成，如采之缋。紫阳得一邱一壑之胜，山泉云脚，时注于庭，故文辄悠然意远，得抑扬宛转之神。是文之佳，皆地之灵也。②

无论是中国古代还是当今的文学地理学理论，在"空间范域"的层级分布方面，南方、北方，关中、江南，或者浙东、浙西，苏州、扬州，这类宏观的范域受到比较多的关注。而像梅启照这样，发掘同一城市里不同地段的书院文风差异者，尚不多见。由此亦可知道，清人对于"托地"与"文风"之关系的理解，已经达到了相当微观的境地。

（二）省内书院：文教大省的多元格局

省内书院，自然也有不同层次。如光绪年间，武昌江汉书院，课湖北一省之士；勺庭书院，课武昌一郡之士；而江夏县没有书院。于是在光绪十年（1884），设立江夏高观书院，"庶几县书院之设，与郡书院、省书院相与以有成也"③。虽说相辅相成，而其间教学资源的差别，仍是客观存在。这种差别，往往与距离中心城市的远近有很大关系。薛时雨（1818—1885）就曾感

---

① 朱琦鉴定：《紫阳书院课选》，道光二十一年刻本，朱琦序。
② 周学濬鉴定：《敷文书院课艺二集》，光绪五年刻本，梅启照序。
③ 王景彝鉴定：《高观书院课艺》，光绪十三年刻本，王景彝序。

慨："穷乡僻壤之士，溺苦于学，无师友讲习，无有力者倡之于上，湮没不彰者比比矣。诸生幸生都会，又得大吏优异而奖励之，宜何如观感兴起，勉为有用之学也耶？"① 因此，省会城市的书院往往成为全省的标杆。屠倬（1781—1828）掌教杭州紫阳书院，正课之余，以词赋教授弟子。相关课艺，汇为《紫阳书院课余选》。杜墇（1764—1858）序云："予视学此邦四载矣，浙故才薮，而杭尤盛。苕发颖竖，扬蕤振奇，殆不胜取。""馆阁体裁，与杭之词赋，若磁珀之于针芥。然十郡之词赋，又必秉杭人为绳尺，若响之应声，而景之赴表。"②

　　省会书院作为"绳尺"，似是应有之义。不过在文教发达的省份，具有"绳尺"意义的书院，有时不止一家，甚至可能不在省会，或者因文体而有区分。宗源瀚（1834—1897）于光绪四年（1878）出任宁波知府，即称道"四明山川盘礴而秀发，其人文至今不衰，应科举者取青紫如反手。浙人推八股文之工者，必首甬上"③。在东南地区的文教大省，当得起"人文渊薮"之称者，远不止省会城市，如：

　　　　江南通州，为人文薮。

　　　　移守松江，稔知此邦为人文渊薮。

　　　　嘉邑素称文薮。

　　　　浙湖为人文渊薮。

　　　　姚江为浙东文薮。

　　　　宁固人文渊薮也。

　　这种多元化的格局，可以视作一省文化兴盛的标志。进一步而言，各地的文风可能也有区别，而不必纯以省会为"绳尺"。杭州学海堂，为举人肄业考课之所。杜联（1804—1880）在序《学海堂课艺续编》时，谈到江南、

---

① 薛时雨鉴定：《尊经书院课艺四刻》，光绪五年刻本，薛时雨序。

② 屠倬阅选：《紫阳书院课余选》，道光四年刻本，杜墇序。

③ 黄以周等评阅：《辨志文会课艺初集》，光绪六年刻本，宗源瀚序。

江西的不同制艺风格，也谈到浙江各府文风之别：

今之以风气论文者，分礼闱、乡闱而二之。谓乡闱尚才气，礼闱尚风度，是则腴矣，而未尽确也。有明以来，以制艺取士，五百年于兹，操觚者各有学质，各有师承。直省文风最盛者，如江南之据典，江西之阐理，人皆知之而信之服之。非特各省腴，即各郡亦腴。吾浙如杭之圆稳，嘉之刻挚，湖之灵敏，宁之才华，绍之警挺，各有所长，亦各有所失。他郡应试者少，获隽不多，腴微析之，未尝无所区别。风气之说，讵可尽非？①

江南不同于江西，前人早有评论；杭州、嘉兴、湖州、宁波、绍兴各府，文风也有差异，这种细致的分辨，尚不多见。

（三）从省际到国际：辐射、差异和全球视野

南昌《豫章书院课艺》黄爵滋序云："自京师有金台书院，所以著首善之宏模，拓成均之余绪，各省因之。""书院既与府州县学相表里，又况省会为各州县之表率，准绳在焉，风气系之。"② 这说的是京师书院之于全国、省会书院之于全省的辐射意义。

具有辐射意义的不止于此。能够矫正时弊、开拓新风的书院，其影响力也可以辐射全国，杭州诂经精舍和广州学海堂即是典型。这两所书院以汉学为主导，课诸生以经史词章，一洗"前明以来空疏陋习"，"数十年来，通材辈出"③。流风所及，各省多有起而效之者。《辨志文会课艺初集》宗源瀚序云："在浙有诂经精舍，在粤有学海堂，皆望而知其帜志。"④《学古堂日记》卷首诸可宝《记》云："（黄彭年）谓浙有诂经精舍，粤有学海堂，若鄂若湘

① 杜联鉴选：《学海堂课艺续编》，光绪元年刻本，杜联序。
② 黄爵滋阅选：《豫章书院课艺》，道光二十五年刻本，黄爵滋序。
③ 俞樾编次：《诂经精舍七集》，光绪二十一年刻本，廖寿丰序。
④ 黄以周等评阅：《辨志文会课艺初集》，光绪六年刻本，宗源瀚序。

若巴蜀若豫章，无弗有藏书督课之地，独兹大邦，阙焉未备，甚非谊也。"①
《南菁讲舍文集》黄以周序云："瑞安黄漱兰督学苏省，仿诂经精舍之课程，
创建南菁，力扶实学，一如阮文达之造吾浙士。"② 宁波崇实书院和辨志文
会、苏州学古堂、江阴南菁讲舍、江宁惜阴书院、南昌经训书院、武昌经心
书院、衡阳船山书院、衡山研经书院、成都尊经书院、昆明经正书院等，皆
是受诂经、学海的影响而设立的汉学书院。还有的书院原以八股试帖为主，
兼课经古，后也改成专课经解古学，如苏州正谊书院，"盖仿浙江诂经精舍、
广东学海堂之例"③。

　　而从时效性的角度看，远离政治中心的书院，对时势的反应可能会比较
迟缓。义和团事件和八国联军侵华，这在京城引起巨大激荡，用有泰
（1844—1910）在常州《龙城书院课艺》序中的话说，就是"妖拳偾张，激
召外衅，浸至九庙震惊，两宫西狩，台阁周庐，半经兵燹"。与此同时，江南
的书院则波澜不惊："大江之南，比户不惊，师弟一堂，犹得以讨论今古，优
游著作之林。"④ 这种应对时势的滞后性，自然与地缘因素大有关系。

　　同样与时势相关，某些省份的书院士子，可能需要肩负特殊的担当。光
绪二十八年（1902），魏光焘（1837—1916）序昆明《经正书院课艺二集》，
明确指出："滇省之形势尤较棘于昔。昔则内地无忧匮乏，外复有藩封土酋表
里捍卫，故诸生得以刚经柔史，鼓吹休明。今者越沦于法，缅袭于英。利源
既等漏厄，交涉复虞铸错。"在这内外交困的形势下，云南的地理位置更显重
要，它是内地的屏障："地据天下上游，蜀粤楚黔，倚为屏蔽。"因而云南士
子的责任也更重大："士生其间，若不先储明体达用之学，一旦繁剧骤膺，奚
从措手?"⑤ 于是讲求时务、西学，培植切实有用之才，自是当务之急。

　　时务、西学进入书院教学体系，与全球视野密不可分。光绪间洋务派同

① 雷浚、汪之昌选：《学古堂日记》，光绪十五年至二十二年刻本，卷首诸可宝《学古堂记》。
② 黄以周、缪荃孙编：《南菁讲舍文集》，光绪十五年刻本，黄以周序。
③ 冯桂芬鉴定：《正谊书院课选》，光绪二年刻本，蒋德馨序。
④ 华世芳、缪荃孙鉴定：《龙城书院课艺》，光绪十七年刻本，有泰序。
⑤ 陈荣昌选定：《经正书院课艺二集》，光绪二十九年刻本，魏光焘序。

人团体明达学社，编选上海求志、杭州诂经、成都尊经、武昌自强和两湖书院课艺，辑为《五大书院课艺》。汪先弼序云："环五大洲，电掣风骤，浸合地球，为混壹之局。中国以积驰之故，筋涣脉摇，靡焉不能自固。于是忧时之士，慨念时艰。""是编之辑，意在发皇耳目，启牖性灵，使憬然徐瀹其新知，而翻然丕变其锢□（原阙）。"① 由全球形势到中国现状，再到革新求变，这种"三段论"，是晚清时务西学课艺序言的常见表述模式。正是在全球视野的观照下，传统书院走上了现代转型之路。

二、人文底蕴

（一）"人文与风俗相表里"

一个地区的文明程度，与民风、士风极有关系，用陈銮（1786—1839）在苏州《正谊书院课选》序中的话说，就是"人文与风俗相表里"②。书院之兴，课艺之盛，得益于当地风俗的醇美。北宋王安石《慈溪县学记》曾经称道慈溪这个地方，是"小邑，无琛产淫货"，故而"其俗一而不杂"③。道光元年（1821）慈溪知县徐云笈序《德润书院课艺》，称引王安石旧说，并指出本地"今则人民繁富，物产滋丰，大非昔比，独士风之美茂，仍不失其旧，且蒸蒸乎日上焉"。正因如此，书院课艺"仪轨先民，根柢经籍"，彬彬之盛"其来有自也"④。

良好风俗与教育养成往往互为因果。张预（1840—1910）曾任湖南学政，他在《研经书院课集》序中就说："吾闻衡山地险民悍，讼盗繁兴，言治者率以兴学为未暇。"光绪十九年（1893）研经书院建成，设立之意，在于"使阖邑之士皆知向学，即可令阖邑之民皆不为非，其用意当不仅以掇巍科、工述作为一二高材生期望。而此集之刻，犹此意也"⑤。这种将"正士习、移

---

① 明达学社选编：《五大书院课艺》，光绪二十二年刻本，汪先弼序。
② 朱琦鉴定：《正谊书院课选》，道光十四年刻本，陈銮序。
③ 王安石：《临川先生文集》卷八十三，北京：中华书局，1959年版，第871页。
④ 徐云笈、黄兆台鉴定：《德润书院课艺》，道光元年刻本，徐云笈序。
⑤ 胡元玉订：《研经书院课集》，光绪二十一年刻本，张预序。

民俗"视为更高目标的指向，在课艺序言中比比皆是。诸如"以学养并优之诣，成体用兼备之才，则五琅灵淑所钟，岂仅科名鼎盛而已"①，"逢掖之徒，怀文抱质，不独发策决科"② 云云，与"道本文末""士先器识而后文艺"等儒家理念若合符节。

（二）推尊乡贤与文脉传承

课艺序言推举前贤，意在为书院士子树立典范。有少数序言不著意乡贤，如天津《会文书院课艺初刻》如山序，罗列本朝制艺名家，包括柏乡魏裔介、蔚州魏象枢、安溪李光地、睢州汤斌、平湖陆陇其，以及桐城方氏、金坛王氏、宜兴储氏，包罗颇广；更多的序言则注重推举乡贤，以突出一地学脉或文脉的传承。

杭州《诂经精舍文集》许宗彦序，称道国初经学黄宗羲、胡渭、万斯大，史学万斯同、吴任臣，算学袁士龙、徐善，诗古文张贲、朱彝尊、姜宸英、查慎行，"并流美方来，希风曩哲"。继之者全祖望、吴廷华、杭世骏诸先生，"咸方闻博物，著述垂范"③，皆是浙江一省之名家；苏州《正谊书院小课》朱琦序，提倡"解经者务平昔观汉唐注疏，兼采他家之说，寻彼门径，渐臻于淹贯"，所列苏城惠氏、江声、余萧客，昆山顾炎武，吴江朱鹤龄、陈启源，常熟严虞惇、陈祖范④，都是苏州一府之鸿儒；苏州《学古堂日记》雷浚序，所列宋翔凤、顾广圻、陈奂、吴钟骏、冯桂芬，皆为"浚所及见"者。范围或有不同，但都是晚近乡贤。

又有些课艺序言，推举乡贤，不囿于本朝名流，而上溯汉唐。广州《学海堂集》阮元序云："岭南学术，首开两汉。著作始于孝元，治经肇于黄、董。"⑤ 西安《关中书院课艺》叶伯英序云："关中为丰镐旧都，士习朴茂，汉唐以来，名儒辈出。"⑥ 成都《尊经书院初集》王祖源序云："夫蜀学之兴，

---

① 吴鸣镛选定：《崇川紫琅书院课艺》，嘉庆二十五年刻本，唐仲冕序。

② 朱琦鉴定：《正谊书院课选》，道光十四年刻本，陈銮序。

③ 阮元手订：《诂经精舍文集》，嘉庆六年刻本，许宗彦序。

④ 朱琦鉴定：《正谊书院小课》，道光十八年刻本，朱琦序。

⑤ 启秀山房订：《学海堂集》，道光五年刻本，阮元序。

⑥ 柏景伟选：《关中书院课艺》，光绪十四年刻本，叶伯英序。

肇端文翁。"① 厦门《玉屏课艺》曾兆鳌序云："厦自薛珍君、陈希儒以文学崛起一隅。"② 如此这般，一路演绎，直至当代，建构起一地绵延不绝的学脉、文脉。

"人才与时为变迁，不因地为优劣。"③ 推举乡贤，无论是本朝的，还是古代的，对于书院士子而言，具有一种距离上的亲近感，以及更直接的激励意义。"撰述遗编，昭然具列，沉潜研究，轨辙当易循。惟勤斯奋，何遽远逊先达！"④ "诸君其益进而不已，蕲至古之立言者，以称吾师教育盛心，庶几国初前辈之风复见今日，山川灵淑所泄，其在斯乎，其在斯乎！"⑤ "夫豪杰百世犹兴，况去大贤之世若此其未远耶！后生小子有能不囿流俗、闻风兴起者，又岂仅以区区文艺见哉！诸生勉旃。"⑥ 读序至此，书院诸生怎会不起而奋发，追步乡贤！

（三）考课文体和文学流派

树立什么类型的乡贤典范，与书院考课的内容相关。诂经精舍不去推举制艺高手，紫阳书院也不会标榜汉学名家。不过某些"身兼数艺"者，可以成为共同的榜样。杭州《敬修堂词赋课钞》胡敬序，论证举业与词赋的关系，即以国初十子、杭世骏、厉鹗、袁枚、陈兆仑、吴锡麒为例：

> 吾乡杰出之彦，无论国初十子，即近若杭堇浦、厉樊榭两先生，未尝不咏槐黄、赋计偕，何著作如是之卓荦耶？且如袁简斋大令、陈句山太仆、吴谷人祭酒，未尝不工制艺，何诗古文辞如是之宏丽而淹雅耶？⑦

① 王闿运阅定：《尊经书院初集》，光绪十年刻本，王祖源序。

② 曾兆鳌选：《玉屏课艺》，光绪七年刻本，曾兆鳌序。

③ 陈荣昌选定：《经正书院课艺二集》，光绪二十九年刻本，魏光焘序。

④ 朱琦鉴定：《正谊书院小课》，道光十八年刻本，朱琦序。

⑤ 阮元手订：《诂经精舍文集》，嘉庆六年刻本，许宗彦序。

⑥ 曾兆鳌选：《玉屏课艺》，光绪七年刻本，曾兆鳌序。

⑦ 胡敬选编：《敬修堂词赋课钞》，道光二十二年刻本，胡敬序。

举业与词赋并不妨碍，有各位乡贤为证。这种激励和感奋切切实实，诸生易于取径。

笔者所见课艺序言，提及地方文学流派的，只有松江云间书院的总集。《云间小课》练廷璜序云："松之文辞，自前明陈忠裕以来，所谓云间派者，以瑰奇伟丽胜。"①《云间书院古学课艺》吴锡麒序云："云间自陈黄门以诗古文提唱，后学辑《壬申文选》，皆群萃州处之产。清铿藻丽，震耀一时。天下翕然宗之，于是有云间派之目。"②而《云间求忠课艺合刊》薛焕序，对云间派论述稍多，可视作简短史论：

> 一艺而以地名称者，必能造乎其极也。制艺始于前明，而云间一派，与江右并立。大樽、彝仲辈，沉博绝丽，含英咀华，视章、罗之以清峭镵刻胜者，咸能各追其独得之境。正如诗之西昆、江西，可以互相嗤而不可互相废也。国朝之初，一道同风，名家森列。其时工斯体者，率和会于两派之间，意在取其长而弃其短。然惜抱姚氏谓不能追极前人高境，亦在是焉。岂非孤诣之足贵与？……窃见道光中士之为制艺者，竟以滔滔清辩为尚，沿袭之久，或趋剽滑。持衡者惩其流弊，渐以秾丽矫之。近则承学之士，多有效为尤王体者。尤王固沿云间之派而扬其波者也，不善学之，亦流为伪体。诚由声律排比之中，薪臻乎沈郁苍凉之境，则或源或委，必有能辨之者矣。若夫钱鹤滩、董思白诸公，旨清思远，所托尤尊，则又在风气未开之先者。乡型俱在，诸生知所取法乎？③

明末八股文流派影响最大者，一是江西派，以章世纯、罗万藻、陈际泰、艾南英为代表；一是云间派，主要人物是陈子龙、夏允彝。此外还有一个与云间派稍近的娄东派。大致而言，江西派长于义理，云间派重在辞藻。迨至

---

①　练廷璜选：《云间小课》，道光二十九年刻本，练廷璜序。
②　吴锡麒鉴定：《云间书院古学课艺》，嘉庆九年刻本，吴锡麒序。
③　薛焕，姚光发鉴定：《云间求忠课艺合刊》，咸丰七年刻本，薛焕序。

清初，江西、云间颇有调和之象，姚鼐即云："本朝之文，意在和合江西、云间二者之间，其所以不逮前人者亦在此。"① 尤王派是云间派的后续，代表人物为尤侗和王广心，在嘉庆、道光间很受推崇。"年少聪颖之徒，费数月之功，即能得其形似，场屋中亦易以悦目，几成捷径。其实则但以字面涂泽，岂真有经籍之光哉！"② 有鉴于此，薛焕通过梳理、评论本地八股文源流，并特举钱福（鹤滩）、董其昌（思白）二家，为诸生指点门径，明示典范。

（四）"前人之流风余韵"

一地当得起"人文渊薮"之称，还有一个表现：虽经灾乱，仍能较快恢复元气。咸丰间东南地区迭遭兵燹，书院毁损极为严重。同治以后，渐次兴复，部分书院能够重现当年"喁喁向学"③ 之貌。课艺序言总结其原因，一是官员和乡绅"加意乐育，以振兴文教为己任"④，再有一点就是文化根基未断，方能赓续学脉、文脉。

兵燹之后，杭州诂经精舍于同治六年（1867）编刊近两年课艺，凡辞赋三卷两百零五篇，经解两卷三十七篇。巡抚马新贻（1821—1870）序云："浙东西人文渊薮，虽遭兵火，而讲院既兴，学者弥盛，阅时既久，作者如林。"⑤ 同治八年（1869），薛时雨掌教江宁尊经书院。此前江南胜地"洊经寇乱，凋谢殆尽"，所幸戡定之初，朝廷"举科场，修学校，中兴文教，穆然有投戈讲艺之风。然后书院以次复，都人士稍稍来集，争自濯磨，曾未五年，而金陵文物，称重江南"⑥。常州旧称毗陵，"为江左文物之邦，人才蔚起，冠绝当时。自咸丰初，迭遭兵燹，所在残破，流离转徙，不获安居。操觚之士，浸以荒废者有之。"同治十二年（1873），谭钧培（1829—1894）任常州知府，其时距收复已近十年。他下车观风，发现"其才情横溢、见地开

① 朱福诜：《论学述闻》，转引自孔庆茂《八股文史》，南京：凤凰出版社，2008年版，第269页。
② 陈水云、陈晓红著：《梁章钜科举文献二种校注》，武汉：武汉大学出版社，2009年版，第414页。
③ 沈祖懋鉴定：《敷文书院课艺》，同治九年刻本，杨昌濬序。
④ 马恩溥评选：《敬敷书院课艺》，同治三年刻本，陈澹序。
⑤ 颜宗仪选：《诂经精舍三集》，同治六年刻本，马新贻序。
⑥ 薛时雨鉴定：《尊经书院课艺》，同治九年刻本，薛时雨序。

拓者，颇不乏人，于是知前人之流风余韵为未泯也”①。所谓“前人之流风余韵”，正是文化命脉。

三、从自然山水到书院景观

（一）士气与地气

扬州的地理形势，如《广陵书院课艺》朱凤仪序所概括：“于星纪为斗牵牛分野，光气烛曜”，“当南北冲要，前临大江，后枕淮湖，左连沧溟，右跨蜀阜”。而这块土地上的文人学士，“类多雄秀瑰奇，惊耀天下，其地气然也”②。类似的表述，在其他课艺序言中也时有所见。苏州《正谊书院课选》陈銮序云：“吴中为人才渊薮，襟江枕海。灵岩诸峰，玲珑而突兀；三江五湖，沃荡乎其间。钟斯气者，类多奇秀高明之士。”③ 杭州《紫阳书院课艺五编》陈士杰序云：“浙东西山川雄秀，人文荟萃。而会垣左江右湖，浩瀚澄澈，南峰复高峙云表，相与映带其间。生其地者，类多瑰异英特之才。”④ 富阳《春江书院课艺》陈承澍序云：“余以轻才为富春长，观其山川雄伟，尤乐其多磊砢奇玮之士。”这些地方都是山川雄秀，士也奇伟。也有山川秀美，士也温雅的。铅山《鹅湖课士录》周兆熊序云：“铅之山轩轩而秀采，铅之水弥弥而清漪，灵淑之磅礴，郁积久矣。士生其间，英英翘楚，故其吐属，类多温文尔雅，有乡先辈风。”⑤ 总之，怎样的地气，就有怎样的士气。

与此相应，序者在勉励诸生时亦不忘提及山川。黄州经古书院以西学、时务为考课内容，诸生课艺汇刻为《黄州课士录》。周锡恩（1852—1900）序云：“吾黄山水清远，材俊彬蔚，飙兴云作，其在今乎！”⑥ 言语之间，颇见豪情。汉阳《晴川书院课艺》所收皆为《四书》文，知府钟谦钧（1805—1874）为之作序，提出更为远大的愿望：“冀学者勉植根柢，发为事业，而大

① 谭钧培选：《毗陵课艺》，光绪三年刻本，谭钧培序。
② 范凌选：《广陵书院课艺》，光绪六年刻本，朱凤仪序。
③ 朱琦鉴定：《正谊书院课选》，道光十四年刻本，陈銮序。
④ 许景澄鉴定：《紫阳书院课艺五编》，光绪八年刻本，陈士杰序。
⑤ 徐谦，周兆熊阅选：《鹅湖课士录》，光绪二十六年刻本，周兆熊序。
⑥ 周锡恩编定：《黄州课士录》，光绪十七年刻本，周锡恩序。

显于时，且不仅以文章科第盛也。证以山川钟毓之灵，当必有起而副吾望者，则将以此编为之券也。"① 杭州《紫阳书院课艺五编》亦是《四书》文课艺，巡抚陈士杰（1824—1893）在序中同样期许高远："学者之所以自期，与余之所以厚期之者，正不但区区文艺已也。本经术以饰治，进文章而华国，坐言起行，且更有其大者远者。诸生其无域于制艺一途，而有负山川之钟毓，斯可已。"② 证以山川钟毓，其眼界和格局自然阔大，不是制艺、科名所能限量。

（二）文章与山川

"文固山川之气所发现也。"③ 文章与山川，也同样存在对应关系。道光间张沨卿（1819—1883）曾经获睹上虞经正书院课艺，见"其前列者华而不靡，清而仍绮，窃叹斯邑文风之犹及于古也"。二十余年后他"视学此邦，岁科两试宁台诸郡，屡经是邑。见山环水抱，钟毓人文，经明行修，岂偶然哉！"④ "岂偶然哉"的感慨，揭示的正是山水涵育文风的奇妙关联。

杭州崇文书院在湖之渍，风光甚佳，"多士肄业其中者，吸湖光，饮山渌，于举业外率工诗古文词"⑤。湖光山渌利于诗，本是常理。值得注意的是，它可能还利于制艺。《崇文书院课艺九集》叶赫崧骏序云："崇文依山面湖，举凡风云变幻，林木幽奇，四时皆有其佳致。诸生游息其中，得乾坤之清气，发为宇宙之至文，不貌袭先正，而先正之口讲指画，如入其室而承其謦欬。"这里所谓"至文"，指的是八股文。可见山川有利于词赋，也有助于制艺。不仅如此，学术文章也可得江山之助。广州学海堂是清代汉学书院的代表，《学海堂集》阮元序云：

粤秀山峙广州城北，越王台故址也。山半石岩，古木荫翳。绿

---

① 萧延福手定：《晴川书院课艺》，同治七年刻本，钟谦钧序。
② 许景澄鉴定：《紫阳书院课艺五编》，光绪八年刻本，陈士杰序。
③ 陈承澍编次：《春江书院课艺》，光绪三十年刻本，任锡汾序。
④ 徐幹选订：《经正书院小课》，光绪七年刻本，张沨卿序。
⑤ 胡敬选编：《敬修堂词赋课钞》，道光二十二年刻本，讷音富呢扬阿序。

榕红棉，交柯接叶。辟莱数丈，学海堂启焉。珠江狮海，云涛飞泛
于其前；三城万井，烟霭开阖于其下。茂林暑昃，先来天际之凉；
高阑夕风，已生海上之月。六艺于此发其秀辉，百宝所集避其神采。
洵文苑之丽区，儒林之古境也。诸生在此山堂，观览潮汐，"升高者
赋其所能，观澜者得其为术，息焉游焉，不亦传之久而行之远欤"！①

尤可注意者，课艺序言谈论这类问题，往往能注意到多重因素，而非简
单的"山水决定论"。汉阳《晴川书院课艺》钟谦钧序云："江汉之水发源于
岷嶓，浩森奔腾数千里而汇于大别。生其地者，得山川奇气，发为文章，宜
有汪洋恣肆之观，而能探源乎经史，旁涉乎诸子百家，如江汉之能纳众流而
朝宗于海也。"这说的是文章得力于山川，紧接着又说："然尤赖乎国家作育
涵濡，与乡先生之裁成。"② 常熟《游文书院课艺》季念诒序云："虞邑科名
之盛，过于他境。固由山川之清淑，而士皆砥学砺行，更得良有司奖劝而扶
植之，争自濯磨，蒸蒸日上，宜其储之素而发之光也。"③ 山川清淑、士子砥
砺、官师培植，各方合力成就了文章、科名之盛。

单纯的江山之助，其作用力是有限的。宁乡《沩水校经堂课艺》廖树蘅
序，开头就描述沩水源流和风光：

沩水发源于优钵昙花泉，地志所谓马头山，即其所也。行百余
里，至百花潭，乌江南来会之十余里，绕治城而东，潴为玉潭。又
七十余里，经沩口戍入湘。迂回澹荡，首尾亘二百余里，明潀见底。
芳风藻川生其间者，类多比物荪荃，体尚风雅。自宋以来，作者
接踵。

接下来笔锋一转："近稍替矣！盖自道咸以降，自朝著以至名都大邑，士

---

① 启秀山房订：《学海堂集》，道光五年刻本，阮元序。
② 萧延福手定：《晴川书院课艺》，同治七年刻本，钟谦钧序。
③ 李芝绶选：《游文书院课艺》，同治十三年刻本，季念诒序。

多蔽于俗学，时人所谓'高第之子，未窥六籍，已入翰林'是也。宁乡蕞尔邑，又何怪其然！"① "俗学"昌盛，名都大邑尚且如此，宁乡蕞尔小邑更难免俗。光绪年间沩水校经堂建成，课士以经史诗文。缀文之子，方渐以通经学古为重。由此可见，山水涵育的"风雅"，有赖于人力的维系，方能传承久远。

（三）书院景观：自然山水的缩微版

前文提到，与敷文、崇文书院相比，杭州紫阳书院具有地缘便利，但缺少湖山之美。这是就外部地理环境而言的，如果走进紫阳书院内部，则可以发现，院中景观也别有天地。书院始建于康熙年间，在吴山之麓，旧名紫阳别墅。时人描写其风光有云："枕山面江，中有层楼。楼旁有池，池有泉水，清涟可爱。后有花厅，红绿参差，掩映阶砌。再折而北，又有石门天成。石径迂折，古木森阴，花香鸟语。饶山林之趣，而无城市之嚣。"② 院中有螺泉、笔架峰、看潮台（阮元抚浙时改为观澜楼）等十二景，诗人到此多有题咏。王同辑《杭州三书院纪略》，收录过若干首。他为《紫阳书院课艺九集》作序，将院中景观与文章联系起来：

　　城市而山林，肄业者诵读之暇，可以游息眺览，以发挥其性灵。而其景之最胜者，曰螺泉，涓洁涟漪，可以状文思之泉涌也；曰春草池，微波潆洄，可以畅文机之生趣也；曰垂钓矶、笔架峰，奇石林立，可以状文气之突兀也。拾级而上，登其巅，观澜之楼渺矣，而其址自在。每当潮来，东望匹练浩瀚，如闻其声，可以状文势之涛翻而波谲也。平视万松岭，隔城烟如束带，群山蜿蜒，岚翠扑眉宇；俯视西湖，镜奁乍启，六桥烟柳，奔赴几下，则又合湖山之美而兼有之矣。③

---

① 廖树蘅选：《沩水校经堂课艺》，光绪十九年刻本，廖树蘅序。
② 张泰交：《康熙四十三年紫阳别墅碑记》，见白鸿昌、周君平等整理《阳城历史名人文存》（第5册），太原：三晋出版社，2010年版，第428页。
③ 王同鉴定：《紫阳书院课艺九集》，光绪二十年刻本，王同序。

书院景观可以视作缩微版的自然山水。近观泉水涟漪、池波漾洄、奇石林立，远眺潮涨潮落，诸生的文思、文机、文气、文势，皆可从中获得启发，这是一种微型的"江山之助"。前人论制艺，也有以自然为喻的，但多从宏观的山水着眼。如清初俞长城谓："戚价人藩，峭刻陡立，瞿塘之峡也；李石台来泰，雄浑浩荡，积石之门也；至于唐采臣德亮，突兀无端，万斛并涌，是其钱江之潮乎？"① 像王同这样，将微型景观与制艺创作相联系的，并不多见。

薛时雨掌教江宁尊经书院期间，诸生为他在乌龙潭之阳构薛庐，筑永今堂。其地面山俯潭，景物明瑟。但因潭久不治，茭葑纵横，水浅盈寸。于是第二年，荡涤而疏浚之。其后又在潭西蛇山建诸葛忠武、陶靖节祠，杂莳梅竹松柏之属。既为胜境，春秋佳日，载酒从游者踵接。薛时雨在《尊经书院五集课艺》序中，简述了构筑、疏浚、种植之事，并告诸生曰：

> 今夫蹄涔之水，不足以资灌溉也。必去其障，通其流，然后原泉混混，渣滓去而清光来。文之洁净犹是也；今夫濯濯之山，不足以快登眺也，必葱茏而绿缛，幽秀而深邃，然后明靓淡冶之态，顷刻万变。文之藻采犹是也。诸生能知山水之乐，则文境当日进。由是而黄河泰岱，蔚为宇宙之大观，吾乌能测其所至哉！②

在这里，不仅仅是文章得山水之助。潭水经疏浚而清洁，山林经培植而多姿，人参与了山水之美的形成。文之洁净和藻采与此相似，也离不开作者的劳动付出。同样是山水与文章的"物我合一"，薛时雨此说多了一层创作论的意味，突出了主体性。唐白居易《白苹洲五亭记》云："大凡地有胜境，得人而后发；人有心匠，得物而后开。境心相遇，固有时耶？"③ 就书院课艺

---

① 陈水云、陈晓红著：《梁章钜科举文献二种校注》，武汉：武汉大学出版社，2009 年版，第 172 页。
② 薛时雨鉴定：《尊经书院五集课艺》，光绪九年刻本，薛时雨序。
③ 白居易：《白苹洲五亭记》，见《全唐文》卷六七六，北京：中华书局，1983 年版，第 6912 页。

序言而言，"境心相遇"的理想状态，在官师对于肄业诸生满满的期待里。

结语

清代书院课艺序言的地域书写，对于我们理解书院、文学、地理三者的关系，具有三点意义：一是微观视角。同在一省，府属不同，文风可能不一样。同城书院，地理位置不同，文风也可能有区别。有些书院的内部景观，相当于缩小版的自然山水，与文章创作之间也存在细微联系。二是多元格局。省会书院是全省书院的标杆。但在文教大省，可以作为标杆的书院，往往不止一家，还可能不在省会，或者因文体而有区分。不同省份的书院，应对时势多有迟速之别。传统书院的现代转型，离不开全球视野的观照。三是普遍联系。书院与地方民风、士风常常互为因果，士气、文章与地方山川也有对应关系。推重乡贤，旨在传承学脉、文脉，对于书院士子而言，具有特殊的亲近感和更直接的激励意义。只要当地的文化根基未断，虽遭灾乱，也能很快赓续学脉、文脉。

原载《西南民族大学学报》（人文社科版）2017 年第 1 期

第四章　书院文献书目提要

凡　例

一、本提要按书院所在政区顺序排列，共收文献一百六十七种。

二、一县之内，则按先院志，后课艺，再其他文献的排列顺序。

三、同一书院有多种文献，按刊刻时间先后排列。

四、每种文献分刊刻时间、作者简介、书院概况、作志缘由、版本信息及文献价值六个板块内容著录。

全　国

《明代书院讲学考》二十卷总目二卷

不著撰人，民国稿抄本。

本书未署作者姓名及撰写年代，据其卷一"河北省，即清季直隶"一句推断，作者当为民国时人。又"直隶"改称"河北"在一九二八年，故本书的成书时间当在此之后。

全书篇幅巨大，凡二十卷总目二卷，无序跋。其正文以清代行政区划为基准，记载了十八个省份的书院在明代时的资料。每省所占篇幅不一，有二省合为一卷者，亦有一省份作四卷者。其顺序大致为河北、江苏、安徽、湖北、浙江、江西、湖南、四川、河南、山东、福建、甘肃、陕西、云南、贵州、山西、广东、福建。省之下又析为府，以府分系各书院。然其编排不甚整齐规范，其一至十二称"卷"，十三、十四称"集"，十五、十六、十九称"册"，十八又称"本"。其书法前后相差较大，卷数靠前者下笔考究，颇为可观；靠后者则是草草而成，笔法凌乱。又其十三、十五册扉页，分别有"陈镜录""骆孝存录"字样，因此手稿或出于数人之手。此外，稿中页眉数处题有按语，对正文加以补充、注释。综合来看，此手稿当是急就而成，属未定稿。

本书题为《明代书院讲学考》，主要记载了明代尚存、重建或新建的书院的资料。其体例则是先叙书院之沿革，再录此书院的相关记文。其沿革部分，上溯至创建之初，下迄于明朝灭亡，部分书院延续至清的历史沿革则摒而不录。在书院以外，还附有义学、社学，其体例与书院同。本书主要取材于地方志，属资料集性质，其"讲学考"的属性不甚明显。但其作为资料集的功用是值得重视的，它解决了研究者求索资料的难题，并且由于作者取材的部分方志今已不存，它在保存文献资料方面的贡献值得肯定。（赵伟撰稿，刘艳伟审稿）

北　京

《云峰书院励学语》一卷

清恽毓鼎撰，清光绪二十四年（1898）刻本。

恽毓鼎（1862—1917），字薇孙，号澄斋，大兴（今北京）人，祖籍江苏。光绪十五年进士，历任翰林院侍讲，国史馆提调，文渊阁校理，国史馆总纂，宪政研究所总办等职，并在云峰书院主讲席。著有《澄斋日记》《崇陵传信录》等。

云峰书院在北京。清乾隆十八年（1753）由知县邱锦改义学而建。道光十五年（1835），知县杨巨源重修，并增置田亩，以为生童膏火之资。设山长主讲席，斋长主诸务。集诸生肄业其间，每月两试，前列者给奖，院外生亦可附课。一九〇五年，改为房山县高等小学堂。

恽毓鼎主云峰书院讲席时，深感文学荒芜，谓："此邦文风之衰由，于读书者之少，而读书者之少，则由于学问未知，门径遂囿于荒陋。"因而编辑此书，以图振兴文风。

是书半页九行，行二十五字，小注双行，行二十四字，白口，单鱼尾，四周双边。前为目录，后有恽毓鼎弟子苏蕴忠小序。正文按照经学、史学、子学、理学、经济、词章的顺序，对相关书籍进行评述，引导读者选择适合的读本。这是反映恽毓鼎个人为学旨趣及教育思想的重要资料，也利于了解当时书籍的存佚情况。（丁利撰稿，赵伟审稿）

河　北

《莲池书院肄业日记》十卷

清黄彭年编，清光绪五年（1879）刊本。

黄彭年（1823—1891），字子寿，湖南醴陵人，流寓贵州贵筑县。道光二十七年（1847）进士。随父入四川总督骆秉章幕，佐理刘蓉军事。随刘蓉调陕西，应聘主讲关中书院三年，以父卒辞归。后应李鸿章之聘任《畿辅通志》总纂，兼莲池书院主讲。光绪八年，任湖北襄郧荆道。次年调任湖北按察使，旋调陕西。十三年升江苏布政使，复改湖北。在任惩贪墨，尚朴素，爱文好士。因在湖北任职时对张之洞财政措施多所掣肘，矛盾激生，颇不得意，病卒于任。著有《陶楼诗文集》《东三省边防考略》《金沙江考略》《历代关隘津梁考存》《铜运考略》等。

莲池书院在河北保定。位于古莲花池，池建于元代，为北方著名园林，素有"城市蓬莱"之誉。清雍正十一年（1733），总督李卫奉命创建，招直隶全省沉潜学问者肄业其中。后乾隆皇帝曾三次莅院视察，赐"绪式濂溪"匾，并赋诗以勉师生。乾隆以降，主讲者如汪师韩、章学诚、黄彭年、李嘉瑞、张裕钊、吴汝纶等皆为一代名师。黄彭年主院时，广收图书于万卷楼，以义理、考据、辞章、经济之学训士。张裕钊主院时，招日本留学生，使莲池名扬海外。吴汝纶主院则刊刻图书，改革课程，将博物、格致、机械、英语、日语等现代教学内容引入，聘请外国教师任课。生徒著名者如刘春霖，乃中国最后一位状元，自称"第一人中最后人"。光绪二十八年冬，改名校士馆，旋改为文学馆。民国后，一九一二年改名省立二师附小。今古莲池园林基本保存完好，辟为省级重点文物保护单位，藏有《莲池书院法贴》《大清三藏圣教真经》《莲池书院课艺》等。

黄彭年主持书院时，对学生愿专某经者，即授以日记，使记每日读书之心得，每月评论其得失高下。为嘉惠后学，黄氏遂将诸生日记编辑成册，付梓刊行。

是书半页九行，行二十五字，双行小注，四周双边，白口，单鱼尾。凡十卷，书前有黄彭年序。十卷均为书院生员日记。《莲池书院肄业日记》记录了书院肄业生员的日记心得，是研究清末思想学术史的重要史料。（王帅撰稿，肖啸审稿）

《莲池书院课卷》一卷

清刘彤儒作，为清光绪年间课试原卷。

刘彤儒，字翊文，河北盐山人，光绪十一年（1885）拔贡，曾在莲池书院受教于张裕钊、吴汝纶，精通古文法，撰有《说文异诂笺》。

莲池书院在河北保定，有《莲池书院肄业日记》，已著录。

是卷小楷书写，字迹俊秀，共四十八行，前四十二行为文论，行二十字，后六行为五言八韵诗一首，行十八字，卷中有圈点及评语，当为阅卷者所留。

此卷为刘彤儒所作，文章以"学诗即明人伦"为宗旨，认为人伦是人之天性，做诗乃有感而发，古往今来之人伦大义往往寄托于景物而阐发，故而学习诗赋与追求圣贤之道是不相违背的。全文主旨明确，条理清晰，论证严密，且富有书卷气，位列超等第三名，乃莲池书院课卷中质量较佳者，对于研究清代莲池书院的考试及学术研讨活动有一定的参考价值。（宗尧撰稿，刘金审稿）

《乐亭县新建尊道书院录》一卷

清陈以培辑，清光绪二年（1876）刻本。

陈以培，字旭东，安徽合肥人。清国子监监生，初任天津县令，因政绩卓异，于光绪十一年升任遵化知州，十六年升为候补知府，赐三品顶戴花翎。

因其为官清廉，一心为民，虽先后四次离任，但都因遵化百姓屡屡请命而回任，素有官声，深受百姓爱戴。

尊道书院位于河北唐山，此为县属书院。尊道书院之名为"尊道"，意在佐学宫以造士也。据《乐亭县志》卷五记载，乐亭原有书院一间，坐落在文庙左侧，乾隆年间以书院所存房屋数间改设义学，遂废而不修，且院落狭小，"不足以容多士"，因此，同治十一年（1872），时任知县王霖，"奉节相李公兴建书院之命，乃集其乡士大夫而谋之"，不数月便集资一万四千二百八十多两，并于翌年六月十五日建成于县署与儒学之间。光绪二十九年，尊道书院之后院改为乐亭县官立高等小学堂。民国元年（1912）又改为县立高等小学校。一九二三年县政府在尊道书院旧址兴办乐亭中学。

书院完工后，知县王霖因事去职，继任知县陈以培，在已成之基上"延名师，立学规，进诸生"，并于光绪元年二月辑有关文书、寺文、院产等而成此书，翌年刻板印刷。闲赋在家的史梦兰亦受陈以培之邀，代其作《乐亭新建尊道书院记》，并为尊道书院拟定了《书院条规》。

是书半页九行，每行十九字，双行小注，左右双边，黑口，单鱼尾。凡一卷，本书缺第十一到第十二页，第十三到第十四页在第十八页之后。书前有陈以培所撰《乐亭创建尊道书院录序》《乐亭新建尊道书院记》；接而有《尊道书院学规》，是为山长王晋之所撰，共设有定趋向、养精力、谨仪容、敦行谊、习文艺、循等级、辨诚伪、竞功修等八条学规，力求学生学为身体力行之士；其还撰有《尊道书院藏书记跋》《尊道书院登科题名记》《尊道书院题壁记》《锄经斋记》。此外，尚有《酌定尊道书院条规》《捐置各书目录》《捐输各绅富官衔姓名银数列后》及王霖所记之《尊道书院藏书记》等。（吴东泽撰稿，宗尧审稿）

《文蔚书院纪略》一卷

清靳荣藩辑，清乾隆四十年（1775）刻本。

靳荣藩，字价人、朴园，号绿溪，山西黎城人。乾隆十三年进士，历官河南新蔡知县、河南乡试房考官、河南龙门知县、河北迁安知县、蔚州知州、遵化知州、大名府知府。靳氏以注吴伟业诗闻名，著有《吴梅村诗笺注》二十卷，世称详核。《晚晴移诗汇》谓："其所自作，亦与之（吴伟业）相近，但不逮其华赡耳。"又擅词，著有《绿溪词》四卷、《绿溪初稿》一卷，后合为《绿溪全集》，《潞郡旧闻》四卷，编注《吴诗集览》四十卷。生平事迹见《国朝耆献类征初编》卷二百三十六、《碑传集》卷一百零六、朱珔《大名知府靳君荣藩墓志铭》、光绪《山西通志》卷一百五十六、光绪《黎城续志》卷二。

文蔚书院在今河北张家口蔚县，又名荣藩书院。顺治年间，蔚县原有蔚萝书院，后于乾隆初年更名为东乡义学。乾隆四十年，蔚州知州靳荣藩自筹资金，于半年内将县城原东乡义学修葺完毕，并延名师执教，更名为文蔚书院，当时书院山长为顾东岩。书院以考课为主，是当时县内科举的预备场所，兼有官学之特点。教授内容有四书、五经、性学、习字等。课程分诗歌、习礼及读书。教法以生童个人肄习钻研为主，教习讲学为辅。每月"月考"一次，年终"岁考"一次，山长命题，成绩优秀者奖以膏火。书院中兼设义学，因系李舜臣（邑候补主事）捐建，而得名"李氏义学"，是专为家贫力薄者就学而设置的义务教育机构。从乾隆四十年到光绪二十七年（1901），其间一百二十六年，蔚县以文蔚书院作为讲学场所，并成为科举考试准备的地方，培养出众多的应试生童。李源有碑记赞许此书院云："经久而弗坠，名材辈出。"光绪二十八年八月，改为蔚州官立高等小学堂。民国元年（1912），改称蔚州官立高等小学校。民国十三年，又更名为蔚县第一高级小学校。靳荣藩、顾我鲁、江振基、董友筠曾先后主院。

是书之所作，据乾隆四十一年靳荣藩所撰《文蔚书院纪略序》可知，"乃纪其创始时答问之语"，力求裨益后世学者。

是书半页九行，行十九字，左右双边，白口，单鱼尾。凡一卷，卷首为《书院全图》，次为《文蔚书院纪略序》，再为《详稿》《文蔚书院记》《文蔚书院碑》《学规》《题文蔚书院八景图》《书院房屋地亩生息总目》《城乡绅衿士商姓名捐赀数目》《增补续捐款》等。其中《学规》共有六项，分别为敦品行、避嫌疑、讲文艺、劝功课、专责成、禁骚扰。（吴东泽撰稿，宗尧审稿）

《枣强敬义书院志》一卷

清方宗诚编，清光绪五年（1879）刊本。

方宗诚（1818—1888），字存之，号柏堂，别号毛溪居士、西眉山人，安徽桐城人。师事同邑许鼎、族兄方东树，学程朱之书与韩欧之文。同治元年（1862），河南巡抚严树森应诏疏陈治国方略，方宗诚入严幕。三年，于曾国藩幕中治文书，旋即由曾氏奏以知县，留补江苏。复奏调河北，为枣强县令。建正谊讲舍、敬义书院，集诸生会讲，从游甚众。光绪六年告归，隐居著述。治学宗程朱，文归桐城义法。著有《柏堂集》。《清史稿》和《清史列传》有传。

敬义书院在河北枣强。同治八年，知县张士铨始购宅基，置地九百三十二亩余，作为经费，又立董子祠，祀汉儒董仲舒。十年，知县方宗诚构讲舍五间，立学规。十三年，宗诚始创建，名为"敬义书院"。前为义学，延师以课寒士，中为讲堂，后为延院长讲学课文之所，东西为斋房，平时诸生肄业其中。讲堂大书董仲舒"正谊明道"之训。每岁课士时诸生拜董子之堂，以其德行自勉："无徒囿于世俗科举之陋，而必以太公董子之所以教者为师，蕴之为德行，行之为事业。"又念县无考棚，每岁科县试，张席棚于县署仪门之内，大寒盛暑，风日雪雨，士子苦之。因劝员外郎李咸临、贡生李执玉、千总衔武生李清华、六品衔李建龄，将院西宅基一所，捐归书院。于是基址宏敞，增修屋宇，永为岁科县试之考棚。光绪五年，制定规章，由各地绅董经理院务，并确立由书院兼理传经义学之体制。其后一直兴学不断。清末停废。

方宗诚在《创建敬义书院记》中提到："同治十年，予来宰枣强，构讲舍五间于署之西偏，立学规以课士。又二年，得前邑令张君所购宅基一区，在董子祠前。爰筹资创建书院讲堂，因取太公所述丹书之言，名之曰'敬义书院'。"书院建成后，方宗诚修志以记之。

是书半页十一行，行二十一字，左右单边，黑口，双鱼尾。凡一卷，前有方宗诚序。其主要内容为书院建立义仓及义田前后始末。

　　《枣强敬义书院志》因其主要内容为建立义仓及义田前后始末，其中经济数据颇多。虽于文教研究无多臂助，但为清末地方经济与福利政策的研究提供了重要史料。（王帅撰稿，肖啸审稿）

上　海

《续订上海龙门书院课程章程》一卷

《续订上海龙门书院课程章程》一卷，刊刻信息不详。

龙门书院在上海。清同治四年（1865），苏松太兵备道丁日昌创办。借蕊珠书院为学舍，按月分课策论、经解。六年始建院宇。宗旨以躬行为本，以专经为业，以先儒语录为入门之要。课程以经史性理为主，旁通时务，辅以文辞，兼及举业。初，院规甚严，以砥学砺行得士称盛。光绪三十年（1904），改为龙门师范学堂。先后任院长的有顾广誉、刘熙载、孙锵鸣、吴大澂、汤寿潜等。

顾广誉主持书院时，所订课程条规翔实得当，后又从中挑选切要者，汇为此编，使诸生相与讲明遵守而责之于身，这既是"学者切实之功"，也是"教者稽考所在"。

是书半页九行，行二十字，四周双边，双行小注，白口，单鱼尾。载有书院课程、章程和经费章程三部分。课程六则，为重躬行、勤读书、严日课、遵规矩、循礼仪和简出入。章程六则，为山长选聘、书院课试、院生选拔、斋舍管理、器具书籍管理和经费管理。章程之后附同治七年细目二十二条，包括报考、招考、课试、膏火、告假、奖赏花红、住宿、书籍借阅等细则，文末落款"同治七年十二月"。细目之后为同治十一年修订的《续增经费章程》一篇。

书中有诸多手写批注，且贴有浮签。书末页批语较多，写明院中经理、膏火等管理人员姓名，如袁竹逸、沈恩孚、章家祚、姚文枏等，皆为院生。

另附有手书《龙门住院生名单》一份，注明"五月廿七到院见者廿七人"，包括住院肄业生名单、前山长取定候缺肄业生名单和在课生住院读书名单三部分。住院肄业生载三十六名学员，候缺肄业生载九名学员，在课生载六名，皆记载姓名籍贯。名单中亦有手写批注和浮签，注明学生去向及在院中职务，如册卷、书籍、膏火、球图的管理。此外，名单中有黄炎培和钟树铭信息，皆载为上海附生。据考，黄为光绪二十五年秀才，钟为二十九年举人，因而可确定此名单应是光绪二十五至二十九年间撰写而成的。

此书虽无版刻、编者信息，又无序跋，然所列学规、章程甚为详细，且附录名单中诸生职责、去向信息清楚明白，对于书院规制和院生的研究有很高的史料价值。（肖啸撰稿，赵伟审稿）

《格致书院课艺》不分卷

清王韬编，清光绪二十三年（1897）上海书局石印本。

王韬（1828—1897），字子潜，又字紫诠，号仲弢，别号天南遁叟、弢园老民，江苏吴县（今吴中区）人。道光二十五年（1845）秀才，道光二十六年乡试不中，遂绝意仕途，后以办报、译书为业。光绪十一年，应唐廷枢、傅兰雅之邀任格致书院监院，前后达十余年，其间曾请南北洋大臣等参与书院季课、特课，并收诸生佳卷辑为《格致书院课艺》。译有《圣经》《格致新学提纲》《西国天学源流》《华英通商事略》《光学图说》《重学浅说》《洋务丛书》《普法战纪》《法国志略》等，著有《弢园文录外编》《弢园老民自传》《松隐漫录》《眉珠庵词》《海陬冶游录》《花国剧谈》等。

格致书院在上海。是书院乃中国近代以讲习西方科学技术为主、中西合办的新型书院。清同治十三年（1874），由英国驻沪领事麦华陀提议，徐寿、傅兰雅等发起，邀集中西绅商、官员等捐建。次年落成于英租界北海路。以"令中国人明晓西洋学问与工艺"为宗旨，院内设讲堂、藏书楼及博物铁室。由中西董事各四人共同经理院事，实由徐寿主之。光绪二年正式开院。先后邀请华蘅芳、狄考文等中外人士公开讲授电学、化学、解剖学等知识，任人进院参观、听讲和讨论，不收分文。五年，发招生启事，规定学西洋语言文字者须交纳学食费，学格致实学者须交银三百两，待三年学成后方可领回。十一年，王韬掌院，请沿海各关道命题季课。十五年，增设南北洋大臣命题，所命之题，以时事洋务居多，西学次之，亦有史论，优者给奖。先后编有《格致汇编》《格致书院课艺》等，宣传改良维新思想，与广方言馆、江南制造局翻译馆并称为清末上海三大"西洋学术输入机关"。二十一年，傅兰雅主持院务，定矿务、电务、测绘、工程、汽机、制造六课程，每周六晚讲课，凡有志考求者，皆许其肄业，平日以自学为主，每月考试中式者发给课凭。二十二年，傅赴美任教，教学实验改由栾学谦、陆仁堂接任。二十三年，王韬病逝，董事会推赵元益掌教，重开季课。二十八年后院务废弛。民国三年（1914），正式停办，基金归华董，地基房舍器物归公共租界工部局。后改办格致公学。今为格致中学。

光绪十一年王韬任格致书院监院，分每年四季为课期，每季一课，并请沿海各关道出题课士，考后由道中官员评定名次并加以奖励。两年后得诸生佳文若干篇，为使学习格致之学者有所观览，遂先将光绪十二年每季课试中前三名之课卷印行，遂有此集。

是书半页十七行，行三十五字，无注，白口，单鱼尾，四周双边。不分卷，前有王韬序。全书皆为政论之文，有《陈汤甘延寿论》《中国创设海军议》《中国近日讲求富强之术当以何者为先论》《中国创行铁路利弊论》等文章十二篇，分别为邵筱村、薛叔耘、周玉珊、龚仰蘧所出是年春、夏、秋、冬各季考题，每文之后皆有王韬所下评语。

是书为王韬所辑，其载格致书院季课文章，甚为丰富，于研究晚清格致书院的学术研讨及教学考试活动有较大的参考价值。（宗尧撰稿，刘金审稿）

《江南格致书院同学录》不分卷

清书院同人编，清光绪二十八年（1902）刻本。

具体编者不详。

是册半页九行，行二十一字，双行小注，白口，单鱼尾，四周双边。不分卷，前后无序跋。前为书院历任督办、院长及各科教习名单，详列其姓名、字号、籍贯、功名及官职等。后为历届学生名册，按其爵里编排，分为江苏、安徽、直隶、山东、浙江、湖北、湖南七省，以省带府，以府带县，列各生姓字、功名、住址。

　　是册为清末格致书院同人所编，录书院历届管理、教学及肄业人员资料，甚为详细，于研究清末格致书院的招生、办学及生源构成情况有一定的参考价值。（宗尧撰稿，刘金审稿）

《上海求志书院课艺》不分卷

　　清佚名编，清光绪三年（1877）刻本。

　　求志书院在上海。光绪二年，苏松太巡道冯焌光创建于县治东南。有楼房五十间，分置经学、史学、掌故、算学、舆地、词章六斋。置备书籍，延聘斋长。无住院肄业生，按季命题考试，听人备卷投交，不限地域和年龄。以教谕为学监，由学署收卷发奖。冯筹银二万两存典按月生息，以资奖励。钟文烝、俞樾、高骖麟、杨泗孙、刘彝程、张焕纶、孙锵鸣、宋恕等曾分任斋长。光绪三十年停课。

　　是书半页九行，行二十二字，左右双边，单鱼尾，白口。不分卷，原缺舆地第七十九页。卷首题有"俞阴甫先生评阅经学，沈子佩先生评阅史学，高仲瀛先生评阅掌故之学，刘省庵先生评阅算学，张经甫先生评阅舆地之学，俞阴甫先生评阅词章之学"。卷分六目：经学、史学、掌故、算学、舆地、词章，择其优者全文刊印。其中经学有七题九篇，题如《曾孙来止以其妇子解》《孝经感应章或作应感解》《为干卦解》；史学五题八篇，题如《程子优管仲而劣魏征，朱子进梁公而黜荀彧，〈榕村语录〉辨之，其说何如》《李德裕论》《王朴论》；掌故五题六篇，题如《西域设行省议》《预拟平回露布》《皇朝三通书后》；算学四题四篇，题如《圆内容十八等边形，以边自乘再乘为负实，方空三边为正廉，一负隅，开立方得半径，试解其理》；舆地五题七篇，题如《汉与匈奴争车师论》《尔雅释地非殷制辨》《书西报土塞战事后》；词章六题十篇，题如《伏生十岁就李充受尚书赋（以"四代之事略无遗脱"为韵）》《扑蝶会》《花朝考》。其后为姓名录，开列无法全文刊印的其余优秀课卷之等第、姓名、籍贯信息。姓名录中学生的名次等第分为超等、特等和一等三种，科目不同，所取人数也各异。经学共取二十一名，林颐山为超等第一；史学十七名，何松为超等第一；掌故十一名，朱逢甲为超等第一；算学十名，沈善蒸为超等第一；舆地十一名，华世芳为超等第一；词章二十名，朱逢甲为超等第一。可见经、史两科在当时仍备受关注。

此书为上海求志书院在光绪三年春季的课艺集，全文收录的课业作文有四十四篇。收录较多者有：林颐山五篇，何松七篇，朱逢甲六篇，华世芳四篇，沈善蒸三篇。虽无序跋，但每篇课业之后皆有点评，且所附之姓名录详列学生身份信息，对于研究书院学术及教育都有极高的史料价值。（肖啸撰稿，赵伟审稿）

《清心书院章程》一卷

不著撰人，清宣统元年（1909）铅印本。

清心书院在上海。清咸丰十年（1860），由美国基督教长老会创办，首任校长为范约翰。书院招收的学生主要为教徒和上层华人子女，以教授英文和宗教为主，旁及天文、地理、格物、算数等课目，次年附设女塾。一九一八年更名为清新实业学校，一九二〇年改名为清心中学堂，一九三二年改为私立清心中学校，一九五三年由上海市人民政府接管，改为上海市市南中学。

"清心"意为"清尘俗，灌输文明也"，此为清心书院设立之初衷。书院订立此章程，是为约束学生行为，"俾学者由是学术精粹，更望圣道由此焕发也"。

是书半页十四行，行三十五字，白口，单鱼尾，四周双边。无序跋。主要记载了书院的各项规章制度，包括通常（即日常）、考试、讲堂、礼堂、病房、游息等规则。此外还有对校务人员职务范围的规定、职员名单、学生功过格、课表等内容。各部分内容之间以校舍、操场等照片相隔，颇具特色。章程中处处可见教会书院色彩，如其课目包括福音史记、数学、英文、东洋史等，于研究近代教会书院有重要价值。（丁利撰稿，赵伟审稿）

江　苏

《钟山书院志》十六卷首一卷

清汤椿年纂辑，清雍正三年（1725）刻本。

汤椿年（约1685—1764），字祚培，号扶元、思勉，江西南丰人。雍正二年入钟山书院肄业。乾隆二年（1737）选举岁贡，乾隆帝闻其孝顺事迹，谕旨旌表"孝子坊"，后历官江西分宜县训导、江西萍乡县训导，在任其间，兴教助贫，士民皆颂其善政。纂辑有《钟山书院志》。

钟山书院在江苏江宁（今南京）。清雍正元年，两江总督查弼纳倡建，书院落成后，雍正帝曾御赐"敦崇实学"匾额。十一年，朝廷赐帑金千两，定为省城书院。乾隆元年，山长杨绳武定规约十条，强调立志立品，勤学读书，穷经通史，力戒抄袭请代和矜夸异毁。四十六年，总督萨载、山长钱大昕重定书院规条。书院课程初以科举诗文为主，乾、道间主院事者多欲改之。卢文弨任山长时，曾精选少年新生专习古文，不课时文，以图院生潜心经学，未果。钱大昕掌教其间，教士以通经读史为先，并于此写成《廿二史考异》。姚鼐自乾隆五十五年起先后在此主讲达二十年，其间以古文义法教授生徒，弟子知名者甚众。其后朱珔、胡培翚、唐鉴分别以经解诗赋、经世之学及程朱理学试士，风格各异，成就皆卓。道光九年（1829），布政使贺长龄筹款新建院中斋舍，并出所编《皇朝经世文编》以教士。太平天国时期停办。同治三年（1864），清军攻克南京后，由两江总督曾国藩重建。光绪七年（1881），总督刘坤一增修之。二十九年，改为江南高等学堂。

雍正元年，两江总督查弼纳奏请于南京兴建钟山书院，书院落成后，雍正帝于次年御赐"敦崇实学"匾额，为记此盛事，查弼纳乃命院生汤椿年收集资料以志书院原始，遂于雍正三年纂成此志。

是书半页九行，行十八字，双行小注，白口，单鱼尾，左右双边。十六卷首一卷，前有查弼纳序。卷首为钟山书院创建者之爵秩、姓氏和本志凡例。卷一为匾额，载雍正帝手书"敦崇实学"四字匾、两江总督查弼纳所撰颂词及大堂长联；卷二为图像，主要描绘书院布局及景色；卷三为形势，主要概述书院的地理位置及四处情况；卷四为创建，备述兴建书院的原由和其建立落成之经过；卷五为飏言，主要载书院培植人才之言及相关奏议；卷六为文告，择要选录创建钟山书院的檄行榜谕；卷七为延师，主要介绍书院山长、副山长的职责及延聘条件；卷八为养士，主要介绍诸生的生活安排及学优赏格；卷九为经籍，主要记录书院所藏之二十一种典籍；卷十为教条，主要记载书院所设之规章制度及教学内容和教学方法；卷十一为讲义，选录宋衡所作讲义二篇；卷十二至十五为艺文，主要载书院掌教、时贤文士及院生所作之启、记、颂、赋、诗、词等，汤椿年、汤永宽和金增等均有作品入选；卷十六为肄业诸生姓名，主要介绍书院的生员构成及来源。清同治《苏州府志》有著录。

是书为汤椿年所纂辑，其载与钟山书院创建、教学相关之文告、讲义以及院中师生所作之诗词歌赋等，甚为丰富，于研究清代钟山书院的建设及文学创作活动有重要的参考价值。（宗尧撰稿，刘金审稿）

《钟山书院课艺》一卷

清梁星海编，清光绪二十一年（1895）刊本。

梁鼎芬（1859—1919），字星海，号节庵，广东番禺人。晚清学者、藏书家。光绪六年进士，授编修。历任知府、按察使、布政使，曾因弹劾李鸿章，名震朝野。后应张之洞聘，主讲广东广雅书院和江苏钟山书院，为《昌言报》主笔。辛亥革命前有反帝主战思想。后任毓庆宫行走。著有《节庵先生遗诗》《节庵先生遗稿》等，编有《钟山书院课艺》。

钟山书院在江苏南京，有《钟山书院志》，已著录。

是书半页九行，行二十五字，左右双边，黑口，单鱼尾。前后无序跋。是书为钟山书院学生课艺优秀者之集锦，所收录者多为书院学生之八股文课艺，对于研究清代八股文与科举制有重要的参考价值。（王帅撰稿，肖啸审稿）

《学山尊经两书院志》不分卷

清李前泮等辑，清光绪十九年（1893）刻本。

李前泮，号思诚，清末湘军将领李续宜之孙，湖南湘乡人。光绪十四年监生，历官江苏安东县、高淳县、青浦县及浙江东阳县、奉化县、萧山县、归安县、新城县、浦江县、临海县、仁和县、永嘉县知县。纂有《奉化县志》，辑有《学山尊经两书院志》。

学山书院在江苏高淳。原名高淳书院。清道光八年（1828），知县许心源等建。一时名师齐集，瑰材辈出，人教之隆，于斯为盛。咸丰年间，毁于兵火，田地荒芜，室宇无存。同治二年（1863），邑人陶汝霖等捐款重修。十一年，地方官捐钱九百千以助学，但因经费不足，未能延请山长，每年仅课试四次。光绪十五年，知县郭在铭率官绅捐资以充山长经费，遂延聘师长，招生肄业，又借书院斋舍建尊经书院，并于院中置图书数千卷以资探讨。十九年，知县李前泮等重修《学山尊经两书院志》。三十年，改为高淳县小学堂。

尊经书院在江苏高淳。清嘉庆十年（1805），总督铁保、布政使康基田于原县学尊经阁旧址创建。咸丰年间毁于兵，光绪年间借学山书院斋舍重建。光绪年间，曾聘黄云鹄、张仲炘为山长。院中除师课外，官课由知府、布政使、巡抚等命题，有课艺刊行于世。清末先后改为尊经校士馆及师范传习所。

《学山书院志》初修于道光十七年，《尊经书院志》初修于光绪十五年。光绪十九年，邑绅感念两书院作育人才之功绩及先贤缔造书院之艰难，为彰前人创设庠序之功绩，遂将两书院旧志合并重修，并请知县李前泮署名和作序。

是书前、后为《学山书院志》，中为《尊经书院志》，书前有李前泮序。《学山书院志》半页十行，行二十四字，双行小注，白口，单鱼尾，四周单边。不分卷，前有许心源、贺长龄、吴廷辅序。内容主要有学山书院全图及楹联、道光至光绪年间兴建书院及创修院志者名单、卢麟珍《学山书院志》、许心源《创建学山书院记》《观风告示》《劝捐书院启》《劝捐书院通禀》《上贺藩宪禀》、陶汝霖《重建学山书院记》及《学山书院规条》《学山尊经两书院藏书目录》《学山书院房业基址号数》《学山书院田地号数》《育婴堂田地号数》《幼孩局田地号数》《惜字局田地号数》等。《尊经书院志》半页九行，行二十三字，双行小注，白口，单鱼尾，四周单边。不分卷，前有陶在铭序。内容主要包括《尊经书院章程》《尊经书院学规》。

此书前、后的《学山书院志》与中间的《尊经书院志》在版式、字体上多有不同，当为不同版。究其原因，盖光绪十九年高淳邑绅主要重修的为《学山书院志》，在重修时将光绪十五年后两书院的共同内容一并归入，置于两书院合志之后。《尊经书院志》因修成之日尚短，其实并未重修，只是将旧版内容刊印后添入合志之中，此应为其书中、前、后版式不一之原因。

是书为李前泮等所辑，其载清代学山、尊经两书院的文告公启、学规章程、产业号数等，甚为丰富，于研究清代学山、尊经两书院的建设及教学活动有重要的参考价值。（宗尧撰稿，刘金审稿）

《东林书院志》二卷续志一卷附一卷

明严珏辑，续志一卷为高世泰辑，清康熙年间刻本。

严珏，字佩之，号生轩，江苏无锡人。家贫好学，终生未仕。入清，屏迹不出。长于经学，尤其精于易学和春秋学。其学崇尚高攀龙，曾讲学于东林。编有《高宗宪年谱》《高子节要》《东林书院志》等，著有《生轩易说》《易同》《春秋论》《春秋集说》《尚书讲义》《四书讲义》等。

高世泰（1604—1676），字汇旃，号石屋，江苏无锡人。高攀龙从子，少侍攀龙讲席，笃守家学。明崇祯十年（1637）进士，官至湖广提学佥事，入清不仕。晚年以赓续东林为己任，葺道南祠、丽泽堂于梁溪，与从子愈等讲习其中，恽日初曾习礼其间。著有《五朝三楚文献录》等。

东林书院位于江苏无锡老城区东门内，北宋徽宗政和元年（1111）创建。宋儒杨时寓居毗陵（今江苏常州）时，曾与邹浩等人讲学于东林，凡十八年，遂名东林书院。后岁久颓圮。万历三十二年（1604），顾宪成、顾允成在杨时讲学原址上重新修复书院，并与高攀龙先后主书院讲席。天启五年（1625），魏忠贤毁书院，东林亦未能幸免。崇祯元年（1628），御史刘士佐请复天下书院，得旨允行，于是吴桂森于次年重建东林丽泽堂，又建来复斋，并居中主持讲学。其后虽讲学时盛，但均未能复其旧观。清代各朝继续修葺，书院渐恢复原貌。清光绪二十八年（1902），书院改为学堂，后又改为东林小学。一九四七年，无锡地方各界人士捐资对东林书院所存建筑进行了全面修葺。二〇〇六年六月，东林书院入选全国第六批重点文物保护单位。

是书半页九行，行十九字，双行小注，四周单边，白口，无鱼尾。凡二卷，卷首有严珏《东林书院志序》、姚宗典《东林书院志序》、刘元珍《东林志原序》及《东林书院志凡例》十二条。上卷列沿革、建置、先贤、祀典、公移；下卷为文翰、院规、灾祥、典守、义输、轶事，末附《两东林辨》《东林或问》。续志一卷，前有吴兴祚《东林书院志序》及华允谊《东林续志序》。续志的内容主要为各类记文及和韵等。清阮元《文选楼藏书记》及姚观元《清代禁毁书目四种》有著录。（刘金撰稿，宗尧审稿）

《东林书院志》二十二卷

清高𨰖、高崖、许献等辑，清光绪七年（1881）重刻本。

高𨰖（1674—1748），字象郝，江苏无锡人。高攀龙三世族孙。

高崖（1666—1742），字象姚，无锡江苏无锡人。高攀龙之孙。

许献，字乡三，江苏无锡人。

东林书院位于江苏无锡老城区东门内，有《东林书院志》，已著录。

东林书院志始于明万历四十二年（1614）刘元珍所作《东林书院志》两卷，然书已成稿，惜未付梓。其后由严珏增成之，编为二卷及附录一卷。后又有高世泰补作续志。至雍正年间，方有东林名士高攀龙之裔孙高𨰖、高崖、高廷珍、高陛增而广之，辑为二十二卷，折衷于乡先生许献，而又有张师载、刁承祖、刁显祖为之鉴定，胡廷琦、胡慎为之参订，遂成大观。

是书半页十二行，行二十五字，双行小注，左右双边，白口，单鱼尾。书前有任兰枝、刁成祖、张师载、胡廷琦、胡慎、许献所作《东林书院志》序言，书后有高陛、高廷珍所作跋文，并有《东林书院志总目》详叙各卷次内容，且有凡例十二条。该志共二十二卷，卷一志建置，述书院历代兴废情况；卷二志院规，录《东林会约》及讲会规则等；卷三至卷六志会语，录顾宪成、高攀龙东林讲学之语；卷七至卷十二志列传，录杨时以下九十余人之传；卷十三志祀典；卷十四志公移；卷十五至卷十八志文翰，含记、序、引、题跋、书启、揭、赞、杂著、诗等；卷十九志典守；卷二十志著述，载东林书院历代学者之著作书目；卷二十一至卷二十二志轶事。《清文献通考》《四库全书总目》有著录。

是志编次得法，堪称详备。《列传》《文翰》增益颇多。其中《会语》卷，多为顾、高二贤讲学之语，微言大义从中可观。而四库馆臣对是志的评价为"意在博搜广采，而体例冗杂颇甚，所附诸人，又多牵附。不特孙承泽滥厕其间。即宋荦平生，亦仅刻意于文章，未尝闻其讲学也。"所论有失公允。（刘金撰稿，宗尧审稿）

《东坡书院志略》二卷

清崔书黼辑，清道光二十九年（1849）刻本。

崔书黼（1813—1870），字仲纶，荆溪（今江苏宜兴）人。道光时副贡。博诵勤思，著述甚富。晚嗜金石，以善书称。

东坡书院在江苏宜兴蜀山。宋代文学家苏轼客居宜兴之时，爱其山，以其似蜀，故取名蜀山，并拟筑"楚颂亭"，买田种桂于此。明弘治年间，侍郎沈晖创建书院祀苏轼，置地三十余亩，李东阳为之记。清康熙七年（1668）重修。乾隆二十四年（1759），宜兴知县乔守仁、荆溪知县陈廷柱奉巡抚陈宏谋建院课士檄，就蜀山修理堂斋，延师讲课。潘承权首助千金，余费悉邑人士输纳。然肄业者畏东溪之险，就课寥寥。三十三年移入城内，借尊经阁、明伦堂居之。因经费不支，旋废。四十六年，宜兴知县袁知、荆溪知县马世观清厘旧业余资，于西郊会真庵旁购置地产，增建书室厨房，上宪题为"蜀山书院"。乾隆六十年改名阳羡书院，摹勒东坡先生真像于讲堂左偏，山长韩是升作记。后又改为东坡书院。道光十一年又加修整。二十八年，县令高篙渔倡捐经费。次年，邑人崔书黼恐后人久而忘却书院前后兴废，乃统辑古今碑刻及前人诗歌记载，兼及榜书楹帖，并苏轼来宜事迹、年谱、词翰等，辑《东坡书院志略》，使后之人知前贤之文章气节，以风励后进。咸丰间，书院被焚。光绪八年（1882），当地二十四家望族合资重建。三十二年改为"东坡高等小学堂"，后改为"东坡小学"。今院舍尚存，辟为省级文物保护单位，对外开放。

是志半页九行，行二十二字，白口，单鱼尾，四周单边。分前、后二卷，篇幅短小。无目录、凡例，书前有崔书黼自序。前卷辑苏轼来宜之词翰、事迹与交游，附众人之考辨及评述，对研究苏轼的文学、行迹大有裨益。后卷收录后人有关书院的碑记、启、呈、跋、诗、词、题额、楹联，后有附录，是研究东坡书院不可或缺的第一手材料，值得重视。《江苏地方文献书目》有著录。(赵伟撰稿，刘艳伟审稿)

《南菁文钞》二集六卷

清黄以周编，清光绪二十年（1894）刊本。

黄以周（1828—1899），本名元同，后改以周，以元同为字，号儆季。浙江定海人。同治九年（1870）中举，历任遂昌、海盐县训导，处州府学教授，特荐加为内阁中书。应江苏督学黄体芳之请，主讲江阴南菁书院十五年，为学躬法南宋吕祖谦、朱熹，教以博文约礼、实事求是，治学道高而不拘于汉宋门户之见。撰《礼书通故》一百卷。考释古代礼制、学制、国封、职官、田赋、乐律、刑法、名物、占卜等，纠正旧注颇多谬误。又著有《子思子辑解》《军礼司马法》《经训比义》《儆季杂著》等。

南菁书院在江苏江阴。清时江苏学政驻节江阴。光绪八年学政黄体芳倡议仿浙江诂经精舍例建书院，以救时文之弊，得两江总督左宗棠等支持。九年院舍落成，取朱熹"南方之学，得其南华"之义命名。十年开课。选通省举、贡、监生肄业其中。院中事宜由学政主之，张文虎、黄以周、缪荃荪、林熙山等先后掌教。崇尚实学，"以空腹高谈为耻"。祀郑玄、朱熹，调和汉宋。讲学"不关经传子史者黜不用，不关世道人心者黜不用，好以新奇之说、苛刻之见自炫而有乖经史本义事实者黜不用"。一洗旧习，不课举业，专课经古。经学附以性理之学，古学附以天文、算学、地舆、史论等，生徒分内、外、附三课，附课不计额，内课住院。初按"训诂词章"，后按"德行道艺、礼乐诗书、训诂"等学分斋，斋长后由学生担任。每年十课，优者给奖，优等卷汇编为文集出版，院中设藏书楼，调各省官书局所刊书籍贮其中。十二年学政王先谦奏准在院内设南菁书局，先后刊印《皇清经解续编》《南菁书院丛书》《南菁札记》等书。成就人才甚多，赵圣伟、陈庆年、唐文治、陈玉书、金松岑、丁福保、吴雅晖等均于此肄业。其学风在清末影响很大。二十四年始议改高等学堂，并将自管沙田试办农学，未果。二十八年学政奏改为江苏全省高等学堂，设学额百名，以课生充之。现为江阴南菁中学。

《南菁文钞二集》为递接《南菁讲舍文集》而编，距前者五年，选取规范与前本基本一致。

是书半页十一行，行二十一字，双行小注，左右双边，黑口，单鱼尾。凡六卷，书前有黄以周序。目录为卷一至卷六，前五卷为经解、考证、论说。题目如《释坤二爻义》《封人解》《氏族先后辨》《正名说》《读张皋文〈仪礼图〉》《汉丞相论》。卷六为赋、铭、箴、赞，题目如《王会赋》《著作林赋》《拟张孟阳〈剑阁铭〉》《口箴》《桓春卿赞》。此书版心与目录稍有出入，目录为卷一至卷六，而正文版心为集一至集六。另正文最前应为《南菁文钞文一》，刻板错为《南菁文钞文二》，读者不可不察。（王帅撰稿，肖啸审稿）

《南菁书院改办学堂章程》一卷，附《南菁学约》一卷

清王雅驯校刊，清光绪三十年（1904）刻本。

南菁书院在江苏江阴，有《南菁文钞》，已著录。

是书半页九行，行二十二字，四周双边，白口，单鱼尾。《南菁书院改办学堂章程》主要内容为江苏学政李殿林光绪二十七年所奏南菁书院改学堂试办章程，改学堂后所设课程、学约、读书日记拟式、办事规约、藏书楼约。

《南菁学约》主要内容有《开学试办简明条约》、日记条约、申定课程条约、南菁学堂甲辰年分班分课程度表说、南菁学堂甲辰年研究补习分科学程表等。其中对清末书院改学堂这一转变过程的记载价值颇高，是研究清末南菁书院及其课程、教学内容的重要文献。《中国古籍总目》有著录。（刘艳伟撰稿，赵伟审稿）

《紫阳书院题解》不分卷

清廖鸿章撰，清刻本。

是书不著撰人，据内容考证，当为廖鸿章所撰。廖鸿章（1701—1766），字羽明，号南崖，福建永定人，乾隆二年（1737）进士，入选翰林院庶吉士。经礼部侍郎沈德潜举荐，曾任苏州紫阳书院掌教。二十二年，高宗南巡，至紫阳书院，赐诗嘉许。作有《历代帝王巡幸图》，著有《南云书屋文集》《黎余诗草》《柴阳课艺》等。

紫阳书院在江苏苏州。康熙五十二年（1713），巡抚都御史张伯行建于府学尊经阁后，为士子肄业之所。康熙御书"学道还淳"匾。雍正三年（1725），江苏布政使鄂尔泰重修。乾隆十六年（1751），御书"白鹿遗规"匾。在陈祖范、王峻、沈德潜、钱大昕等名儒掌教下，书院成为乾嘉汉学重镇。咸丰十年（1860）毁于战火。同治十三年（1874），巡抚张树声重建，奏颁御书"通经致用"匾。光绪二十八年（1902），改名校士馆。三十一年，改为江苏师范学堂。

自雍正至嘉庆年间，紫阳书院历任掌教注重训诂、考据，反对浮华空虚学风。书院课试在八股之外，尤重博习经史辞章。"院长择其资禀优异者，将经学、史学、治术诸书，留心讲贯；以其余功，兼及对偶、声律之学。"该书即为乾隆年间书院山长廖鸿章倡导经史实学而作。

是书半页十行，行十八字，四周双边，白口，单鱼尾。首列乾隆所赐《过紫阳书院叠旧作韵》，后收《子使漆雕开仕对曰吾斯之未能信》《书吴廷实千乘考后》《师挚之始关雎之乱洋洋乎盈耳哉》《辨蒙引始终皆盛之说》《知者不惑勇者不惧》《述而不作信而好古》等十七篇课艺题解。解题之外，廖氏还因题详述个人见解。紫阳书院每月官课、师课各一次，考课内容除时文、试帖外，还广泛涉及经史、舆地、金石、策问、论议等。因课卷已佚，是书为窥见乾隆年间紫阳书院学风的珍贵文献。遗憾的是该书有缺页，无序跋，未标明具体刊刻时间。（兰军撰稿，刘艳伟审稿）

《三近书院》一卷

不著纂人，清光绪刻本。

三近书院在江苏阳湖县。同治战乱，"先正典型湮没殆尽，后进辈出无所师承"，于是乡人毛逸云、恽子贞等人请求创立书院，光绪五年（1879），县令王小霞允准，设立三近书院。其后邑令梁鲲池将武阳盐公栈款项拨与书院，以作诸生膏火之用。但书院依旧入不敷出，经费艰难。光绪二十三年，县令张子密令各乡董将无主荒地查明出售，因离任未能实施，其后任知县高亮畴清查完毕，所得款项供书院使用。事蒇之后，刻书记其始末。

是书半页九行，行二十五字，四周双边，白口，单鱼尾。凡一卷。其主要内容为升西、从政二乡乡董及书院院董请求核查无主荒田售作书院经费的禀文、阳湖县知县高亮畴所发谕文，两乡乡董同书院院董、两乡各图图董所立合同，及所售土地清册，是了解基层书院经费来源、生存状态，乃至清末地方社会经济的重要史料。《中国古籍总目》有著录。（刘艳伟撰稿，赵伟审稿）

《龙城书院课艺》不分卷

清华世芳、缪荃孙编，清光绪二十七年（1901）刻本。

华世芳（1854—1905），字若溪，江苏无锡人。华蘅芳之弟。肄业南菁书院。光绪十一年拔贡，后应张之洞聘，充自强学堂算学教习。二十二年，主讲龙城书院，兼南菁、马洲二书院讲席。二十九年，应经济特科不第。三十年，充南洋公学总教习、商部高等实业学堂教习。著有《近代畴人著述记》《恒河沙管算草》《龙城书院课艺》《勾股三角》等。

缪荃孙（1844—1919），字炎之，号筱珊，世称艺风先生，江苏江阴人。同治六年（1867）举人，光绪二年进士。历官翰林院编修、国史馆总纂。先后掌教南菁、泺源、钟山、龙城等书院，创办三江师范学堂、江南图书馆和京师图书馆。民国时期任清史馆总裁。著有《艺风堂文集》《艺风堂读书记》《艺风堂藏书记》等。

龙城书院在江苏常州。明万历年间知府施观民始建。清乾隆十九年（1754），知府宋楚望移建至城内先贤祠。五十四年，卢文绍掌教，"从游者极一时之俊"，其教学以识字为先，专经课古，尤重《说文解字》。肄业有成者有李兆洛、臧在东、顾子明等。同治四年，知府扎克丹续修。光绪二十一年至二十二年，知府有泰重修，设经古精舍与致用精舍。二十八年，改为武阳公立小学堂。

有泰来任常州知府时，龙城书院已是"流风渐沫，院宇尘封"，他感叹乾隆间卢文绍讲学盛况，因而有重修书院之举。书院重修后，设精舍二，一曰经古，"导源于经史词章"；二曰致用，"博习乎舆地算学"。又延请缪荃孙、华士芳两位学者分主讲席，招致生徒，广置图书，"远绍安定之绪，进师文达之规"。为"开通智识，作育人材"，乃选定课艺，编录成册，成此《课艺》。

是书半页十行，行二十五字，左右双边，黑口，单鱼尾。书前有有泰序文一篇、凡例五则。全书分为两部分，总计收入课艺三百七十九篇。第一部分为经古精舍所选之经古、词章两类课艺，分列目录，首题"山长华、缪鉴定"。经史部分收录课艺七十九题八十九篇，题如《为之者疾解》《秦孝公令宾客群臣出奇计彊秦论》《秦始皇明太祖合论》；词章部分收录九十六题一百三十篇，题如《大徐小篆徐熙竹赋》《雠书赋》《长孙无忌论》《读白鹿洞教条》。第二部分为致用精舍所录之舆地、算学两类课艺，分列目录，首题"山长华鉴定"。舆地收录六十七题七十四篇，题如《迁都议》《书顾亭林形势论后》《地理学讲义书后》；算学收录五十九题八十六篇，题如《春分日于北极》《三角形大腰一百七十尺》《象限形内容相切相等三员》。全书所收皆为光绪二十二年至二十七年课卷，每类内容均按丙申、丁酉、戊戌、己亥、庚子、辛丑分年编次，每篇之后皆有山长评语。卷后均有"刊误"，亦按年份排列，"各以类从，以便检阅"。是书体例完备，编排规整，对于清末书院与学术的研究有极高的史料价值。（肖啸撰稿，赵伟审稿）

《观海书院出案底薄》一卷

清潘德舆编，清道光十七年（1837）行书手稿本。

潘德舆（1785—1839），字彦辅，号四农。别号念石人、念重学人、三录居士、艮庭居士。山阳（今江苏淮安）人。道光八年戊子科乡举第一人，十五年在京大挑一等，分发安徽后补知县。晚年主讲观海书院、清涟书院。十九年病逝于车桥。著有《养一斋集》，与同邑丁宴、鲁一同齐名，弟子以鲁一同最著名。

观海书院在江苏阜宁县城内东南隅。康熙中，海防同知郎文煌以南门外废五通庙改为观澜书院，后废毁。乾隆中，知县李元奋以西门外紫阳庵改为紫阳书院，乾隆四十年（1775）迁紫阳书院至观澜书院旧址，改设为观海书院。书院落成后设有讲会，阜宁令张云桥邀丁宴、潘德舆来此主学讲习。

书院建成后，遵循书院旧制，当有出案底薄记录诸生之出勤、成绩、奖金等各项事务，则出勤之完成、成绩之优劣、奖金之有无多寡有据可考，于是遂为此薄。

是书全页六行，行十五字（手写本无具体版式），凡一卷。书前有罗才常序及潘德舆自序。潘氏手录历次课题及出案名次等，皆为日常琐碎之事，读之于当日学制，可得其鳞爪。对于研究清代书院课题、书院诸生姓名考有一定的积极意义。（张峰撰稿，王帅审稿）

《宝晋书院志》十一卷

清贵中孚编、赵佑宸等续编，清光绪二年（1876）重刻本。

贵中孚，字信之，湖南武陵（今常德市）人。乾隆九年（1744）举人，初任丹徒知县，后官至广西桂平梧郁道。编有《丹徒县志》。

赵佑宸（1817—1886），字粹甫，浙江鄞县（今宁波市）人。咸丰六年（1856）进士，选翰林院庶吉士，授编修。历官江苏镇江知府、大理寺卿。著有《平安如意室诗抄》。

宝晋书院在江苏丹徒。丹徒北固山麓海岳庵原为宋书法家米芾修学之所，内建有宝晋斋。清康熙四十四年（1705），圣祖南巡至此，御书"宝晋遗踪"额。乾隆二十八年，知县贵中孚因其旧址，建为书院，名曰"宝晋"，规条则仿朱熹《白鹿洞学规》。五十年，郡守周樽重葺，规模渐增。咸丰三年，毁于兵。光绪二年重建，但因经费不足，规模远逊于前。

乾隆二十九年，丹徒知县贵中孚尝辑《宝晋书院志》，至乾隆五十年由镇江知府周樽编撰成书，五十三年知府汪志伊对其重修。光绪二年，镇江知府赵佑宸应儒生张锡琳、杨鸣相之请，修葺书院，并续修书院志，光绪四年工竣，书院志亦刊板行世。

是书半页十行，行二十字，双行小注，行二十字，左右双边，黑口，单鱼尾。凡十一卷，书前有赵佑宸《重修宝晋书院志序》、周樽《宝晋书院志原序》及凡例。卷一志建置；卷二志形胜；卷三志科第；卷四志规条；卷五至卷七志经费；卷八志古迹；卷九至卷十一志艺文。清末刘锦藻《清续文献通考》及今人《中国古籍总目》有著录。

是志历经数次编修，内容详尽，体例完备。对书院沿革、田租、经费、呈请公文、及第生员名氏及赋颂诗文等记载颇详，为研究宝晋书院之重要史料。（刘金撰稿，宗尧审稿）

浙　江

《杭州三书院纪略》四卷末一卷

清王同编，清抄稿本。

王同（1839—1903），字同伯，号肖兰，晚号吕庐老人，仁和（今浙江杭州）人。光绪三年（1877）进士，官至刑部主事，编有《杭州三书院纪略》，著有《吕庐文集》《说文诗书同异考》《校勘金石随笔》等。

敷文书院在浙江杭州。原名万松书院、太和书院。明弘治十一年（1498）浙江右参政周木建，因居于凤凰山万松岭，故名"万松"。规模略如学宫，有仰圣门、大成殿、明道堂、毓秀阁、飞跃轩、居仁斋、颜乐亭、由义斋、曾唯亭等。聘衢州孔子五十八代孙孔绩奉祀事，以朱熹《白鹿洞书院揭示》为学规。后圮。正德十六年（1521），巡抚唐凤仪重修，增建廊房五间。嘉靖四年（1525），巡抚潘景哲扩充斋舍为三十六楹。三十三年，杭州知府孙孟重建明伦堂，翼以居仁、由义二斋。万历五年（1577），巡抚马应梦建继道堂，翼以穷理、居敬二斋，增祀周敦颐、程颢、程颐、张载、朱熹五子。八年，张居正毁天下书院，巡抚谢师启、提学佥事乔因阜等奏"祀先圣"得免。康熙十年（1671），巡抚范承谟改名太和书院。五十五年，巡抚徐元梦又重修，圣祖玄烨题"浙水敷文"匾额，遂改名"敷文"。雍正十一年（1733），敕为省城书院。乾隆十六年（1751），高宗弘历巡临，又赐书题诗，名盛一时。道光十六年（1836），增设孝廉月课。咸丰十一年（1861），毁于兵火。同治五年（1866）重建，后至光绪年间，虽多次修葺，但因僻处山间，人烟稀少，渐圮。光绪十八年，巡抚崧骏、布政使刘树棠筹款购城东葵巷沈氏房屋，重修改建，称"敷文讲学之庐"。原万松岭旧址作为古迹留存。

崇文书院在浙江杭州。明万历二十七年，巡盐御史叶永盛建，祀朱熹。清康熙二十二年，歙县诸生汪秦镏倡修。四十四年，圣祖南巡，御题"正学阐教"，榜曰"崇文"。雍正十一年，盐道张若震新之，疏其泉为月池，中为飨堂，辟其左为亭，敬摹御书勒石，后为敬修堂，再后为诸生斋舍，延进士施学川为山长，诸生云集，会而课者月至三四百人，张亲为品题，优其奖赏。乾隆八年，巡抚常安重修，其后按察使徐恕、运使阿林保俱相继修葺。二十四年，盐道原衷戴于崇文、紫阳两书院设膏火、严课程、遴委监院。嘉庆五年，盐政延丰复加修葺。道光十八年，巡抚乌尔恭额重修，邑人胡敬主讲，又购得隙地，濒湖起楼曰"仰山"。二十六年，巡抚梁宝常重修。咸丰十一年，毁于兵。同治四年，布政使蒋益澧重建。六年，布政使杨昌濬复加修葺。光绪元年，重修斋舍。五年，布政使卢定熏重修，祀前布政使蒋益澧于西斋，额曰"食旧德斋"。六年，布政使德馨重修。二十八年，改为钱塘县小学堂。

紫阳书院在浙江杭州。清康熙四十二年，两浙都转运盐使高熊征及盐商汪鸣瑞等建，初名紫阳别墅，后改为紫阳书院，为商籍子弟会文和祀朱熹之所。学规一秉白鹿洞条规，严订课程，朝稽夕考。雍正三年，乾隆三十八年、五十七年，屡经修葺。嘉庆二年（1797），学政阮元增建校经亭。八年，因生徒日增，席不敷坐，盐运使延丰又建观澜楼五楹。咸丰十一年，毁于兵。同治四年，布政使蒋益澧重修。次年按察使杨昌浚、运使高卿培请于巡抚兼管两浙盐政马新贻，出公努增屋二十一楹，以居生徒。光绪二十八年，改为仁和县小学堂。

光绪十八年，浙江巡抚崧骏、布政使刘树棠迁修敷文书院，事毕，为记浙省府官员兴修书院之功绩，遂集杭州敷文、崇文、紫阳三书院之史料以志之。

是书半页十行，行十七字，双行小注，左右双边，黑口，单鱼尾。四卷末一卷，前后无序跋。卷一为图说略；卷二为纪文略；卷三志纪诗略；卷四为院长纪略；卷末为考古略，其主要内容为杭州三书院变迁经历。

是书为王同所编，其记杭州三书院历代兴废和清代管理情况，甚为详细。

《院长纪略》部分载三书院可考之院长生平事迹，于研究清代教育史价值尤著。

本书原为抄本，字迹不甚工整。卷末因备用故，未经整理，文字潦草，舛误较多，乃未定之稿，读者当明辨之。（宗尧撰稿，刘金审稿）

《敷文书院志略》一卷

魏颂唐编，民国二十五年（1936）排印本。

魏颂唐（1885—1967），名庆萱，字祖同，浙江绍兴人。清光绪三十三年（1907）入北京计馆，毕业后任清度支部主事。民国改元，分发湖北省任用县知事，历任湖北省财政厅科长、省长公署秘书，浙江省长公署财秘书主任，浙江省财政委员会兼秘书长，浙江财政学校校长。著有《财政学撮要》《浙江经济纪略》《浙江财政纪略》《浙江地政概要》《魏颂唐偶存稿》，编有《魏文节遗书》。

敷文书院在浙江杭州。唐时为报恩寺，建于贞元年间（785—804）。明弘治十一年（1498），浙江右参政周木改宋时寺院废基为万松书院，祀圣孔子。规模略如学宫：中有仰圣门、大成殿、明道堂、毓秀阁、飞跃轩；右有居仁斋、颜乐亭；左有由义斋、曾唯亭。祭田祭器齐备，为他书院所不及。聘衢州孔子五十八代孙孔绩奉祀事。针对士人"驰骛于记诵词章"而"不复知有明伦之意"的弊端，教学以明五伦为宗旨，以朱熹《白鹿洞书院揭示》为学规。正德十六年（1521），巡抚唐凤仪重修。嘉靖四年（1525），巡抚潘景哲扩充增修，王阳明做记。斋舍为三十六楹。三十三年，杭州知府孙孟重建明伦堂，翼以居仁、由义二斋。万历八年（1580），张居正诏毁天下书院，巡按御史谢师启、提学金事乔因皋以"万松书院祀先圣，不当概毁"得免。清康熙四十五年（1706）重修，康熙皇帝为书院题写"浙水敷文"匾额，遂改称为敷文书院。并增构存诚阁，藏颁《故渊鉴》《渊鉴类函》《周易析中》《朱子全书》等书。雍正十一年（1733）敕为省城书院。乾隆十六年（1751），乾隆巡临，又赐书题诗，名盛一时。咸丰十一年（1861）毁于兵火。同治五年（1866）重建，后至光绪年间，渐圮。光绪十八年（1892），巡抚崧骏、布政使刘树棠筹款购城东葵巷沈氏房屋，重修改建，称"敷文讲学之庐"。原万松岭旧址作为古迹留存。现遗址尚存有"万世师表"四字的牌坊一座和刻有"至圣先师孔子像"的石碑等物。

魏颂唐民国时为发展经济学教育，推行经济救国之策，遂于敷文书院遗址改建财务学校。为纪念敷文书院为国造士，魏氏采集诸志及碑记、图画、诗文、记述，辑为书院志略一书。

是书半页十二行，行三十二字，单行小注，四周双边，黑口，单鱼尾。凡一卷，无序跋，无目录。内容分四部分：一为记述，二为碑文，三为题咏，四为附录。虽以文人题咏为多，但亦记叙了书院历史沿革与教学情况，于研究明清诗文与地方文化有较大参考价值。（王帅撰稿，肖啸审稿）

《诂经精舍文集》十四卷

清阮元手订，清嘉庆六年（1801）刻本。

阮元（1764—1849），字伯元，号云台（或芸台），又号雷塘庵主、揅经老人、怡性老人等，江苏仪征人。乾隆五十四年（1789）进士，选翰林院庶吉士，授编修，擢少詹事，历官山东、浙江学政，兵、礼、户、工等部侍郎，浙江、江西、河南巡抚，湖广、两广、云贵总督，道光朝拜体仁阁大学士，致仕，加太傅，谥文达。于道光五年（1800）创建诂经精舍。著有《揅经室集》《揅经室诗录》《南北书派论》《北碑南帖论》，编有《诂经精舍文集》《广陵诗事》《两浙輶轩录》《皇清经解》《十三经校勘记》《经籍籑诂》《皇清经解》《畴人传》《浙江通志》《广东通志》《积古斋钟鼎彝器款识》《两浙金石志》《山左金石志》《文选楼丛书》等。《清史稿》有传。

诂经精舍在浙江杭州。清嘉庆五年，浙江巡抚阮元建。原为阮任浙江学政时遴选浙士编纂《经籍籑诂》之地。立教以穷经致用、实事求是为旨，祀东汉许慎、郑玄。课程以经史、小学、天文、地理、算法、词章为内容，一变宋以来专习理学之风。十三年，浙江乡试舞弊案发，阮元因袒护监考官刘凤诰被革职，其离浙后，精舍因无人主持，又无经费，遂停废近二十年。道光四年，原精舍肄业生、嘉庆十年会元、曾任侍讲学士胡敬呈请浙江巡抚、布政使等修缮精舍。十年，巡抚帅承瀛、富呢扬阿复加修葺，并定生徒员额，分内、外课生，加课试，始渐中兴。咸丰年间，太平军攻占杭州，再次停办。同治五年（1866），布政使蒋益澧捐俸重建，并购四部书一千三百册藏之。光绪十二年（1886），第一楼遭大火毁，次年改建许、郑祠，于旧址增建式古堂为诸生讲习所。历任掌教者有王昶、孙星衍、俞樾、黄体芳、谭献、汪鸣銮等，以俞为时最久，蝉联达三十一年。二十三年，浙江巡抚廖寿丰奏将杭州敷文、崇文、紫阳、诂经、学海、东城等六所书院酌筹改并，另设专课中西实学的求是书院，精舍大受影响。三十年停办。

　　嘉庆五年初，阮元任浙江巡抚，于是年创建诂经精舍，择全省十一府聪颖好学之士，就学其中，平日研习经典兼治诗古文辞，两年后，得文章若干卷，元乃按其内容相近者，加以裁别，遂成此集。

　　是书半页十行，行二十字，双行小注，四周双边，白口，单鱼尾。凡十四卷，书前有许宗彦序、孙星衍记。卷一至卷十二为经史论文，包括《两汉经师家法考》《六朝经术流派论》《唐孔颖达五经义疏得失论》《论语一贯说》《大衍之数五十其用四十有九论》《春秋异文解》《〈史记·孔子世家〉弟子列传正误》《纬侯不起于哀平辨》《南宋中兴四将论》《周代书册制度考》《西汉陶陵鼎考》《汉唐以来书籍制度考》等文章二百二十篇及《策问》一卷；卷十三、卷十四为诗作，有《册封琉球诗》《题刘松年南宋中兴四将图歌》《两浙輶轩录题词》《方镜》《茗花》等诗歌九十二首。清丁立中《八千卷楼书目》有著录。

　　是书为阮元手订，其载清代诂经精舍师生经史文赋之作，甚为丰富，于研究清代诂经精舍的学术研讨及教学活动有一定的参考价值。

　　关于诂经精舍的创建时间，《中国书院辞典》《中国书院楹联》《儒藏·史部·学校史志》《教育大辞书》《阮元年谱》《哲学大辞典（修订本）》《中国书名释义大辞典》等皆作嘉庆六年，《中国教育百科全书》作嘉庆八年，《孔子百科辞典》及民国《杭州府志》《阮元研究论文选》《儒家大学堂：长江流域的古代书院》作嘉庆五年。查之原志，许宗彦前序称，阮元立诂经精舍后，阅两年得文集若干，乃手订此集。因宗彦此序作于嘉庆六年十月，以两年之期计之，精舍创建时间必早于嘉庆六年，且志中阮元《西湖诂经精舍记》明确记载精舍供奉许慎、郑玄二先贤木主的时间为嘉庆五年五月，故从五年之说。（宗尧撰稿，刘金审稿）

《诂经精舍文续集》八卷

清罗文俊手订，清同治十二年（1873）重刻本。

罗文俊（1789—1850），字泰瞻，号萝村，亦号罗屯，广东南海绿潭堡人。道光二年（1822）进士，历官翰林院侍讲学士、侍读学士，通政司副使，詹事府詹事，内阁学士兼礼部侍郎，工部左侍郎等，著有《绿萝书屋文集》。

诂经精舍在浙江杭州，有《诂经精文集》，已著录。

道光十年，富呢扬阿抚浙后重开精舍，复行课试，一时经术较优、词华兼茂者纷聚其中，十余年间佳作盈集，虑课卷多有散佚，遂合所存诸生课艺校定之，而成是集。

是书半页十行，行二十字，双行小注，四周双边，白口，单鱼尾。凡八卷，书前有吴棠、刘韵珂、胡敬序。卷一至卷三为经史论文，卷四至卷八为诗赋，其主要内容为诂经精舍诸生经史文赋之作。清丁立中《八千卷楼书目》有著录。

是书为罗文俊手订，其记晚清诂经精舍课艺，甚为丰富。经史论文部分记肄业诸生对儒家经典和历史人物的评论文章，于研究晚清学术史、思想史价值尤著。（宗尧撰稿，刘金审稿）

《诂经精舍三集》九卷

清俞樾编次。本书分两部分：《诂经精舍三集（戊辰）》二卷，清同治七年（1868）官师课合刻本；《诂经精舍三集（己巳）》二卷、《诂经精舍三集辞赋》三卷、《诂经精舍三集经解》二卷，清同治八年官师课合刻本。

俞樾（1821—1907），字荫甫，号曲园，浙江德清人，道光三十年（1850）进士，官至河南学政，著有《古书疑义举例》《群经平议》《诸子平议》等。

诂经精舍在浙江杭州，有《诂经精舍文集》，已著录。

咸丰末，浙江书院皆毁于兵，及马新贻抚浙，诸书院以次修复，颜宗仪遂主讲于诂经精舍，讲院既兴，学者弥盛，作者如林，佳篇频出，颜公乃为择其雅者，锓板以传。

是书半页十三行，行二十二字，双行小注，左右双边，白口，双鱼尾。凡九卷，前有马新贻序。各卷均为课试文章，其主要内容为诂经精舍诸生对儒家经典的阐释文章和诗赋作品。清丁立中《八千卷楼书目》有著录。

是书为俞樾所编，其记晚清诂经精舍诸生课艺，甚为丰富。《孔子生日考》《孟荀董杨四子言性优劣论》等文章中探讨孔子生日和评论孟子、荀子等心性论的内容，于研究晚清学术史、思想史价值尤著。（宗尧撰稿，刘金审稿）

《诂经精舍自课文》二卷

清俞樾著，清光绪二十五年（1899）《第一楼丛书》本。

俞樾（1821—1907），字荫甫，号曲园，浙江德清人，道光三十年（1850）进士，官至河南学政，著有《古书疑义举例》《群经平议》《诸子平议》等。

诂经精舍在浙江杭州，有《诂经精舍文集》，已著录。

此为俞樾在诂经精舍中习作文字汇编。

是书半页十行，行二十一字，无注，左右双边，白口，单鱼尾。凡二卷，前后无序跋。卷一、卷二均为课文，其主要内容为俞樾对儒家经典的阐释解读文章。《清史稿·艺文志》、清丁立中《八千卷楼书目》有著录。

是书为俞樾所著，其记晚清俞樾之经史文论，甚为丰富。《纳于大麓解》《春秋是月解》等文章载其对"大麓""是月"等源出和含义的考证内容，于研究晚清学术史、思想史价值尤著。（宗尧撰稿，刘金审稿）

《申订诂经精舍规约》一卷

《申订诂经精舍规约》一卷，清瞿鸿禨纂，清光绪刻本。

瞿鸿禨（1850—1918），字子玖，一作子久，号止庵，晚号西岩老人，湖南善化（今湖南长沙）人。同治十年（1871）进士，后迁内阁学士、河南学政等职。庚子事变后，历任军机大臣兼政务处大臣、外务部尚书。光绪三十三年（1907），以直言忤西太后，被革职。

诂经精舍在浙江杭州，有《诂经精舍文集》，已著录。

光绪十二年，瞿鸿禨任浙江学政，兴复诂经精舍，并将阮元所订四条规约加以扩充刊刻，"但推孔氏盉各之义，粗立吾道卑迩之程"。

是书半页十行，行二十二字，四周双边，黑口，单鱼尾。凡一卷。其主要内容为瞿鸿禨所订诂经精舍课程、学要、申戒、考校四方面规条，是了解诂经经舍教学、考试等方面的重要史料。《中国古籍总目》有著录。（刘艳伟撰稿，赵伟审稿）

《宋平子留别杭州求是书院诸生诗》不分卷

宋恕撰，清光绪二十八年（1902）刻本。

宋恕（1862—1910），原名存礼，改名恕，又改名衡，字平子，号六斋，浙江平阳人。曾师从名儒孙锵鸣、俞樾。主张维新变法，设立议院，振兴工商，与陈虬、陈黼辰并称"浙东三杰"。晚年思想趋于保守，宣传"专制改进"说。曾在上海龙门书院、南京钟山书院、北洋水师学堂、上海求志书院任教。光绪二十七年主求是书院。时院生分六班，恕专课头班。取法象山，限规不立，经史子集，任择从事。孟冬辞讲席，诸生挽留，适患病未能成行。病痊，将至皖，因作诗八章留别诸生。三十一年，应山东巡抚杨士骧之聘，任山东学务处议员兼文案，致力推进山东教育。著有《宋恕集》。

求是书院在浙江杭州。光绪二十三年，浙江巡抚廖寿丰、杭州知府林启以杭州普慈寺改建。林自任总办，陆懋勋为监院，陈仲恕任文牍斋务。以务求实学，存是去非，培养"切于时用"人才为办学宗旨。书院开设国文、英文、数学、格致、化学、历史、地理、体操为必修课，另开日文等选修课。聘美国长老会传教士王令赓牧师为总教习，教授英文、格致、化学等课，陆康华、卢保仁等为教习，教授经史、算学，学制五年。第一届招收举贡生监三十名，入学者学膳费全免，并发有膏火。次年值戊戌变法，清廷令各省各府开办学堂，书院乃广收生徒，分设内、外两院。重视派遣学生出国留学。二十四年资送高材生何燮侯等四人赴日。二十七年，又派蒋尊簋等十八人赴日，开浙江官费派遣留学生之先声，亦为各省派遣留日学生之嚆矢。同年，改称浙江求是大学堂。次年又改称浙江大学堂。二十九年改名为浙江高等学堂，直至一九一四年六月停办。一九二八年复办后改称浙江大学。

是书半页十行，行二十字，白口，单鱼尾，四周单边。不分卷，前有宋恕自序。内有宋恕留别诗八首，有自注对文句进行解释，并阐发自己的学术思想，以达"约素旨，申忠告"之意。其中对明遗民、日本儒学的论述颇有可观。末两首专举东汉以来浙江先哲名号事迹，以切勉诸生。是书虽是诗集，但其中的观点颇能反映宋恕的学术、教育思想。诗集先是印就一百份，分赠诸生并友人。随后索取者日多，乃加印五百册。二〇〇七年，浙江大学举办一百一十周年校庆，出版《百年求是丛书·学术浙大》一书，其中特意将此诗集列为首篇。编者认为："宋恕的这首长诗，虽然现在看来不属'学术论文'的范围，不过，如要追寻早年浙大——求是书院时期学长们的代表作，却非这首诗莫属。也就是说，所谓'求是'精神，最早就能体现在这首诗中。"（赵伟撰稿，刘艳伟审稿）

《杭州养正书塾规约、章程及课程表》一卷

不著撰人，清光绪二十五年（1899）朱印本。

光绪二十五年，杭州知府林启于圆通寺创办养正书塾。"养正"二字采《易经》中"蒙以养正，圣功也"之意，用以阐明"端童蒙之趣向，植人才之始基"的办学宗旨，是一所施以普通教育的新式学堂，其学业程度相当于中等性质。所设科目初为国文、小学、经学、修身、算术、历史、地理，后添设格致、体操、英文、音乐等，其经费从省城学堂经费项下拨给。光绪二十七年，改为杭州府中学堂。

是书半页九行，行十九字，四周单边，黑口，单鱼尾。凡一卷，卷首有杨文莹序文。其主要内容为养正书塾章程、规约、课程表，对书塾日常事务

管理、学生课程、考试制度记载甚详，是了解养正书塾历史及清末新式学堂教育、考试、管理等内容的重要史料。《中国古籍总目》有著录。（刘艳伟撰稿，赵伟审稿）

《四刻瀛山书院志》十卷首一卷

清方宏绶辑，清乾隆三十九年（1774）刊本。

方宏绶，字绂章，浙江遂安人。明方应时裔孙。

瀛山书院在浙江淳安。初为北宋熙宁年间詹安所建双桂书堂。位于县西北之银峰之麓，收詹氏群族子弟入学就读。詹安"躬教五子，皆登科第"，外地士子也慕名而"负笈往学焉"。淳熙二年（1175），因詹骙殿试第一而取"登瀛"之意，改银峰为瀛山，书堂亦更名瀛山书院。岁久倾圮。朱熹、张栻皆曾讲学于此。明隆庆三年（1569），知县周恪重建，屋舍二十四楹，中为格致堂，前为登瀛亭，后为三贤祠。后邑人方应时、方世义等捐田十余亩。岁久废。清顺治年间，知县高尔修、钱同䨱先后修葺，各捐田广祀。历经多次修复，有朱文公祠、詹先生祠、方先生祠、邑贤侯祠、乡先生祠、双桂堂、格致堂、大观亭、仰止亭、得源亭。岁久颓废。乾隆三十五年，知县闵鉴重修。入民国，一九二一年，知事吕敩亮倡资修建，并组文化委员会以促其成。知事姚桓和余永梁为修院主任，推汪心仁总其事。先建大观亭，续修院屋，开浚方塘。阅事五载，需费两千余金，董其事者达四十人。今仅存大观、得源二亭和半亩方塘遗址及朱熹《咏方塘诗》碑文（清代闵鉴重书）。

乾隆三十五年书院修复之后，知县闵鉴为纪念士绅捐资重修之盛事，又深感书院史志多所散佚，决定重修院志。于是命廪贡生方宏绶对书院史志进行第四次大规模汇编，遂成是志。

是书半页十行，行二十五字，双行小注，四周双边，黑口，单鱼尾。凡十卷首一卷。首一卷为闵鉴、钟元冶、毛绍睿、毛绍兰、方宏绶所撰新志序文，毛一公《瀛山志略旧序》，高尔修《三刻瀛山志原序》，余廉征《三刻瀛山志原序》。书后有章法、洪种茂、毛鹤龄、余泰基所撰跋文和方浦后序。卷一为形胜（山川、古迹）、营建、祀事；卷二为学规；卷三为朱子传；卷四为人物考；卷五为朱子书、祭文、诗；卷六为行状、碑、记、序；卷七为告文、启、呈、揭；卷八为题辞、篇、引、说、书后跋；卷九为诗；卷十为铭、颂、赋、诗余、杂纪，主要内容为各类文章诗词。清人黄虞稷《千顷堂书目》有著录。

《瀛山书院志》是第四次对瀛山书院史志的整理汇编，其中对瀛山书院的历史沿革、历代教学情况记载甚详。是书所载多为历代书院师生所写文章诗词，于地方文化研究有较大臂助。（王帅撰稿，肖啸审稿）

《六刻瀛山书院志》十卷首一卷

清方渐鸿等辑，清宣统二年（1910）格致堂刊本。

瀛山书院在浙江遂安县西北四十里。宋熙宁年间，邑人詹安辟建于山之冈，凿方塘于山麓。其孙詹仪之尝与朱熹往来论学于此，岁久圮。明隆庆三年（1569），知县周恪访先贤遗迹建书院，王畿作有记文，后为祠，祀朱熹、方仪之。清顺治年间，知县高尔修、钱周鼎先后修葺，各捐田广祀。其后多次修葺。至咸丰十一年（1861），书院被太平军焚毁。同治四年（1865），书院重建。直至民国初年，书院尚存。

是书半页十行，行二十字，四周双边，单鱼尾，白口。凡一卷，首一卷。首卷为新旧诸刻院志序文、新志凡例及先贤像赞、书院图等，卷一志形胜、营建、祭祀；卷二志学规；卷三为朱子传；卷四为邑贤侯考、乡先生考、流寓考；卷五收朱子与詹仪之书信及祭文；卷六收书院、三先生祠行状及与书院相关之记文；卷七收诸先生祭祀告文、重葺书院公文等；卷八收题辞、书后、跋等；卷九、卷十收诗作。《瀛山书院志》自明至清末凡六刻，此书集此前诸刻之大成，搜罗较备，内容宏富，其中"营建"记书院三百年来历史甚详备，可补史志之不足。"祀事"详载仪注、颂胙，为他志所罕见。至于志中所收诗作数百首，也不乏有价值者。是书《中国古籍总目》有著录。（刘艳伟撰稿，赵伟审稿）

《郧山书院志》不分卷

清佚名编，清光绪十六年（1890）活字本。

编者资料不详。

郧山书院在浙江鄞县。元大德二年（1298），乡儒赵寿建于城西，割田别居，奉祀朱熹。天历年间，山长郑绍拓新。至正年间，毛彝仲重建。教学内容取朱熹《四书集注》。著名山长有周棐等。袁桷曾为之作记。清《鄞县附郭水利图》上标有郧山书院河，可知其址在今宁波师范学校附小附近。光绪十三年，知县朱调繁等以城西偏僻故，乃于城中郧山街以戒香、定香二庵遗址改建以课士，有仪门、左右门房、明堂、正厅、讲堂、东厅、明轩、斋舍、山长居室等。凡鄞县生员、童生均可参加月课，课卷限制极严。三十二年，改名鄞县县立高等学堂。现为宁波市海曙区镇明中心小学。

光绪八年，朱友筌知鄞县，见书院颓圮，虑"无以培士气而振文风"，乃捐廉三千缗倡修之。此后数年，君不辞劳苦，筹措经费，选址规划，殚精竭虑。书院落成后，肄业诸士咸颂君德，请寿贞珉，为记朱令兴作之劳，遂有修志之议。

是书半页九行，行二十三字，双行小注，左右双边，白口，单鱼尾。不分卷，书前有徐振翰记。前后分别志书院重修始末、全图、额联、条规，案牍、清册等，其主要内容为书院案牍。

是书不知何人所编，其记清末郧山书院重修始末及经费来源尤详，《案牍》详列书院重建过程中各级公文档案，为一手史料，于研究清末教育史、文化史价值尤著。（宗尧撰稿，刘金审稿）

《仁文书院志》十一卷

明岳元声纂，岳和声订，明万历刻本。

岳元声（1557—1628），字之初，一字懈谷，号石帆，秀水人。岳飞后裔。受业于贺灿然，举万历十年（1582）乡试，次年成进士。历官旌德知县、国子监监丞、工部主事，以弹劾兵部尚书石星遭黜，乡居二十余年，与顾宪成、高攀龙讲学东林。天启初，起为太仆卿，迁南京兵部侍郎，以劾魏忠贤被罢。归里后创建天心书院，聚徒讲学。卒赠兵部尚书。著有《方言据》《易说》《易乘》《停封实记》《玄真诀要》《谭庄》《图书编》《增订皇明资治通纪》《天心书院志》等。岳和声（1569—？），字尔律，一字之律，号石梁，一号梁父，秀水人。元声弟。万历十九年举于乡，次年成进士，授汝阳知县，建中天书院。又升礼部员外郎，出庆远知府，迁福建提学副使，修葺共学书院。后以金都御史巡抚顺天。天启时起补延绥巡抚。著《餐微子集》《辛亥京察始末》《续骖鸾录》《平瀶广议》《观生堂杂著》《秀林语录》《共学书院志》等。

仁文书院在浙江嘉兴。明万历三十一年，知府车大任与知县郑振先以学宫窄隘，创仁文书院于府城西。建大门三楹，中通车盖。有仪门，亦三楹。拾级而上，为仁文堂，堂五楹。后为中堂，颜曰"绍明圣学"。再后为崇贤堂，亦五楹，中三楹祀薛瑄、陈白沙、胡居仁、王守仁四儒，东西二楹为寝室。其后崇贤祠增祀吴与弼、岳元声，改名六贤祠。生徒以嘉兴府、嘉兴县、秀水县生员为主，亦向平民开放，为浙中王门活动中心之一。次年，提学副使岳元声等大开讲会，订立讲规。又置办学田数百余亩，制定相应章程管理之。入清后渐废。乾隆二年（1737），其故址奉檄改建为岳忠武王庙。

是志半页八行，行十七字，白口，单鱼尾，四周单边。凡十一卷。前有江西道监察御史、郡人姚思仁序，岳和声自撰之答问、创建者之纪名亦并载于前。卷一为形胜，绘有书院与形胜图；卷二为建置，记书院建筑；卷三为先儒，列薛瑄、陈白沙、胡居仁与王守仁之传记；卷四为院规，"一准于白鹿洞所定，而无敢以己意窜入"，并列讲规于后；卷五为官师，录有功于书院之官员者八人，意在"咏菁莪而歌作人"；卷六为艺文，院记、告文、诗歌、联句分列于后；卷七为祀典，"存爱礼之意"；卷八为书籍，仅寥寥数语，"以志其始"；卷九为创建书院前后之公移；卷十为院田，记录了创置田、收院租、清稽查、明支给、酌支数、清册户、重主典、定祀礼、谨修理、慎请给、严看守十一项规章，可谓详备；卷十一为讲义，收陆九渊辨析义利之讲义并朱熹跋语。是志因书院初创未久，不少卷目，如书籍、讲语等不能详加记叙，仅是存有篇目以示其意。但其卷次繁富，立目详备，足见修志者功力，后世如若再修院志，只需用此体例加以丰富即可。奈何仁文书院入清后即学脉断绝，为可惜耳。《中国古籍总目》有著录。（赵伟撰稿，刘艳伟审稿）

《湖州爱山、安定两书院征信录》不分卷

不著纂人，清同治十年（1871）刻本。

爱山书院在浙江湖州。清乾隆十九年（1754），知府李堂就通判署废址建，设笃行、博学、审问、慎思、明辨五堂。因院址在爱山台下，遂名。后以肄业者日盛，加以扩建，教学循宋代胡瑗经义、治事分斋教学遗法。道光二十九年（1849），知府晏端书、同治初郡人沈丙莹等几次重修，后废。安定书院亦在浙江湖州。宋熙宁五年（1072），知州孙觉为胡安定建祠于州学右。淳祐五年（1245），知州蔡节于报恩坊官地扩大规模，礼请饶鲁、蔡沈讲学其中。元至元二十三年（1286），祠院为广化寺僧占据，书院废。明宣德初，都御史熊槩巡抚浙江，即故址重建。天顺元年（1457），参政黄誉改建，二年金事陈兰修。弘治至隆庆间屡有修葺。清康熙五十九年（1720），知府吴昌祚增修，乾隆二年，知府胡承谋捐俸重修，延师讲学，命七邑生童肄业其中，给以膏火。咸丰、同治年间，知府王有龄、胡泽沛、邑人高廉道、陆心源相继重修。

湖州地方士绅经理公众事业，有刊刻征信录传统，"所以昭示同人，俾有稽考"。郡人以爱山、安定两书院自同治四年兴复之后，一切出入款目未曾记录，于是有议修征信录之议。

是书半页九行，行二十二字，左右双边，白口，单鱼尾。不分卷，书前有湖州知府杨荣绪序文。征信录主要内容为同治四年至十年间两书院所有收支款项及相关章程，为记载爱山、安定两书院经济活动的重要文献，于研究清代地方书院教育经费问题大有裨益。《中国古籍总目》有著录。（刘艳伟撰稿，赵伟审稿）

《龙湖书院志》二卷

清乾隆三十四年（1769）张南英初刻，清同治四年（1865）余丽元续订本。

张南英（1702—1773），字北学，号渠西，别号中亭，平阳人。雍正十年

（1732）举人，十一年进士。晚年主讲本县崇正、龙湖书院。著《中亭集》。余丽元（？—1882），字东步，号介石，婺源人。咸丰元年（1851）举人，历官浙江浦江、平阳、仙居等地知县，以正兴文教为先。官平阳时重修龙湖、昆阳书院，暇辄至书院与诸生讲论，作《存诚说》《主敬说》以训诲诸生。

　　龙湖书院在浙江平阳。清乾隆三十一年，知县何子祥以原有之昆阳书院"有名无实"，于西门外龙湖旁别建书院，并定章程。知府李公即题名为"龙湖"。书院坐东朝西，中为讲堂，堂之前为卷篷，夹以室，各三楹。虑诸生不足以容，于西水门外之右为室七楹。造石桥，以达于讲堂。堂之左又为小讲堂，以充诵读会文之所。中讲堂额"存诚"，小讲堂额"主敬"，其台门则去书院约若干步。台门外湖中建有亭。又拨入田园二百余亩，为师生膳修膏火及岁修资。次年，聘张南英为山长，生童共若干人，分为内外课。同治四年，县令余丽元清合龙湖、昆阳两书院田亩，又加捐赠，并订书院章程。民国时改为女子高等小学校。

　　龙湖书院创建后，知县何子祥命山长张南英厘定"绅庶乐捐数目及书院章程，并撰入膏火田园若干"，为书院志，"以垂永久"。南英仿《浦阳志》体例，撰成《龙湖书院志》。同治初，知县余丽元访得南英旧志，再行续订。

　　是书半页十行，行二十字，白口，单鱼尾，左右双边。凡上下两卷。上卷大体抄录张南英旧志，无目录、凡例。首有何子祥、县丞萧采等人之序及张南英记。其后分纪建置、诗、记、题、章程、田产、义捐姓氏，同县昆阳书院、崇正书院、吾南书院、环青书院、逢源书院、文昌阁、社学等处的记文、条规附后，此可视作平阳一地教育文献汇编。下卷为后编，收录余丽元序、目录、章程、院规告示、存诚说、主敬说、昆阳书院落成记、逢源书院记、观风告示、考甄别告示、昆阳义学告示、公禀、留别箴言、论为学八则、论为文八则、诗文、政绩碑、记文，余丽元育婴堂序、禁溺女示等附后。下编表彰余丽元政绩之意明显。有缺页。《温州经籍志》有著录。（赵伟撰稿，刘艳伟审稿）

《龙湖书院征信录》不分卷

　　不著纂人，清刻本。

龙湖书院在浙江归安县菱湖镇。道光二十九年（1849），士绅卞斌、王钟仑募资创建，王姓、孙姓捐田。咸丰四年（1854），湖州知府王有龄增加经费，扩充取士名额。十年，粤匪肆扰，院课中止。同治三年（1864），浙江布政使蒋益沣驻军菱湖，乡绅沈锟、王宸褒等禀请兴复。光绪十六年（1890）因经费支绌，经乡绅朱炳熊、孙锡恩，监院孙仁翼等禀准拨款，十七年重修。因龙湖书院章程规定，"书院通年用款于次年正月齐集结清录账，实贴院壁，并逐年刻送征信录，以供众览"，于是有修征信录之举。

是书半页九行，行二十字，左右双边。不分卷。主要内容为同治、光绪两朝部分有关书院经费、考课事宜的公文、书院章程，及光绪十七至十九年间书院收支清单，对龙湖书院经费情况多有记载。其中光绪十七年至十九年书院收支清单，详列书院旧管、新收、开除、实在四项内容，对于了解清末基层书院办学经费问题尤为重要。《中国古籍总目》有著录。（刘艳伟撰稿，赵伟审稿）

《重浚东湖改建书院记》不分卷

不著纂人，清同治刻本。

是书所载，实为浙江临海县正学、东湖两书院创建的相关文献。明嘉靖二十一年（1542），知府周志伟、同知朱世忠、王廷干建书院于白云山麓，后圮。清道光五年（1825），知县程章及绅民等捐资重建，请进士宋仁华、包大成先后主讲席。后知府潘观藻又奉祀方孝孺于院中，遂改院名为正学书院，并拨近圣书院田亩以增师生束修膏火。咸丰十一年（1861）毁于战火。同治五年（1866），知府刘璈复建，邑绅傅兆兰董其事，延举人陈一鹤主讲席。光绪三十四年（1908），邓起枢改设六邑教育联合会，阅一年书院废。东湖书院亦在临海城内，康熙年间邑人合建，咸丰年间书院毁，同治八年郡守刘璈重建。

是书半页十行，行十九字，四周双边，白口，单鱼尾。其内容为刘璈任台州知府时疏浚东湖并改建东湖、正学书院的相关公文及上级官员批示、书院规条，以及刘璈《重浚东湖改建书院记》，是有关临海县东湖、正学两书

院创建过程、教学考课、经费管理等方面的一手史料。《中国古籍总目》有著录。（刘艳伟撰稿，赵伟审稿）

《五峰书院志》八卷首一卷

清程尚斐纂辑，民国二十五年（1936）重印清活字本。

程尚斐，字衙贤，浙江永康人。

五峰书院在浙江永康。因所处方岩寿山有固厚、瀑布、桃花、覆釜、鸡鸣五峰而得名。宋淳熙年间，朱熹、吕祖谦、陈亮、吕子阳等曾在固厚峰下石洞中读书讲学。庆元四年（1198），朱熹在此完成《大学章句集注》，洞中筑有讲台，台后洞壁有"兜率台"三字，系朱熹手笔。明正德年间，应典、程文德、李东溪、程梓、卢可久等曾在此共畅王守仁"良知之学"，应典建丽泽祠祀朱熹、吕祖谦、陈亮等。后知府陈受泉又命昌瑗创建正楼三楹，定名五峰书院，奉祀王守仁，以应典、程梓、卢可久配祀。明末，邑人周佑德筑易学斋于楼西，祀郡贤何基、王柏、许谦、章懋、金履祥，并以后学李祺、杜子光、周荣配祀。每年秋季，四方学者汇集，读书讲学其中。书院经费先由应典、程梓、卢可久等置田，以每年租谷收入充作集会开支。清乾隆之后，国运日衰，五峰书院逐渐蜕变为祭祀型书院。一九三六年，永康县名胜管理委员会曾对五峰书院进行简单修葺。一九三八年，浙江省政府搬至方岩办公，五峰书院被辟为省主席办公室。一九四三年，改为永康县立简易师范学校。一九五九年，改为永康师范学校。现为省重点文物保护单位。

乾隆四十五年（1780），程尚斐在众人的协助下重修五峰书院，一年后功成，为述宋元明理学之昌盛并载先贤讲学之事迹，遂将"理学渊源与夫书院颠末汇为一帙"，借以流示后人。

是书半页九行，行十八字，双行小注，四周单边，白口，单鱼尾。八卷首一卷，书前有程尚斐序，末有应望梧、程士英、卢德基跋。卷首为序、弁言、凡例，卷一志名胜；卷二志传略；卷三志附载传略；卷四、卷五志艺文；卷六志杂纪；卷七志赋、诗；卷八志建置。其主要内容为宋以来先贤在五峰书院讲学传道诸学术活动及与此有关之诗文。清《续文献通考》有著录。

是书为程尚斐所纂辑，《传略》和《杂纪》部分记宋明儒学家事迹与诗文尤详，于研究宋明学术史、思想史价值尤著。（宗尧撰稿，刘金审稿）

《东明书院志》不分卷

民国郑兴恺等编，民国十一年（1922）活字本。

郑兴恺，具体资料不详，编有《东明书院志》。

东明书院在浙江浦江。原名东明精舍，元初，青田尉郑德璋建，族中子弟年满十六岁者皆读书其中。后德璋子扩建，有屋二十楹，前堂后寝，东西两侧为成性、四勿、继善、九思四斋，另有问难所为敬轩，鼓琴处为琴轩，退息室为游泳轩。初聘吴莱主讲席。元统二年（1334），宋濂慕名来学，翌年起继主讲席二十余年，"敦本立教，孜孜不倦"，一时人文蔚起，负笈来游者有天台方孝孺等。明末毁于兵。清乾隆二十七年（1762），知县何子祥扩建浦阳书院，义门郑氏亦闻风而起，族人集资移建于郑宅村口，改名东明书院。前厅居业堂为诸生会课之所，中庭数飞处为讲堂，内有敬轩为堂寝，南北各造厢房十楹为诸生肄业之所，大门北向，与东明山相望。乾隆五十一年、嘉庆十一年（1806）、道光二十二年（1842）相继修葺。清末改为东明高等小学堂。一九七六年前后，内部房舍进行拆除改建，仅存部分厢房、围墙和乾隆壬午年立"东明书院"石匾。现为郑宅镇中心小学。

《东明书院志》始纂于乾隆三十年，后郑氏族人于嘉庆、道光年间多次重修。民国十一年，浦江郑氏重修族谱及祠公祭簿，因原志舛误不少，且时隔久远，世殊事异，志中内容不相符者甚多，恐嗣后遗失愈多，稽查愈难，遂一并重修之。

是书半页十行，行二十一字，双行小注，四周双边，白口，单鱼尾。不分卷，书前有何子祥、陈芷湘序，末有郑兴谊跋。前后分别志题名、旧记、劝学诗、书院章程、捐产、捐银、书院产业等，其主要内容为书院钱粮产业。

是书为郑兴恺等编，《捐产》《号亩》等部分所记乾隆以后书院教育经费的筹集及管理使用情况尤详，于研究清代教育史价值尤著。（宗尧撰稿，刘金审稿）

《广学书院志》四卷

清徐光磁、柳羽仪、周秉位等纂辑，清光绪二十九年（1903）印本。

徐光磁、柳羽仪、周秉位等书院纂辑者，皆通化乡人。

广学书院在浙江省浦江县通化乡，清嘉庆十五年（1810）乡人建，为一乡子弟肄业之所。道光八年（1828），乡绅重建。咸丰十一年（1861）毁于战火。同治十二年（1873），知县张兆芝捐资倡修，晓谕阖乡富户出资重建。光绪十六年又有修葺，"延师会课，未尝间断"。至光绪二十九年，乃有修志之议。

是书半页八行，行十九字，白口，四周双边。凡四卷。卷一、卷二为书院志序、书院记文及修志董理姓氏、书院落成诗、书院十景诗，卷三为各姓书屋捐款、田亩捐款，卷四为各姓银钱捐额、重建书院各姓银钱捐额、递年所聘山长姓氏及书目、应交税粮、条规与补遗。全书较为完整地记载了广学书院的历史沿革、建院经费、历年山长、书院条规等内容，是反映清代基层书院的珍贵史料。其卷三所收的《书院议》为乡人对改书院为学堂所发的议论，可窥见基层士人对此事件所持的态度，是十分难得的史料。《中国古籍总目》有著录。（刘艳伟撰稿，赵伟审稿）

《重建凤梧书院募增膏火全案》不分卷

不著纂人，清光绪刻本。

凤梧书院在浙江龙游县。道光二十一年（1841），知县秦淳煦捐资倡建于学宫之西。二十二年书院建成，所计屋共百十数间，又以捐输余钱置买田亩，以充膏火并修理之费。咸丰十一年（1861）毁于兵。光绪十四年（1888），知县高英倡议恢复，工未竣调离。二十年，知县邹寿祺始招生童，县人余庆椿为山长。次年，新任知县张烛捐俸续建，并清理院产，购置图书。二十九年改高等小学堂。

光绪十四年，高英任龙游知县，劝谕一县捐输，重建书院，是书即为有关此次募建膏火重建书院的相关公文。

是书半页九行，行二十三字，四周双边，白口，单鱼尾。不分卷。其主要内容为光绪十四年至十五年间，龙游知县高英为募捐膏火重建书院时与上级衙门往来公文汇编，详细记载了凤梧书院建院资金来源、征收情况及上级官员对此事的态度，是了解清代地方教育实态的重要史料。《中国古籍总目》有著录。（刘艳伟撰稿，赵伟审稿）

《姚江书院志略》二卷

清邵廷采等辑，清乾隆五十九年（1794）刻本。

邵廷采（1648—1711），字允斯，又字念鲁，浙江余姚人。年二十为县学生，曾主讲姚江书院十七年，编有《姚江书院志略》，著有《宋遗民所知录》《明遗民所知录》《东南纪事》《西南纪事》《思复堂文集》等。

姚江书院在浙江余姚。前身为半霖义学，明崇祯十二年（1639），邑人沈国模、史孝咸、管宗圣建，祀王守仁。邑中士有志节者，均寝食其中，修德行、言语、政事、文学等课。盛行讲会制度，黄宗羲、史孝咸、沈国模等曾主讲其中。清顺治三年（1646），清军占据浙东，义学几毁于兵。十四年，郑锡元等重修，并改名为"姚江书院"。康熙四十一年（1702），知县韦钟藻移建于城南巽水门内角声苑旧址，并请邵廷采主讲席十七年，以讲求程朱理学为主，竭力调和朱陆学说。雍正九年（1731），浙江总督李卫重修。乾隆三十八年，又复整修，重建中堂，修理后楼。五十九年，增建庑楼，添置膏火。光绪年间重修。民国时期，曾作小学校舍。二十世纪九十年代初，书院遗迹被完全拆除改建工厂。

乾隆五十九年，姚江士大夫重修书院，功成之后，为记创建者修复作兴之辛劳，遂增补邵志，重付剞劂。

是书半页十行，行二十字，双行小注，左右双边，白口，单鱼尾。凡二卷，书前有茹棻、邵廷采序。上卷志书院兴建缘起、纪事、附记、规约、会则、祀议、祀典；下卷志先贤传记、祭文、藏书引、学田花号，其主要内容为书院纪事、规约和姚江阳明后学传略。

是书为邵廷采纂辑，先贤传记部分记沈国模、管宗圣、史孝咸、王朝式、

韩孔当、史显臣、邵念鲁等王门后学事迹尤详，于研究明清学术史、思想史价值尤著。（宗尧撰稿，刘金审稿）

《龙山书院课艺》不分卷

清佚名编。

龙山书院在浙江余姚。原为龙泉山中天阁。明嘉靖初王守仁讲学于此，弟子联有讲会。后变为尼庵。清乾隆二十五年（1760），知县刘长城建为书院。架楼数楹，下为讲堂，楼上以瞻眺。诸生肄业于楼，上下左右方丈之室三十余间。西屋三楹为山长偃息地，东屋五楹为诸生庖湢所。每岁延师课士。首任山长为李惠适。诸生"心文成之心，学文成之学"。月课时，"士之挟卷而来者环列桥门"。同治元年（1862），毁于兵燹。光绪五年（1879），知县高桐重建，恢复旧貌。书院改制以后退出历史舞台。今被辟为王阳明与余姚史迹陈列所。

是书辑者佚名，刊于清代。是书半页九行，行二十五字，四周双边，白口，单鱼尾。无序跋。书前目录题有"贞集"，或还有"元集""亨集""利集"也未可知。贞集以诗词为主，不分卷，内容包括：五古六题十七首，题如《插秧词》《文种送范大夫游五湖》；七古十一题二十首，题如《插秧词》《永周湖放生歌》；七律二十七题五十一首，题如《新茶》《牛女渡桥后以诗酬灵鹊》；五绝二题二首，题如《若耶溪采菱曲》《咏越郡人物》；七绝六题十六首，题如《贺家池打鱼谣》《钱燕》；词五题八首，题如《络纬词》《秋霖叹》；杂体文一题六篇，题为《拟崔子玉座右铭》。总计一百二十篇。收录课艺较多者有：史福济、沈球九篇，沈镜煌、史英济七篇，胡谦六篇。部分诗词篇末附有评语，点评人不详。是书内容丰富，编排得当，对于研究清代浙江地区书院的教学、考课情况以及清代文学史有重要的参考意义。（肖啸撰稿，赵伟审稿）

《九峰精舍文集》六卷首二卷

清王棻手订，清光绪二十三年（1897）刻本。

王棻（1828—1899），字子庄，别字耘轩，浙江黄岩人。同治六年（1867）举人，历任九峰、清献、文达、正学、正文、莲城、中山、东山、经训等书院掌教。著有《曲礼异义》《经说偶存》《六书古训》《史记补正》《汉书补正》《重订历代帝王年表》《明年表》《大统平议》《明大礼驳议》《中外和战议》《台献疑年录》《希倪子》《折韩》《辨章》《柔桥文钞》等，纂有《黄岩县志》《青田县志》《永嘉县志》《仙居县志》《太平县续志》《杭州府志稿》等，编有《九峰精舍文集》《台学统》。徐世昌《清儒学案》有传。

九峰精舍在浙江黄岩。清同治八年，黄岩知县孙熹改建于九峰山九峰寺旧址。有敷极堂、梯云精舍、吴公祠各五楹，分别为师儒讲习、诸生休憩及崇祀先达之所，另有名山阁、仰高亭为藏书、游憩之处。光绪二年，大门及垣墙并圮，知县王佩文重修。一九一二年，改为黄岩县立图书馆。一九二七年，于名山阁对面建祠五间，祀书院历任山长。抗战期间，黄岩县立中学曾一度在此办学。一九四九年后，改为黄岩县委党校。二〇一六年重建。

同治八年，孙熹仿杭州诂经精舍于黄岩建九峰精舍，立教以研习经解词赋为旨。二十余年间，书院生徒之声名鹊起与进士及第者辈出，掌教王棻乃筹划刊印其课卷。起先本欲以同治九年至光绪十六年之课卷梓之，但因甄录未备，故先将光绪十七年、十八年两岁之课卷印行，即成此集。

是书半页十行，行二十字，双行小注，左右双边，白口，单鱼尾。六卷首二卷，书前有王棻序。卷首上志精舍沿革、规章与九峰山事迹；卷首下录掌教王棻拟作十五首及官师题名，分别为王棻《舜生三十征庸三十在位五十载陟方乃死说》《西伯既勘黎解二首》等经解文章十五篇及同治、光绪年间黄岩知县及书院掌教、肄业诸生之姓名、字号、功名等。卷一至卷六为经史论文，包括《周易王注间涉老庄考》《易文言首节非孔子所作说》《古文尚书伪孔传多用汉儒旧说考》《顾命以大丧用吉服解》《太姒为文王继室考》《春秋孔子特笔考》《春秋新周故宋辩》《礼记四十九篇有经有记有传有考论》《礼记郑注正定错简误字考》《杂卦传大过以下卦不反对说》《文王受命称王改元辩》等文章四十三篇，其中光绪十七年二十七篇，十八年十六篇。清丁立中《八千卷楼书目》、刘锦藻《清朝续文献通考》有著录。

是书为王棻所手订，其载清代九峰精舍生徒经史文论之作，甚为丰富，于研究清代九峰精舍的学术探讨及教学活动有重要的参考价值。（宗尧撰稿，刘金审稿）

安　徽

《桐乡书院志》六卷

清佚名编，清活字本。

编者资料不详。

桐乡书院在安徽桐城。清道光二十年（1840），邑人文聚奎、戴钧衡、程恩绶建。有大门、讲堂、内堂、后堂、朝阳楼、潄芳精舍等。初无山长，设董事会监管院务，亦无生徒住院受业。每年设春秋两大课，酌设小课。咸丰三年（1853）毁于兵。同治六年（1867），邑人购程姓屋宇复建。光绪三十二年（1906），改为公立桐乡高等小学堂。民国元年（1912）后，改为桐城县立第三高等小学。一九二四年，改为孔镇小学。今继续办学，并为桐城市重点文物保护单位。

道光六年，桐城西乡天城书院成，北乡贡生伍鸾欲于本乡构建书院而未果。二十年，北乡生员文聚奎等以"本县城中及西、南两乡均有书院，而北乡独无"之故，乃约乡人程瑾、赵遂、刘逢乙等各出四金以为集议基始之用，复举廪生许畹等十数人任其事，一年后工竣，为记诸君倡建书院之辛劳，遂有修志之议。

是书半页十行，行二十字，双行小注，左右双边，黑口，单鱼尾。凡六卷，前后无序跋。卷一志舆地；卷二志创建；卷三志章程；卷四志乐输；卷五志产业；卷六志艺文，其主要内容为书院的创建过程和产业田亩。

是书不知何人所辑，其记清道光年间桐乡书院的创建始末，堪称实录。《创建》部分详列议建书院之各公文，均为一手史料，于研究晚清教育史价值尤著。（宗尧撰写，刘金审稿）

《还古书院志》二十一卷

清施璜编，清道光二十三年（1843）刊本。

施璜（约1653—1706），字虹玉，号诚斋，安徽休宁人。少应试，见乡先生讲学紫阳，瞿然曰："学者当如是矣！"遂弃举业，发愤躬行，以理学著称。先后主讲于新安紫阳、休宁还古等书院。学术上崇尚程朱，以修身立诚相策励。后从学东林高世泰，被推为会讲祭酒。著有《恩诚录》《小学近思录发明》，辑有《蟹阳书院志》《还古书院志》。

还古书院在安徽休宁。明万历二十年（1592），知县祝世禄、邑人进士邵庶始建于万安山，二十二年告成，为明代中后期阳明学派讲学中心。自万历二十五年至崇祯十二年（1639），共集新安六邑（歙县、休宁、黟县、绩溪、祁门、婺源）之士举行讲会七次。每会十天，邹守益、王艮、钱德洪、王畿等曾来院讲学及参与讲会。万历三十一年大会，"环听千人，辩难不生，满堂若琴瑟之专一，签谓心学复明，一扫支离也"。听众百余人，名盛一时。亦有程朱学者与会。四十三年大会，主坛金凤仪极力诋毁朱熹之学，而歙县吴崇文力主朱学，起而辩驳，剖析异同，均存门户之见。天启元年（1621）又举大会，邀东林书院高攀龙主教，高深知徽州久依姚江之学，口舌难胜，婉拒赴会，撰《教言》十五则寄会。五年，魏忠贤毁天下书院，还古书院作价银六百三十两售卖，被废。崇祯元年，邑人进士汪先岸、汪康瑶、吴侃、汪姬生募捐赎回修复。清初，名儒汪星溪应友人杨景陶之请，来院讲学，阐扬程朱理学，阳明之学渐衰。继而主讲者有吴儒遴、汪学圣、汪浚、施璜等。施璜编辑刊刻《还古书院志》。顺治十年（1653），邑人赵吉士捐资重修。十三年，徽州六邑之士信会于此，共谋重振歙县紫阳书院讲会，十六年得以组成。康熙三十一年（1692），知县廖腾烽、邑人汪晋征修葺，倡议祀朱熹于归仁堂。三十九年，邑人赵景从捐修。乾隆三年（1738）、二十八年、五十七年屡修。嘉庆十八年（1813），邑人输资重修，并增生童会课经费。乾嘉间，汉学盛行，学风趋于经史考据。咸丰五年（1855）毁于战火。遗址仅存瓦屋两间。

施滉（施璜之孙）作《还古书院志缘起》申明修志之缘由："海阳以还

古书院为讲席历百五十余年，载其山川、人物、祀典、会规、讲义、艺文，详记之而始有所征，所以重道统也。澐先祖诚斋先生惓惓于此，尝欲辑前贤少游吴先生《纪略》，星溪汪先生《会籍》汇为一志而增修其所未备。用见还古大业，阐扬经传，来四方之贤俊，萃衣冠于一堂。"

是书半页十行，行二十字，双行小注，左右双边，白口，单鱼尾。凡二十一卷，书前有方允淳《还古书院志小识》、施澐《还古书院志缘起》和赵继《还古书院志藏板记》。卷一为图；卷二为形胜；卷三为建置；卷四为祀典；卷五至卷九为传；卷十为会规；卷十一、卷十二为会纪；卷十三为讲义；卷十四至卷十六为艺文；卷十七为歌谱；卷十八为土宇；卷十九至卷二十一为续编、增编。清人丁申、丁丙兄弟《八千卷楼书目》和刘锦藻《清朝续文献通考》有著录。

《还古书院志》主要记录了书院讲会内容以及书院相关诸人传记，载明末书院办学、士人讲学之内容甚详，于研究明末及清初学术史、思想史价值尤著。（王帅撰稿，肖啸审稿）

《紫阳书院志》十八卷，附《四书讲义》五卷

清施璜辑，吴瞻泰、吴瞻淇补，清雍正三年（1725）刻本。

施璜（约 1653—1706），字虹玉，号诚斋，安徽休宁人。曾主讲紫阳、还古书院。顺治间，与杨泗祥、汪正叔等倡复紫阳讲会，于康熙二年（1663）至四十五年主持讲会事务，编有《紫阳书院志》《还古书院志》，著有《思诚录》《五经臆记》《小学近思录发明》《诚斋文集》等。《清史稿》有传。

吴瞻泰（1657—1735），字东岩，安徽歙县人，雍正初贡监生，著有《古今体诗》《杜诗提要》《陶诗汇注》等。

吴瞻淇，字漪堂，安徽歙县人，瞻泰弟，康熙四十二年进士，选翰林院庶吉士。

紫阳书院在安徽歙县。歙县原有一紫阳书院，宋徽州知州韩补建。明正德十四年（1519），徽州知府张文林谓原书院"以紫阳名，不在其山，义不相称"，另建一书院于紫阳山麓，亦名"紫阳"。中为堂，祀朱熹，左右两庑

配祀诸儒，旁为求是、怀德二斋，后为会文堂，又后为凭虚阁，供朱熹之父韦斋像。自后，两书院分峙而立，直至清末。嘉靖四十三年（1564），知州何东序修缮，拔七校学士之优者七十人，肄业其中，聘教授唐沂、教谕陈良珍主讲，汪道昆作记。万历二十六年（1598）、三十一年、三十七年、崇祯六年（1633）凡四修。其时，偏重祠祀，讲习反不甚昌盛，凭虚阁已供奉道教三清神像。清顺治六年（1649），知州祖建衡再修，重建凭虚阁，朱熹十五世孙朱烈哀正学沉沦，祠宇颓废，请于官，撤三清神像，并主持院宇田租。康熙八年，知州曹鼎望复修，帅僚属，集名儒，讲学其中，岁以为常。十三年，圮于战乱。三十一年，紫阳讲会会长吴曰慎、施璜、汪芹等倡修大堂，施璜携生徒宿食于斯，讲习不辍，又月举讲会，始渐次兴复。乾隆五十九年（1794），邑人内阁中书鲍志道捐银八千两，交商生息，以充岁需。继由邑绅程国光及其子振甲董理院事。后学额由取内外课生童六十名增至一百二十名，每月初五及二十为大课，习制举之业，初六为小课，习诗古文辞。清末废科举兴学堂，书院遂废。

此志为施璜草创，惜志未成而公卒，临终嘱吴氏兄弟继修之，二人乃别其条理，剖其义类，损益以成章，将原志由十卷增补为十八卷，并附《四书讲义》五卷。

是书半页十行，行十九字，双行小注，左右双边，白口，单鱼尾。十八卷附《紫阳书院四书讲义》五卷，书前有张伯行、鄂尔泰序，末有吴瞻淇后序。卷一志图考；卷二志建置；卷三志祀典；卷四、卷五志朱松、朱熹本末；卷六至卷十三志列传；卷十四志表奏；卷十五、卷十六志会规、会纪；卷十七志土宇；卷十八志艺文，末附《紫阳书院四书讲义》五卷。其主要内容为书院相关人物传略。清丁立中《八千卷楼书目》、光绪《安徽通志》有著录。

是书为施璜等所辑，其记明清时期紫阳书院道统、祀器、祀仪、讲会等情况，甚为详细。《四书讲义》部分详列吴曰慎、施璜、汪佑、吴苑等人对《论语》《大学》《中庸》《孟子》等儒家经典的阐释解读文章，于研究清代学术史、思想史价值尤著。（宗尧撰稿，刘金审稿）

《东山书院志略》一卷

清唐治编，清咸丰二年（1852）刊本。

唐治，字鲁泉，江苏句容人。道光五年（1825）举人，以大挑分补安徽桐城知县。岁大水，请帑劝分，按口赈施，不假手胥吏，一月须发白。后调任祁门。其地旧有东山书院，生童膏火原取自盐厘，唐治又别筹经费以增膏火，士商两便之。又立义廒，积谷至数万石。咸丰四年正月，粤贼入县属，城陷被执，不屈，骂贼而死。

东山书院在安徽祁门。原为汉列侯梅鋗别墅，后为东岳庙。明正德十六年（1521），知府留志淑令知县洪晰撤庙创为书院。有会文所、仰止亭、学舍等。祀朱熹，集诸生讲肄其中。后遭灾毁。嘉靖九年（1530），知县陈光华重建，更名"环谷"。二十九年、三十六年、三十九年相继修葺。其后倾圮。万历四十四年（1616），知县尤烈扩修，复名"东山"。清乾隆七年（1742）、嘉庆十年（1805）多次修葺，咸丰初兵毁。同治二年（1863）知县刘瑞重建。光绪三十一年（1905）改为高等小学堂。

唐治至祁门为官，捐置膏火、院产，新立章程，振兴一时，为"长久计"，乃以知县身份辑刊此书，以纪书院重修始末。

是书半页八行，行二十一字，双行小注，左右双边，白口。凡一卷，书前有唐治、谭琨、陈广钺、饶世恩、洪炯序。书中记有劝捐启、襄事名氏、新立条规、乐输名数、输项开支、新置产契、旧存产契、递年额收息钱租金、递年额用款项等九个类目。清人丁申、丁丙兄弟《八千卷楼书目》有著录。是书主要记录书院重建始末以及收支情况，为清末的经济研究提供了宝贵资料。（王帅撰稿，肖啸审稿）

《二张先生书院录》不分卷

《二张先生书院录》不分卷，明张文化、张廷赓辑，明万历十七年（1589）刊本。

张文化、张廷赓生平不详。

二张先生书院在徽州婺源游汀，正德十二年（1517），张荫创建以纪念其先祖张学龙（房竹）、张存中（兰室）父子，请名"双贤"，时知县张芹实以二张为"元之名儒，礼宜尊崇"，故题为"二张先生书院"。

万历十七年，张文化以嫡裔袭祀，为追尊先儒，崇奉祀典，彰先人之德行，遂辑是志。

是书半页九行，行二十三字，四周双边，白口，单鱼尾。不分卷，为卷上，卷下。前后无序跋。卷上依次载《竹房先生传》《二张先生书院记》《兰室先生传》《二张先生书院上梁文》《题二张先生书院诗》《敦义崇儒记》《竹兰贤后颂》《二张先生书院公移》《苍谷先生行状》；卷下为《房竹文集补》与《兰室先生文集补》。是书为纪念先人而作，其记书院建置沿革始末甚详，所记诗文对于研究元明时期诗文可为资料。（王帅撰稿，肖啸审稿）

《龙山书院志》三卷

清刘作垣纂，清钞本。

刘作垣，字星五，武威县刘官寨人。祖先世代务农。父亲为秀才，在当地设馆教学，为人宽和，乡里人称为才者。作垣早年中举，乾隆二十六年（1761）中进士。曾任安徽舒城县知县、泗州知州。罢官归里后，先后在肃州书院、凉州书院任山长。著有《龙山书院志》。

龙山书院，在安徽舒城县西门大街后。乾隆三十八年，知县刘作垣同邑人建。头门五楹，仪门三楹，广业堂三楹，因化楼（亦名探珠楼）三楹，香分月窟三楹，绎思斋三楹，东学舍四楹，西舍六楹，南舍五楹，北舍三楹，庖屋三楹，规制宏敞。购田八顷有奇，供给诸生膏火。凡书院门楹斋舍田亩悉为图。及课士规则，定为《龙山书院志》。道光二十一年（1841），圮于水，仅存头门、仪门、广业堂、探珠楼、刘公祠、香分月窟数楹。二十四年，知县钮福畴重建于广业堂西，添建宗经室三楹，前筑凌云书屋三楹，香分月窟建赏奇析疑斋五楹，刘公祠西建惜字局三楹，又西庖屋三楹，余如旧制。续购田二顷有奇，刊入书院志。咸丰初毁，址存。同治、光绪年间，邑人续捐田若干亩，悉详公田类。

刘作垣为舒城知县，感其地"学校之未兴"，"爰亟亟焉思所以振之，而书院之建以始。既讫工，并思有以纪之，而书院之志以成"。

是书页十八行，行二十四字。凡三卷。前有秦大士、李封、张灏、刘作垣序。卷一为建置；卷二为胜迹；卷三为捐输。《龙山书院志》为建书院时所修，记载书院修建始末甚详，为舒城地方教育史的研究提供了重要参考。（王帅撰稿，肖啸审稿）

《泾川书院志》不分卷

清赵仁基编辑，清道光十四年（1834）活字本。

赵仁基（1789—1841），字子厚，号梅庐，江苏阳湖人。道光六年进士，官至湖北按察使，编有《泾川书院志》，著有《论江水十二篇》等。

泾川书院在安徽泾县。道光十二年（1832），知县赵仁基建，有讲堂三楹、居室五楹、享堂五楹、学舍若干楹、斋房庖湢各有其所。汪喜孙、胡培翚等先后主讲其中。后毁于兵。光绪五年（1879），邑令吴鹗重建。

泾县原有云龙书院，不旋踵即废。仁基到官之初，念邑中无书院以兴文教，乃捐俸倡修，邑大夫继之，凡捐银两万有零。后工竣，尚有余款，留作书院修脯、膏火之费。为记众大夫修复作兴之劳，遂辑此志以记之。

是书半页十行，行十八字，双行小注，左右双边，白口，单鱼尾。不分卷，中有赵仁基记。前后分别志公启、祝文、具呈、规条、生息领本，其主要内容为清末泾川书院的创建过程和日常管理情况。

是书为赵仁基编辑，其记道光年间书院的教学和资产管理情况，堪称实录。上谕和奏禀部分详列各级官员请求嘉奖创建书院有功人员的奏折以及批复，均为一手史料，于研究清末教育史价值尤著。（宗尧撰稿，刘金审稿）

《泾川书院纪略》不分卷

清吴鹗等编，清光绪七年（1881）活字本。

吴鹗，端州（今广东省肇庆市端州区）人。光绪五年任泾县知县，编有《泾川书院纪略》。

泾川书院在安徽泾县。清道光十二年（1832），知县赵仁基建，有讲堂三楹、居室五楹、享堂五楹、学舍若干楹、斋房庖湢各有其所。汪喜孙、胡培翚等先后主讲其中。后毁于兵。光绪五年，邑令吴鹗重建。

光绪五年，吴鹗主泾县事，念泾县书院多毁于兵，遂与当地士绅筹复泾川书院，后集众力得捐款万元，乃于城内及宣邑西河镇建、购市房六间，编为忠信两号产业，借租息以供考课，未及成，鹗于七年初离任，在事诸君乃先将捐输者姓名钱数和市房契据刊出以记吴令之功绩。

是书半页十行，行二十一字，双行小注，四周单边，白口，单鱼尾。不分卷，前有吴鹗序。前后分别志乐捐、契据，其主要内容为捐资助学者姓名钱数和市房契据。

是书为吴鹗等所编，所记内容仅为捐资人姓名钱数及房契数而已，于研究清代泾川书院的建设及资产状况有一定价值。（宗尧撰稿，刘金审稿）

《毓文书院志》八卷

清洪亮吉纂，清嘉庆九年（1804）刻本。

洪亮吉（1746—1809），初名莲，又名礼吉，字君直，一字稚存，号北江，晚号更生居士，江苏常州人，祖籍安徽歙县。乾隆五十五年（1790）科举榜眼，授翰林院编修，充国史馆编纂官。五十七年担任顺天府乡试同考官。后督贵州学政，任内为贵州各府书院购置经、史、《通典》《文选》等，以敦励实学教士。嘉庆元年（1796）回京供职，入直上书房，教授皇曾孙奕纯读书。三年以征邪教疏为题考试翰林及詹事，洪亮吉力陈内外弊政数千言，为时所忌，以弟丧辞职回乡。四年为大学士朱圭起用，参与编修《高宗实录》。同年，上书《乞假将归留别成亲王极言时政启》，触怒嘉庆，下狱并定死罪，后改为流放伊犁。百日之后，即被释放回籍。从此教授生徒、撰述文章至终。洪亮吉文工骈体，与孔广森并肩，精于史地和声韵、训诂之学。著有《卷施阁诗文集》《附鲒轩诗集》《更生斋诗文集》《汉魏音》《北江诗话》及《春秋左传诂》。

毓文书院在安徽旌德。乾隆五十九年镇人商贾谭子文认为"厚贻子孙者，适以损其智而益之毒"，应该以诗书礼乐之学传家，遂费银一万五千六百余两在县南二十五公里之洋川镇建成书院。有门垣、讲坛、寝楼、号舍、云生阁、文星楼、凉亭、庖厨等一百余间，编成一百零八个字号。聘山长一人主讲席，设董事一人主财务。"远近数十里及青阳、石埭、绩溪诸邑负笈请业者，数十百人"，兴盛一时。九年正式定内外课额各十五名，招宁、池、太、广四府一州之士入院肄业。教学宗旨及课程设置因山长而异，无学术门户之见。曾以程朱理学为宗，继倡经史训诂之学，后又以汉学教士，亦可见清代学术之流变。祀朱子，以朱熹《白鹿洞揭示》为学规，刊于院。山长如洪亮吉、包世臣、黄平甫、朱文翰、杨抡、赵良澍、张莒、阮文藻、夏炘，皆一时名宿。藏书数千卷。刊刻《毓文书院志》一种。嘉庆十八年谭氏卒后，"其后人三房，轮值院事"。同治五年（1866），水圮，后修复。

洪亮吉在序中言明《毓文书院志》为纪念毓文书院建成而纂："事竣，属为之志，凡八卷。"

是书半页十一行，行二十一字，双行小注，四周双边，黑口，双鱼尾。凡八卷，书前有洪亮吉序。卷一为创建；卷二为经费；卷三为山水；卷四为廨馆；卷五为人物；卷六为金石；卷七为艺文；卷八为书籍。《清史稿·艺文志》收录。

《毓文书院志》主要内容为金石与艺文，详载书院创建始末，且收录院中师生文章较多。修撰之时虽距书院创建不久，但记毓文书院办学始末甚详，所记皆洪亮吉亲身经历之事，可引为实证，于地方文化、教育之研究价值尤著。（王帅撰稿，肖啸审稿）

福　建

《道南书院录》五卷

明金贲亨撰。嘉靖三十八年（1559）刊本。

金贲亨（1483—1564），字汝白，号一所，台州临海（今属浙江）人。正德二年（1507）举人，九年登进士，历任刑部郎中、江西按察司佥事，在任平反冤狱，严惩贪官，打击豪民，颇得百姓好评。在江西，曾兼理学务。选拔优秀生员数十人，聚集白鹿书院，亲自讲学。后历任贵州、福建学政。于福建省城创建道南书院，教育诸生"先行后文"，注重品德教育。学士称一所先生。有《学易记》《学书记》《学庸议》《道南录》《台学源流》《一所文集》《象山白沙要语》《临海县志》等。

道南书院在福州，南宋宝祐六年（1258）建，祀"道南第一人"杨时，故又称道南祠。明成化元年（1465），福建按察佥事提督学政游明重建之，增祀罗从彦、李侗、朱熹三先生。嘉靖八年（1529），提学金贲亨复建之，并增祀程颢为正祀，配以龟山杨夫子，罗、李、朱三先生。嘉靖四十一年，金贲亨仲子金立敬任福建提学，重修道南书院。万历八年（1580），张居正禁毁书院，道南书院遂废。后虽屡次复建，然终不复旧观。

嘉靖八年，金贲亨提学福建，重修道南书院，希望以祀四先生而复推四先生之心，以祀明道。于是金贲亨与友黄君伟选萃五先生言行心法为是书，值稿成日，金贲亨调官江右，未能刊行，卸任后遂将是书付梓。

是书半页九行，行十八字，双行小注，左右单边，黑口，单鱼尾。凡五卷，书前有金贲亨、舒春芳、杨应诏序，末有李延平疏，赵渊、魏濠后序，刘佃跋。卷一录行状，哀词二篇；卷二录墓志略，行状略，遗事，论学要语；卷三录行实，遗事，论学要语；卷四、卷五录行状略，遗事，论学要语，其旨为节录程、杨、罗、李、朱五先生言行，末附祠记始末。明祁承爜《澹生堂藏书目》、清范邦甸《天一阁书目》、清阮元《文选楼藏书记》、清徐乾学《傅是楼书目》均有著录。是书为追慕先贤，重建斯道所著，书中节录理学名家杨时、罗从彦、程颢、李侗、朱熹言行心法，于宋代理学研究及理学史研究可资借鉴参考。（王帅撰稿，肖啸审稿）

《共学书院志》三卷

明岳和声等纂，明万历刻本。

岳和声（1569—?），字尔律，一字之律，号石梁，一号梁父，秀水人。万历十九年（1591）举人，二十年进士，授汝阳知县，建中天书院。又升礼部员外郎，出庆远知府，迁福建提学副使，修葺共学书院。后以金都御史巡抚顺天。天启时起补延绥巡抚。著《餐微子集》《辛亥京察始末》《续骖鸾录》《平濯广议》《观生堂杂著》《秀林语录》《共学书院志》等。

共学书院在福建福州，原为设于西门街北之怀安县学。明万历二十二年巡抚许孚远改县学为书院，后提学副使岳和声加以修葺。清康熙二十四年（1685）总督王国安、巡抚金铉予改旧制而新之。四十一年巡抚李斯义修葺学舍，延师课士。四十六年鳌峰书院成立，以共学书院课文，鳌峰书院修书讲学，两院互为辅翼，若上下庠。雍正间，举人刘兆基主讲席，多所造就。尔后逐渐衰落，其学者皆入鳌峰，其地位逐渐被凤池书院取代。民国时，刘永济就其址创办榕西小学，后扩为中学。

是志半页八行，行十八字，白口，单鱼尾，四周单边。凡三卷。无序跋，前有修志者五十六人姓名。卷上为形胜、沿革、规制、先儒、宦绩、祀典、会规、田赋、典籍；卷中为艺文；卷下为公牍、善后、题名、器用，凡十四目，每目前有小序，对书院之山川形势、建筑规制、历史沿革、规章制度、古今艺文等作了详细纪述，内容十分丰富。其卷次编目过于简单，不甚明了，如卷中艺文一目，上溯二程，下迄万历，文章、碑记、诗词、楹联杂陈，颇

无章法。但该书收录了大量当时的第一手材料，亦有其史料价值。《中国古籍总目》有著录。（赵伟撰稿，刘艳伟审稿）

《鳌峰书院志》十六卷首一卷

清游光绎等纂，清嘉庆十二年（1807）初刻，道光正谊堂重刻本。

游光绎（1758—1827），字彤卤，福建霞浦人。乾隆五十四年（1789）进士，授编修。嘉庆四年改陕西道监察御史，以直言闻一时。后以上疏谏议不纳，辞官归闽。七年，受闽浙总督玉德聘，任鳌峰书院山长二十年，以读书吟咏自娱。门下士多所成就，林则徐曾及其门。后因与新任巡抚叶世倬不合，辞山长职，年七十卒。有《炳烛斋诗集》。

鳌峰书院在福建福州，系清福州四大书院之一。康熙四十六年（1707），巡抚张伯行借前明邵捷春故宅，购鳌峰坊之尼庵拓而广之，建鳌峰书院。张伯行以旧有之共学书院课文，而以鳌峰书院修书讲学，若上下庠。五十年获康熙所赐"三山养秀"额。尔后共学书院渐废，其学者皆入鳌峰，而昔之修书、讲学活动皆变为课文。有书舍一百二十间，后规模渐扩。后院有荷池一口，上有亭，横榜"澜清学海"，为乾隆三年皇帝御笔。有藏书楼一座，内多贮藏御赐法帖，如《淳化阁帖》《渊鉴斋法帖》等，以及御撰《古文渊鉴》、御批《资治通鉴》、钦定《佩文韵府》《十三经注疏》等。雍正以后成省会书院。有官帑和洲田数千亩，每年收取租谷或现银，分供鳌峰、凤池、越山三书院，鳌峰所得独多。招收生员、监生、童生，选本省十郡二州学行优秀士子入学，供以食宿。每月初或月半讲学，"由山长主持，高坐堂皇，命题宣讲，或讨论经文，或演绎济世之学，诸生环列侍听，肩背相望"。后讲学而兼课士，以八股文和试帖诗为主。先后山长有林枝春、朱仕琇、孟超然、陈寿祺诸人，皆为名师。士子中有梁章矩、廖鸿荃、蔡世远、蓝鼎元、林则徐等。光绪末年改为校士馆。后又改为福建法政学堂。辛亥光复时部分建筑毁于战火。民国时期，美以美教会购其空地，重建协和幼稚师范学校。现为福州师范学校第二附属小学校舍。

嘉庆十年，鳌峰屋宇拓而一新。明年，福建粮驿道赵三元惧书院章程日久渐驰，禀请总督、巡抚嘱山长游光绎率诸生作志。又明年书成，凡十六卷，首一卷，前有学政叶绍本、粮驿道赵三元、总督阿林保序。卷首为恩意，记康雍乾三朝有关书院之谕旨及获赐之匾额、书籍、帑金；卷一为室宇，记其始基、建置、修建碑记、碑阴记事等；卷二为祠祀，记各祠祀主之传记；卷三、卷四为院规，记学规、章程等；卷五为掌教，以次第书山长之姓名、爵里；卷六为科目，记建院以来各科所取之士；卷七至卷十为藏书，记藏书章程、藏书目录，藏书目录按四部分类法开列于后；卷十一为绪论，选录诸先正之纂述、讲学之言，以存当时教学之旧；卷十二至卷十五为院资，记其银息、田租、屋租收入明细及各项支出数目；卷十六为杂识（正文作杂述），记数十条奇闻杂事，俾后之谈书院掌故者有所考证。是书内容丰富，院规、藏书、院资诸卷搜集资料尤为详备，从中可知当年盛况。其绪论一卷为他志罕见者，是研究清代书院教学的宝贵资料。《中国古籍总目》《福建省旧方志综录》有著录。（赵伟撰稿，刘艳伟审稿）

《鳌峰书院纪略》不分卷

清来锡蕃、章炜编，道光十八年（1838）刻本。

来锡蕃，字子庚，浙江仁和人。道光十七年任闽侯县丞，二十二年升任邵武知县。清廉果毅，有能吏声。后知闽县，坐道光三十年福州教案，朝廷迫于压力，将其革职留任。未几擢泉州知府，护理兴泉永道。章炜，道光时官古田县丞。

鳌峰书院在福建福州，系清福州四大书院之一，有《鳌峰书院志》，已著录。

鳌峰书院原有志，即嘉庆十二年游光绎等编纂的《鳌峰书院志》。至道光十八年，福建布政使吴荣光以原有之志"久不修，所载书籍经费多非其旧"，"因仿湖南岳麓、城南两书院章程，令局员来锡蕃、章炜编校一册，以垂永久"。

是志半页九行，行二十字，白口，单鱼尾，四周双边。不分卷，内分舍宇、恩赏、碑记、祠祀、题名（掌教、监院、进士、举人）、藏书、经费和章程八目。其目录中有图一目，然书中未见。此书意在续写前志，并就前志之遗略者加以补充。前三目为根据前志加以节略而成，后三目中增有前志未载之事。除记载鳌峰书院史事外，还兼及省垣之凤池书院。因与前志时间相隔未久，故全书篇幅不长，但仍是考订鳌峰书院史事的重要参考资料。《福建省旧方志综录》有著录。（赵伟撰稿，刘艳伟审稿）

《致用堂志略》不分卷

清王凯泰编，清光绪二年（1876）刻本。

王凯泰（1823—1875），字幼徇、幼轩，号补帆、补园主人，江苏宝应人。道光三十年（1850）进士，选庶起士，授编修。咸丰时在籍办团练，后入李鸿章幕。历任浙江督粮道、浙江按察使。同治六年（1867）迁广东布政使。九年擢福建巡抚。光绪元年渡台处理台湾事务，旋病故。赠太子少保，谥"文勤"。著有《归园唱和集》《岭南鸿雪集》《台湾杂咏》等。《清史稿》有传。

致用书院在福建福州，系清代福州四大书院之一。其创议始于同治十年，时福州鳌峰、凤池、正谊三大书院课士皆以八股为主，五言试帖诗和词赋为辅。至于经史有用之书，则罕有过问。福建巡抚王凯泰慨然以振兴闽中文风为己任，欲创专门研究经史之地，并招集士子讲习其中，成有体有用之学，因于抚署衙门设置月课，酌给奖赏。十二年，王凯泰筹议经费，并参照诂经精舍、学海堂规制，于西湖书院旧址正式新建讲堂学舍，仍颜曰"西湖书院"，以从旧志。后改称致用书院。讲堂取名"致用"，以示敦崇实学。讲堂后为文昌阁，阁下祀朱子。左为十三本梅花书屋，右为山长院。生徒居东西书斋，共二十间。院成后，聘林寿图为山长，集多士讲学其中，课以经解、策论，并订章程。其报考该院者，以举、贡、生、监为限，童生不得与考，不收卷资。光绪间，因地势低洼，屡遭水患，移于乌石山范承谟祠之左。前为讲堂，高爽宏敞，为各书院所不及。有书斋数楹及藏室一所。后有楼房数间，为山长住宅。其山长有林寿图、郑世恭、谢章铤（主持书院十八载）、陈宝璐。培养人才亦不少，黄增、张亨嘉皆为著名者。

致用堂建成后，王凯泰认为："此后随时制宜，有必须变通推广者，皆不可无记。"乃"先志大略，以为嚆矢"，作《致用堂志略》。刊刻时间不详，据其记事止于光绪二年推断，时间当在此之后。

是志半页十行，行二十一字，白口，单鱼尾，左右双边。不分卷，前有王凯泰自序。其目录列图记（附木匾、石刻、楹帖、花木）、文檄、经费（存款、年额支款等）、章程、规约、题名（乡试、会试）六目，但正文中另有捐藏书目、祭器，实为八目。因致用堂初创未久，所记略显简约，但仍能据其把握大要，是研究致用书院的重要参考资料。《福建省旧方志综录》有著录。（赵伟撰稿，刘艳伟审稿）

《致用书院文集》不分卷

清佚名编，清光绪十五年（1889）刻本。

致用书院在福建福州，系清代福州四大书院之一，有《致用堂志略》，已著录。

是书半页十行，行二十字，左右双边，白口，单鱼尾。不分卷。共计收录课艺三十四题四十七篇，题如《说文觯受四升，觚受三升，以五经异义证之》《书桓是广义》《汉宋小学论》《齐风于著于庭于堂解》《汉武帝封田千秋为富民侯论》《读韩文公进学解》《宋元祐诸臣论》《质家立世子弟文家立世子子论》《毛传用师说考》《孔子删诗辨》《读朱子杂学辨》。无点评，无作者籍贯介绍，卷末刻有"三山吴玉田镌字"。课艺作文收录较多者为力钧、黄元晟、池伯炜和林应霖。（肖啸撰稿，赵伟审稿）

《致用书院文集》一卷

清佚名辑，清光绪二十九年（1903）刻本。

辑者资料不详。

致用书院在福建福州，为清代福州四大书院之一，有《致用堂志略》，已著录。

是书半页十行，行二十字，双行小注，白口，单鱼尾，四周双边。一卷，前后无序跋。全书皆为经史论文，有《象刑解》《论语记诸贤称谓释例》《三百五篇当谏书说》《贾生明申商汲黯好黄老论》《禹贡九等田赋解》《邶鄘卫分风说》《任侠辨》《勺象解》《将蒲姑解》《离经辨志说》《魏志夏侯曹合传论》《刘晏为度支转运盐铁等使其句检薄书出纳钱谷事虽至细必委之士类论》《读苏文忠代张方平谏用兵书》《召公不说周公说》《邶鄘两柏舟诗说》《宗友得民论》《吕刑罚锾古今文辨义》《中邦锡土姓解》《读郑风丰齐风着》《孟子游齐梁年考》《三苏学术论》《荀卿法后王论》《陈氏东塾读书记书后》《朱氏无邪堂答问书后》《长乐谢先生教思记》等文章四十一篇，作者有朱德钦、叶开第、沈起渐、汪涵川、陈祖烈、陈祖新、梁鸿志、林志烜、陈元禧等。清丁立中《八千卷楼书目》有著录。

是书不知何人所辑，其载清代致用书院诸生经史文论之作，甚为丰富，于研究清代致用书院的学术研讨及教学活动有较大的参考价值。（宗尧撰稿，刘金审稿）

《致用书院文集续存》不分卷

王元稺纂，民国五年（1916）《无暇逸斋丛书》本。

王元稺（1843—1921），字少樵，号无暇逸斋主人，福建闽县人。同治六年（1867），以诸生受知于船政大臣沈葆桢，被聘为福州船政学堂监督，在任五年，夙夜奉公。光绪初得保县丞，改教职，历任凤山县学教谕、台北府学教谕，在台垂三十年。《马关条约》割台后罢官离台，充京师大学堂、闽学堂等校教职。光绪三十一年（1905）参加乡试，中副榜。民国时返乡，举藏书万卷捐图书馆。又任省立经学会教员，在会十年而卒。著有《无暇逸斋诗文集》《甲戌公牍存稿》《读赵注随笔》等。

民国建立以后，王元稺返乡归里，目睹原致用书院官师各课卷板片，感"先辈诸公怜才爱士"之意，"由虫鼠啮余补缀之"，得文数十篇，为《致用书院文集》所未收者，取名《致用书院文集续存》，收入《无暇逸斋丛书》。是集半页十二行，行二十六字，白口，单鱼尾，四周双边。不分卷，无序跋，共收课卷六十三篇，每篇后有原官师圈点批语，王元稺又偶加新注。所收文章多在讨论图强、攘夷、变法诸事，是反映晚清致用书院乃至福建一地学风的直接材料。《中国丛书综录》有著录。（赵伟撰稿，刘艳伟审稿）

《鹤龄英华书院肄业章程并学舍规条》一卷

作者不详，光绪三十一年（1905）福州美华书局活板。

鹤龄英华书院在福建福州，建于清光绪七年。美教会传教士麦铿利倡议建立，并推举武林吉为第一任主理。当时福建省富商张鹤龄捐助一万多银元，购买有利银行旧址及其周围场所为校址，为纪念这位兴办教育的人士，遂将学校命名为鹤龄英华书院。校舍由各方赞助，逐步扩大，建有鹤龄楼、施氏楼、沈氏楼、中立楼。一九二七年书院改名福州鹤龄英华中学，一九五一年私立学校改制，与华中、陶淑合并，成立福州第二中学，后改为福建师院附中，现为福建师大附中。侯德榜、林森、陈景润等人皆是从此毕业的杰出人才。书院开设数、理、化、英等课程，亦教授国文，但以西学为主。书院是一所教会学校，故宗教气氛浓厚，学生要参加各种宗教活动。书院每年招收人数并不多，但肄业后就业良好，故家长大多愿意送其孩子入书院就读。

书院管理十分严谨，对学生入学、学习、毕业都有严格的规定和要求，此书正是对这些规定和要求的全面介绍及阐述。

是书半页十行，行二十一字，双行小注，四周双边，白口，单鱼尾。凡一卷，为鹤龄英华书院章程，书前附有本年开学日期、入学事项以及各科补考日期。序由黄乃裳所作，开篇提到"鹤龄英华书院何为而设也，为我国家培育有用之材而设也"，这正是开办书院之宗旨，也即为国家培育有用之人才。同时论及"读其章程，稽其命意，知英华书院之大有关我国富强与夫各与国交涉事务"，定义了书院开办之作用，也即强国富民，振兴国家。此外还介绍了书院学舍、环境、课程、奖励措施等，特别提及学生体育锻炼、礼拜堂听道等书院特色活动。序后记录了书院行政人员和各科教习姓名，如书院总主理高智、监院刘星轩，并附录四幅书院学舍插图。正文主要是书院肄业总章程，章程共十九条，对书院的管理、课业、招生等，皆进行了详细的规定和解释。第一条划分了书院课程；第二条阐明了入学的条件和要求；第三条是关于送学生入学的"学约"，要由学生家长和保人签押；第四条规定学生必须读完安排的书目；第五条讲明教会子弟入学条例；第六条规定了对愿意传教的生童的优待政策；第七条是关于培元书院学生毕业进入英华书院的规定；第八条关于学习国语；第九条则涉及学习安排；第十条规定学生礼拜天必须听讲福音；第十一条讲明冬夏两假之前考核学生，并将成绩单送给家长；第十二条规定了冬夏两假的具体日期；第十三条、十四条讲明非节假日学生请假的条例；第十五条是对冬夏两假不回家的学生所做的规定；第十六条是关于书籍租赁和自备的规定；第十七条是关于学生违犯规条的规定；第十八条鼓励学生互相学习；第十九条阐明章程会随时随事变动，但学生必须遵循。章程另一部分是对书院各班的具体规定，包括学费、课程、年限等。书后列有书院学舍规条及书院伙食规条。学舍规条共有十七条，对学生日常活动与作息有严密规定，如第二条："每晨六点钟起，夕十点钟熄灯安睡。"再如第三条："每晨未打头钟前，各房要自扫拂，清洁添理油灯，开与监院查看。"而关于伙食规条，则共有四条，对学生在书院的饮食花费作了简要说明。

此书对于了解近代书院的如何转型，东西文化碰撞下书院如何发展，都是极为珍贵的第一手资料，同时，此书也对研究中国近代教育发展史具有重要意义。（谢川岭撰稿，王帅审稿）

《诗山书院志》十卷

清戴凤仪编，清光绪三十一年（1905）刻本。

戴凤仪（1850—1918），后改名希朱，字敬斋，号松村居士，福建南安诗山人，光绪八年举于乡，会试三次不中，遂绝意进取，留心著述。二十年选入内阁，入直中书，兼派颐和园领事，诰授奉政大夫。其在乡时即致力于教育活动，于光绪十七年起先后主讲安溪崇文、崇德、丰州诸书院，其所重者尤在诗山书院，从创建到筹款、扩建等事，无不殚精竭虑。辛亥以后，仍角巾朱履，独守古风。被聘为县修志局总纂，编修《南安县志》。著有《四书阐义》《松村诗草》《松村语类》《松村文集》《理学源流考》《地球辨》等。

诗山书院在福建南安。其地为唐进士欧阳詹生长之处，为宋儒朱熹过化之地。清光绪十六年，邑人戴凤仪以都人士俗习骁悍，鲜识礼让，且去县治丰州书院道里迂远，乃因诗山之朱子祠拓为书院，招生肄业其中。院中奉祀欧阳詹、朱熹及关帝、土地神。有大门、中堂、东轩、朱子祠、学舍等建筑，赡士有田，购书藏器，规模完备。三十二年改为诗山高等小学堂。辛亥革命后改为诗山学校。一九四九年改为诗山粮站。今院舍无存。

诗山书院初建以后，戴凤仪虑书院规制久而废弛，因有纂志之意，遂仿古志体例，网罗厘订，辑成院志。

是志半页九行，行二十二字，白口，单鱼尾，四周双边。凡十卷。卷首有福建学政戴鸿慈、泉州知府金学献及戴凤仪自序，凡例、目录依次排列，又仿古图史并列之意，绘图像以弁简端，图附以注，像附以赞。正文以纲该目，分为八门。卷一志形胜，备志先辈著述中有关形胜与书院者，以彰地脉之灵；卷二志列传，以式人师之范；卷三、卷四、卷五志兴建、田券、书田，以详颠末而防微渐。其以书田名者，恐与官学、寺院之学田、院田混淆故；卷六、卷七志祀典、考课，以妥先贤而策后进；卷八至卷十志名训、艺文，以端品学而焕文章。其名训一篇，于朱子教人之法纂辑尤备，足见其学术指向。是志体例精详，编纂得体，是清代书院志中的佳作。民国《南安县志》有著录。（赵伟撰稿，刘艳伟审稿）

万历《南溪书院志》四卷

明叶廷祥、郭以隆、纪廷誉纂修，陈翘卿同修，明万历二十二年（1594）初刻，天启重修本。

南溪书院在福建尤溪县。北宋宣和五年（1123），朱熹之父朱松任尤溪县尉，去官后寓居于好友郑安道馆舍。南宋建炎四年（1130），朱熹诞生于此。朱熹殁后，县令李修于嘉熙元年（1237）捐资在此修建文公祠、韦斋祠、半亩方塘和尊道堂等建筑，祀朱氏父子。宝祐元年（1253），宋理宗赐额"南溪书院"。元至正元年（1341），金事赵承禧以父子同祠，于礼未安，乃分建二祠。明正统十三年（1448）毁于战火。景泰二年（1451）重修，规模更大。弘治十一年（1498），知县方溥扩而大之，建堂五间祀文公。左右为两廊，前为厅，东西为斋宿房，再前为方塘，架亭塘上，通以石桥。临衢为华表。大门东曰"毓秀坊"，西曰"观书第"。堂之右为"毓秀亭"，亭之右为"韦斋祠"，额曰"闽中尼山"。正德时地方官员又有增修。清康熙五十五年（1716），获御赐"文山毓哲"匾。道光三年（1823），知县孙大焜捐廉重修。民国时邑人卢兴邦翻修书院，重整院规、学田，委派专人管理。"文革"时毁坏严重。现为省级文物保护单位。

目前可见的最早的南溪书院志成于明弘治十三年，由知县方溥纂修。方溥，字惟博，新城人，举人。始知婺源，有政声。弘治九年改任尤溪知县，颇有政绩，入祀名宦。方溥任尤溪时，对南溪书院尤为重视，修文公祠堂，又建活水石亭、半亩塘等。此前，方溥于《朱子大全》注中发现有"见《南溪书院志》"一句，因此猜测"南溪书院旧尝有志"，但遍寻不得，疑已失传，因有修志之意，遂"偕僚友参订商确，编次二先生遗欠，及古今名公纪述题咏之有关于是祠者，萃为一帙，分三卷，每卷则虚其篇末，以俟续者，曰《南溪书院志》"。志成后，方溥请沙县教谕何海为之校正，终成三卷。《万卷楼书目》有著录。志版于万历十九年毁于火，现仅存何海前序及方溥后序。

弘治《南溪书院志》被毁后，尤溪县训导陈翘卿以志不可缺，与教谕纪延誉等一同发起重修。署知县郭以隆闻其事，捐俸以成之。"于是抄录旧册，正其差讹，补其阙漏，次其简编"，于万历二十二年成《南溪书院志》，又请序于新任知县叶廷祥。叶廷祥，浙江庆元人，万历贡生，恩选尤溪知县。郭以隆，江西赣县人，贡生，以沙县县丞署尤溪知县，万历二十五年任平阳县知县。纪延誉，字声寰，晋江人，万历十年举人，二十一年任尤溪教谕，扁文公祠曰"万世宗师"，以丁内艰去。陈翘卿，镇海卫人，万历十三年贡生，官尤溪训导。

是志在天启时又有重修，重修本凡四卷，半页十行，行二十字，黑口，单鱼尾，四周双边。卷首有叶廷祥序，形胜总图，韦斋、文公像图，纂修、校锓姓氏和凡例。卷一为形胜事迹，载书院周边形胜及相关历史事迹；卷二为建置祀典，载书院之历史沿革及其祭祀情况；卷三为二公诗文，皆有关南溪者；卷四为群贤词翰，无关南溪者亦不入。后有县丞郭以隆跋。此外，崇祯、康熙及民国《尤溪县志》皆收有纪延誉《南溪书院志序》及陈翘卿《南溪书院志后序》，疑为今本所脱。由于南溪书院仅具祭祀朱氏父子的功能，并不具备教育、藏书等规制，因而此志重点记载了二人在南溪的行迹，使得"四方之士生不得同其地，足不及履其境者，目是志或得以稽而悉焉"。这是相较于其他书院志的不同之处。《千顷堂书目》《四库全书总目提要》《浙江图书馆善本书目甲编》有著录。（赵伟撰稿，刘艳伟审稿）

同治《南溪书院志》四卷

清杨毓健纂修，清康熙初刻，同治九年（1870）重刊本。

杨毓健，长阳县人。康熙二十九年（1690）由廪生捐贡生，三十四年选授陕西平凉府通判，三十六年丁忧回籍。五十年补授福建延平府通判，五十四年兼署尤溪知县，六十一年以知府管台湾府同知事。雍正二年（1724），涉命案革职。七年补授直隶顺德府知府，又历任南昌、凤阳、泸州知府，所在多惠政。以年迈告归，卒年八十余。

南溪书院在福建尤溪县，有明刊《南溪书院志》，已著录。

康熙五十五年，杨毓健捐赀修毓秀亭，又请得皇帝御赐"文山毓哲"匾，遂欲纂志以志其盛。当时，南溪旧志已是"断简残篇，字迹漫灭"，"及今不脩，数十年后并所谓残编断简亦渺不可复识"，于是杨毓健汇集邑中博士弟子员刘渭三等"立局编纂"《南溪书院志》，自行捐俸以刊刻之。《八千卷楼书目》有著录。

同治九年，尤溪知县程廷耀重镌《南溪书院志》。是志凡四卷首一卷，首卷为学政车鼎晋、巡抚陈瑸、吏部尚书文渊阁大学士李光地、延平府通判兼署南溪县知县杨毓健序，及杨毓健题请御赐匾额之部文疏稿并前后事。据民国《南溪书院志》记载，程廷耀一并作有《重修南溪志序》，但今本未见。卷一分为朱姓本源、朱熹年谱和《宋史》朱熹本传；卷二分为故迹、建置、韦斋像、文公像、历代谥封、祀典和祠田；卷三为二公诗文；卷四为古今词翰。其内容繁富，图纪分明。相比前志，此志卷一专门记载朱氏及朱熹本人，略带家谱性质，更加凸显了南溪书院作为祭祀型书院的特征。（赵伟撰稿，刘艳伟审稿）

《南溪书院志》五卷首一卷

民国洪健编，民国三十七年（1948）油印本。

洪健，字建人，尤溪人。毕业于上海正风文学院，于儒林中有声。民国三十年任尤溪县立初级中学校长，后任县教育科长、闽北文化促进会尤溪分会理事长、尤溪县党部书记长。一九五〇年解放尤溪县时缴械投降，在镇反运动时被处决。

南溪书院在福建尤溪县，有明清刊本《南溪书院志》，已著录。

民国三十四年初，洪健以《南溪书院志》自同治重刊以来已"七十余载未曾重修"，且《四库提要》谓万历《南溪书院志》"所附诗文多不雅驯"，遂有重编书院志以"保存地方文献"之念。洪健主要依据同治重刊本重修之，于民国三十四年十月正式脱稿。书稿会存台北"中央图书馆"。三十七年，洪健曾上书教育部长朱家骅，请其裁阅作序，未果。

是志凡五卷首一卷。首卷为洪健、林升平序，明、清旧序，历代纂修姓氏，凡例，形胜图，书院图，韦齐像（附赞），文公像（附铭赞）；卷一为本源、本传和年谱；卷二为历代谥封、御赐题书、祀典（附祭文、祠田册）；卷三为故迹、建置；卷四为二公文、二公诗；卷五为古今记述题咏，匾额、联句附后。其内容大多出自同治《南溪书院志》，同治以后旧志未载之事作者也加以补充，其记事延至民国三十二年以后，补充了对南溪书院历史的记载，但其内容较为简略，多处仅寥寥数语，一带而过。是志是最后一部以传统体例修撰的《南溪书院志》，是研究南溪书院不可或缺的史料。（赵伟撰稿，刘艳伟审稿）

江　西

《经训书院自课文》三卷

清皮锡瑞著，清光绪十九年（1893）师伏堂刻本。

皮锡瑞（1850—1908），字鹿门，又字麓云，因其居曰师伏堂，又称师伏先生，湖南善化人。光绪八年举人，曾主讲湖南桂阳龙潭书院、江西南昌经训书院，著有《经训书院自课文》《经学通论》《经学历史》《今文尚书考证》《师伏堂词》《师伏堂诗草》《师伏堂骈文》等。

经训书院在江西南昌。清道光二十年（1840），江西按察使刘体重倡建，与豫章书院、东湖书院、友教书院并称南昌四大书院。名"经训"，意主倡明经学也。事未竟，体重调湖北。二十三年，按察使温予巽捐俸促成。该院仿胡瑗教法引导诸生钻研经解、诗赋，既读经书，又治实事。二十七年，因书院狭小，来学者众，遂移往干家巷。有讲堂、先儒祠、山长厅屋、诸生斋舍等。书院存典银近七千两，按月一分行息，为师生束脩膏火之资。帅方蔚、李退生、万良、王棻、皮锡瑞曾先后设教于此，唯皮锡瑞历时最长，达七年之久。后因宣传维新变法主张，为豫章书院山长及南昌城官绅所嫉，以"附和康梁"遭惩处。清末改为实业学堂。原址现为南昌八中。

此为皮锡瑞在经训书院中习作文字汇编。

是书半页十行，行二十二字，双行小注，左右双边，黑口，单鱼尾。凡三卷，前后无序跋。卷一、卷二、卷三均为课文，其主要内容为皮锡瑞对儒家经典的阐释解读文章。

是书为皮锡瑞所著，其记晚清皮锡瑞之经史文论，甚为丰富。《天子七庙二祧考》《齐鲁二国封地考》等文章载其对"天子七庙二祧""齐鲁二国封地"等来历和具体所指的考证内容，于研究晚清学术史、思想史价值尤著。（宗尧撰稿，刘金审稿）

《白鹿洞志》十九卷

明郑廷鹄编，明嘉靖四十五年（1566）增刻本。

郑廷鹄（1505—1563），字元侍，号筼溪，琼山（今属海南）人。嘉靖十七年进士，历官工部主事、工科左给事、江西督学副使等。著有《藿脍集》《易礼春秋说》《学台集》《石湖集》等，编有《白鹿洞志》《琼台会稿》《武学经传》。

白鹿洞书院在江西九江庐山之麓。唐贞元间，李渤与其兄李涉隐居读书于此，曾养白鹿以自娱，人称李渤为白鹿先生。长庆中，李渤出任江州刺史，就其地创为台榭，引流栽花，遂以"白鹿"名洞。南唐升元四年（940），朝廷在此建学置田，命国子监九经李善道为洞主，号曰"庐山国学"。宋初增拓之，始为书院，与睢阳、石鼓、岳麓齐名。宋太平兴国二年（977），应知州周述之请，朝廷赐书院国子监印本《九经》，并官其洞主明起为褒信县主簿。七年，置南康军，白鹿洞遂属南康星子县，书院渐废。咸平五年（1002），敕有司重加修缮。大中祥符初，直史馆孙冕请归老于洞，诏许之，未至而卒。宋仁宗皇祐中，孙冕之子，礼部郎中孙琛承父志起馆洞旁，以教子弟并四方来学者，并给廪饩，匾曰"白鹿洞书堂"。南宋孝宗淳熙六年（1179），朱熹知南康，题请重建书院，于是洞学复兴。后又置洞学田以赡生徒，并疏请敕额及书籍，列圣贤为学次第以示学者。一时名儒如陆九渊等皆来讲学。其后屡有增建。元末战乱，书院毁于兵，洞学田亦废为荒地。明英宗正统三年（1438），瞿溥福为南康守，兴复之。成化年间，提学佥事李龄增阔之，置学田、祠器、书籍，聘胡居仁主洞事。嗣后御史陈铨、唐龙、提学佥事苏葵，副使邵宝、蔡清、李梦阳相继振起之。万历初，张居正废书院，仅留祠祭。清代，地方大员蔡士英、李长春、姚启盛、安世鼎等先后主持兴修白鹿洞书院，置田、拨款、定规、训示、课士，颇有建树。康熙帝曾赐书，书院特建御书阁藏之。康熙二十六年（1687）赐"学达性天"匾额，乾隆九年（1744）复赐"洙泗心传"额。名儒熊维典、何大良、张自烈、吴一圣、汤来贺、罗柴、钱正振、熊飞渭、于建邦等先后主讲席。黄宗羲、王士禛、查慎行、恽敬、洪亮吉、李鸿章等亦来此"朝圣"。咸丰年间毁于兵火，同治年间重修。清末改为江西林业学堂。民国初年，康有为曾为其题额。蒋介石曾有将其台湾中正大学迁入之规划。二十世纪五十年代曾建东西碑廊，而后又逐步修复。一九八八年确定为国家重点文物保护单位。

据史载，白鹿洞书院原有弘治七年（1494）所修院志，后其书亡佚，仅在后修的院志中保存了张元祯的序言。正德八年（1513），江西提学副使李梦阳撰成《白鹿洞书院新志》。嘉靖三十三年，郑廷鹄以"书院乃正学之标帜，书院志堪称一部道学传而颇缺失"为由，以鲁铎、李梦阳旧志为基础，并以朱熹等人文集及通志、石刻等补其不足，纂成《白鹿洞志》，并自序篇首。十余年后，主洞事者陈汝简以该书有"考据失实""校刻多讹""序次颠乱""诗文散逸""书籍宜载""跋田宜录"六大缺憾，乃率洞生袁友德、张文瑞等重为考校增订，次年由知府张纯梓印。

是书半页十行，行二十字，双行小注，上下双边，白口，单鱼尾。凡十九卷，书前有郑廷鹄自序及洞志凡例十三条，末有陈汝简跋。卷一志山川；卷二志书院沿革；卷三志明贤；卷四志洞祠；卷五、卷六志洞规；卷七、卷八志洞牒；卷九至卷十五志文翰；卷十六志经籍、器皿；卷十七、卷十八志洞学田；卷十九为外志，主要包括诗赋及跋文。明张元汴《传是楼书目》、今人《中国古籍总目》有著录。

此志凡例中言"其编纂兼采鲁铎旧志、李梦阳新志。可因者一遵其旧，可并者并附条下，可增者增之"。内容广而全，博采众长，在继承前志的基础上增辑而成。（刘金撰稿，宗尧审稿）

《白鹿洞书院志》十二卷

明周伟编、田琯重修，明万历二十年（1592）刻本。

田琯（1533—1606），字希玉，号竹山，福建大田人。隆庆五年（1571）

进士，历官江苏吴县知县、南京户部主事、云南兵备副使、广西布政司参议等。万历十九年任南康知府，兴修白鹿洞书院，征集图书，聘请名师，广集生徒，并主持修纂《白鹿洞书院志》。

周伟，籍贯履历不详，曾任星子县学训导兼白鹿洞书院山长。

白鹿洞书院在江西九江庐山之麓，有《白鹿洞志》，已著录。

此志之修，实发起于南康知府田琯。万历十七年，南康知府田琯整顿白鹿洞，增置田亩，清理财务，聚徒讲学，使书院于万历初年张居正禁毁书院的挫折中重新振起。二十年，田又命周伟为主编，率洞生戴献策、熊滨、袁炜、黄希孔等，重修院志。

是书半页十行，行十九字，双行小注，四周双边，白口，单鱼尾。凡十二卷，书前有田琯《新修白鹿洞志序》。卷一志沿革；卷二志形胜；卷三志人物；卷四志祀典；卷五至卷十志文，含奏疏、公移、洞规、策问、讲义、说、戒、谕、书、记、序、告示、铭、辞、赋、诗等各项；卷十一志田地山塘；卷十二为外志。《中国古籍总目》有著录。

是志编次卷帙较李应升《白鹿书院志》为多，而将郑廷鹄《白鹿洞志》新增之洞祠、洞规、洞牒等卷合并入《文志》，删繁就简，并增补嘉靖以来有关文献，重新编排而成。（刘金撰稿，宗尧审稿）

《白鹿书院志》十七卷

明李应升编，明天启二年（1622）刻本。

李应升（1593—1626），字仲达，号次见，自号石招居士，江苏江阴人。明万历四十四年（1616）进士，授江西南康府推官，于任上恢复白鹿洞书院，天启二年擢任御史。著有《落落斋遗稿》十卷。

白鹿洞书院在江西九江庐山之麓，有《白鹿洞志》，已著录。

天启二年，李应升以周伟所编《新修白鹿洞志》为基础，缀辑残碑逸简，删汰芜牍滥词，并重新厘订卷次，遂成此书。

是志半页九行，行二十字，双行小注，四周双边，白口，单鱼尾。原书多处有整页缺损，半页缺损处已注明"原缺"。凡十七卷，书前有李梦龙

《白鹿书院志序》。卷一志形胜；卷二至卷四志沿革，其中卷三载朱子修复白鹿洞书院始末，包括《知南康军榜文》《白鹿洞牒》《申修白鹿书院状》《与尚书札子》《与丞相札子》《乞赐白鹿洞书院敕额》《延和殿奏事》《请洞学堂长牒》《洞学榜》《举人入书院状》《与吕伯恭论书院记书》《与东莱论白鹿洞书院记》《答吕伯恭书四首》等各类文书，由此可知朱熹为修复白鹿洞书院所做之事宜，卷四述当朝兴复白鹿洞书院之始末；卷五志先献；卷六至卷八志明教，分别为策问、洞规与戒；卷九至卷十四志文翰，分别为记、告文与诗；卷十五至十七志祀典，主要为释菜和田赋。《中国古籍总目》有著录。

李志对"文翰"部分多有删削，其所作《白鹿洞书院沿革》几乎全文照录在清毛德琦《白鹿洞书院志》中。毛德琦称是本"惟《文翰》中多从删削，视田《志》较约"。此外，是书于编撰体例上亦有所改革，删去郑廷鹄、田琯本之"外志"，分"沿革"为三卷，分"人物"为"先献""主洞"，特标"洞规""讲义"等为"明教"三卷，体现了其重视道统传承的思想。（刘金撰稿，宗尧审稿）

《白鹿洞书院志》十六卷

清廖文英编、钱正振补，清康熙十二年（1673）增修本。

廖文英，字百子，号昆湖，广东连州人。明崇祯十一年（1638），由选贡任南康司理，主白鹿洞书院。清康熙七年，擢南康知府，增修府志。著有《正字通》等。

钱正振，字侯起，号铁峰，南康府星子县（今江西省庐山市）人，康熙九年会元，二十八年江西提学邵延龄聘主白鹿洞事。著有《四书决疑》《爱莲池说》《观澜阁赋》《读书》《乾寿庵诗草》等。

白鹿洞书院在江西九江庐山之麓，有《白鹿洞志》，已著录。

此本为廖文英知南康府时所修，成于康熙十一年，其自序云"旧志李忠毅公重订，迄今五十余年，多所阙遗"，称之前所修《白鹿洞书院志》书，不能将入清后江西地方官员兴复书院的历史载入，遂"补缀旧文，增葺迻事，授剞劂而登于新",修成此志。"虽修举之绪未云大备,而经营匠意于育材养贤之籍,亦略可镜矣。"希望通过增补这段修废举坠的历史,以彰显地方官员与朝廷作养人才的功绩。

是志半页九行,行二十一字,双行小注,四周双边,白口,单鱼尾。凡十六卷,书前有廖文英《重修鹿洞书院志序》及凡例六条。卷一志形胜;卷二至卷五志沿革,其中卷三书朱子兴复书院始末;卷四书明朝兴复书院始末;卷五书清朝兴复书院始末;卷六志先献;卷七至卷八志明教,含洞规、策问、讲义、说、答问、戒、谕、公移;卷九至卷十四志文翰,包括记、序记、告文、辞、启、铭、书、诗、赋等;卷十五志祀典;卷十六志田赋。《四库全书总目》《清文献通考》《中国古籍总目》有著录。

毛德琦称"郡守廖文英《洞志》,遵江阴李应升原本,其所增入,半属顺治年间郡守薛所习补刻也"。故此志是对明李应升本之增修。廖志分目与李志完全相同,只是在李志基础上补充了顺治朝及康熙初年白鹿洞书院的历史。《四库全书总目》卷七十七称其"因即旧志修辑,以成是书,意求繁富,颇失剪裁"。(刘金撰稿,宗尧审稿)

《白鹿书院志》十九卷

清毛德琦原订、周兆兰重修,清宣统二年(1910)刻本。

毛德琦,号心斋,鄞县(今浙江宁波)人。康熙五十三年(1714),由贡生任星子县知县。次年协理白鹿洞书院事务,课士评文,修葺房舍,清理田亩,重修洞志,并撰《庐山志》十五卷。

周兆兰,字香泉,江都(今江苏扬州)人。乾隆三十三年(1768)举人,历官安徽太湖县知县、山东招远县知县、宁都直隶州知州等。

白鹿洞书院在江西九江庐山之麓,有《白鹿洞志》,已著录。

康熙五十五年,廖文英《白鹿洞书院志》原板毁于火,知县毛德琦遂于五十八年决定重修书院志,次年书成。

是志半页九行,行二十字,双行小注,左右双边,白口,单鱼尾。凡十九卷,书前有宣统二年(1910)南康知府朱锦《重修白鹿洞志版序》,康熙五十九年江西巡抚白潢《白鹿洞志序》、江西按察使石文焯《白鹿书院志序》，康熙五十七年江西布政使蒋曰广《白鹿书院志序》、江西按察使龚燦《序》、学政王思训《白鹿书院志序》、黄州知府蒋国祥《重修白鹿书院志序》、星子县知县毛德琦《白鹿书院志序》，乾隆六十年南康府知府周兆兰《序》等，另附明代《张元祯洞志序》《李梦阳洞志序》《陆梦龙序》《李应升修志序》与清代《廖文英修志序》及凡例六条。卷一志形胜；卷二志兴复；卷三志沿革；卷四志先献；卷五志主洞；卷六至卷八志学规；卷九志书籍；卷十至卷十七志艺文；卷十八志祀典；卷十九志田赋。《四库全书总目》《万卷堂书目》《八千卷楼书目》《清文献通考》《清通志》《清史稿·艺文志》《中国古籍总目》有著录。

　　毛德琦在《白鹿书院志》的凡例中提及此志有五大特点：一、纂旧，毛志在编志时参考了以前各种志书，"今详请重刊，于七则外，增《兴复》以尊朱子，《主洞》以崇师范，《书籍》以昭训守，广为十则，御颁经史，亲书扁额赐洞，为千秋盛典，驾轶前代，垂宪后昆，原志未载，例宜恭纪"。二、专崇，"今上升配十哲，赐额'学达性天'，正以尊子学也，故特汇一编，以志专崇"。三、类推，主要述卧龙冈及三叠泉事。四、存疑，"祀典一条，上乃旧刻，未敢赘论"。五、核实，主要谈洞田，"新增洞田，悉经载入，今仍旧刻备查"。六、典守，主要谈修志版刻储藏，"谨将此志，同山志工竣日，并府志各版，计明块数，开载印册，俱藏星子县新创谯楼之上，属县经堂、洞承输年执掌，造入交盘，以凭稽核"。（刘金撰稿，宗尧审稿）

《凤巘书院志》五卷

　　清朱点易编，清光绪元年（1875）刻本。

　　朱点易，字策昌，号辰浒，南昌府义宁州（今江西修水县）人，廪贡生，候选训导。

　　凤巘书院，一名山泉书院，设于义宁（今江西修水县）。明时此处建有凤山书院，其后隳废无存。清同治四年（1865），知州郑国思率士绅重建，次年告成。

光绪元年，点易等"明定学规条约，冀垂久远"，遂辑刊此志。

是志半页八行，行二十一字，四周双边，白口，单鱼尾。凡五卷，书前有义宁州知州李嘉瑞《凤巘书院志序》，后列修志职名、凡例八条、绘图、案牍等。卷一上志艺文，收录序、记、诗、书目等；卷一下志崇祀，列捐廉、捐名两项；卷二、卷三志乐输，列修费、存费、主费三项及契据一项；卷四志条例，列学规、学约、章程、仪节、祭文等；卷五志田赋，列丈额、递册。尾卷还附有经理、什物、账目等。

是志分为五纲十七目，目次简明。书院之经始费用概由义宁八乡捐输，其相关案牍底稿，均已载入，所有捐数姓名，均逐一注明，账目详明，便于后者稽查。（刘金撰稿，宗尧审稿）

《象山书院章程》一卷

清佚名编定。

象山书院在江西信州（今属贵溪）。原名应天山精舍，又名象山书堂、象山精舍。宋乾道、淳熙年间，陆九渊讲学于金溪青田槐堂，"学者辐集"，"至不能容"，门人彭世昌遂于贵溪应天山结庐建院，迎其讲学。陆九渊"登而乐之，乃建精舍"，于淳熙十四年（1187）登山讲说，次年改应天山为象山，学馆亦因之改名。时"学徒各来结庐"，"裹粮相迎"，"相与讲习"，前后五年，达数千人。绍熙二年（1191），九渊赴荆门军任职，嘱其高弟傅季鲁"居山讲学"。庆元二年（1196），贵溪知县刘启晦"立祠象山方丈之址"，门人"春秋致祭惟谨"。彭世昌曾为其购集图书。绍定三年（1230），杨简门人赵彦械任江东提刑，重修精舍。四年，袁甫为江东提刑兼提举，以山间交通不便，迁建于县城外之三峰山徐岩。次年理宗赐额"象山书院"，成为南宋象山学派活动中心。陆学弟子虽位居卿相，亦以掌教象山为荣。史称南宋四大书院之一。元末毁于兵火。明洪武初，尚有山长之设。景泰三年（1452）重建。祀陆九渊、陆九龄、陆九皋。成化二十年（1484），诏命贵溪重建。正德中，提学副使李梦阳又大修，集士子酬唱其中。万历七年（1579），奉诏废毁，财产变价，以充边需。不久，知县伍袁萃赎回，改名象山祠。清乾隆十年（1745），知县彭之锦在县城西万安山重建，置田藏书，聚徒聘师。嘉庆十五年（1810），移至城内梅花墩，改名景峰书院。道光三年（1823），复原名。咸丰间毁于兵火。同治二年（1863），在城东重建。后毁。

是书半页十行，行二十二字，四周双边，白口，单鱼尾。前后无序跋。内容为象山书院章程十五条。一、二条为经费管理；三条为院长选聘要求；四、五条为院中执事要求以及外来人员住宿规定；六条为诸生考课名次管理；七、八条为诸生食宿管理；九条为诸生日记要求；十条为诸生读书要求；十一条为考课时间规定以及奖惩办法；十二条为山长束脩、膳金规定；十三条为书院祭祀要求；十四条为书院书籍管理；十五条为执事的选聘。

此书院章程不仅对书院学生的学习、生活、品德等方面进行了具体规定，还重点突出了书院山长学识与品德方面的要求，是研究中国古代书院教学制度的珍贵史料。（王帅撰稿，肖啸审稿）

《新淦凝秀书院志》二卷

清朱一深编撰，清乾隆二十六年（1761）琢玉堂刊本。

朱一深（亦作琛），号梅谷，广西桂林人。乾隆间进士，乾隆二十六年任江西新淦（今新干）县知县，曾建凝秀书院。

新淦旧有书院四，始之高峰、金川，次之惜阴、金水，百年之间，尽为丘墟。乾隆二十一年，一深奉命宰是邑，念新淦本为人文之乡，于是以振兴学校为己任，士绅民众亦踊跃应从。绅士罗人龙、敖文、李忠立带头各捐五十金，后邑人闻风驱之，或捐资析产，或效力营构。孝廉廖峻以其别业，暂为书院。一深暇时与诸生面订其业，时来游者二十余人。二月，一深过城南，见破宅二地，乃尽买之。后其在罗、敖、李、陈四生及县尉冯大溁的襄助下，扩建书院，为门二重，旁建房各一，二房之侧各做厨屋一间，并建讲堂一间，其上为楼。其后又有王姓遗孀命其继子璋廷捐金八百，于是书院又得以扩建。乾隆三十五年八月十二日，书院落成，一深名之曰凝秀书院，乃以"凝山川之秀"为寓意。

书院规模初定，一深痛失其怙，丁父忧去职之时，恐书院再为废墟，在诸绅固请之下，乃集书院诗、赋、图、记等汇为一编，遂成此志。

是书半页九行，行二十字，双行小注，左右双边，白口，单鱼尾。凡二卷，书前有汤聘、高积、娄廷彦、三宝序及凡例十四条，末有朱一深跋。卷上分别为图说、图、书院记、序文五首、静远楼记二首、琢玉堂记、静远楼赋、掘古钱记、半塘记、四松说、条约；卷下分别为尺牍、诗歌、基地、学田、捐田、山场、匾对、器用、捐输、告示。《中国古籍总目》有著录。

是志详列条规，田地、山场或买或捐条分缕析。且一堂一名为之记，使后人知命名取义之由来。其申建批文、工料清册、文契之属均注明并存卷宗，皆有案可查。（刘金撰稿，宗尧审稿）

《文昌书院志》一卷

不著撰人，清道光二十二年（1842）刻本。

文昌书院在江西吉水。其始建于何年无从考证，据清代《修水县志》所载，宋时起，文昌书院就闻名遐迩，欧阳修、文天祥等名儒曾亲临讲学。此外，亦有书院为欧阳修所创之说。明时，邹忠介、沈慎菴复建。清康熙年间，毁于回禄。道光九年，为激勉乡人勤于治学，开始重建书院。恰逢水旱连年，乐输艰于缴收，十五年冬，方落成。书院上构魁文橼阁，中设孔圣之座，护以四配，左列乡贤，右安名教，前后厅堂房室，规模极其宏厂。重建后，崇正学、究训诂、肄制义，文风日振。此后，书院再度荒废。

是书半页九行，行十六字，左右双边，白口，单鱼尾。卷首有文昌书院序、重建文昌书院记、明复建文昌书院记，卷末有重建文昌书院（新）序。另有《邹南皋先生与文昌诸友书》《邹南皋先生文昌书院义助题疏》《南皋先生再书》《名邑侯慎苍沈裕先生疏》。此外，此志对书院规例、建筑情况、书院地图、书社义田、义助等皆有详细记载。

是志着重记载文昌书院明清复修情况，对于吉水地区历史及书院研究价值尤著。文昌书院虽为一所乡间小书院，但人才辈出，曾创造过"五里三状元""兄弟两进士""十八翰林学士共赏荷"的科举盛景，培养出《永乐大典》副总裁张伯颖、翰林修撰王艮、礼部右侍郎钱习礼、大学士刘俨、理学

家罗伦等一大批优秀人才。但这些书院名人在书中少有提及，略有缺憾。（王丹丹撰稿，肖啸审稿）

《白鹭洲书院志》八卷

清刘绎编，清同治十年（1871）白鹭书院刻本。

刘绎（1797—1878），字瞻岩，一作詹岩，号岳云，江西永丰人。道光十五年（1835）状元，授翰林院编修。十七年，入值南书房，次年，出任山东学政。二十一年，以父老乞假南归，后潜心于书院教育，前后任白鹭洲书院山长达二十余年。学问渊博，博通经史。纂有《江西通志》《永丰县志》及《吉安府志》。著有《存吾春斋文钞》《存吾春斋诗钞》等。

白鹭洲书院在江西吉安。又称鹭洲书院、白鹭书院。宋淳祐元年（1241），江西提举兼吉州知州江万里建于白鹭洲上。书院初建时，江万里自任导师，教学授徒，理宗皇帝御赐院额。继有郭公度、刘南甫、欧阳守道、胡敬文等先后主讲席，文天祥、邓光荐、刘辰翁等皆肄业其中。至元十六年（1279），山长曹奇建古心祠，祀江万里，刘辰翁为记。十九年圮于水，吉安路总管李珏重修。大德间曾裁撤山长，旋又复。延祐间，山长余天民收州上僧舍建复古亭，自此环洲均归书院所有。至正十二年（1352）毁于兵火。十四年又圮于水。十五年修复。元末复毁，自此荒废百数十年。明嘉靖五年（1526），吉安知府黄宗明重建书院。二十一年，知府何其高迁建于府治南关外仁寿山慈恩寺，改名"白鹭"。隆庆六年（1572），巡按任春改为庐陵县学。次年复建书院于城北县学旧址。张居正废书院，改为公署，旋又复。万历二十年（1592），知府汪可受迁回白鹭洲上，并复旧名。魏忠贤废书院时，曾改为其生祠，魏阉败后即复其旧。清初被省城大吏立为江西四大书院之一。康熙初，湖西道施闰章会同张贞生、毛奇龄、杨洪才等会讲于此，一时称盛。十四年毁于兵火。二十七年知府罗京修复，并重订馆规，增扩科举额。五十二年复圮于水，仅云章阁因建于高台而独存。雍正二年（1724），知府吴铨等重修。咸丰六年（1856）毁于兵。同治七年，知府定祥、山长刘绎重建于城西仁山隆庆寺。光绪十一年（1885），知府贺良桢、山长王廷植与邑绅胡日升等复迁于白鹭洲上。二十九年改为吉安府中学堂。今为白鹭洲中学。其云章阁、风月楼今已修缮一新，并被列为文物保护单位。

而此志之修，乃刘绎寄迹鹭渚时，受同学相嘱，以作洲志。然中遭变乱，陵谷之迁，书缺有间，恐洲与志俱荒。因将旧志合之孔氏集，以成是志。

是书半页九行，行二十一字，双行小注，四周双边，白口，单鱼尾。凡八卷，卷首有刘绎《重修白鹭洲书院志序》，并有《重修义例》十一条，另有沈作朋、周作哲、符乘龙原序三篇及甘雨、罗京旧序两篇。卷一志洲图、建制、崇祀，分别附有书院图、沿革、祭祀缘起及名宦列传；卷二志设教、书籍，设教附有启帖、馆规、馆例各类；卷三志义储；卷四至卷七志艺文，包括古近体诗一百六十八首、赋两首、记三十七篇、序两篇、募疏两篇、上梁文两篇；卷八志公移、历朝创修者今修志者姓氏。《中国古籍总目》有著录。

全书体例整肃，乃于旧志基础上取长补短而成，为了解研究白鹭洲书院之重要文本。

《白鹭洲书院志》有明嘉靖二十五年知府何其高修本、万历十四年庐陵知县钱一本修本、十九年知府汪可受修本、清康熙三十年（1691）知府罗京修本、乾隆十九年（1754）沈作朋修本及同治九年知府定祥修本。今仅存定祥修本及刘绎总纂本。汪可受修本在《四库总目》中有著录，曰："该书分二卷，历叙沿革、建置、教职、祀典、储赡、名宦、人物、公移、贤劳、义助等。"（刘金撰稿，宗尧审稿）

《鹅湖讲学会编》十二卷

清郑之侨编，清乾隆九年（1744）刊本。

郑之侨（1707—1784），字茂云，号东里，广东潮阳人。雍正十三年（1735）举人。乾隆二年进士，历官铅山县令、饶州府同知、安襄郧兵备道。为政通达大体，朝野称赞。于铅山建鹅湖书院，宝庆建濂溪书院，文教大振。告归后优游林下凡二十年。卒年七十八岁。著有《六经图》二十四卷、《四礼翼》二卷、《鹅湖讲学会编》十二卷、《农桑易知录》三卷、《劝学编》

六卷。

鹅湖书院在江西铅山。又名文宗书院。宋淳熙二年（1175），朱熹、吕祖谦、陆九龄、陆九渊等人会讲鹅湖寺，史称"鹅湖之会"。十五年，陈亮约朱熹、辛弃疾仿"鹅湖故事"，商谈国事与学问。朱未至，陈、辛二人则"长歌相答，极论世事，逗留弥旬"。此称第二次"鹅湖之会"或"鹅湖之晤"。后人曾建四贤堂（祠）于鹅湖寺，以祀朱、吕、二陆。淳祐十年（1250），江东提刑蔡抗复请于朝，赐额"文宗"。宋末朝廷设官师主之。元迁至铅山城内（今永平镇）。皇庆二年（1313），铅山知州窦汝舟建会元堂。黄谦、邹毅、吴师道、吴旭、徐复、吴以牧、程端礼等先后为山长。元末毁于兵火。明景泰四年（1453），江西巡抚韩雍、广信知府姚堂在鹅湖寺旁重为修复。弘治年间迁至山顶。正德六年（1511），江西提学副使李梦阳命铅山知县秦礼于旧址重建。魏忠贤废毁书院时，士子力争而祠庙得以保存。编修杨廷麟、进士胡梦泰、处士查应玮等相继修建。清顺治十年（1653），江西巡抚蔡士英捐资重建，并列名于江西四大书院之中。康熙年间知县潘士瑞、巡抚宋荦、知县施德涵相继重修。五十六年（1717），康熙亲书"穷理居敬"额及"章岩月朗中天镜，石井波分太极泉"联。乾隆五年，知县郑之侨修葺。编有《鹅湖讲学会编》。嘉庆十七年（1812），诗人吴嵩梁为山长，编撰《鹅湖书田志》。书院经费除田租外尝有存典息银。咸丰间毁于兵火，同治间重建，清末改为鹅湖师范学堂。一九四九年后曾改为鹅湖中学、鹅湖小学。现为省级文物保护单位。

是书收录朱熹、陆九渊及吕祖谦三人论学书信、诗词、文章，虽郑之侨在序文中提到此书"撮四贤书为一帙"，然并无陆九龄之文章、诗词。郑之侨于书序中对朱陆两家弟子由元入明后，各持门户之见、互相攻讦之事，颇不以为然，认为学术观点不同，亦可互相交流论学，"异同之见化，而讲学之道得矣"，希望使异说并存，各家和平共处，遂而编录此书。

是书半页十行，行二十二字，左右双边，双行小注，白口，单鱼尾。凡十二卷。书前有郑之侨序、凡例十则和门人姓氏。卷一为图、赞；卷二、卷三为朱子写给吕祖谦书信、文章序跋以及祭文；卷四为朱熹写给陆氏兄弟、鹅湖书院山长徐昭然的书信以及《铅山县学记》；卷五、卷六为吕祖谦写给朱熹的书信以及为陆九龄写的墓志；卷七为陆九渊写给朱熹、吕祖谦的书信、吕祖谦写的祭文以及《全州教授陆先生行状》；卷八、卷九为朱子、吕祖谦、陆九渊所写的学规、章程、读书法、学员名单、讲义等；卷十为题咏鹅湖书院的诗文；卷十一为鹅湖书院各类书院记及序文；卷十二为《鹅湖书田志》。

《鹅湖讲学会编》记载鹅湖书院讲学诸人书信往来及讲学情形颇为详尽，诗文以及书院记也能充分展现各时代鹅湖书院的存废兴盛情况，明确反映了鹅湖书院的发展源流，于研究鹅湖书院之发展具有相当重要的价值。（王帅撰稿，肖啸审稿）

《信江书院志》十卷

清钟世桢编，清同治六年（1867）刻本。

钟世桢，湖南武冈人，湘军将领。历官饶州知府、江西省按察使及布政使等。

信江书院在江西上饶。初名曲江书院。清康熙五十一年（1712），知府周锜元创建于城外黄金山麓，延师主之，招七县士子肄习其中，继改名为钟灵讲院。乾隆八年（1743），知府陈世增扩建，于讲堂后山作楼以祀朱熹，旁建学舍八十余间，改名紫阳书院，巡抚陈宏谋书匾曰"共学适道"。四十六年，知府康基渊更名信江书院，并拓建楼阁，扩充墙垣。嘉庆十五年（1810），知府王赓言捐廉俸七百两倡修。道光四年（1824），知府刘体重捐俸修葺并资助生徒膏火。五年、二十八年，知府麟桂与史致谔相继重修。同治五年，知府钟世桢派捐重修，建魁星阁、钟灵台、日新书屋、课春草堂等，并增田亩租谷以充经费。十一年，玉山职员周以廉捐田租八十余石。十二年调补上饶县沈镕经捐银八百两置产入院，后废。今为江西省文物保护单位，有钟灵台等遗迹留存。

信江书院有志始自王赓言。后钟世桢为郡守，守郡八年，乃重修书院，使其更为壮观，于是重修院志，以详其源流，悉其区画，窃叹前人之用意远也。

是志半页十行，行二十二字，双行小注，四周双边，白口，单鱼尾。凡十卷，卷首有钟世桢《重修信江书院志序》、冯誉骢序及例言十条。卷一志绘图；卷二志源流；卷三志条规；卷四志公牍；卷五志田亩，附租单；卷六志斋舍；卷七志考课章程；卷八志收用章程；卷九志艺文；卷十为外编，其主要内容为重建书院建制之记文、诗赋以及所藏书目。《中国古籍总目》有著录。

其例言曰："旧志三卷记载颇详，然事属草创第，分卷而未分类，眉目次第未能较然明晰，兹分类为十卷，亦如之每类析旧志于前，新志比类，以次相从，其有旧志所未及者，新志第自为类。"书院志对书院之地域形制、院规教条、昔今之公牍批示、房舍布局、田产山场界址及租赁账目、题跋赋记、诗文唱和等记载颇详。（刘金撰稿，宗尧审稿）

《玉山县怀玉草堂斗山端明书院志》不分卷

清黄寿祺修，吴华辰、任廷槐纂，清抄本。

是志原未署编者，今检核其正文部分，乃取自同治《玉山县志》，故是志修撰之人乃取自《玉山县志》之编者。

黄寿祺，字晓坡，湖北松滋人。廪贡，同治八年（1869）任玉山县令。

吴华辰，原名吴华淳，号朴斋，江西玉山人。道光十六年（1836）进士，官至内阁中书。

任廷槐，江西玉山人，咸丰三年（1853）进士，选翰林院庶吉士，授湖北蕲水知县。

怀玉书院在江西怀玉山金刚峰，与玉琊峰相对。前身为怀玉精舍，宋学士杨亿创建。淳熙年间，朱熹、陆九渊、汪应辰等讲学于此。后有司及门人扩之，置田以供四方来学者，自是门徒日众，后人改名为怀玉书院。宋末元初毁于兵，院址及田皆为僧占。元至顺年间，进士郑伯飞建芳润堂于玉琊峰之麓。明成化年间，金事方中、郡守姚堂、知县汪滢重修，复原学田以奉祀赡学，久之又废。明正德元年（1506），提学副使李梦阳复建书院于芳润堂之右，置田养士。六年复遭兵毁，后又为僧据。嘉靖三十三年（1554），提学王宗沐再次夺回。天启四年（1624），废于魏忠贤，其田归于僧。清初恢复奉祀，祀朱子于山巅。乾隆初，诸生朱世荣、毕璋赎回原田，捐银修复书院，延师造士，生徒日盛。五十五年，同州李必联捐建讲堂于崇贤、报德二祠间，学政赵佑移芳润堂额于其上。同治三年，经管首士王永梓修葺。六年，周以廉捐田助学。

草堂书院在玉山县北怀玉山下，为朱子讲学之所。左有青山绿树，亭后有源头活水，亭、堂、庑、号舍俱备。相传朱子、钱德洪、唐瀚皆有诗题咏书院。

斗山书院在怀玉山麓，宋末怀玉书院废，斗山王奕与其子介翁结庐隐居，故名。明天顺、成化年间，郡守姚堂、知县汪滢相继修理，查复原田若干亩，令院旁怀玉道人佃种，收其租，以赡生徒。正德六年，知县谭世熙重建。嘉靖年间更名为怀玉书院。

端明书院旧在县治以东，为宋状元汪应辰故居。元时监县寿安建书院、置学田，后改为湖东道署。明景泰年间，知府姚堂改祠于城隍庙东。正德十六年，御史唐龙命知县潘文明重建。万历八年（1580），朝廷禁毁书院，知县周日甲改书院为端明祠。清康熙三年（1664），推官黎士宏招集流亡，清丈田业。邑人于书院故址为建生祠，士宏谦让，榜其门曰"怀玉书院"。五十三年，知县沈景韩增拓祀寝、讲堂、书廨。乾隆五十七年（1792），知县丁如玉移建于武安山麓。

是书为蓝印方格稿本，书前附有怀玉与端明两书院图。是志以书院沿革为主，兼及精舍、芳润堂、书院祀典、讲席、刘氏义学、社学、附乡饮酒礼等。并载历代兴复诗文，其他方面虽较简略，但仍可资考镜玉山一境兴学源流。《中国古籍总目》有著录。（刘金撰稿，宗尧审稿）

山　东

《潭西精舍纪年》十五卷

清陈秉灼、沈默编次，清嘉庆元年（1796）版，民国九年（1920）铅印本。

陈秉灼（1747—1804），一名秉焯，字亮字，号明轩，阳城（今山西阳城）人，泽州府学廪生，为人豪爽，慷慨意义，一生不求闻达。工诗文，且有经世之志，于申韩之术、营造之法无不通晓。曾游历济南，当地官府争相延聘入幕，名流学者亦多与之交游。中年以后，投身于治河工程，嘉庆二年为河吏。嘉庆九年卒于衡家楼筑堤工地，著有《高都陈氏传家集》《山乡方语考》《游山日记》《听书楼诗集》等。

潭西精舍在山东济南城西五龙潭畔，清乾隆五十四年（1789）夏天，桂馥、陈秉灼、沈默等募资修建，为其读书酬唱、赏玩聚会之地。初有带廊房屋三楹，面南临水，深丈八尺，广三丈，其后渐增多。周升桓曾书"潭西精舍"匾，桂馥亦手书"潭西精舍"篆书匾额。曾凿池得泉，桂馥题曰"七十三泉"，篆书刻石。尔后潭西精舍因年久失修倾圮，一九六五年在潭西精舍旧址修建潭西阁，一九九四年改称名士阁。

精舍建成后，桂、陈等人希望这类唱和雅集能够永远延续下去，亦希望"有纪年一卷，则精舍不朽矣"（桂馥序言），于是乃由陈秉灼与沈默编撰《潭西精舍纪年》，以资纪念。

是书半页十行，行二十二字，双行小注，四周双边，黑口，单鱼尾。凡一卷，为编年体，体例严谨，材料翔实，乃潭西精舍的重要史料，记载从乾隆五十四年至嘉庆元年间桂馥、陈秉灼等人之间的往来唱和。书前有桂馥序，介绍了著作此书的缘起，书后有三篇附录，第一篇《陈明轩先生墓志铭》，是了解陈秉灼生平的重要资料，第二篇《与陈明轩》，是桂馥写给陈秉灼的一封书信，第三篇为田九德的跋，此跋说明了此书的流布刊版的情况。该书正文按年月编撰，以潭西精舍为中心，记载桂馥、陈秉灼等人的来往活动，颇为详细，这对考证人物生平很有帮助，其中还附录了大量诗词文章，一些清词丽句如桂馥的"把杯影落空潭水，错认丹春落醉颜"。吴友松的"芳林净如洗，披拂出尘埃。钟声出林去，明月入林来"。李栻的"提尘任勾留，清谈醇而肆。乾坤底许宽，莫道浮名事"。大多写得洗丽流练，风格清新，是难得的佳作。一些重要的文章如黄畹《募筑潭西精舍疏》、武亿《潭西精舍送未谷入都序》、翁方纲序等，也都平实流畅、意脉贯通，极具文学参考价值，是颇为难得的清代地方文献。尤其是桂馥的《潭西精舍记》一文还特别考证出于钦《齐乘》关于五龙潭记载的错误，非常有意义。

此书还记载了不少士大夫交游的情形，一定程度上反映了当时的士林风气。书中对佛教也有所涉及，如"五龙潭主持研虑，饮酒食肉，陆直之谓曰：'今为师延一名僧作方丈，不饮不食，恪守戒律，师从此不得饮酒食肉。'研虑闻之肃然，既而知是竹头罗汉，乃仰曰：'罗汉醉饱打呵欠，腹中不知几斗酒，几觔肉，安能管我饮酒食肉？'坐客莫不绝倒"。可从侧面看出当时佛教僧人对待戒律的态度，同时也反映了儒家与释教交游的互动。这对研究清代中期的思想史、社会史皆具有一定的参考价值。（谢川岭撰稿，王帅审稿）

《士乡书院志》不分卷

清尹继美辑，清同治十一年（1872）刻本。

尹继美，江西永新人。咸同年间学者。以荐举知山东巨野县，调署黄县，升直隶州知州。著有《诗管见》《诗地理考略》。知黄县时加增士乡书院田产，卸任后邑绅留修县志，纂成《黄县志稿》《黄县志》。县志修毕，"县绅乃重刻冯大令所定士乡书院条款"和"同治十年所定东郭外地租章程"，两者合而为一，成《士乡书院志》，并取刻县志余钱千缗移入书院。同治十一年作为《黄县志》之附刻刊印。

士乡书院在山东黄县。清道光二年（1822），知县冯赓扬创建于县署东南。院前坊一座，院大门东西房各一。大门内为东西厢，西厢之隅为庖厨，东西厢之间为重门，重门内为讲堂，纵四丈三寸，广四丈七寸。东西横舍各十二楹，后厅五楹。东西耳房各一。其山长由邑绅公推本县或邻近州县品学兼优者。生童每岁取生员正课三十名、附课十名、外课十名，童生正课四十名、附课二十名、外课二十名。同治十年，知县尹继美同绅士议取东郭外地租再增课试名额。

是书半页十行，行二十四字，白口，单鱼尾，四周双边。虽不分卷，但实由两部分组成。第一部分即道光"冯大令所定士乡书院条款"，内有道光三年之创建书院公文、书院规条（涉及山长选聘、生童取录、膏火、月课等）、岁入租息捐款、岁支经费、士乡城会首经管地勘拨详文、捐钱姓名册、动用钱款数目等内容。第二部分为同治十年新增，含"续订规条、捐钱细数、出入款目并书院所有士乡城地官房、网场、棚号、器具等项册据"，并绘有《官房图》《棚号图》等，其字体异于第一部分。是志篇幅虽短，然于书院之创建、经费、考课等内容皆有记载，足资书院史、教育史、社会史研究者参考。（赵伟撰稿，刘艳伟审稿）

河　南

《明道书院志》十卷

清吕永辉纂，清光绪二十六年（1900）刻本。

吕永辉，字伯光，号扉青，河南永城县人。咸丰十一年（1861）拔贡，历官四川冕宁、奉节知县，寻擢知府。光绪二十年以"二品衔军功赏戴花翎"任明道书院提调，主持重修明道书院，并纂辑《明道书院志》。另著有《扉青诗钞》《国朝近思录》《吕氏家规》等。

明道书院在河南开封府城，原名二程书院，清康熙二十六年（1687），河南盐驿道张思明就繁塔左大梁书院旧址改建，祀二程与及门弟子，得赐御书"学达性天"额，旋没于水。乾隆七年（1742）、道光二年（1822）相继重修，并祀中州之私淑弟子辈于两庑，调洛阳先贤后裔来守祠。二十二年又圮于水。光绪二十年，学政邵松年复建并增修，请吕永辉董其役，改名明道书院，又名学程书院。堂舍有春风、讲易、孝廉、寻乐四堂，性道、经济、论学、辨志及东、西、南等七斋，立雪、定性二轩，二程、启贤、道统、褒忠、报功、崇德等六祠，以及蓬瀛馆、吟风弄月亭、花庵等建筑，规模宏大，与大梁、彝山并称为"河南省城三大书院"。招举人、生员、贡生二十人肄业，订有学规、学约、学则、约言、章程、日程等规范生徒。院长吕永辉、黄舒昺皆为名师。三十二年，改师范传习所，次年改中州公学。一九一三年，改为河南省公立农业专门学校。一九二七年并入河南中山大学。一九三〇年改为河南大学农学院。新中国成立后，于一九五二年分立为河南省农学院。一九五七年后为工厂所占。

是志半页十行，行二十一字，黑口，双鱼尾，左右双边。此书凡十卷，前有吕永辉自序。正文内容分别为沿革、祠祀、碑记、疏牍、学规、章程、修脯、官师、选举、艺文，各卷篇幅不一，所收多第一手材料，颇能反映晚清明道书院的面貌。《中国古籍总目》《中州文献总录》有著录。（赵伟撰稿，刘艳伟审稿）

《明道书院钞存》五卷

清黄舒昺撰，清光绪二十五年（1899）刻本。

黄舒昺（1834—1901），字晓征，号恕轩（或曙轩），晚号晚悔庵居士，湖南湘潭人。贡生。历任湖南凤凰厅、桂阳州教职，官至常州府学教授。光绪二十年，河南学政邵松年聘其为开封明道书院山长。二十三年，巡抚刘景韩又命其兼主洛学书院讲席。黄舒昺著有《明道书院钞存》《明道书院钞存续编》《洛学书院学程》《洛学课余偶钞》《玉潭书院学约》《晚悔庵诗草》《晚悔庵笔记》《祥符金石志》，纂有《祥符县志》，编有《国朝中州名贤集》《明道书院约言》《国朝先正学规汇钞》等。

明道书院在河南开封，有《明道书院志》，已著录。

黄舒昺主讲明道书院后，笔耕不辍，著述颇丰，师友因传钞不暇，遂谋刊行。舒昺闻后，坚辞不允，不得已，其生徒乃先取往日已钞定之黄氏文章，付诸剞劂。后因体例未备，复搜辑舒昺在湖南凤凰厅及河南睢阳任教时所作序言、游记、墓碣、祭文、各体诗等，汇集成帙，即有此编。

是书半页十行，行二十一字，双行小注，左右双边，黑口，双鱼尾。五卷，书前有刘斌跋。卷一为序、书后、跋、说，主要为《先正学规汇钞序》《澹泉先生答问录序》《书交友论后》《续修祥符县志跋》《论孟子》《读孟子第一义说》《良心说》等文章十八篇；卷二为记、书，有《游南华山记》《游奇峰武侯阁记》《重游袁山记》《明道书院记》《寄大京兆陈中丞书》《再奉刘景韩中丞书》《复郭温如孝廉书》《复蒋仲仁太史书》等文章十八篇；卷三为传、志铭、表、祭文，载《奉政大夫凌怡堂先生家传》《杨公朗轩先生墓志铭》《张心周先生墓碣》《赠奉政大夫李封翁墓表》《修职郎于公纲斋墓表》《祭吕母陈太夫人文》等文章十一篇；卷四为讲义，录光绪二十三年三月至七月会讲语十一篇；卷五为诗歌，包括《谒汤文正公祠》《客汴梁寄怀睢阳同学》《宋郡清明节晴游》《展重阳日与诸子游因忆家兄弟》《喜明道书院落成梦中得句》《明道书院雪霁叠前韵寄怀屏青先生》《除夕洛学书院书怀即示侄并侄孙》《汴中留别书院诸生》《由宋回睢复谒吕司寇祠》《重九日大梁书馆感怀》等律诗、绝句五十首。

是书为黄舒昺撰，其载舒昺所著之讲义、游记、志铭、诗歌等，于研究黄氏之生平、思想以及清末明道书院的教学与学术研讨活动有重要的参考价值。(宗尧撰稿，刘金审稿)

《明道书院钞存续编》四卷，附《晚悔庵诗草》一卷

清黄舒昺撰，清光绪二十五年（1899）刻本。

黄舒昺有《明道书院钞存》，已著录。

明道书院在河南开封，有《明道书院志》，已著录。

黄舒昺主讲明道书院后，笔耕不辍，著述颇丰，师友因传钞不暇，遂谋刊行。舒昺闻后，坚辞不允，不得已，其生徒乃先取往日已钞定之黄氏文章，付诸剞劂。后因体例未备，复搜辑舒昺在湖南凤凰厅及河南睢阳任教时所作序言、游记、墓碣、祭文、各体诗等，汇集成帙，即有此编。

是书半页十行，行二十一字，双行小注，左右双边，黑口，双鱼尾。四卷附一卷，书前有刘人熙序。卷一为论、说，有《原教》《原学》《答问》《仁孝一源说》《涵养德行变化气质说》等文章九篇；卷二为绪言、序、记事，载《天德绪言》《寻乐草堂学约序》《明道书院规约序》《若农堂诗存序》《述星垣守城事略》《纪砧椎却铜贼事》等文章九篇及《天德纲目》一篇；卷三为书、表、志铭、表、传，包括《答邵学使伯英先生书》《复朱宗师桂卿先生书》《答杨仲唐孝廉柬》《诰授通议大夫王公筠庄墓志铭》《汪母皇甫太孺人墓表》《刘公杏村家传》《张安人传略》等文章十七篇；卷四为讲义，录《皋陶谟知人在安民节讲语》《白鹿洞规衍义》《白鹿洞揭示发明》《唯天下至诚为能尽其性二章》《孟子存心章讲语》《宽裕温柔足以有容也讲

义》等文章二十三篇；卷末为《晚悔庵诗草》一卷，收《自星沙归破晓舟过昭山下》《送郭云庄之武昌》《夏夜闲庭散步即寄怀湘中诸友》《凤筊山馆读书示二子》《子厚来自岳麓》《湘江冬晓泛舟》《重题岳阳楼》《登黄鹤楼书怀兼谒胡文忠公祠》《常德学署冬日书斋杂咏》《晚抵沅江白沙阻风》《冬月二十五日游汤文正公故宅》等诗八十四首。

该书目录将《晚悔庵诗草》、跋置于卷末，查之本书，《诗草》乃在各卷之前，故应为附卷，不为末卷。跋不见于原书，当为编者之误。卷二《祥符县志小序》仅有书名，从注文"计十七篇续刊"推之，当载于它编。

是书为黄舒昺撰，其载舒昺所著之论说、志铭、表传、讲义、诗歌等颇丰，于研究黄氏之生平、思想以及清末明道书院的教学与学术研讨活动有重要的参考价值。（宗尧撰稿，刘金审稿）

《彝山书院志》不分卷

清史致昌辑，清道光二十六年（1846）刻本。

史致昌，字叔平，宛平人。道光八年举人，任觉罗官学教习。二十年任彝山书院山长。

彝山书院在河南开封，清道光八年，知府栗毓美、知县刘荫堂创建。因大梁书院兼收生员、童生，弊病甚多，特建此专课童生。又建考棚，以除试课抄袭顶替之弊病。山长史致昌主讲七年，制定章程，刊刻课艺，编撰书院志。生徒年中县试者少则二十多人，多则三四十人。道光二十三年，开封大水，院圮，史致昌请开封知府邹钟泉重建。第二年建成，更宏其旧。咸丰三年（1853），因经费被官府挪用，屋宇渐颓。同治十一年（1872），巡抚李鹤年捐银五千两，为学生膏火费。又捐银一千两，增修山长居宅。光绪十六年（1890），知县黄璟再次重修。二十一年改为开封中学堂。今为开封市第五中学。

道光二十二年，彝山书院历水灾重建，史致昌慨"大灾之后鸠庀孔艰，而规模益盛"，"宜有纪述，以垂久远"，遂于二十三年辑刊此志。

是书半页十一行，行二十一字，白口，单鱼尾，四周双边。不分卷。前有史致昌自序，述其修志缘起。正文列图式，"志增修也"；"次章程，志教法也"；"次经费，志养源也"；"次院长、监院暨诸童题名"；"次所捐书籍及杂器具"；"次志创始原文并捐资官绅名氏"；次书院碑记、题咏、额联录存等类目。本书不分卷，但涉及的内容丰富，资料翔实，包括书院建制、规章、教学、经费等内容，多具原始资料性质，是研究清代河南书院的重要参考资料。《中国古籍总目》《山东省图书馆馆藏古籍书目》有著录。（赵伟撰稿，刘艳伟审稿）

《敕赐紫云书院志》二卷

清李来章、李琇璞撰，清乾隆《礼山园全集》本。

紫云书院在河南襄城。明成化三年（1467），浙江按察使李敏丁忧归里，于紫云山中建小屋数楹，积书千卷，读书讲学其中，并置学田以供膏火。不久士子云集至屋舍不能容，因拓其舍为书院。十五年，李敏任兵部尚书，列状以闻，诏赐"紫云书院"额。生徒达数百人，一时"许、襄之间彬彬有理学之风"。李敏之曾孙李继业，早年亦曾肄业其中，嘉靖中亦归隐紫云，课授生徒，四方来学之士负笈如云，书院乃兴复。明末毁。清初，继业之孙光里倡族人重修，其子来章就读其中。康熙三十年（1691），李来章重葺书院，广收生徒，倡明道学于中州。规定月逢二、六讲书，初九会文。纂有《敕赐紫云书院志》。光绪末张崇任山长。清末废。今尚存大殿及东西厢房各三间。

李来章，原名灼然，以字行，号礼山，晚号寒香。河南襄城人。李敏之后裔。十五岁为诸生，工诗古文词，潜心于性命之学、濂洛之书。受业孙奇逢，与李颙相砥砺。康熙十四年举于乡。又受业魏象枢，与张沐、窦克勤往来讲贯。尝谒汤斌于京邸。二十九年与耿介、冉觐祖讲学嵩阳书院。三十年主讲南阳书院，作《南阳书院学规》《达天录》。寻以母老谢归，重葺紫云书院，讲学其中。与耿介、冉觐祖等中州名儒切磋问学，紫云之名遂与嵩阳、朱阳并称于豫省。四十三年选广东连山知县，四十七年创连山书院。五十一年，授兵部主事，监北新仓，引疾归。相国田从典、侍郎李先复等以实学可大用荐，得旨征召，以疾力辞，遂不出。卒后增祀许州七子祠，列"中州八先生"。著有《礼山园全集》，其中有《南阳书院学规》《敕赐紫云书院志》《连山书院志》。李琇璞为李来章之弟，事迹不详。

李来章先祖李敏曾撰有《敕赐紫云书院志》，今未见。康熙三十年，李来章主讲南阳书院期间，重葺紫云书院，讲学其中。又"惓惓不忘"先人办书院故事，乃与胞弟李琇璞纂述旧志，补其未备，成《敕赐紫云书院志》。此版本今未见，所见者唯乾隆《礼山园全集》本。

是书半页九行，行十八字，黑口，四周双边。凡二卷。首有河南学使张润民、南阳知府朱璘序。卷一内容丰富，有形胜，李来章手订《紫云书院学规》，成化七年之禁约帖文，李敏、刘昌、刘健、许子尊等人的记文及李敏、李继业等李氏先人的传记。卷二为文翰，收录前人之题诗。又有李来章为书院三十六处胜迹所作之《紫云书院三十六咏》诗并附小序。其记载李氏族人行迹甚详，而于书院其他各项如历史沿革、规章制度等则较多缺略。《中国丛书综录》《四川省高校图书馆古籍善本联合目录》《中州文献总录》有著录。（赵伟撰稿，刘艳伟审稿）

《河朔书院志》一卷

清刘体重撰，道光十九年（1839）刻本。

刘体重（1770—1842），字子厚，号梅坪，又号青溪，清平阳赵城（今属洪洞县）人。清乾隆五十四年（1789）举人，嘉庆元年（1796）以知县发湖南，十二年因丁忧回籍守制。道光元年补袁州府同知，六年改任吉安府知府，十四年调任抚州知府。十九年擢江西按察使，迁湖北布政使，二十二年乞病归，卒于家。为政期间廉平不苛，尤长治狱，政绩卓著，素有清名。

河朔书院在河南武陟。刘体重于道光十七年捐三千金建于木栾店东南隅，彰德府知府刘荫棠、卫辉府知府耿省颁布文书劝捐。河朔书院占地五十多亩，有名为"更上一层"的藏书楼一座，有友善论古之堂、寻乐精舍、博文、约礼讲堂四座；有东书房红薬吟馆，西书房深柳书堂；另有博学、审问等十五座斋舍。光绪二十八年（1902）改为河朔中学堂。

河朔书院在教学管理上有其特色。设置了道、轮、斋三课，每月初八道课一次，十八轮课一次，二十八斋课一次。倡导明达体用，提倡辩论式的教学，院长李棠阶为劝学特订了《劝士条约》十余条，命诸生于课艺之外，研习经史、性理、经济诸书，引导学子言行修养。"世运不朽有三公兼之矣，谨诠次谕吏训士之言，为河朔书院记。"（金安澜《记》）、"勒为一编，命之曰河朔书院志，以垂永久，且告后之来者，以有举之，莫或废也"（洪符孙《序》），于是有此志。

是书半页十一行，行二十一字，左右双边，白口，单鱼尾。卷首有刘敦元书院俯视图一幅，前有刘体重、金安澜、袁俊、洪符孙序，彰德府劝捐启、卫辉府劝捐启各一篇，官绅士民捐款清单两篇。此外还有朝廷对于捐款者予以旌荣的文件，有修缮和膏火章程，祭十贤三儒祝文，置买基地文契，刘体重捐赠书籍目录和日常用品清单，山长简历和书院落成宴集等内容。

是志为河朔书院建立前后详情的汇集，饱有各类档案、凭证、简历以及祝贺词，对于研究河朔书院的基本情况具有极高的参考价值，同样对于研究清朝中晚期的教育局面也深有启发。（张峰撰稿，王帅审稿）

《致用精舍讲语记略》不分卷

清许振祎辑录，清光绪十一年（1885）致用精舍刻本。

许振祎（？—1899），字仙屏，江西奉新人。同治二年（1863）进士，选翰林院庶吉士，十年出任陕甘学政，在泾阳设味经书院，振兴文教、整饬士风。光绪八年（1882）任河南彰卫怀道员，历江宁布政使、东河河道总督。二十二年任广东巡抚，主张停止厘金，节用民力。二十四年，清廷裁撤广东、云南、湖北三省巡抚，奉调内用，旋乞假归。二十五年二月卒，谥文敏。著有《督河奏疏》十卷、《度岭草》一卷、《诒炜集》五卷、《侍香集》一卷。

致用精舍在河南武陟，光绪七年，河北道道台陈宝箴创设于县城东关。参仿晁景遇、曾国藩课程规则，订立学规，以明体达用为宗旨。诵习内容，除经史外，诗文、地理、水利、农田及兵法，凡有关经世致用诸书无不讲究。先后聘请耆儒邓绎、王辂主讲，历七八年，"多士翕然向风"。以"励实学"别于他院，与主考时艺的河朔书院相对衡。嗣后，改课时文、试帖。清末兴学校，改为乙种农业学校。

　　光绪十一年，许振祎巡视河北，聘王辂主精舍讲席。王氏论学以主敬为宗，穷理为要，反躬实践达天知命为归。因精舍规模有限，难以满足周边士子向学需求。许振祎遂编辑、刊刻该书将王氏讲语遍给诸生，宣扬其用世之学。

　　是书半页十行，行二十二字，四周双边，白口，单鱼尾。由《大学讲语记略》、《中庸讲语记略》、《论语类解》（上下）、《孟子类解》（十二卷）四部分构成。有助于探究清末县级书院教学活动中讲求经世实学，积极寻求自身变革之情形。（兰军撰稿，刘艳伟审稿）

《百泉书院志》四卷

　　明马书林、石砥纂，吕颙订，明嘉靖十二年（1533）刊本。

　　马书林，字子约，高陵人。嘉靖八年进士。初授河南辉县令，擢河南汝宁、四川保宁知府，又升四川按察司副使，未任卒。

　　石砥，长乐人。举人。嘉靖十一年任辉县教谕。吕颙，字幼通，正德十四年（1519），乡试第一。嘉靖二年成进士，授户部主事，升刑部员外郎。升郎中，出知河南卫辉府，后升云南左布政使。著有《仕进录》《上都稿》《诸子说括》《定原集》等。

　　百泉书院在河南辉县。明成化十七年（1481），提学副使吴伯通在百泉太极书院旧址创建。院有三重，前为先贤祠，中为讲道堂，后为主敬堂。择庠生数十名肄业其中。吴亲定条规，率令督课。弘治十年（1497）、十一年，知县刘玉、李琼相继修葺，创思贤亭，祀孙登、嵇康、邵雍、李之才、姚枢、许衡、窦默诸儒。知府陈庆尝相与讲学，诸生多有所成。万历六年（1578），知县聂良杞重修。九年，张居正令毁天下书院，遂废。三年后又修复。崇祯十五年（1642）改为贡院。清顺治十六年（1659），御史李粹然请复贡举于开封，恢复书院旧观。学者孙奇逢移家辉县，来院讲学达二十五年之久，耿介、汤斌诸辈皆从之学。乾隆七年（1742），巡抚雅尔图命布政使赵诚修建敷教堂、主敬堂、思贤亭、藏书阁、斋舍、号房及周、程专祠。十五年，因乾隆帝巡至苏门，改为万寿行宫，书院移建于湖西，更名"泉西"，延邑绅王中翰掌教，"文章理学，骎骎然将日盛焉"。道光六年（1826），知县周际华视院舍破败，乃将其移至城内南街，仍名"百泉"，设有月课和常课，延名师张梧冈等力加训导，讲明经世之本、为人之道、为学之要，探求姚枢、许衡诸儒讲学之旨。教学多以举业为重。光绪三十一年（1905）改为县立高等小学堂。旧址今为书院街小学。

嘉靖十二年，距百泉书院创建已有五十余年，御史汪渊倡率官绅重修书院。重修间，恰逢侍御叶寅斋来书院视察，吕颥以知府侍行。几人对答间，叶寅斋建议吕颥修志以作"表章"，吕颥遂令知县马树林、学官石砥经办此事。同年书成，凡四卷。前有汪渊、吕颥二序及书院图。马书林序于卷后。卷一为沿革志、建造志、古迹志、田志、祀典志、名贤志、学约志；卷二为文志；卷三为诗志；卷四为人材志、书籍志、器皿志。《千顷堂书目》《述古堂藏书目》《藏园群书经眼录》有著录。（赵伟撰稿，刘艳伟审稿）

《百泉书院志》三卷

明聂良杞辑，明万历六年（1578）年刻本。

聂良杞，字子实，金溪县人。隆庆进士。万历三年知河南辉县，以兴学育才为己任，修复百泉书院，招诸生"耳提面命，士风丕变"。以书院设文庙祀先圣不妥，请于督学李暴，将文庙仍改为先贤祠，祀圣像于他处。立《百泉书院学约》六条，张榜示众，以励诸生。五年，重修书院志。又征拜礼科给事中，因耿直招忌，出典滇学，置五华书院，萃博士弟子读习其中。后辞官归田，力学二十余年，手纂诸儒语录，抑绝交游。有《象山集要》八卷。

百泉书院在河南辉县，有《百泉书院志》，已著录。

百泉书院"故有志"，创自明嘉靖十二年（1533）。聂良杞以旧志弗备，且历四十余年名流多有杰作，意欲备采以"迪诸生而启正学"，遂"删繁订谬，定秩编年"，成《百泉书院志》。

是书半页十行，行二十一字，双行小注，左右双边，白口，单鱼尾。凡三卷。据聂序记载，卷首有河南按察使舒化、知府暴公序，聂自序于卷后，但今本院志仅有舒序与嘉靖吕颛旧序。卷首有百泉书院图。卷一为建革志、祀典志（祭田附）、名贤志、学约志（书籍附），分类细密，内容简约，其学约由《书院教规》与《立会条约》组成，《教规》援引自朱子《白鹿洞书院揭示》，《条约》为聂手订，分为立志、虚心、厉勤、辨文、刻期、饬行六目；卷二文志及卷三诗志，收录前人有关书院之题咏，悉依年代编次，以弥补旧志"错乱"之失。是书间有漫漶不清处，亦有缺页，然于明代书院研究多有参考价值。《河南方志总目》有著录。（赵伟撰稿，刘艳伟审稿）

《重修百泉书院志》三卷

清孙用正撰，清乾隆十三年（1748）著者家藏手稿本。

孙用正，原名用桢，字以宁，号咸斋。孙奇逢之后。河南辉县人。清康熙三十五年（1696）举人，历官禹州、许州学正，许州府学教授。归主邑中百泉书院、开封大梁书院等。

百泉书院在河南辉县，有《百泉书院志》，已著录。

是志凡三卷，小字密行，字不精工，每页行款字数并不一致。每册书面写《重修百泉书院志》或《家藏辉志稿》等不同之名称。除前页有著者自序外，另录有明嘉靖吕颛、万历聂良杞等旧序三篇。此稿本据明嘉靖、万历本增补而来。卷一为建革志、祀典志、名贤志、学约志；卷二为文艺志；卷三为诗文志。但全集之次目与目录内容亦有差别，想是未定之手稿。其中有撰者删除增补、附粘之半页稿纸数张，分订为六册。稿本年代久远，保存不易，故略有损毁，剥落残字数行。（赵伟撰稿，刘艳伟审稿）

《朱阳书院志》五卷

清窦克勤辑，清康熙三十四年（1695）刻本。

窦克勤（1653—1708），字敏修，号静庵，一号良斋，又号遁斋，河南柘城人。从耿介于河南嵩阳书院，投契甚深，六年五至，非父召不归。康熙十一年举于乡，赴京就试，见汤斌于京师，学益进。二十五年授泌阳教谕，大修孔庙，集诸生，诲以正学。仿考亭白鹿洞规，定《泌阳学条规》。按仁、义、礼、智、信分立五社，择学行兼优者为社长。二十七年中进士，选翰林院庶吉士。旋丁母忧。服丧期间，于河南柘城东门外建朱阳书院，躬亲督课，讲学会文，蹈泌阳之法，来学者日众。服除，授检讨。逾年告假归里，往还朱阳书院，倡导理学，教授生徒。三十八年复入京师。三十九年主持会试，不徇私情，大学士欲为之说情，终不得一见。所选二十一人皆海内未经荐拔之名宿。旋归田家居，以著书、讲学、劝诱后进为事。著有《理学正宗》《孝经阐义》《四书阐义》《事亲庸言》《圣学集成》《天德王道编》《乐饥集》《泌阳学条规》《朱阳书院讲习录》《朱阳书院志》《寻乐堂文集》《家规》《日录》等。

朱阳书院在河南柘城。清康熙二十八年，邑绅窦大任、窦克勤父子建于东关。因在朱襄氏故都之阳，故名。窦克勤曾主讲席，以程朱理学为宗，并参考《嵩阳书院规约》和《泌阳教士法》，制定规约、戒条、仪注、学要。定每月初二、十六讲学会友，三、六、九考课。期望诸生能"处为真儒，出为名臣"，"为第一等人，做第一等事"。时学者"不西赴嵩阳，则东走朱阳，俨然如昔之嵩阳、睢阳盛时"。克勤之后，继讲席者有其弟克让，其子容邃，其侄客恂，世代家学，穷理尽性，多所成就。清末废。

是书半页九行，行二十字，白口，单鱼尾，四周双边。凡五卷，前有窦克勤自序及凡例。其体例依《白鹿洞规》与《嵩阳书院志》，"务期简括，一芟冗芜"。其卷一为图绘、形胜；卷二为沿革、祀典；卷三为条规、学要、戒条、仪注、讲语、记录；卷四为文翰；卷五为藏书、学田。涉及的内容十分丰富，且体例严谨，编排得当，是清代书院志中的佳作。《中国古籍总目》《中州文献总录》有著录。（赵伟撰稿，刘艳伟审稿）

《南阳书院学规》二卷首一卷

清李来章纂，清乾隆中《礼山园全集》本。

李来章，原名灼然，以字行，号礼山，晚号寒香。清河南襄城人。李敏之后裔。十五岁为诸生，工诗古文词，潜心于性命之学、濂洛之书。受业孙

奇逢，与李颙相砥砺。康熙十四年（1675）举于乡。又受业魏象枢，与张沐、
窦克勤往来讲贯。尝谒汤斌于京邸。二十九年与耿介、冉觐祖讲学嵩阳书院，
世称"中州三君子"。三十年主讲南阳书院，作《南阳书院学规》《达天录》，
以"寡欲去私，守为学要"为办学主旨。寻以母老谢归，重葺紫云书院，讲
学其中。与耿介、冉觐祖等中州名儒切磋问学，紫云之名遂与嵩阳、朱阳并
称于豫省。四十三年选广东连山知县，四十七年创连山书院，立学规，制订
为学次第、读书次序，选瑶民之俊秀者亲为训教其中。五十一年，授兵部主
事，监北新仓，引疾归。相国田从典、侍郎李先复等以实学可大用荐，得旨
征召，以疾力辞，遂不出。卒后增祀许州七子祠，列"中州八先生"。著有
《礼山园全集》，其中有《南阳书院学规》《敕赐紫云书院志》《连山书院
志》。

　　南阳书院在河南南阳，清康熙三十年知府朱璘创建。大堂名经正堂，二
堂为讲堂，东西斋房名存诚、主敬，门庑、庖湢皆备，聘襄城李来章为师，
主持书院。李来章订立《南阳书院学规》，制定为学次序和读书次序。又选
印诸儒之书，于每月二、六亲为讲解，一时四方来学者数百人。后因乏资金，
渐废，其址改为试院。一九一二年改为私立宛南中学。现为南阳地区商业
学校。

　　康熙三十年，南阳知府朱璘重修南阳书院，聘来章为山长，集所属各县
诸生肄业其中。"一时闻风兴起，执经问业之士屡满户外。"李来章为使"初
学之士""不为异端所惑"而继承洛学渊源，"因本五经四子之言标为纲领，
又复窃取诸贤、诸儒之意融会贯通，分疏于下，聊以开示津途"，乃成《南
阳书院学规》，以为诸生规范。书成后，由河南学政张润民捐俸，首刊于康熙
三十年，颁行豫省各地学宫。乾隆中《礼山园全集》有收录，光绪间黄舒昺
《国朝先正学规汇钞》亦收有此规。

　　是书半页九行，行二十字，左右双边，黑口，单鱼尾。凡二卷首一卷。
前有张润民、朱璘序及李来章自序，后有李来章门人徐永芝跋。其后两年间
又增耿介、窦克勤、冉觐祖后序及张沐书。卷首为《谒辞家庙告文》《初入
书院告文》《开讲孝经告文》《开讲小学告文》《太极图说疏义》《西铭疏义》

《学而全章疏义》。卷一为"为学次序"，下分"学有体要""学有实地""学有关头""学有功程""学有归宿"五篇。卷二为读书次序，开列近六十种书目提要。其书目不局限于四书五经，《左传》《国语》《史记》《汉书》及唐宋八大家之文和周敦颐、邵雍、程颐、张载、许衡、薛瑄诸大儒之书都有收录，将其分章断句，附以笺注，间涉读书方法。其大要"先立志以端其趋向，首标《孝经》《小学》以培其根本，体诸身心性命之微，严之戒惧慎独之际，验之日用伦常之间，以存心为主宰，以天理为浑涵，以持敬为功夫，而彻始彻终，贯之以一诚，则穷理尽性，至命达天，统是矣"。此书对了解古代书院的教学内容、学习宗旨、学习方法及主要书籍大有帮助。《中国丛书综录》《四川省高校图书馆古籍善本联合目录》《中国科学院图书馆藏中文古籍善本书目》有著录。（赵伟撰稿，刘艳伟审稿）

《豫南书院志》不分卷

清朱寿镛辑，清光绪十七年（1891）刻本。

朱寿镛，字曼伯，江苏宝应人。咸丰、同治年间襄理江北团练，并以此功绩补汉提牢厅主事。后入张之万幕府，改直隶州知州，保升知府。光绪十五年分巡河南南汝光道，次年于信阳州城内东南隅创建豫南书院，延名宿耿直主讲，暇则亲与诸生讲习论说，一时文风丕变。又明年，刊行所著《创建豫南书院考略》。离任后迁彰卫怀道、河陕汝道，广东、安徽按察使，陕西布政使，调河南布政使，护理巡抚，所至政声卓著。宣统二年（1910）告归，卒年八十一。

豫南书院在河南信阳。光绪十七年，兵备南汝光道朱寿镛就城内东南隅董氏旧宅捐金八千创建，得到光绪皇帝恩准与嘉奖。有斋房一百三十一间，择南阳、汝宁、光州三地举贡生肄业其中，延请名师主讲。赴江宁、湖北各书局购经、史、子、集、制义及西学六部书目，以备诸生阅览。仿大梁、河朔、宛南各书院旧章，厘定学规四则、章程十条。除按期考课诗文，兼习经史词章外，尤注重西学传授。每至课期，众士子鼓箧横经，彬彬郁郁，"乡试获俊者常十余人"。光绪末改为简易师范班。

朱寿镛在南汝光道任职之时，整饬旧有之申阳书院，发现书院规模狭小、经费短缺，学员因膏火不足而未能踊跃，每月课试也只不过是敷衍塞责而已。寿镛于是主动捐金建立豫南书院，制订学规章程，编成书院志一册，以鼓士气而育人才，并期望后之在位者谨记。

是书半页九行，行二十五字，白口，单鱼尾，四周双边。不分卷。主要载有朱寿镛序、豫南书院图、山长住宅图、碑记、学规四则、章程十条、抚宪红白禀、学院咨文、捐资名录和藏书目录。碑记、学规、章程等皆由朱寿镛撰写，规制中多有"勤探讨以岁实学也"，"必通经致用、身体力行"的语句，处处体现了崇尚实学、通经致用的学风。另外，藏书目录中记录了书院图书三百三十七种，且分经、史、子、集、制义、西学六目，且西学部藏书多达八十六种，计四百零八本，广及西方的政治、经济、军事、铁路、天文、地理、造船、理化、数学、电气、冶金、医药、测绘、航海及开矿诸学科内容。是书作为一部书院志，体例不甚完备，或许因编于书院倡建之始，而并无沿革、艺文之类，但是书中所收录的官府公文、记录的捐资名录、藏书目录等，皆十分翔实，对于研究清末河南书院有重要的史料价值。（肖啸撰稿，赵伟审稿）

《固始诂经精舍章程并书目》一卷

清杨溶撰，清光绪二十六年（1900）刻本。

杨溶，福建闽县人，同治十二年（1873）举人，光绪六年进士，善书法。

诂经精舍在河南固始县，光绪二十六年，知县杨溶与地方士绅捐建，乃一所以课士诸生，倡导有用之学、为朝廷培育真才为目的之县级书院。是年朝廷谕令各地整顿学校、书院，摒除仅课八股帖括陋习，倡导"严定课程、宽筹经费、多购正经正史一切经济性理有用之书，……俾成有用之才"。杨溶与固始士绅捐赠、购置书籍一万八千余卷，取生员二十四人、童生十六人读书于精舍，从经学、史学、经济、词章四门中选定一门每月课试。是书即为精舍初建时有关课试、看书、经费、学规、藏书等项管理制度的资料汇编。

是书半页八行，行二十一字，四周双边，大黑口，单鱼尾。内容上由

《谕旨二道》《月课章程四条》《看书章程十六条》《经费支发章程九条》《简明学规一则》《蒙养课程一则》《县正堂杨捐置书籍目录》《张学使捐置书籍目录》《李总镇捐置书籍目录》《精舍刷印书籍目录》《精舍购置书籍目录》十一部分构成。是书呈现了固始诂经精舍在传统经史之学外，向算学、兵书、地理、医学等经世致用学问拓展的变化，为了解清末县级新型书院的发展状况提供了珍贵材料，有助于深化对晚清书院改革历程的认知。（兰军撰稿，刘艳伟审稿）

湖　北

《经心书院经艺》不分卷

经心书院辑，清光绪二年（1876）刊本。

经心书院在湖北武昌。同治八年（1869），学政张之洞建于三道街文昌阁，九年迁于火星堂右，并捐俸购置书籍。总督李瀚章、巡抚郭柏、学政洪钧先后添置膏火。光绪十七年，学政赵尚辅捐资移建于三道街，更名经心精舍，规制仍旧。三十三年，总督张之洞因精舍旧址改建存古学堂。

光绪二年，经心书院主讲刘恭冕选辑经心讲院经解、史论、赋诗、杂文付梓，"而于经艺尚未遑也"。因值乡试之年，书院诸生选择优秀经艺刊刻，以为模范，希望能于乡试及来年会试有所帮助，因成此书。

是书半页九行，行二十五字，四周双边，双鱼尾，大黑口。不分卷，书前有宝应刘恭冕所作序文。其主要内容为经心书院诸生所作五经文，共收《易经》文二十六篇、《书经》文二十二篇、《诗经》文二十一篇、《春秋》文二十二篇、《礼记》文二十二篇，共一百一十三篇，每篇后均有评语，于研究清代书院考试、教学及清代学术、八股文体均有价值。《中国古籍总目》有著录。（刘艳伟撰稿，赵伟审稿）

《经心书院题名记》一卷

清王家凤辑，清光绪十七年（1891）刻本。

王家凤，字仪九，湖北沔阳人。曾肄业经心书院。光绪十四年优贡，官天门县训导，蒲圻县教谕。著有《夏沔文存》四卷、《诗存》二卷。

经心书院在湖北武昌，有《经心书院经艺》，已著录。

光绪十七年，学政赵尚辅移建书院后，令采辑经心书院历年肄业诸生姓名、籍贯，并科目、官阶，依次排录，为题名记。书院斋长王家风奉命辑录，因成此书。

是书半页十行，行十八字，双行小注，四周单边，大黑口，双鱼尾。凡一卷，书末有王家风所作识语，述此书由来及编辑过程。正文主要内容为经心书院历年肄业生名录，共计八百一十四人，列诸生姓名、字、籍贯、科举出身、官阶等。因书院底册不存，王氏辑录此书甚为不易，先以学政向书院所发札文之名录为据，后于各府州县学辗转访问，"转相咨询，补其遗佚"，又"颇取证于《缙绅录》及历科《同年谱》之类"，亦可见其用力之勤。然因学政离任在即，成书仓促，所辑各人，字未详者尚有一百三十四人，是为不足之处。概而论之，是书为经心书院之原始文献，是研究经心书院的第一手资料，于清代地方书院学生群体研究大有裨益。（刘艳伟撰稿，赵伟审稿）

《两湖书院正学堂年终大课题》 一卷

清张之洞作，清光绪二十五年（1899）刻本。

两湖书院在湖北武昌。清光绪十六年，总督张之洞建于营坊口左老天符庙都士湖，并将火星堂原经心书院并入。规模巨敞，讲堂前有两书库分贮书籍，中有楚学祠以祀湖南、湖北两省先贤。教学分经学、史学、理学、算学、经济学五门，后课程设置又改为经学、史学、地理、数学、博物、化学及兵操等科，任教者多一时名流，培养人才甚众。光绪三十二年，张之洞将其改为两湖总师范学堂。

是书半页九行，行十八字，小注双行，四周双边，单鱼尾，黑口。凡一卷。其内容为张之洞所出光绪二十五年年终课题六套，每套分论语学、周礼学、左传学、史学、天文学、舆地学、中俄界图学、兵法史略学、兵法测绘学、兵法制造学、算学，是了解清末书院考试内容变革的重要史料。《中国古籍总目》有著录。（刘艳伟撰稿，赵伟审稿）

《汉口紫阳书院志略》八卷首一卷

清董桂敷纂，清嘉庆十一年（1806）刊本。

董桂敷（1775—1854），字宗绍，号小槎，江西婺源人。嘉庆十年进士。改翰林院庶吉士，散馆授编修，教习庶吉士。曾两次充任同考官，所荐拔者多名士。二十四年乞病假，后主讲豫章书院。为学恪守程朱，躬行实践。诸生以"文模道范"相颂。门人刘绎撰联称："说经为诸儒宗，盛德必百世祀。"后以病归，旋卒，终年五十八岁。著有《儒先语录汇参》《增定汉口紫阳书院志》《汉口紫阳书院学规》《自知室文集》《周官辨非解》《夏小正笺法》等。

汉口紫阳书院在湖北汉川。又名甑山书院。清康熙三十三年（1694），旅居汉口的徽州商人创建，祀朱熹。有遵道堂、六水讲堂、主敬堂、愿学轩、宴射轩、致一斋、近圣居、御书楼、藏书阁、魁星阁、文昌阁、朱子祠、报功祠、始建祠等。六十年知县钟嘉襜、乾隆二十四年（1759）伍泽概重修，后废。嘉庆五年，原贵阳知府邑人程煜捐置北街房屋一所，重立大门，靠北有铺房四间，书楼一座，照壁回廊三间，左右厢房两栋各三间；靠后有大厅一座五间，照壁回廊三间，左右厢房两栋各三间，坐楼一座上下各五间，围房一栋五间及围墙等。道光十年（1830），知县张开云率周若鸿等清理书院学田并修葺。光绪二年（1876），知县邵世恩曾劝谕典当商人每月捐输膏火钱二千，以利办学。

嘉庆年间紫阳书院重修院舍，董桂敷乃受主事众人之托，以增订为任，"循其节目，补其遗文，缺其散佚者"，撰成《紫阳书院志略》八卷。

是书半页九行，行二十二字，四周双边，双行小注，白口，单鱼尾。前有董桂敷《增订汉口紫阳书院志略序》，后有谢登隽《汉口紫阳书院志略原跋》及董桂敷所作《跋》。首卷为《旧凡例》十二则、《增订志略凡例》十五则。卷一为图说，有《紫阳书院遗图》六幅；卷二为道统；卷三为建置；卷四为崇祀；卷五为学规；卷六为梗产；卷七为艺文；卷八为杂志。

《紫阳书院志略》是研究汉口紫阳书院最为重要的文献资料，不仅记载

了书院创建的背景、目的与过程，更反映了其创建对汉口地区学术和社会风气所造成的影响。（王帅撰稿，肖啸审稿）

《墨池书院章程》一卷

清程家颐纂，清道光刻本。

程家颐，字仲苏，河南商城人。嘉庆十八年（1813）举人，道光九年（1829）任宜昌知府，倡修墨池书院。

墨池书院在湖北宜昌。相传其地为晋郭璞、宋苏轼洗砚处。明弘治七年（1494），知州陈宣曾建墨池书屋。清康熙年间，知州宗思圣改建为书院。乾隆十三年（1748），知府陈伟重修。道光年间，知府程家颐以其规模甚小，捐资倡修，规模甚备，又储钱出典生息为膏火之资，购书二千余卷，并刊章程及学规，延山长主讲，甄选生员。宣统二年（1910）改为宜昌府中学堂。

是书半页九行，行二十一字，四周单边，单鱼尾，白口。凡一卷。内有宜昌府知府程家颐、宜昌府学教授陈廷标、东湖县学教谕李鼎玉各自所撰《重修墨池书院记》，道光十四年知府程家颐为重修墨池书院向上级衙门所呈交代修院情况、书院章程的公文及各宪批示，以及程家颐所拟学规，是研究墨池书院及清代地方书院经费、教学、管理的重要文献。《中国古籍总目》有著录。（刘艳伟撰稿，赵伟审稿）

《天门书院杂著》一卷

清陆迦陵著，清道光年间刻本。

陆迦陵，具体信息不详。

天门书院在湖北天门。元知县贯阿思南海牙建。其址原为一田姓州民著述处，适知县贯氏欲兴学校，田氏后人田怀德将祖产捐出，遂于天门山麓建成书院。清乾隆十九年（1754），知县李飞云改建于本邑西成门左，有堂室三十余间，宏敞深邃。李作碑记言："所以学为人也，立人之道，曰仁与义；十际五常随处体验"，"岂章句之谓乎?""学者若不自检摄，日习剽窃，智巧相高，嚣薄相尚，责人明而责己昧，然人世犹空碑耳"。嘉庆十七年（1812）、二十五年，知县方遵辙、王希琮分别重修。道光八年（1828）圮于水，知县邵勱重修。

是书半页十行，行二十一字，单行小注，白口，单鱼尾，四周双边。不分卷，前后无序跋。全书皆为文章，有《饮水亭记》《文学泉阁记》《湖舫前游记》《湖舫后游记》《湖舫夜游记》《代邵公义冢碑记》《代嘉鱼重修书院序》《代嘉鱼新建考棚序》《问花水榭稿》《支公像赞》《陆公祠新修书石》《陈素泉六十寿序》《米海岳墨迹书后》《刻师友渊源录引》《黄谷原画像赞》《楚湘书堂跋》等碑记、序跋十六篇。

是书为陆迦陵所著，《饮水亭记》《代嘉鱼重修书院序》记道光时知县邵勱重修书院始末，于研究清代天门书院的建设情况有重要的参考价值，其他如《湖舫游记》《问花水榭稿》《陆公祠新修书石》《陈素泉六十寿序》等涉及道光年间湖北地区的景物、名胜、习俗等多个方面，于研究清后期该地区的风土人情有一定的帮助。（宗尧撰稿，刘金审稿）

《问津书院志》六卷首末各一卷

清王会厘续修，清光绪三十一年（1905）刻本。

王会厘（1844—1913），字季和，号筱东，湖北黄冈人。光绪二十年赐进士出身，授翰林院编修，后主问津书院。

问津书院在湖北黄冈。相传孔子自陈蔡去楚过此，后当地人掘地曾获石刻，有"子路问津处"五字，故名。元初为龙仁夫讲学处，立有先师庙，元末毁。明正德年间，知县胡浩曾建亭立石。隆庆初，知府孙光祖重建，县儒士郭庆、吴良吉与黄安、耿定向、耿定力兄弟复于此讲学。万历年间，肖继忠、王升将其移建于今址，并题额"问津书院"，一时称盛。明末毁于兵。清康熙六年（1667），邑人邹互初、操之盛先后修建祠垣讲堂。道光七年（1827），举人胡玉森、增贡钱履和、生员胡华润捐建理事斋一所，共七间。光绪七年，监生熊明春等募资重修大成殿。自明至清，各官宦、士绅共为书院捐献学田近七百亩。

王会厘主邕问津书院期间，见问津旧志"蠹编断烂，版毁于兵"，曾有重修之意。光绪三十年九月，王会厘丁母忧里居，受问津书院理事徐辰甫、王楚材、沈子木相托，乃对原志加以续补，遂成此志。

是志半页九行，行十八字，双行小注，左右双边，白口，单鱼尾。凡六卷，首末各一卷，卷首有王会厘《续修问津院志叙》、黄彦士《问津旧志原叙》、王拾士《康熙院志原叙》、王民皞《叙》、王风采《叙》、王封溁《叙》、万承宗《庚子院志原叙》及旧志目录和凡例十二条等。卷一志形胜，内容包含山川脉络图说与古迹；卷二志建置，包括院宇、田亩、地租、漕款、公牍、建置姓氏与管理姓氏；卷三志祀典，内容包括祭期、释奠、礼器图、乐器图、礼乐总图、礼乐总数、乐章、舞谱、祭品、仪注、祝文、执事、释奠姓氏、祀生；卷四志讲学，包括源流、学规、讲说、会约、讲学姓氏、会课姓氏、续采会课姓氏略；卷五志先正，分别有讲学、名宦与乡贤列传；卷六志艺文，包括碑记、序、书柬、杂著、诗、赋；卷末为捐输姓氏及《跋》。《中国古籍总目》有著录。

是志于六卷之外增卷首卷尾，备载原委。其卷三祀典所载乐舞之图，如礼器图、乐器图、礼乐总图、礼乐总数、乐章、舞谱、祭品等，弥足珍贵，有极大的文献史料价值。（刘金撰稿，宗尧审稿）

湖　南

《重修岳麓书院图志》十卷

明陈论编、吴道行纂，明万历二十二年（1594）刊本。

吴道行，山东滨州人。万历五年进士，二十年起任长沙知府。

岳麓书院在湖南长沙。北宋开宝九年（976），潭州太守朱洞建于城西岳麓山下。大中祥符八年（1015），真宗召见山长周式，拜国子监主簿，使归教授，赐"岳麓书院"额，书院由此称誉天下，学者众推为宋初"天下大书院"之首。南末绍兴元年（1131）毁于兵火。乾道初，湖南安抚使刘珙重建，张栻作记。时张栻与同学彪居正先后主讲其间，阐扬其师胡宏之学，从游者甚众，史称"湖南一派，当时为最盛"，"岳麓"遂成为湖湘学派的基地。乾道三年（1167），朱熹来访，与张栻会讲《中庸》之义，听讲者几至千人，至有"道林（寺）二百众，岳麓一千徒"之称。朱、张之学成为"岳麓"学统，影响数百年。淳熙十五年（1188）、绍熙五年（1194）、嘉定十五年（1222），陈博良、宋熹、真德秀等分别讲学于此，淳祐六年（1246），宋理宗再赐院额，为南宋四大书院之一。德祐元年（1275）元兵攻潭州，"岳麓"诸生据城共守，死者十之八九，书院亦被毁。元至元二十三年（1286），学政刘必大重建。延祐元年（1314），郡别驾刘安仁再修，吴澄作记，以倡朱张学统。元末再毁于战火，沉寂近百年。明弘治七年（1494），通判陈纲等重建。正德二年（1507），王守仁谪龙场，过长沙，游岳麓。嘉靖、万历、天启年间王门弟子王乔龄、季本、张元忭、邹元标等相继讲学院中，传播阳明心学。崇祯年间吴道行"以朱张为宗"，与东林书院遥相呼应，复倡理学。明亡，吴道行不食而卒，院亦毁于战火。清顺治九年（1652），巡抚彭禹峰聘刘自煓为山长，招生复学并刊"卧碑"于明伦堂，以制约生徒。康熙二十六年（1687）赐御书"学达性天"额及经史诸书，因建御书楼。雍正十一年（1733）列为省城书院，在全省范围招生。乾隆九年（1744）赐御书"道南正脉"额（今悬讲堂）。道光十三年（1833），巡抚吴荣光设湘水校经堂于院内，专课经史，以经义、治事、辞章分科试士。咸丰二年（1852），院舍及藏书皆毁于太平军之役，山长丁善庆率诸生捐修。同治七年（1868），巡抚刘崐用钱六万缗重修，是为清代最后一次大规模修建。光绪二十二年（1896），院长王先谦改革课程，"以经义、治事分门，提倡新学"，添设算学、译学，并率学生积极参与湖南新政运动。二十九年，巡抚赵尔巽奏废书院，改为湖南高等学堂。辛亥革命后，相继改为湖南高等师范学校、湖南公立工业专门学校，一九二六年定名湖南大学。一九五六年列为湖南省重点文物保护单位。一九八一年开始全面整修，陈列史料，对外开放。一九八九年升为全国重点文物保护单位。

吴道行深感书院史志记载不甚完备，且有错漏，"自宋乾道以迄我朝嘉靖丙戌而已，其遗脱者固多矣"，于是传檄善化、攸县两地文人，广为搜访，严为考订，撰写书院志，"旧志所未备者，靡不掇拾而附入于中"。

是书半页八行，行十八字，四周双边，白口，单鱼尾。书前有吴道行、彭宗旺序，陈凤梧《游岳麓书院记》和易舒诰《岳麓书院志》题辞。凡十卷，卷一志建造、沿革；卷二为书院兴废年表；卷三志山水、古迹、疆界；卷四志先贤、山长、儒吏等；卷五志食田；卷六、卷七、卷八为艺文，卷九、卷十为与岳麓有关之诗。

是书详尽记载了岳麓书院的历史沿革、书院建造、遗迹，制度等，且配备多幅插图以供参考。其中新修书院总图示标识了书院内部各楼分部，以及岳麓山上之禹碑及岳麓寺等地标的位置。岳麓书院旧图则是先前书院格局的记载。其中的文庙、崇道祠和六君子堂又有单独的配图和介绍。岳麓山上之禹碑拓本亦附于书中，配有翻译和禹碑考。书中详细记载了书院食田，另收录了历朝文人所撰之岳麓书院记，以及众多与书院相关诗词，于研究岳麓书

院历史很有价值。(黄冠华撰稿，肖啸审稿)

《长沙府岳麓志》八卷首一卷

清赵宁纂修，清康熙二十六年（1687）镜水堂刻本。

赵宁，字管亭，山阴（今浙江绍兴）人。康熙中任长沙同知。为官清廉，听断明允，凡郡中大狱多委其审理，崇尚文雅。召集郡邑优等生肄业岳麓书院，并于院中建御书楼。著有《岳麓志》。

岳麓书院在湖南长沙，有《岳麓书院志》，已著录。

明正德年间，学使陈凤梧首修岳麓志，嘉靖、万历、崇祯年间三次重修，而后逐渐散佚。康熙年间，赵宁"慨然拾掇残编，搜罗放佚，增华趾美，汇为成书"。

是书半页九行，行十九字，左右双边，黑口，单鱼尾。凡八卷。卷首为新旧序、凡例和同修姓氏。卷一为新典恭纪、古圣先贤像、岳麓总图、岳麓书院图和潇湘八景图；卷二为山水、古迹、新建、寺观和疆域；卷三为书院、列传、兴复公牒、遗迹、三书院说略、饩田；卷四至卷八皆为艺文。是志不仅记录书院之事，于山川之秀也多有着墨，正如赵宁所言，"麓以岳灵，而岳麓更以书院重，山川之秀，固与人文相彪炳也。若夫沿革年表以及有关于书院者，或仍旧志，或稍增损，具编于后，使览者知所考云"。然而正因其求面面俱到，志中所列如仙逝、杂记等颇为繁杂，不尽与书院相关。（肖啸撰稿，赵伟审稿）

《长沙岳麓书院续志》四卷首一卷末一卷

清丁善庆纂辑，清同治六年（1867）刻本。

丁善庆（1790—1869），字伊辅，号自庵，亦号养斋，湖南清泉（今衡南）人。道光三年（1823）进士，授编修，历官贵州、广东乡试主考，国子监司业、会试分校、顺天乡试同考官，广西学政等职。二十六年，以母老归，聘任长沙岳麓书院山长，凡二十二年。同治七年，"以老病力辞山长"，一年后去世，在岳麓"节缩衣食"，曾两次整修书院，征集图书一万四千一百三十卷，重刊康熙《岳麓书院志》，编印《岳麓书院续志》。著有《左氏兵论》《养斋集》《知畏斋日记》《字画辨证》等。

岳麓书院在湖南长沙，有《岳麓书院志》，已著录。

咸丰二年，太平军围攻长沙，书院毁于兵乱，藏书亦多成灰烬。此后，山长丁善庆率众修复书院，倡导官绅士民捐置图书，并且重刊赵宁所辑书院志，认为其书"详核有法，可依传信"。本志乃赵志之续作，尽载康熙以来岳麓史事，前志已列者不再重复。卷末增加书籍一卷，"以征后起文华之盛，且以见瘠土之民莫不向义云尔"。

是书半页九行，行二十一字，左右单边，白口，单鱼尾。凡四卷。首一卷为新典恭祀，以奏疏附之。书前有丁善庆序和同修姓氏。卷一为书院、庙祀、田额和规条；卷二为列传、古迹和寺观；卷三和卷四均为艺文，分志诗、赋和碑记、杂记。末一卷为书籍，包括旧记、条款和目录。书中多考证前志中人、事、物、文错谬之处，内容充实。（肖啸撰稿，赵伟审稿）

《城南书院志》 四卷

清余正焕辑，清道光八年（1828）刻本。

余正焕，字星堂，湖南长沙人。嘉庆六年（1801）进士，历官翰林院编修，陕安、迤西兵备道，江西盐巡道，道光三年任城南书院山长。著有《城南书院志》《长沙县学宫志》《皇清开国方略书成联句》《御制嗣统述圣诗》等。

城南书院在湖南长沙。南宋绍兴三十一年（1161），张栻随父张浚迁居潭州（今长沙）时创建，因居于长沙城南妙高峰下，故名。院额为张浚手书。后毁，堂室无存，其地改建高峰寺。明正德二年（1507），参议吴世忠、提学陈凤梧谋复，未果。嘉靖四十二年（1563），推官翟台始复厅堂五间于寺下。万历六年（1578）又废。康熙五十三年（1714），生员易象乾等倡修，因拙于经费而未成。乾隆十年（1745），巡抚杨锡绂改建于长沙南门内天心阁下旧署，仍名"城南"。后于乾隆四十七年、嘉庆五年、嘉庆二十三年分别重修，然屡修屡废。道光二年，余正焕等助巡抚左辅迁返于妙高峰旧址。

四年，余正焕以山长身份主修《城南书院志》四卷。咸丰二年（1852）毁于兵，后山长陈本钦重修。同治、光绪年间亦屡有修建。光绪二十九年（1903），巡抚赵尔巽改为湖南全省师范学堂，次年改称中路师范学堂。一九一二年，改名湖南第一师范学校。一九六八年，依一九一二年原貌复建。今继续办学，并为省级重点文物保护单位。

道光中，湖南巡抚左辅以书院临近闹市，不利于诸生专心治学，乃迁返书院于宋代妙高峰故址。余正焕身为监修，亲历其事，遂辑此志具陈兴复始末，兼载书院源流。

是书半页九行，行十九字，双行小注，左右双边，白口，单鱼尾。凡四卷，书前有祁寯藻、余正焕序。卷一志新典各奏咨详呈文稿，辑录道光元年至八年湖南官员兴建城南书院的部分公文；卷二志图记、事迹，包括《妙高峰舆地图》《圣庙图》《院宇图》《峰上祠宇图》《重建城南书院碑记》《圣庙及文星阁落成恭纪》《筹增城南书院课额记》《南轩祠祭文》《城南书院遗迹》《南轩先生传》等；卷三志朱张诗文，录朱熹、张栻诗文之有关城南书院者；卷四志旧书院图记、事迹，岳麓、城南两书院膏火田考，改建书院捐数衔名，主要有《附编城内改建书院各碑记事迹引》《城内旧城南书院图》《改建书院叙》《重修城南书院碑记》《圣庙祭祀碑记》《增修城南书院祀典碑记》《三修城南书院碑记》《附编食米田租说》《长沙府额征岳、城两书院租谷租银清数》《长沙县志书院膏火田》《改建城南书院各官民捐银数目》等。光绪《湖南通志·艺文志》、今人《清史稿艺文志补编》有著录。

是书为余正焕所辑，其记书院历代兴废状况尤详。朱张诗文部分所载朱熹、张栻唱和诗文，于研究宋代城南书院的讲学和学术辩论活动有一定的价值。

关于此书刊刻时间，《中国历代书院志》《中国书院辞典》《儒藏·史部·学校史志》《湖湘文化辞典》《湘人著述表》皆作道光五年，《中国古籍总目》《湖南刻书史略》作道光八年，查原志卷一有道光八年九月、十月《长沙府申详长、善二县绅士承领岁修银两》文稿两篇，故从后者之说。（宗尧撰稿，刘金审稿）

《校经书院志略》一卷

清张亨嘉辑，清光绪十七年（1891）刻本。

张亨嘉（1847—1911），字燮钧、铁军，福建侯官（今福州）人。光绪九年进士，选庶吉士，授编修，典试广西，提督湖南、浙江学政。在浙江任上建藏书楼，购书七万卷，允许士民借阅。一生清廉，好收藏书画，著有《张文厚公文集》《赋钞》。

校经书院在湖南长沙。原名湘水校经堂，又名湘水校经书院。道光十一年（1831），巡抚吴荣光仿其师阮元学海堂之制建于岳麓书院内。由岳麓、城南二书院山长欧阳厚均、贺熙龄主持，分经义、治事、词章三科试士，教学汉宋并重，倡导乾嘉学风。十六年吴离任，课业遂废。咸丰末年，巡抚毛际可尝重开经史之课，不久即停。光绪五年，湖南学政朱逌然迁建城内天心阁城南书院旧址，正式设山长，下辖经、史、文、艺四学长及提调、监院各一人，定额招本省及商籍生徒二十四名肄业其中。山长成儒刊《校经堂学议》，以经济之学训士。十六年，学政张亨嘉迁建于湘春门，更名校经书院，生额扩至四十四名。学重通经致用，设经义、治事二斋，专课经史大义及当世之务。二十年，学政江标新建书楼，以藏中西学书籍，改革课程，以经学、史学、掌故、舆地、算学、词章六科课士，添置"天文、舆地测量诸仪，光化矿电实验各器，俾诸生于考古之外，兼可知今"；别创算学、舆地、方言等学会，制定《校经学会章程》，创办《湘学新报》，分史学、掌故、交涉、商学、舆地、算学六个栏目，发表师生研究成果，宣传维新变法思想，湘省风气为之巨变。戊戌变法后，一度改订章程，恢复科举旧学。二十九年底，巡抚赵尔巽改为成德校士馆，令诸生"改习科学，以储学堂之选"。

光绪十六年书院迁建后，提调周肖仙、前监院吴斗枢、监院何棠荪邀请张亨嘉为书院刊定章程，而张氏却认为书院诸生皆为"博通之选"，对于修齐治平之理早已于群经诸史之中求得，无需他再多言，只"叙缘起，明规制，俾主是事者有所考"，成此《校经书院志略》。

是书半页十行，行二十五字，左右双边，白口，单鱼尾。此志为简编，一卷，分载书院图、记、奏折、文牍、经费和章程。志中所收均为原始文献，是研究校经书院兴办缘起及规制的重要史料。（肖啸撰稿，赵伟审稿）

《重修玉潭书院辑略》两卷

清张思炯编辑，清嘉庆五年（1800）刻本，为玉潭书院史志。

张思炯，字恒鉴，湖南宁乡人，乾隆三十年（1765）举人，历官岳阳、长子、宁武知县，吏治清明，为民请命。归休后主讲玉潭书院，卒年八十一岁。

玉潭书院在湖南宁乡。原名玉山书院。明嘉靖二年（1523），知县胡明善建于玉几山。"朔望进诸生讲明经义，课生童诵习"。聘周子采为山长。嗣后知县王纲、汪大壮等相继捐膏火田，兴学不断。清顺治四年（1647）毁于兵火。乾隆十九年，邑绅邓竹林等捐资重建于东门沩水边。有讲堂、定性堂、文昌阁、崇道祠、奎星楼、仓廒及正谊、明道、主敬、存诚、进德、居业六斋。清复田产二百二十九亩以供经费。山长周增瑞"日与诸生讲明性大要"。二十二年，山长刘绍濂首刊《玉山书院志》，二十五年，山长王文清辑补之。王还定学规、读书、读经、读史诸法及勉学文等劝诸生。三十二年改名"玉潭"，并新修《玉潭书院志》十卷。额定每年招生五六十名，每月课文三次，每月晨起、早读、讲书、晚读皆以击梆为节。嘉庆时张思炯又修院志。道光二十九年（1849）设推广正课二十名。咸丰、同治年间毁于兵、水之灾，旋皆兴复。同治六年（1867）拨推广正课十名给云山书院，始定生监正附课各五名，童生正附课各三十名。本县王恩、王忻、杨业万、黄道恩、刘开诚、童翚、周瑞松、胡端经、马维藩、边维藩、悔鉴源等曾为山长。光绪二十八年（1902）改为高等小学堂。

嘉庆时，书院存有乾隆年间周在炽修纂的书院志刻本，其时"因书院改造、考棚新建，有应因时制宜者，不得不更张以垂久远"，于是重修书院志，"只存实迹，不尚虚文"。

是书半页九行，行二十字，双行小注，四周双边，白口，单鱼尾。凡两卷，前有朱偓之序。卷上首为凡例七则，其后分录新序、新记、旧序、旧记、西宁学源、重建纪略、灵峰、南轩两书院纪略、邑侯列传、兴复卷宗、新拨卷宗、碑文、学规、事宜、经费、礼文等；卷下为田赋、契券、艺文和捐修姓氏。是书为周志之续编，条目俱遵前志，稍有增减，特别是补充了乾隆三十二年之后的不少材料，记录了书院发展历程。（肖啸撰稿，赵伟审稿）

《宁乡云山书院志》二卷首一卷

清周瑞松辑，清同治十三年（1874）刻本，缺页以清同治《续修宁乡县志》配补。

周瑞松（1836—1880），字云先，湖南宁乡人。同治二年进士，授刑部主事，曾主讲湖南玉潭、云山书院，编有《宁乡云山书院志》，著有《望稽草堂诗集》。

云山书院在湖南宁乡。同治四年，邑人原陕西巡抚刘典倡建，有步云桥、总会门、东西云门、讲堂、崇道堂、希贤堂、先贤堂、仰极台、凌云亭、奎光阁、文昌阁、藏书楼、东西八斋等建筑。光绪二十八年（1902）改为高等小学堂，后改为云山学校，何叔衡、姜梦周、王凌波、谢觉哉等曾先后在此读书任教。一九一七年，毛泽东居此进行农村调查。一九四九年后继续办学。今为省重点文物保护单位。

云山书院建成十年后，邑人念因书院形胜之概、考课之规、租赋之额和其间官师兴作之劳、劝学之勤以及乡人士好义之勇皆不可以无述，遂辑成此志。

是书半页九行，行十八字，双行小注，四周双边，白口，单鱼尾。书前有刘典序。卷首载书院条规、清朝历代皇帝所撰训饬文字、朝廷所颁诏旨，卷一志书院、庙祀、学规、胜迹、艺文；卷二志书院田额、典藏文籍，其主要内容为书院学规及日常管理制度。

是书为周瑞松所辑，其记清末书院学规章程，甚为详细。《惜字文社章程》中诫生童珍纸惜字及设收字纸工役等内容，为其他书院志所少见，于研究清末教育史价值尤著。（宗尧撰稿，刘金审稿）

《浏东狮山书院志》八卷

清李芸、萧振声纂修，清光绪四年（1878）刻本。

李芸，号香洲，湖南浏阳人，官常宁县教谕。萧振声，浏阳人，生员。

狮山书院，在湖南浏阳县东四十里。清道光六年（1826），知县赵瑜于县东狮山建文昌阁，旁立义学，十九年，董事李芸、王启选等集资拓为书院。有东西门、泮池、头门、讲堂、去思堂、文昌阁、延英阁、藏书楼、及明善、时术、敬业、致道、瓣香诸斋，规制甚备。二十四年始招生肄业。设首事八人，下辖书办、斋长、门堂夫、斋夫等处理院务。聘山长主持教务。每年招生监正副课各十名、童生正副课各二十名，每月逢三馆课、堂课，试诗文各一，皆山长命题，惟后者当堂交卷；逢八则由院长别课经解、策论、诗赋；一年中由知县、教谕、训导官课四次，课试前列者给奖，其卷贴于延英阁共阅，"以资观摩"，并存藏书楼待选刊印。咸丰二年（1852）毁于兵火。四年，知县袁青绶等议复未果。十年，李芬等迁建于高唐山，增建树人馆、思贤堂、乡善堂等。袁舒英、程人炽、李传敏、曹光汉、吴敏树、许如骏、柳先赓、陈伊鼎、袁懋森、程椿寿、左宜、胡钧学、但复旦、宁辉钺、王介祺、文德基等先后任院长。光绪三十三年改狮山公立高等小学堂，一九四九年后改为浏阳县第三初级中学。

书院志起始由李芸编纂，于咸丰十年重建于高唐后，"兹与诸生修《狮山书院志》若干卷，述其大要"。咸丰年间，书院迁建高唐山后，李芸致书提出修志之议，"述其大要"，以使先辈培植之盛不至湮没不传。根据同治九年李芸序言可知，此时初稿已成。然未及刊刻李芸便过世了，而后光绪四年萧振声率二三同志续成。

是书半页九行，行二十字，双行小注，左右双边，白口，单鱼尾。凡八卷，书前有序言四篇，分别是光绪四年浏阳知县黄世煦、同治八年（1869）翰林院编修周玉麒、同治九年李芸、光绪四年王应藻序，末有光绪四年涂启先跋。卷一志图考，有狮山高唐全图、原建书院图、续建阁图、迁建书院图和狮山八景图；卷二志形胜，分狮山、高唐山、磊石山、膏浒尖、天岩山、狮子脑、仙人岩、狮子潭、仙洲和桃花坞；卷三志书院，分书院始末、书院条规、书院学规和书院院长；卷四志祀典，分大成殿、文昌阁、魁星阁、欧阳楚国文公祠、去思堂、思贤堂、乡善堂、土神祠、井神祠、狮山山神祠、狮山土神祠、祭器和祭品；卷五志封禁，分封禁狮山始末、封禁磊石山始末、买山契目、封禁各官、封禁董事和封禁经理；卷六志捐输，分捐输始末、捐资名数和劝捐领事；卷七志艺文，分记、传、说、启、跋、诗和词；卷八志界址，分书院界、狮山界、铺屋界和产业界。

全书体例规范，大致沿袭书院志修撰通例，唯封禁一卷为本书所特有，记载官府封禁狮山之始末，因"封禁经十余年，官吏士民均尽劳费，事虽琐，乌可略而弗志"，故而叙述概况，并且保留了包括官府公文在内的大量原始文献。作为记载清代浏阳地方书院的史志，本志体例精严，纂辑详瞻，具有重要的文献价值。《中国古籍总目》有著录。（肖啸撰稿，赵伟审稿）

《浏东洞溪书院志》二卷

清李临、罗汝廉等辑，清光绪二十六年（1900）刻本。

李临，湖南浏阳人，光绪末为候选训导。罗汝廉，湖南浏阳人。咸丰年间肄业洞溪书院，"凡募捐之劳，讼蔓之累，与夫兵燹之酷，缮葺之艰，皆身亲见之"，因参与辑录此志。

洞溪书院在湖南浏阳。道光十七年（1837），邑贡生张良赞建义学于张家坊文昌阁，捐有田亩、店屋等。张卒后，其妻遵遗命扩为书院，时道光二十七年。咸丰二年（1852），始聘名师启馆。十一年，里人捐银二万五千三百一十两扩建。同治四年（1865），里人张昌蒂、李元善捐赠经费。六年毁于兵火。八年始得修复，有大门、龙门、讲堂、大成殿、魁星楼、揽英阁及主敬、存诚（作藏书处）、亦乐、斗文、敬业、诚意、志道、养心诸斋，另辟崇义祠祀张氏夫妇，梓敬堂祀有功于书院之知县及捐资者。光绪年间增藏图书，并制定《领借藏书章程》。光绪二十九年改为小学堂。

洞溪书院自同治重修以来，邑侯暨乡诸君子屡次加意扶持，乡中士绅惧时日长久，书院事迹湮没无闻，遂编是志以追纪之，以彰其盛心。

是志半页八行，行二十字，左右双边，白口，单鱼尾。是书分上下二卷。卷上为营建、章程、院长；卷下为艺文、祀典、捐资和产业。卷首有序三篇、凡例七则。卷末有罗汝廉跋一篇。志中对书院营建始末、书院章程、捐助田亩经费数目、书院产业等皆有记载，也收录了当时朝廷所颁学校礼典，虽然文字稍显简略，但每目之前均有评述，对于研究清代湖南浏阳学校兴办情况有较高的文献价值。（肖啸撰稿，赵伟审稿）

《石山书院汇纪》三卷

清张名钰纂修，清光绪十年（1884）刻本。

张名钰，字构辉，号颂卿，浏阳人。官至奉直大夫，编有《石山书院汇纪》。

石山书院在湖南浏阳。清同治十三年（1874），邑人张名钰倡建，兴建凡历十年，光绪十年落成，以当地有石山，故名之。有大门、讲堂、正殿、魁星楼、居业斋、乡贤祠、名媛祠等。名媛祠祀北乡妇女捐建书院之人，为书院所特有。

石山书院为浏阳北乡士绅捐建，耗时十年，费赀万缗，院成后，邑人感念创建者之艰辛，故辑此纪以记之。

是书半页九行，行十五字，双行小注，四周双边，白口，单鱼尾。书前有汤煊序、李元度记、熊其光序，后有彭子铨跋。卷一志缘首名目、经理章程、书院全图、课式、形胜纪略、祭器、祭品、祭祀仪注、书院制度；卷二志乡贤祀纪、名媛祀纪；卷三志捐资名目，其主要内容为书院祠宇所供奉历代乡贤名录及乐捐者姓氏钱数。是书为张名钰所纂，其记清末书院受社会资助情况，堪称实录。《名媛祀纪》记北乡妇女捐建书院之事，为其他书院志所少见，于研究清末社会史、教育史价值尤著。（宗尧撰稿，刘金审稿）

《渌江书院志》六卷

清文蔚起等修，刘青藜等纂，清光绪三年（1877）刊本。

文蔚起，醴陵人，附贡生。

刘青藜，醴陵人，国子监生。

渌江书院在湖南醴陵。清乾隆十八年（1753），知县管乐倡建于城东门内，以前临渌江，故名。有讲堂、斋舍、朱子祠等，前建考棚。道光九年（1829），知县陈心炳以"城市嚣尘纷扰多故，兼书院并考棚一所，讲习固非清静，考试亦难关防"，遂将原书院改作考棚，将书院移建于靖兴山麓宋代西山书院故址。有头门、讲堂、内厅及主敬、正谊、明道、存诚、道德、居业六斋，旋又增日新、又新二斋，招正副课生童八十人肄业其中。山长有陈梦元、张九钺、周锡溥、余廷灿、罗汝怀等，皆一时名流。十六年，左宗棠始主讲其中，凡历三年。光绪五年，知县连自华设经课，教以训诂、词章之学。十七年，罗正钧任山长，讲王夫之《噩梦》《黄书》，宣传反清复明思想。二十八年，知县张致安集诸生"谈时务"，并以新学课士。三十年，改为高等小学堂，次年改称中学堂。一九一二年，中学堂并入长郡中学，其地先后设农业学校、县立中学、乡村师范、县立师范等。一九五一年并入醴陵一中。今为醴陵市教师进修学校。一九八二年全面整修恢复书院主体建筑，开辟陈列室，对外开放。

道光六年，渌江书院圮于水，知县陈心炳将其迁建于县西靖兴山麓并增其规模，后邑人崔斌复捐置田亩以作书院修补之费，都人士闻之，又输赀以为书院岁修经费。光绪初年，董事诸绅以"书院谱据阙略，无以昭示后人"，遂有修志之议。

是书半页八行，行十八字，双行小注，四周双边，白口，单鱼尾。书前有刘骥、刘廷钧、刘鹤龄、邵声鎏序。卷首志序、凡例、书院全图、靖兴寺图、山水图、详文、公禀、规条、山长姓名；卷二志艺文；卷三志捐目；卷四至卷六志田宅，其主要内容为书院田亩产业。

是书为文蔚起等修纂，其记清末书院日常管理情况，甚为详细。《规条》部分记书院对束脩、膏火、岁修钱的管理、支配内容，于研究清末教育史价值尤著。（宗尧撰稿，刘金审稿）

《石鼓书院志》二卷

明李安仁重修、王大韶重校，明万历十七年（1589）刻本。

李安仁，字体元，号裕居，河北迁安人。明万历中官衡州知府。莅任之初，即着手修葺书院，重修院志。

王大韶，字心雪，自号衡岳野樵，湖南衡阳人。嘉靖三十一年（1552）乡试中举，官至江西建昌府推官、知凤阳府泗州事。曾于万历七年、十七年两次编修《石鼓书院志》。

石鼓书院在湖南衡阳。原名李宽中秀才书院。唐元和中（806—820），李宽中（一作李宽）于石鼓山寻真观结庐读书，宋至道三年（997），宽中族人士真据其故事，复修书院，"会儒士讲学"其中。景祐二年（1035），知州刘沆（一作刘沆）奏请仁宗皇帝赐学田及"石鼓书院"额，遂为天下四大书院之一。其后稍徙而东，改为州学。淳熙十二年（1185），部使者潘畤（一作時）就原址建屋数间，榜以故额，"将以俟四方之士有志于学，而不屑于课试之业者居之"，未竟而去。提刑宋若水继成，奉先圣先师之像，集国子监及本道诸州印书藏其中。请朱熹作记，诫诸生勿为科举功名所乱，而要辨明义利，有志"为己之学"。开庆元年（1259）毁于兵。景定元年（1260），提刑俞掞（一作俞琰）命山长李访"扫地更新"，"尽复旧观"，增辟射圃、仰高楼，"取明德新民文章，为诸生丕扬其义，绝响再闻，士风作振"。提刑黄幹又置田三百五十亩，"以赡生徒"。元末再次毁于兵火。明永乐十一年（1413），知府史中重建书舍六间以待游学者，有礼殿祀孔子，韩张祠祀韩愈、张栻。天顺、弘治年间均有修葺。万历四十年（1612），巡按史记事、观察邓云霄大修书院，以"铸士陶民"，建有讲堂、敬义堂、回澜堂、大观楼、仰高楼、砥柱中流坊、棂星门、风雩、沧浪、禹碑、合江诸亭，其他"殿祠号舍，罔不完葺"，规模极一时之盛。崇祯十五年（1642），提学高世泰修葺。明末毁于兵。清顺治十四年（1657），巡抚袁廓宇奏准修复，"复集诸生，岁时课艺"。康熙七年（1668），知府张奇勋扩建号舍二十余间，"拔衡士之隽者肄业其中，每月两试之，士风称最盛"。二十八年，知府崔鸣鷟捐俸"增其所未备"，"督率师徒援古证今，析疑问难"于其中。雍正、乾隆、嘉庆、同治年间，屡有修建，规模日广，有诸葛武侯、李忠节、先贤、七贤诸祠，仰高、大观二楼、敬业堂、留待轩、浩然台、合江亭及东西斋房等，"曰涂曰髹，丹碧上甃，焕然巨观"。山长多一时之选，如陈士雅、余廷灿、林学易、罗廷彦、罗瑛、潘世晓、张学尹、徐锡溥、刘祖焕等，皆湖南名进士，然所授多为科举之业。光绪二十八年（1902）改为中学堂，三十一年改称南路师范学堂。民国时改为女子职业学校。抗日战争中，毁于战火。今辟为公园，尚有明清碑刻留存。

石鼓书院古来有志，不知创自何年。明代曾至少两次修撰院志。嘉靖十二年，衡州知州周诏游览石鼓书院，"因索院志，考其颠末，仅得残本，断烂将不可读"，且志中记载繁芜淆乱，嘱咐别驾汪玩厘淆订舛，重新编次翻刻。周诏，号台山，富顺人，嘉靖十二年官衡州府知府。周氏剿取旧志稍加增损，编为四卷，为地理、室宇、人物、词翰，而附录文移于末，四库馆臣认为其"潦草漏略，殊无义例"，流为书帕本。此为一修也。万历七年，黄希宪登石鼓，"慨焉兴思，悯书院志缺"，遂托王大韶校雠编辑周志，此为二修也。黄希宪，字伯容，号毅所，江西金溪人，进士出身。万历初以湖南提学副使督学石鼓书院。十七年，李安仁因院志"刷久板模"，请王大韶重校，嘱其"文字题咏人物无关书院者，宜删"，而"留心文艺"，因成是志。

是志半页九行，行二十二字，左右双边，白口，单鱼尾。凡二卷，分上下二部。卷首有凡例十二则，书院形胜图二幅。上部分地理志、室宇志、人物志和述教志。人物志又分乡贤、寓贤、名宦，详述唐、宋、元、明四朝与书院有关之名人。述教志记寓贤和名宦，分述《邹东廓先生语石鼓诸生》二十五篇、《王敬所先生主静训语》一篇、《蔡白石先生答问》二十六篇和《黄毅所先生训义》十二篇。下部为词翰志，分载历代有关石鼓之诗歌与记文。书前有李安仁撰《重修石鼓书院志补遗序》、周诏撰《石鼓书院志序》、熊炜撰《石鼓书院志序》、汪玩撰《石鼓书院志引》以及王大韶撰《重修石鼓书院志题辞》，书后有王大韶记。《千顷堂书目》《四库全书总目提要》均有著录。《千顷堂书目》误记为八卷。（肖啸撰稿，赵伟审稿）

《衡山文炳书院课程》一卷

清光绪二十七年（1901）左钦敏辑定，一九一四年湘阴左氏尚志斋刻本。

左钦敏（1870—1932），字菽寅，晚号门水废人、鸿飞道人，湘阴县安静乡人。光绪二十年举人，不仕。其后立志著书讲学，先后出任桃源漳江书院、衡山文炳书院山长，并赴鄂南讲学。晚年授馆于家乡西林禅院。后吴佩孚、谭延闿、赵恒惕先后请其从政，亦被拒。著有《大学朱子章句笺》《中庸本义》《诗疑辩证》《楚辞微》《修山唱酬集》《孟子笺》《杜诗注》《孙子十三篇笺》《古学编》等，多付梓刊行，惜多毁于兵燹。

文炳书院，在湖南衡山县东百里。原名中洲，清乾隆十年（1745），知县德贵率邑绅捐建。道光十四年（1834）重建，改名文炳。辛亥革命后改为文炳高等小学校。

是书半页九行，行二十字，双行小注，左右双边，白口。此为左钦敏掌教时辑定，刊刻于一九一四年，录有《朱子白鹿洞书院学规》《程董二先生学则》《朱子沧州精舍谕学者》《朱子又谕学者》《书院课程》《朱子读书法》《李觏袁州学记》等七篇学则章程。除第五篇《书院课程》以外，皆为朱熹、程端蒙、董铢、李觏所著名篇，或为学规，或为学记，乃宋代思想家将"义理"纳入诸生教育之重要章程文本。《书院课程》一篇则为书院课业章程，规定院中诸生每日午前应"读一书又兼一书"，每日午后应"治一艺又兼一艺"，并且详叙其读书、治艺之次第。读书应遵从《大学》《西铭》《原道》《孝经》《论语》《孟子》《中庸》《周易》《尚书》《毛诗》《春秋》之顺序。读前三篇时应兼读《小学》，读中间四篇时应兼读《近思录》，读《周易》时兼读《太极通书》，读后三篇时应兼读《资治通鉴》。关于治艺之规定，不仅有礼仪书数之次第，还有读经读史之要旨。

凡此七篇，唯《书院课程》一篇能窥见文炳书院办学之具体章程，其余六篇皆为抄录先人名著，不注一字。虽照搬前人，无所更改，无所取舍，却也稍可体现书院之治学特色。（肖啸撰稿，赵伟审稿）

《岳阳慎修书院志》不分卷

清钟英辑，清光绪二十二年（1896）刻本。

钟英，字杰人，长白（今吉林长白）人。光绪十六年任岳州知府，编有

《岳阳慎修书院志》。

岳阳书院在湖南岳州（今属岳阳）。清康熙五十九年（1720），知府许玠就文昌祠改建。乾隆、道光年间，通判李寿瀚、知府黄凝道、邑人李锡纯父子等先后修葺。咸丰十年（1860），山长阮文锦劝修藏书楼，邑人安徽候补道孙振铃捐赠经史书籍一百零三函一千二百七十六册。历任山长有新化吴思树、湘乡成毅、平江彭昌凤、善化彭家真、本县方钮等。中日甲午战争后，受新学思潮影响，士绅郭鹏、姜炳坤等仿照湘水校经书院章程，改课程为经学、史学、时务、舆地、算学、词章六门，风气丕变。光绪三十年，与慎修书院合并改作岳州府中学堂。

慎修书院在岳州。岳州府城原有岳阳书院，集所属各县生童肄业，然学为帖括而已，于经术阒然无闻。光绪十一年，知府文镝借文昌宫地，于院中添设经古一课。光绪十三年，文镝念书院定所，又捐资倡建新院，名曰"慎修"。光绪二十八年，改为岳州府中学堂。

钟英就任岳州知府后，见岳阳书院颓朽且狭隘，有意拓修之，后在当地士绅的资助下，于院中添修斋舍百余间，并将慎修书院生童移入其中。为使诸绅所捐田房、银钱、租息等一切契券簿据有所凭借查考，书院能于后世相保而勿替，遂令巴陵县学教谕兼监院曹广祺捡齐卷宗一二，扼要汇纂院志。

是书半页九行，行十九字，双行小注，四周双边，白口，单鱼尾。书前有钟英序、吴大澂记。不分卷，正文前半部分为书院相关公文汇编，以书院章程附之；后半部分为书院藏书目录，书单前附以《新定藏书章程》；卷末为书院经费章程及资产清单，其主要内容为书院公文与章程。是书为钟英所辑，其记清末岳阳、慎修两书院建设、管理情况，堪称实录。《筹加书院膏火议》和《新定岳阳慎修两书院住斋生童章程》等篇所提"诗课"、"米课"、"钱课"等内容为其他书院志所少见，史料价值极高，于研究清末教育史价值尤著。（宗尧撰稿，刘金审稿）

《天岳书院藏书目录》一卷

清天岳书院诸生所编，清光绪二十八年（1902）刊本。

天岳书院，在湖南平江。始建于清康熙五十九年（1720），位于今三阳乡天岳村小天岳山，故名。乾隆四十年（1775）移县城南青石巷。同治六年（1867）仿"岳麓""城南"之制由知县麻维绪集邑绅张岳龄、李藻、何忠继等募资建于今址。书院历为讲学重地，设讲堂三间，院长住房三间、斋房二十八间，有屈子祠、宋九君子祠各三间，南有藏书楼三间。建筑宏敞、庄重、雅致，现祠、楼已废，主体完好。门首横嵌"天岳书院"石书额，门东西两侧嵌"天经地纬""岳峙渊亭"鎏金石联，字迹苍劲秀丽，相传为李元度或锺昌勤书法。光绪二十八年始改为平江小学堂，后为平江高等学堂、平江师范、平江中学、平江第一中学。一九四九年后，改为平江县第一完全中学。

天岳书院规模宏大，住斋百间，岁入租息，应付脩火、膏奖各项，亦足敷支，唯独书籍甚少。前任训导黄介繁曾集众购买部分书籍，但仍不完备。后期为兴养立教，参考各书局书籍价目，择选其中重要书目，汇列一单，分途购买。遂得书目二百余部，六千余本，分装四十余箱，置于书阁之中，便于众生阅览。后教谕盛元恺亦捐置《船山遗书》一部，生员张长又捐置《渊鉴汇函》《西法汇源》各一部，合旧置各书，遂体用之学略备。乃令书院诸生编为目录，以便于寻检。

是书半页九行，行二十二字，双行小注，左右单边，白口，单鱼尾。共收书八百七十三种，八千八百三十八卷，六千余册。仿《岳麓书院藏书章程》酌定要条编制而成。编目体例，依学为类，分经、史、国史三大部，以统群书。经之目四：曰经、理学、数学，制艺附焉。史之目亦四：曰史、舆地、掌故，词章附焉。国史之目七：曰实录、会典、方略、则例、各馆掌故，各国事务和近年报章。百家丛书，概付掌故，而散集部于各学之下，另立目录部，冠以四库提要。后有佳本则增录之。部分书目不记册数，实乃编写之漏矣。此目录成书于光绪二十五年，二十八年刊于天岳书院，是研究清代书院功能、制度，尤其是藏书情况的重要史料。（王丹丹撰稿，肖啸审稿）

《莼湖书院志略》不分卷

清徐凤喈辑，清道光四年（1824）刻本。

徐凤喈，字暾南，号芗萍，安徽青阳人。乾隆五十四年（1789）拔贡，历官湖南临湘知县、贵州麻哈州牧，编有《莼湖书院志略》。

莼湖书院在湖南临湘。道光四年，知县徐凤喈创建于学宫岭。有大门、大堂、讲堂、斋舍等建筑，占地三千五百平方米。招生定额四十名，分别设生员正课四名、附课六名，童生正课十名、附课二十名。每年二月开馆，十二月散馆。生徒必经县令统一考试录取。每年官课四次，于二、四、七、十月举行，每月十三馆课。课业以经学为主，旁及子史百家，间涉时政。光绪二十八年（1902），改为小学堂，旋又为初等实业学堂。三十一年，改为师范速成班、高等小学堂。辛亥革命后，又改为高小、公学、中学等。一九二七年四月，曾在此开办临湘党务农运讲习所。一九三八年冬，校舍为日寇焚毁。

道光三年冬，徐凤喈赴任临湘知县时，见县中书院颓圮成墟，遂捐俸倡修书院，都人士闻其议者，相率酿金、割田、舍宅以从之。次年，于临湘学山岭建成莼湖书院及文昌殿，为记其事，遂辑此志。

是书半页九行，行二十一字，双行小注，四周单边，白口，单鱼尾。书前有徐凤喈序。不分卷，前后分别志倡建、监修、同议官员姓氏，首事姓名，倡捐公文，书院条目，捐建书院官民姓氏及钱粮数额和诗章，其主要内容为书院捐赀名数和落成庆贺诗章，原本于诗句旁间有批语，评议其得失，不知为何人所撰。

是书半为名册，半为诗作，于研究清代莼湖书院的建设及文学创作活动有一定的价值。（宗尧撰稿，刘金审稿）

《天门书院学约》一卷

清傅基虞编，李瀚昌署，清光绪二十二年（1897）天门书院刻本。

傅基虞，字惕斋，湖南岳阳人。光绪年间举人，历任湖南永顺府教授，贵州平坝县、清镇县知县。

李瀚昌，字石贞，号鸥叟，湖南宁乡人。光绪十二年举人，官澧州学正。戊戌变法时支持新政，曾办理湖南官矿局新邵收砂分局事。湖南巡抚陈宝箴以其学有本源，操履不苟，送部引见。入民国署河南高等检察厅长。著有

《史要便读》《颐室诗集》《南蝉楼诗集》。

天门书院在湖南石门。清乾隆三十一年（1766），知县许耀祖改义学而成。有三堂八斋，规模宏敞。嘉庆二十五年（1820），知县苏益馨增设膏廪，捐资助奖。道光中知县曾维桢重修，厘定规制，改名天门书院。本县谢鸿恩曾为山长。清末废。

是书为天门书院学约，时傅基虞任永顺府教授，认为学者不应"钓弋名誉"，希望诸生能知功利之外更有向上之事在，遂取"平生有志未逮者，浅近言之"，作学约以规劝诸生。时李瀚昌任澧州学正，为此学约署名并撰写跋文。

是书半页十行，行二十四字，左右双边，白口，单鱼尾。凡一卷。前有傅基虞序，后有李瀚昌跋。学规共三十八条，取先儒之言行与浅近事理以励诸生。

是书为光绪年间所作，与前人学规之摒斥佛老多有不同，此学规加入天堂地狱、鬼神幽冥之说，以图震慑诸生，令其心向学业，谨慎德行。由此，既可窥见当时之学风，亦可研究书院与地方风俗之关系。（王帅撰稿，肖啸审稿）

《郴侯书院志》三卷

清曹维精纂，清同治二年（1863）刻本。

曹维精，字仙洲，兴宁（今湖南资兴）人。道光二十九年（1849）贡生，官至候选训导，编有《郴侯书院志》。

郴侯书院在湖南兴宁。清咸丰九年（1859）合乡谋建，历时三年，至同治元年始落成，以汉昭帝曾封楚怀王之孙为郴侯于此，故名。有讲堂、学舍等。光绪三十二年（1906），为郴侯高等小学堂。一九四〇年，改为湘源乡中心国民学校。

郴侯书院所在兴宁县程水乡，古有醴泉、观澜、文峰、辰冈四所书院，分属于曹、焦、袁三个家族，至咸丰年间，皆颓圮废弃。咸丰九年合乡谋建书院，历时三年，书院始竣。为记创建原始，遂纂辑此志。

是书半页八行，行十六字，双行小注，四周双边，白口，单鱼尾。书前有万时若、谢宣、曹维精、段兴锽序。卷一志修志及建院姓氏、修志凡例及规条、仪注、礼器图、上谕、训士子文、学规、形胜全图、书院正图、艺文；卷二志捐助姓氏、公置田亩，其主要内容为捐助人姓氏及钱粮数目。

是书记清末郴侯书院日常管理情况，堪称实录。《仪注》《礼器图》部分载书院祀圣时祭礼、祭器的内容，于研究清代礼制史、文化史价值尤著。（宗尧撰稿，刘金审稿）

《崇义书院传书》九卷（存三卷）

清佚名辑，现存卷一、卷八、卷九，清光绪年间刻本。

辑者名氏不详。

崇义书院在湖南兴宁。清光绪年间，乡人公建。光绪末，为凤凰高等小学堂。民国时期，改为凤凰乡中心国民学校。

是书半页九行，行十六字，双行小注，四周双边，白口，单鱼尾。前后无序跋。现存三卷，卷一志书目、粮袋；卷八志两都抵界及烟村地名、捐田租谷、新置产业及租谷；卷九志捐钱姓名。就余卷来看，其主要内容为清末书院田粮产业。

是书不知何人所辑，现存三卷主要为书院田产明细，于研究清末崇义书院的资产状况有一定价值。（宗尧撰稿，刘金审稿）

《箴言书院志》三卷

清胡林翼辑，清同治五年（1866）刻本。

胡林翼（1812—1861），字贶生，号润之，湖南益阳人。道光十六年（1836）进士，选翰林院庶吉士，授编修，历官江南乡试副考官，贵州安顺、镇远、黎平知府，四川按察使，湖北按察使、布政使、巡抚，咸丰八年（1858）、十一年，其因军功，先后加太子少保、太保，后卒，谥文忠，与曾国藩、左宗棠并称晚清"中兴三大名臣"。于咸丰三年建箴言书院。编有《箴言书院志》，著有《读史兵略》《读史兵略续编》《滇轺纪程》《荷戈纪程》等。《清史稿》有传。

箴言书院在湖南益阳。清咸丰三年，邑人湖北巡抚胡林翼创建于瑶华山麓，因其父达源著有《弟子箴言》，故名箴言书院。十一年，胡林翼卒，时尚未完工，至同治二年始成。有大门、先圣祠（祀孔子）、宫詹公祠（祀达源）、大堂、书楼及半学、志道、据德、依仁诸斋等，共四进九十六间，另辟有射圃、化字塔，可居生徒一百二十人。书院规章为胡氏生前所定，设山长、监院、首事、掌管、司书等管理教学、行政事务。每年在全县招正、附生童各二十五名，胡氏子弟亦须考试合格方准入院。四年，始聘王龙文主讲，订《箴言书院学程》，分经史、立身、治事、为文四门，继任者有黄自源、庄受祺、朱锦、程霖寿等。光绪十三年（1887），改为校士馆。宣统三年（1911），改为箴言学校，旋改名县立第二高等小学。一九二四年三月，因遭雪峰山土匪袭击，学校停办，藏书由胡氏后裔运于乡贤祠保存。抗战期间，长沙私立育才中学迁入。一九五四年，益阳县一中迁此办学至今，校中现存原书院建筑六栋五十间及胡林翼《箴言书院后记》、曾国藩《箴言书院记》碑刻两通。

胡林翼父胡达源曾任翰林院侍讲官，著有《弟子箴言》十六卷以教育子弟，胡林翼为追述其父"教学之指归"并纪录其本人兴修书院一事，遂辑此志，以垂后世。

是书半页十行，行二十一字，双行小注，四周双边，白口，单鱼尾。书前有胡林翼志、曾国藩记、左宗棠序，末有庄受祺后序。卷上志经始、规制、岁用、选士、育材、祭祀，卷中志典籍；卷下志田亩清簿，主要记书院创建始末及编制、经费来源、开支、招生、教学、藏书、祭祀等情况。光绪《湖南通志》有著录。

是书为胡林翼所辑，其记清末书院藏书和产业管理情况，甚为详细。《典籍》载书院庋藏文籍，详其撰人，录其版本，可为学者提供诵读门径；《田亩清簿》详列书院田产之数额、置办年月、界至大小、塘堰灌溉情况，巨细不遗。作为记录清代湖南地方书院的实录，有一定的文献价值。

卷末庄受祺后序称，此志初稿由胡林翼辑纂，胡氏卒后，复有夏先范等人增补改易。（宗尧撰稿，刘金审稿）

《群玉书院志》二卷首一卷

清陈三恪辑，清乾隆四十一年（1776）刻本。

陈三恪，字和溪，四川岳池人。乾隆十五年乡试解元，历官湖南零陵、清泉知县，署澧州知州，辑有《群玉书院志》《岳屏书院志》。

群玉书院在湖南永州，乾隆三十四年，知县陈三恪率士绅五百一十三人捐资建，以对群玉山，故名。有大雅、敏德、景贤诸堂及文昌阁，另有明道、存诚、离经、辨志、敬业、乐群、博习、亲师、论学、取友、知类、强立、温柔、敦厚、疏通、知远、广博、易良、洁净、精微、恭俭、庄敬、属词、比事等二十四斋，规模宏大，时"楚南书院自岳麓、石鼓而外，殆无有出其右者"。嘉庆十三年（1808），邑绅庾茂声等捐资重修。二十二年，知县宗需增建香苓讲社，总督阮元尝讲经史于其中。咸丰八年（1858）毁于兵。同治元年（1862），兵备道杨翰重修。清末改为官立高等小学堂。旧址今为永州市三中。

群玉书院建成后，其时"投赠之作，箴铭之词"甚多，且邑人捐输经理之事皆不可无以示后，遂辑成此志以记之。

是书半页九行，行十九字，双行小注，四周双边，白口，单鱼尾。书前有干秀、陈三恪序，后有高蟠跋。二卷首一卷，卷首为图五幅，志文分上下二卷，卷上载书院相关箴、铭、赞、诗、赋、序、记、说等；卷下记书院经营条例、乐捐姓氏，其主要内容为艺文及捐资名录。光绪《湖南通志》有著录。

是书为陈三恪所辑，其记清代群玉书院办学情形，堪称实录。大雅堂、讲堂、敏德堂之箴及各斋舍之铭皆为反映其教学特色的重要文献，于研究清代教育史、文化史价值尤著。

《群玉书院志》有嘉庆十七年补刊本，增载"嘉庆戊辰年重修书院乐捐姓氏及所属各处田亩名、庄屋、地基、山场等项"。（宗尧撰稿，刘金审稿）

《明山书院私志》二卷

明张邦奇、汪汝成、周充之等撰，清吴县宝山楼钞本。

张邦奇（1484—1544），字常甫，号甬川，别号兀涯，浙江鄞县人。明弘治十八年（1505）进士，授检讨，嘉靖初提学四川、湖南等地，历官南京礼部右侍郎、南京吏部尚书、南京兵部尚书。著有《学庸传》《五经说》《纡玉楼集》等。

汪玉，字汝成，号雷峰，浙江鄞县人。明正德三年（1508）进士，历官刑部江西司主事、湖广按察司佥事、湖南辰沅兵备。著有《二书碎义》《书经存疑录》《杂记敌箧留稿》等。

周广，字充之，号玉岩，江苏昆山人。明弘治十八年进士，始任福建莆田、江西吉水知县，正德中擢浙江道御史，后谪官沅州黔阳县竹寨驿，嘉靖中拜南京刑部右侍郎，著有《周玉岩先生文集》。

明山书院在湖南辰沅。明山之上有明山祠，乃古迹，明人马元吉曾读书祠中，马氏后于明山祠右筑书舍。明正德九年，汪汝成升湖广按察司佥事，摄辰沅（辰州府沅州）兵备，见诸生论道，欲创书院，未果。次年，汪公遂即马生旧舍增置，建书院于明山，为讲堂三楹，旁列四斋，斋外有书舍八间。是时，周广以御史谪官辰沅之竹寨驿，汪氏延请其为师，聚诸生为之讲解，士多兴起。

是书半页十一行，行十八字，四周单边，黑口，单鱼尾，所用竖格纸，版心著有"吴县潘氏宝山楼校钞乙部秘籍"字样，为宝山楼专用抄书纸。凡二卷，上卷载张邦奇《明山书院记》、汪玉《太极亭说》及书札十四篇和告祭二首；下卷载诸生倡和诗二十七首，其后分别为公移、祭田和名迹。清范邦甸《天一阁书目》有著录。

关于明山书院的创建者及创建时间，多称马元吉于明嘉靖十六年兴建。如《湖湘文库·湖南书院史稿》就说"明山书院，在沅州府城西。旧名文清，在明山南。明嘉靖十六年（1537）邑人马元吉建"。又《中国书院辞典》载"明山书院，在湖南芷江。原名文清书院，前濒沅水。……嘉靖十六年邑人马元吉建书院于明山南麓"。实则，明山书院为汪玉建于正德十年。《国朝献征录》所载张邦奇作《都察院右佥都御史汪公玉墓志铭》记载汪玉在沅期间"锄奸去蠹，罄竭心力，复构书院于明山之麓，聚诸生为之讲解，士多兴起者"。而且《志》中所载张邦彦所作《明山书院记》也记载说汪玉"即马生旧舍益置三之二，具书币迎充之主教事"。又汪玉自作《请张甬川作书院记》一文记载："书舍之筑已三年，而太极亭之建亦既数月矣，然则立书院之念或有所感……乃即马生旧居稍充扩之，玉以书州守"。又马元吉自述："又二日，玉岩至矣，乃遂命有司拓书舍；盖其旧，覆以茅，门墙未备，于是易茅以瓦，前增置讲堂三间，旁增号房三间，筑土为垣，累砖为门，不日而成，遂敦请玉岩先生。"可见，明山书院是汪玉在马元吉所筑书舍之基础上增置而成，而马元吉所筑读书之书舍并非明山书院。虽然，上所引诸文皆只说"书院"，并未明确说"明山书院"，但《志》中又载有白石山人林魁《游明山书院》一文，林魁为弘治十五年进士，著有《白石野稿》十七卷，林魁在正德年间去世，因此林氏所见之明山书院当是汪玉在正德十年所建书院。因此，明山书院当为汪玉有感于马元吉自筑书舍读书之行为，遂于正德十年建明山书院，延请当时贬官辰沅的周广任山长主讲书院。而今日所说明山书院是马元吉建于嘉靖年间，当是本之光绪年间所刻《湖南通志》。《光绪湖南通志》卷七十《学校志》载："明山书院在府城西，旧名文清书院，在明山南。明嘉靖中，州人马元吉为薛瑄建，后迁城北。国朝乾隆七年，芷江县知县沈华迁建，今所易今名，十二年，知府董思恭，二十二年，知府瑭珠，嘉庆二年，知府张翙重修。"

《明山书院私志》除吴县潘氏宝山楼钞本外，另有明刻本与民国二十八年合众图书馆抄本。（李江撰稿，宗尧审稿）

广　东

《粤秀书院志》十六卷

清梁廷枏编，清道光二十七年（1847）刻本。

梁廷枏（1796—1861），字章冉，号藤花亭主人，广东顺德人。道光副贡生，历任越华、越秀书院监院、学海堂学长、广东海防书局总纂及粤海关志局总纂等职。平生博通经史，精音律，长于金石考据，学识渊博，著述宏富。编著有《南越五主传》《南汉书》《粤海关志》《海国四说》等。

粤秀书院在广东广州。清康熙四十九年（1710），总督赵宏灿、巡抚范时崇、满丕等捐建。雍正八年（1730），知府吴骞重修。原由广州府经理，乾隆九年（1744）改由粮道稽查。乾隆、嘉庆、同治年间屡加修葺，规模宏大，为广东四大书院（羊城、越华、端溪、粤秀）之一，向全省招录生徒。乾隆二十六年、三十三年、嘉庆十四年（1809）相继订立规条，制度逐步完备。藏书丰富，经、史、子、集等书众多，供生徒借阅。设刻书局，有课艺刊刻。经费主要来自官拨田产租银、基金、年息、皇帝赐银等。光绪二十九年（1903）十月废，其地改为两广学务处。三十一年两广学务处迁至广雅书局，此地遂改建为两广游学预备科馆。三十二年改为学堂。

道光二十七年，梁廷枏调任粤秀书院监院，是年冬即编纂成此书院志。据梁廷枏自序，"既又闻端溪已编有志略，爰即旧所抄存号籍，征及时贤著述，门分类聚，荟而析之，厘至十有六卷。"记述志书由来。

是志半页八行，行十八字，双行小注，四周双边，白口，单鱼尾。凡十六卷，书前有梁廷枏自序及凡例六条。目录分为图说、规则、考课、度支、修葺、典藏、故事、表、科名、传，其下各分子目，记载了粤秀书院的建筑特色、教学规模、管理规则、师资力量、人才培养和藏书情况等。《中国古籍总目》有著录。

全书采录严谨，体例完善，每类先列小序，后接以正文，文所不尽者用夹注，注所不尽者各加案语，文末有的附以案牍原文，内容详备，始末分明。（刘金撰稿，宗尧审稿）

《文澜书院志》一卷

不著撰人，版本信息不详。

文澜书院在广东广州。清康熙四十九年（1710），巡抚钮荣就洤洸县署旧址改建。嘉庆十五年（1810），西关十三行商人潘、伍、卢、叶等几大巨头自愿捐出下九甫绣衣坊十几间大屋，发起成立"清濠公所"。大屋除公所使用外，余者出租，租金全部用作清濠的费用。同年，再次扩建公所，定名"文澜书院"，又在院后建文昌庙，定下"以文会友"的宗旨，广聚粤中士子。二十五年，绅士巫丽芳、吴崇谦等重修。道光十三年（1833），生员巫相廷等捐买市铺租项为举行祀事之资。咸丰四年（1854）毁于兵火。同治二年（1863），绅士巫宜勋、黄惠风、王治钧等修复。同治六年，帮办税务兼韶州知府何世俊查知书院经费不足，无力课士，乃商请南韶连道林述训，批准在税厂闲款项下提给奖赏。自同治七年始，每年以二、四、七、十月望日为道课日期。光绪八年（1882），文澜书院清濠公所自立石碑，记述其活动，今仍存于逢庆首约处。

是书半页九行，行二十二字，左右双边，白口，双鱼尾。是书详载捐修姓氏，包括同治三年重修书院各乡历年散捐芳名总列、光绪九年升高奎阁各乡捐提姓名、光绪二十三年重修书院通体各乡捐提姓名。光绪元年至二十三年文澜书院膏火置业亦详列其中。是书对于研究文澜书院捐款来源、膏火所购地产之位置、构造及收取的租金数目，具有很高的价值。（黄冠华撰稿，肖啸审稿）

《学海堂志》不分卷

清林伯桐编，陈澧续补，清光绪九年（1883）续刊本。

林伯桐（1778—1847），字桐君，号月亭，广东番禺人。嘉庆六年（1801）举人，尝任肇庆府德庆州学正，被推为学海堂首任八学长之一。生平好为考据之学，著有《史记蠡测》《毛诗识小》《冠昏丧祭仪考》《修本堂丛书》等。

陈澧（1810—1882），字兰甫，号东塾，广东番禺人。道光十二年（1832）举人，先后受聘为学海堂学长、菊坡精舍山长。陈澧为近代岭南大儒，著述多达一百二十余种，其中以《东塾读书记》最为著名。

学海堂在广东广州越秀山。道光四年，两广总督阮元创建。此地枕城面海，林峦叠翠，地极幽胜。书院据诂经精舍遗规，订立《学海堂章程》，以考据训诂之方法治经史，提倡"事必求其概柢，言必求其依据"，"无征不信"之学风，为当时考据学之最高学府。生徒每名岁给膏火银二十两，后因经费无出，遂止。同治五年（1866），巡抚郭嵩焘查照旧章，恢复膏火，并添算学，学长周寅清等请以学海堂沙田加缴租银增广专课额数。光绪十三年，总督张之洞、巡抚吴大澂增设专课童生十名，只论学业，不论科名，又于季课之外，加设专课生月课，膏火、奖赏、会课饭食。曾设刻书局，刻有《皇清经解》《学海堂集》《学海堂丛刻》等共三千三百三十四卷，刻书之多仅次于广雅书院。藏书亦甚丰富，堂右之文澜阁，收藏公置书籍，供课业诸生借阅。光绪二十九年十月废，改为阮太傅祠，祀阮元，所藏书籍版片均移交两广学务处。

此山堂筑成在甲申冬，学长理课始丙戌秋。此后事体日增，规条渐备，皆不可无记。而堂中未设钞胥，脱稿之后往复钩稽，日月遂积。黾勉裒录，略得成编。

是志半页十行，行二十字，双行小注，上下双边，白口，单鱼尾。不分卷，分文檄、建置、事宜、经费、题名、课业、经板、藏书、石刻（附木榜、楹帖）、雅集、草木、典守十二个类目。《八千卷楼书目》《中国古籍总目》

有著录。

是志记载详细，备载当时书院之规章制度，如学海堂章程、藏书规条、藏板章程、守门条规、文澜阁章程、学长制、季课制等。日常活动均记载于册，眉目清晰，次第井然，于研究学海堂之发展有着重要的参考价值。（刘金撰稿，宗尧审稿）

《学海堂集》十六卷

清阮元编，吴兰修编校监刻，清道光五年（1825）启秀山房刻本。

阮元（1764—1849），字伯元，号芸台，一作云台，江苏仪征人。乾隆五十一年（1786）举人，五十四年进士，选庶吉士，散馆授编修。历官少詹事，山东、浙江学政，兵、礼、户部侍郎，浙江、江西巡抚，湖广、两广、云贵总督，体仁阁大学士。谥文达。著有《揅经室集》。

吴兰修，字石华，广东嘉应人。嘉庆十三年（1808）举人。官信宜训导。曾监课粤秀书院，充学海堂学长。工诗文，尤精考据，兼擅算数之学。著有《南汉纪》《南汉地理志》《端溪砚史》《桐华阁词》等。

学海堂在广东广州，有《学海堂志》，已著录。

阮元创办学海堂以后，施行"季课制"。每一季度由书院出题征文，张榜于学海堂门外，并标明截卷日期。诸生根据所出考题，查阅经书，写出课卷。课卷由八学长共同评定，分别优劣。道光五年，阮元将课艺优者选入《学海堂集》，汇成十五卷，付梓刊行，意欲此学"传之久而行之远"。

是书半页十行，行二十字，双行小注，左右双边，白口，单鱼尾。凡十六卷，前十五卷为课艺，末一卷为附录。书前有阮元序，卷一至卷十收录经解、论说、考证、序跋、文赋等三十二题七十五篇，题如《易之象解》《尚书之训解》《诗毛郑异同辨》《书东莞陈氏学蔀通辨后》《白沙学出濂溪说》《昆山顾氏日知录跋》《四书文源流考》《汉晋名誉考》《孔雀赋》；卷十一至卷十五为诗词，收录一百四十一题二百五十一篇，题如《拟张茂先励志诗》《九日登白云山望海上白云》《读谢惠连秋怀诗次韵》《岭南荔枝词》；卷十六附与学海堂创建有关之诗文九题十二篇，题如《新建粤秀山学海堂记》《新建学海堂诗》。总计收入三百三十八篇，编排齐整，体例规范，所选课艺学术水平极高，且附有作者姓名、籍贯和身份信息，是清代广东书院与汉学研究不可或缺的一手史料。（肖啸撰稿，赵伟审稿）

《学海堂二集》二十二卷

清吴兰修编，清道光十八年（1838）启秀山房刻本。

吴兰修，字石华，广东嘉应人。嘉庆十三年（1808）举人。官信宜训导。曾监课粤秀书院，充学海堂学长。工诗文，尤精考据，兼擅算数之学。著有《南汉纪》《南汉地理志》《端溪砚史》《桐华阁词》等。

学海堂在广东广州，有《学海堂志》，已著录。

学海堂自初集刊刻之后，书院又多后起之秀，聪颖好学，又经数次课试，佳卷渐多，积成卷帙。吴兰修等甄选优者，编成二十一卷，汇成《学海堂二集》，"凡为学指归，大抵勖以有本之学，进以有用之书"。

是书半页十行，行二十字，双行小注，左右双边，白口，单鱼尾。凡二十二卷。书前有吴兰修题识。卷一至卷十七为经解、论说、考证、序跋、碑记和文赋，收录七十题九十六篇，题如《释儒》《日月为易解》《诗有诵歌弦舞说》《周礼故书考》《读万充宗兄弟同昭穆说书后》《四书逸笺跋》《春秋刘光伯规杜辨》《孟子音译跋》《方程考》《问：三国志裴注至详瞻，杭氏世骏又补其阙，此外尚有可补正者否》《南唐书马陆两家孰长论》《甘溪赋》《何邵公赞》《周濂溪先生像刻石记》；卷十八至卷二十二为诗词，收录一百五十题三百三十四篇，题如《梦游罗浮拟李翰林梦游天姥吟》《岭南无雪拟岑家州白雪歌》《续天随子渔具咏》《七夕咏古》。总计收录课艺四百三十篇，皆为佳作。与初集相比，卷帙较多，吴兰修等谨守师法，择优选取，编排体例等均沿袭初集，有极高的史料价值。（肖啸撰稿，赵伟审稿）

《学海堂三集》二十四卷

清张维屏选，清咸丰九年（1859）启秀山房刻本。

张维屏（1780—1859），字子树，号南山，广东番禺人。嘉庆九年（1804）

举人，道光二年（1822）进士。历官湖北黄梅、广济知县，南康知府。著有《松心草堂集》，辑有《国朝诗人征略》等，后人编为《张南山全集》。

学海堂在广东广州，有《学海堂志》，已著录。

自道光年间《学海堂二集》印刻之后，十余年来课试如旧，积卷甚多，遂于道光二十九年开始着手选编《学海堂三集》。张维屏等谨遵师法，择优选取，编为一帙，以付梓刊行。适逢第二次鸦片战争爆发，故于咸丰九年方刊刻完成。

是书半页十行，行二十字，双行小注，左右双边，白口，单鱼尾。凡二十四卷。卷首有张维屏题识。卷一至卷十八为经解、考证、论说、碑铭、序跋、赞颂、文赋，收录九十五题一百三十七篇，题如《释祓》《诗中篇名相同解》《仪礼宅者解》《论语北辰解》《褐袭考》《元辰说》《易音书后》《郡斋读书志跋》《拟陆士龙岁暮赋》《嘉鱼赋》《拟郦道元水经注序》《徐偃矫制命鼓铸盐铁论》《明太祖功臣颂》《两汉循吏赞》；卷十九至卷二十四为诗歌曲词，收录二百二十题四百五十一篇，题如《读汉书拟西涯乐府二十首》《农具诗十二首》《甲辰大水叹》《青奴曲》《拟杜工部江头五咏》《和陈独漉怀古十首》《和高青邱宫词十首》《论词绝句》。总计收录课艺五百八十八篇，卷帙较多，皆为佳作，编排一如前集，体例规范，是研究广东书院与学术的重要史料。（肖啸撰稿，赵伟审稿）

《学海堂四集》二十八卷

清陈澧、金锡龄选，清光绪十二年（1886）启秀山房刻本。

陈澧（1810—1882），字兰甫，号东塾，广东番禺人。道光十二年（1832）举人，六应会试不中。先后受聘为学海堂学长、菊坡精舍山长。于天文、地理、乐律、算术、古文、骈文、填词、书法，无不研习，著有《东塾读书记》《汉儒通义》《声律通考》。

金锡龄（1811—1892），字伯年，号苣堂，广东番禺人。道光十五年举人。学海堂学长，禺山书院掌教。著有《周易雅训》《毛诗释例》《左传补疏》《劬书室遗集》等。

学海堂在广东广州，有《学海堂志》，已著录。

自咸丰九年（1859）《学海堂三集》刊刻完成后，书院每年季课，考校如旧，二十余年来，卷帙遂多。陈澧本欲选为《学海堂四集》，然未成而殁。后金锡龄等选编佳作，汇为二十八卷，付梓刊行，是为此集。

是书半页十行，行二十字，双行小注，左右双边，黑口，单鱼尾。凡二十八卷，书前有金锡龄题识。卷一至卷二十二为经解、考证、论说、碑铭、序跋、赞颂、文赋，收录一百八十八题二百一十八篇，题如《周易古训考》《禹贡字义说》《三寿作朋解》《毛诗草木鸟兽虫鱼疏考证》《求地中辨》《周礼致太平论》《公羊传注引汉律考》《石台孝经书后》《说文解字略例》《广方言》《平暑铭》《拟重刊两汉纪序》《国子监石鼓赋》《拟南越进驯象表》《拟孙樵乞巧对》《重刊武英殿十三经注疏恭跋》《英德观音岩颂》《东汉高士赞》《新建应元书院记》；卷二十三至卷二十八为诗歌，分别为乐府、五古、七古、五律、七律和七绝，收录二百四十六题三百六十篇，题如《南汉乐府》《和陶渊明饮酒诗》《和吴梅村宫扇》《读杜诗和作》《七夕咏古五首》《论国朝人古文绝句》。总计收录课艺五百七十八篇，卷帙虽多，皆为佳作。本集较前三集稍异之处有二：一是版式不同，前三集为白口，本集为黑口；二是诗歌部分按体裁分卷收录，编排更为规范，且少数诗作在目录中即注明主题。本集刊刻更为严谨，是研究广东书院与汉学的重要史料。（肖啸撰稿，赵伟审稿）

《应元书院志略》不分卷

清王凯泰编，清同治九年（1870）刻本。

王凯泰（1823—1875），字幼绚、幼轩，号外帆、补帆，别署补园主人，江苏宝应人。阮元门生之弟子，道光三十年（1850）进士，咸丰、同治年间中留办江北团练，充李鸿章军幕僚，后以功升浙江按察使、广东布政使，官至福建巡抚。著有《台湾杂咏》。

应元书院在广东广州。清同治八年，广东布政使王凯泰创设于粤秀山应元宫。每年二月十五前甄选举人入学，录取正课三十名，外课十名，附课二十五名。院舍中为乐育堂，右为红杏山房，左为仰山轩，堂前有堂三楹，匾题"正谊""明道"，东为监院室，又东为梅花书屋，西偏为董事所，有中门、大门等。光绪二十九年（1903）十月废，由两广学务处改为广东先贤祠。三十四年与菊坡精舍合并，改建为存古学堂。民国年间改为广州市立一中。

卷首王凯泰语"经营伊始，规条未全，确志大略，以备检阅"，故修此志。

是志半页十行，行二十一字，双行小注，上下双边，白口，单鱼尾。不分卷，凡分四目：图说，略记书院之建筑；文牍，记载与书院相关之官司申文公牒；经费，详列书院收支款项、资助仪银；章程，叙录管理教学规则。卷末附录同治、光绪两朝及第进士名录。《中国古籍总目》有著录。

是志分图说、文牍、经费、章程四目，内容翔实，书院之兴建实况由此可窥。（刘金撰稿，宗尧审稿）

《广雅书院文稿》不分卷

清佚名辑，清钞本。

广雅书院在广东广州城西源头乡，光绪十五年（1889），两广总督张之洞创办，以造就博古通今、明晰时务、体用兼备之才为宗旨。规模宏大，每年选调粤桂两省诸生各百人入院肄业。首任学长梁鼎芬，后任有朱一新、廖廷相、邓蓉境、谭莹、丁仁长等名儒。设院长一人，主持院务，后添设分教四人，分门讲授经学、史学、理学、文学。设东西监院二人，分别管理两省诸生，重大院事共同商办。诸生以自学为主，每名发重要书籍数部，以资肄习，设课程日记簿，各生按日注明所学内容。书院藏书丰富，并设有刻书局。二十五年，附设西学堂。二十八年，改为广东大学堂。二十九年，改为两广高等学堂。辛亥革命后，改为广东省第一中学。民国二十五年（1936），改为广雅中学。

是书半页十二行，行二十五字，中缝题"无邪堂钞书格式"。无目录、序跋、评语。字迹时有不同，当系多人抄录。共收嘉应廪生黎元庄、永康增生曾文鸿、临桂附生汪鸾翔等五十六名生徒所作官课、斋课之文二百十二篇。

所收课艺涉及经学、史学、理学、经济、诗文等多种类别，篇幅长短不一。诸如《阳明解致知格物论》《两汉重长安洛阳令说》《问：洋银盛行，若中国自铸银钱，钱于民用便否》《拟朱子〈白鹿洞赋〉（以"广青衿之疑问"为韵）》《拟韩昌黎〈李花〉〈杏花〉》《读〈新唐书·文艺传〉书后》等。每篇课艺开头均注明诸生籍贯、等第。按月编排，官课在前，斋课在后。课艺即是考核院生学问进境的重要手段，亦可从中窥见广雅书院的宗旨与学风。（兰军撰稿，刘艳伟审稿）

《广雅书院诸生课题》一卷

清廖廷相辑，清光绪二十七年（1901）广雅书院刻本。

廖廷相（1842—1897），字泽群，又字子亮，广东南海人。同治七年（1868）选广州学海堂专课肄业生。光绪二年进士，改庶吉士，授编修。七年十月补学海堂学长。后历主潮州金山、广州羊城、应元等书院讲席，任广州菊坡精舍学长。二十年起任广州广雅书院院长，后卒于院中。廖氏师事陈澧，于师说汉宋学术无偏重、不当立门户数语，持之最坚。读书博观约取，务得其要，尤长"三礼"。著有《礼表》《群经今古文家法考》《广雅答问》等。编有《广雅书院藏书目录》。

广雅书院在广东广州城西源头乡，有《广雅书院文稿》，已著录。

是书半页十一行，行二十字，四周单边，白口，单鱼尾。广雅书院重在实学，不课制艺。光绪十四年至二十二年共举行各类课试二百十八次。每月官课、斋课各一，遇闰月加课，设有季课，每年另有甄别投考诸生题、覆试题若干次。每课就经、史、理学、经济四门发题，诸生只考个人所习专业课题。该书是探究清末广雅书院学术风尚及考课制度的珍贵文献。（兰军撰稿，刘艳伟审稿）

《西南书院全图》不分卷

不著纂人，民国十年（1921）文明书局刊。

西南书院在广东新会。道光间，乡人李丹崖、廖静斋、林苍石等首倡，乡人捐资筹建于尚书坊内，叶春墅，李蔼泉董其事。道光二十六年（1846）正月始建书院，次年十二月落成。

是书虽名《西南书院全图》，但其内容远不止于此，还收录有创建书院之时主要参与者的誓词、书院记文、书院条款、新会知县所发布告示、轮值条款、书院田产、契约、所奉乡人主位等内容，是了解书院地域特色的重要文献。《中国古籍总目》有著录。（刘艳伟撰稿，赵伟审稿）

《端溪书院志》不分卷

清赵敬襄编，清嘉庆二十一年（1816）《竹冈斋九种》本。

赵敬襄（1755—1828），字瑞星，后改司万，号竹冈，江西奉新人。嘉庆四年进士，选庶吉士。历主江西南平、琴台、岐峰，广东端溪、丰山等书院讲席。二十一年掌教端溪书院凡五年。著有《赵太史竹冈斋集》。

端溪书院在广东肇庆。明万历元年（1573），佥事李材创建，后改为岭西道署，又改为督标中军副将署。清康熙四十七年（1708），两广总督赵宏在原址旁复建书院，取名"天章"，为总督课士之所，选招两广之士肄业其中。雍正十年（1732），总督郝玉麟重修，并奉旨拨帑银千两发商生息，以供生徒膏火。乾隆初改名"端溪"，为省级书院。十七年，院长全祖望订立学约四则。二十二年，知府吴绳年购民房地添建后楼九间，奉祀先贤，并建亭、池于其中，修葺两廊斋舍。嘉庆四年，冯敏昌掌教时又订立学规十六条。二十年总督蒋攸铦、二十三年总督阮元均加修葺。道光三年（1823）、十二年及二十六年，粮道夏修恕、知府珠尔杭阿及肇罗道署赵长龄等先后率属下捐修。咸丰四年（1854），遭战火毁坏，图籍荡然无存。五年，知府郭汝诚修复。光绪十三年（1887），总督张之洞重修，梁鼎芬更订《端溪书院章程》。院内藏有经、史、子、集、典志、类书等共五百六十三部，设刻书局。光绪十三年以每年余款发刊《端溪丛书》二十种。书院经费较为充足，主要来源于肇庆府之地丁税及府属各县之田地、租款。所定课程首重群经，次及诸史、理学，而不限于科举制艺之业，成就人才较多。光绪三十一年改为肇庆府中学。

嘉庆二十一年，赵敬襄掌教端溪书院，在其任内，以书院圣贤楼奉祀孔子为"僭"，乃彻孔子，改圣贤楼为先贤楼，并将从祀之二十贤按年代顺序加以调整，并著《端溪书院志》加以记载。

是志半页九行，行二十字，双行小注，四周双边，白口，单鱼尾。不分卷。前后无序跋。正文分为四部分，第一部分记录了端溪书院的历史沿革及祭祀情况，其中以大半篇幅记录书院所祀二十贤传略。第二部分全文抄录当时院内所藏之总督郝玉麟于雍正十年所作之《天章书院记》。第三部分抄录乾隆时山长全祖望所作之《帖经小课题辞》。第四部分抄录学政翁方纲所作之《示端溪书院诸生三首》。《中国古籍总目》有著录。

是志纪事简略，体例亦不完备，仅载录书院奉祀乡贤小传及数篇有关书院之诗文，于书院本身之历史考订并不多。然因编纂时间最早，后世两次重修院志时，也认为其"持论平允"而加以引用。故其有一定文献价值。（刘金撰稿，宗尧审稿）

《端溪课艺》一卷

清赵敬襄编选，清嘉庆二十一年（1816）竹岗斋刻本。

赵敬襄（1755—1829），字司万、瑞星，号随轩、竹岗，江西奉新人。乾隆三十五年（1770）举人，嘉庆四年进士，选庶吉士，改吏部主事。二十一年至二十二年，掌教端溪书院。著有《竹岗斋九种》。

端溪书院在广东肇庆，有《端溪书院志》，已著录。

是书半页十行，行二十一字，左右双边，单鱼尾，白口。凡一卷，收录课艺十四题十四篇，题如《道千乘之国》《"知之者"一章》《唐虞之际于斯为盛》《"齐必变食"二句》《宗庙会同非诸侯而何》《今有璞玉》《则何以异于教玉人雕琢玉哉》《辟草莱任土地者次之》《帝馆甥于贰室亦飨舜》《有人于此已矣》《夫人岂以不胜为患哉》《城门之轨两马之力与》《有业屦于牖上》，皆以《论语》《孟子》章句为题。是书虽无序跋，然每篇之末皆有赵敬襄之点评，对于研究嘉庆年间端溪书院的学术取向有很高的史料价值。（肖啸撰稿，赵伟审稿）

《端溪书院志略》六卷

清黄登瀛辑，清道光二十八年（1848）刻本。

黄登瀛，字液洲，高要人。肄业端溪书院，嘉庆十八年拔贡，文名甚著，而乡闱屡荐弗售，以学行为邑人钦重，邑中事悉赖主持。著有《圣庙辑略》《端溪书院志》《端溪诗述》《文述》《经述》《六榕书屋诗集》各若干卷。

端溪书院在肇庆，有《端溪书院志》，已著录。

道光二十六年秋，赵长龄巡肇罗道，端溪书院就圮，遂与肇庆知府杨慰农议，率属捐修，命邑人士董其事。二十七年秋八月，书院落成，因前掌院赵敬襄《端溪书院志》纪事简略，黄登瀛更为辑录，成此志略。

是书半页十行，行二十一字，四周双边，黑口，双鱼尾。凡六卷，书前有黄登瀛序。卷一为图记，绘端溪书院、府城图；卷二为建置，述康熙至道光年间端溪书院历史及经费；卷三为石刻，录书院所存石刻；卷四为经籍，志书院图书；卷五为祀典，记书院所祀诸人；卷六为端溪书院经费录，详记修院经费收支。"举天章之炳焕，经籍之存贮，建置之增加，经费之久远，皆列载焉"，较为完备。赵氏在修志之时，参考《肇庆府志》，其与府志相异者，"据书院内现行之册籍"与府志相参校，是了解端溪书院的重要文献。《中国古籍总目》有著录。（刘艳伟撰稿，赵伟审稿）

《端溪书院志》七卷

清傅维森编，清光绪二十六年（1900）端溪书院刻本。

傅维森（1864—1902），字君宝，号志丹，广东番禺人。光绪十五年入广雅书院肄业，次年选学海堂专课肄业生，二十一年中进士，选翰林院庶吉士。后丁父忧去职，不复出仕。二十四年，总督谭钟麟聘掌端溪书院。著有《缺斋遗稿》。

端溪书院在广东肇庆，有《端溪书院志》，已著录。

光绪二十四年，傅维森受聘为端溪书院山长，"既抵院，询考前事，不可具悉"。道光时黄登瀛辑录的《端溪书院志略》因咸丰四年（1854）兵灾影响，版已不存，院内也无存书，时任监院的桂垿只好从邑人处借此志供山长观览，但也只寻得一册而已，且"时已久，诸凡踵增，举未之及"。于是傅维森再去寻阅，"又于竹冈集中检得《端溪书院志》一册，盖嘉庆二十一年奉新赵竹冈吏部敬襄主讲斯院时所辑"。于是，傅维森在此基础上重修《端溪书院志》。

是志半页十一行，行二十五字，双行小注，左右单边，黑口，双鱼尾。凡七卷，书前有傅维森《端溪书院志序》及端溪书院图。卷一志建置；卷二志经制，内容包含岁入与岁支；卷三志祀典；卷四志学规，含条约、训典；卷五志师儒；卷六志艺文，内容包括石刻、词翰；卷七志书籍。《中国古籍总目》有著录。

该志在稽核府县志、前人文集、官司案牍的基础上，增补前志所缺而成。乃三志中门类最多，篇幅最大，史料来源最广，考证最详之志书。（刘金撰稿，宗尧审稿）

《连山书院志》六卷

清李来章编，《礼山园全集》本。

李来章（1654—1721），原名灼然，字礼山，河南襄城人。康熙十四年（1675）举人，先后主讲嵩阳、南阳、紫云诸书院，学者多自远而至。曾任广东连山知县，仿王阳明遗意，为瑶民置约延师，创连山书院，日进县讲学。订有《南阳书院学规》。著有《礼山园文集》《洛学编》。

连山书院在广东连山县。其县荒远偏僻。康熙四十三年，李来章出任知县，求置讲堂为士子弦诵之地，久之得一地于西郭大塘之上，乃此地萧姓与虞姓历年互争之所。始捐俸倡修书院，塑宋儒程朱像祀于堂，招徕训诲诸生。

据李氏自序，此志本名"连山书院学规"，其旨在指示学者为学门径，启诱生员，为使学生"知学有准绳，所以严匪也"，"知学有根抵，所以敦实修也"，"所以开道而指示之者，意甚深远而事诚胜举也"，乃修此志。

是志半页九行，行十八字，双行小注，四周单边，黑口，单鱼尾。凡六卷，书前有李来章《连山书院志序》、李恒焴《连山书院志后序》、张震亨

《连山书院志后序》。卷首有连山书院图、连山书院图赞，后附创建连山书院碑记。卷一志书院榜文；卷二志书院学规；卷三志学要十箴；卷四志为学次第；卷五志读书次第；卷六志圣人家门喻。《中国古籍总目》有著录。

　　是志多引历代大儒治学要语，于学规、学要、为学次第等处着墨颇多，启诱生员，指示学者为学门径，读者于此可窥知书院之兴办概况以及办学宗旨。（刘金撰稿，宗尧审稿）

四　川

《锦江书院纪略》三卷

　　清李承熙辑，清咸丰八年（1858）刻本。

　　李承熙，巴县人。曾肄业东川书院，道光二年（1822）以优贡入国子监。咸丰中两度被委为锦江书院监院。咸丰八年，铨选龙安府学训导，行将之官，乃考《华阳国志》《全蜀艺文》《四川通志》诸书，凡历代题咏锦江书院石室讲堂者悉为收录，其沿革、章程、典籍等亦一一采入，以告来者。咸丰八年书成，成都锦江书院刻印。

　　锦江书院在四川成都。清康熙四十三年（1704），四川按察使刘德芳在文翁石室旧址上建。有讲堂、学舍等。诸生挑选秀才以上生员。教学要求"先经义而后时义，先行谊而后进取"。采宋王安石"三舍之法"，实行正课、附课和外课。初定正课、附课生各五十人，外课生视成绩和正、附课生名额盈缺而定，先约二十人左右，是为候补。膏火正课生月给米一斗半、银一两半，附课生减半，外课生无。六十年，四川提学方觐增建讲堂、学舍，增加生额，扩大规模。雍正十一年（1733）列为省城书院，经费由政府所拨学田收入开支。乾隆三十九年（1774），四川总督文授等又增修讲堂学舍等设施，添置田产，再次扩大规模。嘉庆十九年（1814），成都知府李尧栋仿古制建石室于讲堂后。二十四年，四川总督蒋攸铦鉴于规制不备，学子懈怠，特制定《锦江书院条规》十条，以行整顿，加强教学管理。道光二十八年扩大招生规模，定正、附课生各六十人，外课生三十人。咸丰七年增附课生二十八名，外课名额不限。学生总人数已逾二百人。历任山长有顾汝修、敬南华、张晋生、侯度、姜锡嘏、易简、彭端淑等著名学者。光绪二十七年（1901）与尊经书院合并，旋改为四川通省高等学堂。

是书半页九行，行二十五字，白口，单鱼尾，四周双边。分上、中、下三编。上编收录汉代至清代的有关文翁石室的文献。中编为有关锦江书院的碑刻资料、书院条规、章程、藏书目录、匾联、器物等。下编收录有关书院的公文档案，涉及书院建制、经济、章程等内容。本书内容丰富，多为考察锦江书院历史的第一手资料。惜编纂仓促，条理尚欠精进。《西北五省（区）社会科学院馆藏古籍线装书、西北地方文献、外文及港台报刊联合目录》有著录。（赵伟撰稿，刘艳伟审稿）

《尊经书院初集》十二卷

清王壬秋编，清光绪十一年（1885）刊本。

王壬秋即王闿运。王闿运（1833—1916），字壬秋、纫秋，室名湘绮楼，湖南湘潭人。咸丰举人，近代学者、文学家。太平军起义时，入曾国藩幕。此后从事讲学。四川总督丁宝桢延请其主讲成都尊经书院，治《春秋公羊传》，宗今文经学，生徒著名者如廖平。后又为长沙思贤讲舍、衡山船山书院院长。辛亥革命后任清史馆馆长。诗文在形式上主要模拟汉魏六朝，为晚清拟古派所推崇。著有《湘军志》《湘绮楼日记》等，编有《八代诗选》《尊经书院初集》等。

尊经书院在四川成都。清同治十三年（1874），原工部侍郎蜀人薛焕，联络官绅十五人上书四川都督吴棠和四川学政张之洞，请办一所专门研究经史的书院，得准，遂于光绪元年春建成，正式招生，"以通经学古课蜀士"，故名。薛为首任山长。生徒由省内各府按比例在秀才、贡生中选送，分院按品学考选，择优录取。由张之洞主理教学事务，并撰《尊经书院记》即章程条规十八条，作教学、管理规范，以《学海堂经解》《说文解字注》《三史》《四库提要》等为主要教材，不课制艺八股，又捐俸置买经、史、子、集等书千余卷，修尊经阁以收藏，手订《阅览流通章程》以行管理。礼聘王闿运、钱铁江、钱徐山、杨聪等名流学者任主讲。专门撰写《书目答问》《辖轩语》等书，刊行以充实教材。使"夐陋者思扩其见闻，泛滥者当知学有流别"。光绪二年，海南谭宗浚继任四川学政，与总督丁宝桢再次礼聘王闿运继任主讲。王认为"凡国无教则不立"，为教"必先务于实"。王先后主讲席八年，唯以经、史、词章等实学教诲诸生。分经授业，按时讲课，严格要求。专设尊经书局，编选诸生经、史、词章中的优秀论文，刊为《蜀秀集》。另大量刊刻各类书籍，数年间刻书达百余种，版片数万枚。风气一开，仿效者众。二十四年，原"尊经五少年"之一的宋育仁任山长，即组织"蜀学会"，倡导宣传变法维新。十九世纪八十年代开始，书院成为四川改良主义思想传播的基地。还发行《蜀学报》，刊载光绪的变法上谕。著名学者廖平，"戊戌六君子"中的杨锐、刘光第，辛亥革命的先烈彭家珍，新文化运动的干将吴虞以及张澜、吴玉章等均为院中高材生。二十七年与锦江书院合并，于"尊经"原址改为四川通省高等学堂。两院之图籍、教具、书版、学田、存银等全数拨给高等学堂，师生亦全部转入。后又一应俱归四川大学。

《尊经书院初集》，清光绪十一年山长王闿运选编，丁宝桢等作序。序言道，王闿运"模楷多士"，选取众多学子文章，"评改涂乙不厌，详说每一帖示"，用力颇勤，付梓刊行，"乃成是集"。

是书半页九行，行二十一字，双行小注，四周双边，黑口，单鱼尾。凡十二卷。前有丁宝桢、易佩绅、王祖源序。其各卷内容为：卷一为易经类；卷二为诗经类；卷三为周礼类；卷四为礼经类；卷五为春秋类；卷六为礼记类；卷七为礼记、论语类；卷八为尔雅、说文、孟子类；卷九、卷十为史论、赋、诗；卷十一为诗、骚、表、奏、议、书；卷十二为赞、论、连珠、箴、碑。清人丁申、丁丙兄弟《八千卷楼书目》有著录。

《尊经书院初集》又名《尊经书院课艺初集》，内容为书院教师与肄业诸生的论文及课艺，其内容丰富，文章种类齐全，是研究清末教育史、学术史和思想史的重要史料。（王帅撰稿，肖啸审稿）

《尊经书院二集》八卷

清伍肇龄选编，清光绪十七年（1891）刊本。

伍肇龄（1826—1915），字崧生，四川邛崃人。道光二十七年（1847）进士，授编修。咸丰二年（1852）充顺天乡试同考官。同治初因肃顺案罢归。先主邛崃书院，十三年掌教成都锦江书院。光绪十二年王闿运归里，遂兼尊经书院山长。二十九年晋翰林院侍讲，治学宗宋。主书院三十余年，孜孜造士，成就众多，"每乡闱揭晓，致泥金报者，贴书院内外殆遍，墙壁几无隙地"。著有《石堂诗抄》《尊经书院二集》。

尊经书院在四川成都，有《尊经书院百集》，已著录。

《尊经书院二集》为山长伍肇龄选编，序言称山长王闿运曾刻有《初集》，故"详检官师两课"，仿《初集》，"梓为《二集》"。

是书半页九行，行二十一字，双行小注，四周双边，黑口，单鱼尾。凡八卷，书前有伍肇龄序。卷一为易经、尚书、诗经类；卷二为周礼、礼经类；卷三为春秋类；卷四为礼记、论语、尔雅类；卷五为说文、孟子类；卷六为赋；卷七为诗、颂、议、论；卷八为记、序、书后、碑、铭、祭文、杂文、考。

《尊经书院二集》主要内容为书院教师与肄业诸生的论文及课艺，其内容丰富，文章种类齐全，于清末教育史、学术史和思想史研究价值尤著。（王帅撰稿，肖啸审稿）

《潜溪书院志略》八卷首一卷续增一卷

清朱云焕辑，邹炳灵续，清乾隆五十五年（1790）首刊，光绪三年（1877）重刊本。

朱云焕，字霞堂，一作退塘、退唐，湖北江陵人。由举人任永宁知县，坐讳误去官。乾隆五十一年，华阳知县程序金延聘为潜溪书院山长。在任十余年，校刻《全蜀艺文志》，并于乾隆五十五年辑《潜溪书院志略》。邹炳灵，华阳人，岁贡生，官渠县训导。光绪二年襄理潜溪书院事，恐前志不传，乃于次年与同仁增辑重刊《潜溪书院志略》。朱志今已不存，仅存者唯光绪邹炳灵翻刻本。

潜溪书院在四川华阳县（今双流县）。乾隆十二年，华阳知县安洪德建于城东安养乡潜溪祠原址。祠祀明人宋濂，有祠田八百余亩，明末兵乱为寺僧侵占。安洪德鼎力厘清，归还书院。重修祠宇续祀宋濂，并增祀方孝孺等。同时延师课士。其后奸僧豪右复侵占院地，园林基址几不可复识，仅一二生徒习礼其间。乾隆五十四年左右，布政使王站柱主持重修，清理院产并绘图。道光十三年（1833），知县高学濂以书院距城较远、诸生就学不便，乃购梨花街地重建，而旧院仍称潜溪祠。清末废。

是志半页九行十八字，白口，单鱼尾，左右双边。凡九卷。卷首有龚巽、章廷钫、唐映垕、雷地豪序，同学名氏，书院图，潜溪先生像及像赞。卷一、卷二载明人所作的有关宋濂的碑传记文；卷三收安洪德所作之书院碑记及清人为宋濂文集所作之序，其后选录宋濂诗作数首；卷四记乾隆五十四年重建后事，首书院图，次王站柱重建书院碑记、书院岁入与岁出、公移、山长名次；卷五收明人为宋濂所作之传、状、志；卷六、卷七分别收录有关赵抃和方孝孺的传记诗文；卷八收录义门郑氏所作的有关宋濂的文章数篇；卷九为光绪重刊《潜溪书院志》时所增，首有山长陈凤楼序，后附改迁书院章程、经理书院章程、官庄租银租米花名清册、各项支银支米数目，末有邹炳灵跋。是志资料丰富，所记之事时间跨度较长，是考察潜溪书院史事不可或缺的材料。然其体例不甚严谨，多有与书院本身无关的内容。《中国古籍总目》有著录。（赵伟撰稿，刘艳伟审稿）

《复性书院讲录》五卷

马一浮编，民国二十八年（1939）复性书院丛刊本。

马一浮（1883—1967），原名福田，后字一浮，别号湛翁、蠲叟，浙江绍兴人。幼承庭训，饱览儒学，认为西式学校计钟授课不妥，向往"杏坛讲学，缁帷论道，师生生活一体，言教之余继以身传"的书院规制。一九三九年受"安车蒲轮"之礼在四川乐山主办复性书院，自任山长。力主书院"不受约束"，遂将其作纯粹的、自给自足的社会性组织，要求当局诸公只以私人名义"随缘示助"。提出：书院不列入现行教育部系统；除春秋释奠先师外，不举行任何仪式；不参加任何政治活动。教授学生以六经大义，谓此可统摄一切学艺。主张"尊德性","复明性道",修习"本体之学"。认为"体深则用自至"。院中同仁贺昌群、熊十力"众说并存,由学者择善而从,多方吸收"。强调治群经"必先求之于朱注",重体验,崇践履,视记诵知解为手段。抗战胜利后,书院迁往杭州,仍独立支撑,转以刻经为事。收录弟子要求甚严,极重其学识、人品、气质、操守,高足有袁心粲、寿毅成、乌以风、金景芳、袁卓尔等。叶圣陶评其主张道:"未尝不可为一种静修事业","以备一格,未尝不可之说也。大约理学家讲学,将以马先生为收场角色。"新中国成立后,任浙江文史馆馆长、中央文史馆副馆长,数届全国政协特邀委员。著有《尔雅台答问》《复性书院讲录》《编年集》《避寇集》《儒林典要》等。

复性书院在四川乐山。七七事变后,蒋介石、孔祥熙等人认为国土沦丧,国人多有附逆者,咎在"人心不古",当以圣贤之学教育之。遂于一九三九年初,租古刹乌龙寺设立古典式书院,传圣贤之学匡补时弊。绍兴名儒马一浮应邀出任山长,浙江大学教授贺昌群掌教务,北京大学教授熊十力等任讲席,以寺内旷怡亭为讲习之所。书院设理学、玄学、义学、禅学四个讲座。因玄学主讲谢无量谦辞不就,贺昌群、熊十力又先后离去,其后便由马一浮独立支撑。书院在乐山六年,曾编印《群经统类》《儒林典要》《复性书院讲录》及《吹万集》等书。一九四六年春,马一浮与弟子袁心粲等将书院迁往杭州西湖葛荫山庄,专以刻印经书为事。阅年许,即自行停办。

是书半页十一行,行二十一字,单行小注,左右双边,黑口,单鱼尾。凡五卷,卷一为学规与群经读书法;卷二为群经大义总说,分录《诗》《书》《礼》《易》《春秋》五经教义十篇;卷三为《孝经》大义,录有序说一篇和教义六篇;卷四为"诗教绪论"和"礼教绪论";卷五为"洪范约义"十篇。总体体现出马一浮"六艺之旨散在论语而总在孝经","六艺之教莫先于诗,莫急于礼"的为学思想。其解经以义理为主,在方法上引入了天台宗释经五重玄义法和华严宗十门释经法,"略师其义",使得"条理易得"。其中"洪范"一篇多先儒未发之旨,可资后人参考。(肖啸撰稿,赵伟审稿)

《复性书院简章并序》一卷,附《征选肄业生细则》

马一浮纂,民国二十八年(1939)铅印本。

　　马一浮（1883—1967），名浮，字一佛，后字一浮，号湛翁、被褐，晚号蠲叟、蠲戏老人，浙江绍兴人。光绪二十九年（1903）赴美习英文，后又游德、日。回国后，蛰居杭州，与熊十力、梁漱溟、张君劢合称中国当代四大儒。一九三八年至一九三九年在西迁到江西泰和、广西宜山的浙江大学任教讲学。一九三九年赴四川主持复性书院。一九五四年任浙江文史馆馆长。一九六四年与沈尹默、谢无量任中央文史馆副馆长。

　　复性书院在四川乐山县乌尤寺，有《复性书院讲录》，已著录。

　　是书即为马氏主持复性书院之初所纂，其主要内容包括复性书院缘起叙、复性书院简章、复性书院征选肄业生细则。《复性书院缘起叙》中，马氏述书院创办缘由、学理依据及为学宗旨，对经术义理多有发挥，由此既可窥书院创建之历史背景，又可见马氏之学术旨趣。其复性书院简章及征选肄业生细则部分，详列书院宗旨、教学、延师、纪律、学生选拔、津贴等诸方面内容，由此可窥复性书院创办之实际情形。（刘艳伟撰稿，赵伟审稿）

贵　州

《忠诚书院日程》不分卷

清陈惟彦编，清光绪二十五年（1899）刻本。

陈惟彦（1856—1925），字劭吾，安徽石埭县人。监生。由大理寺丞改捐候选知州。光绪十九年任开州知州。二十二年调署务川，年满去任，捐廉二百两购新旧两学书数十部置书院，以育人才。二十四年署黎平府。二十六年三月交卸。在贵州为官七年，声名远播。二十七年遵例报捐道员，指分江苏。宣统元年（1909）任湖南财政监理官。又官两淮盐政，创设淮南盐政公所，以廉直著称。民国元年（1912），被安徽都督孙毓筠举荐为财政部次长与安徽财政司长，坚辞不就，自是寓居上海十余年。著有《宦游纪略》。

忠诚书院在贵州。《忠诚书院日程》末尾有题识曰："光绪己亥正月，石埭陈惟彦识。"光绪己亥为光绪二十六年，当年正月陈惟彦正在贵州黎平任知府，据此推测忠诚书院可能在贵州黎平府范围内。书院招收生徒肄业其中，每日以经史、时务为正课，附课以习文、习字、习体操。每日所习，附记日程。

是书半页十一行，行二十字，白口，单鱼尾，四周单边。不分卷。内中开列日程五条，前四条取自康熙时张伯行的《读书日程》，分经书发明、读史论断、作古今文、各种杂书，文字与张伯行《学规类编》原文稍有不同。每节后有按语，对原文加以解释，并结合社会实际而提出不少新看法。如读史论断一条，提出"近日史学，宜兼中外，所备泰西新史及俄英诸史可随正史兼习"，将外国史与正史置于同等地位，其主张可谓有先见之明。《读书日程》后，增讲求时务一条，其曰："今五洲互通，事变日亟，承学之士，尤宜周知环球之大势，熟察经世之要务，考求本朝之掌故，浏览中外之报章，学成通儒，蔚为时栋。"提出诸生应讲求格致诸学：测、算、图、译、农、矿、工、商，以成为"兼综博涉，以储其宏通肆应之材"。该日程具有明显的时代色彩，对考察晚清书院的改革具有一定的参考价值。(赵伟撰稿，刘艳伟审稿)

陕　西

《关中书院志》九卷

明何载图等撰，明万历年间毕懋康校刊本。

何载图，四川人，官长安儒学署教谕。

毕懋康（1571—1644），字孟侯，号东郊，安徽歙县人。万历二十六年（1598）进士，授中书舍人，后累迁广西道监察御史、右佥都御史、陕西巡按、山东巡盐御史。四十二年，建历山书院，为当时济南最大书院。后遭宦官魏忠贤排挤，遂被削籍。崇祯初年，起用为南京通政使，升兵部右侍郎，旋自免归。辞别时，崇祯帝命制武刚车、神飞炮等。械成后，编辑《军器图说》以进崇祯帝。另著有《西清集》《管涔集》等。《明史》有传。

关中书院在陕西西安。万历三十七年，布政使汪可受，按察使李天麟，参政杜应占、闵洪学，副使陈宁、段猷显为工部尚书冯从吾讲学而建于府治东南安仁坊。冯从吾原讲学于城东南宝庆寺，因寺狭不能容，汪氏等特建此院供其讲学。冯氏在此主讲近十年，传阐程朱理学，四方从学者至五千余人。制定《学会约》《关中士大夫会约》，并撰《关中书院记》。明天启五年（1625），魏忠贤毁天下书院，遭毁。崇祯元年（1628）复建，由冯门弟子继掌其学。清康熙三年（1664），巡抚贾汉复檄西安府叶承祧、咸宁知县黄家鼎扩建。十二年，总督鄂善重修，聘李颙主讲其中，倡导自由讲学之风，制定会约十条、学程八条，对讲学时间、内容、方法、目的及弟子日常礼仪规范均做具体规定。雍正十一年（1733）赐帑银一千两，建为省城书院。乾隆二十一年（1756）御赐"秦川浴德"匾额。三十六年，巡抚毕沅重修，延进士汪祖启主讲。同治十二年（1873），布政使谭钟麟订课程五则。光绪年间，巡抚冯誉骥、按察使黄彭年和布政使曾龢先后扩建。光绪二十九年（1903），巡抚升允改为优级选科及初级完全科两级师范学堂。今为西安文理学院初等教育学院。

关中之学古已有之，历史悠久。宋有横渠张载，虽学足以名世，却怀才不遇。明中有泾野吕柟，虽位列庙堂，却从游者寥寥无几。直到冯从吾以尚书之位讲学关中书院，声动天下，从游者众，关学再次发扬光大。为嘉惠后学，传承道统，遂而修纂《关中书院志》。

是书半页九行，行十八字，左右单边，黑口，单鱼尾。卷首有崔应麒序（缺第一、二页）、编纂姓氏、《关中书院总图》和《关中书院图》，无目录。凡九卷，卷一志公移；卷二志建造；卷三志学约，收入朱熹白鹿洞教规，以及冯从吾所订《会约》二十七条；卷四录讲章一篇，讲授《孟子·尽心上》选段；卷五志艺文，收冯从吾《关中书院记》；卷六亦为艺文，编录与关中书院有关之诗和对联；卷七、卷八、卷九分志公田、书籍和器物。

此志虽稍显单薄，如卷四、卷五皆单篇成卷，所收讲章、艺文等略少，但体例完备，内容编纂清晰有条理，尤其会约一篇，不仅厘定每月讲会日期、诸生应遵守之规范，还列有诸多禁止事项，如"毋看《水浒》及笑资戏文"，"毋轻易品评前辈著作"和"毋唱词、做戏、博弈、清谭"等。公田、书籍两卷记载亦甚为详细。透过此志，关中书院之规制、制度、经费、讲学盛况皆可窥见一二，实为研究明代讲会书院不可或缺之史料。此外，卷首崔序末记有"万历癸丑冬十一月"，或可推测此志编纂于万历四十一年前后。（肖啸撰稿，赵伟审稿）

《关中书院语录》一卷

明冯从吾著，明万历四十五年（1617）刊本。

冯从吾（1557—1627），字仲好，号少墟，陕西西安人。万历十七年进士，官至工部尚书。因上疏规谏万历皇帝而遭贬后，归居西安，并讲学于宝庆寺，订《宝庆寺学会约》，从学者至不能容。三十七年，布政使汪可受等为其讲学而建关中书院，"四方从学者至千余人"。时有"会当洙泗风，郁郁满秦川"之誉。其学继承张载"性二分"说，认为"圣贤学问全在知性，有义理之性，有气质之性"，教育的作用在"变化气质，变化气质德性才现"，故重视道德教育并采取了一系列道德教育之措施。强调"未发先预"的修养功夫，重视日常行为训练并主张改过迁善。手订《关中士大夫会约》二十二条，其中十四条对诸生日常行为，如尊敬师长、孝敬父母、与人交往、穿衣读书等做了具体规定。提倡"交砥互砺，日迈月征"。其教学以纲常伦理、四书五经为主，主"崇真尚简"。认为弃躬行而"讲虚弦之学"则"能言而行不远"。躬行、讲论均应重视。治学则强调"自得"与"融会贯通"。认为"学不到自得终是支离，终不能取之左右逢其源"。为学"必融会贯通乎百家，然后能自成一家"。明末魏忠贤毁书院，冯痛切，坐二百日不就寝，饮恨而卒。崇祯初谥恭定。有《冯恭定公全集》。

关中书院在陕西西安，有《关中书院志》，已著录。

是书半页九行，行十七字，单行小注，四周单边，白口，单鱼尾。辑于冯从吾《少墟集》万历四十五年刊本，为原集中第十二卷。凡一卷，为冯从吾讲会语录，从《少墟集》中辑出，于明代讲会研究可作为资料使用。（王帅撰稿，肖啸审稿）

《关中书院课士诗》 四卷

清路德辑注，清道光二十三年（1843）经余堂刻本。

路德（1784—1851），字润生，号鹭洲，陕西盩厔（今周至县）人。嘉庆十四年（1809）进士，选翰林院庶吉士，历官户部湖广司主事、户部员外郎、军机处章京，后以眼疾告归，先后在乾阳、象峰、对峰、宏道、关中等书院讲学达二十余年。著有《柽华馆诗文集》《仁在堂时艺》《读史日记》，编有《时艺核》《时艺引阶合编》，辑有《关中书院课士诗》《关中课士试帖详注》《关中课士律赋笺注》。

宏道书院在陕西三原。原名弘道书院。明弘治九年（1496），邑人兵科给事中王天宇建。有东西学舍、弘道堂、考经堂、春光亭、清风轩、明月庵、清峪草堂、嵯峨山房、甃石池等。清乾隆年间，因避皇帝讳，改名"宏道"。道光十年，督学周之桢重修并作记。二十二年，督学沈兆霖倡建东庙号舍四十间。同治十二年，督学许振祎补修。十三年，督学吴大澂筹增膏火。光绪二十四年，陕西推行新政，改为宏道大学堂。二十八年，泾阳味经、崇实两书院并入，更名宏道高等学堂。宣统二年（1910），改称宏道高等工业学堂。民国二年（1913），改为陕西省第一甲种工业学校。民国二十九年，改称陕西省立三原工业职业学校。一九四九年后，改为陕西省水校。二〇一三年列为全国重点文物保护单位。

道光十八年春，路德移讲宏道书院，陕西督粮道刘源灏以关中书院诗赋课卷邮寄之，并请宏道士子偕作。历数月，得诗赋若干首，路德乃择其优者各加以评论，遂汇为此编。

是书半页九行，行十九字，双行小注，四周单边，白口，单鱼尾。凡四卷，书前有路德、刘源灏序。卷一至卷四均为诗歌文赋之作，包括阎敬铭《春城无处不飞花》《一夜霜寒在五更》、吴锡岱《秦桑低绿枝》《渭比春天树》、路德《黄栗留鸣桑葚美》《西岳崚嶒竦处尊》、李标雅《晴烟和草色》《四月南风大麦黄》、胡葆锷《长笛一声人倚楼》《汲井漱寒齿》、路慎庄《万户捣衣声》、张卿霄《一年明月今宵多》等诗赋作品一百零三首。

是书为路德辑注，其载清后期关中、宏道二书院诗歌文赋之作，甚为丰富，于研究清代关中、宏道两书院的文学创作及教学活动有一定的参考价值。（宗尧撰稿，刘金审稿）

《关中书院赋》不分卷

清路德编，清道光二十八年（1848）刻本。

是书又名《仁在堂律赋笺注》，不著作者名氏，据"任在堂"三字推测，当出自路德之手。路德（1784—1851），字闰生，号惊洲，陕西周至人。嘉庆十二年（1807）举人，十四年成进士，改庶吉士，散馆授户部湖广司主事。十九年以亲老回籍。丁父忧服阕后考补军机章京，公事之暇，读书作字。因劳苦过度，患目疾，于道光二年春请假归里，笃志讲学，不复出仕，历主乾阳、象峰、对峰、关中、宏道各书院凡二十余年，订立课程，因材施教，一时全秦、三晋、吴楚人士多从之游。为学汉宋兼采，不分门户；为制艺一以经训传注为宗，力挽剽窃空疏之习。所著时艺十一种，曰课、辨、话、综、核、和、阶、引、开、窍、向，咸冠以"仁在堂"。又有《关中课士诗赋》《蒲编堂训蒙草》梓行于世。

关中书院在陕西西安，有《关中书院志》，已著录。

是书半页九行，行二十字，白口，单鱼尾，四周单边。不分卷，无序跋。收有阎敬铭、胡葆亮、刘步元、阎敬舆、杨骕、谷逢钧、李应台、吴锡岱、张文源、史采风、杨述绾、董道淳、路德所作之律赋共十题二十篇，每篇后有笺注，对该赋在韵律、用典、议论和修辞等方面的长短得失进行评析，使后来者有所借鉴。《清代书院课艺总集叙录》有著录。（赵伟撰稿，刘艳伟审稿）

《关中书院试帖》一卷

清陈仅编，清道光三十年（1850）刻本。

陈仅（1787—1868），字馀山，号渔珊，浙江鄞县人。嘉庆举人，官至宁陕厅同知。著有《继雅堂集》《竹林问答》。

关中书院在陕西西安，有《关中书院志》，已著录。

早在嘉庆年间，山长童槐即辑有课士诗。童槐（1773—1857），字晋三，一字树梅，号萼君，浙江鄞县人。嘉庆十年（1805）进士，官至通政司副使。著有《今白华堂集》。童槐于嘉庆二十年主讲关中书院时，曾于关中诸生中择优选取数十人，专课以试帖，并将此课士诗付梓刊行，"以为多士式"。然年代久远，旧版漫漶散佚，不可复得。道光年间，陈仅任职关中，购得槐课艺一册，适逢其后人重刊先祖文集，又念关中课艺内试帖大都为其改定，遂以试帖为先路，编成此卷，附于文集之后，以惠后学。

是书半页十行，行二十字，双行小注，四周双边，白口，单鱼尾。凡一卷，书前有嘉庆二十年白继昌序，书后有道光三十年陈仅跋，收录试帖诗八十一题一百三十九篇，题如《思和求中》《落花无言》《坐卧流水》《名下一生劳梦想》《采菊东篱下》《高歌夜半雪压卢》《杨柳楼台》等。每篇课艺皆署有作者姓名，大部分还附有籍贯和身份信息，编排齐整，是研究清代书院和科举的重要史料。（肖啸撰稿，赵伟审稿）

《注释关中书院课士赋》一卷

清路德选编，清同治二年（1863）聚锦堂刻本。

路德有《关中书院课士诗》，已著录。

关中书院在陕西西安，有《关中书院志》，已著录。

明天启五年（1625），魏忠贤毁天下书院，遭毁。崇祯元年（1628）复建，由冯门弟子继掌其学。清康熙三年（1664），巡抚贾汉复檄西安府叶承桃、咸宁知县黄家鼎扩建。十二年，总督鄂善重修，聘李颙主讲其中，倡导自由讲学之风，制定会约十条、学程八条，对讲学时间、内容、方法、目的及弟子日常礼仪规范均作具体规定。雍正十一年（1733）赐帑银一千两，建为省城书院。乾隆二十一年（1756）御赐"秦川浴德"匾额。三十六年，巡抚毕沅重修，延进士汪祖启主讲。同治十二年（1873），布政使谭锺麟订课程五则。光绪年间，巡抚冯誉骥、按察使黄彭年和布政使曾龢先后扩建。光绪二十九年（1903），巡抚升允改为优级选科及初级完全科两级师范学堂。今为西安文理学院初等教育学院。

是书由路德编于宏道书院。路德自关中迁往宏道讲学，感叹关中地区诗赋自汉唐以后逐渐衰落，本有振兴之意，恰逢关中书院将诗赋课卷寄至宏道，路德综合两书院诗赋佳作，稍作修改，汇为一编，题之曰"关中书院诗赋课"，以为"凡宏道士子亦皆关中人也"。故此编实为关中、宏道两书院课艺。

是书半页九行，行二十字，左右单边，白口，单鱼尾。凡一卷。编为四册。此编皆为律赋，书前有路德序，收录课艺十题二十篇，题如《焦尾琴赋》《细麦落轻花赋》《铸剑戟为农器赋》《榴火赋》《书带草赋》《浮瓜沈李赋》《老人星赋》《秋菊有佳色赋》《一月得四十五日赋》《望云思雪赋》。书中有批注和详细点评，是研究关中、宏道两书院诗赋文风不可或缺的一手史料。（肖啸撰稿，赵伟审稿）

《关中课士试帖详注》不分卷

清路德辑注，清光绪十年（1884）江左书林刻本。

路德有《关中书院课士诗》，已著录。

道光十八年（1838）春，路德移讲宏道书院，陕西督粮道刘源灏以关中书院诗赋课卷邮寄之，并请宏道士子偕作。历数月，得两书院生徒诗赋若干首，路德乃择其优者各加以评论，遂汇为此编。

是书半页九行，行十九字，双行小注，四周单边，白口，单鱼尾。不分卷，书前有刘源灏序。全书均为诗作，包括阎敬铭《春城无处不飞花》《一夜霜寒在五更》、吴锡岱《秦桑低绿枝》《渭比春天树》、路德《黄栗留鸣桑葚美》《西岳崚嶒竦处尊》、李标雅《晴烟和草色》《四月南风大麦黄》、胡葆锷《长笛一声人倚楼》《汲井漱寒齿》、路慎庄《万户捣衣声》、张卿霄《一年明月今宵多》等诗歌一百零四首。

此书除排版、字体等与《关中书院课士诗》略有差异外，所收诗歌内容及数量皆与后者相同，当为《课士诗》之重刻本。

是书为路德辑注，其载清后期关中、宏道二书院诗歌作品，甚为丰富，于研究清代关中、宏道两书院的文学创作及教学活动有一定的参考价值。（宗尧撰稿，刘金审稿）

《关中课士律赋笺注》不分卷

清路德辑注，清光绪十年（1884）江左书林刻本。

路德有《关中书院课士诗》，已著录。

道光十八年（1838）春，路德移讲宏道书院，陕西督粮道刘源灏以关中书院诗赋课卷邮寄之，并请宏道士子偕作。历数月，得两书院生徒诗赋若干首，路德乃择其优者各加以评论，遂汇为此编。

是书半页九行，行十九字，双行小注，四周单边，白口，单鱼尾。不分卷，前后无序跋。全书均为文赋之作，包括谷逢钧《焦尾琴赋》、李应治《细麦落轻花赋》、刘步元《铸剑戟为农器赋》、张文源《榴火赋》、史采风

《书带草赋》、胡葆锷《浮瓜沈李赋》、阎敬铭《老人星赋》、路德《秋菊有佳色赋》、杨驹《一月得四十五日赋》、阎敬舆《望云思雪赋》等文赋二十首。

是书为路德辑注，其载清后期关中、宏道二书院文赋作品，甚为丰富，于研究清代关中、宏道两书院的文学创作及教学活动有一定的参考价值。（宗尧撰稿，刘金审稿）

《味经书院志》不分卷

清刘光蕡撰，清光绪二十年（1894）刻本。

刘光蕡，字焕唐，号古愚，咸阳人。早年肄业关中书院。光绪元年举人，次年会试不第，绝意仕途，终身从教。主张维新变法，与康有为并称"南康北刘"。十一年受聘为泾干书院山长。十三年起任味经书院山长十二年。教学务通经致用，不以空谈为学，不以空谈为教，灌输新学以救之，关中风趋为一变。改革课程，除经史、理学外，新设算学、时政、天文、地理、外文等，并亲自讲授。门弟子千数百人，成就者众，李岳瑞、张鹏一、于右任、朱光照等皆其门下。二十四年，兼讲崇实书院。戊戌政变后，被视为康党，辞山长职。二十九年应总督崧番聘请，任甘肃大学堂总教习。旋卒，年六十一。著述颇丰，门人整理有《烟霞草堂文集》《刘古愚先生文集》等。宣统《泾阳县志》《清儒学案》有传。

味经书院在陕西泾阳县，清同治十二年（1873），督学许振祎奏建，邑绅吴建勋捐地以助。规模与关中书院相等。其定章有不同者三：不课时文，以实学为主；改师生不常接见之习，山长登堂讲说，逐条讲贯，察其课程，阅其札记，别其勤惰，严其出入；改由官负责为山长负责，使一方之望专理一方之学，山长聘期十年。史梦轩、柏子俊、刘光蕡先后主教。光绪十一年，刘光蕡立求友斋，教学以天文、地舆、经史、掌故、理学、算学课士，开一代新风。十七年，督学柯逢时设刊书处，由山长总负责，拟岁刻正经正史各一部。戊戌政变后渐衰。二十八年，学政沈卫将之并于宏道大学堂。

光绪二十年，味经书院监院史家荣"不忍令书院良法湮没"，意欲作志以明创造之艰难，教法之详备，继至者之损益因革，使后有法可因，请于山长刘光蕡，许之。刘以前监院寇守信志稿删削排比，付书院售书处开雕，成《味经书院志》。

是志不分卷，书前有监院史家荣序。目凡八类：序列、经始、营建、筹养、规制、教法、刊书、延师，每篇后有论语。图与各题名附之于后。篇幅虽小，然于书院之建置沿革、经费、教育、刻书等内容无不涉及，且纪载翔备，实为清代书院志中的佳作。《中国古籍总目》有著录。（赵伟撰稿，刘艳伟审稿）

《太华书院会语》二卷

明冯从吾著，明万历四十五年（1617）刊本。

冯从吾有《关中书院语录》，已著录。

太华书院在陕西华阴。万历三十六年，华阴县令崔时芳、教渝张辉创建于华山峪内的青柯坪，将青柯馆改建而成。时冯从吾削职归故里，遂延聘冯氏担任主讲。盛时生徒达三百余人，成为明末关中地区培养人才的重要场所。

《太华书院会语》为书院建成之后，冯从吾在此讲学之语录，由华阴、华州两地学子"录先生会讲语梓之"，而成是书。

是书半页九行，行十八字，单行小注，四周单边，白口，单鱼尾。辑于冯从吾《少墟集》万历四十五年刊本，为原集中第九、十卷。凡两卷，书前有张辉序。卷一为冯氏会语语录；卷二为语录以及书院众人之游记。

《太华书院会语》主要内容为冯从吾讲学的语录，因其为《少墟集》中辑出，《少墟集》今尚存，是以此书可与《少墟集》互相参补，以资考订。是书于明代讲会研究可作为资料使用。（王帅撰稿，肖啸审稿）

《弘道书院志》不分卷

明来时熙辑录，明嘉靖增补本。

弘道书院在陕西三原。明弘治八年（1495），邑人兵科给事中王承裕建于永清坊。外为墙，额为"仰高"。重门额为"恭敬"，内为小墙，额为"中立"。内为弘道堂，后为考经堂，又后为春光亭，前东西建学舍各十一楹。考经堂之东为清风轩，西为明月庵，额为"忠孝"。堂稍后东北隅为清峪草堂，西北隅为嵯峨山房。草堂之门额为"卧云"，山房之门额为"立雪"。其学舍东名"逊志"，西名"省身"。草堂前有甃石池以洗砚，名"云沼"。书院成，王承裕主讲席，立教规二十条，明德、学道以及游艺、会食，皆有规矩。考经堂存书数千卷。诸生有堂上生、堂外生之别，依成绩可升降。副使王云风为之作记。清代因避乾隆皇帝名讳，改名"宏道"。道光十年（1830），督学周之桢重修并作记。二十二年，督学沈兆霖又倡新建东庙号舍四十间。同治十二年（1873），督学许振祎补修。次年督学吴大澂筹增膏火。光绪二十八年（1902），督学沈卫改为宏道高等工业学堂，又并味经、崇实两书院书籍款项。宣统初，学政余堃改为宏道中等工业学堂。

《弘道书院志》首刊于弘治年间。嘉靖时，来时熙就旧志增补而成此书。来时熙，三原人，嘉靖贡生，从学于王承裕。其增补院志的时间不详，据志中记事止于嘉靖十六年推测，时间当在嘉靖十六年后不久。

是志半页八行，行十五字，白口，无鱼尾，四周单边。不分卷，无序跋，分正文、附录两编。正文简略，止学规、类定小学规二篇。附录记与书院有关之诗文，凡六目，为建弘道书院记、出身题名、诗、铭、文、记，多数为王承裕自作。本书内容简洁，体例特殊，是目前所见最早的书院志书，对考察早期书院志书的面貌多有参考价值。《古籍善本书目解题》有著录。（赵伟撰稿，刘艳伟审稿）

《潼川书院志》不分卷

清李元春著，清道光《桐阁全书》本。

李元春，字仲仁，号时斋，学者称"桐阁先生"，陕西朝邑人。嘉庆三年（1798）举人，拣选知县，改大理寺评事。咸丰三年（1853）加州同衔。性刚严，守寒素之分，多有义行。曾先后主讲潼川、华原各书院数十年，多所成就，生徒有名者有杨树椿、王会昌、贺瑞麟等。教人以身心性命之学，其学以诚敬为本。其论主程朱，然于致良知之说亦不过于排斥，谓皆本圣学。

又谓义理、考据、古文、时文一以贯之，要在读书明道，以圣贤之学为归。年八十六卒，入祀乡贤。《清史·儒林传》《关学续编》《清儒学案》《圣清渊源录》《关学宗传》有传。著述甚富，多收入《桐阁全书》。

潼川书院在陕西潼关，原名关西书院，雍正五年（1727），潼商道道员张正瑗创于帅府街。乾隆四十六年（1781），潼商道吴延瑞因地近闹市，迁院址于麒麟山下，改名潼川书院。共有学田两千两百余亩。光绪三十二年（1906），潼川书院迁至关帝庙，改为潼商道初级师范学堂。

是书在道光时由门人张文宝校刊刻印，入《桐阁全书》之"杂著"类。书虽名为"书院志"，但实际仅由一篇十二页长文构成。不分卷，无序跋。主要记述了李元春的从教历程，有关潼川书院的仅有掌教始末、十条教规等内容。此文对当时基层书院的运行状况多有涉及，是研究清中期的书院不可多得的史料。《中国丛书综录》有著录。（赵伟撰稿，刘艳伟审稿）

《华原书院志》不分卷

清李元春著，清道光《桐阁全书》本。

李元春，有《潼川书院志》，已著录。

华原书院在朝邑。清乾隆三十四年（1769），知县杨衍嗣就部使行台旧址创建。道光初，知县谢长年移建道南。后增修东小院，为文会所。道光十九（1839）至二十年（1840），李元春主讲其中，教人以身心性命之学，主张义理、考据、古文、时文一以贯之。又订条规书于板，不久别立新规十条，增禁赌、禁食鸦片等内容。同治元年（1862）书院毁。后移至寺院中，继续办学。光绪二十九年（1903）与西河书院一同改为高等小学堂、乙种农业学堂。

是书与《潼川书院志》同载《桐阁全书》之《杂著》类，亦非体例严格之史志。全书不分卷，无序跋，按时间分为初掌书院事、（道光）己亥志、庚子志、附志四篇，分条杂记时事见闻、讲学语录、修身治学心得等内容，是考察清代书院教育的重要参考材料。但本书对书院之沿革、规模、经费等记述不多，是其缺点。《中国丛书综录》有著录。（赵伟撰稿，刘艳伟审稿）

后　记

本书为中国书院文献专题研究成果，是国家社科基金重大项目"中国书院文献整理与研究"课题组各成员心得的第一次集结，以后将视情况陆续推出续集、三集。

本书兼收课题开题前的前期成果、开题后的阶段性成果，时间截止 2017 年底，读者于此大致可以了解中国书院文献研究的历史与现状。

本书以类编排，分书院文献综论、书院志研究、书院课艺研究、书院文献书目提要四个篇章，既重问题讨论，更重实证考究。

本书体例集合课题组成员意见，收集、编排、校对皆由宗尧承担。

本书获湖南大学出版社支持，列入"湖南大学出版社图书出版基金资助"项目；出版过程中，社长雷鸣先生多次关注，责任编辑郭蔚改错润色，在此表示衷心感谢。

书院文献这一专题，研究时日尚浅，成果初集，问题难免，还祈读者批评指正，以便日后改进。

邓洪波

2019 年 8 月 18 日于湖南大学岳麓书院胜利斋